Uta Hengelhaupt

SPLENDOR UND ZIER

Uta Hengelhaupt

SPLENDOR UND ZIER

Studien zum Altarbau und zur kirchlichen Innenausstattung
am Beispiel des Hochstiftes Würzburg unter den Fürstbischöfen
Johann Gottfried von Guttenberg (1684–1698)
und Johann Philipp von Greiffenklau (1699–1719)

SCHNELL + STEINER

Umschlagabbildung: Blick auf die Chorbühne des Würzburger Domes mit Hochaltar, Pfarr- und Brunoaltar (Zustand vor 1945)
Bildarchiv Foto Marburg

Bibliografische Information der Deutschen Bibliothek:
Die Deutsche Bibliothek verzeichnet diese Publikation in der Deutschen Nationalbibliografie;
detaillierte bibliografische Daten sind im Internet über <http://dnb.ddb.de> abrufbar.

1. Auflage 2008

Umschlaggestaltung: Anna Braungart, Tübingen
Satz: Christian Söllner, Erhardi Druck GmbH
Gesamtherstellung: Erhardi Druck GmbH, Regensburg
ISBN 978-3-7954-2075-8

Weitere Informationen zum Verlagsprogramm erhalten Sie unter:
www.schnell-und-steiner.de

Inhalt

Ein Guter Berg gleich wie Parnass
Wo er hinwirft sein Schatten /
Wo Freyer Künste Brünnlein naß /
Durchstreichen grüne Matten;
Da gilts dem Land / da kans einmahl
Auff künfftig Glück entlehnen /
Da kann ein Fürst sein Thron und Saal /
Mit Lorbeer=Zweig bekönen.

(Oliva Lauro Suaviter et juste sociatur [...] ad [...] D. Joannis Godefridi [...] Episcopati [...] offerebat Devotissimum Societatis Jesu Collegium; Chorus VII p.28)

I. Vorbemerkungen

1. Kunst als Medium geistlicher und weltlicher Propaganda im Zeitalter des Barock

Die Idee zu dieser Arbeit geht auf eine nicht nur durch kunstgeschichtliche Fragestellungen, sondern auf eine bereits in meiner Studienzeit durch den Historiker Hanns Hubert Hofmann angeregte Auseinandersetzung mit der Kunst des Früh- und Hochbarock in Franken zurück. Hofmanns Darstellungen zur Geschichte wie zur idealen Projektion des Heiligen Römischen Reiches Deutscher Nation nach dem Dreißigjährigen Krieg haben mich nachhaltig beeinflusst und zur vielfältigen Auseinandersetzung mit den Zeugnissen dieser Epoche in der Kunst angeregt.

Aus dem Bemühen, Deutungsmuster für die in gleichem Maß religiös wie herrschaftspolitisch motivierten Kunstunternehmungen geistlicher (wie im Übrigen auch weltlicher) Auftraggeber im Zeitalter des Barock zu finden, deren Vielzahl und Erfindungsreichtum immer wieder zum Staunen veranlasst, resultierte die Einsicht, dass damit zugleich die Notwendigkeit einer Rekonstruktion der ideengeschichtlichen Grundlagen dieser Kunst zu leisten ist. Indem ich dieser Anforderung nun in der Auseinandersetzung mit verschiedenen Kunstunternehmungen der Würzburger Fürstbischöfe Johann Gottfried von Guttenberg und Johann Philipp von Greiffenklau nachkomme, sei gleichzeitig der Anspruch gestellt, Kunstgeschichte als Teil der allgemeinen Geschichte zu verstehen und zu betreiben und die Kunstwerke selbst als deren Quellen und Zeugnisse zu deuten. Damit fließt in die Ergebnisse dieser Arbeit auch ein Teil des meine Tätigkeit in der Denkmalpflege bestimmenden Ansatzes ein, Kunstwerke nicht nur nach ihren formal-ästhetischen Qualitäten, sondern wesentlich nach ihrem historischen Zeugniswert zu befragen.[1] In gleichem Maß entspricht die Bezogenheit des Themas auf eine bestimmte Region und die Analyse einer sie wesentlich prägenden Kulturleistung dem grundsätzlich auch denkmalpflegerisch relevanten Schwerpunkt der Kunst- und Kulturlandschaftsforschung.

Als wesentliche Quellen zeitgeschichtlicher Intention und Rezeption des kunstpolitischen Handelns der beiden genannten Fürstbischöfe dienten mir vor allem die im Jahr 1712 in Würzburg unter dem Titel *Typus Boni Principis* publizierten Festschrift des Valentin Kirchgeßner auf den sechzigsten Geburtstag

1 Diese Einordnung meines persönlichen Ansatzes soll selbstverständlich nicht abgrenzend zu den jüngeren Diskussionsansätzen der Kulturwissenschaften verstanden werden. Vgl. zum Verständnis des Zeugnisbegriffs in der Denkmalpflege insbesondere Alois Riegl, Der moderne Denkmalkultus, Wien 1903 sowie u.a. Walter Frodl, Denkmalbegriffe und Denkmalwerte, in: Kunst des Mittelalters in Sachsen. Festschrift für Wolf Schubert, Weimar 1967, 1–10 und Heinz Horat, Alois Riegl, Der moderne Denkmalkultus, in: Zschr. für Schweizerische Archäologie und Kunst 53 (1996), 61–78. – Zum hermeneutischen Methodenansatz der Kunstgeschichte sei grundsätzlich verwiesen auf Oskar Bätschmann, Einführung in die kunstgeschichtliche Hermeneutik. Die Auslegung von Bildern, Darmstadt [5]2001; siehe ferner Marlite Halbertsma und Kitty Zijlmans (Hg.), Gesichtspunkte – Kunstgeschichte heute, Berlin 1995; Michael Hatt, Charlotte Klonk, Art history. A critical introduction to its methods, Manchester University Press 2006 sowie (in der Gegenposition) Klaus Heinrich Meyer, Die Werke der bildenden Kunst als Zeichen ihrer BetrachterInnen. Überlegungen zum Anteil der Kunstgeschichtswissenschaft am Auf- und Umbau unserer Wirklichkeitskonstrukte auf der Grundlage einer konstruktivistisch erweiterten Semiotik, (CD-Publikation), Hamburg 1999. Zum kulturwissenschaftlichen Verständnis vgl. u.a. Francis Haskill, Die Geschichte und ihre Bilder. Die Kunst und die Deutung der Vergangenheit, München 1995 und Bernd Roeck, Das historische Auge. Kunstwerke als Zeugen ihrer Zeit, Göttingen 2004.

des Johann Philipp von Greiffenklau sowie die *Collectio novissimae Scriptorum et Rerum Wirceburgensium* des P. Ignatius Gropp von 1748, die mit Leben und Taten der biographierten Fürstbischöfe zu einem erheblichen Anteil auch die in deren Auftrag entstandenen Kunstunternehmungen würdigten.[2] Dabei ging es Kirchgeßner und Gropp nicht allein darum, die mäzenatischen Leistungen oder auch den Kunstverstand der porträtierten Fürsten hervorzuheben. Ihre Absicht war es vielmehr, diese in ihrem Leben, ihrem politischen und geistlichen Handeln,[3] aber auch in *Splendor und Zier*[4], also in Aufwand, Pracht und Kunstreichtum der von ihnen inszenierten Kunstwerke als ideale Abbilder des göttlichen Urbildes aller Herrschaft auf Erden und das von ihnen verwaltete Staatswesen als eine irdische Vorwegnahme jener paradiesischen Ordnungs- und Daseinsform zu beschreiben, die die Eschatologie am Ende der Zeiten erwartete. Beide Biographen verwendeten für ihre Werke eine Vielzahl von Quellenschriften, zu denen in erster Linie Predigttexte auf bestimmte Begebenheiten, wie Wahl, Inauguration oder Tod eines Fürsten, innenpolitische oder pastorale Anlässe, Geschehnisse innerhalb des Kaiserhauses oder militärische Ereignisse an den Kriegsfronten im Westen und Osten des Reiches gehörten. Dieses größtenteils noch in der Universitätsbibliothek Würzburg erhaltene Schrifttum eröffnete den Zugang zu weiterführendem Material und bildet mit diesem den Grundstock der verwendeten Textvorlagen für die hier vorgestellte Interpretation der fürstlichen Kunstunternehmungen und die zugrunde liegende religiös-theologisch dominierte Geschichts- und Weltanschauung. Dabei geht diese aus jesuitischer Geistigkeit resultierende, unserem säkularen Verständnis diametral entgegengesetzte, theologische Weltdeutung nach Peter Paul Lehnhards eingehender Analyse von der dogmatischen Grundtatsache aus, dass die gesamte Schöpfung

> „auf Gott als höchsten und letzten Zweck bezogen [ist], […] seiner Gloriole, dem Bau seines Reiches [dient]. […] Alles Geschehen, alle Geschichte auf Erden geht vom Menschen aus. Unter der im Glauben an die Offenbarung verankerten Voraussetzung, dass der Mensch nur den Zwecken Gottes dient, ist daher alles Geschehen Signum der künftigen eschatologischen Vollendung. […] Über allem Sein und seinen Manifestationen waltet die Hand Gottes ohne dass der Mensch als Gottes Ebenbild seiner Freiheit verlustig ginge. Alles Geschehen, alle Geschichte kann daher in Bezug gesetzt werden zu Gottes Willen, ist in den Fakten religiös deutbar. […] Für die moderne Geschichtsphilosophie ist der Mensch das Maß aller Dinge, für die Geschichtstheologie ist letzter Bezugspunkt allen Seins Gott, sein Reich, das nicht von dieser Welt ist, aber von ihr errichtet wird. Für das profane Geschichtsbewusstsein ist alles Geschehen in der Geschichte wirkursächlich zu erklären, der katholische Christ aller Zeiten dagegen sieht die Geschichte zielursächlich, als Heilsgeschichte, die getragen ist von profan-geschichtlichen Momenten und überhöht im Glauben an die Bestimmung alles Irdischen. […] Geschehen (Geschichte) unter katholisch-religiösem Blick wird immer zu gedeutetem Geschehen als Manifestation von Gottes Weltlenkung auf das von ihm gesetzte Ziel hin. Diese Geschichtsdeutung ist wesentlicher Bestandteil des Glaubens; die Wahrheit des Resultats ist aus dem Glauben heraus beweisbar.“[5]

[2] Valentin Kirchgeßner, Gryphus principalis – sive Typus boni Principis, Würzburg 1712; P. Ignatius Gropp, Collectio Novissimae Scriptorum et Rerum Wirceburgensium, Bd. II: 1617–1742, Würzburg 1748. Siehe zur Entstehung des Typus: Max H. von Freeden, Der Greiffenclau-Schrank. Das Prunkmöbel und die verbotene Festschrift, in: FS Otto Schäfer, Stuttgart 1987, 313–328.

[3] Beides ist im Verständnis der Zeit allerdings nicht zu trennen: So kennzeichnet es die ideale Lebensführung eines geistlichen Fürsten, wenn sein diesseitiges politisches Handeln in erster Linie von jenseitigen Zielsetzungen und Glaubenserwartungen bestimmt wird. Siehe hierzu den folgenden Abschnitt.

[4] Gropp, II, 614.

[5] Peter Paul Lehnhard, Religiöse Weltanschauung und Didaktik im Jesuitendrama. Interpretationen zu den Schauspielen Jacob Bidermanns, Frankfurt 1976, 8–12.

Die Würdigung politischer Komponenten in der deutschen barocken Kunst ist seit Hans Sedlmayrs Aufsatz über *Die politische Bedeutung des deutschen Barock (Der Reichsstil)* von 1938[6] nicht neu, wenngleich erst Franz Matsche in seiner Heidelberger Abhandlung über *Die Kunst im Dienste der Staatsidee Kaiser Karls VI. Ikonographie, Ikonologie und Programmatik des ‚Kaiserstils'* von 1981[7] für die Kunstgeschichte eine inhaltliche Klärung wie darüber hinaus auch eine Abgrenzung der bis dahin teilweise synonym gebrauchten Begriffe von Kaiser und Reich erbrachte. Seine Darlegungen der in der Amtsethik Karls VI. kulminierenden Herrscherideologie des Hauses Habsburg erwiesen sich nicht nur im methodischen Vorgehen als anregend, vielmehr ließen bereits bald eine Vielzahl von Parallelen, Ähnlichkeiten und Beeinflussungen nicht nur die gemeinsamen Wurzeln, sondern vor allem auch die gemeinsame Zielrichtung der von den Würzburger Fürstbischöfen bzw. ihren politischen Beratern mit den Mitteln der Kunst initiierten idealen Herrschaftsproklamationen erahnen.

Die kunsthistorische Forschung hat Sedlmayrs These einer im „Reichsstil" fassbaren Variante des „deutschen" Barock z.T. heftig widersprochen und die Existenz nationaler Identitätsmodelle für den Kontext barocker Kunst zu Recht bestritten.[8] Namentlich in der Auseinandersetzung mit dem französischen Hof Ludwigs XIV. um die kulturelle und politische Vorherrschaft in Europa, noch mehr aber im Zusammenhang mit den als Aggressionskriege Ludwigs interpretierten Kriegshandlungen am Rhein gibt es allerdings durchaus Formen der politischen Identifizierung als „deutsch" resp. als „welsch" oder auch „französisch", die jedoch eher dem schon im Mittelalter gebräuchlichen Nationsbegriff als modernen Nationalismen entsprechen. Die Vorstellungen eines „deutschen" Reichsstiles, sofern immer dieser bei Sedlmayr überhaupt im modernen Sinn national identifiziert wird, sind vielmehr in den zeithistorischen Kontext des (übernationalen) Sacrum Imperium zu integrieren, und beziehen den Kaiser als dessen vornehmsten Repräsentanten ein.[9] Dabei ist in der Deutung des Bezugsrahmens sowohl des Kaiserstils in seiner spezifischen Ausrichtung auf die Mitglieder des Hauses Habsburg wie des Reichsstils als künstlerische Ausdrucksformen einer durchaus auch patriotischen Fixierung auf die gottgewollte Ordnung des Heiligen Römischen Reiches selbstverständlich immer von der Vorstellung einer eschatologischen Zweckbestimmung auszugehen, die sich in der ikonographisch-ikonologischen Programmatik der zugehörigen Kunstunternehmungen manifestiert. Dies charakterisiert nach meiner Auffassung insbesondere die Position der geistlichen Stände als Mitglieder der Reichskirche, die sich nachdrücklicher als ihre großen weltlichen Nachbarn in dem hier skizzierten Zeitraum auf „den Kaiser" als Schutzherren im militärischen Sinn wie vor allem in der Bewahrung der Reichsordnung beriefen. Dabei wird in der Vertiefung der mittelalterlichen Reichsidee den Mitgliedern der Reichskirche ein so prominenter Platz im universalen Heilsgebäude zugewiesen, dass ich es für sinnvoll halte, im konkreten Bezug auf bestimmte künstlerische Ausdrucksformen dieser gesellschaftlichen Gruppe vom „Reichskirchenstil" zu sprechen.[10]

6 Hans Sedlmayr, Die politische Bedeutung des deutschen Barock. Der ‚Reichsstil', in: Gesamtdeutsche Vergangenheit. FS für Heinrich Ritter von Srbik, München 1938, 126–140. (Neuabdruck in: Ders., Epochen und Werke, gesammelte Schriften zur Kunstgeschichte, Wien 1960, 140 ff).

7 Franz Matsche, Die Kunst im Dienste der Staatsidee Kaiser Karls VI. Ikonographie, Ikonologie und Programmatik des „Kaiserstils", 2 Bde., Berlin 1981.

8 So u.a. Hellmut Lorenz, Dichtung und Wahrheit. Das Bild J.B. Fischers […] in der Kunstgeschichte, in: Fischer von Erlach und die Wiener Barocktradition, hg. von Friedrich Polleroß, Wien 1995, bes. 129–134. Siehe hierzu ferner die Zusammenfassung eines Arbeitsgesprächs an der Herzog-August-Bibliothek in Wolfenbüttel zum Thema „Barock als Aufgabe. Fischer von Erlach, der Norden und die zeitgenössische Kunst, in: Informationen der Arbeitsgemeinschaft außeruniversitärer historischer Forschungseinrichtungen (AHF) Nr. 100 (12.12.2001) von Meinrad von Engelberg.

9 Vgl. hierzu: Uta Hengelhaupt, Exemplum virtutis. Überlegungen zu Entstehung und Ausstattung der Festsäle in den Zisterzienserklöstern Ebrach und Bronnbach, in: Studien und Mitteilungen zur Geschichte des Benediktinerordens und seiner Zweige, hg. von der historischen Sektion der Bayerischen Benediktinerakademie Bd. 117/2006, 285–343 sowie: Franz Matsche, Prachtbau und Prestigeanspruch in Festsälen süddeutscher Klöster. Zum Typus und zur Verbreitung des Kolonnadensaales und zur Frage des Reichsstils (Himmel auf Erden oder Teufelsbauwurm? Wirtschaftliche und soziale Bedingungen des süddeutschen Klosterbarock, Irseer Schriften; N.F., Bd. 1, hg. v. M. Herzog und B. Roeck, Konstanz 2002, 81–118).

10 Hengelhaupt, 286 ff.

Auch Peter Stephan hat die Diskussion um die begriffliche Unterscheidung von Reichs- und Kaiserstil anhand seiner Analyse der Tiepolo-Fresken in der Würzburger Residenz aufgegriffen, die er in ihrer Gesamtheit als Monument der Vitalität und kulturellen Strahlkraft des Reiches in der Repräsentanz von Kaisertum und Reichsständen interpretiert.[11] Dabei reflektiert Stephan auf den durch die Mitglieder des Hauses Schönborn formulierten Entwurf einer ständisch orientierten Reichsidee, der den dynastischen Ambitionen der Habsburger als Träger der Kaiserkrone, insbesondere im Blick auf die Konflikte um das spanische Erbe sowie in der Zurückdrängung der Verfassungsorgane des Reiches, Einhalt bieten sollte.[12]

Zum Verständnis dieser Hintergründe erscheint es daher notwendig, den Blick auf die politische Situation des Hochstifts Würzburg nach dem Ende des Dreißigjährigen Krieges zu lenken. War die Existenz der geistlichen Staaten durch die Akzeptanz der alten Reichsverfassung auf dem Friedenskongress von Münster ausdrücklich bestätigt worden, so ließen die fortgesetzten militärischen Konflikte an der Westgrenze des Reiches sowie die offenkundigen territorialen Begehrlichkeiten der großen weltlichen Nachbarn in den geistlichen Staaten an Rhein und Main die Angst vor dem Umsturz der alten Ordnung nicht ruhen. Nach dem erneuten Ausbruch des Türkenkrieges steigerte sich diese Unsicherheit schließlich zu einem Gefühl existenzieller Bedrohung, das dem Leitbild des eschatologisch begründeten *Sacrum Imperium* und des Kaisers als des *Defensor christianorum* zu erneuter ungemeiner Anziehungskraft verhalf.[13] Dabei bestärkte die kluge Propaganda des Kaiserhauses unter Leopold I. zumindest bei einem Teil der katholischen Reichsstände die Schlussfolgerung, dass allein die Mitglieder des Hauses Habsburg als Träger der Kaiserkrone zur Verteidigung des Reiches und der kleinen Stände berufen und geneigt seien.[14] So entspricht die Beharrlichkeit, mit der dieses Gedankengebäude auch in Würzburg immer wieder beschrieben wurde, wohl durchaus dem Ausmaß der offensichtlich empfundenen Gefahr. Es ist deshalb nicht verwunderlich, wenn der Glanz der alten Kaiser- und Reichsidee so deutlich in der herrschafts- und staatspolitischen Propaganda der Fürstbistümer widerschien, und diese ihrerseits so nachdrücklich die Mitwirkung der Reichskirche an der Herbeiführung diesseitiger wie jenseitiger Zwecke beschworen.[15]

11 Peter Stephan, „Im Glanz der Majestät des Reichs.“ Tiepolo und die Würzburger Residenz. Die Reichsidee der Schönborn und die politische Ikonologie des Barock, 2 Bde., Weißenborn 2002. Stephan verweist mit Recht darauf, dass „zwischen der Rolle des Kaisers als dem Reichsoberhaupt, dem Erzhaus Österreich, dem Reichsfürstenstand, dem Reichskirchensystem [...] als eigenständigen Größen [...] unterschieden werden“ müsse. (22 f.) Keineswegs sei es zutreffend, dass mit den vielfältigen Verweisen auf Kaiser und Kaisertum in den Kunstunternehmungen der Reichsstände immer auch das Habsburger Kaisertum gemeint sei.

12 Stephans Darstellungen entsprechen in der zeitlichen Ausrichtung auf die Ausstattung der Würzburger Residenz in der Mitte des 18. Jahrhunderts in vielerlei Hinsicht dem auch von mir reflektierten politisch-gesellschaftlichen Kontext, weshalb weiter unten auf sie zurückzukommen ist. Seine Überlegungen erscheinen mir zur Vertiefung meines thematischen Ansatzes hilfreich und anregend, wenngleich ich seine Interpretation einer „Schönborn-Idee des Reiches“ nicht vollständig teilen kann. So ist das von Stephan beschriebene ikonographische und ikonologische Bildmaterial der Tiepolo-Fresken bereits in dem von mir zitierten panegyrischen Schrifttum, namentlich im Typus Boni Principis des Valentin Kirchgeßner Gegenstand herrschaftspolitischer Selbstdarstellung und Identifizierung. Daher würde ich anstelle einer familienpolitischen Zuordnung in diesem Repertoire eher an die Ausdrucksformen einer „Würzburger“ Reichsidee denken, die aber in vielen Facetten wohl die Idee der geistlichen Stände bzw. der Reichskirche von Kaiser und Reich spiegelt.

13 Vgl. u.a. Karl Ottmar von Aretin, Das Alte Reich 1648–1806, Bd. 1, Stuttgart 1981, 64 ff; Ders., Die Türkenkriege als Traditionselement des katholischen Europa, in: Tradition, Norm, Innovation. Soziales und literarisches Traditionsverhalten in der Frühzeit der deutschen Aufklärung, hg. von W. Barner, München 1989, 23–25.

14 Hengelhaupt, 293. Dies spricht z.B. aus der in diesen Kreisen um 1700 verbreiteten Sorge um einen männlichen Nachkommen im Kaiserhaus.

15 Vgl. hierzu auch Stephan, 41 ff sowie 317–330. Allerdings ist darauf hinzuweisen, dass dieser Kontext auf dem Höhepunkt der Reunionskriege Ludwigs XIV. und des Vordringens der Türken gegen die Reichsgrenzen sowie letztlich angesichts der Nachfolgeprobleme des Hauses Habsburg die Unterscheidung zwischen dem Kaiser als Reichsoberhaupt und Mitglied des Hauses Habsburg fließender werden ließ. Insbesondere im Zusammenhang mit der Kaiserwahl Karls VI. engagiert sich Johann Philipp von Greiffenklau nachdrücklich für eine Habsburger-Erbfolge auf dem Kaiserthron (siehe hierzu Kirchgeßner, 299, und vgl. weiter unten Kap. IV. 4.4.1.: Die Ikonographie der Neumünsterfassade).

Da das Hochstift Würzburg seit dem ausgehenden 17. Jahrhundert zudem zu den armierten Ständen gehörte, die das kaiserliche Heer mit Soldaten, Waffen und Verpflegungsleistungen unterstützten, wurde das naheliegende Thema des endzeitlichen Kampfes gegen die Feinde Christi und des daraus folgenden endzeitlichen Triumphes der Kirche auch zum beherrschenden Aspekt der fürstbischöflichen Auftragskunst.

Diese knappe und allgemeine Skizzierung vermag noch in einem weiteren Sinn die Wahl eines geistlichen Fürstentums zur Darstellung politischer Inhalte in der Kunst zu begründen. Diese scheint ja auf den ersten Blick nicht selbstverständlich zu sein, sah doch die allgemeine Geschichtsschreibung in den geistlichen Staaten nach 1648 lange Zeit kaum politisches Gestaltungspotential. So wurde z.B. im grundsätzlichen Urteil des Historikers Walter Hubatsch in seinem Buch über *Das Zeitalter des Absolutismus 1600–1789* die offenkundige militärische Schwäche der geistlichen Staaten mit Inaktivität und das Beschwören der traditionellen Reichsidee mit Erstarrung in überkommenen Ordnungsvorstellungen gleichgesetzt:

> „Die Abhängigkeit von der Wahl durch die Domkapitel und von deren Forderungen ließ es in den geistlichen Territorien weder zur Ausbildung von dynastischer Verantwortung der Kurfürsten noch zur Ausbildung eines Staatsbewusstseins der Einwohner kommen; so führten die Erzbistümer und Bistümer in Deutschland ihr Sonderdasein, von dem nur geringe politische Impulse ausgingen.“[16]

Dabei bezieht sich Hubatsch wie viele seiner Fachkollegen[17] auf den modernen Begriff des Machtstaates, der mit den Strukturen des auf eine Friedensordnung ausgerichteten Sacrum Imperium und seiner Glieder nichts gemeinsam haben konnte. Dieses Ideengebäude eines auf endzeitliche Staatsziele ausgerichteten und in seinem Wesen letztlich fiktiven Friedensreichs, in dem nach der Überzeugung des Konstanzer Domherren Ignaz Heinrich von Wessenberg[18] das Recht und nicht die Stärke den Vorrang hatte, bildete aber den eigentlichen Projektionshintergrund der fürstbischöflichen Staats- und Herrschaftsauffassungen, die sich damit letztlich an anderen Parametern orientierten als die Theoretiker

[16] Walter Hubatsch, Das Zeitalter des Absolutismus, Braunschweig [4]1975, 109.

[17] So z.B. noch einmal zusammenfassend Hans-Ulrich Wehler, Deutsche Gesellschaftsgeschichte, bisher 3 Bde., München 1987–1995, hier Bd. 1, 278–281: Die geistlichen Staaten sind „politisch rückständig geblieben […], da ihnen eine gestraffte staatliche Verwaltung“ fehlte „und viele Kleriker als Drohnen durchgeschleppt“ wurden. Darüber hinaus sei ökonomische, wissenschaftliche und kulturelle Rückständigkeit ein wesentliches Charakteristikum dieses „verkrusteten Gehäuses“ gewesen. – Dieses Negativbild der geistlichen Staaten in der Historiographie soll hier lediglich angerissen werden. Vgl. dazu den guten Überblick zum Stand der Forschung aus Anlass des 200-jährigen Gedenkjahres der Säkularisation bei Sabine Holtz, Die geistlichen Staaten im Spiegel der Historiographie, in: Die geistlichen Staaten am Ende des Alten Reiches – Versuch einer Bilanz, hg. von Kurt Andermann Epfendorf 2004, 31–53 sowie K. Andermann im Vorwort, 7 – 11 und: Ders. (Hg.), Die geistlichen Staaten am Ende des Alten Reiches, in: HZ 271 (2000) 593–619. Sabine Holtz kommt mit Blick insbesondere auf die Reichsklöster zu folgendem Fazit: „Eine Ursache für den geschilderten [negativen] Befund kann sein, dass die zahlreichen kleinen geistlichen Territorien und die rege Forschung zu diesen Reichsklöstern gerade im Süden des Reiches aus der lange Zeit dominierenden preußischen Perspektive vernachlässigt wurde und daher – noch keinen Eingang in die Handbücher gefunden hat, eine zweite Ursache, dass Handbücher nach wie vor aus einer verengten, stark auf die politische Geschichte konzentrierten, etatistischen Perspektive geschrieben werden.“ In diesem Verständnis leistet beispielsweise auch Uwe Zuber, Auf der Höhe der Zeit? Aspekte moderner Staatsbildung in geistlichen Territorien, ebd., 115 – 132 einen wichtigen Beitrag zur differenzierten Bewertung der geistlichen Staaten im Allgemeinen. Siehe hierzu ferner grundlegend: Bettina Braun, Frank Göttmann, Michael Ströhmer (Hg.), Die geistlichen Staaten im Nordwesten des Alten Reiches. Forschungen zum Problem frühmoderner Staatlichkeit, Paderborn 2003 sowie die jeweils zitierte Literatur.

[18] Ignatz Heinrich von Wessenberg, Die Folgen der Säkularisation Germaniens, 1801, abgedruckt in: Die Säkularisation 1803, hg. von Rudolfine von Oer, Göttingen 1970, 24 ff.

„moderner" absolutistischer Staatlichkeit.[19] Daher wird jede Interpretation dieses besonderen Verständnisses von Herrschaft und staatlicher Ordnung von einer Reflektion seiner heilstheologischen Grundlagen ausgehen müssen, ungeachtet der Tatsache, dass Anspruch und Realität bereits im 17./18. Jahrhundert nicht mehr unbedingt deckungsgleich waren. Im Bemühen, die Friedensordnung des Heiligen Römischen Reichs aufrecht zu erhalten, da nur sie letztlich die eigene Existenz garantierte, entfaltete die Mehrzahl der geistlichen Fürsten und Herren weit reichende diplomatische, politische wie vor allem auch kunstpropagandistische Aktivitäten, die, wie das Beispiel des Kurfürsten Lothar Franz von Schönborn zeigt, nicht immer pro-Habsburg waren, in der Summe aber auf den unbedingten Erhalt von Kaiser und Reich wie auf die Garantie der Reichsverfassung abzielte.[20] In diesem Sinne war gerade in den Reichsbistümern ein hohes Maß an politischem Bewusstsein und Gestaltungswillen vorhanden, das auch heute noch unter der Oberfläche des Ausdruckspathos barocker Kunst greifbar wird.

2. Bemerkungen zur methodischen Eingrenzung des Themas

Es ist das Ziel meiner nachfolgenden Darstellungen, Kunst, also künstlerische Phänomene sowie Kunstunternehmungen als Gesamtprojekte im Kontext von Religion und Politik zu betrachten. Zum Verständnis dieses Ansatzes ist zunächst auf ein Wort von Günter Bandmann zu verweisen, der seine Auffassung von Architektur als Bedeutungsträger folgendermaßen begründete:

> „Beim Verlassen der anthropologischen Situation, in der das Kunstwerk das Instrument zum Bannen des Vorbildes war, gerät diese Bedeutung in Vergessenheit. Das Kunstwerk enthebt sich dann als objektivierte Schöpfung und ästhetisch dauerndes Gebilde, als Ziel und Objekt seiner einstigen Wirklichkeit, die zu rekonstruieren ein erstes Anliegen der Kunstgeschichte sein sollte; denn wenn auch die Verdeutlichung der damaligen Bedeutung des Kunstwerks nicht viel über die individuelle Beschaffenheit auszusagen scheint, so erhalten wir doch erstrangige Anweisungen zum Verstehen, warum diese oder jene Form in ihrer typischen – nicht individuellen – Prägung überhaupt da ist, aus dem überlieferten Vorrat gewählt wurde und eine besondere Betonung erfuhr."[21]

Dennoch mag es dem heutigen säkularen Verständnis herrschaftlicher Selbstdarstellung zunächst nicht konsequent erscheinen, wenn sich die nachfolgende Untersuchung des kunstpolitischen Wirkens der beiden Würzburger Fürstbischöfe Johann Gottfried von Guttenberg und Johann Philipp von Greiffenklau fast ausschließlich mit Stiftungen kirchlicher Kunst befasst. Diese Auswahl entspricht aber der tatsächlichen Bevorzugung der sakralen Kunst in dieser Zeit als Medium insbesondere der bischöflichen Kunstpropaganda, was sich einerseits auf Handlungsvorgaben für den idealen Seelsorgebischof tridentinischer Prägung zurückführen lässt, wie sich andererseits die bereits in der Diskussion des Herr-

[19] Damit möchte ich die grundsätzliche Debatte um die Frage der Staatlichkeit in den geistlichen Territorien lediglich anreißen. Vgl. hierzu die gute Einführung in die Problematik und begriffliche Klärung einiger strittiger Terminologien durch Frank Göttmann, Der nordwestdeutsche geistliche Staat der frühen Neuzeit als Forschungsaufgabe, in: Braun, Göttmann, Ströhmer (Hg.), 9–58 sowie Bettina Braun, Frank Göttmann, Der geistliche Staat der frühen Neuzeit. Einblicke in Stand und Tendenzen der Forschung, in: ebd., 59–86. Siehe ferner auch: Georg Schmidt, Stände und Gesellschaft im Alten Reich, Stuttgart 1989, 133–149; Hans-Michael Körner, Das Hochstift Würzburg. Die geistlichen Staaten des Alten Reiches – Zerbild und Wirklichkeit, in: Jahres- und Tagungsbericht d. Görres-Gesellschaft. 1992, 4–21.

[20] Vgl. auch hierzu Stephan, 317 ff. Ebenso die Deutung der Ikonographie von Schloss Brühl bei: Lars Reinking, Herrschaftliches Selbstverständnis und Repräsentation im geistlichen Fürstentum des 18. Jahrhunderts. Das Beispiel „Schloß Brühl" des Kölner Kurfürsten Clemens August, in: Braun, Göttmann, Ströhmer (Hg.), 117–138, hier 134.

[21] Günter Bandmann, Mittelalterliche Architektur als Bedeutungsträger, Berlin 1978[5], 11.

schaftsbegriffs angesprochene konkrete Bezogenheit von *regnum* und *ecclesia* erschließt, in deren Handlungsrahmen allen heilswirksamen Taten ein besonderer Rang zukam. So sind die im Folgenden analysierten Aufwendungen für die Kirchen des Landes und zugunsten der Würzburger Bistumspatrone zunächst immer auch Ausweis der fürstlichen Pietas wie darüber hinaus Belege für die Wahrnehmung pastoraler Pflichten durch die geistlichen Landesherren. Da aber der fürstlichen Frömmigkeit und Sorge um das Seelenheil der Untertanen im zeitgenössischen herrschaftspolitischen Schriftgut zugleich die Bedeutung zentraler staatstragender Tugenden zugewiesen wurde, erschließt sich an den jeweiligen Kunstunternehmungen als Manifestationen dieses tugendhaften Handelns auch eine politische Komponente.[22] So beschreibt auch Valentin Kirchgeßner diesen Zusammenhang mit wünschenswerter Deutlichkeit:

> „Die Königin aller Fürsten=Tugenden ist die Gottesfurcht [...] / glücklich ist das Land welches einen frommen Fürsten hat / dann mit eben derjenigen Sorgfalt / mit welcher ein Fürst die Ehr Gottes zu mehren suchet / mit derselben versorget Gott den Fürsten und seine Unterthanen / ja es fließet über die göttliche Freygebigkeit / welche von menschlicher Freygebigkeit nicht kan überwunden werden; Gott vergildet unendlich denen Fürstenthümern was in der Maaß zur Ehre Gottes angewendet worden / dannenhero sich glücklich und überglückseelig das Franckenland schätzen kann / welches Gott der Höchste mit einem so frommen Fürsten begabet und beseeliget hat.“[23]

Darüber hinaus spiegelt sich in der Fülle dieser Stiftungen kirchlicher Kunst schließlich ein wesentlicher Aspekt tugendhafter Reglementierung, die dem Fürstbischof als *Typus boni Principis* gebot, in allen Angelegenheiten des äußeren Glanzes und des persönlichen Luxus Bescheidenheit zu üben, in den Werken zur Ehre Gottes und seiner Heiligen aber keinen Aufwand zu scheuen.[24] In der Tat fielen die weltlichen Kunstunternehmungen der geistlichen Fürsten dieser Generation neben den *gesta in rebus Ecclesiae* so deutlich bescheiden aus, dass sie von den Nachfolgern und Nachkommen bald verändert wurden. Dies gilt in Würzburg z.B. für das sog. Rennwegschlösschen und Teile der Neuausstattung der Festung Marienberg sowie auch für die fürstlichen Privatschlösser auf dem Lande. Erst in den späteren Regierungsjahren des Johann Philipp von Greiffenklau vollzieht sich im Aufwand der fürstlichen Repräsentation ein gewisser Wandel. Dennoch bleibt auch das Hauptwerk dieser Phase, nämlich Bau und Ausstattung des Fürstenbaus im Juliusspital, in seiner tugendhaften Zweckbindung als Werk der fürstlichen Misericordia im oben beschriebenen Rahmen.

Die Konzentration auf eine morphologische Reihe von Werken der kirchlichen Innenausstattung, also sowohl beispielhaft auf einzelne Altarretabel wie in der Mehrzahl auf verschiedene Projekte kirchlicher Gesamtausstattungen, erweist sich über diese Grundsatzüberlegungen hinaus aber auch als kunstgeschichtlich relevant. So führte die Suche nach künstlerischen Lösungen, die vor den Zeitgenossen „paßiren“ konnten, zu einer intensiven Orientierung an den vorbildlichen Werken des römischen Hochbarock, namentlich an den Kirchen- und Kapellenausstattungen Berninis, Pozzos und Fontanas, die spätestens über das um 1684 verbreitete Stichwerk de Rossis[25] nach Nordeuropa vermittelt wurden, sowie am Gesamtwerk Pozzos, nach dessen ab 1700 erscheinenden

[22] Siehe hierzu vertiefend Kap. III. Typus Boni Principis. Fürstenpanegyrik und Herrschaftspropaganda im Hochstift Würzburg sowie zur methodischen Vertiefung Matsche, I, 14 f und 57.

[23] Kirchgeßner, 151.

[24] Diese Zusammenhänge werden im Kapitel III.: Typus Boni Principis noch näher ausgeführt. Trotz des grundsätzlich reduzierten Rahmens wäre eine vertiefende Untersuchung dieser „weltlichen“ Bau- und Kunstunternehmungen der Fürstbischöfe, die den gesellschaftspolitischen Hintergrund berücksichtigt, anzuregen. In diesem Zusammenhang ist ebenfalls auf Peter Stephan zu verweisen. Die zu den sozialen „Aufsteigern“ in den fränkischen Domkapiteln gehörenden Mitglieder des Hauses Schönborn gehören in der Folgezeit zu den ersten geistlichen Landesherren, die diese tugendhafte Verpflichtung zur Bescheidenheit in privaten Dingen – wie etwa Schloss Pommersfelden belegt – massiv durchbrachen.

[25] G. G. de Rossi, Disegni di vari Altari e Capelle, Rom 1684.

Traktaten[26] und verschiedenen Einzelstichen, die schon vor 1700 in Nordeuropa kursierten. Auf der Grundlage dieser über das Medium der kirchlichen Innenausstattung eingeleiteten Transformation des Raumes, die ich im gleichen Maß als einen ideengeschichtlichen wie als einen künstlerisch-ästhetischen Prozess verstehe, entwickelt sich in Würzburg in den Folgejahren die eigenständige Entfaltung barocker Kunst und Kultur. Daher schließt sich an die Betrachtung der ideengeschichtlichen Grundlagen folgerichtig die formalgenetische Analyse der ausgewählten Ausstattungsprojekte, die die gattungsgeschichtliche Relevanz des Themas „Innenarchitektur" unterstreicht und ihre besondere Bedeutung im Hochstift Würzburg hervorhebt.

Im Mittelpunkt der Auseinandersetzung mit den kunstpolitischen Unternehmungen Guttenbergs und Greiffenklaus stehen zunächst die beiden großen zeitgenössischen Ausstattungsprojekte in der Stadt Würzburg selber, nämlich die Neuausstattung der Stiftskirche Haug (ca. 1688–1705/10) und die Erneuerung der Domausstattung (nach 1648–1710), deren kunstgeschichtlicher Rang bisher deutlich unterschätzt wurde. Beide entsprechen pastoralpolitisch dem Leitmotiv der Darstellung der Gnadenwirkung des eucharistischen Sakramentes und des in ihm kulminierenden Triumphs der Kirche. Für die Darstellung dieses Verehrungsmotives hatte die römische Kirche bereits in den vorausgehenden Jahrzehnten im Rahmen der Quarant'ore Feierlichkeiten einen reichen Motivschatz an Musterprogrammen entwickelt, der für eine breite Rezeption namentlich in den sich nach 1648 konfessionell konsolidierenden katholischen Herrschaftsgebieten nördlich der Alpen zur Verfügung stand. Dieses oftmals aus dem Zusammenwirken führender Künstler und engagierter Seelsorger entwickelte Material wurde offensichtlich auch im Hochstift Würzburg stark reflektiert und über einen Kreis hoch gebildeter theologischer und künstlerischer Berater der Fürstbischöfe in das liturgisch-ikonographische und künstlerisch-szenographische Konzept der beiden Ausstattungsprojekte integriert. Dabei spricht es für das Ausmaß der anfänglichen Orientierung an der römischen Kunstszene, dass die in diesem Zusammenhang entstehenden ersten großen Altarprojekte (Hochaltar und Kreuzaltar für Stift Haug, Johann Gottfried-Altar sowie die Chorbogenaltäre des Domes) sich unmittelbar an den wohl kurzfristig durch Stichwerke vermittelten berühmten Altarwerken Fontanas und Pozzos orientierten. Erst im Verlauf der Rezeption nach 1700 entwickelt sich unter dem prägenden Anteil von Künstlern wie Pietro Magno, Balthasar Esterbauer, Joseph Greissing und vor allem auch Johann Dientzenhofer eine gewissermaßen fränkische Synthese dieser Ansätze, die in den herausragenden Ausstattungskonzeptionen der Stiftskirche Komburg und vor allem der Klosterkirche Banz kulminieren.

Neben dem zentralen Thema der Darstellung der eucharistischen Gnadenmittel greifen die Fürstbischöfe in der Verehrung Marias als Patronin des Frankenlandes und Kilians als Gründungsapostel des Bistums und heiligen Amtsvorgängers zwei weitere in der nachtridentinischen Spiritualität und Glaubenspropaganda wurzelnde Verehrungsmotive auf, die die gloriose Tradition des Hochstiftes unterstrichen und seine Bedeutung in der heilsgeschichtlichen Mission der res publica humana hervorhoben. Dabei konzentrieren sich die kunstpolitischen Aktivitäten zunächst neben der Neuausstattung der Marienrotunde auf dem Marienberg auf die großen Wallfahrtskirchen des Landes (Dettelbach, Höchberg, Fährbrück) sowie in der Spätphase der Regierungszeit Greiffenklaus auf die Erneuerung des Neumünsters mit seiner hoch bedeutenden, repräsentativen Stadtfassade. In der pädagogischen Ausrichtung entsprechen diese Projekte zum einen dem Ziel der Ritualisierung des Landes[27] als Ausdruck

[26] Andrea Pozzo, Prospettiva de' pittori et architetti (lat./ital. Ausgabe) I. Rom 1693, II. Rom 1700; (ital./deutsch) I. und II. Rom 1700; (lat./deutsch) I. und II Wien 1706.

[27] Vgl. zum Verständnis des Begriffes: Susanne Mayer-Himmelheber, Bischöfliche Kunstpolitik nach dem Tridentinum: Der Secunda-Roma-Anspruch Carlo Borromeos und die Mailänder Verordnungen zu Bau und Ausstattung von Kirchen, München 1984, 3 und 50 ff. Mayer-Himmelheber beschreibt unter diesem Begriff verschiedene religions- und kunstpolitische Strategien der Mailänder Kirche unter ihrem Bischof Carlo Borromeo, die der im Sinne der katholischen Reform erneuerten Propaganda fidei Ausdruck gaben. Im permanenten (rituellen) Vollzug durch Liturgie, Gebet, Wallfahrt und Volksfrömmigkeit sowie in der permanenten Vergegenwärtigung durch die Mittel der Kunst wurden diese Ausdrucksmittel über Mailand hinaus zu spezifischen Identifikationsmerkmalen der im Sinne des Tridentinum erneuerten katholischen Kirche. (Vgl. auch weiter unten Kap. III.1.: Zum Selbstverständnis der geistlichen Fürsten nach Reformation und Dreißigjährigem Krieg – Das nachtridentinische Bischofsideal.)

pastoraler Fürsorge. In der zunehmenden Orientierung der fürstbischöflichen Kunstpolitik auf die aktuell tagespolitischen Ereignisse etwa des Türkenkrieges oder der Kriegshandlungen am Rhein finden zum anderen über die didaktische Ausformulierung von Leitbildern der Glaubensverkündung hinaus schließlich auch solche Motive Eingang in das Konzept kunstpolitischer Repräsentation, die dem Leistungskatalog des *Typus boni Principis* und seinem politischen Anspruch auf Souveränität und Integrität Rechnung trugen. Christian Antz hat diesen Zusammenhang in seiner anregenden Dissertation *Sacrum Theatrum Romanum* am Beispiel des Neubaus und der Ausstattung des Neumünsters bereits berührt.[28] Seinem Ansatz füge ich mit der vorliegenden Arbeit schließlich einen weiteren Baustein hinzu, der rückwirkend den Zeitraum zwischen dem Ausgang des Dreißigjährigen Krieges und dem Beginn der Schönbornzeit schließt. Dass dabei hinsichtlich der kunstgeschichtlichen Analyse von Innenausstattungen nicht nur ein Randthema berührt wird, belegt allein das überraschende Phänomen, dass der in seiner künstlerischen Ableitung bis heute umstrittene Grundriss der Neumünsterfassade bereits in den Jahrzehnten vor seiner Realisierung in den prominenten Altarstiftungen der Guttenberg- und Greiffenklauzeit ausgebildet war.[29] Über diese auch auf andere Beispiele übertragbare Feststellung hinaus, dass die künstlerischen Konzeptionen der Innenausstattungen und des Altarbaus wesentliche Leitmotive barocker Architektur in Franken entwickelten, bevor diese in der Außenarchitektur umgesetzt wurden, wird an der Neumünsterfassade auch die grundsätzliche Synthese der ikonographischen und ikonologischen Instrumentalisierung deutlich, die sich im szenographischen Bezug auf eine innerstädtische Platzanlage zu einem Höhepunkt barocker Stadtbaukunst entwickelt.

3. Der Begriff des Gesamtkunstwerkes

Die Kunstwissenschaft hat für die damit ins Blickfeld gerückten Gesamtprojektionen im Zeitalter des Barock, die in der Mehrzahl nicht nur verschiedene Bauaufgaben, sondern in deren Bewältigung auch verschiedene künstlerische Disziplinen (also z.B. Architektur, Bildhauerei, Stuckatur, Malerei wie weiterhin auch Theologie, Liturgie, Musik und ggf. Literatur) umfassen, den von Richard Wagner 1850 auf die Vision einer Vereinigung der Künste bezogenen, im Grunde also historisch nicht korrekten Begriff des *Gesamtkunstwerkes* adaptiert.[30] Damit würdigt sie die in der visuellen Verschmelzung der Kunstgattungen begründete *Totalerscheinung* des räumlichen Ambientes *als beabsichtigte Wirkungsform,*[31] die durch zeremonielle, in sich ebenfalls künstlerisch gestaltete Abläufe wie Liturgie oder Festaufzüge einschließlich theatralischer und musikalischer Darbietungen erweitert werden konnte. Mit dem Problem und der Genese dieser Adaption eines programmatischen Begriffs der Kunsttheorie und Kunstkritik zu einem Charakterisierungsbegriff der Kunstgeschichte hat sich erstmals Bernd Euler-Rolle in seinem Aufsatz über *Das barocke Gesamtkunstwerk in Österreich – idealer Begriff und historische Prozesse* auseinandergesetzt und festgestellt, dass sich

[28] Christian Antz, Sacrum Theatrum Romanum. Das Würzburger Neumünster und die katholische Baukunst in Deutschland zwischen 1680 und 1720, Weimar 1997. Da dieses Ausstattungsprojekt außerhalb des hier behandelten Zeitraums liegt, ist zu seinem Verständnis lediglich auf Antz zu verweisen.

[29] Vgl. hierzu Kap. V. 4.3.: Die Seitenaltäre Balthasar Esterbauers in der Stiftskirche Kornburg und die Planungen zur Neumünster-Fassade.

[30] Siehe hierzu den Aufsatz von Stefan Kunze, Richard Wagners Idee des „Gesamtkunstwerkes“, in: Beiträge zur Theorie der Künste im 19. Jahrhundert, Bd. 2, hg. von H. Koopmann und J. A. Schmoll, gen. Eisenwerth, Frankfurt a. M. 1972, 196–230; ferner: Michael Lingner, Der Ursprung des Gesamtkunstwerkes aus der Unmöglichkeit >absoluter Kunst<. Zwischen der rezeptionsästhetischen Typologisierung von Philipp Otto Runges Universalkunstwerk und Richard Wagners Totalkunstwerk, in: Der Hang zum Gesamtkunstwerk. Europäische Utopien seit 1800, hg. vom Sekretariat des Kunsthauses Zürich, Bern 1983, 52–69; Udo Bernbach, Der Wahn des Gesamtkunstwerkes. Richard Wagners politisch-ästhetische Utopie, Frankfurt a. M. 1994.

[31] Werner Weisbach, Die Kunst des Barock in Italien, Frankreich, Deutschland und Spanien, Propyläen Kunstgeschichte Bd. XI, Berlin 1924, 14 f und 72.

> „weder die theoretische Definition des Begriffs noch sein Wertpostulat als künstlerisches Ideal an den historischen Bedingungen bewähren kann."[32]

Euler-Rolles Ausführungen, auf die hier ausdrücklich zu verweisen ist, machen deutlich, dass die anschauliche, nicht zuletzt publikumswirksame, aber gleichwohl nicht hinterfragte Übertragung des Terminus *Gesamtkunstwerk* zu einer Nivellierung der geschichtlichen Individualität des barocken Kunstwerkes und seines historischen Umfeldes, also letztlich auch seiner ideengeschichtlichen Grundlagen beiträgt und der Verkürzung der allgemeinen Rezeption allein auf die phänomenologisch-ästhetische Wahrnehmung Vorschub leistet. So sind etwa Buchpublikationen, Ausstellungskonzepte wie Konzertprogramme unter dem Motto *Glanz des Barock* oder aber Wiederherstellungs- und Instandsetzungsvorhaben unter dem Postulat einer *Wiederherstellung des Gesamtkunstwerkes* letztlich fiktive Produkte der säkularen Vorstellung von den Zielsetzungen barocken Kunstschaffens. Auf diese Problematik macht letztlich auch Ursula Brossette in der Einleitung sowie in den weiteren Ausführungen ihrer sehr aufschlussreichen Dissertationsschrift zur *Inszenierung des Sakralen*[33] aufmerksam. Gleichzeitig betont sie als Folge dieser aus mangelndem Kontextwissen resultierenden Verkürzung des Verständnisses sakraler Ausstattungskonzepte ein latentes Missverständnis des heutigen Betrachters gegenüber dem vermeintlichen Überschwang barocken Pathos und barocker Sinnenfreude insbesondere im kirchlichen Rahmen:

> „Unverständlich und unüberschaubar erscheint dem kunsthistorischen Laien ihr ikonographisches Programm, überladen und theatralisch selbst dem Fachmann ihre spektakuläre Präsentation von Glaubensgeheimnissen und Heiligenlegenden; verdächtig und vordergründig ihr trügerisches Spiel mit Illusionismus und Perspektive; verwerflich angesichts der Armut der Bevölkerung ihr verschwenderischer Umgang mit kostbaren Materialien; unvereinbar mit unserer Frömmigkeitsauffassung das sinnlich-erotische Personal der Heiligenfiguren und Putten, das eher eine phantasievoll-ausschweifende Lasterhaftigkeit denn eine besondere Frömmigkeit seiner Auftraggeber nahezulegen scheint; äußerlich und allzu sehr aus sinnlichen Genüssen hervorgewachsen der unleugbar szenische Charakter der gesamten Sakralraumausstattung, welche auf die verspielt-tändlerische Oberflächlichkeit eines ganzen Zeitalters zu verweisen scheint."

Aus diesem grundsätzlichen Missverständnis über Anliegen, Inhalte und Zielsetzungen barocker sakraler Ausstattungskunst resultiert andererseits das Bedürfnis, ihre unbestreitbar auf die komplexen Sinne wirkende Ausstrahlung plakativ mit einem letztlich säkularen Begriffsansatz ästhetisch zu distanzieren und qualitativ außerhalb ihres religiösen Bedeutungszusammenhangs auf eine theaterhafte Oberflächlichkeit als Gesamtkunstwerk zu reduzieren.

Bernd Euler-Rolle hat sich in den zitierten Schriften daher insbesondere mit der historischen Unschärfe des Begriffs *Gesamtkunstwerk* auseinandergesetzt. Im Schaffen Wagners erläutert er den der Entwicklung des totalen Kunstwerkes zugrunde liegenden künstlerischen Prozess als den Versuch, aus dem auf einen simultanen Sinneneindruck ausgerichteten Zusammenwirken der Künste

[32] Bernd Euler-Rolle, Wege zum ‚Gesamtkunstwerk' in den Sakralräumen des österreichischen Barock am Beispiel der Stiftskirche von Melk, in: Zschr. d. deutsch. Vereins f. Kunstwiss. 43 (1989), H. 1, 25–48. Ders., Das barocke Gesamtkunstwerk in Österreich. – Idealer Begriff und historische Prozesse, in: Kunsthistoriker, Mitt. d. Österr. Kunsthistorikerverbandes, Jg. 1 (1985), Nr. 4/5, 55 ff.

[33] Ursula Brossette, Die Inszenierung des Sakralen. Das theatralische Raum- und Ausstattungsprogramm süddeutscher Barockkirchen in seinem liturgischen und zeremoniellen Kontext (Bde. 1 und 2), Weimar 2002, hier 11 ff.

> „ein romantisch-ideales Traumreich [zu] bilden, in dem die Kunst an sich, dass heißt eben ein jegliches Kunstwerk ohne Ansehen der Gattungszugehörigkeit und daher auch der Gattungsdifferenzen, die ursächliche, verloren geglaubte und wiederersehnte universale Einheit zwischen Mensch, Welt und Kosmos widerspiegelt."[34]

Dabei geht Wagner neben dem Bezug auf sein eigenes Werk von der Vorstellung einer Utopie des Kunstwerkes aus, das er „als ‚notwendiges' nicht ‚willkürliches' Kunstprodukt [zu] erweisen" sucht.

> „Dieses Kunstwerk ist kein durch die Gesellschaft bedingtes, sondern es soll aus eigener Machtvollkommenheit und durch seine Verbindung mit dem ‚Leben' begründet sein. Als Bedingung des Kunstwerkes der Zukunft schwebt somit Wagner eine Art neuer Religion vor, die aber in Wahrheit die Erhebung der Kunst zum Gegenstand dieses Kultes bedeutet. Der Ort des Theaters wird zum Kultort, die Theaterhandlung zur kultischen Handlung."[35]

Die der Idee nach über die Kunst in den Kosmos führende, aus einem zutiefst säkularen Bewusstsein resultierende Einheitssehnsucht war, um darin Euler-Rolle vorbehaltlos zu folgen, dem barocken Kunstschaffen nicht nur fremd, sondern konnte vor dem bereits definierten Projektionsgrund eines religiös-theologisch fundierten Weltbildes überhaupt nicht entstehen, da über die sinnlich-anschauliche Abbildlichkeit *einer fest geglaubten irdischen wie überirdischen Realität* im Kunstwerk keinerlei Zweifel bestand.[36] Nach der barocken Weltsicht gab es daher keinen Unterschied der Realitätsebenen zwischen einer *Alltagswelt* und einer fiktiven *Kunstwelt*, erschien doch in der idealen Projektion der Kunstwerke nicht ein erträumter Gegenentwurf zu einer dem künstlerischen Genie oder auch dem Genie des Auftraggebers aus verschiedenen Gründen negativ erscheinenden Realwelt. Vielmehr ermöglichte das Kunstwerk einen Blick in jene Sphäre überirdischen Seins, die die diesseitige Welt nach fest gegründeten Glaubensvorstellungen überall durchdrang und nach der barocken Geschichtstheologie unverrückbarer Bezugspunkt allen menschlichen Handelns war.

Auch Hans Günter Golinski sieht in seinem Versuch den damit an sich anachronistischen Begriff des barocken Gesamtkunstwerkes zu definieren, die Notwendigkeit des historisch-weltanschaulichen Bezuges:

> „Barockes künstlerisches Gesamtheitsstreben wirkte gleichermaßen im Sakralbereich und im Profan-, besser weltlichen Herrschaftsbereich. Beide Wirkungsfelder forderten die demonstrative und propagandistische Tendenz, den Verweis und die Vermittlung eines bestimmten Weltbildes. [...] Doch das Bekenntnis zum Diesseits mit aller Sinnenfreude war nur ein scheinbares, bzw. ein didaktisches; in der barocken Auffassung von Welt war alles Sichtbare, alles vom Menschen Wahrnehmbare nur Hinweis auf eine höhere Wirklichkeit."[37]

Dabei beschränkt sich Golinskis Definitionsversuch allerdings folgerichtig auf die Analyse des künstlerischen Phänomens aus der säkularen Perspektive:

> „Ein anderes Gesellschafts-, Religions- oder Kunstverständnis oder ein unwissender Betrachter macht diesen speziellen Akt des Zusammenspiels der Künste unmöglich."

Damit wird für Golinski das *barocke Gesamtkunstwerk* zum Produkt eines affektiven gesellschaftlichen Verhaltens, dessen letztlich wiederum als Gegenentwurf zu einem *natürlichen Zustand* zu interpretie-

[34] Euler-Rolle, 1989, 48.
[35] Kunze, 207.
[36] Euler-Rolle, 1989, 48.
[37] Hans Günther Golinski, Die Idee des ‚barocken Gesamtkunstwerkes'. Zur Bildsprache des Barock, Schloß Bensberg 1990, 26–53, hier 27.

rende Künstlichkeit sich aus dem dahinter stehenden ideologischen Rahmen entwickeln ließ. Daher findet Golinski auch zu einer Unterscheidung zwischen sakralen und profanen Gesamtkunstwerken, denen allerdings

> „eine kollektive Akzeptanz und ein allgemeiner Konsens hinsichtlich ihrer prinzipiellen Ideen [zugrunde gelegen habe]: Im religiösen Bereich war es die christliche Heilslehre und deren Umsetzung durch die alleinseligmachende Kirche, im weltlichen war es die Idee von der streng hierarchischen Gesellschaft, die durch den absolutistischen Herrscher verkörpert wurde. Funktional begründet und zweckorientiert, mußte das Erscheinungsbild der jeweiligen ‚öffentlichen Institution' inhaltlich und formal von einem bekannten Vokabular ausgehen, das der jeweilige Betrachter [...] in einem Kontext sinnvoll zusammenführte. Insofern kann eine derartige Komplexität, wie sie sich im barocken Gesamtkunstwerk zeigt, als Spezifikum der absolutistischen Gesellschaft gedeutet werden, deren Bestandteil auch die Kirche ist."[38]

Auch Euler-Rolle akzeptiert die aus der Analyse eines Werkes gewonnene Interpretation, es könne

> „nach seinem idealen Sinn im sakralen Bereich die Gewißheit einer göttlichen Sinnordnung vermitteln, in welcher der Begriff Gottes für das ‚Ganze' und das ‚Gesamte' steht, oder es konnte im profanen Bereich das absolutistische Autoritätsprinzip eines herrschaftlichen Ordnungssinnes repräsentieren."[39]

Dabei leistet jedoch nicht „die ästhetische Rundumgeschlossenheit und der formalistische Gesamtzusammenhang"[40] des synthetischen Kunstproduktes die Verbindung, sondern die in der Offenbarung wurzelnde Universalität der Weltdeutung.

In den umrissenen Positionen Euler-Rolles und Golinskis zum Begriff des (barocken) Gesamtkunstwerkes kommen damit zwei bereits vom theoretischen Ansatz her unterschiedliche Interpretationsmodelle zum Ausdruck, über deren Unvereinbarkeit Klarheit bestehen muss. Das soziologisch-kunstwissenschaftliche Verständnismodell Golinskis hält zunächst grundsätzlich an der Vorstellung fest, dass das *barocke Gesamtkunstwerk* etwas Künstliches sei, wobei er eben diese *Künstlichkeit* auf den zeitgenössischen Gesellschaftsentwurf bezieht, den er freilich selbst wiederum aus säkularer Perspektive kommentiert. Damit schafft Golinski der im Begriff des Gesamtkunstwerkes zusammengefassten Auffassung des barocken Kunstschaffens eine theoretische Grundlage, die gleichwohl bereits in ihrem Ansatz der schon im 19. Jahrhundert empfundenen Fremdheit des säkularen Weltverständnisses gegenüber jenem bis zum Ausgang des 18. Jahrhunderts problemlos praktizierten *unmittelbaren Verkehr mit dem Himmel* (Novalis) Ausdruck gibt. Bernd Euler-Rolle, dessen Ausführungen ich mich im Folgenden anschließe, appelliert dagegen an den Anspruch der Kunstgeschichte, die Kunstwerke auf der Grundlage zeitgenössischer Rezeption zu interpretieren. Deshalb lehnt er die Verwendung des Begriffes *Gesamtkunstwerk* zur Charakterisierung barocker Gesamtprojektionen ab, da diese eben nicht synthetische Kunstprodukte im Sinne eines ideologischen Gegenentwurfes zur Wirklichkeit waren, sondern als Abbilder höherer Daseinsformen im Sinne barocker Welt- und Geschichtsvorstellung grundsätzlich Realität beanspruchten. Nur so lässt sich überhaupt begründen, weshalb z.B. die in Trient versammelten Theologen darüber berieten, ob einem *künstlichen Abbild* (imago) Mariens und der Heiligen Verehrung zukomme oder nicht.

[38] Golinski, 53.

[39] Euler-Rolle, 1989, 58.

[40] Ebd., 57.

Allein dieses Verständnis macht es letztlich möglich, die Gesamtheit der Kunstunternehmungen der Fürstbischöfe von Würzburg als Teil ihrer Regierungstätigkeit zu begreifen, deren Ziel Thomas Höflich in dem Satz zusammenfasste:

> „Est enim opus divissimum Cooperati Christo in salutem animarum.“[41]

Mit den politischen Taten der Fürstbischöfe sollten auch ihre Kunstunternehmungen an der Verwirklichung des endzeitlichen Staatszieles mitwirken. Dabei ermöglichte es die sinnliche Anschaulichkeit des Mediums, sowohl die Verbundenheit der diesseitigen mit der jenseitigen Welt in den jeweils heilsgeschichtlich relevanten Ereignissen wie das vorweggenommene Erreichen des Zieles in dramatischen und effektvollen Inszenierungen darzustellen, die der allgemeinen Glaubenszuversicht, nicht aber einer visualisierten Utopie der Kunst Ausdruck gaben. So resultiert das Unbehagen in der Verwendung des Begriffes des *barocken Gesamtkunstwerkes* letztlich aus dessen historisch-ideologischer Unschärfe, die jener ideengeschichtlichen Projektion der barocken Weltdeutung und Geschichtstheologie, die die Kunstwerke aufgrund ihres Zeichencharakters interpretiert und in deren Bezugsrahmen sie einzuordnen waren, nicht gerecht wird.

Die vorliegende Arbeit versteht sich somit letztlich als ein Plädoyer für eine vertiefende Ideengeschichte, indem sie den essentiellen Beitrag der in geistlichem Auftrag entstandenen Kunst zum „Kulturphänomen Barock“ in einen komplexen historischen Zusammenhang einzuordnen und aus dieser Perspektive neu zu deuten versucht.

[41] Nach Thomas Höflich, Georg Schellenbach u.a.: Mitra Episcopalis / Tredecim præcipuis, Würzburg 1686.

II. Das Hochstift Würzburg 1684–1719

1. Die Bischöfe von Würzburg und Herzöge von Franken

1.1. Johann Gottfried von Guttenberg (1645–1698)

Die Würzburger Fürstbischöfe Johann Gottfried von Guttenberg (1683–1698) und Johann Philipp von Greiffenklau (1699–1719) haben im Gegensatz zu ihren prominenten Amtsbrüdern aus dem Haus Schönborn, Johann Philipp (1642–1673), Lothar Franz (1673–1729), Johann Philipp Franz (1719–1724) und Friedrich Karl (1728–1746) bisher keinen neuzeitlichen Biographen gefunden. Zu sehr scheint, über ein latentes Desinteresse der historischen Forschung an der neueren Geschichte der geistlichen Staaten hinaus, beiden noch heute das zugunsten der eigenen politischen Interessenswahrnehmung negativ geprägte Urteil der Schönbornfürsten anzuhaften, die ihnen ein schwaches Regiment attestierten.[1] Dies ist um so bedauerlicher, als beide Fürsten sowohl innenpolitisch im Kampf um die Durchsetzung und Wahrung der bischöflichen Autorität gegenüber dem Domkapitel und im Bemühen um den verwaltungstechnischen und wirtschaftlichen Aufbau des Landes wie außenpolitisch in den kriegerischen Auseinandersetzungen ihrer Zeit als treue Bündnispartner des Kaisers und in der Abwehr immer wieder kursierender Säkularisationsgelüste der deutschen Großmächte eine durchaus weitsichtige, konsequente und kluge Politik verfolgt haben, die ein würdigeres Echo verdiente. Darüber hinaus wurden, was darzustellen Anliegen dieser Arbeit ist, gerade in den Jahrzehnten der Regierungstätigkeit des Johann Gottfried wie seines Nachfolgers Johann Philipp insbesondere auch jene kunstpolitischen Aktivitäten begründet und entfaltet, auf denen die im allgemeinen Bewusstsein mit den Schönborns identifizierte Kunst des Barock in Franken aufbaute.[2]

1 So übernimmt z. B. Egon Johannes Greipl, in: Die Bischöfe der deutschsprachigen Länder 1648–1803. Ein biographisches Lexikon, hg. von Erwin Gatz, Berlin 1990 (hier zu J. G. von Guttenberg 162 f; zu J. Ph. von Greiffenklau 158 f.) Äußerungen des Lothar Franz von Schönborn über Guttenberg und Greiffenklau fast wörtlich, ohne ihren Wahrheitsgehalt überprüft zu haben. Siehe auch Andreas Scherf, Johann Philipp Franz von Schönborn. Bischof von Würzburg (1719–1724), der Erbauer der Residenz, München 1930 (Neudruck Aalen 1973), insbes. 1 ff sowie 37 ff; und Alfred Schröcker, Besitz und Politik des Hauses Schönborn vom 14. bis zum 18. Jahrhundert, in: Mitt. d. österr. Staatsarchives 26 (1973), 212–234; Ders., Die jungen Jahre des Lothar Franz von Schönborn (1655–1693), in: BHVB 112 (1976), 249–277; Ders., Die Bischofswahlen von Bamberg 1693, Mainz 1694 und Würzburg 1699 aus der Sicht des Lothar Franz von Schönborn (1655–1729), in: BHVB 114 (1978) 97–155.

2 Der immer wieder zitierte Begriff der „Kunst der Schönbornzeit" ist ja gerade für das Würzburger Kunstgeschehen des ausgehenden 17. und beginnenden 18. Jahrhunderts keineswegs umfassend. Die wichtigsten Daten zur persönlichen und politischen Biographie des Johann Gottfried von Guttenberg und des Johann Philipp von Greiffenklau enthalten immer noch die Chroniken des P. Ignatius Gropp, Collectio Novissimae Scriptorum et Rerum Wirceburgensium, Bd. I: 1495–1617; hier insbesondere Bd. II: 1617–1742, Würzburg, 1744 sowie die in deutscher Übersetzung erschienenen Bde. III und insbes. IV: Neueste Sammlung von allerhand Geschichts=Schriften, Begebenheiten und Denckwürdigkeiten, Würzburg 1748 (im folgenden zit. Gropp, I, II, III, IV). Diese sich auf älteres Material stützenden Chroniken sind zwar äußerst gewissenhaft ausgearbeitet, freilich aber weit davon entfernt, im Sinne moderner Geschichtsforschung kritisch reflektierend zu sein. Zu deutlich spricht aus ihnen das Bemühen, Panegyrik im Sinne des klassischen Herrscherlobes zu betreiben. Dies tritt insbesondere in der Lebensbeschreibung des Johann Philipp von Greiffenklau hervor, dessen Großneffe Karl Philipp das bischöfliche Amt in Würzburg zur Zeit der Entstehung von Gropps Chroniken innehatte. Ähnlich

Johann Gottfried von Guttenberg[3] *(Abb. 1)* entstammte einer in Franken weit verzweigten Familie, deren Mitglieder im Laufe des 16. Jahrhunderts teilweise zum evangelischen Glauben übergetreten waren. Sein Vater, Gottfried Wilhelm aus der katholischen Linie Guttenberg-Steinenhausen (1622–1683), hatte einige Semester Jura in Siena studiert. 1644–1655 versah er als Bamberger Rat und Oberamtmann die Ämter Neunkirchen-Schellenberg und Marloffstein. Von 1665–1682 war er Pfleger in Pottenstein sowie Amtmann in Gößweinstein, Leienfels und Neideck. 1642 heiratete er Maria Kunigunda Ursula von Guttenberg aus der katholischen Familie Guttenberg-Kirchlauter, eine Tochter aus der zweiten Ehe des Johann Gottfried von Guttenberg-Altenkirchlauter und der Anna Elisabeth von Elz. Johann Gottfried wurde am 6. November 1645 als zweiter Sohn des Ehepaares in einer Folge von insgesamt zwölf Kindern, darunter acht Söhne, geboren. Innerhalb des von Alfred Schröcker[4] beschriebenen Systems der von einem beschränkten Kreis stiftsfähiger und ritterbürtiger Familien regierten geistlichen Fürstentümer bot dieser Kinderreichtum die Chance, die ökonomische Machtgrundlage der Familie durch einflussreiche Karrieren in der geistlichen Laufbahn sowie durch Ämterübernahme im weltlichen Dienst zu verbessern. So wurde der ältere Bruder des Johann Gottfried, Otto Philipp (1644–1723), seit 1676 Domkapitular in Würzburg und Bamberg, dort 1685 zum Dompropst, also in das höchste Amt nach dem Fürstbischof gewählt. Ferner war er Propst von Stift Haug (1687–1717 resigniert) in Würzburg und St. Stephan in Bamberg. In Bamberg hatte er außerdem den Posten des Hofratpräsidenten inne. In Bamberg, Würzburg und Mainz war er schließlich jeweils zum

verhält es sich mit einigen weiteren, in der Universitätsbibliothek Würzburg bewahrten Chroniken und Historien, wie der „Kurze(n) Lebensbeschreibung der Würzburger Bischofe 1673–1712" des J. P. Ludewig und der Schrift des Caspar Brusch, „Von den Bischoffen zu Wirtzburg so auch Hertzogen zu Francken" von 1713, die beide in die Regierungszeit des Johann Philipp von Greiffenklau fallen und das gesteigerte Interesse an der Geschichtsschreibung in dieser Zeit erkennen lassen. Unter diesen Publikationen spielt der 1712 durch Valentin Kirchgeßner veröffentlichte „Gryphus principalis – sive Typus boni Principis" eine besondere Rolle. Auch der Gryphus principalis ist eindeutig dem Genre panegyrischer Literatur zuzuordnen, unterrichtet aber mit einer so großen Fülle wertvoller Sach- und Detailkenntnisse über Absichten und Zusammenhänge der fürstlichen Politik, dass diese Arbeit ohne ihn nicht zustande gekommen wäre. Kirchgeßners Schrift setzt auf hohem Niveau die Tradition des Fürstenlobes in Würzburg fort, die hier nach dem Tridentinum, also durchaus im konfessionsspezifischen Eifer, durch Julius Echter neu begründet wurde und in der zum dreißigjährigen Regierungsjubiläum Echters verfassten Festschrift „Encaenia et Tricennalia Juliana" ein richtungweisendes Formbeispiel fand. (siehe hierzu weiter unten Kap. III.2. und 3.) Leider fehlen Diarien, private Briefe oder sonstige Zeugnisse zu persönlichen Meinungen und Äußerungen der genannten Fürstbischöfe, die, wie im Falle der Schönborn, die von Kirchgeßner und Gropp verbreiteten offiziellen Verlautbarungen hätten vertiefen oder korrigieren können. Von besonderer Bedeutung war mir angesichts dieses Defizits entsprechendes Material aus dem engeren zeitlichen und räumlichen Umkreis der Würzburger Fürsten wie vor allem die Diarien des Abtes Gregor Fuchs von Obertheres (sog. Baudiarium StABa, dessen Angaben durch das Standbuch der Abtei Obertheres Nr. 649 im StAWü vervollständigt werden) oder der schriftliche Nachlass des Abtes Benedikt Knittel von Schöntal (siehe hierzu ergänzend die interessante Biographie von Johannes Brümmer, Kunst und Herrschaftsanspruch, Abt Benedikt Knittel (1650–1732) und sein Wirken im Zisterzienserkloster Schöntal, Sigmaringen 1994) das meine Bemühungen um ein authentisches Bild der Ideenwelt der geistlichen Herren im Übergang vom 17. zum 18. Jahrhundert wesentlich ergänzen konnte. Siehe auch grundsätzlich: Handbuch der Bayerischen Kirchengeschichte, Bd. 2: Von der Glaubensspaltung bis zur Säkularisation 1517–1803, hg. von Walter Brandmüller, St. Ottilien 1993, hier insbes. B. Sicken, Franken 1517–1648, 123–293 und Rudolf Endres, Dieter Weiß, Franken 1648–1803, 391–457; Alfred Schröcker, Ein Schönborn im Reich. Studien zur Reichspolitik des Fürstbischofs Lothar Franz von Schönborn (1655–1729), Wiesbaden 1978. Zur Darstellung der Hochstiftspolitik waren ferner die Rezesse des Domkapitels und der Hofkammer heranzuziehen, wobei letztere in Würzburg leider erst ab 1705 zur Verfügung stehen, sowie verschiedene Sammlungen von Dekreten und Erlässen der Fürsten, die im Folgenden einzeln zitiert werden. Das Verhältnis der Würzburger Fürsten zum Kaiserhof ließ sich anhand verschiedener Äußerungen der kaiserlichen Gesandten und Beamten insbesondere im Vorfeld von Wahlen oder im Zusammenhang mit den Allianzverträgen aus Beständen des HHStAWien (Geistl. Wahlsachen) ermitteln.

3 Siehe zum Folgenden neben den Angaben bei Gropp, II, 532–547 auch Joh. E. Bischoff, Genealogie der Ministerialen von Blassenberg und Freiherren von (und zu) Guttenberg 1148–1970, Würzburg 1971, hier 94.

4 Alfred Schröcker, Die Patronagen des Lothar Franz von Schönborn 1655–1729. Sozialgeschichtliche Studien zum Beziehungsnetz in der Germania Sacra, Wiesbaden 1981.

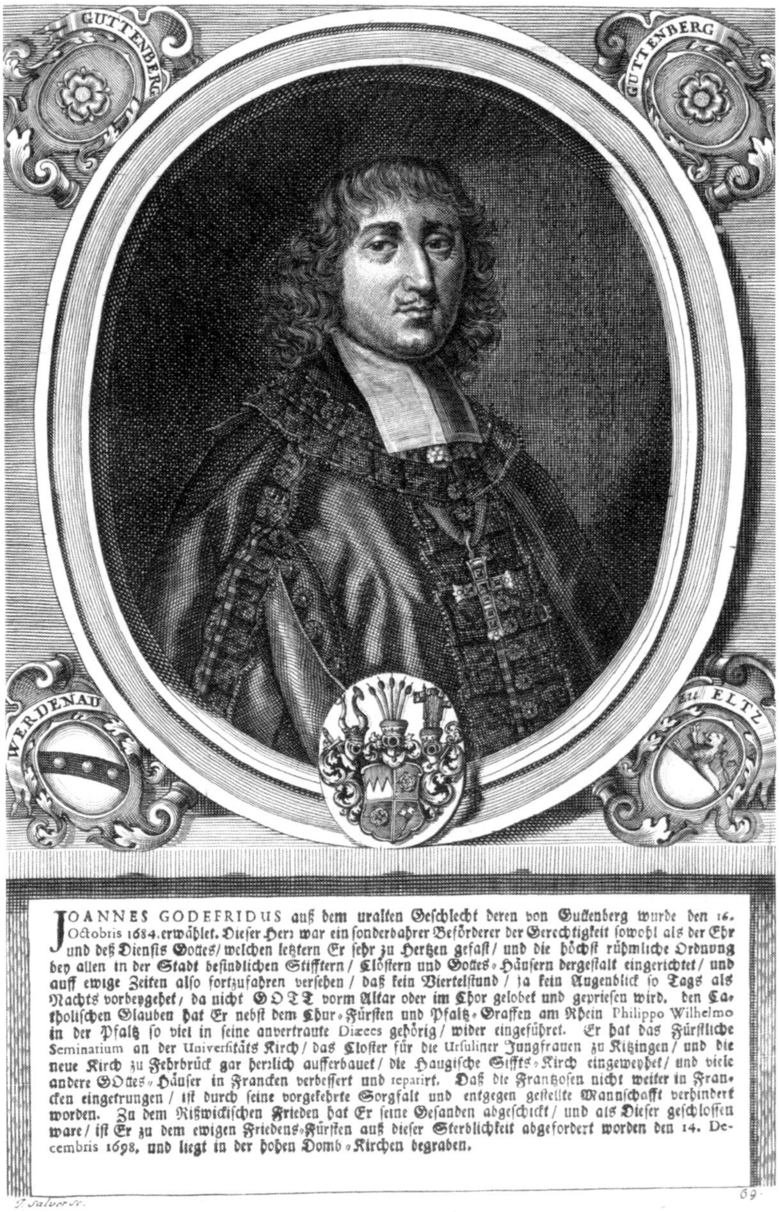

Abb. 1: Johann Gottfried von Guttenberg: Stich von Johann Salver, in: L. Fries, P. Ludewig: Geschicht-Schreiber von dem Bischoffthum Wirtzburg Bd. 2, Frankfurt a. M. 1713; Exemplar der Staatsbibliothek Bamberg, Sig. 22/HV.H.Franc 2/2.

Geheimen Rat bestellt worden. Ein jüngerer Bruder, Wolfgang Philipp (1647–1733), wurde Malteserritter. Franz Theodor (1652–1717) stieg in Augsburg in den Rang des Weihbischofs auf. Christian Ernst (1653–1724) wurde 1689 Abt des Klosters St. Michael in Bamberg. Der jüngste Bruder, Wilhelm Ulrich (1662–1736), erlangte den Rang eines Dompropstes zu Worms und wurde 1695 zum Dekan des Stiftes Komburg gewählt. Ferner wurde ein Neffe, Christian Ernst von Guttenberg, 1709/10 als Bamberger Hofrat besoldet und etwa gleichzeitig mit seinem Bruder, Marquard Konrad Philipp Gottfried, in das Würzburger Domkapitel aufgenommen. Weiterhin waren zahlreiche Familienmitglieder im weltlichen Stand unter den Amtmännern und Beamten der fränkischen Hochstifte zu finden.

Es ist nicht bekannt, zu welchem Zeitpunkt die Entscheidung fiel, Johann Gottfried für die geistliche Laufbahn zu bestimmen. Allerdings wird man, ohne ihm damit persönliche Überzeugung absprechen zu wollen, sagen können, dass dieser Schritt wohl weniger aus Neigung als vielmehr aus Familienkalkül vollzogen wurde. Daher kommt dafür am ehesten der Zeitpunkt nach der Geburt der beiden jüngeren Brüder Franz Theodor 1652 und Christian Ernst 1653 in Frage, durch die die Weiterexistenz der Familie im männlichen Stamm gesichert war. Somit mag auch für Johann Gottfried zutreffen, was der Mainzer Erzbischof Georg Friedrich von Greiffenklau in humorvoll-nüchterner Erkenntnis über die Ursache seines geistlichen Standes äußerte:

> „[...] Wan man eine Erbschaft in 5 bruderliche theil abtheilt und noch 5 schwestern zu versorgen hat, so kan es ja nit also sein undt pleiben, wie es bey unserem Vater s[elig]. Dieses haben unsere gottseligen Eltern woll bedacht, darumb sie mich undt Johann zu pfaffen gemacht, die Schwestern in Clöster gedhan, [...]".[5]

Zur korrekten Beurteilung dieses Schrittes ist aber darauf hinzuweisen, dass die damit verbundene Reglementierung der persönlichen Lebensgestaltung durch die Aussichten auf Karriere und finanzielle Versorgung im Stiftsdienst, die die Chancen des weltlichen Standes bei weitem übertrafen, zumindest im Selbstverständnis der Zeitgenossen durchaus aufgewogen wurden.

1653 wurde der ältere Bruder Otto Philipp in Würzburg zum Domizellar, also zum studierenden Domkanoniker aufgeschworen und noch im selben Jahr auch in das Bamberger Kapitel aufgenommen. Johann Gottfried folgte ihm ein Jahr später am 18.12.1654 als Domizellar in das Würzburger Kapitel, nachdem er wenige Tage zuvor durch Abt Johann Kaspar von St. Michael in Bamberg die erste Tonsur als äußeres Zeichen des Klerikerstandes empfangen hatte. Ihre Studienjahre absolvierten beide Brüder vermutlich zunächst gemeinsam in Würzburg und Bamberg. Johann Gottfried wechselte einige Jahre später zum Studium der Rechte an die Universität Löwen, neben der Gregoriana in Rom wohl die renommierteste katholische Universität dieser Zeit, deren juristische Fakultät zugleich eine der namhaftesten und traditionsreichsten Lehrstätten des Reichsrechtes war. 1665 bis 1668 vervollständigte er sich nach Gropp „an der Kammer zu Speyer",[6] also dem bis 1683 in Speyer residierenden Reichskammergericht, das eine zentrale Institution des Reiches darstellte, im Studium der Rechte. 1668/69 hielt er sich in Wien, möglicherweise an der kaiserlichen Hofkammer auf. Diese umfangreichen juristischen Studien bestätigen den Eindruck der späteren Regierungstätigkeit, die Johann Gottfried als erfahrenen und kenntnisreichen Verwaltungsjuristen auszeichnete.

Am 30.11.1669, also im Alter von 24 Jahren, beendete Johann Gottfried von Guttenberg sein Studium und kam in Würzburg seiner vor der endgültigen Aufnahme in das Kapitel vorgeschriebenen Präsenzpflicht nach. Am 21.9.1674 erhielt er die ebenfalls vorgeschriebenen niederen Weihen sowie vier Tage später die Weihe zum Subdiakon.[7] Nach weiteren fünf Jahren wurde er schließlich am 6.10.1679 als Kapitular zum Würzburger Kapitel zugelassen. Zwei Jahre später trat er auch in das Bamberger Domkapitel ein. Wenig später erlangte er die Würde eines Propstes zu Wechterswinkel. Aus dieser Zeit der Mitgliedschaft im Würzburger und Bamberger Kapitel sind nur wenige Einzelheiten zu seinem Leben bekannt. Allem Anschein nach gehörte er nicht zu den Vertrauten oder Beratern des nach Durchsetzung absolutistischer Machtansprüche strebenden Peter Philipp von Dernbach. Möglicherweise zählte er sogar zum engeren Kreis der oppositionellen Kapitulare. Jedenfalls wurde er nach dem Tod Dernbachs vom Bamberger Domkapitel, das sich um einen stärkeren Einfluss auf die hochstiftischen Verwaltungsämter bemühte, zum ersten Präsidenten der Hofkammer bestellt. Sein Bruder Otto Philipp nahm in derselben Zeit zwischen 1683 und 1685 mit dem Amt des Hofratpräsidenten die zweite dieser zur Kontrolle des regierenden Fürsten neu geschaffenen Positionen in Bamberg ein. Auch diese Ämterkumulation in der Hand der beiden älteren Brüder belegt, welche Vorrangstellung die Familie Guttenberg zu dieser Zeit in Bamberg innehatte. Nach Caspary[8]

[5] Georg Friedrich von Greiffenklau, Brief an den Bruder Heinrich bezüglich der gemeinsamen Erbschaft, HAV Gr.15; 1616, 11.10.1627, 5.3.; Nr. 6 f. 1 r (vermutl. um 1620 geschriebenes einzelnes Briefblatt ohne Datum.) zit. nach Ferdinand Sender, Georg Friedrich von Greiffenclau 1573–1629. Ein Prälat aus der mittelrheinischen Reichsritterschaft. Aufstieg und Regierungsantritt in Mainz, Mainz 1977, 19 und Anm. 51.

[6] Gropp, II, 536.

[7] Bischoff, 94; nach Gropp, II, 536 erst am 21.9.1675.

[8] Hermann Caspary, Staat, Finanzen, Wirtschaft und Heerwesen im Hochstift Würzburg (1672–1693), HVB Beiheft 7, Bamberg 1976, 111 (Anm. 44).

bekleidete Johann Gottfried wie sein Bruder damit eine durchaus karriereträchtige Position, die aber wohl auch Ausweis tatsächlicher Qualifikationen in der Ausübung eines hohen Regierungsamtes war. Daher gehörte er zu den potentiellen Kandidaten des Wiener Kaiserhofes für die Nachfolge des 1683 verstorbenen Peter Philipp von Dernbach, deren Eignung man zumindest diskutierte. Guttenberg wurden dabei sowohl Treue zu Kaiser und Reich wie profunde juristische Kenntnisse attestiert, die er jedoch unter Dernbach zunächst nur auf privatrechtlichem Gebiet habe beweisen können. Man bezweifelte daher seine Kenntnisse in staatsrechtlichen Zusammenhängen, die man zur Übernahme des Regierungsamtes jedoch voraussetzte.[9]

Auch im Oktober 1684 war Johann Gottfried von Guttenberg zunächst nicht der Wunschkandidat des Kaiserhofes, als er sich erneut um die Wahl zum Nachfolger des nach nur eineinhalbjähriger Amtszeit verstorbenen Wilhelm von Werdenau stellte. Vielmehr versuchte der Wahlgesandte der Hofburg, Ludwig Gustav Graf zu Hohenlohe-Schillingsfürst, zunächst unter den Kapitularen eine Mehrheit für den Domherren Franz Kaspar von Stadion (1637–1704) zu gewinnen, der sich ebenfalls bereits im Jahr zuvor vergeblich zur Wahl gestellt hatte. Erst am 3. Oktober 1684 erhielt Hohenlohe Instruktion, Guttenberg zu unterstützen, da sich der am Kaiserhof angesehene Fürstbischof von Bamberg, Marquart Sebastian Schenk von Stauffenberg, für diesen verwendet hatte.[10] Nachdem Guttenberg auch die Mehrheit des Kapitels hinter sich vereinigte, wurde er am 16. Oktober 1684 mit Konsens des Kaisers zum Fürstbischof von Würzburg gewählt. 1686 bestätigte Papst Innozenz XI. diese Wahl, worauf sich der neue Fürst am 29. Dezember desselben Jahres durch seinen Suffraganbischof Stephan Weinberger unter Assistenz der Äbte Eucharius von St. Stephan zu Würzburg und Franz Wundert von Bronnbach zum Bischof weihen ließ.

1.2. Die ersten Regierungsjahre: Verwaltungsreform und Kampf um die Wahlkapitulation

Die Umstände, die das Würzburger Kapitel veranlassten, den 39-jährigen Johann Gottfried von Guttenberg mit deutlicher Mehrheit zum Fürstbischof von Würzburg und Herzog von Franken zu wählen, sind nicht näher bekannt.[11] Die Würzburger Bischofswahlen im letzten Drittel des 17. Jahrhunderts wurden über den latenten Gegensatz zwischen den absolutistischen Bestrebungen des gewählten Landesherren und dem kollektiven Mitherrschaftsanspruch des wählenden Kapitels hinaus von einem letztlich darin wurzelnden Interessenskonflikt zwischen dem Kapitel und dem Wiener Hof bestimmt. Vor dem Hintergrund der zunehmenden äußeren Bedrohung des Reiches durch Frankreich und das Osmanische Reich zielte die Politik des 1658 gewählten Kaisers Leopold I. stärker als unter seinem Vorgänger Ferdinand darauf ab, zumindest die traditionellen Anhänger der alten Reichsidee durch eine konsequente Bündnis- und Allianzpolitik an sich zu binden.[12] Dabei kam dem jungen Kaiser ein durch die Aggressionen Ludwigs XIV. an der Rheingrenze und der Türken ab 1663 an der Südostflanke des Reiches erstarkender Reichspatriotismus zugute, der ihn vom Makel des potentiellen Friedensstörers, der noch seinem Vater Ferdinand anhaftete, befreite und sein Ansehen im Reich in der eschatologisch fundierten Rolle des *Defensor christianorum* neu befestigte. Der energische und begabte Peter Philipp von Dernbach, der die Bistümer Bamberg und Würzburg von 1675 bis 1683 in einer Hand vereinigte,

[9] Günther Christ, Der Wiener Hof und die Wahl Conrad Wilhelms von Werdenau zum Bischof von Würzburg, in: WDGB 26 (1964) 296–313; HHStA Wien, Geistliche Wahlsachen 45 a (z.T. unpaginiert).

[10] Günther Christ, Das Hochstift Würzburg und das Reich im Lichte der Bischofswahlen von 1673 bis 1795, in: WDGB 29 (1967), 184–206, hier 201.

[11] Lothar Franz von Schönborn, der 1684 noch nicht im bischofsfähigen Alter von mindestens dreißig Jahren war, beurteilte den Neugewählten abfällig. Schröcker, 1976, 267. Doch wird dieses Urteil einseitig durch die Sichtweise der bei der Wahl von 1684 unterlegenen Partei bestimmt, Lothar Franz war auf der Seite des Franz Kaspar von Stadion engagiert, so dass sein Zeugniswert gering bleibt.

[12] Siehe hierzu vertiefend u.a. Karl Ottmar von Aretin, Das Alte Reich 1648–1806, Bd. 1: Föderalistische und hierarchische Ordnung (1648–1684), Stuttgart 1981, 54–85; M. Petrau, Die öffentliche Meinung in Deutschland 1683–1687, 1921 sowie darauf bezogen Karl Ottmar von Aretin, Die Türkenkriege als Traditionselement im katholischen Europa, in: Tradition, Norm, Innovation. Soziales und literarisches Traditionsverhalten in der Frühzeit der deutschen Aufklärung, hg. v. Wilfried Barner, München 1989, 23–25.

hatte in diesem allgemeinen Aufschwung der Reichsidee auch ein Mittel erkannt, um über ein Engagement in der Reichspolitik innenpolitische Handlungsfreiheit in Konkurrenz zu seinen Domkapiteln zu gewinnen.[13] Dabei nutzte er konsequent die im Rahmen von Allianzverträgen mit dem Kaiser versprochene Aufstellung und Verpflegung von Truppenkontingenten, um das Konsens- und Kontrollrecht des Kapitels in Finanz- und Steuerfragen zurückzudrängen und seine eigene Verfügungsgewalt über diese Kernstücke staatlicher Macht auszudehnen. Trotz unbestreitbarer außenpolitischer Erfolge war diese Politik des Fürsten aus der Sicht des Hochstiftes unklug, hatte er sich doch nicht nur mit der Mehrheit des Kapitels verfeindet, sondern auch sein eigenes Handeln durch den offensichtlichen Bruch seines Wahleides in Misskredit gebracht. Es entsprach der Logik des Systems, dass das Domkapitel bei der Wahl des Nachfolgers eines derart machtbewusst auftretenden Fürsten sorgsam darauf bedacht war, einen Kandidaten zu finden, der die Rechtsansprüche des Kapitels wiederherzustellen und zukünftig zu achten bereit war. Aus diesem Grund bestand das Würzburger Kapitel im Vorfeld der Wahl von 1683 vehement sowohl auf dem Verzicht einer vom Kaiser gewünschten Fortsetzung der Allianz mit Bamberg wie auf der völligen Abkehr von der prokaiserlichen Rüstungspolitik zugunsten eines schon traditionell vom Mainzer Kurfürsten, hier Anselm Franz von Ingelheim, gesteuerten Neutralitätskurses. Kurmainz sah sich nämlich anders als die von den Kriegshandlungen am Rhein relativ unberührten fränkischen Hochstifte von der kaiserlichen Politik gegenüber Frankreich nicht ohne Ursache im Stich gelassen, war es doch ständig in Gefahr, als Aufmarsch- oder Durchzugsgebiet in den nicht enden wollenden Feldzügen geplündert und verwüstet zu werden. Auch das Würzburger Kapitel bemängelte die erheblichen Ausgaben für die Armierung des Hochstiftes, ohne freilich dagegen die Einsparungen für die allerdings stets verspätete Befreiung von den Winterquartieren und die ebenfalls nie fristgerecht eingehenden kaiserlichen Ausgleichszahlungen zu rechnen. Der so 1683 gegen die Interessen des Kaisers gewählte Kandidat des Kapitels, Conrad Wilhelm von Werdenau, hatte sich selbst als Kapitelsdeputierter während der Auseinandersetzungen um die Politik Dernbachs für die Kapitelsforderungen in Wien engagiert.[14] Nach seinem frühzeitigen Tod war davon auszugehen, dass sich das Kapitel erneut um einen in seinen Augen ähnlich geeigneten Kandidaten bemühen würde. Es stand daher von vornherein fest, dass der Wunschkandidat des Kaisers, der Bischof des kärntnerischen Lavant, Franz Kaspar von Stadion, keine Chance haben würde. Sieht man die Ereignisse der Wahl von 1684 jedoch aus ihrer späteren Entwicklung, so erwies sich der nur zögernd akzeptierte Kandidat Guttenberg im Nachhinein als treuer Parteigänger des Kaisers, während sich Franz Kaspar von Stadion mit Lothar Franz von Schönborn für den letztlich antikaiserlichen oder besser gesagt „antihabsburgischen“ Neutralitätskurs[15] der von Kurmainz angeführten vorderen Reichskreise einsetzte.

Insgesamt wird deutlich, dass es im Vorfeld einer geistlichen Wahl sowohl für den Kaiserhof wie für das jeweilige Domkapitel weitgehend unmöglich war, die politische Entwicklung eines Kandidaten abzuschätzen. Es war daher folgerichtig, wenn die Kapitel ihre Ansprüche und Vorstellungen durch detailliert abgefasste Wahlkapitulationen, die vor dem Wahlakt beschworen werden mussten, absicherten. Ebenso taten auch die Kandidaten, wie Johann Gottfried, gut daran, ihre potentiellen Absichten nicht allzu deutlich zu äußern. So war im Zweifelsfall jeder Kandidat geneigt, wenn ihm das Wahlglück lachte, seine eigenen Vorteile gegenüber der noch kurz zuvor beschworenen Solidargemeinschaft der Kapitelsbrüder wahrzunehmen. Auch Johann Gottfried zögerte, trotz einer der schärfsten Kapitulationen, die einem Kandidaten jemals auferlegt wurde,[16] nicht, die sich ihm bietende Chance wahrzunehmen.

Bereits in seinen ersten Regierungsjahren widmete sich der neu gewählte Fürst mit Energie der Reform der hochstiftischen Verwaltung auf der unteren wie auf der oberen Ebene. Die von ihm eingeleiteten, überaus weitsichtigen Maßnahmen trugen zusammen mit einer Reihe wirtschaftspolitischer Aktivitäten

[13] H. J. Wunschel, Die Außenpolitik des Bischofs von Bamberg und Würzburg Peter Philipp von Dernbach, Neustadt 1979.

[14] Josef Friedrich Abert, Die Wahlkapitulationen der Würzburger Bischöfe bis zum Ende des XVII. Jahrhunderts. 1225–1698, in: AU 46 (1904), 27–186, hier 77 und Anm. 4: DKP 1676 Nov. 10 (fol. 437).

[15] Vgl. zum Kontext der Schönborn'schen Reichspolitik grundsätzlich: Stephan, 50 ff.

[16] Abert, 78.

zu einer deutlichen Konsolidierung des Hochstiftes bei. Nach wiederholten Aufforderungen des Kapitels hatte er sich zum Ende der Laxenburger Allianz 1685 entschlossen, die über das Kreiskontingent hinaus angeworbenen hochstiftischen Truppen aus Ungarn zurückzubeordern und die Regimenter bis auf drei Kompanien zu Fuß sowie die von Dernbach zur Versorgung invalider und ausgedienter Soldaten eingerichtete Soldatenpflege aufzulösen. In der Tat war der Kaiserhof dem Hochstift erhebliche Finanzleistungen schuldig geblieben. Auch die Soldatenpflege belastete die Staatskasse, so dass gegen die Kapitelsforderungen aus rein haushalterischen Gründen nichts einzuwenden war.[17] Bereits im Herbst des übernächsten Jahres (1687) wurden jedoch die Befürchtungen um einen weiteren Feldzug Ludwigs XIV. gegen das Reich zur Gewissheit. Im November 1687 ließ der Bischof 400 Mann für seine Haustruppen werben, die aber im Ernstfall nicht einmal in der Lage gewesen wären, die Residenzstadt Würzburg zu schützen. Als dann im September des folgenden Jahres französische Truppen tatsächlich in die vorderen Reichsterritorien am Rhein einfielen und sogar Mainz und Philippsburg besetzten, begannen auch die übrigen Mitglieder des fränkischen Kreises fieberhaft aufzurüsten. Vom 31. Oktober auf den 1. November 1688 wurden mehrere würzburgische Ortschaften sowie vom 14. auf den 15. November zwanzig Ortschaften im Umkreis der freien Reichsstadt Rothenburg durch Beschuss französischer Streifkorps in Schutt und Asche gelegt. In aller Eile mussten die fränkischen Kreisfürsten um Unterstützung durch sächsische, brandenburgische und kaiserliche Truppen nachsuchen. Alles in allem kosteten Brandschatzungen und Verwüstungen sowie Durchmärsche und Einquartierungen der verbündeten Truppen das Hochstift Würzburg in Herbst und Winter 1688/89 109 000 Gulden,[18] die leicht ausgereicht hätten, um ein eigenes Truppenquantum zu finanzieren, wobei die Aufwendungen für Ausrüstung und Verpflegung in die Wirtschaft des eigenen Landes geflossen wären. Diese einfache Rechnung veranlasste Guttenberg, noch im Dezember des Jahres 1688 zum System der dernbachischen Militärpolitik zurückzukehren und einen Allianzvertrag mit dem Kaiser abzuschließen, der ihn zunächst zur Stellung von 2000 Mann zu Fuß und 800 Dragonern bei einer Verpflegungsleistung von lediglich 2000 Maltern Getreide gegen Freistellung von den Winterquartieren verpflichtete. Wie Dernbach holte auch Guttenberg für diesen Vertrag, den er aus seiner Lehnspflicht gegenüber dem Reichsoberhaupt ableitete, nicht den Konsens des Kapitels ein. Bereits im Vorjahr waren zwischen Bischof und Kapitel Streitigkeiten aufgebrochen, als Guttenberg im Rahmen seiner Reformtätigkeit die Mitwirkung des Kapitels in der Organisation des Oberrates zurückzudrängen suchte.[19] Es folgten weitere Kontroversen in Angelegenheiten des *subsidium charitativum*,[20] der Akzise und des Umgeldes[21] sowie in verschiedenen Kammersachen,[22] die aber im Grunde nur Nebenschauplätze des eigentlichen Konfliktanlasses, nämlich der Befürchtung des Kapitels, der Fürst strebe entgegen seinen Wahlversprechungen ein absolutes Regiment an, waren.

Guttenberg ging in diesem Konflikt von Anfang an mit großer Entschlossenheit und taktischem Kalkül vor, als habe er lediglich auf einen Anlass gewartet, seine Position zu festigen.[23] Schon im März 1688

17 Zur Leistung der Würzburger Truppen bei der Belagerung und Erstürmung der Feste Neuhäusel und der Schlacht bei Gran 1685 sowie bei der Eroberung von Ofen und Belgrad 1686–1688 siehe Hermann Helmes, Aus der Geschichte der Würzburger Truppen 1628–1802, Würzburg 1909, 41 sowie Walter Kopp, Würzburger Wehr – Eine Chronik zur Wehrgeschichte Würzburgs, Würzburg 1979, 58 f. Beide Titel auch zum folgenden Abschnitt.

18 Berechnungen nach Helmes, 43. Diese enormen Summen vermitteln auch einen Eindruck von den allgemeinen Kriegskosten dieser Jahre. Damit war ein erheblicher Teil der Finanzkraft des Hochstiftes gebunden, was sich beispielhaft auch in den finanziellen Engpässen des Domkapitels zu Beginn der Neuausstattung des Kiliandomes bemerkbar macht.

19 Siehe hierzu sowie zu den folgenden Angaben und Zitaten: Abert, 78 ff, hier 79: DKP 1686 Febr. 7, (fol. 52); Sept. 28, (fol. 309 ff). Vgl. auch die von Ignaz von Tastungen 1698 verfasste Denkschrift „Wie die conservation (...) Kayserl. Maytt. Als summo Ecclesiarum Advocato anvertrauter Stiffter (...),“ HHStA Wien, Geistl. Wahlsachen 45.

20 DKP 1689 Febr. 19 (fol. 40).

21 DKP 1690 Juli 14 (fol. 195’).

22 DKP 1690 Sept. 28 (fol. 285).

23 Dabei ist das konsequente Handeln des Fürsten mit wünschenswerter Deutlichkeit geeignet, um sein Verständnis von den Strukturen und Notwendigkeiten weltlicher Macht und staatlicher Autorität zu skizzieren. Die Befreiung von den reglementierenden Bindungen an eine Wahlkapitulation bedeutete eine erhebliche Steigerung des bischöflichen Anspruchs auf autonome Machtausübung gegenüber dem Domkapitel.

hatte er sich auf dem dafür vorgesehenen Rechtsweg an den Deutschmeister in Mergentheim als kaiserlichen Kommissär gewandt[24] und diesem eine Beschwerde gegen seine Kapitulation übergeben.[25] Der Deutschmeister, dem auch vom Papst die vorläufige Entscheidungsbefugnis in den geistlichen Angelegenheiten der Wahlkapitulationen übertragen worden war,[26] absolvierte den Bischof am 25. August 1690 von seinem Eid.[27] Damit war Guttenberg bereits in der ersten Phase der Auseinandersetzungen ein entscheidender Schlag gegen das Kapitel gelungen, wobei er sich im Gegensatz zu Dernbach jederzeit im völlig korrekten Rahmen der ihm zur Verfügung stehenden Möglichkeiten bewegte, ohne selbst eidbrüchig zu werden.[28] Nach diesem Erfolg des Fürsten schienen beide Seiten zunächst einlenken zu wollen. Das Kapitel gratulierte dem Fürsten am 16.10.1690 ausdrücklich zu seinem Wahltag und versicherte angesichts seines friedfertigen Regimentes, man wolle auch

> „zukünftig unzertrennlich und freundschaftlich voll Vertrauen mit Hochfstl: Gnd: leben."[29]

Auch der Bischof hütete sich vor einem, seine Regierung blockierenden, endgültigen Bruch mit dem Kapitel und schlug von sich aus eine gemeinsam abzuwägende *Capitulatio perpetua* vor,[30] die

> „solum modo circa Jurisdictionalia et Cameralia eorumque Diminutionem cæteris tamen per omnia salvis"

verfasst werden sollte.[31] Allerdings scheint Guttenberg hier taktiert und auf Zeitgewinn gespielt zu haben. Denn nachdem die Perpetua trotz anfänglicher Proteste des Propstes und des Dechanten[32] bis zum 14. Juli 1691 erarbeitet und durch den bischöflichen Agenten Johann Hartmann[33] dem Papst zur Erteilung der Konfirmation vorgelegt worden war,[34] arbeitete dieser wohl nicht ohne Wissen des Bischofs[35] insgeheim dagegen und erwirkte die Einsetzung einer Kardinalskongregation, die der *Capitulatio perpetua* die Konfirmation verweigerte.[36]

Zu diesem Zeitpunkt war Guttenberg offensichtlich vom Erfolg seiner Sache überzeugt. Bei anhaltender Kriegsgefahr schloss er am 12. April 1693 einen zweiten Allianzvertrag mit dem Kaiser, ohne das Kapitel zu konsultieren, was dieses eher resignierend zur Kenntnis nahm.[37] Ein dritter Allianzvertrag folgte am 17. Mai 1697 mit dem Herzog von Sachsen-Gotha. Am 22. September 1695 erließ schließlich Papst Innozenz XII. mit der *Constitutio Innocentiana*[38] „jene hochbedeutende Bulle", die bei Androhung der strengsten Kirchenstrafen die Einholung einer Kapitulation vor der Wahl verbot und sämtliche nach dem Wahlakt geschlossenen Verträge einer Prüfung und Bestätigung durch den Heiligen Stuhl unterwarf.[39] Ihr folgte die endgültige Ledigsprechung des Bischofs von seinem Eid durch das Kardinalskollegium.[40] Ein päpstliches Breve vom 1. Mai 1697 besagte abschließend:

[24] DKP 1688 Dez. 4 (fol. 317); 1689 März 31 (fol. 79).

[25] DKP 1689 April 26 (fol. 85). Gegenprotest des Kapitels vom Juli 1689 (fol. 154).

[26] DKP 1689 August 3 (fol. 178).

[27] DKP 1690 August 25 (fol. 245).

[28] Noch Dernbach gegenüber war dieser Vorwurf ein Hindernis für Papst und Kaiser, sich energischer auf Seiten des Bischofs zu engagieren. Siehe zu Dernbach: Wunschel, 113 ff.

[29] DKP 1690 Okt. 16 (fol. 398').

[30] Erstmals vorgeschlagen 1690 Juli 15 (DKP fol. 203').

[31] Nochmals vorgeschlagen 1690 Juli 29; DKP (fol. 228); vom Kapitel aufgegriffen 1690 Okt. 3; DKP (fol. 309 f); beschlossen 1690 Okt. 19; DKP (fol. 429).

[32] DKP 1691 Febr. 10 (fol. 98').

[33] Wie viele der fürstlichen Geistlichen Räte war auch Hartmann mit einem Kanonikat an Stift Haug versorgt.

[34] Empfehlungsschreiben nach Rom 1691 Nov. 12, in: Factum et jus jur., Würzburg 1697, 426; Abert, 80.

[35] Dies war jedenfalls die Meinung des Kapitels: DKP 1692 März 11 (fol. 118) sowie März 23 (fol. 138).

[36] 1692 Sept. 28. Der Bischof hatte schon im Peremptorium vom 23. September 1692 erklären lassen, dass sein Gewissen eine Unterzeichnung der Capitulatio perpetua nicht gestatte. DKP 1692 Sept. 23 (fol.338). DKP 1693 März 17 (fol.85).

[37] DKP 1693 März 17 (fol. 85).

[38] StAWü. V 18992 Administr. fasc. 867 a; abgedruckt in Factum et jus jur., 230–242 und 431–444.

[39] Abert, 81 und Anm. 6.

[40] DKP 1697 März 18 (fol. 76').

„Episcopum non teneri ad observantiam Instrumenti et Capitulationum, non obstante Juramento.“[41]

In dieser Phase der Auseinandersetzung hatte das Kapitel dem Kaiser einen aus seiner Sicht verfassten Bericht zukommen lassen, den der fürstliche Rat Johann Conrad Philipp Ignatius von Tastungen in einem Brief vom 4.9.1698 sowie durch die beigeheftete Denkschrift

„wie die conservation [...] Kayserl. Maytt. als summo Ecclesiarum Advocato anvertrauter Stiffter von der Capitulation oder vielmehr der capitularen privaten Utilität bey so gestalten sachen den Platz und Sieg überlassen müsse, [...]“

kommentierte. Zunächst betonte das Kapitel die segensreiche Wirkung der Kapitulationen, die die Eintracht zwischen dem Fürsten und den Stiftsherren fördere. Die projektierte Capitulatio perpetua könne wie ein Orientierungsmaßstab wirken, der notwendig sei, da der jeweils regierende Fürst kein *dominus haereditarius*, sondern ein *administrator temporalis* sei. Da in der Person des Bischofs sich weltliche und geistliche Funktionen mischten, habe das Kapitel darauf zu achten,

„dass eine Qualität die andere nicht absorbire, daß pedum und der gladius in bilance gehalten [werde]. Daß aber man einen gantz ohnbeschrenckten independirenten Gewalt gestalten / und concediren solle / daß allein nach belieben regiret werde / das wird verhoffentlich von niemand vor billig erachtet werden / als vielmehr die gemeine Wohlfahrt der Stiffter und Römischen Reichs ein anderes erfordert / und man sich sonsten eine Verantwortung auf sich laden würde.“[42]

Vor dem Hintergrund des bereits erlangten Erfolges beim Päpstlichen Stuhl forderte dagegen Tastungen das Reichsoberhaupt auf, *in temporalia* nicht hinter dem *in spiritualia* ergangenen Entscheid des Papstes zurückzustehen:

„damit auch die von Euer Kayserl. Maytt. denen Ertz= und Bischoffen verliehene hohe fürstl. Jura als Euer Kayserl. Maytt. ut domini directi aigenthumb gegen die domcapitelsche Unternehmungen in Sicherheit gesetzet, beneben auch dero allerhöchster, bey denen capitulen aber notone fast gantz verlohrener Kayserl. respect auch auctorität wieder hergestellet, förderist Euer Kayserl. Maytt. selbstige hohe Kayserl. praerogativen und gerechtsame dergestalten aufrecht erhalten werden, damit man künfftig die schädliche Konsequenz darauff nicht ziehen mögte, ob wäre ein Römischer Kayser in temporalibus das nit zuverhengen befuget was der Päpstl. Stuhl in Spiritualibus verordnet. [Die Bischöfe trügen] als wahre hirten und nit als gedingte mietlinge vor ihre stiffter eine wahre sorge [...], umb so mehr consoliret, als sie sonsten, und wann nit von beyden allerhöchsten oberhauptern communi manu auxilis et consilio so gewaltig anwachsenden übel heylsame Verordnungen entgegengestellt werden, den unausbleyblichen Zorn Gottes damithin dessen gerechte straff über ihro stiffter wehemütig vorsehen.“[43]

Am 11. September 1698 bekräftigte daraufhin auch ein kaiserlicher Erlass[44] die Unwirksamkeit der Kapitulation in allen weltlichen Belangen des fürstbischöflichen Regimentes. Johann Gottfried war also nach zehnjährigem Ringen auf der ganzen Linie siegreich aus der Auseinandersetzung mit dem Domkapitel hervorgegangen.

[41] Factum et jus jur., 250; Abert, 82 Anm. 1.

[42] HHSTA Wien, GWA 45 a.

[43] HHSTA Wien, GWA 45 a.

[44] StAWü, V 18992 Administr. fasc. 876 a; abgedruckt in Factum et jus jur., 445–447.

Leider lässt sich aus den erschlossenen Quellen nicht entnehmen, wie sich das Verhältnis zwischen Fürst und Kapitel während des Prozesses im Einzelnen gestaltete. Die Tatsache, dass der Konflikt von Anfang an auf dem Rechtsweg verhandelt wurde, hatte dazu beigetragen, dass die fürstliche Regierung stets handlungsfähig blieb. Dabei ist davon auszugehen, dass sich das Kapitel kaum in einheitlicher Front gegen den Bischof stellte. Auch Guttenberg war vermutlich, ähnlich wie dies Schröcker für Lothar Franz nachgewiesen hat, darum bemüht, durch Ämterpatronagen seinen Anhängerkreis zu festigen. Dadurch war es ihm möglich, mit der Reform der Hochstiftsverwaltung ein zweites heißes Eisen anzufassen, obwohl er sich damit auch einen Teil der Beamtenschaft verfeindete. Mit psychologischem und taktischem Geschick begegnete er Anfeindungen und Gehorsamsverweigerung, indem er die Beamtenschaft durch ständige Leistungskontrollen, seine Kapitelsbrüder aber durch geistliche Disziplinierungsmaßnahmen unter Druck setzte. So verklagte er etwa seinen schärfsten Widersacher Georg Heinrich von Stadion vor dem päpstlichen Disziplinargericht, weil dieser seine Pflichten als Dekan vernachlässigt und die Würde seines geistlichen Standes verletzt habe.[45] Der Fürst selbst scheint demgegenüber von hoher moralischer Integrität gewesen zu sein. So kam es unter seinem Regiment nicht zu den üblichen Auswüchsen des Nepotismus, noch hat er die Staatskasse durch unnötige Ausgaben belastet. Selbst seit Jahrzehnten projektierte Unternehmungen, wie die Neuausstattung des Domes, den Neubau der Neumünsterfassade oder die Errichtung einer fürstlichen Residenz in der Stadt stellte er angesichts der Belastungen durch die Kriege zurück.[46] Ferner stiftete er zur Linderung der allgemeinen Not die Hälfte seines Vermögens zugunsten einer wohltätigen Einrichtung für die Armen.[47] So scheint das nach seinem Tod geäußerte Urteil des Hofrats Demerath einseitig die Meinung der Guttenberg-Gegner zu reproduzieren:

> „Er war ein guter Haushälter, liebte Sparsamkeit und Ordnung. Weil er aber prozesssüchtig und ein schneller und vehementer Herr war, der Generosität und Freigebigkeit gar nicht kannte, so hieß es von ihm: timebatur ab omnibus, amatus a nemine, daher auch gar kein Leidwesen bei seiner Leiche um ihn war und man ihm zur Grabschrift setzen konnte: hic jacet, qui tacet, quod placet."[48]

1.3. Die Konkurrenz zum Haus Schönborn im Spiegel der Bamberger Bischofswahl von 1693 und der Würzburger Bischofswahl von 1699

Vor diesem Hintergrund mag es als Zeichen der Selbsteinschätzung aufschlussreich sein, dass sich Johann Gottfried von Guttenberg nach dem Tod des Bamberger Fürstbischofs Marquard Sebastian Schenk von Stauffenberg 1693 um dessen Nachfolge bewarb. Immerhin waren elf der zwanzig Bamberger Kapitulare zugleich in Würzburg präbendiert, damit also genauestens über den Verlauf des Prozesses in Rom und das Verhalten des Fürsten orientiert. Guttenberg scheint dies nicht als Hindernisgrund für seine Wahl gesehen zu haben und auch der letztliche Wahlsieger Lothar Franz von Schönborn nahm den Würzburger Bischof wohl wegen dessen familiären Rückhaltes im Bamberger Kapitel so ernst, dass er sich über dessen nicht ohne Geldleistungen erfolgten Verzicht auf eine Kandidatur erleichtert zeigte.[49] Lothar Franz hatte seine Wahlbewerbung in Bamberg von langer Hand vorbereitet. So gehörte er neben den Brüdern Franz Kaspar und Georg Heinrich von Stadion zu den schärfsten Kritikern Guttenbergs während der Auseinandersetzungen um die Wahlkapitulation. Mehrfach hatte er versichern lassen, die

45 Schröcker, 1981, 52 und Anm. 286 (AW Korr. LF 490 Melchiori).

46 Siehe hierzu weiter unten.

47 Fürstlich Guttenbergische Armenstiftung vgl. Bischoff, 94.

48 Würzburger Chronik = Geschichte, Namen, Geschlecht, Leben, Thaten und Absterben der Bischöfe von Würzburg und Herzöge zu Franken, (Auszüge aus I. Gropp u.a.) 1963, (= Würzburger Chronik) Bd. II, 311.

49 Der kaiserliche Wahlgesandte Christian von Eck hatte Instruktion, abzuwarten, welchem Kandidaten das Kapitel zuneigen würde. Diesmal gehörte neben Lothar Franz von Schönborn durchaus auch Johann Gottfried von Guttenberg zu den Favoriten des Kaisers. Mit der Unterstützung des Schönborn hoffte man die in ihrem reichspolitischen Engagement zurückhaltend beurteilte Familie für die Seite des Kaisers zu gewinnen. HHStA Wien GWA 45 a.

Rechte der Kapitelsbrüder für den Fall seiner Wahl achten zu wollen. Auch waren gezielt gestreute Bemerkungen wie über die *tergiversation*[50] Guttenbergs dazu angetan, diesen als potentiellen Gegenkandidaten auszuschalten.

Das Verhältnis des Lothar Franz von Schönborn zur Familie Guttenberg war allerdings schon vor der Bamberger Wahl belastet. Im Gegensatz zu den bereits über Generationen hauptsächlich in Bamberg engagierten Guttenberg lag der Schwerpunkt der Familie Schönborn ursprünglich eher im Kurmainzer Bereich.[51] Allem Anschein nach versuchten die alteingesessenen Familien der fränkischen Bistümer den Kreis der Anwärter auf einflussreiche Ämter, deren Erwerb ja im Normalfall eine Besitzverschiebung zugunsten der präbendierten Familie bedeutete, gegenüber den *rheinischen Eindringlingen* begrenzt zu halten. So beklagt sich Lothar Franz wiederholt über angebliche *Passionen* und Voreingenommenheiten der altfränkischen Familien gegen sein Haus.[52] Dabei scheinen gerade die Mitglieder der Familie Guttenberg dem Haus Schönborn mit Distanz begegnet zu sein, wobei die Ursache des Konfliktes durchaus auch in der rücksichtslosen Art der Interessenswahrnehmung durch die rheinischen Grafen zu suchen war. Neben Gottfried von Guttenberg hatte Lothar Franz ein besonders schlechtes Verhältnis zu Christoph Ernst von Guttenberg, dem Abt von St. Michael in Bamberg. Lothar Franz sah daher auch in der Bamberger Wahlbewerbung des Johann Gottfried von 1693 einen Versuch, die *fränckische nation* gegen die *rheinländische* zu behaupten[53] und missachtete geflissentlich das legitime Interesse der Guttenberg am Ausbau des eigenen Einflussbereiches. Der latent schwelende Konflikt verschärfte sich, als Lothar Franz und sein Bruder Johann Erwein von Schönborn den im September 1694 schwer erkrankten Guttenberg für den Plan einer Koadjutorie des Lothar Franz in Würzburg gewinnen wollten. Als sich Guttenberg nicht nur weigerte, diesem Plan zuzustimmen, sondern auch nach seiner Genesung einen deutlich selbständigen Kurs vor allem in Fragen der Reichs- und Kreispolitik gegen den im Mai 1695 zum Erzbischof und Kurfürsten von Mainz gewählten Lothar Franz anstrebte, suchte ihn dieser erneut durch abfällige Äußerungen sowohl persönlich wie vor allem im Prozess um die Kapitulation politisch zu verunglimpfen.

Es ist zum Verständnis dieser Auseinandersetzungen wichtig festzustellen, dass sich dabei verschiedene Konfliktebenen überschnitten. So scheiterte Lothar Franz im Werben um die Würzburger Koadjutorie wie schließlich auch im Jahr 1699 bei der Neuwahl des Würzburger Fürstbischofs nicht nur, weil ihm u.a. die Familie Guttenberg die mit dem Gewinn des dritten Bischofsitzes verbundene Machtkonzentration an Main, Rhein und Regnitz aus eigenem vitalen Interesse missgönnte, sondern auch, weil ihm insbesondere der Papst in der Wahrung tridentinischer Traditionen den dazu notwendigen Dispens verweigerte. Damit hatte an sich der Widerstand Guttenbergs gegen die nach 1695 entwickelte Reichs- und Kreispolitik des Mainzers nichts zu tun. Lothar Franz begann nämlich unmittelbar nach seinem Regierungsantritt in Mainz, mithilfe der ihm durch den Bamberger und Mainzer Stuhl zufallenden Funktionen als Direktor des fränkischen und des oberrheinischen Kreises sowie als Erzkanzler des Reiches unter dem Eindruck des militärischen Debakels der Reichsarmee von 1688/89, das er dem Kaiser anlastete, ein neues System der Reichsverteidigung auf der Grundlage einer Kreisassoziation aufzubauen, dem mit England und Holland auch auswärtige Mächte beitreten sollten. Die dazu projektierte Assoziationsarmee, für die man allerdings die phantastische Kriegsstärke von 60 000 Mann veranschlagte, sollte mit immerhin 40 000 Mann als Sicherheitsgarantie auch in Friedenszeiten bestehen bleiben. Damit griff Lothar Franz einen Vorschlag Guttenbergs zur Schaffung eines stehenden Heeres auf, den dieser bereits am 12. Oktober 1690, also ebenfalls unter dem Eindruck der Katastrophe des Kriegswinters 1688/89 unterbreitet hatte.[54] Anders als der Fürstbischof wollte jedoch der Kurfürst dieses Kreisheer nicht dem Einfluss des Kaisers unterstellen, mit dem er deshalb scharfe Kontroversen austrug.

50 Schröcker, Bischofswahlen, 100 und 104.

51 Schröcker, 1981, 19.

52 Allerdings wird dieses Argument von Lothar Franz häufig missbraucht, um tatsächliche Hintergründe zu überspielen. Auch Lothar Franz hat sich in vergleichbarer Form immer wieder zugunsten rheinischer Familien wie etwa der von Stadion bei den Würzburger Bischofswahlen von 1683/84 engagiert.

53 Schröcker, 104 Anm. 27.

54 E. Kraus, Hofhaltung in Würzburg 1675–1719, in: MfrJB 27 (1975), 52 und Anm. 15. DKP 1690 Okt. 12 (fol. 366).

Der von den kriegerischen Auseinandersetzungen mit Frankreich stets unmittelbar betroffene Mainzer sah nämlich, ähnlich wie sein Onkel Johann Philipp dreißig Jahre zuvor, vor dem Hintergrund des sich abzeichnenden Konfliktes um das spanische Erbe der Habsburger, in der Verstrickung des Kaisers in die europäische Politik eine Hauptursache für die Bedrohung des Reiches und insbesondere der vorderen Reichskreise. Es ist nicht bekannt, ob konkret dieser antikaiserliche Zug der Assoziation das Missfallen Guttenbergs erregt hatte, da dieser ja schon aufgrund der Protektion in Angelegenheiten der Wahlkapitulation immer wieder seine Treue zum Kaiserhaus betonte. Vielmehr aber scheint es eine Rolle gespielt zu haben, dass Würzburg als potentester fränkischer Kreisstand selbst kein einflussreiches Kreisamt bekleidete. Bamberg hingegen, das das Direktorium im fränkischen Kreis führte und Kurmainz für den oberrheinischen Kreis waren bei weitem nicht in der Lage, ähnliche Truppenkontingente aufzustellen und zu finanzieren wie Würzburg. So musste der Würzburger Fürstbischof bei Unterstützung der Pläne des Lothar Franz befürchten, einen weitaus höheren Beitrag zur Finanzierung eines gemeinsamen Heeres leisten zu müssen als der Mainzer, dennoch aber die Verfügungsgewalt über seine Truppen zu verlieren. Darüber hinaus hätte Guttenberg im Ernstfall sogar wiederum die Einquartierung fremder Truppen hinnehmen müssen, da die Kreistruppen in erster Linie die rheinischen Bistümer schützen sollten. Johann Gottfried wie sein Nachfolger Johann Philipp von Greiffenklau standen daher der Assoziationspolitik des Mainzer Kurfürsten und Bischofs von Bamberg ablehnend gegenüber. Beide tendierten vielmehr dahin, sich aus den Kreisverpflichtungen mehr und mehr zugunsten eines eigenen Sicherheitssystems zurückzuziehen, das auf den erwähnten Allianzverträgen mit dem Kaiser beruhen sollte und ihnen nicht nur den Anschein von Souveränität und eigenständiger Bündnisfähigkeit, sondern darüber hinaus auch handfeste Einnahmen für die Vermietung der Truppen garantierte.

Über diese Zusammenhänge hinaus wurde der Konflikt zwischen Guttenberg und den Mitgliedern des Hauses Schönborn bestimmt von unterschiedlichen Interpretationen des Treuegebotes gegenüber Kaiser und Reich. Die Würzburger Fürsten hatten sich wie einige benachbarte Reichsfürsten, so z.B. der Deutschmeister in Mergentheim, Ludwig Anton (1684–1694) und Franz Ludwig von Pfalz-Neuburg (1694–1732, ab 1683 zugleich Bischof von Worms und Fürstpropst zu Ellwangen), der durch die wiederaufflammenden Türkenkriege ausgelösten reichspatriotischen und prokaiserlichen Stimmung angeschlossen und daraus selbst politisches Kapital geschlagen. Von der kaiserlichen Diplomatie in Hinblick auf die spanische Erbfolge heftig umworben, gehörten sie zu den ersten Befürwortern einer habsburgischen Sukzession in Spanien. Diese Fürsten sahen in einer Schmälerung der spanischen Anrechte des Kaisers auch einen Souveränitätsverlust und damit eine potentielle Bedrohung des Reiches. Lothar Franz von Schönborn unterschätzte dagegen aus seinem zweifellos berechtigten Sicherheitsinteresse heraus die latente Kriegsbereitschaft Ludwigs XIV. Er sah vielmehr die Gefahr, dass das Reich durch private Erbschaftsangelegenheiten des Kaiserhauses in einen Krieg verwickelt würde, dem die vorderen Kreise schutzlos preisgegeben waren. Erst nach dem als Verrat empfundenen Übertritt des bayerischen Kurfürsten Max Emanuel auf die französische Seite gab er seine Opposition gegen die kaiserlichen Rüstungspläne auf.[55]

[55] Vgl. hierzu grundsätzlich Aretin, 1981, 253 ff (Der ‚habsburgische Krieg'); Ders., Das Reich, Friedensgarantie und europäisches Gleichgewicht, 1986, 167 ff (Die Kreisassoziationen in der Politik der Mainzer Kurfürsten Johann Philipp und Lothar Franz von Schönborn 1648–1711). Ferner: Schröcker, Ein Schönborn im Reich. Siehe auch die in der Würzburger Chronik zitierten Äußerungen des Prinzen Eugen zur Militärpolitik des Reiches und die Rolle des Lothar Franz von Schönborn, Würzburger Chronik II, 324. Auch die schon mehrfach zitierte Arbeit von Peter Stephan reflektiert in der Interpretation der „Reichsidee der Schönborns" letztlich diesen Zusammenhang. Wie die Diskussion um die Frage des Treuegebots der Reichsstände gegenüber dem Kaiser unter Guttenberg wie auch im Zusammenhang mit dem Spanischen Erbfolgekrieg unter Greiffenklau zeigt, gehen die Meinungen der bischöflichen Nachbarn in Franken dazu deutlich auseinander. Daraus resultiert letztlich mein Kritikansatz an Stephans Deutungsansatz. So würde ich letztlich auch in den Fresken der Würzburger Residenz von einer „Würzburger Reichs(kirchen)idee" ausgehen, die von den einzelnen Mitgliedern des Domkapitels je nach Sachlage auch mit familienpolitischen Akzenten besetzt wurde.

1.4. Johann Philipp von Greiffenklau-Vollrads (1652–1719)

Während der Konflikt zwischen Kaiser und Erzkanzler um die Assoziation, wie angedeutet, im Sommer des Jahres 1698 eskalierte, suchte der Kurfürst von Mainz andererseits den Kaiserhof für seine Kandidatur bei der Wahl um die Nachfolge Guttenbergs zu gewinnen.[56] Auch der Wiener Hof betrachtete die Entscheidung um die Nachfolge auf dem Würzburger Bischofstuhl im Zusammenhang mit den diplomatischen Bemühungen, im Vorfeld des spanischen Erbfalles eine Mehrheit der Reichsfürsten auf seine Seite zu bringen. Daher nahm man die beabsichtigte Wahlbewerbung des Lothar Franz als eine willkommene Gelegenheit, dessen politischen Selbständigkeitsbestrebungen im Falle eines der kaiserlichen Zustimmung bedürftigen Wahlerfolges entschiedene Grenzen zu setzen.[57] Lothar Franz hat den in diesem Zusammenhang gestellten Forderungen des Kaiserhofes zugestimmt, obwohl sie das Ende der von ihm verfolgten Reichspolitik bedeutet hätten, kam jedoch nicht in die Verlegenheit, sie auch tatsächlich umsetzen zu müssen. Als Johann Gottfried von Guttenberg am 14. Dezember nach kurzer, heftiger Krankheit starb, zeigten sich selbst vermeintliche Parteigänger des Schönborn im Würzburger Kapitel nicht geneigt, seine Wahl auch nur zu erwägen, da sie das politische System der Hochstifte empfindlich gestört hätte.[58] Vielmehr einigte sich das Kapitel am Ende einstimmig, denn auch die übrigen Bewerber hatten ihre Stimmen rechtzeitig an den aussichtsreichsten Kandidaten verkauft,[59] am 9. Februar 1699 auf den zu diesem Zeitpunkt knapp 47jährigen Freiherrn Johann Philipp von Greiffenklau-Vollrads und wählten diesen zum LXX. Bischof von Würzburg.

Die Familie Greiffenklau stammt aus dem Rheingau. Als Keimzelle ihrer adeligen Grundherrschaft sind Ort und Gemarkung Winkel sowie die benachbarte Wasserburg Vollrads in der rheingauischen Urmark Östrich-Winkel belegt.[60] Ihrer Herkunft entsprechend war die Familie zunächst auf die rheinischen Bistümer orientiert. In Trier stellte sie mit Richard von Greiffenklau von 1511–1531 einen Kurerzbischof, 1626–1629 war Georg Friedrich von Greiffenklau Kurerzbischof von Mainz. Im 17. Jahrhundert gelang den Greiffenklau auch der Eintritt in das Würzburger Kapitel. Insgesamt war die Familie jedoch nicht so weit verzweigt und damit auch zahlenmäßig nicht so stark wie das Haus Guttenberg. Entsprechend verfügte sie um 1700 über geringeren Grundbesitz und weniger Einflussmöglichkeiten innerhalb der fränkischen Hochstifte. Auch die Familie Greiffenklau konnte zu den Aufsteigern im Würzburger Kapitel gezählt werden. Charakteristisch dafür scheint die von Sender erwähnte Tatsache zu sein, dass die bis dahin noch immer in Schloss Vollrads residierende Familie des Fürsten erst nach dem Regierungsantritt des Johann Philipp wohl auch in Erwartung von Protektion und Besitzerweiterung nach Würzburg übersiedelte.[61]

Johann Philipp von Greiffenklau-Vollrads *(Abb. 2)* wurde am 13. Februar 1652 als erster Sohn des kurmainzischen Amtsrates in Amorbach Georg Philipp von Greiffenklau-Vollrads und der Rosina von

[56] Lothar Franz hatte kurz zuvor durch die Absage Hollands an die Allianz und die Nichtzulassung der Assoziation zu den Friedensverhandlungen von Ryswijk eine herbe Niederlage erlitten, dennoch aber hartnäckig auf dem Bündnisrecht der Stände beharrt. Gegenüber dem Papst, der die Kumulation von geistlichen Ämtern in der Hand des Lothar Franz durch Erteilung eines Dispenses genehmigen sollte, betonte der Kurfürst daher mehrfach sein Engagement zugunsten der katholischen Sache, die durch den Friedensvertrag von Ryswijk, der „un odio quasi generale del acatholicismo“ trage, bedroht sei. Schröcker, Bischofwahlen, 141.

[57] So u.a. Einrichtung der Assoziation nach dem Willen des Kaisers, Abschluss einer Allianz zwischen Mainz und Wien, Zustimmung zu einem vom Kaiser bestimmten Koadjutor für Mainz. Vgl. insgesamt zu diesen Zusammenhängen: Christl Hutt, Maximilian Carl Graf zu Löwenstein-Wertheim-Rochefort und der fränkische Kreis 1700–1702, Würzburg 1969; Rudolf Endres, Franken in den Auseinandersetzungen der Großmächte bis zum Ende des Fränkischen Reichskreises, in: Spindlers Handbuch der Bayer. Gesch. III.1: Franken, Schwaben, Oberpfalz bis zum Ausgang des 18. Jahrhunderts, neu hg. von Andreas Kraus, München 1996, Kap. C VII. 496–504. Siehe zur Politik des Lothar Franz in dieser Zeit auch: Schröcker Ein Schönborn im Reich, 33 ff und 48 ff; Aretin, 1981, 193 ff; B. Wunder, Die Kreisassoziationen 1672–1748, in: Zeitschr. f. Geschichte des Oberrheins 128 (1980), 441 f.

[58] Siehe Schröcker, Bischofswahlen, 141 ff.

[59] So auch einer der vermeintlich engsten Parteigänger des Lothar Franz, Georg Heinrich von Stadion.

[60] Siehe hierzu Sender, 8 ff.

[61] Sender, 10, Anm. 12

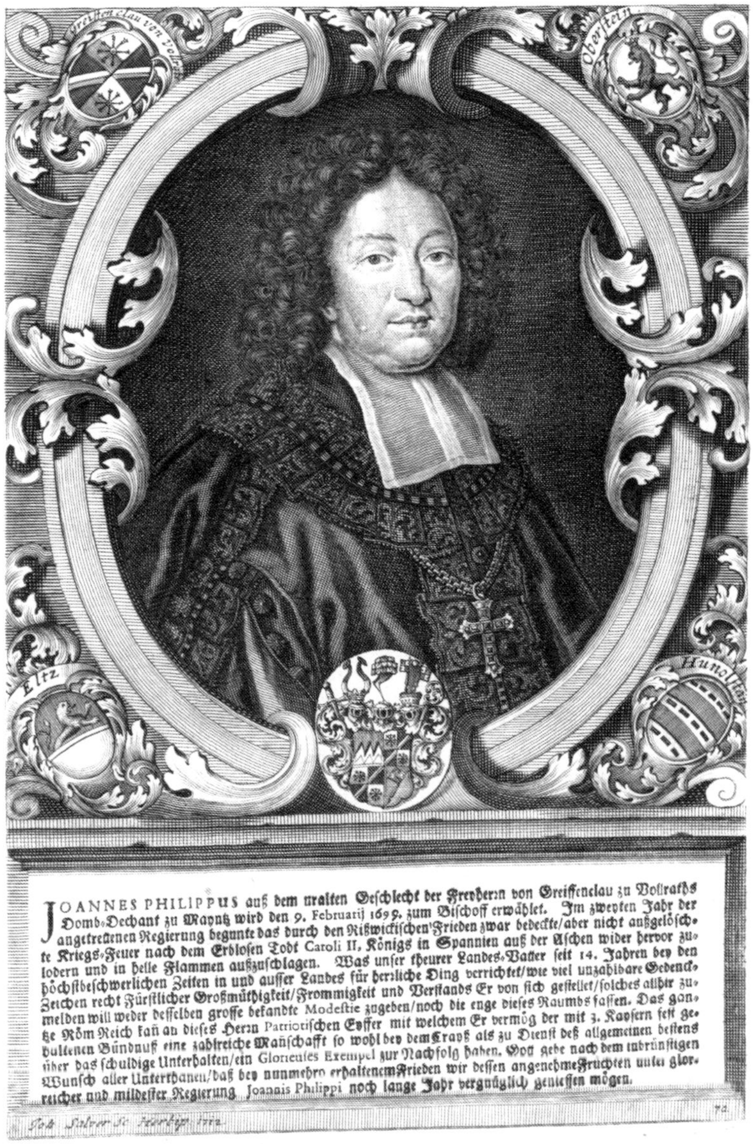

Abb. 2: Johann Philipp von Greiffenklau: Stich von Johann Salver, in: L. Fries, P. Ludewig, Geschicht-Schreiber von dem Bischoffthum Wirtzburg Bd. 2, Frankfurt a. M. 1713; Exemplar der Staatsbibliothek Bamberg, Sig. 22/HV.H.Franc 2/2.

Oberstein im Amorbacher Amtshaus geboren und am 17. Februar von Abt Placidus in der Klosterkirche zu Amorbach getauft. Als Taufpate des Neugeborenen konnte der amtierende Mainzer Erzbischof und Bischof von Würzburg Johann Philipp von Schönborn gewonnen werden, nach dem der Knabe auch benannt wurde.[62] Georg Philipp von Greiffenklau soll nach Gropp[63] in einem besonderen Vertrauensverhältnis zu Johann Philipp von Schönborn gestanden haben, das möglicherweise noch auf den Großvater Heinrich von Greiffenklau-Vollrads zurückging. Eine Schwester des Georg Philipp, Maria Ursula Freiin von Greiffenklau, heiratete 1638 Philipp Erwein von Schönborn (1607–1668), den Vater des Lothar Franz.

Die Jugendgeschichte Greiffenklaus ähnelt in den Grundzügen der des Gottfried von Guttenberg. Auch Johann Philipp wurde, nachdem die Weiterexistenz der Familie durch die Geburt jüngerer Brüder

[62] Der Kurfürst ließ sich nach Kirchgeßner, 86, bei der Taufe durch Johann von Heppenheim, gen. von Saal, Kapitular in Würzburg und Mainz, vertreten. Auch dieser war ein Vertrauter der Familie Greiffenklau.

[63] Gropp, II, 605.

gesichert war, für den Klerikerstand bestimmt, wobei allerdings bereits die Wahl der Paten darauf hindeutet, dass man von Anfang an eine entsprechende Laufbahn in Betracht gezogen hatte. Am 1. Februar 1666 erhielt Johann Philipp die Pfründe des Johann von Heppenheim im Würzburger Kapitel. Im Jahr darauf begann er fünfzehnjährig sein Studium zunächst an der Universität Mainz, dann im Mainzischen Erfurt und schließlich an der Universität Gera. Auch Johann Philipp soll ein guter Jurist gewesen sein, sein Historiograph Valentin Kirchgeßner behauptet, allerdings wohl nicht ohne Schmeichelei, er habe die juristischen Studien von Anfang an so betrieben, als ob er gewusst habe, dass er sich auf die Regierkunst vorbereitete.[64] Ferner sprach Johann Philipp fließend Latein und Französisch. Zum Abschluss seines Studiums unternahm er eine Kavaliers- oder Bildungsreise, die ihn über Paris, Orleans, Lyon und Marseille quer durch Frankreich führte. In den folgenden Jahren kam er seinen Präsenzpflichten zuerst in Würzburg und dann in Mainz nach, wo er ebenfalls in der Zwischenzeit als Domizellar aufgeschworen hatte. 1684 wurde er in das Würzburger, wenig später auch in das Mainzer Kapitel aufgenommen. Dort bekleidete er den Rang des Kantors. Zunächst schien es so, als ob er in Mainz Karriere machen sollte. Hier war er auch in den Nebenstiftern St. Alban (Mainz) und St. Ferutius (Bleidenstadt) präbendiert.[65] Nachdem er bei der Mainzer Wahl von 1695 zunächst gegen Lothar Franz kandidierte, vermittelte ihm dieser nach seinem Verzicht das vakante Domdekanat und bestimmte ihn zum stellvertretenden Statthalter. Insgesamt lassen sich aus dieser Zeit nur wenige Einzelheiten über Greiffenklaus Leben und Tätigkeiten erschließen. Als Mainzer Domdekan hatte er sich u.a. mit Fragen der Kirchenausstattung, d.h. des Kirchenornats, aber auch etwa der Neuausstattung von Altären zu befassen. Das Statthalteramt, das er jedoch nur selten zu versehen hatte, mag auf Kenntnisse in Verwaltungsangelegenheiten hinweisen. Kurz vor seiner Wahl leitete Greiffenklau eine Gesandtschaft beim Heiligen Stuhl. Nach Kirchgeßner soll Papst Innozenz XII. deshalb die Wahl des ihm bekannten Domherren zum Bischof von Würzburg ausdrücklich begrüßt und geäußert haben, man habe keinen würdigeren Kandidaten finden können. Den Wahrheitsgehalt dieser schmeichelhaften Bemerkung vorausgesetzt, dürfte Innozenz hier in erster Linie auf das wohl außerordentlich gewinnende Wesen Greiffenklaus angesprochen haben. Darüber hinaus mag man seinen Worten die Erleichterung darüber entnehmen, dass es in Würzburg nicht zu der nach kanonischem Recht inakzeptablen Wahl des Lothar Franz von Schönborn gekommen war. In der Tat liegt die Ursache für Greiffenklaus Wahlerfolg wohl hauptsächlich in seiner Persönlichkeit. Sämtliche Biographen und Chronisten rühmen seinen liebenswerten und freundlichen Charakter, dem Rechthabereien und Streitigkeiten zutiefst verhasst gewesen seien. So war Greiffenklau in erster Linie ein Mann des Ausgleichs, der die unter seinem Vorgänger entstandenen Spannungen mit dem Kapitel zu schlichten wusste, ohne freilich den gewonnenen Anspruch auf Souveränität preiszugeben.

Wie seine Nachfolger hat auch Johann Philipp – 1699 jedoch erstmals in Anschluss an den Wahlakt – ein Papier entgegengenommen, auf dem das Kapitel seine Vorstellungen über das künftige Regiment des Fürsten zusammenfasste. Zwar hatte man noch vor der Wahl erwogen, erneut eine Kapitulation aufzustellen, war aber auf einen strengen Verweis des Papstes hin davon abgewichen.[66] Die Greiffenklau vorgelegten *Puncta, so dem jetzt regierenden Herrn Johann Philipp von dem Domcapitul recommandieret worden*[67], enthalten auf der Grundlage der unter Guttenberg entworfenen Perpetua u.a. die Empfehlung, den Rat und den Wissensschatz des Kapitels bei der Ausübung der Regierung nicht zurückzuweisen. Allerdings tragen die formlos gehaltenen, auf zusammengeheftetem Papier geschriebenen Puncta weder das Domkapitels- noch das große Pontifikalsiegel[68] und wurden auch nicht vom Bischof unterschrieben. Dennoch scheinen beide Seiten in den folgenden Jahren einen konstruktiven Umgang gepflegt zu haben, der der inneren Entwicklung des Hochstiftes zugute kam.

Mit großer Wahrscheinlichkeit hatte bereits der kaiserliche Wahlgesandte, Johann Helfried Graf von Weltz, Johann Philipp die Erwartungen des Kaisers an seine Person im Zusammenhang mit dem spani-

[64] Kirchgeßner, 94.

[65] Schröcker, 1981, 61.

[66] Abert, 83.

[67] Abert, 83 und Anm. 4.

[68] Abert, 84 und Anm. 1.

schen Erbfall dargestellt. Dabei dürfte es ihm ein wichtiges Anliegen gewesen sein, eine Annäherung des Würzburger Bischofs an die Politik des ihm verwandten Lothar Franz zu verhindern. Sofern es überhaupt einer Überredung Greiffenklaus bedurft hatte, verlief die Abstimmung zwischen Würzburg und Wien in den folgenden Jahren reibungslos. Am 26. Januar 1700 schloss Greiffenklau mit Kurfürst Johann Wilhelm von der Pfalz, dem „treuen Parteigänger und unermüdlichen Förderer der kaiserlichen Politik",[69] einen Auxiliarvertrag für den Fall feindlicher Übergriffe. Durch die von Würzburg neu zu werbenden Truppen[70] sollten zwar die Kreiskontingente nicht geschwächt werden, es zeichnete sich aber ab, dass Johann Philipp nicht beabsichtigte, seine Truppen allein der Assoziationsarmee des Lothar Franz anzuvertrauen. Dieser beharrte nach wie vor auf dem Standpunkt strikter Neutralität, in der Hoffnung, das Hochstift Mainz bzw. das Reich aus dem sich anbahnenden Konflikt zwischen der Krone Frankreich und dem Haus Habsburg herauszuhalten.

Im Oktober 1700 hatte Ludwig XIV. ein Testament des letzten spanischen Königs Karl VII. zugunsten seines Enkels Philipp von Anjou erwirken können. Als Leopold daraufhin um die Jahreswende 1700/01 den fränkischen Kreis ersuchte, einige Garnisonen durch Franken in die vorderösterreichischen Festungen Freiburg und Breisach verlegen zu dürfen, machte Lothar Franz auf dem Nürnberger Kreistag von 1701 seinen gesamten politischen Einfluss stark, um dies zu verhindern.[71] Unter dem Druck des französischen Gesandten Chamoy, der die Aussichtslosigkeit der kaiserlichen Position beschrieb und prophezeite, dass dessen zu erwartende Niederlage auf dem Rücken der vorderen Reichskreise ausgetragen werde, weigerte sich der Kreis sogar, seine Truppen auf Bitten des Kaisers um 2000 Mann aufzurüsten. In dieser Situation gab Johann Philipp von Greiffenklau erstmals deutlich zu erkennen, dass er nicht gewillt war, den von Lothar Franz dominierten Neutralitätskurs mitzutragen, sondern sich der kaiserlichen Partei zurechnete. Daher legte der Würzburger Kreisgesandte heftigen Protest gegen das Votum des Kreises ein und drohte mit dem Austritt des Hochstiftes, wenn man bei dieser Absage an das Reichsoberhaupt bleiben würde. Bereits im Januar 1701 hatte sich der kaiserliche Gesandte beim fränkischen Kreis, Maximilian Carl Graf zu Löwenstein-Wertheim-Rochefort, während eines geheimen Treffens erneut der vollen Unterstützung der kaiserlichen Position durch Johann Philipp versichern können. Dieser gehörte damit wohl aus persönlicher Neigung wie auch aufgrund der Vermittlung seines Bündnispartners Johann Wilhelm von der Pfalz zu den ersten Reichsfürsten, die in dieser Situation auf die Seite des Kaisers traten. Noch im Juli desselben Jahres bekräftigte der Fürst seine Haltung durch den Abschluss eines Allianzvertrages mit dem Kaiser, den der Domherr Johann Philipp Fuchs von Domheim in Wien unterzeichnete. Auch bei diesem Vertragsabschluss wurde Würzburg an sein Versprechen, die Interessen des Reichsoberhauptes unterstützen zu wollen, erinnert.[72] Dabei scheint Greiffenklau in den folgenden Monaten nicht unbedingt eine aktive politische Rolle gespielt zu haben. Vielmehr zeichnete sich ein Umschwung in der Haltung der sich noch mit der Heidenheimer Assoziation zur Neutralität verpflichtenden schwäbischen und fränkischen Kreisstände ab, als das Doppelspiel des bayerischen Kurfürsten Max Emanuel, mit dem man noch kurz zuvor Bündnisverhandlungen geführt hatte, bekannt wurde. Unter dem Eindruck des Kriegsbeginns in Italien und des Abschlusses der Haager Allianz gab auch Lothar Franz seine Haltung auf und reihte sich mit den Kreistruppen in die Allianz der prokaiserlichen Partei ein.

69 Hutt, 1969, 62, Anm. 27.

70 Nach Helmes, 46, sollten diese eine Stärke von 4000 Mann erreichen.

71 Hutt, wie auch zum Folgenden, 67 ff, insbes. 84 ff.

72 Liber diversarum formarum Joh. Phil. II, 1717, fol. 332 und 337; vgl. hierzu ebenfalls Hutt, 61 f.

1.5. Auswirkungen der Kriegshandlungen am Rhein und auf dem Balkan auf das Hochstift Würzburg nach zeitgenössischen Berichten

Leider ist die Darstellung der materiellen wie vor allem der psychologischen Auswirkungen der Kriegshandlungen am Rhein und auf dem Balkan auf das öffentliche Leben und Bewusstsein in den nicht unmittelbar betroffenen Reichsterritorien, wie hier auf das Hochstift Würzburg, ein Desiderat der Forschung. Es lässt sich aber vielen zeitgenössischen Berichten entnehmen, dass der Eindruck einer Bedrohung sowohl der noch immer eschatologisch interpretierten Reichsverfassung wie darüber hinaus des gesamten christlichen Abendlandes durchaus die Gemüter erregte und in der Wechselwirkung daher auch zu einem wichtigen Thema herrschaftspolitischer und patriotischer Propaganda avancierte. Dieser aufgrund mangelnder vergleichender Untersuchungen gegenwärtig noch sehr schwer zu beurteilende Zusammenhang soll im zweiten Hauptteil dieser Arbeit, die die kunstpolitischen Unternehmungen des Johann Gottfried von Guttenberg und des Johann Philipp von Greiffenklau zum Gegenstand hat, erläutert werden. Dabei bleibt es zunächst als Phänomen festzustellen, dass entsprechende propagandistische Aktivitäten unter Greiffenklau deutlich zunahmen, wofür sich einmal die höheren Aufwendungen des Hochstiftes zugunsten der Reichsarmee als Ursache vermuten lassen, die in wirtschaftlichen Krisenjahren spürbar an die Substanz des geistlichen Staatswesens gingen und insofern einer öffentlichen Vermittlung bedurften, wie sie zum anderen möglicherweise wohl auch intensivere Kontakte zum Kreis der kaiserlichen Propagandisten bezeugen. In diesem Verständnis scheint mir die augenscheinliche kulturelle Entfaltung des Hochstifts im 18. Jahrhundert auch durch das latente Bewusstsein existentieller Bedrohung motiviert.

Wie schon in den Kriegsjahren 1690 bis 1697 blieb das Hochstift Würzburg auch während der Erbfolgekriege vom direkten Kriegsgeschehen unberührt. Im Frühjahr 1707 drangen allerdings französische Regimenter bis Lauda und Mergentheim vor, so dass sich das Hochstift unmittelbar vor der Gefahr eines Angriffes sah. In aller Eile wurden daraufhin im ganzen Land Soldaten geworben, die sich bei Grelsheim mit den zur Verteidigung herangeführten Auxiliartruppen vereinigten. Insgesamt versammelte sich nach den Angaben von Gropp[73] ein ansehnliches Heer von 8000 Mann, das jedoch nicht zum Einsatz kam. Der Chronist berichtet weiter, Johann Philipp habe an Ludwig XIV. einen energischen Brief geschrieben, in dem er den König aufforderte, den Friedenswillen des Hochstiftes zu respektieren und das Land nicht mutwillig mit Krieg zu überziehen.

> „Als Johann Philippus nichts vernachlässigt hatte, was in solcher Gefahr dem Fürst zum Schutz des Vaterlandes zu tun obliegt," schreibt Gropp weiter, „ließ er alle Bekümmernis außer Acht, betete zu Gott und der Hl. Jungfrau, der mächtigen Königin Himmels und der Erden und Schutzpatronin Frankens, damit sie das ihr anvertraute Vaterland mit aller Kraft verteidigen möge."[74]

Als sich die Franzosen tatsächlich im Spätsommer des Jahres wieder an den Rhein zurückzogen, ließ Johann Philipp aus Dankbarkeit gegen die Schutzpatronin Frankens das von Julius Echter gestiftete, vergoldete Marienbild vom Marienturm der Festung herab nehmen und prächtig erneuern:

> „Also wurde das Bild vom Turm herabgeholt, über und über neu vergoldet, mit zwölf Sternen umgeben und auf die Mondsichel gestellt, das Haupt mit einer Krone aus purem Gold versehen und die Figur sehr schön und kostbar gestaltet."[75]

Die Figur stand auf einer Weltkugel, in die neben Reliquien, Geldstücken und anderen Dingen eine Pergamentrolle mit der Inschrift:

[73] Gropp, II, 620.

[74] Gropp, IV, 329.

[75] Gropp, IV, 329 f. Auch Kirchgeßner, 163, schildert diesen Vorfall.

gelegt wurde. Am 1. Februar 1708 wurde sie mit großem Gepränge unter Absingung der Lauretanischen Litanei wieder auf den Turm gestellt.

Bereits Johann Gottfried von Guttenberg ließ über das allgemeine Friedensgebet hinaus bestimmte Ereignisse des Krieges durch Gottesdienste und Wallfahrten begleiten und dem Volk vermitteln. Unter Greiffenklau wurden derartige fromme und patriotische Akte zumindest in der Darstellung der Chronisten vervielfacht und trugen dazu bei, dem Volk die enormen Folgelasten der Kriegsjahre zu erleichtern. Zur Verpflegung der eigenen Truppen sowie durch Spekulationskäufe fremder Heereslieferanten waren erhebliche Getreidevorräte aus dem Land abgezogen worden. Johann Gottfried von Guttenberg und Johann Philipp von Greiffenklau suchten dies durch Fruchtsperren sowie durch Preiskontrollen und Stützungsverkäufe aus eigenen Beständen auszugleichen, doch folgten den Missernten der *kleinen Eiszeit*, einer um die Wende vom 17. zum 18. Jahrhundert im gesamten mitteleuropäischen Raume eintretenden Kälteperiode, Hunger und Krankheit.[76] Als eine immer noch bescheidene Ernte 1702 die allgemeine Not lindern half, ließ Johann Philipp eine aus drei verschiedenen Prägungen bestehende Medaillenserie herausgeben, die von Georg Hautsch, einem der führenden deutschen Medailleure, gefertigt wurde.[77] Der Chronist Valentin Kirchgeßner schreibt zu diesen Ereignissen:

> „Nichts kund dem barmhertzigsten Fürsten mehr das Hertz betrüben, als das dermahlen bey Ihro Hochfürstl: Gnaden Erwählung vorgewesene Heulen und Wehe-Klagen umb das liebe Brod. – Nach Brod, Brod, Brot der arme Mann / tut Hunger-Haiser schreyen, / Der Greiff es minder dulden kan / Vom Jammer will befreyen / Das Korn des Überfluß schütt aus / Da kam bald wieder Brod ins Haus.“[78]

Die Randumschrift der Medaillen lässt gleichwohl die Not der Zeit ermessen: MELIUS EST PARVUM CUM TIMORE DOMINE / QUAM THESAVR MAGNI ET INSATIABILIS. Dennoch bekennt eine der über dem Staatswappen des Fürsten angebrachten Devisen Greiffenklaus unerschütterlich: ADIVTORIVM NOSTRVM IN NOMINE DOMINI. Nach weiteren Hungerjahren wurde mit der guten Ernte des Jahres 1706 eine zweite Medaillenserie aufgelegt, die als weiteres Motiv gegenüber der älteren Serie eine Ansicht der Stadt Würzburg über zwei gekreuzten Füllhörnern zeigt, aus denen Getreideähren und Früchte hervorquellen. Auf den Marientürmen der Festung und der Kapelle auf dem Hauptmarkt sind deutlich die Bildnisse der fränkischen Schutzpatronin im Strahlenkranz zu erkennen. Ihr gilt der Psalmenspruch der Randumschrift: BENEDICES CORONAE ANNI BENEDIGNITATIS, ET CAMPI TVI REPLEBVNTVR VBERTATE. PS[alm]64 V[ers] 11.[79]

Ein weiteres Mal geriet das Hochstift in Bedrängnis, als wiederum verursacht durch Hunger und Krieg erste Pestfälle im hochstiftischen Erlebach auftraten:

> „Niemahlen aber hat sich Gott augenscheinlicher demselben [also dem Fürsten]willfähriger erzeigt, als da er im Jahr 1714 die gefährliche Pest, nachdem sie grosse Niederlagen durch Pohlen, Böhmen, Österreich verursacht, in das Franckenland heimlich eingeschlichen.“ [...] Erneut „nahme Johannes Philippus seine Zuflucht zum Himmel, besuchte zu Fuß alle benachbarte Wallfahrten von der Himmels=Königin [und] bette wie ein treuer Hirt für seine Schäfflein,“ [so dass für dieses Mal das große Sterben an Franken vorüberging].[80]

[76] Ferdinand Braudel nannte die Kälte dieser „kleinen Eiszeit“ in Europa einen härteren Tyrannen als den Sonnenkönig selbst. Ferdinand Braudel, Capitalism and Material Life 1400–1800, London 1967, 19.

[77] Hans Peter Trenschel, Die Medaillen des Würzburger Fürstbischofs Johann Philipp von Greiffenclau, in: Weltkunst 49 (1979), H. 1, 1379–1381. Vgl. ferner Klaus und Renate Helmschrott, Würzburger Münzen und Medaillen 1500–1800, Kleinrinderfeld 1977.

[78] Kirchgeßner, 338 f.

[79] Trenschel, 1379–1381.

[80] Gropp, IV, 329.

Johann Philipp kam seinen Lehensverpflichtungen gegenüber Kaiser und Reich gewissenhaft nach. Auch nach den Friedensschlüssen von Utrecht (1713) sowie Rastatt und Baden (1714) ließ er seine Haustruppen bei den kaiserlichen Regimentern stehen, mit denen sie 1716 erneut gegen die Türken zu Feld zogen. Das Hochstift hat für diese Truppenvermietungen erhebliche Finanzmittel, wenn auch nicht in vereinbarter Höhe erhalten. Darüber hinaus wurde der Fürst wiederholt durch prestigeträchtige Besuche des Kaisers ausgezeichnet. Erstmals traf er im Oktober 1702 auf ein regierendes Mitglied des Kaiserhauses, als König Joseph I. mit seiner Gemahlin Wilhelmina Amalia von Hannover nach der Schlacht bei Landau, die er unter den Regimentern des Markgrafen Ludwig Wilhelm von Baden, zu denen auch die Würzburger Truppen zählten, miterlebte, durch Franken nach Wien zurückreiste. Johann Philipp hatte bereits am 19. März 1699, also am Festtag des Reichspatrons Joseph, wenige Wochen nach seiner Wahl ein festliches Hochamt im Dom als Dankgottesdienst

> „wegen erhaltenen Stillstands in Hungarn und glücklichster Vermählung des allerdurchleuchtigsten Großmächtigsten und unüberwindlichsten Herrn Herrn Josephi des Röm: = und Hungarischen König mit der allerdurchleuchtigsten Frauen/Frauen Wilhelmina Amalia gebohrene Herzogin von Hannover“[81]

abhalten lassen. In einer am Vorabend des Festes gehaltenen Predigt führte der fürstliche Beichtvater Wolfgang Zumsteeg (S.J.) aus, dass der Friede in Ungarn dem Beistand der Gottesmutter und des hl. Joseph zu verdanken sei, worauf der Fürst am folgenden Festtag sich mit *sonderlicher Andacht* der Gottesmutter und Patronin des Hochstiftes sowie dem Reichspatron anvertraute. Zur Vesper dieses Tages wurde der Ambrosianische Hymnus unter Trompeten und Heerpauken gesungen,

> „worauff […] nach diesen die collect de Sacramento B.M.V. et St. Josepho, pro Josepho Romanorum Rege gesungen / und diese Volkreiche ungemeine Andacht mit dem Seegen beschlossen wurde.“[82]

Feierlichkeiten dieser Art, die politische und religiöse Anliegen miteinander verbanden, bereicherten den kirchlichen Festkalender des Hochstiftes mit konsequenter Regelmäßigkeit.[83]

Als sich das Königspaar im Oktober 1702 nun dem hochstiftischen Territorium näherte, eilte ihm Johann Philipp am 17.10. nach Gemünden entgegen und begleitete es am folgenden Tag über Aschfeld nach Büchold, wo er sich nach einem Bittgebet für eine glückliche Weiterfahrt verabschiedete.[84]

Am 11./12. Dezember 1711 fuhr Johann Philipp über Bütthard nach Mergentheim in die Residenz des Deutschmeisters und traf dort am selben Abend den zur Kaiserkrönung nach Frankfurt reisenden erwählten Kaiser Karl, der ihm wenig später die Gunst einer ersten Audienz erwies. Genau einen Monat später traf Johann Philipp den von Frankfurt zurückkommenden Kaiser erneut in Triefenstein, von wo er dem Reichsoberhaupt nach einer kurzen ersten Begrüßung auf hochstiftischem Boden noch in der Nacht nach Würzburg vorauseilte. Am folgenden Tag, Sonntag den 13. Januar 1712, erreichte der kaiserliche Tross gegen zwölf Uhr den Marienberg. Entlang der Straße von Waldbüttelbrunn in die Stadt, die die kaiserliche Reisegesellschaft passierte, standen

[81] Kirchgeßner, 226.

[82] Kirchgeßner, 226.

[83] Siehe hierzu auch Braun, Göttmann, 48 ff sowie vergleichend zum Ansatz des „performative turn“ in der Kulturwissenschaft: Horst Wenzel, Ritual und Repräsentation, in: Die Kultur des Rituals. Inszenierungen, Praktiken, Symbole, hg. von Christoph Wulf und Jörg Zirfas, München 2004, 9–109.

[84] König Joseph besuchte am 20.10.1702 Schloss und Garten zu Gaibach, um „den Garten des Kurfürsten Lothar Franz von Schönborn anzusehen, der über die maßen schön ist.“ Gropp, IV, 624. Am 21.10. reisten die Majestäten über Theres weiter nach Zeil.

„die würtzburgische Regimenter sowohl zu Pferd als zu Fuß (ware eine außerlesene und schönst neu=mondirte in mehr als 7000. bestandene Mannschafft) machten von dort an eine Parada biß an das würtzburgische Schloß Marien-Berg; durch diese liessen Ihro Kayserl. Majestät Dem Leib=Wagen langsam forth rucken / und beobachteten auff das genaueste diese auserlesene Soldatesca mit sonderer Auffmercksamkeit / und Wohlgefallen.“[85]

Unweit des Schlosstores präsentierte die in braunen Röcken mit silbernen Knöpfen ebenfalls neu montierte Kompanie der Kaufleute zu Pferd. Während plötzlich unvermittelt die Sonne aus dem verhangenen Himmel hervorbrach, was Kirchgeßner als Zeichen himmlischen Wohlgefallens deutete, ließ man aus einer auch für den Kaiser unerwartet hohen Zahl von achtzig Kanonen aus der fürstlichen Geschützgießerei, die das eigentliche Rüstungspotential des Hochstiftes darstellten, Salut schießen. Auf der Burg wohnte das Reichsoberhaupt zunächst einer mit großem Pomp in der Marienkapelle gefeierten Messe bei. Darauf geleitete der Fürst den Kaiser in den wenige Jahre zuvor neu ausgestatteten *Kaysers = Saal*[86] der Burg.

„Ihro Majestät speiseten darauff [...] in jetzt gedachtem Saal mit rothem Sammet bedeckten erhobenen viereckigen Tisch / unter einem rothen Baldachin / und Celsissimus mit Ihro auff der andern Seyten an eben solchem Tisch / so noch keinem Fürsten geschehen / wie dann observirt worden / daß unter diesem Mahl Ihro Majestät mit Ihro Hoch fürstlichen Gnaden sehr freundlich geredet / Ihro verschiedenmahlen zugebracht / und dero Soldatesca gerühmet haben / dahero gegen Abend sambtliche Völcker umb nach der Tafel von Ihro Majestät gesehen werden zu können den Schloß=Berg herab durch die Stadt marchirten.“

Im Anschluss an das Mittagessen lud der Kaiser den Bischof, das Domkapitel, den Suffragan und die anwesenden Prälaten zur Audienz. Nach dem Abendessen empfing der Monarch die *Cavalliers und Frauen=Zimmer* zum Handkuss. Unterdessen erreichte die Gesellschaft, möglicherweise dramatisch wohl inszeniert, die Freudenbotschaft, dass Graf Starhemberg

„die Feind [...] vor Cordona weg geschlagen / die Vestung entsetzet seye / welcher Sieg an dem Tag der Crönung[87] erhalten worden. [...] Es waren alle Gassen mit freudigen Volck angefüllet / es ware ein unauffhörliches ruffen von klein und groß: Vivat Carolus. [...] Die fürnehmste Strassen waren beleuchtet / absonderlich gegen das hohe Dombstifft / und die Universität mit ansehenlicher Illumination alle Häuser mit Fackeln / theils mit allerhand Emblematen und Symbolis gemachten Laternen: Von der Augustiner Kirch an / biß an die Stephans=Pfort wurden gesehen 42 mit Symbolis behenckte jede mit vielen Fackeln illuminirte Pyramides, in dero Perspectiv-Schluß ware auffgerichtet ein Triumph=Pfort / und überauß hohe Schau=Bühn / auff welcher Ihro Kayserlichen Majestät Bildnuß auff einem Pferd sitzend sich praesentirte / und von denen Geniis aller Dero Königreichen umgeben und gezieret wurden.“[88] *(Abb. 3)*

[85] Kirchgeßner, wie auch zum Folgenden, 301 ff.

[86] Kirchgeßner, 301.

[87] Der Krönungsakt hatte bereits am 22.12.1711 stattgefunden, also gut drei Wochen vor dem geschilderten Ereignis. Die im Folgenden beschriebene Ehrenpforte ist durch einen Kupferstich in der Baden-Württembergischen Landesbibliothek (Sl. Nicolai Bd. 65, fol. 36) überliefert.

[88] Die erwähnte Ehrenpforte wurde vermutlich durch den fürstbischöflichen Ingenieurs- und Grenadierhauptmann Andreas Müller entworfen und nimmt allem Anschein nach sowohl in ihrer architektonischen wie in ihrer ikonographischen Gestalt Bezug auf die in Planung befindliche Neumünsterfassade. Zwar beschreibt Kirchgeßner über die zitierte Erwähnung hinaus die Ikonographie der Ehrenpforte nicht näher, vermittelt aber durch seine weiterführenden Erläuterungen zu der nicht unumstrittenen Kaiserwahl Karls VI. einen Schlüssel zu ihrer Deutung. Dabei scheint sich hier eine offenkundig tiefer gehende Beziehung zwischen der Programmatik der aus Anlass des Kaiserbesuches errichteten ephemeren Festarchitektur und der in die dauerhafte Form überführten Architektur der Neumünsterfassade abzuzeichnen. Siehe hierzu weiterführend das Kapitel: IV. 4.4.1.: Die Ikonographie der Neumünster-Fassade.

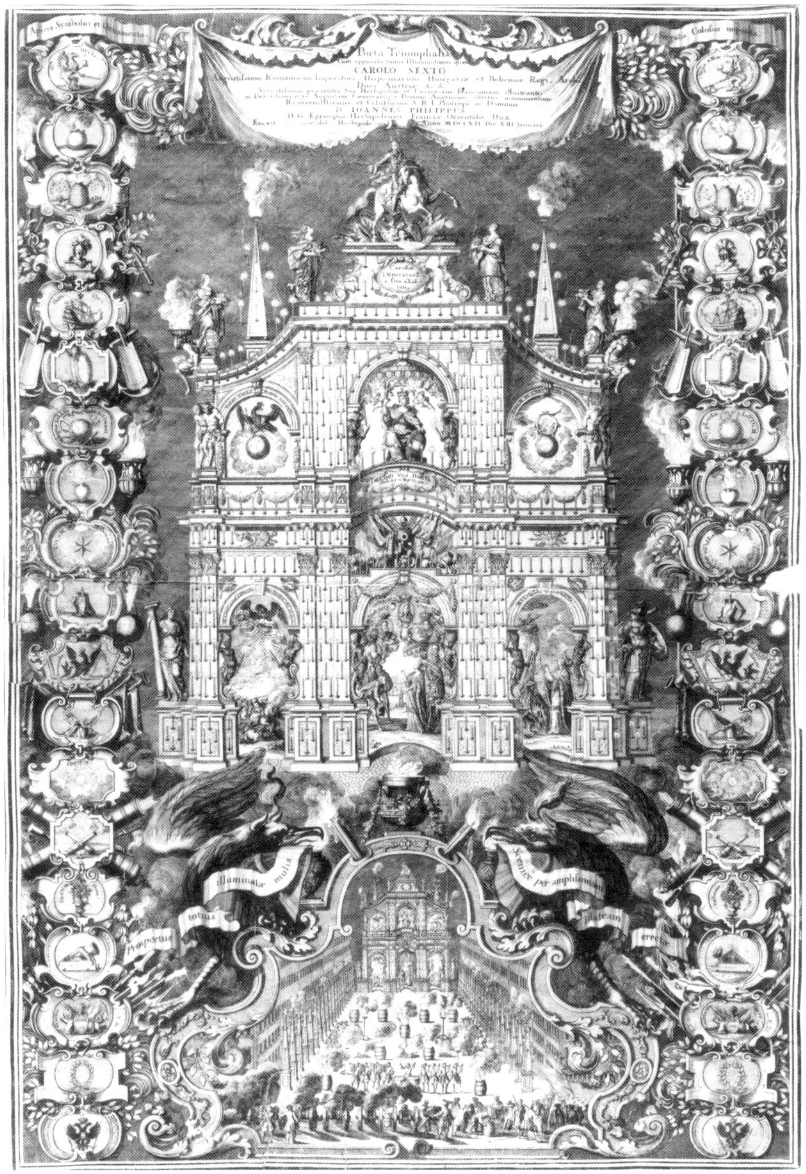

Abb. 3: Ehrenpforte zum Einzug Karls VI. am 13.1.1712 in Würzburg; Württembergische Landesbibliothek Stuttgart, Sammlung Nicolai, Bd. 65, fol. 36.

> „Bey Hof ware ein rechtes Freuden=Fest / massen alle Diener mit einer prächtigen neuen Mundur versehen / und alle Verordnung durch abermahlige kluge Veranstalltung Tit. Herrn Geheimen Raths und Cammerae Directoris Jacob dermassen zusammen stimmig / daß so wohl die Kayserliche höchste Ministri als mittlere und geringste Diener vom höchsten biß zum geringsten mit allen ersinnlichen Ehren / Speisen und Tranck zum selbst preysenden Uberfluß bedienet und höchst vergnüget worden."

Am folgenden Tag hörte der Kaiser wiederum die Messe in der Marienbergkapelle, hielt erneut kurze Audienz mit dem Bischof und beschenkte diesen mit *einem viel 100 fl werthen Creutz.* Anschließend verehrte er den fürstlichen Räten, also dem Kanzler Adelmann von Adelmannsfelden und dem Kammerdirektor Gallus Jacob, ein an einer goldenen Kette hängendes kaiserliches Porträt und ernannte den Ersteren zum wirklichen Reichshofrat sowie Letzteren zum wirklichen Reichskammerrat. Anschließend fuhr er mit seiner gesamten Suite von 96 sechsspännigen Kutschen und 60 Berittenen unter erneuten Salutschüssen von der Burg durch die festlich geschmückte Stadt Würzburg.

„Ein Wohl=Edler=Rath liesse bey einer außgestellten Bildnuß Ihro Kayserl. Majestät den halben Tag unter lieblicher Music auff einer schön erbauten Machinen vor dem Rath=Hauß der grüne Baum genannt roth= und weissen Wein springen;[89] unter solcher Machinen stunden sambtliche Herrn Burgermeister und Rath in schöner Ordnung. Bey dem hohen Dombstifft praesentirte sich ein Hochwürdiges Domb=capitul sambt denen Neben=Stifftern und Unter=Choren in Thalaren und Chorrocken; bey der Universität hatten sich gestellet der Herr Rector Magnificus sambt allen Professoren in Epomidibus, nebst allen Facultäten und Academischer Jugend / es ware zwar in der gantzen Stadt absonderlich aber allhier lustig zu hören: Vivat Carolus Hispaniarum Rex et Romanorum Imperator."

Der Kaiser verließ das Hochstift über Kitzingen und Marktbibard, wo er gleichfalls feierlich begrüßt wurde, und setzte seine Reise nach Wien fort.

Festlichkeiten dieses Aufwandes rangierten für alle, die sie miterleben durften, sicherlich unter den Jahrhundertereignissen. An ihnen wird die für uns heute kaum noch nachvollziehbare Faszination deutlich, die in dieser Zeit noch immer von der Person des Kaisers ausging. Auch der Bischof als Reichsfürst und treuer Gefolgsmann suchte durch den ungeheuren Aufwand der Veranstaltung, seine Person und seine Politik in einer die Zeitgenossen nachdrücklich beeindruckenden Form durch die Aura des Kaisertums zu erheben. Glanz und Pracht dieser Ereignisse mochten daher in allen Schichten der Bevölkerung das Vertrauen in Kaiser und Reich neu zu befestigen.[90]

1.6. Innenpolitische Auseinandersetzungen

Trotz Greiffenklaus friedfertigem Regiment und der außenpolitischen Anerkennung seiner Politik durch den Kaiser blieb seine Regierung nicht ohne Spannungen, die zunächst wiederum durch die Versuche des Lothar Franz von Schönborn ausgelöst wurden, den Würzburger Bischofsstuhl für sich oder ein Mitglied seiner Familie zu gewinnen. Bereits kurz nach der Wahl Greiffenklaus entwickelte Lothar Franz erneut Pläne, den ihm verwandten Würzburger Fürsten als Koadjutor zu unterstützen, stieß jedoch auf vehemente Ablehnung. Auch weitere Versuche zugunsten seines Neffen Friedrich Karl,[91] die u.a. über den Kanzler Adelmann und den bischöflichen Vertrauten Gallus Jacob eingefädelt werden sollten, scheiterten 1716 nicht zuletzt an einem scharfen kaiserlichen Veto.[92] Lothar Franz hatte sich im September 1716 an den Kaiser gewandt und in einem etwas verworrenen Brief nach bekanntem Muster Anfeindungen und Intrigen gegenüber seiner Familie sowie die zunehmende Schwäche und Amtsunfähigkeit des Würzburger Fürsten beklagt. Um Schaden von Reich, Hochstift und dem Haus Schönborn abzuwenden, riet er darin, ein Mitglied seiner Familie mit der Würzburger Koadjutorie zu beauftragen. Dieses Schreiben ließ der kaiserliche Hof Greiffenklau übermitteln, der jedoch erklärte, er befände sich im Vollbesitz seiner Kräfte und begehre nicht in seinen besten Jahren einen Koadjutor zu nehmen. Darauf antwortete der Kaiser dem Kurfürsten und Reichskanzler in offenkundig gereiztem Ton:

89 Die Farbe des Weines entsprach also den Stadt- und Hochstiftsfarben.

90 Dabei ist natürlich dieser Effekt letztlich ein erwünschtes Ziel des Festes. Siehe hierzu vergleichend Herbert Seifert, Die Feste theatralischen Charakters während der kaiserlichen Aufenthalte in Prag zwischen 1617 und 1680, in: Gedenkschrift für Walter Pass, hg. von Martin Czernin, Tutzingen 2002, 463–472; ders., Kaiser Leopold I. im Spiegel seiner Hofoper, in: Der Fürst und sein Volk. Herrscherlob und Herrscherkritik in den Habsburger Ländern der frühen Neuzeit, hg. von Pierre Béhar und Herbert Schneider, St. Ingbert 2004, 93–107.

91 Dieser saß seit 1704 im Würzburger Kapitel.

92 Kaiser Karl VI. an Lothar Franz, Wien 1716 Sept. 27 (HHStA Wien GWA 45 a); G. Christ, Bischofswahlen, 189 und Anm. 34; vgl. auch Hugo Hantsch, Reichsvizekanzler Friedrich Karl Graf von Schönborn (1674–1746). Einige Kapitel zur politischen Geschichte Kaiser Josefs I. und Karls VI., Salzburg 1929, 174 f und Scherf, 9 f

„Mit etwahiger befremdung ersehe ich [...] waß mir dieselbe [Kurfürstl. Gnaden] von Ihro und der Ihrigen empfindlichkeiten zu verstehen geben wollen" [betreffs einer] mit sehr bedenklichen Umbständen mir beschriebenen nithere negotiation in puncto einer intendirten Bischoffl. coadjutorie Wahl zu Würtzburg."[... Er sehe im Schreiben Schönborns keinen Grund, der Anlass gebe, dass] der teutschen Chur=Landt fürstlichen Stiffter=Wahls=freyheiten auff ein Mahl übern hauffen geworffen werden dorfften. [Auch stimme das Ansinnen Schönborns mit der] bisherigen glimpflichkeit und Churfürstl: Conduite nit überein. [Ferner habe das Haus Schönborn von der österreichischen Milde und Clementia schon so oft profitiert,] als ob der Schönbornschen familia nur allein die kayserl. gnaden thür offen stünde."[93]

Abschließend forderte der Kaiser den Mainzer Kurfürsten energisch zur Besonnenheit und patriotischen Pflichterfüllung gegenüber dem Reich und dem Reichsoberhaupt auf.

Weitere Spannungen traten im Zusammenhang mit der Wahl des Johann Philipp Franz von Schönborn 1703/04 zum Dompropst in Würzburg auf. Greiffenklau hatte diesen einflussreichen Posten dem verdienten Johann Philipp Fuchs von Dornheim zugedacht und klagte mit einem Teil des Domkapitels wegen verschiedener Formfehler gegen die Wahl des Schönborn beim Papst, der jedoch gegen ihn entschied. Der Konflikt verschärfte sich, als Greiffenklau zu Ohren kam, in welcher Form ihn die Schönbornpartei in Rom diskreditiert hatte, und scheint zumindest gegenüber Johann Philipp Franz nicht mehr bereinigt worden zu sein. Mit Lothar Franz kreuzten sich Greiffenklaus Interessen erneut aus Anlass der Neuwahl des Fürstabtes von Fulda, bei der beide jedoch chancenlos kandidierten. Wiederholt beklagten alle geistlichen Mitglieder des Hauses Schönborn angebliche Führungsschwächen Greiffenklaus. Insbesondere warfen sie ihm eine zu starke Abhängigkeit von seinen Räten vor. Hinter dieser Voreingenommenheit gegenüber den fürstlichen Räten, hier insbesondere der schon erwähnte Kanzler Adelmann von Adelmannsfelden und der Kammerdirektor Gallus Jacob, seit 1717 von Hohlach, steht jedoch ein weiteres typisches Konfliktmuster. Die fürstlichen Räte führten einen Großteil der öffentlichen und privaten Geschäfte Greiffenklaus, der ihnen volles Vertrauen schenkte. Daher waren auch die Herren von Schönborn genötigt, sich in verschiedenen Angelegenheiten[94] zunächst an diese zu wenden und ihnen im Rahmen der üblichen Verhandlungsführung gegebenenfalls einen Teil der vorgesehenen Bestechungsgelder zukommen zu lassen. Vor allem die erhebliche Machtstellung des geadelten Gallus Jacob, eines bürgerlichen Seilersohnes aus Tauberbischofsheim, scheint dabei dem altadeligen Standesdenken ein Ärgernis gewesen zu sein, zumal Jacob die Schönborn'schen Ansinnen gegenüber Greiffenklau nicht uneingeschränkt befürwortete. Über Jacob in seiner Funktion als Kammerdirektor wurden ferner die Rüstungsgeschäfte des Hochstiftes sowie ein Großteil der mit der Militärwirtschaft zusammenhängenden Angelegenheiten abgewickelt. Dabei scheint er mit Duldung des Fürsten daran so gut verdient zu haben, dass er zwei adelige Güter erwerben und seine Standeserhöhung betreiben konnte. Eine solche Karriere war im Zeitalter der Türkenkriege, die ja letztlich weniger aufgrund der militärischen Überlegenheit der kaiserlichen Truppen als aufgrund der besseren Nachschuborganisation im Reich gewonnen wurden, nicht untypisch. Zu Jacobs persönlichen Leistungen gehörten der Neubau des Zeughauses auf dem Marienberg, der Ausbau der Würzburger Geschützgießerei Kopp sowie die Abwicklung der Truppenausrüstung und Verpflegung. In Anerkennung dieser Verdienste waren die erwähnten Auszeichnungen des Kammerdirektors durch Kaiser Karl VI. während seines Besuchs in Würzburg am 14.1.1712 zu verstehen. Wie viele seiner Kollegen[95] hat der im Übrigen wohl durchaus umsichtige und begabte Gallus Jacob für seine politischen Optionen teuer bezahlen müssen.[96] Der Nachfolger Greiffenklaus, Johann Philipp Franz von Schönborn, entfernte ihn unmittelbar nach Amts-

[93] HHStA Wien GWA 45 a.

[94] So z.B. in Fragen der Koadjutorie, der Würzburger Lehen, der Truchsess von Pommersfelden etc.

[95] Auch der juristische Berater des Johann Gottfried von Guttenberg, Ignaz von Tastungen, äußerte in dem oben zitierten Schreiben an Kaiser Leopold aus dem Jahr 1697 seine Furcht vor der Rache der Kapitulare in der Zeit der Sedisvakanz.

[96] Der ebenfalls umstrittene Kanzler Adelmann von Adelmannsfelden starb bereits 1719.

antritt aus allen Ämtern und ließ sein gesamtes Vermögen konfiszieren. Jacob versuchte zwar aus Wien gegen den Bischof zu prozessieren, doch waren auch seine dortigen Ansprechpartner, u.a. Prinz Eugen von Savoyen, nicht zu einem entschiedenen Vorstoß gegen ihren adeligen Standesgenossen bereit, zumal der Reichsvizekanzler Friedrich Karl von Schönborn aus nächster Nähe auf das Prozessgeschehen Einfluss nahm. Jacob konnte zwar nach Johann Philipp Franzens frühem Tod nach Würzburg zurückkehren, erlangte aber weder seine früheren Positionen noch sein Vermögen zurück und starb wenige Jahre später. Nichts vermag die hinter diesem Drama stehende Kluft zwischen der adeligen und der bürgerlichen Sphäre besser zu umschreiben als der zynische Spott des Lothar Franz, als der Neffe mit dem Grundstock des jacobischen Vermögens den Neubau der Würzburger Residenz in Angriff nahm:

> „pro complimento aeterna des Bauwesens aber dem so hochmeritierten Jacob loco congruo und mit adäquater Beischrift eine Danksäule en statu, Portrait oder auf sonstige Weis pro aeterna memoria und etwas außer der Stadt setzen lassen können, ex benevolentae raptu et rapina.“[97]

Johann Philipp von Greiffenklau starb am 3. August 1719. Wie bei seinem Vorgänger wurden die Leichenfeierlichkeiten in traditionellem Rahmen abgehalten. Allerdings musste das Domkapitel aufgrund vorübergehender Zahlungsschwierigkeiten die dazu erforderliche Summe von 30.000 fl. von Gallus Jacob leihen.[98] Wie in dieser Zeit in Würzburg üblich, wurde weder Johann Philipp noch seinem Vorgänger im Dom ein Epitaph gesetzt.

[97] Quellen zur Geschichte des Barock in Franken unter dem Einfluß des Hauses Schönborn, Teil 1: Die Zeit des Erzbischofs Lothar Franz und des Bischofs Johann Philipp Franz von Schönborn, 1693–1729, bearb. von P. Hugo Hantsch und A. Scherf unter Mitwirkung von A. Chroust, 1931, 1231. Auch die heutige Reflexion behandelt den „Fall“ noch immer mit einem deutlichen, wenngleich unreflektierten moralischen Bonus auf der Seite des Johann Philipp Franz: Scherf, 37 f; Max H. von Freeden, Aufstieg, Glanz und Ende des Gallus Jacob. Ein barockes Lebensbild, Mfr. Studien 1988, 388–390; Schröcker, 1981, 132–134.

[98] Nach Scherf, 45, Anm. 30 (StAWü Hoheitssachen 1128) war das unter Guttenberg angesparte Vermögen des Hochstiftes in Geld und Naturalien auf ein Minimum zusammengeschmolzen, so dass das Domkapitel für die Beerdigungsfeierlichkeiten Greiffenklaus 30 000 fl von Jacob aufnehmen musste. Diese Zahlen bedürfen aber, da sie in polemischer Absicht von der Schönborn-Partei zusammengestellt wurden, einer genauen Überprüfung.

III. Typus Boni Principis. Fürstenpanegyrik und Herrschaftspropaganda im Hochstift Würzburg.

1. Zum Selbstverständnis der geistlichen Fürsten nach Reformation und Dreißigjährigem Krieg – Das nachtridentinische Bischofsideal

„Joannes Philippus ex antiquissima Familia L. Baronum de Greiffenclau in Vollraths ortus, verus temporis nostri Phœnix, in quo renatæ sunt omnes Antecessorum prærogativæ, propter magna naturæ privilegia, majora Gentilitii Nominis, maxima virtutum dona unanimi voto electus sub Sæculi finem, ut esset futuri Pater & Princeps pacis. [...] Mirantur hoc, [...] propter Principis virtutem et pietatem toti Patriæ specialem e cœlis benedictionem solere affluere. Sed hæc universæ Franconiæ communia sunt. Propria Urbi & subditis exhibita Paterni amoris signa, [...] ea septem Gloriæ columnis per triumphales Arcus insculperet, in quibus legeretur a posteris Joannis Philippi II. Principis Sapientis & Pii. 1. **Zelus Divinæ Gloriæ**, quo inductus Ecclesiam Cathedralem ad raram intrinsecus & sacram magnificentiam transtulit. 2. **Pietas**, quæ nulli non nota, omnes ad devotionem excitat, quando Principali præsentia toties per annum publicas solennitates cernunt augeri, cultumque Divinum Sacellis, Altaribus in & extra Urbem, varioque ornatu vident munifice promoveri. 3. **Magnificentia**, qua Templum Academicum reparatum, ornatumque novus Salomon absolvit, Aulam vero apparatu pulcherrimo, aliaque ædificia exornavit. 4. **Amor Litterarum**, quo animata Universitas sub Sapientissimi Mecœnatis auspiciis, pluribus claruit Actibus publicis, quam medio alias Sæculo. 5. **Cura Patriæ**, qua motus Arcem Marianam ad terrorem hostium exquisitis munimentis facit securam. 6. **Liberalitas**, quæ cum accresceret annonæ caritas, granaria aperuit ad egenorum levamen. 7. **Clementia & Justitia**, quarum altera omnibus æquus; altera gratiæ palmam miranda benignitate etiam non merentibus porrigit, ut Antonomasiam Clementis & Pii Principis subditis faciat. [...] Talem esse Principem, cujus fortitudo inter bellicos tumultus ita resistit, ut sapientia Divini Cultus, Aulæ & subditorum curam non dimittat; si ex Senecæ mente act. 2. octav. Consulere Patriæ afflictis, cæde abstinere, tempus iræ dare, orbi quietem, Sæculo pacem suo, hæc summa virtus, petitur hac cœlum via; Quid Tibi Franconia ominari licebit aliud, quam Clementissimo tuo Patriæ Patri omnem a Deo Benedictionem.“[1]

[1] Gropp, II. 606, (Johannes Philippus, der altehrwürdigen Familie der Freiherren von Greiffenklau entsprossen, ein wahrer Phoenix unserer Zeit, in dem alle vorzüglichen Eigenschaften seiner Vorfahren wiedergeboren sind, ist wegen der großen Vorzüge seiner Natur, der noch größeren seines Geschlechts und der größten Gaben seiner Tugenden einstimmig dazu gewählt worden, Vater und Fürst des künftigen Friedens zu sein. [...] So bewundern alle [...], dass aufgrund der Tugend des Fürsten und aufgrund seiner Frömmigkeit dem Vaterland der besondere Segen vom Himmel zuzuströmen pflegt. Aber diese Tugenden fallen dem ganzen Frankenland zu. So sind eigens für die Stadt und die Untertanen Denkmäler der väterlichen Liebe errichtet worden. [...] dass in sieben Ehrensäulen an Triumphbögen eingemeißelt und an ihnen von der Nachwelt gelesen werden könne über Johannes Philippus II., den weisen und frommen Fürsten, **1. Sein Eifer für die Ehre Gottes**, von dem angetrieben er die Kathedralkirche im Innenraum zu einer seltenen und erhabenen Großartigkeit verwandeln ließ. **2. Seine Frömmigkeit**, jedem wohlbekannt, die alle zur Hingabe (an Gott) mitreißt, wenn sie in Anwesenheit des Fürsten so oft im Jahr wahrnehmen, dass die öffentlichen Feiern prächtiger werden, und wenn sie sehen, dass die Verehrung Gottes durch Kapellen und Altäre innerhalb und außerhalb der Stadt durch mannigfachen Schmuck freigebig gefördert wird. **3. Die Hochherzigkeit**, mit der er, ein neuer Salomon, die Universitätskirche erneuert und geschmückt fertig stellen ließ, den Saal (der Universitätskirche) und einige andere Bauten durch die allerschönste Ausstattung verschönerte. **4. Die Liebe zu den Wissenschaften**, durch die belebt die

Mit diesem Lob auf die zur Ehre Gottes und zum Wohl der Untertanen wirkenden Tugenden des Princeps optimus Johann Philipp von Greiffenklau leitet Ignatius Gropp seine Schilderungen der fürstlichen *Gesta in rebus ecclesiae, Patriae et Imperii*[2] ein. Die Bedeutung dieser Tugenden *(Zelus Divinae Gloriae, Pietas, Magnificentia, Amor Litterarum, Cura Patriae, Liberalitas Clementia et Justitia)* wird in Anlehnung an einen letztlich in die Zeit des Julius Echter zurückgehenden Entwurf anhand bestimmter Bau und Kunstunternehmungen des Fürsten erläutert, die wie diese der Beförderung der Ehre Gottes und des allgemeinen Wohles dienten. Wie unten noch näher auszuführen ist, wird beispielsweise das Bemühen um die Darstellung des Ruhmes Gottes in einen Zusammenhang mit der eindrucksvollen Innenausstattung der Domkirche gebracht und die fürstliche Pietas am Beispiel der sowohl liturgisch wie in ihrer künstlerischen Ausstattung erneuerten Kapellen und Altäre gepriesen.[3] Aus diesem Kontext erschließt sich der von Franz Matsche am Beispiel des Kaiserstils Karls VI. beschriebene „politische“ Charakter fürstlicher Auftragskunst:

> „Die Kunst diente als Mittel zur Einwirkung auf die Untertanen und zur Unterstützung bei der Ausübung der Herrschaft, indem sie sich auf die Anliegen des Staates als Gemeinwesen und der Untertanen bezieht.“[4]

Nach meiner Ansicht trifft diese Vorstellung von einem bewussten Einsatz künstlerischer Projekte zur Unterstützung und Interpretation herrschaftspolitischer Zielsetzungen auch auf verschiedene Unternehmungen der Würzburger Fürstbischöfe Johann Gottfried von Guttenberg und Johann Philipp von Greifenklau zu. Dabei basiert der Begriff des „Politischen“ in dem hier gewählten Zusammenhang, wie einleitend schon dargestellt, selbstverständlich auf der zeitgemäßen, religiös-theologisch fundierten Staatsauffassung und ist mit heutigen säkularen Vorstellungen nicht vergleichbar. Dies lässt in der Vertiefung dieses Deutungsansatzes nach dem spezifischen fürstbischöflichen Verständnis des Herrscheramtes, seinem Tugendspektrum und der aus der besonderen Perspektive des Bischof-Herzogs folgenden, politischen und eschatologischen Sinndeutung des geistlichen Staatswesens fragen.

Universität unter der Fürsorge des weisesten Mäzens bei mehr öffentlichen Veranstaltungen glänzte als sonst in einem halben Jahrhundert. **5. Die Sorge um das Vaterland**, von der getrieben er die Marienfestung zum Schrecken der Feinde mit ausgezeichneten Verteidigungsanlagen sicher machte. **6. Die Freigebigkeit**, welche die Getreidespeicher öffnen ließ zur Unterstützung der Bedürftigen, als der Mangel an Lebensmitteln groß wurde. **7. Die Güte und Gerechtigkeit**, durch die eine (dieser Tugenden) ist er gegen alle gleich, durch die andere reicht er mit bewundernswerter Güte die Hand der Gnade auch denen, die es nicht verdienen, so dass er bei seinen Untertanen den Beinamen des „Guten und Frommen Fürsten“ erfährt. [...] Möge er ein solcher Fürst sein, dessen Tapferkeit in kriegerischen Stürmen so sehr standhält, dass er in seiner Weisheit die Sorge um die Verehrung und das Lob Gottes, die Universität und die Untertanen nicht aufgibt; so möge er im Sinne Senecas (Octavia, 2. Akt): Sorge tragen für die Leiden des Vaterlandes, sich des Mordens enthalten und (nur begrenzte) Zeit dem Zorn geben, dem Erdkreis aber die Ruhe, seinem Jahr hundert aber den Frieden (geben); das ist die höchste Vollkommenheit (Tugend), auf diesem Weg wird der Himmel erreicht. Was darfst Du Dir mehr erhoffen, o Frankenland, als für Deinen gütigsten Vater des Vaterlandes allen Segen von Gott.) (Für die Übersetzung der lateinischen Textpassagen danke ich Frau A. Hönle, Rottweil.)

2 So die entsprechenden Kapitelüberschriften bei Gropp.

3 Auch die *Hochherzigkeit*, verkörpert durch die Erneuerung der Universitätskirche, die *Liebe zu den Wissenschaften*, dargestellt am mäzenatischen Wirken für die Universität und die *Sorge um das Vaterland*, illustriert durch die Befestigung des Marienberges, gehören in dieses Bild. Auch Julius Echter hatte in den weiter unten noch zu erläuternden Festschriften zu seinem dreißigjährigen Regierungsjubiläum (siehe Kap. III.2.) ähnliche Motive zur Illustration seines Tugendspiegels verwendet.

4 Matsche, I, 14 f und 57. „Daher sind die Unternehmungen Karls VI. auf künstlerischem Gebiet zu seinen Taten als Regent und Politiker zu rechnen; sie stellen einen Teil seiner politischen Betätigung dar, die darin weit über den Rahmen einer mäzenatischen und musischen Kunstförderung hinausgeht. Mit ihnen wollte er politisch wirken, Politik mit Hilfe der Kunst betreiben. Sie sind als integraler Bestandteil seiner Leistungen als Staatsmann, nicht neben diesen zu sehen und bei seiner historischen Beurteilung zu berücksichtigen.“ – Siehe auch. Lars Reinking, Herrschaftliches Selbstverständnis und Repräsentation im geistlichen Fürstentum des 18. Jahrhunderts. Das Beispiel „Schloß Brühl“ des Kölner Kurfürsten Clemens August, in: Braun, Göttmann, Ströhmer (Hg.), Geistliche Staaten, 117–18.

Das in der Tradition der mittelalterlichen Reichskirchenverfassung wurzelnde deutsche Episkopat bezog sich in seiner ideologischen Selbstbestimmung auch nach den epochalen Umbrüchen des Reformationszeitalters und des Dreißigjährigen Krieges auf das im Ideengebäude des *sacrum imperium* zusammengefasste staatsmetaphysische Gedankengut.[5] Die Heilige Schrift und ihre Kommentatoren, die Patristik, insbesondere der Gottesstaat des Augustinus und die antike Staatsphilosophie namentlich des Aristoteles hatten der nach wie vor ideologisch wirksamen Idee des Heiligen Römischen Reiches in der Interpretation des Otto von Freising das geistige Rüstzeug geliefert. Im Zentrum dieses Gedankengutes stand die Vorstellung des von Gott gestifteten zeitlichen Staatswesens als Ordnungssystem, das die in ihrer Bestimmung mit der Menschheit identische Christenheit *(gens totius orbis)* „im mystischen Körper der irdischen Universitas", der *res publica generis humani* zusammenfasste. Die besondere Bedeutung der Reichskirche bestand dabei in ihrer Doppelexistenz *in temporalia et spiritualia*, die sie „in der Herbeiführung diesseitiger und der Vorbereitung jenseitiger Staatsziele"[6] gleichermaßen der endzeitlichen Zweckbestimmung der *res publica* verpflichtete.

Die aus der Glaubensspaltung des 16. Jahrhunderts folgenden Umwälzungen hatten mit der theologisch überhöhten Idee des Alten Reiches auch die Reichskirche zutiefst erschüttert. Dabei waren die Angriffe auf das Reichskirchenwesen doppelter Natur. Zum einen richtete sich die Kritik der Reformatoren gegen die Vermischung geistlicher und weltlicher Pflichten der Bischöfe, bei denen die grundsätzliche Dominanz des weltlichen Amtes zu beklagenswerten Missständen in der Lebensführung und der Wahrnehmung seelsorgerischer Pflichten geführt hatte. Zum anderen wurde infolge der durch die Territorialstaaten vorangetriebenen Aushöhlung der alten Reichsverfassung auch das politische Fundament der staatlichen Existenz der Reichsbistümer mehr und mehr erschüttert.[7] In Reaktion auf diese existenzbedrohenden Angriffe entstand in den geistlichen Staaten, wie hier am Beispiel des Hochstiftes Würzburg gezeigt werden soll, ein umfangreiches herrschafts- und staatspropagandistisches Schrifttum in eigener Sache, das auf die Betonung der geistig-moralischen Integrität der Amtsträger nach dem Idealbild des *Pastor fides* und des *Princeps optimus* wie der politischen Vorzüglichkeit des von diesen repräsentierten Staatswesens auf der Projektionsgrundlage der alten Reichsidee zielte.[8] Dabei galt es zunächst, die spirituelle Bedeutung des bischöflichen Hirtenamtes aus dem tridentinischen Geist heraus neu zu formulieren und dem Kirchenvolk in ihrem idealen Wesensgehalt zu vermitteln. Das Trienter Konzil hatte im Rückgriff

5 Vgl. hierzu grundlegend etwa Fritz Kern, Gottesgnadentum und Widerstandsrecht im frühen Mittelalter. Zur Entwicklungsgeschichte der Monarchie, Darmstadt [7]1980; Heinrich Mitteis, Der Staat des hohen Mittelalter, Köln/Wien [9]1974; Ferdinand Geldner, Die Staatsauffassung und Fürstenlehre des Erasmus von Rotterdam, Berlin 1930 (Nachdruck 1965), hier insbes. 11 ff (Grundzüge der mittelalterlichen Staatslehre).

6 Geldner, 12. Siehe ferner: Bettina Braun, Seelsorgebischof oder absolutistischer Fürst. Die Fürstbischöfe in der Spätphase des Alten Reichs zwischen Anspruch und Wirklichkeit, in: Braun, Göttmann, Ströhmer (Hg.), Geistliche Staaten, 87–116.

7 Schon in der Diskussion um die Neuordnung des Reiches auf dem Friedenskongress von Münster und Osnabrück war der Gedanke einer Umwandlung des mittelalterlichen Staatskörpers in einen Bundesstaat bei gleichzeitiger Säkularisation der geistlichen Staaten angesprochen worden. Auch in der Folgezeit war, wie das Beispiel des Lothar Franz von Schönborn zeigt, die Furcht der geistlichen Reichsstände vor einem Umsturz der alten Reichsordnung, der „alles übern hauffen werfen" werde, beständiger Motor politischen Handelns. Vgl. Schröcker, Ein Schönborn im Reich, 15 ff; ferner: Aretin, 1981, 17 ff; Anton Schindling/Walter Ziegler (Hg.), Die Territorien des Reiches im Zeitalter der Reformation und Konfessionalisierung, insbes. Bd. 4: Mittleres Deutschland, Münster 1992; H. Angermeier, Säkulare Aspekte der Reformationszeit, München 1983; Ders., Die Reichsreform 1410–1555. Die Staatsproblematik in Deutschland zwischen Mittelalter und Gegenwart, München 1984; Martin Heckel, Staat und Kirche nach den Lehren der ev. Juristen in der ersten Hälfte des 17. Jahrhunderts, München 1968.

8 Eberhard Straub, Zum Herrscherideal des 17. Jahrhunderts, vornehmlich nach dem „Mundus christiano bavaro politicus", in: ZBLG (1969), 193–221, hier 194 f.

unter anderem auf die paulinischen Pastoralbriefe, die *regula pastoralis* Gregors d. Gr., des Ambrosius' *Buch von den Pflichten* sowie die Bernhardinischen *considerationes*[9] klare Anweisungen bezüglich der bischöflichen Lebensführung erlassen, die sich im 17. Jahrhundert auch in Deutschland weitgehend durchsetzten.[10] Als zentrale Aufgabe hatte das Konzil den Bischöfen die Pflicht der Hirtensorge für die ihnen anvertrauten Seelen der Untertanen zugewiesen. Der Jesuit Salmeron[11] verglich diese in einer im Juli 1563 vor den Konzilsvätern gehaltenen Predigt mit der Christusliebe des Apostels Johannes, den er aufgrund seiner vollkommenen Christusnachfolge als Idealbild des bischöflichen Hirten vorstellte.[12] Nach zähem Ringen leitete das Konzil[13] daraus die Residenzpflicht der Bischöfe in ihrer Diözese als Voraussetzung für eine umfassende und erfolgreiche Seelsorge ab. Nachdrücklich wurden die geistlichen Oberhirten darüber hinaus zu Predigt, Anwesenheit während des Kathedralgottesdienstes, Vornahme von Weihehandlungen, Heranbildung des Diözesanklerus sowie zu apostolischer Einfachheit und Vorbildlichkeit in der persönlichen Lebensführung ermahnt. Insgesamt sei es nicht genug, einen Würdigen zum Bischof zu wählen, denn nur der Beste sei der hohen Verantwortung des Amtes gewachsen. Ludwig von Granada fasste diesen Gedanken in einer den Reformgeist des Konzils illustrierenden Predigt zur Konsekration des Bischofs Antonius Pinherius von Miranda 1564 zusammen, in der er einem Bewerber um das bischöfliche Amt fünf Tugenden abverlangte:

> „Vita sanctitas, prudentia, et in rebus gerendis diligentia, fortitudo atque scientia."[14]

Wesentliche Impulse schöpfte die Ausbildung des nachtridentinischen Bischofideals aus Leben und Amtsführung des Mailänder Erzbischofs Carlo Borromeo, dem der Erzbischof von Braga, Bartholomaeus de Martyribus, mit dem *stimulus pastorum* den bedeutendsten Bischofsspiegel dieser Zeit widmete.[15] Auch Bartholomaeus betonte die bedingungslose Verpflichtung des Bischofs in der Sorge um das Heil der Seelen, die ihm selbst die fortwährende Übung persönlicher Frömmigkeit und Tugend abverlange. In der Bewährung durch die vollkommene Nachfolge Christi vermöge der ideale Bischof, wie das Beispiel des Borromeo zeige, selbst zur Heiligkeit voranzuschreiten.[16]

Diese ideale Vorbildlichkeit des Borromeo scheint über die Tugendleistungen des Mailänder Kirchenfürsten hinaus[17] auch im Zusammenhang mit dem von ihm selbst entworfenen reformpolitischen und kunstpropagandistischen Konzept zur Repräsentation und Demonstration von Rang und Anspruch der Kirche Mailands und ihres geistlichen Hirten rezipiert worden zu sein. Dieses unter dem

[9] Edition J. Leclerq, Sancti Bernardi Opera III (De consideratione ad Eugenium papam), Rom 1963, 379–493; Vgl. Hubert Jedin, Das Bischofsideal der katholischen Reformation. Eine Studie über die Bischofsspiegel vornehmlich des 16. Jahrhunderts, in: Das Zeitalter der Gegenreformation von 1555–1648, hg. von Ernst Walter Zeeden, Darmstadt 1973, 359–424, hier 361 f.

[10] Hubert Jedin hat in diesem Zusammenhang auf das Problem des starken Einflusses des Temporale auf die bischöflichen Amtspflichten in Deutschland verwiesen, was dazu führte, dass die spätmittelalterlichen Reformansätze der romanischen Länder mit dem vordringlichen Gebot einer Abstinenz in weltlichen Dingen von der Reichskirche nicht aufgegriffen wurden. Dieses Problem bestand auch nach Abschluss des Trienter Konzils fort, doch lässt sich, wie auch am Beispiel Würzburg gezeigt werden kann, zumindest in der ideologischen Diskussion und Propaganda der Folgezeit eine nachhaltige Orientierung am Ideal des frommen Seelsorgebischofs nachvollziehen. Jedin, 1973, 368 f.; 385 ff und 393 ff.

[11] Ebd., 404.

[12] Offensichtlich entwickelten auch die Würzburger Fürstbischöfe im Verweis auf ihren Namenspatron Johannes d. Ev. gezielte propagandistische Strategien. Hierzu gehören neben zahlreichen Stiftungen beispielsweise auch bestimmte, symbolisch vorgenommene Handlungen. So las etwa Johann Gottfried von Guttenberg seine erste Messe als neu geweihter Bischof am Festtag des Johannes Ev.

[13] In Sessio XXIII am 15. Juli 1563; Jedin, 1973, 406.

[14] Jedin, 1973, 408. (Ein Leben in Heiligkeit, Klugheit und in der Durchführung der Geschäfte Sorgfalt, Stärke und Kenntnisreichtum.)

[15] Jedin, 1973, 410 ff.

[16] Ebd.

[17] Die ideale Vorbildlichkeit des heiligen Carlo Borromeo ließ ihn auch zum Tugendleitbild seines prominenten Namens- und Schutzklienten Kaiser Karl VI. werden, der damit den sakralen Anspruch des Kaiseramtes betonte. Vgl. Matsche, I, 201 ff.

Motto *Milano Secunda Roma* zusammengefasste Konzept wurde zu einem wichtigen Movens der borromeischen Kirchenpolitik.[18] Dabei gründete sich der bereits im Mittelalter propagierte Anspruch Mailands auf seine Gleichrangigkeit mit Rom zum einen auf die legendenhafte Überlieferung der apostolischen Gründung durch den Heidenapostel Bartholomaeus.[19] Zum anderen berief man sich auf die Bedeutung Mailands als zeitweilige Residenz der weströmischen Kaiser,[20] die mit dem Episkopat des für die Befestigung der katholischen Lehre gegen den Arianismus hochbedeutenden Kirchenlehrers Ambrosius zusammenfiel. Es ist daher bezeichnend, dass Borromeo wesentliche Impulse seines religions- und herrschaftspolitischen Konzeptes aus der *imitatio Ambrosii* bezog, die zu einem erheblichen Anteil in der Wiederbelebung politisch-religiöser Strategien des Kirchenvaters bestand, wie sie dieser zur Bekämpfung häretischer Tendenzen innerhalb der weströmischen Kirche entworfen hatte. Zu den zentralen Elementen dieser Strategie, die Borromeo mit dem propagandistischen Gedankengut der katholischen Reform füllte und zu *Kampfmitteln*[21] des tridentinischen Katholizismus entwickelte, gehörten ein demonstrativer, lokale Traditionen betonender Heiligen- und Reliquienkult, die im Identitätsbewusstsein der Mailänder Kirche wurzelnde Ausbildung einer Volksliturgie, die Einbeziehung des Kirchenvolkes als geistige und politische Gefolgschaft des Bischofs sowie vor allem die glanzvolle Propagierung der siegreichen katholischen Kirche durch aufwendige Prachtentfaltung im Kirchenbau und der Ausstattung bestehender Gotteshäuser. Bereits Ambrosius hatte sich gezielt um die Neuerrichtung von vier Kirchen bemüht, deren Titel die wichtigsten Aspekte des neu propagierten Ambrosianischen Katholizismus abdeckten.[22] Borromeo entwickelte auf diesem Konzept eine Propaganda fidei, die die Positionen der katholischen Kirche nachhaltig bestätigte. Dabei stützte er sich insbesondere auf die von der Papstkirche gegen den Protestantismus entwickelte Ablass- und Gnadenlehre, deren Institute und Privilegien er auf die Kirche Mailands im Anspruch der *secunda Roma* zu übertragen suchte. So gelang es ihm zwischen 1565 und 1576,[23] die drei wichtigsten römischen Ablassprivilegien, die Stationsindulgenz, das Institut der sieben Hauptkirchen und das Privileg des *anno santo* für Mailand zu erwerben. Übertragung, Ausbau und Propaganda dieser Institute und Privilegien in der Mailänder Kirche dienten einem Programm, das Mayer-Himmelheber in der Zusammenfassung der spezifischen religiösen Urbanistik und der kunstpolitischen Strategien des Borromeo mit einem Begriff Giovanni Mezzanottes als *Ritualisierung der Metropole*[24] bezeichnet. In diesem Programm gipfelten wesentliche Inhalte der idealen Vorbildlichkeit des heiligen Carlo, die ihn als Inkarnation des tridentinischen Reformbischofs erscheinen ließen. In der allgemeinen Propaganda dieses Ideals gewann der Einfluss der religions- und kunstpolitischen Strategien des Borromeo, wie auch das Beispiel Würzburg zeigen wird, weit über die Grenzen Mailands hinaus an Bedeutung.

War damit die kraftvolle Persönlichkeit des hl. Carlo Borromeo zu einer Identifikationsfigur insbesondere auch für die deutschen Bischöfe geworden, so ließ sich deren, im Laufe des 17. Jahrhunderts stärker in den Vordergrund tretendes politisches Anliegen, nämlich die Sicherung des Temporale für die Reichskirche, nicht allein aus den konfessionsstrategischen Konzeptionen der tridentinischen Kirche ableiten. Dazu bedurfte es vielmehr eines nachdrücklichen Engagements zugunsten der mittelalterlichen

[18] Susanne Mayer-Himmelheber, Bischöfliche Kunstpolitik nach dem Tridentinum: Der Secunda-Roma-Anspruch Carlo Borromeos und die Mailänder Verordnungen zu Bau und Ausstattung von Kirchen, München 1984, 2.

[19] Dieser wurde bereits in den apokryphen Schriften des Pseudo-Dorotheus zu den siebzig, bzw. zweiundsiebzig Aposteln gezählt, Mayer-Himmelheber, 11 (Anm. 50). Der Anspruch apostolischer Gründung als Rang bezeichnendes Privileg wurde auch von vielen deutschen Bistümern erhoben, so insbesondere von Würzburg, das die Gleichrangigkeit des Frankenapostels und ersten rechtsrheinischen Märtyrermissionars Kilian mit dem ersten römischen Märtyrerapostel Petrus betonte.

[20] In Mailand residierten Kaiser Gratian (375–383), Kaiser Valerian II. (383–392) und Kaiser Theodosius I. (392–395); Mayer-Himmelheber, 4.

[21] Mayer-Himmelheber, 7.

[22] Basilica apostolorum, Basilica Martyrum, Basilica Salvatorum, Basilica Virginum; Mayer-Himmelheber, 8.

[23] Später wurde ein gemeinsames Schenkungsdatum propagiert. Mayer-Himmelheber, 31 ff.

[24] Mayer-Himmelheber, 3 sowie 50 ff. Siehe vertiefend zum Ansatz des „performative turn" in den Kulturwissenschaften Erika Fischer-Lichte, Performance, Inszenierung, Ritual: Zur Klärung kulturwissenschaftlicher Schlüsselbegriffe in: Jürgen Martschukat, Steffen Patzold (Hg.), Köln 2003, 33–54.

Reichsidee und ihrer verfassungsrechtlichen Institutionen, die den geistlichen Reichsständen eine besondere, privilegierte Rolle zuwies.[25] Dies ist die Ursache der schon mehrfach betonten Feststellung, dass die Idee des Alten Reiches nach 1648 namentlich in den Reichsbistümern präsent war und dass diese folglich zu den treuesten Bundesgenossen des sich im letzten Viertel des 17. Jahrhunderts erneut in seiner traditionellen Rolle als *defensor Ecclesiae* bestätigenden Kaisers gehörten. Es ist daher auch nicht verwunderlich, wenn sich die geistlichen Fürsten in der Propagierung dieses Aspektes eng an der staats- und herrschaftspolitischen Publizistik und Propaganda des Kaiserhofes orientierten und wesentliche Leitmotive aus der endzeitlichen Bestimmung von Reich und Kaisertum schöpften.[26] In dieser sich jenseits politischer Realitäten entwickelnden idealen Projektion spiritueller Zweckbestimmung der *res publica* bot sich den geistlichen Fürsten zugleich die Möglichkeit, die Mischung von Temporale und Spirituale politisch zu rechtfertigen und im Sinne einer gottgewollten Mission sakral zu überhöhen. In diesem Zusammenhang ist es folglich auch kennzeichnend, dass die wichtigsten Äußerungen zu Inhalt und Wesen des fürstbischöflichen Amtes und des von ihm repräsentierten Staates von Theologen, namentlich von Mitgliedern der katholischen Reformorden stammen, die in bezeichnender Weise staats- und herrschaftspolitische Aussagen mit solchen der *propaganda fidei* mischten. Wie noch zu zeigen sein wird, wurden dem Anschaulichkeitsbedürfnis der Zeit entsprechend gerade diese Inhalte zur Inspirationsquelle einer Vielzahl politisch motivierter Kunstunternehmungen in den geistlichen Staaten.

2. Die Festschriften zum dreißigjährigen Regierungsjubiläum des Julius Echter

Das zur Darstellung des staatsideologischen und herrschaftstheoretischen Konzeptes der Würzburger Fürstbischöfe im Folgenden zusammengestellte Schrifttum umfasst Publikationen unterschiedlichster Art und Bestimmung.[27] Im Mittelpunkt des anschließenden Überblicks und der weitergehenden Erläuterungen der nachfolgenden Kapitel stehen zunächst die beiden von Christoph Marianus[28] verfassten Festschriften zum dreißigjährigen Regierungsjubiläum des Julius Echter. Diese Schriften verstehe ich gewissermaßen als exemplarische Grundlagen der sich in nachtridentinischer Zeit auch in Würzburg entwickelnden fürstbischöflichen Herrschaftspropaganda, die sich einerseits an vielfältigen Vorgaben der römisch-katholischen Kirche orientierte und andererseits einen sehr persönlichen wie patriotischen Bezug herzustellen vermochte. Im Folgenden sollen diese Ansätze in ihrer Weiterentwicklung an dem 1712 entstandenen *Gryphus Principalis sive Typus Boni Principis* des Valentin

[25] Vgl. u.a. Egon Johannes Greipl, Zur weltlichen Herrschaft der Fürstbischöfe in der Zeit vom westfälischen Frieden bis zur Säkularisation, in: RQ 83 (1988), 252–264; Sebastian Merkle, Die Bedeutung der geistlichen Staaten im alten deutschen Reich, in: ders., Ausgewählte Reden und Aufsätze, hg. von Theobald Freudenberger, Würzburg 1965, 469–487; Wolfgang Wüst, Geistlicher Staat und Altes Reich. Frühneuzeitliche Herrschaftsformen, Administration und Hofhaltung im Augsburger Fürstbistum, 2 Bde., München 2001; Ders., Geistliche Staaten in Oberdeutschland im Rahmen der Reichsverfassung. Kultur – Verfassung – Wirtschaft – Gesellschaft. Ansätze zu einer Neubewertung, Epfendorf 2002.

[26] Grundsätzlich sei auch hier noch einmal auf die Präzisierung der Begriffe von Kaiser und Reich sowie auf die Unterscheidung zwischen dem Kaiser als Reichsoberhaupt und Mitglied des Hauses Habsburg verwiesen bei Stephan, 22 ff verwiesen. Allerdings scheint mir angesichts der Nachfolgeprobleme des Hauses Habsburg in der Zeit um 1700 diese Abgrenzung zwischen Amt und Familie weniger deutlich zu sein als in dem von Stephan betrachteten Zeitausschnitt.

[27] Dieses Schrifttum ist in seiner Bedeutung und Komplexität bisher nicht erfasst. Da ich mich im Rahmen dieser Darstellung auf bestimmte Aspekte beschränken muss, können die folgenden Einblicke in die Materie kaum repräsentativ und erschöpfend ausfallen. Daher bleibt anzuregen, dass dieses gerade in der Übergangszeit vom 17. zum 18. Jahrhundert hochinteressante Material Gegenstand einer umfassenden historischen Betrachtung werden möge.

[28] Marianus gehörte zunächst dem Augustinerorden an, wechselte aber später in die Societas Jesu. Er bekleidete eine Chorherrenpfründe am Neumünster. Die Festschriften sind abgedruckt bei Gropp, Bd. I: Encaenia et Tricennalia Juliana sive Panegyricus etc., 534–608; Bd. III: Christlich Fränkischer Ehren=Preiß zu löblicher Gedächtnuß der Schloß= und Kirchweyhung uff unser Lieben Frauen=Berg zu Würtzburg, 375–384.

Kirchgeßner[29] vertieft werden. Diese in der Tradition des Fürstenlobs verfasste und Johann Philipp von Greiffenklau zu seinem sechzigsten Geburtstag gewidmete Schrift überträgt viele der unter Echter entstehenden Ansätze in eine zeitgemäße Form und stellt darüber hinaus ein ungemein anschauliches Lebensbild der Greiffenklauzeit zusammen. Darüber hinaus existiert ein breites und in Teilen sehr aufschlussreiches Schrifttum, das zu bestimmten Anlässen des fürstlichen Lebenslaufes wie Wahl, Konsekration, Jubiläum oder Tod verfasst wurde und ebenfalls die Tugendvorzüge des Fürsten im Spiegel des *pastor bonus* oder des *princeps optimus* pries. Wahl, Weihe oder Tod des Fürsten wurden ferner gerahmt durch aufwendige Festzeremonien, deren für die Erschließung des herrschaftspolitischen Selbstverständnisses aufschlussreicher Ablauf sich u.a. aus Programmschriften oder aber aus verschiedenen Diarien, Briefen und sonstigen Berichten rekonstruieren lässt.[30] So liegen etwa die schriftlichen Konzepte für die anlässlich der Exequienfeiern zum Begräbnis des Johann Gottfried von Guttenberg und des Johann Philipp von Greiffenklau errichteten Trauergerüste vor.[31] Darüber hinaus gaben bestimmte,

[29] Exemplar der Universitätsbibliothek Würzburg: Gryphus Principalis Sive Typus Boni Principis, Würzburg 1712. Die Entstehungsgeschichte des Werkes konnte von Max H. von Freeden aus einer Kette kurioser Zufälle heraus geklärt werden (M. H. v. Freeden, Der Greiffenclau-Schrank. Das Prunkmöbel und die verbotene Festschrift von 1712, in: FS Otto Schäfer zum 75. Geburtstag, Stuttgart 1987, 313–329). So wurde der Gryphus Principalis von dem damaligen Vicariats-, Consistorial-Assessor und Civilgerichts-Actuar Valentin Kirchgeßner in einer Auflage von 800 Stück auf eigene Kosten in Druck gegeben. Der Druck wurde jedoch nur bis zum Bogen 113 fertig gestellt, da die fürstbischöflichen Behörden seine Weiterführung mit der Begründung untersagten, eine solch große Schmeichelei gezieme sich nicht zu Lebzeiten des Fürsten. Auch der Nachfolger Greiffenklaus, Johann Philipp Franz von Schönborn erlaubte die Fertigstellung nicht. So ist der Gryphus Principalis nur in wenigen Exemplaren erhalten; von Freeden gelang es, den Verbleib von neun, jedoch nur bis zur Seite 450 fertig gestellten und mit 63 Kupferstichen versehenen Exemplaren zu klären (320 f). Auch Ignaz Gropp kannte eines der überlieferten Exemplare und verwendete es für seine Darstellung des fürstlichen Lebenslaufes. Die nicht mehr zu verwendenden Kupferstichplatten der Kirchgeßner-Ausgabe wurden feuervergoldet und in einen Schreibschrank aus schwarz gebeiztem Birnbaum eingesetzt, der sich heute im Besitz des Mainfränkischen Museums in Würzburg befindet. (Abb. 1 bei Freeden, 1987) Auch wenn das Werk also, wie schon die Zeitgenossen kritisierten, unverkennbar panegyrische Absichten verfolgte, ist sein Zeugniswert doch insbesondere zum Verständnis der zeitgenössischen Rezeption der fürstbischöflichen Kunstunternehmungen von unschätzbarer Bedeutung.

[30] Dieses leider noch nicht systematisch erfasste Material ist im Katalog zum Altbestand der Würzburger Universitätsbibliothek entweder über ein Titelstichwort oder den Verfassernamen verzettelt. Siehe z.B.: Mitra Episcopalis / Tredecim praecipuis Boni Episcopi Virtutibus / Velut totidem Lapidibus pretiosis / in Rationale Aaronico Praeficurantis / a S. Paulo I. ad Tim.3 designalis / elaborata Reverendissimo et Celsissimo S.R.I. / Principi ac Domino / D. Joanni Godefrido […], Anno quo Joannes GoDefr**IDV**s **DVX** Herb**I**po**LI** So**L**enn**I**ter Inf**VL**abat**V**r, (1686), verf. von Thomas Höflich, Georg Schellenbach, Johann Philipp Staub, Valentin Schafsteck, Alban Haas (die Verfasser waren vermutlich sämtlich Mitglieder der Societas Jesu und vertraten Predigerstellen am Dom, an Stift Haug, St. Peter, St. Gertraud und St. Burkard). – Sol Novus Nuper Eoo-Francisco Coelo Invectus Nunc ad Supremam Augen Evectus cum Reverendissimus et Celsissimus Princeps ac Dominus Joannes Philippus, Ecclesiae Herbipolensis Episcopus, S.R.I. Princeps Franciae Orientalis Dux, &c. Dominus, Dominus Noster Clementissimus, Episcopali Mitra insigniretur, adumbratus a Collegio Societatis Jesu Herbipolensis, Würzburg 1699 (Juli 9); – Geistliche und ewige Vermählung des Hochwürdigsten Fürsten und Herrn / Herrn Joannis Philippi mit dem uralten Hertzoglichen Bistumb Würtzburg und Francken / in Beystand der ersten Bischoffe der Catholischen Kirchen PETRI und PAULI und des ersten Bischoffs zu Würtzburg KILIANI, von einem Priester der Gesellschaft Jesu, (wohl Christoph Fries, dem späteren fürstbischöflichen Beichtvater); UB Wü.

[31] Ordentlicher Leich- Conduct, So weyland Ihro Hochfürstliche Gnaden Herrn / Herrn Johann Gottfrieden / Deß Heil. Röm. Reichs Fürsten / Bischoffen zu Würtzburg / und Hertzogen zu Francken unsers Gnädigsten Fürsten und Herrn Hochseeligster Gedächtnuß / Den 19. Januarii 1699 von dero Hoff=Capellen in der underen Hoffhaltung auß / in den Domb allhie zu Würtzburg zu letzten Schuldigsten Ehr gehalten worden. (Beschreibung des zeremoniellen Ablaufs des Leichenbegängnisses sowie des Castrum doloris: Castrum Doloris (Pictore Morte tragice inumbratum pallidis rosis, nigris arundinibus lugubre). Iconem castris hujus funebris. Mors praeopera invenit et pixit, Luctus publicus delineavit, Pietas Collegii Societatis Jesu Herbipolensis; Der auff dem Berg Mariae seeligst verschiedene andere Moyses und Diener Gottes […] Joannes Philippus […]; Leich- und Lobpredigt des Johann Martin Kettler (Hofpfarrer, Geh. Rat und Kanoniker von Stift Haug); Trophaeum gloriae postumae ab architectis virtutibus pietissimo in morte Victori […] (Beschreibung des Trauergerüstes im Würzburger Dom zur Feier der Exequien für Johann Philipp von Greiffenklau), Societas Jesu, UB Wü.

innen- und außenpolitische Ereignisse wie eine gute Ernte, Kirchweihen, der Besuch des Kaisers oder anderer hochgestellter Persönlichkeiten sowie militärische Erfolge der kaiserlichen- bzw. der Reichstruppen und familiäre Begebenheiten im Kaiserhaus regelmäßig Anlass zu festlichen Inszenierungen und programmatischen Publikationen, die das historische Ereignis zum Gegenstand panegyrischer Huldigung nahmen.[32]

Die Verfasser der hier betrachteten Schriften sind ausnahmslos Theologen aus dem Kreis der Societas Jesu und der anderen nachtridentinischen Reformorden der Hauptstadt, die den Fürsten zumeist als Mitglieder des geistlichen Rates nahe standen und als Angehörige der Universität zur geistigen Elite des Staates gehörten. Sie waren daher besonders prädestiniert, die fürstliche Politik in Form quasi offizieller Verlautbarungen zu kommentieren und zu vermitteln. Alle zitierten Publikationen dürften daher zu einem erheblichen Maß nicht nur die persönlichen Überzeugungen der Verfasser widerspiegeln, sondern darüber hinaus der fürstlichen Absicht zur Formung der „öffentlichen Meinung" und gestaltenden Einflussnahme auf die politische Realität entsprochen haben. Gerade in diesem Motiv ist in einem besonderen Maß das Bewusstsein von der Zerbrechlichkeit der alten Ordnung als auslösender Impuls der politischen Propaganda präsent.[33] Vor diesem Hintergrund vermochte das Idealbild des guten Fürsten und des von ihm verwirklichten glücklichen Regimentes in einer faszinierenden Projektion noch einmal den Glanz des Alten Reiches zu beschwören, bevor die Säkularisation der geistlichen Fürstentümer als Eckpfeiler desselben auch seinen Untergang einleitete.

Die Feierlichkeiten zu dem zwischen den Jahren 1603 und 1604 begangenen dreißigjährigen Regierungsjubiläum des Julius Echter standen im Zeichen beachtlicher innenpolitischer Erfolge des Fürsten, die dieser in der territorialpolitischen, insbesondere aber auch in der konfessionellen Konsolidierung seines Hochstiftes erreicht hatte.[34] Allein aus diesem politischen Ziel der territorialen und konfessionellen Konsolidierung entwickelt sich unter den Nachfolgern Echters eine Art identitätsstiftende Fiktion, durch die alle daraufhin gerichteten Taten und Handlungen der Fürsten panegyrisch überhöht werden konnten. Den aus Anlass des Echter'schen Regierungsjubiläums veröffentlichten Festschriften, nämlich

[32] Siehe hierzu z.B. die ausführliche Beschreibung der aus Anlass der Exequienfeiern zum Tod Kaiser Leopolds I. und Kaiser Joseph I. im Dom zu Würzburg errichteten Trauergerüste bei Kirchgeßner, 244 ff.

[33] Siehe hierzu Hans Otto Mühleisen, Weisheit – Tugend – Macht. Die Spannung von traditioneller Herrschaftsordnung und humanistischer Neubegründung der Politik im Spanien des 17. Jahrhunderts, nachgezeichnet am Beispiel von Andres Mendos Fürstenspiegel „Principe Perfecto", in: Politische Tugendlehre und Regierungskunst. Studien zum Fürstenspiegel der Neuzeit, hg. von H.- O. Mühleisen und Th. Stammen, Tübingen 1990, 143–196, hier 145.

[34] Die Konfessionspolitik Echters wird in den folgenden Kapiteln im Zusammenhang mit einzelnen kunstpolitischen Projekten ausführlicher behandelt. Zunächst sei hier auf einige Aspekte hingewiesen, die die in der Forschung bisher nicht beachtete Nähe zur Reformpolitik des Carlo Borromeo erkennen lassen. So wurden die im wesentlichen in die Zeit zwischen 1583 und 1586 fallenden Rekatholisierungsbestrebungen im Hochstift von einer Vielzahl religionspädagogischer und volksbildender Maßnahmen begleitet, die denen des Borromeo ähnlich sind. Hierzu gehören neben Liturgie und Kirchengesang die Förderung der Reliquien- und Heiligenverehrung wie die Intensivierung des Bruderschafts- und Sodalenwesens im Sinne der geistlichen Gefolgschaft. Siehe hierzu u.a. Gropp, I, 432 ff sowie Gropp, IV, 357. Neben der Intensivierung des Kultes um die Landespatrone, deren Bedeutung als heilige Amtsvorgänger des regierenden Fürsten die zeitgenössischen Geschichtsschreiber nachhaltig unterstrichen, (siehe hierzu weiter unten: Imitatio Chiliani), kam es zu mehreren Erhebungen lokaler Heiliger, wie etwa der Elevation der Gebeine des seligen Macarius, des ersten Abtes des Würzburger Schottenklosters, um dessen Heiligsprechung sich Echter bemühte. Weiterhin erwirkte Julius Echter von Papst Clemens VIII. für die Jahre 1601 und 1602 jeweils das Privileg eines Anno Santo, wobei der Jubelablass im ersten Jahr mit dem Besuch der Domkirche und im folgenden mit dem Besuch mehrerer Landkirchen verbunden war, Gropp, IV, 360 f. Schließlich ist in diesem Zusammenhang noch auf die besondere Förderung der großen Landeswallfahrten Dettelbach, Maria Buchen, Retzbach und Kreuzberg hinzuweisen, die den Gedanken der geistigen Gefolgschaft unter Führung des Bischofs nachhaltig unterstrichen. Auf den besonderen Ausbau dieser Wallfahrtszentren als geistliche Vorburgen des Hochstiftes, ähnlich den römischen und Mailänder Stationskirchen (*tamquam castra Dei*; Mayer-Himmelheber, 28) hat bereits Hans Dünninger, Maria siegt in Franken. Die Wallfahrt nach Dettelbach als Bekenntnis (Land und Leute), Würzburg 1979, 75 verwiesen.

der in lateinischer Sprache verfassten *Encaenia et Tricennalia Juliana* sowie dem volkstümlichen, mit Wahrscheinlichkeit an die hochstiftischen Untertanen selbst gerichteten *Christlich Fränkische(n) Ehren=Preiß* fiel damit folgerichtig erstmals die Aufgabe zu, diese, den herrscherlichen Tugendvorzügen verdankten Erfolge, die der Panegyriker im Spiegel der allgemeinen Wohlfahrt des Landes beschreibt, in ein positives Staatsgefühl umzuwandeln, in dessen Zentrum der regierende Fürst als das Idealbild des guten Hirten stand. Beide Festschriften bezogen sich inhaltlich auf einen gemeinsamen Titelkupferstich *(Abb. 4)*, der unter den hochstiftischen Symbolfiguren, der erstmals in dieser Rolle präsentierten *Patrona franconiae*, des Frankenapostels Kilian und des vermeintlich ersten Würzburger Bischof-Herzogs und heiligen Amtsvorgängers des Jubilars, Burkard, die vier zentralen Staatstugenden des Fürsten vorstellte. Der beabsichtigten Breitenwirkung entsprechend ist der *Ehren=Preiß* in schlichte, leicht einprägsame Reimverse gefasst, deren Wirkung zu einem Teil eben tatsächlich darin bestand, dass sie im Gedächtnis haften blieben und in bestimmten Situationen meinungsbildend wirksam werden konnten. Die lateinisch abgefasste *Encaenia* richtete sich dagegen an einen Rezipientenkreis, der über ein weitaus höheres Niveau an politischem und theologisch-philosophischem Grundlagenwissen verfügte. Sie ist, wie der gut hundert Jahre jüngere *Gryphus principalis*, über ihre panegyrischen Aspekte hinaus ein typisches kompilatorisches Werk, das das Ideal des eo ipso legitimierten *Pastor bonus* anhand eines umfangreichen exegetisch-patristischen und staatsphilosophischen Zitatenschatzes darzustellen sucht und damit wohl hauptsächlich auf eine politische Öffentlichkeit außerhalb des Hochstiftes zielte.[35] Dabei lassen sich über den Anlass der Jubiläumsfeiern hinaus zwei weitere potentielle Entstehungsmotive ausmachen. So kandidierte Echter 1604 erneut für das Amt des Mainzer Erzbischofs, das ihm als eine wünschenswerte Ausdehnung seines territorialen und politischen Einflussbereiches erscheinen musste. Diese Aussicht konnte ihn möglicherweise umso mehr faszinieren, als er sich zu Beginn des neuen Jahrhunderts außenpolitisch aufgrund seiner aggressiven, vor militärischen Aktionen gegenüber seinen unmittelbaren staatlichen Nachbarn nicht zurückschreckenden Territorialpolitik innerhalb des fränkischen Kreises wie gegenüber dem Kaiser und dem katholischen Reichsteil in einer gefährlichen Isolierung befand. Es scheint also denkbar, dass die *Encaenia* über ihre panegyrischen Inhalte hinaus auch den Versuch einer gezielten *Imagepflege* darstellte, um den Fürsten weiterhin bündnisfähig bzw. wählbar zu machen. Folglich enthält die *Encaenia* wie der *Ehren=Preiß* keine spezifischen staatstheoretischen Aussagen, sondern reflektiert das geistliche Staatswesen allein im Ideal des guten Fürsten, dessen Tugenden damit zum Inbegriff staatlicher Wohlfahrt wurden. Aus dieser Perspektive gab es daher auch keinen Widerspruch zwischen der Ausübung des bischöflichen Hirtenamtes in apostolischer Nachfolge und den Amtspflichten des guten Fürsten, da in deren Sorge für das Wohl der Untertanen der Dienst an den Seelen und an den Körpern zusammenfiel.[36] Diese Grundaussage reflektiert sowohl die Leitideen des tridentinischen Bischofideals wie der humanistisch-christlichen Fürstenlehren:

> „Nos quidem utriusque Potestatis, sacræ atque civilis non tam miramur excelsitatem in Principe nostro, quam honoramus in tanta Dignitate Vigilantiam, Moderationem, Felicitatem. Quis enim nostrum est, qui non plus sibi licere putet; non magis somno, concessisque voluptatibus ac remissionibus animi indulgeat, quam Princeps et Pater noster, qui magnam fortunam, non secus quam magnam servitutem excipiens, tanquam nihil suo arbitrio facere possit; ita audiendis querelis, disponendis libellis, dirigendis consiliis, profer-

[35] Vgl. zu Julius Echter u.a. Götz Frhr. von Pölnitz, Julius Echter von Mespelbrunn, Fürstbischof von Würzburg und Herzog von Franken (1573–1617), München 1934. Die politische Entwicklung des Hochstiftes unter Echter in der Zeit um 1600 charakterisiert Peter Baumgart, Zur Reichs- und Ligapolitik des Fürstbischofs Julius Echter am Vorabend des Dreißigjährigen Krieges, in: Julius Echter und seine Zeit. Gedenkschrift aus Anlass des 400. Jahrestages der Wahl des Stifters der Alma Julia zum Fürstbischof von Würzburg im Dez. 1573, hg. von F. Merzbacher, Würzburg 1973, 37–63.

[36] Marianus, Encaenia (Abdruck bei Gropp, I), 556.

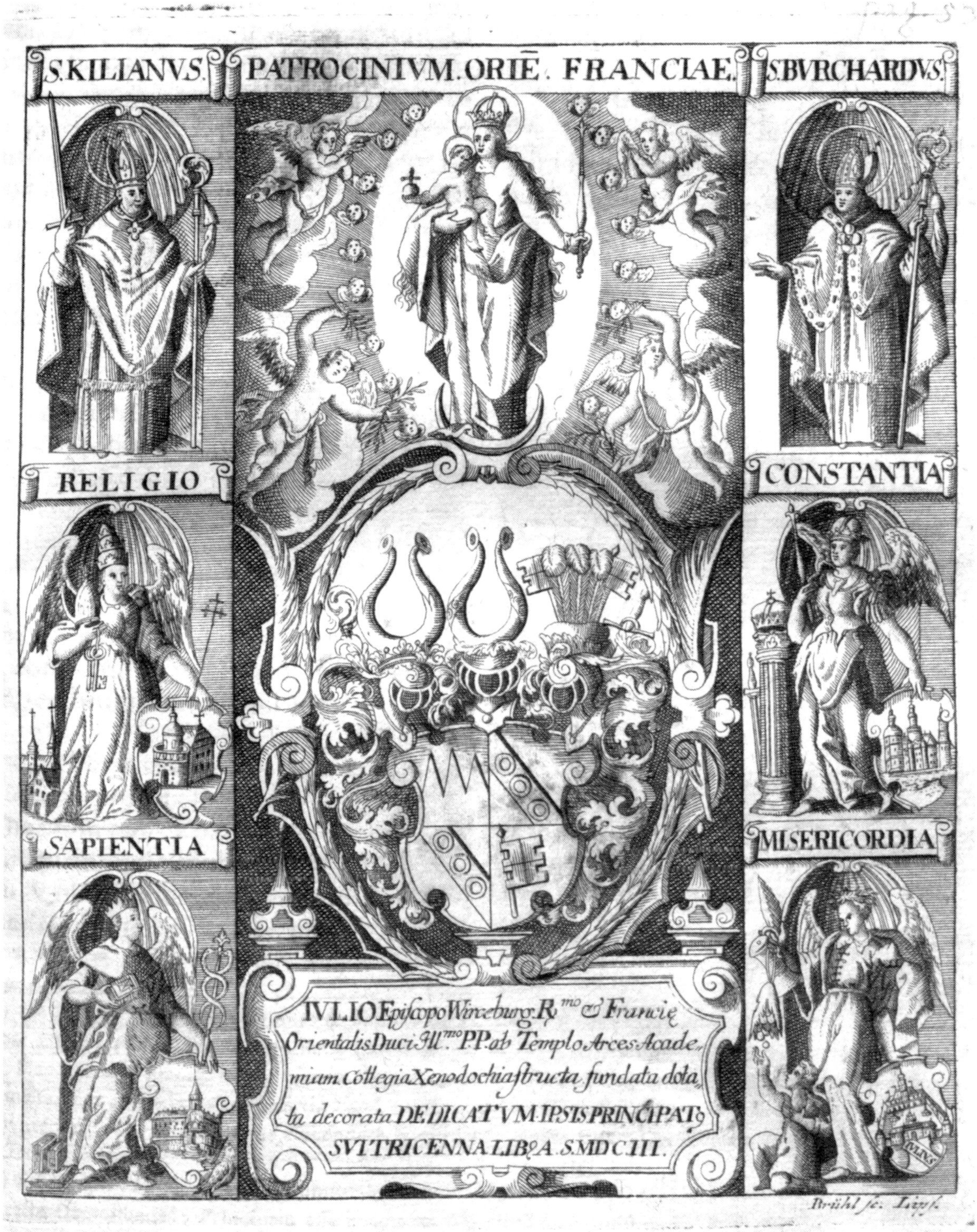

Abb. 4: Titelblatt der Festschriften zum 30-jährigen Regierungsjubiläum Julius Echters.: Stich von Johann Leypold, 1604 in: P. Ignatius Gropp, Collectio Scriptorum et Rerum Wirceburgensium novissima Bd. 1, Frankfurt a. M. MDCCXLI; Exemplar der Staatsbibliothek Bamberg, Sig. 22/HV Fr. 3/1.

endis mandatis, negotiisque diversissimis pertractandis, sacris, Politicis, publicis, privatis, maximis, minimis perpetuo vacat. Omnium bona domosque ejus vigilia defendit: omnium otium, illius labor; omnium vacationem illius occupatio.[37]

Es wurde bereits darauf hingewiesen, dass die zentralen Aussagen der beiden Festschriften jeweils in einem vorangestellten Titelkupferstich anhand eines exemplarischen Tugendkataloges zusammengefasst werden. Darin sind den bischöflichen Leitfiguren Kilian und Burkard vier Tugendpersonifikationen, nämlich Religio, Constantia, Sapientia und Misericordia nachgeordnet, die in beigefügten Schilden auf vier Bauunternehmungen des Fürsten verweisen und diese damit zu Exempla seines Guten Regimentes erheben. So führt Religio das Bild der Festungskirche, Constantia die Festung selbst, Sapientia den Neubau der Juliusuniversität und Misericordia das Juliusspital im Schild. Dazu erläutert die Encaenia nach einem Exkurs über die auf die Beförderung der Ehre Gottes und das Wohl der Untertanen gerichteten Herrschaftsziele des Bischofs[38]:

„illique terminos ac limites constituemus, munimenta quatuor, à Te Princeps excitata, & regio pæne splendore constructa, tanquam Patriæ, ditionis, Principatus Tui firmissima propugnacula. Arcem nempe, Templum, Academiam, Xenodochium; velut quatuor dearum, sic loqui liceat, sedes & augustissima domicilia; Potestatis scilicet, vel Majestatis; Religionis; Sapientiæ; Caritatis seu Misericordiæ: quæ sint quasi Præstites & Astites Tui, Tuorumque; corporum, animorum, fortunarum, vitæque universæ. Hæ sunt, quæ Te fama super æthera, merito super cœlos evehunt.“[39]

In dieser Deutung sind die Tugenden des Bischofs einmal selbst Fundament des christlichen Staatswesens wie sie zum anderen dem Zweck dienen, den fürstlichen Rang und die fürstliche Ehre im christlichen Tugendspektrum zu befördern. Dieser bereits im Stimulus pastorum für Carlo Borromeo angesprochene Gedanke[40] verweist den Fürsten sowohl auf das Vorbild seiner heiligen Amtsvorgänger wie auf Christus selber. Dabei fällt es auf, dass die Encaenia die Auswahl der spezifischen Echter'schen Tugenden aus dem Spektrum der antiken Herrschertugenden, der Kardinaltugenden oder auch der christlichen Tugenden nicht näher kommentiert. Aus späteren Aussagen hierzu und aus zeitgenössi-

37 Marianus, Encaenia (Gropp, I), 560. (Wir aber, [die Vertreter] beider Gewalten, der kirchlichen und der zivilen, bewundern am Fürsten nicht so sehr die erhabene Stellung, wie wir in einem so hohen Amt die Wachsamkeit, das vernünftige Verhalten, die glückliche Hand ehren. Wer ist unter uns, der nicht davon überzeugt ist, dass ihm nicht mehr [an Freiheiten] erlaubt sei, dass er sich nicht mehr dem Schlaf, der erlaubten Lebensfreuden und der geistigen Erholung hingeben dürfe, als unser Fürst und Vater, der sein grosses Lebensglück [die Auserwählung durch Fortuna] nicht anders als eine große Pflichterfüllung versteht, gleichsam als ob im nichts nach Gutdünken auszuführen zusteht. So hat er stets Zeit für die Anhörung von Klagen, für die Bearbeitung von Bittschriften, für die Leitung von Besprechungen, für die Förderung von Aufträgen, für die Bearbeitung der verschiedensten Geschäfte, der kirchlichen, politischen, öffentlichen, privaten, von großen und völlig unbedeutenden. Das Besitztum aller und seine eigenen Häuser beschützt seine Wachsamkeit: die Muße (Sorglosigkeit) aller ist seine Arbeit, ihre Freiheit [von Anstrengungen] ist seine Mühe [Beschäftigung].)

38 Ei quid sevarum velis, id saluti & utilitati subditorum & animorum, quibus me Principem, Pontificem, Patrem praeesse voluisti, serviat. Salvi mihi sint, beati sint clientes ac filioli mei, immo tui; vivat & floreat Religio, constet mihi cum Deo meo amicitia, caeterae pensi non habeo, Marianus, Encaenia (Gropp, I), 550.

39 Marianus, Encaenia (Gropp, I), 553 („als äußere Zeichen [Ziele] wollen wir die vier Monumente [im Lat. Futurum] nennen, die von Dir, Fürst, geschaffen und mit fast königlichem Glanz [!] errichtet wurden, gleichsam als stärkste Bollwerke des Vaterlandes, deiner Herrschaft, deines Fürstentums. Die Burg [Festung] natürlich, den Dom, die Universität, das Spital; gleichsam vier Sitze und erhabene Wohnungen für Göttinnen, so darf man wohl sagen: nämlich der Macht der Majestät, der Religion, der Weisheit, der Nächstenliebe oder Barmherzigkeit. Sie sind deine Schutzpatroninnen und Helferinnen und die der Deinen [also der Untertanen wie im weiteren Sinne der fürstlichen Familie]; der Körper, der Seelen, der Geschicke und des gesamten Lebens. Sie sind es, die deinen Ruhm zu Recht über den Äther [als Götterhimmel], ja über den Himmel [als christliches Universum] empor führen.“)

40 Vgl. oben Kap. III.1.: Zum Selbstverständnis der geistlichen Fürsten nach Reformation und Dreißigjährigem Krieg – Das nachtridentinische Bischofsideal.

schen Würzburger Chroniken[41] geht jedoch hervor, dass man in ihnen die auf die heiligen Bistumsgründer Kilian und Burkard zurückgehenden, zentralen Herrschaftstugenden der Würzburger Bischof-Herzöge vergegenwärtigt sah. In der Praxis lässt sich dabei eine allerdings nie ganz eindeutige Unterscheidung zwischen den geistlichen Tugenden des Kilian (Religio und Sapientia) und den staatspolitischen Tugenden des Burkard (Constantia, Misericordia) feststellen.[42] In nachfolgenden Schriften wie auch in der Encaenia selbst wird dieser zentrale Katalog um weitere exemplarische Herrschertugenden ergänzt, ohne seine identitätsstiftende Bedeutung zu verlieren. Dies gilt, wie das einleitende Zitat nach Gropp belegt, auch für die den Echter'schen Tugenden parallelisierten fürstlichen Bauleistungen, die bis ins 18. Jahrhundert hinein die idealtypische Sorge der Bischof-Herzöge um die Ehre Gottes wie um das Wohl der Untertanen propagierten. In diesem Sinne lassen sich die Hauptaspekte der beiden Festschriften zusammenfassen:

Unter dem Tugendregiment des guten Fürsten ist dem Würzburger Hochstift allgemeine Wohlfahrt beschert. Der Fürst orientiert sich in der Ausrichtung seines idealen Regimentes wie im Streben nach persönlicher Heiligkeit an den Leitfiguren der beiden Landespatrone Kilian und Burkard. Beide Ziele haben sich der Topographie des Hochstifts in den Bauwerken des Fürsten nachhaltig eingeprägt, gehen aber in ihrer grundsätzlichen Bedeutung als Charakteristika des idealen bischöflichen Regimentes über dessen Person hinaus. Im Mittelpunkt des fürstlichen Tugendspektrums steht *Religio*, hier gleichbedeutend mit *Pietas*, also der fürstlichen Frömmigkeit und Gottesfurcht, und mit der *Alten Religion*, die in der Deutung der Festschriften nicht nur den Anfang aller Staatlichkeit in Franken markiert, sondern darüber hinaus mit ihrem Bestand wesensmäßig verbunden ist:

> „Inprimis autem, Religio, quæ potestati Franconicæ semel sociata & fœderata fuit, ei perpetuo fidissima comes adhæsit: [...] Semper enim & omnes, etiam ante hunc Principem nostrum, habuit Franconia Principes ac Præsules, non tam dignitate Principali, quam Pietate Pontificali claros & insignes; [...] Itaque, postquam Arcem Marianam, usque à S. Kiliani, aut S. Burckhardi temporibus occupavit Religio, nunquam inde emigravit;“[43]

Dieser Gedanke wird auch im Sinnbild der *Religio*, nämlich der Festungskirche, wie in allen anderen Kirchenbauten des Hochstiftes, die dabei gewissermaßen als Filiationen dieser ersten christlichen Kirche Frankens angesehen werden können, evident. So erläutert wiederum der *Ehren Preiß*:

> „[...] Ist diß die erste Kirch gewesen, / Welche von der Abgötterey/ Zu Gottes Ehr geweyhet sey. / Seither die Francken christen seyn, [...] Es ist aber weit mehr geschehen: / Zu Fortpflanzung der alten Lehr / Erbauet seyn der Kirchen mehr, / [...] Daß, wer sein Aug auf Kirchen wendt, / Das Franckenlandt vor andern kennt. / Die schöne, Dach, Mäur, Thürn neu, / Zeigen bald was Würtzburgisch sey.“[44]

[41] So z.B. Cronica. Beschriben aller von anfangs des Stiffts Würtzburg bestettigten Bischoffen, derselben Leben, auch anderer des Lands und Herzogthums zu Franken Krieg, Uffruhren und anderer des Stiffts zugestandenen widerwertigen Sachen hirnin zusammengetragen und beschriben. (StAWü; Bestand des Bist. Vereins Wü. Ms f. 2) Siehe ferner die Predigt des Christoph Fries zur Konsekration Greiffenklaus (Kap. III. Anm. 27). Zur Auffassung der Echterzeit vgl. die Chronik des Lorenz Fries, Historie der Bischoven zue Würzburg: „Primus Episcopus Herbipolensis S. Kilianus.“

[42] Diese Zuordnung ist – wie gesagt – jedoch nicht als eine ausschließliche zu verstehen. Siehe zu den Tugendkatalogen geistlicher Fürsten auch: Michael Borgolte, Petrusnachfolge und Kaiserimitation. Die Grablegen der Päpste. Ihre Genese und Traditionsbildung, Göttingen 1989.

[43] Marianus, Encaenia (Gropp, I), 572. („Vor allem aber ist es der Glaube [die alte Religion], der mit der Herrschaft [Macht] im Frankenland innig verbunden war und ihr beständiger und treuer Begleiter. [...] Immer nämlich hatte das Frankenland vor diesem unserem Fürsten auch Fürsten und Regierungen, die nicht so sehr durch ihre fürstliche Würde, als durch ihre priesterliche Frömmigkeit berühmt und ausgezeichnet waren; [...] daher ist der Glaube niemals von hier gewichen, seit er in den Zeiten des hl. Kilian und des hl. Burkard die Marienfestung erobert hatte.“)

[44] Auch die Encaenia greift den damit angesprochenen Gedanken einer besonderen Vorzüglichkeit Würzburgs auf: „Itaque Franconia, jam caeteris quoque sincerae et servidae Religionis praestat.“ Marianus, Encaenia (Gropp, I), 576.

In der Religio (Pietas) als Staatstugend fließen gewissermaßen alle anderen Tugendaspekte des vorbildlichen fürstlichen Lebenswandels zusammen. So spricht der *Ehren-Preiß* im Zusammenhang mit der Religio die Liebe des Fürsten zu seinen Untertanen an und erinnert damit an die von Bartholomaeus de Martyribus geforderte Christusähnlichkeit des *Pastor bonus*.[45] Diese Liebe als Synonym für Frömmigkeit ist darüber hinaus notwendiges Korrektiv der durch das Schwert symbolisierten fürstlichen Potestas:

> „Das Schwert bedecket mit der Schaid / zeigt, daß dem frommen Fürsten leidt, / Wenn er der G'rechtigkeit zu gut / Vergiessen soll ein Tröpfflein Blut, / Zu Nutz und Schutz er es behalt, / Und übet darmit keine Gewalt. / Ein Frieden=Fürst, und guter Hirt, / Der überall berühmet wird.“[46]

Auch Clementia, Humilitas wie Sapientia sind in der *Encaenia* Aspekte der fürstlichen Pietas, wie das Vertrauen in Gott dem *Ehren=Preiß* als Grundlage der Constantia gilt. Diese Bedeutungsfülle der Pietas wird gewissermaßen am Rande der Festschriften in einem den Zeitgenossen allgemein geläufigen typologischen Verweis auf König Salomon erklärt. Der *Encaenia* sind nämlich neben dem Titelblatt drei weitere großformatige Kupferstiche beigegeben, die noch einmal Festung und Marienrotunde, die Universität sowie das Juliusspital, jeweils mit kommentierenden Bibelversen versehen, präsentieren. Dabei wird Julius Echter zur Einweihung der Marienrotunde mit den Worten zitiert, die Salomon zur Einweihung des Tempels in Jerusalem gesprochen haben soll.[47] Erscheint damit die von Echter repräsentierte Pietas der vollkommenen salomonischen Gottesfurcht und Weisheit gleichrangig, so erläutert der Dedikationsstich für die Juliusuniversität deren zentrale Bedeutung in ihrer Rückführung auf Christus als dem Ursprung aller Herrschaft:

> „Per me Principes imperant.“[48]

3. Der *Gryphus Principalis sive Typus Boni Principis* des Valentin Kirchgeßner von 1712

Das in *Encaenia* und *Ehren=Preiß* des Julius Echter enthaltene Gedankengut zum Tugendregiment des *Pastor bonus* blieb über mehrere Generationen als Orientierungsmuster entsprechender panegyrischer und herrschaftspolitischer Propaganda und als konkrete Verhaltensnorm unter den Nachfolgern Echters aktuell, wenngleich es über das zahlreiche Schriftgut aus tagespolitischem Anlass (Wahl, Geburtstage, Jubiläen, Tod) hinaus zunächst nicht zur Abfassung einer der *Encaenia* vergleichbaren Schrift kam. Erst mit dem 1712 für Johann Philipp von Greiffenklau verfassten *Gryphus Principalis sive Typus boni Principis* liegt ein im Anspruch ähnlich geartetes Werk vor, das nun auf dem Höhepunkt barocker Beredsamkeit das idealtypische Bild des durch den *Princeps optimus* in einen Hort der Glückseligkeit verwandelten Würzburger Staatswesens mit aller Überzeugungskraft zeichnet. Allerdings wurde der *Gryphus Principalis,* wie oben schon angedeutet, nicht in fürstbischöflichem Auftrag verfasst, sondern von Valentin Kirchgeßner zum sechzigsten Geburtstag des Fürsten in eigener Regie und wohl durchaus in der Hoffnung auf einen daraus resultierenden Karrieresprung vorbereitet. Das Werk beruht zwar auf einer Vielzahl quasi offizieller Verlautbarungen und Textgrundlagen, die im Einzelnen als Quellen genannt werden, wurde aber vom fürstbischöflichen Hof aufgrund der im Verständnis der Zeit als unangemessen empfundenen öffentlichen Lobrede zu Lebzeiten des Fürsten zurückgewiesen. Auch dieses Verhalten

[45] Jedin, 1973, 403 (Anm. 58).

[46] Auch diese messianische Titulatur entspricht der betonten sakralen Aura des Fürsten.

[47] „Votum Pii Principis in Dedicatione Templi,“ 1 Kön, 8. Kupferstich des Joh. Leypold mit Darstellung der Festung, Encaenia (Gropp, I).

[48] Das Zitat geht zurück auf die Sprüche Salomons Kap. 8 Vers 16 („Durch mich herrschen die Fürsten und alle Regenten auf Erden.“). Vgl. zu diesem Kernsatz der christlichen Fürstenlehren auch Matsche, I, 75 f und 82 ff.

entspricht im Übrigen dem tugendhaften Grundverständnis, wie es in Kirchgeßners Schrift allenthalben durchscheint. Dennoch sind die Aussagen des Textes nicht zuletzt aufgrund seiner teilweise plakativen und gezielt auf die öffentliche Meinungsbildung einwirkenden Aussagen von großer Bedeutung für das Verständnis der zeitgenössischen Panegyrik wie auch der darin wurzelnden kunstpropagandistischen Handlungen und Tendenzen des Hofes.[49]

Der *Typus boni Principis* trägt über seine ursächliche panegyrische Ausrichtung hinausgehend in verschiedenen Passagen die zeitgemäßen Züge eines Fürstenspiegels, in den über die dogmatische Gebundenheit an ein rein theologisches Weltbild hinaus bereits in subtiler Form säkulares Gedankengut einzufließen beginnt.[50] Während die julianischen Schriften die fürstliche Auctoritas im Wesentlichen auf die aus der *imitatio Chiliani et Burchardi* abgeleiteten Tugendbeweise des Fürsten gründeten, enthält der *Typus* über umfangreiche tugendtypologische Erörterungen von Kindheit, Jugend, Erziehung und Lebensführung des Fürsten hinaus Reflexionen über Herkunft, Grundlagen und Wirkung von Herrschaft und Staat, die inneren und äußeren Verhältnisse des geistlichen und weltlichen Staatswesens sowie die fürstlichen Regierungsentscheidungen in Krieg und Frieden, die zumindest im Ansatz politisches Verhalten auch nach rationalen Grundsätzen zu erörtern versuchen.[51]

Kirchgeßner gliedert den *Typus boni Principis* in einzelne Tituli, die sich zunächst in der Beschreibung der Abstammung, Kindheit, Jugend und Erziehung bis zur Bischofswahl an der natürlichen Biographie des Fürsten orientieren. Bereits diese Tituli enthalten Hinweise auf die dem Fürsten *angeborenen*, also kraft Abstammung mitgegebenen Tugenden. In *Titulus V* folgt dann unter dem Leitsatz *Princeps pius insuperos* der zentrale geistliche Tugendkatalog, den der Fürst im Akt der Konsekration von seinen Amtsvorgängern ererbte. Im Anschluss daran beschreibt Kirchgeßner unter weiteren Tituli, wie *Princeps devotus Pontifici et Ecclesia,*[52] *fidelis Caesari,*[53] *fidus Imperii,*[54] *Pater Patria*[55] usw., diese Tugenden an exemplarischen Handlungen des Fürsten, zu denen als „Mittel der Beweisführung"[56] auch seine Kunstunternehmungen und allgemeinen Bauleistungen gezählt werden.

Zum weiteren Verständnis des für Johann Philipp von Greiffenklau reklamierten Tugendkataloges ist zunächst die Erläuterung eines den zeitgenössischen Rezipienten aus der barocken Anthropologie und Erziehungslehre selbstverständlichen Faktums notwendig, dass nämlich Tugendleistungen sowohl genealogisch wie auf dem Wege der dynastischen Amtsnachfolge als vererbbar angesehen wurden. Jeder Fürstensohn verfügte nach dieser Ansicht zunächst in natürlicher Anlage wie Kraft, Geblütsnachfolge über alle zur Ausübung von Herrschaft notwendigen Tugenden. Daher wurde das dynastische, also durch das Blut der Herrscherfamilie besiegelte Band zwischen Regenten und Untertanen als heilig angesehen, garantierte es doch nach diesem Verständnis den Fortbestand des Guten Regimentes. Diese Auf-

[49] Zur Entstehungsgeschichte siehe in diesem Kapitel Anm. 27. Zum Verständnis ist darauf hinzuweisen, dass es dem fürstbischöflichen Hof nicht darum ging, Kirchgeßners Äußerungen als „unwahr" zurückzuweisen. Vielmehr empfand es Greiffenklau wohl persönlich in der Auslegung des selbstverpflichtenden Tugendgebotes der Bescheidenheit als nicht schicklich, sich in diesem Ausmaß zu Lebzeiten öffentlich belobigen zu lassen. Das von Kirchgeßner aufgezeigte Repertoire war der fürstbischöflichen Herrschafts- und Kunstpropaganda aber durchaus vertraut und wird auch von anderen Autoren zitiert. Siehe hierzu z.B. die Beschreibung der „ewigen Ruhmessäulen" bei Gropp, II, 606 (in diesem Kapitel Anm. 1). Insofern erscheint mir der Gryphus Principalis als Interpretationshilfe von nicht zu unterschätzender Bedeutung.

[50] Vgl. Mühleisen, 145 ff und 190 ff sowie Rainer Müller, Die deutschen Fürstenspiegel des 17. Jahrhunderts. Regierungslehre und politische Pädagogik, in: HZ 240 (1985) 571–597. Der Gryphus Principalis ist, wie schon dargestellt, kein Fürstenspiegel im gattungsgeschichtlichen Sinn.

[51] Dies gilt insbesondere für die Darstellung der Kreisberatungen und -abschlüsse im Vorfeld des Bayerischen und des Spanischen Erbfolgekrieges sowie für die Beschreibung der fürstlichen Allianzleistungen zugunsten des Kaisers. Dieser Ansatz realpolitischer Reflexion der nicht unumstrittenen Entscheidungen des Fürsten belegt die staats- und rechtsphilosophische Bildung des Autors und begründet die offensichtliche Zwischenstellung des Werkes zwischen panegyrischem Lob und historisch-politischer Erörterung. Auch in dieser Hinsicht kommt dem Werk als historische Quelle Bedeutung zu, die seine Glaubwürdigkeit erhöht.

[52] Kirchgeßner, Titulus VI.

[53] Kirchgeßner, Titulus VII.

[54] Kirchgeßner, Titulus VIII.

[55] Kirchgeßner, Titulus IX.

[56] Matsche, I, 57 f.

fassung gab Anlass zu einer für die geistlichen Fürsten höchst gefährlichen Kritik an ihrem, allein durch einen Wahlakt begründeten Herrschaftsanspruch. So überliefert etwa Kirchgeßner den Vorwurf, der geistliche Regent sei lediglich ein *papierner Fürst*, den folglich auch nicht das erbliche Band der Liebe mit seinen Untertanen vereinigen könne.[57] Gegen diese Ansicht hatten die Panegyriker der geistlichen Fürsten spätestens seit der frühen Neuzeit auch die Tugenderblichkeit durch den als heilig propagierten Akt der bischöflichen Konsekration behauptet. So feierte man in der Konsekration die Vermählung des Bischofs mit seiner Kirche und setzte sie typologisch der Berufung der Apostel durch Christus gleich. Wie jeder Amtsträger zur Mehrung des kirchlichen Tugend- und Gnadenschatzes beitrug, konnte dieser auch in seiner Gesamtheit durch die Ecclesia vererbt werden. Von dieser Auffassung ging auch der spätere fürstliche Beichtvater Christoph Fries (SJ) in seiner Predigt zum Konsekrationsakt Greiffenklaus aus, erweiterte sie dann aber in Rückgriff auf die Augustinische Version der Zwei-Schwerter-Lehre um eine konkrete politische Aussage. Christus habe in seiner Kirche zugleich ein geistliches und ein weltliches Regiment angeordnet, wobei er dem geistlichen den Vorzug gab. Keine Monarchie, kein Königreich könne im Stammbaum einen so langen Bestand von über 1600 Jahren aufweisen wie die römische Monarchie des auf Petrus zurückgehenden Papsttums. Ebenso bestehe das Würzburger Herzogtum

> „unter Bischoffs Staab sambt der Inful [bereits fast 1000 Jahre, dessen sich sonst keine weltliche Dynastie rühmen könne, …] So lange […] Gott Gott wird seyn / so lange wird O Rom dein Pabst Petrus / und Kilian dein Bischoff O Würtzburg im Himmel seyn. Und dies nit allein wegen des unauslöschlichen charakter[s], welcher in der Consecration einem Bischoff wird eingetruckt / sondern auch wegen der Tugend und Heiligkeit / womit sie Ihren Nahmen verewiget.“[58]

Aus diesem Grund nennen alle fürstlichen Panegyriker die Namen der Amtsvorgänger des regierenden Bischofs und beschreiben ihre exemplarischen Tugendleistungen. Der *Typus boni Principis* geht über diesen üblichen Rahmen jedoch hinaus, indem er Greiffenklaus besondere Prädestination zum Amt des geistlichen Reichsfürsten erläutert. Daher ergänzt er die geistliche Genealogie um eine Darstellung des natürlichen Stammbaumes des Fürsten, die das Walten der göttlichen Vorsehung über dem Geschlecht der Greiffenklau sichtbar machen soll. Entgegen der durch den weltlichen Adel betonten Auffassung geht Kirchgeßner dabei nicht von der Annahme eines grundsätzlichen Tugendvorzuges des Adels aus, sondern stellt lediglich eine besondere Verpflichtung zu tugendhaftem Handeln fest.[59] So steht nach Aussage des Typus jedem Menschen der Weg zur Tugend offen, der Adel habe aber dazu einen besonderen Trieb und sei umso leichter in die Fußstapfen der ehrwürdigen und tugendhaften Vorfahren zu leiten. Die *ererbten* Tugenden müssen also durch entsprechende Übung *erworben* werden:

> „Wie nun Ihro Hochfürstl: Gnaden auß einem Hoch=freyherrlichen / uhralten / und von Gott mit himmlischen Seegen übergossenen Geschlecht entsprossen / und Hoch=Adeliche Eltern gehabt, Also haben Sie von Jugend auff dahin sich beflissen / daß Sie die Vorfahren / so Sie am Geblüt in dem Stam=Baum gezehlet / wie am Stamm und Nahmen / also auch an Tugenden folgeten.“[60]

Den anschließenden genealogischen Erläuterungen stellt Kirchgeßner die Legende vom Lebensbaum des Geschlechtes, dem *höchst=gesegnete[n] Ceder Baum des Hoch=Freyherrlichen Greiffen=Clauischen Stammes auff dem Ehrenberg des hohen Lybani,* voran:

57 Kirchgeßner, 290. Vgl. dagegen zur Interpretation der „Geblütsnachfolge“: Mühleisen, 150 ff.

58 Christoph Fries SJ, Festpredigt zur Konsekration Greiffenklaus am 9. Juni 1699. Manuskript Univ. Bibl. Würzburg.

59 Vgl. dazu die Ausführungen zum „Blutadel“ im ‘Principe Perfecto’ nach Mendo, Mühleisen, 151 sowie im ‘Mundus christiano bavaro politicus’, Straub, 199.

60 Kirchgeßner, 85.

„Je höher der mit immer=grünender Pracht hoch=begipffelte wunder=schöne Ceder=Baum sein unverwelckliches Haubt denen Wolcken vergesellschafftet / je mehr Früchten dieser edelste Baum / so wohl zu wunder=würdigen Heylsam: als unvergleichlich schmäckhafftigsten Süssigkeit der Welt zum nutzbahren Gebrauch und Genuß darreicht; je tieffer hat derselbe seine unverwelcklichen Wurzeln dem hoch=erhobenen Lybano eingesencket, umb so wohl seinen Himmel=hohen Gipffel / als die weit ausgebreitete fruchtbringenden Aeste in unverwelcklichen Flor immerfort erhalten zu können. [...] So ist eine folgbare Unwidertreiblichkeit / daß derselbe[61] nicht allein von Preißwürdigsten Ahnen auff fruchtbahren Boden mit gesunden Wurtzeln eingesetzet / und mit mildem Himmels=Segen bethauet / sondern auch unter Göttlicher sonderbahrer Obsicht / vermittels deren darauß entsprossener in denen alten angebohrnen Ruhmwürdigkeiten sich nach=arthender Zweige / in seiner unsterblichen Glory erhalten worden."

Die Wurzeln des Greiffenklau'schen Geschlechtes seien wie die der Zeder unergründlich, müssten aber nach der Gründungssage „nahe mit dem Anfang der Welt zusammenhängen."[62]

Dieser mythologisch-heilsgeschichtlichen Deutung der Herkunft des Geschlechtes, die im Verständnis der Zeitgenossen in besonderer Weise göttliche Gnadenwirkung offenbart, wird im folgenden Abschnitt durch entsprechende Exempla über die gottgefälligen Tugendvorzüge der Ahnen Greiffenklaus ergänzt. Dabei entspricht es dem Argumentationsziel, dass hier solche Tugenden im Mittelpunkt stehen, die die Ritterlichkeit des Geschlechtes und die Treue zu Kaiser und Reich belegen. Auch hier greift Kirchgeßner zunächst ins geschichtliche Dunkel zurück, indem er behauptet, dass unter den Vorfahren des Fürsten

„ohne Zweiffel [...] centuriones tribuni et equites Romani" gewesen seien. „[...] wie dann sie Teutschen Adeliche jederzeit für die Aelteste gehalten worden / ohne welche die Römer ihren Feinden wenig Schaden zugefüget [...] dahero Julius Caesar, Cajus, Claudius, Nero Galba, Vitellinus, Antonius die Teutsche in höchsten Ehren gehalten [...]."[63]

Die so bereits unter den Römern bewiesenen Tugenden, Stärke, Tapferkeit gegen die Feinde des Reiches, Friedensliebe, Fürsorge für Untertanen, Treue zur Kirche, hätten auch jederzeit die Vorfahren des Fürsten aus der rheinischen Ritterschaft ausgezeichnet. Ebenso sei es ein *sonderlicher Rathschluß Gottes*, dass er immer in Zeiten der Bedrangnis einen Greiffenklau zum Fürsten erhob. So habe Richard von Greiffenklau als Erzbischof von Trier im Zeitalter der Reformation und des Bauernkrieges und Georg Friedrich von Greiffenklau als Erzbischof von Mainz im Zeitalter des Glaubenskrieges Kaiser, Reich und Kirche vor Schaden bewahrt. Dieser spekulativen Geschichtsauffassung, die sich im zeitgenössischen Verständnis aus der Folgerung der *göttlichen Providentia* legitimierte, entspricht die im Typus immer wiederkehrende Deutung von Himmelszeichen als Zusage göttlicher Gnadenwirkung. So lässt etwa ein zur Taufe des Johann Philipp plötzlich erscheinender Regenbogen nur die Interpretation zu,

„daß Gott der Allerhöchste einen sonderlichen Schluß über diesen Herrn gefaßt / und vorgesehen, daß er ein Gott und Menschen wohlgefälliger Regent und liebreicher Praelat werden solle."[64]

Kirchgeßner sucht so in geschickten rhetorischen Verknüpfungen, die Geschicke des Greiffenklau'schen Geschlechtes mit der Weltgeschichte, in der sich letztlich Heilsgeschichte offenbart, parallel zu führen. In ihr handeln die einzelnen Mitglieder des Geschlechtes nicht kraft individueller Neigungen und Entschlüsse, sondern in der Verfolgung einer aus dem Heilsplan Gottes abgeleiteten Mission, deren Übereinstimmung mit der eschatologischen Bestimmung von Ecclesia und Imperium hier zunächst in

[61] D.h. hier der Stammbaum der Familie Greiffenklau.

[62] Kirchgeßner, 82.

[63] Kirchgeßner, 79.

[64] Kirchgeßner, 79.

subtiler Form, in den anschließenden Tituli aber mit Nachdruck betont wird. Diese Sicht ermöglicht es, sowohl den familiären ritterlichen Tugendschatz bis in seine legendären Ursprünge wie die Tugendleistungen der bischöflichen Amtsvorgänger bis auf Kilian in typologischer Normierung auf die Person des Johann Philipp von Greiffenklau zu übertragen. Dabei benutzt Kirchgeßner eine Strategie, deren Wirkung nach Eberhard Straub darin beruht, dass sie durch die Anwendung vertrauter Topoi, die durch Jahrhunderte das Herrscherbild prägten, besondere Überzeugungskraft entwickelte.[65] In der Übertragung auf die Person eines *papierenen* geistlichen Fürsten leitete sich dabei aus dem vertrauten Topos ein politischer Anspruch ab.

4. Der Tugendkatalog in Valentin Kirchgeßners *Typus boni Principis* und seine Auswirkung auf die fürstliche Auftragskunst

Im Zentrum des *Typus boni Principis* steht, wie schon angedeutet wurde, unter dem *Titulus V: Princeps pius insuperos* ein Tugendkatalog, der die eigentlichen Herrschaftstugenden des Bischof-Herzogs umfasst. Kirchgeßner leitet diesen Abschnitt zunächst mit Zitaten der biblischen Kernsentenzen ein, nach denen das Trienter Konzil das Ideal des frommen Seelsorgebischofs formulierte:

> „Qui Episcopatum desiderat, bonum opus desiderat, oportet enim Episcopum sine crimine esse, sicut Dei Dispensatorem, non superbum, non iracundum, non vinolentum[sic!], non percussorem, non turpis lucri cupidum, sed hospitalem, benignum, sobrium, justum, sanctum continentem, amplectentem eum, qui secundum sanam doctrinam est fidelem sermonem, ut potens sit exhortari in doctrina sana, & eos, qui contradicunt, arguere. 1. ad Timoth. 3. & ad Tit. 1. quæ virtutes præfiguratæ in cap. Ezech. 28."[66]

Auch Christoph Fries hatte in seiner am 28. August 1719 im Würzburger Dom gehaltenen *Leyd= und Trauer=Red* auf den Tod des Johann Philipp von Greiffenklau dessen *Christ= Fürstlichen Tugend Weg* aus der Konformität mit den Leitlinien des Trienter Konzils hinsichtlich der bischöflichen Lebensführung beschrieben:

> „Joannes Philippus [...] hat also gäntzlich erfüllet / was die allgemeine Kirchen Versamblung zu Trient von denen / die Gott und Altar geweyhet seynd / erforderet: In toto vitae genere nihil in eis debet apparere, quod vanitatum contemptum non praeseferat. Ohne Zweiffel deßwegen, weilen solche an dem Geistlichen Gebäu der Kirchen / denen Eckstein Christus ist / die Stell der Säulen / Gesimbs und Quaterstück vertretten / an welchen / massen solche vor anderen in die Augen fallen / der geringste Mackel nicht seyn muß / damit der Glanz des gantzen Gebäu nicht gemindert werde."[67]

65 Straub, 219.

66 Kirchgeßner, (Titulus V.) 150. („Wer nach dem Amt des Bischofs strebt, strebt eine hervorragende Aufgabe [eine Aufgabe, die durch besondere Vorzüge charakterisiert wird] an; der Bischof muss nämlich frei sein von verwerflichen Neigungen, gleichsam ein Sachwalter Gottes; er darf nicht hochmütig, nicht jähzornig sein, nicht dem Wein verfallen, kein Feigling, nicht auf unlauteren Gewinn bedacht; sondern er muss vielmehr gastfreundlich [freigebig], gütig, nüchtern und gerecht sein, vorbildlich und enthaltsam; er muss die Verkündigung, die der richtigen Lehre entspricht, sicher beherrschen, so dass er in vernünftiger Rede ermahnen und die widerlegen kann, die dagegen reden. 1. Timoth. 3. Tit. 1.; ebenso sind diese Tugenden vorgeprägt bei Ezech. 28.")

67 Christ-Fürstlicher Tugendweg / Welcher der Hochwürdigste des Hl. Röm. Reichs Fürst und Herr, Herr Joh. Phil. von Gottes Gnaden Bischoff zu Würtzburg [...] in seines Gottseeligen Lebens und glücklichen Regierungs Lauff Ruhmwürdigst gehalten / und endlich den 3. Augusti des 1719. Jahrs früh umb 8 Uhren geendiget. In einer Leid= und Trauer=Red / seiner hochfürstl. Gnaden zu unsterbl. Nach=Ruhm [...] am 18.8.1719 im Hohen Domstifft beschehene Leich=Besingnuß, vorgetragen von P. Christophorus Fries, S.J. Ihro Hochfürstlichen Gnaden gewesenen Beicht=Vatter", p. 16; UB Würzburg.

Die über diese Grundforderungen hinaus bei Fries anklingende Vorstellung vom Ursprung des bischöflichen Amtes aus der Zusammenarbeit mit Christus ist im Folgenden in bekannter Schlussfolgerung Grundlage der Forderung nach dem Tugendregiment des geistlichen Fürsten, dessen Qualität allein den heilsgeschichtlichen Fortgang der auch die Ecclesia in ihrer zeitlichen Existenz umfassenden *res publica* garantiert. Kirchgeßner entwickelte diese Gedanken im Anschluss an den zitierten Absatz in einer für ihn typischen geschichtstheologischen Überschau am Beispiel der auch im *Typus boni Principis* im Mittelpunkt aller Überlegungen stehenden zentralen Herrschertugend der Gottesfurcht, wobei er in der Erwähnung der berühmten Legende von der Begegnung Rudolfs I. mit der Eucharistie darauf hinweist, dass diese Tugend Grundlage des aus der göttlichen Heilszusage fließenden Gottesgnadentums sei, das auf dem Gott wohlgefälligen Fürsten ruht:[68]

> „Die Königin aller Fürsten=Tugenden ist die Gottesfurcht / die Verehrung und Andacht gegen das höchste Guth. Von dieser gleich einer unerschöpflichen Urquellen entspringet alle andere Tugenden / von dieser gleich einer fruchtbaren Gebährerin werden die anderen also wohl geartheten Töchter geboren / von dieser als einem guten Saamen entsprossen und kommen uns die übrigen; alle die Fürstenthümer / so bishero zu glorwürdiger Aufnahm erwachsen / hat die Beförderung der Ehr Gottes zum Gipffel erhoben / hingegen seynd diejenigen zu Grund gegangen / welche die Ehr Gottes vernachlässiget / so viele Tritt und Schritt der große Rudolphus dem auff seinem Leib=Pferd sitzenden Priester gefolget / so viele Reiche hat er seinem Durchläuchtigsten Ertz=Hauß vorbereitet: Die Frommigkeit ware das Oraculum, Gott selbsten ware Bürg und selbst Verleyher; Derowegen seynd diejenigen Fürsten und Bischöffe / welche sich der Frommigkeit ergeben / das Licht der Welt / das Saltz der Erden / die cron der Tugend / die Ehr unserer Natur / diese werden unter denen 24. Aeltesten glantzend das Lamb anbetten / und ewig mit ihm regieren; glücklich ist das Land welches einen frommen Fürsten hat / dann mit eben derjenigen Sorgfalt / mit welcher ein Fürst die Ehr Gottes zu mehren suchet / mit derselben versorget Gott den Fürsten und seine Unterthanen / ja es fließet über die göttliche Freygebigkeit / welche von menschlicher Freygebigkeit nicht kan überwunden werden; Gott vergildet unendlich denen Fürstenthümern was in der Maaß zur Ehre Gottes angewendet worden / dannenhero sich glücklich und überglückseelig das Franckenland schätzen kann / welches Gott der Höchste mit einem so frommen Fürsten begabet und beseeliget hat."[69]

[68] Vgl. hierzu die Darstellung der „Pietas Austriaca" bei Matsche, I, 78 ff. Der exemplarische Verweis auf Rudolf I. scheint im Zusammenhang mit der Erörterung der Gottesfurcht Allgemeingut zumindest der katholischen Fürstenlehren zu sein. Siehe auch Justus Lipsius, „Monita et exempla," der zur Erörterung des Gottesgnadentums ebenfalls auf Rudolf verweist. Matsche, I, 79 f. Im Übrigen mag das im Folgenden zitierte Beispiel aber auch als Beleg für die angesprochene Beobachtung dienen, dass sich die staats- und herrschaftspolitische Propaganda Greiffenklaus deutlich an der des Kaiserhauses orientierte, so dass man teilweise von einer Art „Imitatio Imperatoris" durch den geistlichen Reichsfürsten sprechen mag. Dies könnte der im zeitgenössischen, staatsrechtlichen Schrifttum fixierten Vorstellung entsprechen, dass der Reichsfürst innerhalb seines Territoriums tatsächlich stellvertretend kaiserliche Macht und Autorität verkörpere. So weist etwa Christoph Fries in der zitierten Trauerrede (in diesem Kapitel Anm. 65) am Beispiel der fürstlichen ‚clementia', hier ‚friedsames Gemüt' genannt, auf die Übereinstimmung mit der Habsburger Erbtugend hin: „Gleichwie allen Oesterreichischen Ertz=Hertzogen diese Tugend / gleich als ein besonderes Erb=Recht ihres hohen Stamm Hauses zu theil wird, also hat auch Unser Joan. Phil. dieselbe / als ein Eigenthum des Hohen Greiffenclauischen Geschlechts gleichsam erblich an sich gebracht." p.8. Fries fährt fort (p. 9), Johann Philipp habe sich allzeit nach „jene[r] Göttliche[n] Ermahnung" gerichtet, „dass durch die Milde der fürstliche Thron müsse bevestiget werden." Exemplar der Univ. Bibl. Würzburg. Auch in der „Mitra Episcopalis" des Thomas Höflich zur Inauguration des Johann Gottfried von Guttenberg (in diesem Kapitel Anm. 27) wird die fürstliche Tugend der „Humilitas" mit folgenden Worten beschrieben: „Reges clementiae Caesares benevolentia Deum humanitas." (= Lapidus secundus: Topazius.)

[69] Kirchgeßner, 151.

An diese Kernaussage schließt sich als ein Schwerpunkt des Textes der geistliche Tugendspiegel des Fürsten, den Kirchgeßner aus der Symbolbedeutung der in der echzechielschen Engelskrone zusammengefassten Edelsteine ableitet, die Greiffenklau mit dem Ehrentitel *Princeps sapiens et pius* verliehen wird. Diese Deutung entsprach grundlegenden emblematischen Vorstellungen, wie sie in entsprechenden zeitgenössischen Kompendien entwickelt wurden.[70] Auch für Johann Gottfried von Guttenberg liegt ein vergleichbarer Tugendspiegel vor, der die Edelsteinemblematik aus der Deutung des aaronischen Rationales entwickelte.[71] Beide Tugendkataloge entsprechen sich in ihren auf die Normierungen des Trienter Konziles zurückgehenden Hauptaspekten tugendhaften Lebens: *zelus animarum, gottgefällige Devotion und Andacht, scientia (prudentia) et sapientia, doctrina sacra, recta intentio, fortitudo, constantia, vigilantia, amor Dei, amor subditorum, justitia* u.a. Diese Tugenden sind gewissermaßen das geistige Rüstzeug, das den Fürsten über seine genetisch ererbten Qualitäten hinaus befähigte, die Regierungsgeschäfte zu leiten. Sie sind sichtbare Zeichen des fürstlichen Gottesgnadentums, da sie ihm zusammen mit dem im Ursprung auf Gott zurückgehenden Amt verliehen wurden. In dem dieser Auffassung verbundenen Verständnis von der *providentia divina* diente der von Gott berufene Fürst den unter dem Aspekt der Gottesfurcht zusammengefassten Herrschaftszielen. Dies wird im *Typus boni Principis* zunächst am Beispiel der einzelnen fürstlichen Tugenden wie unter den nachfolgenden, bestimmte Aspekte vertiefenden Tituli,[72] anhand exemplarischer Taten Greiffenklaus dargestellt, zu denen in einem besonderen Maß die Kunstunternehmungen des Fürsten gehören. Diese zählen somit zu den zentralen und besonders rühmenswerten Regierungsleistungen des Fürsten,[73] weshalb die Historiographen stets ausführlich *Splendor, Zier* und *Kunstreichtum* an ihnen beschreiben. Diese Begriffe können dabei über die Illustration des Leistungscharakters hinaus einerseits als Synonyme für das Kunstverständnis der Fürsten[74] und andererseits auch als Ausdruck ihrer besonderen Eignung zum Herrscheramt verstanden werden. Daher verwendet Kirchgeßner wie die Panegyriker Guttenbergs im Zusammenhang mit den fürstlichen Aufwendungen für Kunst und Wissenschaft auch den Ehrentitel des *princeps philosophus*, gemäß der platonischen Vorstellung, dass der ideale Staat von einem Philosophen regiert werden solle:

> „Glücklich das Land, dessen Fürst ein Philosoph und das von einem Philosophen regiert wird."[75]

> „Drumm grünet alles hier / drumm ists ein neue Zeit / Die Künste gehn herfür / und blühen allbereit."[76]

[70] Hinzuweisen ist etwa auf den in mehreren Sprachen und Auflagen publizierten „Mondo simbolico" des Filippo Pincinelle. Die emblematisch-symbolische Bedeutung der Edelsteine bietet auch einen Schlüssel zum Verständnis der oftmals überreich mit Edelsteinen und Perlen geschmückten barocken liturgischen Gefäße. Vgl. Franz Wagner, AK Welt des Barock, hg. von Rupert Feuchtmüller und Elisabeth Kovács, 1986, hier Bd. 1, 150.

[71] Thomas Höflich SJ, u.a., Mitra Episcopalis (in diesem Kapitel Anm. 28). Der Text beschreibt das Rationale Aaronicum als ein Schmuckstück von dreizehn Edelsteinen, das dem Bischof von den Mitgliedern der Rural-, also der Landkapitel dargebracht wird. Der Mitautor und Dompfarrer Thomas Höflich, Kanoniker an Stift Haug und Mitglied des Geistlichen Rates, gehörte zu den engsten Beratern Guttenbergs in den Angelegenheiten der fürstlichen Propaganda fidei und der Kunstpolitik. Siehe hierzu Kapitel „Sion-Ikonographie". – Das aaronische Rationale, Brustschild des alttestamentarischen Hohenpriesters, entspricht dem bischöflichen Pallium, ohne dass die Bischöfe nach der Synode von Macon die Messe nicht halten durften, LThK 8 (1963) Sp. 1004 f, Stichwort „Rationale" (K. Honselmann).

[72] Der Guttenbergische Tugendspiegel folgt hier anderen didaktischen Zielsetzungen, die weiter unten erläutert werden.

[73] Vgl. die entsprechende Bewertung der kaiserlichen Kunstunternehmungen als „res Gesta" in den Darstellungen der kaiserlichen Panegyriker und Historiographen. Matsche, I, 55 ff.

[74] Johann Gottfried von Guttenberg und die Mitglieder des Domkapitels umschreiben mit diesen und ähnlichen Wendungen ihre Vorstellungen von einer besonders würdevollen Ausstattung für den Würzburger Dom. Siehe z.B. DKP 1687 April 8 (fol. 147').

[75] Thomas Höflich, „Mitra Episcopalis" (in diesem Kapitel Anm. 27); Erläuterung zum Symbolum ‚Prudentia et Scientia', p. 9: „Felix Respublica et Regnum / cujus Reges philosophantur / et Philosophi regunt."

[76] Kirchgeßner, Erläuterungen zum Symbolum ‚Sapientia et Scientia', 174.

„Wo Freyer Künste Brünnlein naß / Durchstreichen grüne Matten / Da gilts dem Land / da kans einmahl / auff künfftig Glück entlehnen / Da kan ein Fürst sein Thron und Saal / Mit Lorbeer-Zweig bekrönen."[77]

Wie das diesen Abschnitt einleitende Zitat nach Gropp belegt, stehen im Mittelpunkt des fürstbischöflichen kunstpolitischen Engagements Werke, die im Verständnis der Zeit unmittelbar der Ehre Gottes und dem aus ihr fließenden Wohl des Volkes dienten. Darunter verstanden sämtliche Panegyriker und Historiographen in erster Linie den Bau und die Ausstattung von Kirchen sowie die Stiftung sakraler Geräte. Gropp führt diese Leistungen bezeichnenderweise unter dem Titel der *gesta in rebus ecclesiae* auf und betont damit ihren Zusammenhang mit den entsprechenden Regierungshandlungen der Fürsten. Viele dieser Werke tragen daher auch Inschriften, die ihren Bestimmungszweck unmittelbar sinnfällig belegen. So vermerkt etwa eine Tafel an der von Johann Gottfried von Guttenberg gestifteten Ursulinenkirche in Kitzingen unter dem fürstlichen Wappen auch den Stiftungszweck: „Pro majore Dei Laude gregisque bono."[78] Dabei erinnert die Art und Weise der rühmenden Erwähnung dieser Projekte stets deutlich an das Propagandaziel der Echterzeit, zu zeigen, „was Würtzburgisch sey."[79] Bei den Einweihungsfeierlichkeiten der Hauger Stiftskirche wurde aus diesem Motiv der im typologischen Denken der Zeit freilich nicht singuläre, aber dennoch bezeichnende Anspruch abgeleitet, Würzburg wegen seiner herrlichen Kirchengebäude als ein *Neues Jerusalem* anzusprechen. Mit der Sorge um die Kirchenbauten der Stadt und des Landes erfüllten die Fürsten folglich gewissermaßen die erste Verpflichtung ihrer Regentschaft. Gropp betont dies in Anlehnung an Kirchgeßner gleichsam in zeitlicher Konsequenz:

„[...]also ist der heilige Gottes=Eyffer in unserm neu=erwählten Fürsten ganz feurig angeflammet", [denn kaum war er am 9. Nov. erwählt und auf das Schloss geführt worden,] „so ware die erste Red und Hochfürstl. Sorg / daß die Schloß=Capellen zu einem behörigen Splendor und Zier gebracht werden möge [...]."[80]

Dabei fiel für diese erste Aktion die Wahl wohl nicht zufällig auf die Rotunde auf dem Festungsberg, sondern reflektiert die Überlieferung, dass es sich bei dieser Kapelle um die erste christliche Kirche des Frankenlandes handelt. In dieser Bedeutung spielte sie, wie unten noch erläutert wird,[81] ohnehin eine wichtige Rolle in der herrschaftspolitischen Darstellung der Fürstbischöfe. Greiffenklau scheint mit dieser Geste anzudeuten, dass er mit der materiellen Erneuerung der Kapelle auch die geistigen und geistlichen Grundlagen des Hochstiftes befestigen wollte. In diesem Sinne entsprechen die frommen Stiftungen der Fürstbischöfe der immer wieder betonten Herrschaftsmaxime: *omnia ad maiorem Dei et gregisque bono*. In ihrem darüber hinaus regelmäßig beschriebenen Ziel, den Glaubenseifer zu fördern, sind sie zugleich das sichtbare Zeugnis der Gottesfurcht.[82]

Unter der Fülle der im weiteren Zusammenhang mit diesen Bestrebungen von Kirchgeßner, Gropp und anderen genannten Werke treten neben der Marienrotunde die Leistungen für die Hauptkirchen der Stadt Würzburg, also für den Dom, Stift Haug, Neumünster, St. Peter, die Marienkapelle auf dem Markt und die Marienrotunde auf der Festung in den Vordergrund. Viele der zitierten Stiftungen stehen in Verbindung mit gleichzeitigen Bemühungen um die Vertiefung oder Erweiterung bestimmter kultischer Aspekte oder werden in der Folgezeit zu ihrem Ausgangs- bzw. Kristallisationspunkt. Dies lässt sich deutlich im Zusammenhang mit der von beiden Fürsten unterstützten Erneuerung des Eucharistiekultes und der damit zusammenhängenden Einführung und Ausgestaltung der Ewigen Andacht in Würzburg belegen. Die Betonung der Realpräsenz Christi im Messopfer hatte in nachtridentinischer Zeit für die Ausgestaltung der Messfeierlichkeiten, aber darüber hinaus auch für die pastoralen Aktivitäten der geist-

[77] Oliva Lauro, Festschrift der Societas Jesu zur Konsekration Guttenbergs am 4. Januar 1686. Symbolum ‚Canit affectum in litteras', p. 28. UB Wü. Vgl. in diesem Zusammenhang auch Matsche, I, 58.

[78] Gropp, II, 538.

[79] Marianus, Ehren=Preiß, (Gropp, IV).

[80] Gropp, II, 614.

[81] Siehe Kap. IV. 3.2.2.: Der Patronakult und die Ausstattung der Rotunde auf dem Festungsberg.

[82] Matsche, I, 78 ff.

lichen Oberhirten wie letztlich für die von ihnen betriebenen Neuausstattungen von Kirchen und Kapellen eine zentrale Bedeutung gewonnen. Dabei zeichnet sich zunächst im römischen Kunstgeschehen ein sehr enger Zusammenhang zwischen den anfänglich ephemer gedachten Inszenierungen und Darstellung des Allerheiligsten, wie sie namentlich für die römischen Feiern der Quarant'ore errichtet und durch Kupferstiche in Europa verbreitet wurden, und darauf basierenden „dauerhaften" Altarprojekten ab, die diesen Ereignischarakter mimetisch transportierten.[83] Auch für die im Folgenden zu analysierenden Ausstattungsprojekte Guttenbergs und Greiffenklaus für Stift Haug und den Salvator-Dom geben diese Reflexionen entscheidende gedankliche Anstöße.

Eine Vielzahl der fürstlichen Altarstiftungen galt darüber hinaus dem Gebrauch einer Bruderschaft oder Sodalengemeinschaft, die ihr Kultanliegen zu bestimmten Wochen- und Jahrtagen teilweise auch öffentlich demonstrierte. So verweisen Kirchgeßner und Gropp auf die zahlreichen öffentlichen Andachtsfeiern, Prozessionen und Wallfahrten, die den kirchlichen Jahrkreis in Würzburg bestimmten. Auch sie sind über den unmittelbaren Stiftungszusammenhang hinaus Zeichen der fürstlichen Sorge um das Wohl der Kirchen in ihrer materiellen und geistigen Ausstattung wie sie im Weiteren auf die der fürstlichen Kunstpolitik inhärenten Tendenzen einer *Ritualisierung der Hauptstadt*[84] verweisen.

Der in den Leistungen zur Ehre Gottes immer wieder betonte Anspruch, zugleich dem Wohl des Volkes zu dienen, steht auch hinter einer Gruppe von Stiftungen, die ganz offensichtlich den Charakter von Votiven tragen. Dazu gehören hauptsächlich Schenkungen und Leistungen zu Ehren Mariens als der Schutzpatronin des Frankenlandes. Diese gelten zunächst der Pflege und Ausstattung der großen marianischen Wallfahrtszentren des Landes, Dettelbach, Maria Buchen, Höchberg und Retzbach, denen die Fürsten regelmäßige große „Staatsvisiten"[85] abstatteten. Guttenberg wie Greiffenklau bedachten, einer auf Echter zurückgehenden Bevorzugung folgend, insbesondere Dettelbach mit Wohlwollen. Guttenberg stiftete der Kirche einen neuen Hochaltar in der nobilitierenden Würdeform des Baldachins, der vermutlich einem zeitgleich projektierten Modell für den Würzburger Dom entsprach. Greiffenklau ergänzte diesen um einen silbernen Thronsessel für das Gnadenbild sowie um eine kostbare Monstranz.[86] Guttenberg widmete sich darüber hinaus in persönlichem Eifer der Wallfahrtskirche Fährbrück, die unter ihm den Charakter einer staatliche und persönliche Anliegen zusammenfassenden Andachtsstätte annahm. Dies betont Gropp ausdrücklich und verweist darauf, dass der Fürst den Ort niemals verlassen habe, ohne seiner dort wohnenden Schutzpatronin Geschenke zu hinterlassen.[87] Daher wurden dem von Guttenberg gestifteten Hochaltar der Wallfahrtskirche auch die Statuen seiner Namenspatrone zugefügt, die die Devotion des Fürsten gegenüber Maria permanent bezeugten. Folgerichtig wies das nach dem Tod Guttenbergs im Dom aufgeschlagene *castrum doloris* die ausdrücklich so genannte *pietas Mariana* neben der Gottesfurcht als die zentrale Tugend des Fürsten aus.

Unter Greiffenklau konzentrierte sich der Schwerpunkt der fürstlichen Devotions- und Stiftungshandlungen zu Ehren Mariens deutlicher auf die Himmelskönigin in ihrer Rolle als Patronin des Frankenlandes. So bestimmte er unmittelbar nach seinem Regierungsantritt die Marienrotunde auf der Festung wiederum zur Hofkapelle und ordnete darin die samstägliche feierliche Absingung der Lauretanischen Litanei an. Ausdrücklich trat der Fürst ferner wiederholt gegenüber der Patrona als Gnadenbitter für sein Volk auf, indem er sich und die Seinen der heiligen Jungfrau anverlobte. Die der Patrona verehrten Votivgaben waren dabei Dankopfer für deren andauernde Fürsorge oder konkretes wundertätiges Eingreifen. Letzteres geht z.B. deutlich aus den oben bereits zitierten Schilderungen her-

83 Vergleiche hierzu: Rudolf Preimesberger, Ephemer in dauerhafter Gestalt. Zu Berninis Hochaltar in Castelgandolfo, in: Barocke Inszenierung, hg. Von J. Imorde, F. Neumeyer und T. Wedding , Emsdetten/Zürich 1999, 117–125, hier 121; ferner Ackermann, Felix, Die Altäre des Gian Lorenzo Bernini, Petersberg 2007, insbes. Kap.: Der Altar als Ereignis, S. 73 ff.

84 Mayer-Himmelheber, 50 ff.

85 Diese standen häufig im Zusammenhang mit bestimmten Bittanliegen für das Hochstift oder auch die allgemeinen Geschicke des Reiches und wurden mit aufwendigem zeremoniellen Prunk veranstaltet.

86 Dabei entsprach es dem Devotions- und Votivcharakter dieses Geschenks, wenn Kirchgeßner, 168, als Stiftungsanlass die Genesung nach schwerer Erkrankung des Fürsten beschreibt. Hochaltar und Monstranz werden in Kap. IV. 3.3.1. und 3.3.2. näher erläutert.

87 Siehe zu Fährbrück weiter unten Kap. IV. 3.4.3. und 3.4.4.

vor, die Greiffenklau im Jahr 1708 veranlassten, das Marienbild auf dem gleichnamigen Turm der Festung neu zu vergolden. Damit erfüllte er ein im März des Vorjahres während einer festlichen Bittprozession abgelegtes Gelübde, wenn die Patrona das Frankenland vor der Bedrohung durch französische Kriegstruppen bewahren würde.[88] Dabei spielte die öffentliche Inszenierung und Kundgebung der fürstlichen Bittstellung und der Gelübdeerfüllung eine wichtige Rolle. Durch sie gab der Fürst die Gnadenwirkung der Patrona öffentlich bekannt und förderte zugleich mit deren Ruhm das Sicherheitsempfinden des Volkes. Darüber hinaus diente er aber auch seiner eigenen Reputation, indem er sich selbst in der Rolle des Gnadenbitters kraft seiner erwiesenen besonderen Beziehungen zur heiligen Jungfrau bestätigte.[89] Schließlich entsprach es der öffentlichen Propaganda dieses Gedankengutes, wenn Greiffenklau zwei der oben schon erwähnten regulären Münzen seiner Regierungszeit mit dem Bild der Patrona und der Umschrift *suscipe et protege* versehen ließ. In vergleichbarer Demonstration zeigen schließlich auch zwei der anlässlich der guten Ernte des Jahres 1706 herausgegebenen Schaumünzen auf ihrer Rückseite das Bild der Stadt und der Festung, über denen das Marienbild des Nordturmes mit der winzig kleinen Umschrift S[ancta] MARIA P[atrona] FR[anconiae] prangt.[90]

Beide Fürsten traten ferner als Wohltäter gegenüber den alten Landespatronen Kilian und Burkard sowie den übrigen lokalen Heiligen des Stiftes auf. Dabei scheint sich deren unter Echter erkennbarer Bedeutungsverlust, zumindest was die Person Kilians betraf, in der Greiffenklauzeit durch den Hinweis auf die Gleichrangigkeit des Frankenapostels mit dem ersten Bischof Roms modifiziert zu haben. In diesem Verständnis wurden Kilian und seine Gefährten bevorzugt als heilige Repräsentanten der Ecclesia Herbipolensis angesprochen, deren Rang und Würde sie vertraten.[91] Daher erscheinen Kilian und seine Gefährten sowohl auf verschiedenen regulären wie auf einigen Schaumünzen aus der Regierungszeit Greiffenklaus mit der Umschrift: HAC *MAGNA TRIADE PATROCINANTE.* Schließlich weist der architektonische und künstlerische Rang der unter Greiffenklau veränderten Neumünster-Grabeskirche mit der Fassadeninschrift zu Ehren der Heiligen: SS: MM: CHILIANO: ET: SOCIIS: PATRIAE: PATRONIS [...], auf eine im Sinne des Repräsentationsgedankens intensivierte Verehrung der Frankenapostel in der Regierungszeit Greiffenklaus hin.[92]

Der bereits angedeuteten Doppelbedeutung der Leistungen zur Ehre Gottes und zum Wohl des Volkes entsprechend, kommt Kirchgeßner unter *Titulus IX: Princeps Pater Patriae* erneut auf sie zurück. In diesem Zusammenhang dienen sie ihm nämlich auch in besonderer Weise als Exempla der väterlichen Fürsorge, aus der er seine Auffassung der im herrscherlichen Selbstverständnis so ungemein wichtigen fürstlichen *magnificentia* ableitet. So heißt es:

> „Suetonius beschreibet mit grossem Fleiß deren Fürsten / welcher Leben er bey der Nach=Welt verewiget / opera publica, oder für und zu des gemeinen Wesens bestem erbauete offene Wercker. Dann dieses seynd der Ewigkeit gebaute Flamm= und Denksäulen / Triumph=Bögen und Mausolaea, in welchem auch die Verstorbenen nicht ersterben können / sondern in ewiger Gedächtnuß leben müssen. [...] Zu denen für die Ewigkeit auffgerichteten Gebäuen als gleichsam unsterblichen Zeugen Ihro Hochfürstl: Gnaden Glorwürdigster Regierung [...]" gehören vor allem Kirchen, wie der zu einer „ewigen Pyramiden auffgestiegene" Turm der Marienkapelle auf dem Markt, „auff welchen Ihro Hochfürstl. Gnaden ein verguldes Mutter=Gottes=Bild zu setzen befohlen [...]", dann „herrliche Gebäu und Palläst dem Publico zum Besten zu ewigen Denkmahl."[93]

88 Siehe oben Kap. II. 1.5.: Die Auswirkungen der Kriegshandlungen am Rhein und auf dem Balkan. Ebenso Kap. IV. 3.2.1. und 3.2.2.

89 Vgl. grundlegend zur Didaktik des Wallfahrtswesens: Hans Dünninger, Processio peregrinationis. Volkskundliche Untersuchungen zu einer Geschichte des Wallfahrtswesens im Gebiet der heutigen Diözese Würzburg, in: WDGB 23 (1961), 53–176 und WDGB 24 (1962), 52–188.

90 Siehe hierzu auch: Trenschel, 1379–1381.

91 Siehe unten: Imitatio Chiliani. In diesem Zusammenhang spielt das betonte hohe Alter des Würzburger Bistum-Herzogtums auch eine politische Rolle.

92 Siehe zur Neumünsterfassade Kap. IV. 4.4. und 4.4.1.

93 Kirchgeßner, 345.

Der Begriff der fürstlichen *magnificentia* ist der zeitgenössischen panegyrischen und herrschaftstheoretischen Literatur wohl vertraut. Dies belegen seine Erläuterungen nach dem *Mundus christiano bavaro politicus* eines Herrn von Schmidts, der nahezu zeitgleich mit dem *Typus boni Principis* im Jahr 1711 entstand.[94] Auch dieser führt zunächst aus, dass hochadelige Abstammung und Tugendleistungen den Grund „zu der jederzeit glückseligen Regierung" eines Herrschers legten. Darüber hinaus sei aber auch der Fürst verpflichtet,

> „größere ding [zu] wircken als andere: dahero die Magnificenz und der Pracht die mehriste Zierde der Herrlichkeit einem fürstlichen Hoff erthailt, [...] die Philosophi sagen omnes actiones debere esse proportionatas secundum qualitatem subiecti, quod illas producit: aus welchem zu schließen, wie denn die qualitet und die aigenschafft der fürsten alle anderen ybertrifft, als mögen sye nicht andres in Ihren Verichtungen und actiones würcken, dan was prächtig und magnifice sich bezaiget."[95]

Die fürstliche Magnifizenz, die in einem zeittypischen Bild mit dem Glanz der Sonne verglichen wird, bewirke Ehrerbietung und Respekt der Untertanen gegenüber dem Herrscher. Da dies wiederum den allgemein akzeptierten Vorstellungen von der gesellschaftlichen Ordnung entsprach, kommt von Schmidts zu dem Schluss, dass Gott den Herrschern selbst befohlen habe sich ehren zu lassen

> „und sich erhalten in dem ansehn, welches Ihre Majestet erfordert [...], weillen Gott gleichsamb selbsten sein Ebenbild an die Stirn der Regenten getrucket, Ihnen etwas mehreres als was Menschlich mitgethailet, und mit einem wortt will Gott selbsten in denen Königen und Fürsten geehrt werden."[96]

Kirchgeßner dürfte diese oder entsprechende Äußerungen über die fürstliche Magnifizenz gekannt haben. Auch ihm ist der *splendor* der Werke seines idealen Fürsten zugleich Ausdruck der fürstlichen Herrlichkeit. Doch geht er dem Selbstverständnis des geistlichen Fürsten entsprechend über die Auffassung des *Mundus* hinaus, indem er den wahren Ruhm des *bonus Princeps* an die Sorge um das Wohl der Untertanen bindet. Daher erläutert er sein Verständnis von der fürstlichen Hoheit und Ehre aus der Perspektive der christlich-jesuitischen Staatslehre:

> „Was andere Regenten haben sonderlich für Nahmen erworben / das kan von Unserm gnädigsten Lands=Fürsten so mehr beysammen gesagt werden / je weniger sie einiger eytlen Anmüthung zur Ruhm=Sucht jemahlen an sich verspühren lassen / sondern den guldenen Spruch des Justitiani in ihr Hertz tieff eingedrucket / welchen ernanter Kayser von einem Regenten gesprochen: neque parvum, neque magnum, sed bonum et memorabile nomen appetat. [...] So schreibet auch Homerus, daß man die Könige Pastores Populi, Hirten des Volcks genennet habe; und wird niemand in Abred stellen, daß dieser Titul denen geistlichen Fürsten eigentlich beygeleget werde; [...] Princeps est propter populum ejusque necessitatem, non populum propter Principem."[97]

[94] Eberhard Straub, Zum Herrscherideal des 17. Jahrhunderts, vornehmlich nach dem „Mundus christiano bavaro politicus, in: ZBLG 1969, 193–221; ferner: Josef Burglechner, Der höfische Absolutismus in Bayern vornehmlich im Lichte des Mundus christiano bavaro polticus, (phil. Diss. masch.), München 1968.

[95] Mundus christiano bavaro politicus, 80–85; zit. nach Straub, 200 f.

[96] Ebda.: Mundus christiano bavaro politicus, 80–85; zit. nach Straub, 200 f.

[97] Kirchgeßner, 332. Vgl. als Prototyp der jesuitischen Staatslehren: Robert Bellarmin, De Officio Principis Christiani, 1611. Siehe hierzu F. X. Arnold, Die Staatslehre des Kardinals Bellarmin, München 1934.

Augustus habe Tränen der Freude vergossen als er *Vater des Vaterlandes* genannt wurde. Auch Johann Philipp von Greiffenklau stünde dieser Ehrentitel vor allen anderen zu. Deshalb werden seine Denksäulen und Triumphbögen als Korrelate zur Ehre Gottes dem „Publico zum Besten" errichtet. Sie entsprechen darin im weiteren Sinne der denselben Zielen verpflichteten Pietas des Fürsten.

Aus dieser Bindung an die *necessitas populi*, die der *salus subditorum* entspricht, erwachsen dem geistlichen Fürsten folglich konkrete Verpflichtungen hinsichtlich Aufwand und Prachtentfaltung zu eigenem Nutzen. Dies betont Kirchgeßner z.B. im Zusammenhang mit der Neuausstattung der Marienburg und des Rennwegschlösschens. Der Fürst habe hier immer das rechte Maß zu wahren gewusst, habe nichts abgehen lassen,

> „was zu des Fürstlichen Nahmens Würde und Verherrlichung [gehöre,] [...]gleichwie keine unnötigen Kosten ausgeleget [...]. [Dies hätten auch viele vornehme Besucher bestätigt, die] über die zwar nicht übermässige, jedoch aber rechte Fürstliche Magnificenz erstaunet [gewesen seien. Das hochstiftische Vermögen (aerarium) habe der Fürst deshalb nicht zu seinem Vorteil] erschöpffet, sondern selbiges zu des Hochstifts besten Nutzen und Frommen angelegt."[98]

Diese Grundsätze hatten über die Fürstenspiegel hinaus auch Eingang in die den Zeitgenossen aus der Hausväterliteratur wie aus verschiedenen Architekturtraktaten des 17. Jahrhunderts vertrauten sittlich-moralischen Vorstellungen, deren Einfluss insbesondere auf das fürstliche Bauwesen in seiner den Tugendspiegeln folgenden Normierung nicht unterschätzt werden darf. Auch diese banden die fürstliche Baulust an sittliche Verhaltensnormen wie die *mediocritas* (rechtes Maß) oder den Begriff des *decorum* (Schicklichkeit). Damit war den Kunstunternehmungen des *Typus boni Principis* eine eindeutige Richtung gewiesen.[99]

[98] Kirchgeßner, 345 f.

[99] Vgl. grundlegend hierzu Ulrich Schütte, Architekt und Ingenieur, Baumeister in Krieg und Frieden (AK d. Herzog-August-Bibliothek Wolfenbüttel 42), 1984, 189 ff und 221 ff. Der Begriff des „Decorum" war von essentieller Bedeutung im Zusammenhang mit den Aufwendungen des Fürsten zugunsten seiner eigenen Person. Hier Bescheidenheit zu üben war ebenso verpflichtendes Tugendideal, wie es andererseits dem Fürsten zur Ehre gereichte, wenn er zur Verherrlichung Gottes und der Heiligen keine Kosten sparte.

IV. Die kunstpolitischen Unternehmungen des Johann Gottfried von Guttenberg und des Johann Philipp von Greiffenklau

1. Gestae in rebus Ecclesiae: Kunst als Medium pastoraler Fürsorge

Die erstaunliche Fülle von Kunstwerken, die im fürstbischöflichen Auftrag für die Kirchen des Landes zwischen 1684 und 1719 geschaffen wurden, entstand zunächst ungeachtet ihrer propagandistischen Inhalte vor dem Hintergrund einer deutlichen Rückständigkeit des Fürstbistums auf dem Gebiet der kirchlichen Bau- und Ausstattungskunst. Dieser Eindruck charakterisiert in diesem Zeitraum allerdings nicht allein Würzburg. Auch in anderen geistlichen und weltlichen Territorien des Reiches war man nach den auf den Friedensschluss von Münster folgenden inneren Konsolidierungs- und Aufbaujahren erst zum Ende des 17. Jahrhunderts in der Lage, sich dem Kirchenbau und der kirchlichen Ausstattung im Sinne jener aus dem tridentinischen Geist geprägten *demonstratio catholica* zu widmen, deren Anliegen der machtvollen Proklamation der kontroversen dogmatischen Positionen der katholischen Reformkirche entsprachen. Diese lange, letztlich wohl auch durch ein dominierendes Gefühl der Bedrohung und Gefährdung angesichts der immer wieder aufflammenden Kriegshandlungen an den Reichsgrenzen verursachte Vernachlässigung der sakralen Ausstattungskunst lässt die zu Beginn der Guttenbergzeit allenthalben spürbare Unsicherheit der Mitglieder des Domkapitels in Hinblick auf die Meinungsbildung und Beurteilung künstlerischer Projekte nicht verwunderlich erscheinen. Dies zeigt sich mit Deutlichkeit in den Bemühungen um die Neuausstattung des Domchores, für den man erst nach mühevollem Abschied von einem am Bamberger Dom orientierten additiven Ausstattungskonzept unter Johann Philipp von Greiffenklau eine von römischen Vorbildern inspirierte, den genannten Raum integrierende Gesamtprojektion entwickelte, die sich auch inhaltlich an einem beherrschenden Grundgedanken ausrichtete.[1] Die wesentlichen Anstöße zur Entwicklung dieser *Konzeptidee* scheinen aber bereits um das Jahr 1690 im Zusammenhang mit der Stiftung des Ewigen Gottesdienstes in Würzburg durch Johann Gottfried von Guttenberg erfolgt zu sein, die offensichtlich zu einer intensiven Berührung mit dem reichhaltigen, ikonologisch höchst bedeutsamen Gedankengut und Bildmaterial der zur Ausgestaltung der römischen Quarant'ore entworfenen Apparati und Theatri geführt hatte. Als ihre wichtigsten Zwischenglieder sind die Innenraumkonzeptionen für die Hauger Stiftskirche und die Wallfahrtskirche Fährbrück anzusprechen, die zu den bedeutendsten Leistungen der Guttenbergzeit gehören und unter maßgeblicher Förderung des Fürstbischofs zustande kamen. Beide Ausstattungen vermittelten in Würzburg erstmals die suggestive Kraft der im Begriff des *theatrum sacrum* angesprochenen, die Realitätsebenen mit den Mitteln der bildenden Kunst transzendierenden *propaganda fidei*, die zum zentralen Element der *demonstratio catholica* dieser Zeit wurde.[2] Es ist daher das Anliegen der nachfolgenden Darstellungen, einige der wesentlichen Inhalte dieser *propaganda fidei*, zu deren Proklamation und didaktische Vermittlung die sakrale Ausstattungskunst beitrug, sowohl an den Kunstwerken selbst wie anhand des erläuternden theologisch-didaktischen, historiographischen und propagandistischen Schrifttums zu rekonstruieren. Dabei gehören zu den ersten Quellen, die dieses Vorgehen rechtfertigen, neben zahlreichen Predigt-

[1] Bernd Euler-Roller, Welt des Barock, II, 46.

[2] Im Folgenden werden zunächst die ikonographisch-ikonologischen Programme dieser und anderer Kirchenausstattungen vorgestellt. Die genetische und stilistische Analyse einzelner repräsentativer Altarwerke folgt dann in Kap. V.: Die Entwicklung des Altarbaues im Hochstift Würzburg zwischen 1680 und 1730.

texten und anderen erbaulichen wie unterweisenden Schriften, wiederum Kirchgeßners *Typus boni Principis* und Gropp *Collectio novissimae*, die nach dem im vorangehenden Kapitel dargelegten Konzept die Sorge der Fürsten um die Festigung der dogmatischen Inhalte der katholischen Lehre und ihre kultisch-liturgische Vermittlung zu den staatstragenden Tugenden des guten Regenten rechneten.[3]

Das Hochstift Würzburg hatte unter den beiden bedeutenden Bischöfen des katholischen Reformzeitalters, Julius Echter und Johann Gottfried von Aschhausen, die Rückkehr zur alten Religion vollzogen. Auch das Intermezzo der schwedischen Besatzung während des Dreißigjährigen Krieges (1631–1634) hatte die konfessionellen Verhältnisse in Stadt und Land nicht mehr nennenswert beeinflussen können. So galt es im Gegensatz zur Situation am Ausgang des 16. Jahrhunderts nach 1648 weniger, die allgemeinen konfessionellen Grundlagen zu beleben und zu befestigen, als vielmehr dem aus der faktischen Stabilisierung des geistlichen Staatswesens durch den Friedensvertrag von Münster neu gewonnenen Selbstverständnis einen angemessenen Ausdruck zu geben. Dabei charakterisiert es den Geist der Zeit, wenn diese Demonstration des politischen Selbstwertgefühls sich so deutlich mit dem Gedanken des konfessionellen Triumphes mischte, dass die sakrale Kunst zu ihrem wichtigsten Vermittlungsträger werden konnte. Aus diesem Grund berichten die fürstlichen Historiographen Valentin Kirchgeßner und Ignatius Gropp wie die übrigen Biographen und Panegyriker dieser Zeit stets ausführlich von den besonderen Leistungen und Taten der Bischöfe *in rebus ecclesiae*, die sie für so bedeutsam erachteten, dass sie sie den politischen Leistungsbilanzen voranstellten. Diese Gestae in *rebus ecclesiae*[4], zu denen in erster Linie öffentlich vollzogene Handlungen, wie die Stiftungen von Kirchenbauten und Kirchenausstattungen, die Begründung und Förderung von Wallfahrten und Bruderschaften und die sich namentlich in Altarstiftungen ausdrückende Ehrerbietung gegenüber Christus, Maria sowie den Heiligen und Stiftspatronen und die Versehung priesterlicher und bischöflicher Aufgaben zählten, wurden in der Sorge des *pater patriae* um das ihm anvertraute Volk, wie bereits dargestellt, zu den ersten politischen Pflichten des Fürsten gerechnet. Dies entsprach der Vorstellung, dass insbesondere diese Taten geeignet waren, das himmlische Wohlwollen als Grundlage und Schutzschirm auch der zeitlichen Existenz und damit der Wohlfahrt des Volkes zu erlangen.

Als Inspirationsquelle dieser pastoral wie kunstpolitisch relevanten Aktivitäten *in rebus ecclesiae* fungierten nach wie vor die Dekrete, Lehrmeinungen und Beschlüsse des Trienter Konzils sowie die in seiner Nachfolgezeit zu einzelnen Punkten formulierten Verordnungen und Handlungsanweisungen.[5] Diese hatten der *praxis pietatis catholica* einerseits das dogmatische Fundament gelegt, bedurften aber zur Intensivierung ihrer Wirksamkeit in der triumphalen Selbstdarstellung nach außen wie in der allgemeinen Volksseelsorge nach innen einer vertieften, durch sensualistische Effekte angereicherten Anschaulichkeit,

[3] Leider ist das meine Untersuchungen ergänzende und in manchen Fällen wohl auch korrigierende Kapitel einer kirchlichen Landesgeschichte für das Hochstift Würzburg, das das innerkirchliche, pastorale Wirken der genannten Fürstbischöfe im Zusammenhang erläutern könnte, noch nicht geschrieben. Das Handbuch der bayerischen Kirchengeschichte, hg. von Walter Brandmüller, nennt hierzu wie auch Spindlers Handbuch der Bayerischen Geschichte lediglich einige Daten und Fakten. (Siehe z.B. HBayK Bd. 2: II § 37: Religiös-kirchliche Sozialisation und Erziehung in Kindheit und Jugend, 557 ff;) Ebenso fehlt eine grundlegende Arbeit zur Wirkung der Reformorden, namentlich der Jesuiten und Kapuziner in Würzburg. Dankbar war ich allerdings für zwei wichtige Arbeiten zum Würzburger Bruderschaftswesen: Wolfgang Weiß, Die Corporis-Christi-Bruderschaft am Dom zu Würzburg, in: WDGB 50 (1988), 703–729; Dieter Weis, Die Mariahilf-Verehrung in Franken, JbLf 53 (1992), 201–217. Wichtige Verständnisgrundlagen und Anregungen konnte ich darüber hinaus einigen Werken zur westfälischen Kirchengeschichte entnehmen: Alois Schröer, Christoph Bernhard v. Galen und die Katholische Reform im Bistum Münster, Münster 1973 und Manfred Becker-Huberti, Tridentinische Reform im Hochstift Münster unter Fürstbischof Christoph Berhard von Galen 1650–1678. Ein Beitrag zur katholischen Reform, Münster 1978, die jedoch beide die bedeutende kirchliche Auftragskunst Galens als pastorales Instrument außer Acht lassen, sowie Georg Wagner, Barockzeitlicher Passionskult in Westfalen, Münster 1967.

[4] So die entsprechenden Kapitelüberschriften bei Gropp.

[5] Hier sind exemplarisch die durch den Kardinal Gabriele Paleotti im Anschluss an das tridentinische Dekret über die Verehrung der Bilder formulierten Leitgedanken zu nennen: Gabriele Paleotti, Discorso intorno alle Imagini Sacre e Profane, Bologna 1582, Ingolstadt 1594. Siehe vertiefend zu dieser Thematik: Ilse von zur Mühlen, Nachtridentinische Bildauffassungen. Cesare Baronio und Rubens' Gemälde für S. Maria in Vallicella in Rom, in: MJb 41 (1990), 23 ff.

die die abstrakte Gedanklichkeit des dogmatischen Lehrgebäudes in einer über die Sinne auf die Verstandeskräfte wirkenden Bildersprache vermitteln konnte. Diese Vermittlungsarbeit ist im Wesentlichen dem Wirken der tridentinischen Reformorden, namentlich den Jesuiten zuzuschreiben, die auch in Würzburg neben den in der Volksseelsorge und Wallfahrtsbetreuung tätigen Kapuzinern und Franziskanern weit reichende, das religiöse Leben in Stadt und Land nachhaltig bestimmende Aktivitäten entfaltet hatten.[6]

Entscheidend für die Wirkung der Jesuiten wurde ihre Stellung in Erziehung und Unterricht sowie an den Universitäten, die ihnen einen weit reichenden Einfluss auf die spirituelle Bildung der Jugend im Allgemeinen wie insbesondere auf den Nachwuchs der geistlichen Orden, des Weltklerus und der Stiftsgeistlichkeit sicherte. Diese letztlich auch auf die sakrale Kunst einwirkende Tatsache bestätigt den immer wieder beschriebenen Eindruck des ignatianisch geprägten Zeitalters. Darüber hinaus entfaltete der Orden im Einfluss auf die geistliche Bildung und Lebensführung des Adels und des Volkes sowie im öffentlichen Andachtsleben der großen Städte eine ungemeine Wirksamkeit.

> „Der Jesuitismus hat Kräfte entfesselt, die auf lange hinaus in der Bewegung fortwirkten. Und vor allem ist es die Persönlichkeit des Ordensgründers, dessen Geist nachhaltig und nach verschiedenen Seiten in die Zeit ausstrahlte [...]. Von ihm wird man ausgehen müssen, wenn man in die geistig-religiöse Stimmung der Gegenreformation Einblick gewinnen will. Der große religiöse Erziehungsplan, den er entworfen hat, wurde ein Hauptmittel, den neuen Glaubensimpuls in Schwung zu setzen und in bestimmte Bahnen zu lenken. Seine ‘Geistlichen Übungen’ mit ihrer methodischen Empfänglichmachung und Durcharbeitung der Seele entwickelten sich zu einer hohen Schule des Glaubens und erzeugten bei Klerikern und Laien, die sich ihrer Leitung anvertrauten, einen bestimmten inneren Zustand. Durch sie sollte auf die Praktikanten der Zwang ausgeübt werden, die religiöse Vorstellung in eine fest umgrenzte sinnliche Anschauung zu bannen und jedes durch die Einbildungskraft geformte Bild mit einem auf seinen Gehalt abgestimmten Gefühl zu begleiten. Die Phantasie wurde also nach der sinnlich optischen wie nach der gefühlsmäßigen Seite in Bewegung gesetzt. [...] Der Weg zum Glauben führte [...] durch die sinnliche Vorstellung der überlieferten Glaubenstatsachen. Alles mußte anschauungsmäßig in möglichst klaren und deutlichen Umrissen erlebt werden. Es war der Zweck der Geistlichen Übungen, durch ein allgemein anwendbares psychotechnisches Verhalten ein breites Publikum für eine bestimmte Glaubensform zu präparieren und die religiösen Phantasien in geregelte Bahnen zu lenken. [...] Dass die in dieser Kultur verhaftete bildende Kunst – abgesehen von den zahlreichen Aufträgen des Ordens – auch schon durch die von ihm geschaffene seelische Verfassung beeinflusst wurde, bedarf keiner besonderen Begründung.“[7]

Auch die Würzburger Fürstbischöfe verpflichteten zumeist Jesuiten als Hofkapläne und Beichtväter. Johann Gottfried von Guttenberg wie Johann Philipp von Greiffenklau hielten darüber hinaus jährlich bei den, in dieser Hinsicht von ignatianischem Geist geprägten Kapuzinern Exerzitien. In der Stadt Würzburg versahen die Jesuiten weiterhin mit jeweils zwei Priestern das Dompredigeramt, hielten Christenlehre, Katechese und Volksmissionen und waren in der Armen-, Kranken- und Gefangenenseelsorge aktiv. Insbesondere aber gehörte die Betreuung zahlreicher Bruderschaften und Kongregationen, wie etwa der Bruderschaft des am Kreuz sterbenden Heilandes, der Franz-Xaver-Bruderschaft sowie an erster Stelle der marianischen Sodalitäten[8] zu den herausragenden und hinsichtlich der spirituellen Erziehung des Volkes effektivsten Leistungen des Ordens. Auch die Wiedereinrichtung der Corpus-Christi-Bruderschaft unter Johann Gottfried von Guttenberg im Jahr 1690, die sich in der Vereh-

[6] Vgl. hierzu: Reinhold Baumstark (Hg.), Rom in Bayern. Kunst und Spiritualität der ersten Jesuiten (Ausstellungskatalog Bayer. Nationalmuseum München), 1997.

[7] Werner Weisbach, Der Barock als Kunst der Gegenreformation, Berlin 1921, 12–15.

[8] Sodalitas majorum Dominorum, Sodalitas media et Angelica studiosorum inferiorum sowie die Bürger- und Junge-Gesellen Sodalitäten (Angaben nach Kirchgeßner, 382.)

rung des eucharistischen Sakramentes dem zentralen Anliegen der katholischen Kirche widmete, ging über eine Initiative des rührigen Dompfarrers und geistlichen Rates Dr. Thomas Höflich auf den Orden des heiligen Ignatius zurück. Höflich verfügte offensichtlich über fundierte Kenntnisse des römischen Andachtlebens, dem der Orden in den effektvollen Feiern der Quarant'ore ein in der Volksseelsorge überaus wirkungsvolles Instrumentarium geschaffen hatte. Als Mitglied des Geistlichen Rates gehörte er mit verschiedenen Stiftsherren, Kanonikern der Nebenstifte Haug und Neumünster sowie Vertretern der Universität dem Beratergremium an, das unter Vorsitz des Weihbischofs, als dem eigentlichen *alter ego* des regierenden Fürsten *in rebus ecclesiae*, zu allen Belangen des kirchlichen Lebens und der pastoralen Fürsorge Stellung nahm. Diese Mitglieder des geistlichen Rates zeichnete ohne Ausnahme ein hoher theologischer Bildungsstand aus. Viele von ihnen hatten, wie Höflich selbst, akademische Grade erreicht, waren weit gereist und verfügten im letztlich wiederum ignatianisch geprägten Eifer für die Anliegen der katholischen Kirche über ein hohes pastorales Sendungsbewusstsein. Neben Thomas Höflich und den beiden Weihbischöfen, dem Bartholomäer Stephan Weinberger (1676–1704) und dem Germaniker Johann Bernhard Mayer[9] sind hier beispielhaft zahlreiche Kanoniker des Stiftes Haug zu nennen, auf deren Einfluss die glanzvoll inszenierten Feierlichkeiten zur Einweihung der Stiftskirche im August 1691 zurückgingen. Das anlässlich dieses Ereignisses in einer Folge von sieben Festpredigten entwickelte Gedankengut über die Bedeutung des Gotteshauses als Abbild des Himmels und Wohnung des Allerhöchsten – wobei über den typologischen Bezug zum Tempel Salomons auch grundlegende Inhalte der zeitgenössischen Herrschaftspropaganda angesprochen wurden – enthüllt eindrucksvoll die programmatischen Anliegen dieser von einer sensualistisch-verinnerlichten Frömmigkeit geprägten Männer, deren weit reichender Einfluss auf die ihrer Geistigkeit nahe stehenden Fürstbischöfe insbesondere in deren Kunstunternehmungen evident wird.

Waren die Wesensmerkmale dieser jesuitischen Spiritualität durchaus international, so suchten die Würzburger Fürstbischöfe, ihre spezifischen Inhalte, liturgischen Traditionen und Riten wie letztlich auch ihre künstlerischen Ausdrucksformen mit lokaltypischen Elementen anzureichern. Dieses allerdings ebenfalls zeittypische Bemühen, das dem bereits von Julius Echter formulierten Anspruch, *zu zeigen, was Würzburgisch sei,*[10] entsprach, fand unter Johann Philipp von Greiffenklau in den Bemühungen um die Verehrung des eucharistischen Sakramentes, in der Intensivierung des Kultes um die Patrona franconiae[11] und die alten Landespatrone Kilian, Kolonat und Totnan[12] sowie darüber hinaus in mehreren Heiligeninventionen[13] seinen Ausdruck. Ferner mobilisierte der Fürst in der Erweiterung und Vertiefung des öffentlichen Andachtslebens seine Untertanen im Sinne einer geistlichen Gefolgschaft, die in spezifischer Weise den zeitgenössischen Vorstellungen von Magnifizenz und Repräsentation entsprach. So stellt Kirchgeßner, mit Verweis auf den Leistungsanteil des *pastor bonus* in seiner Beschreibung des geistlichen Staatswesens[14] einen lückenlosen Wochen-, Monats- und Jahreskalender der zahlreichen Andachten, Bruderschaftsgottesdienste und Wallfahrten zusammen, deren Kultanliegen mit den Zielen der zeitgenössischen *propaganda fidei* identisch waren. Diese „Ritualisierung des zivilen Lebens“[15] als Folge und Ausdruck pastoraler, landesväterlicher Fürsorge fand ihr sichtbares Korrelat in den fürstlichen Kunstunternehmungen zugunsten der Kirchen in Stadt und Land, die über die Bedeutung der *gesta in rebus ecclesiae* im Leistungskatalog des *Typus boni Principis* zugleich der sichtbaren Darstellung fürstlicher Devotion und Gottesfurcht als oberste Regierungstugenden galten. Im Sinne des von Kirchgeßner zitierten Leitsatzes über die Wirkung der fürstlichen Frömmigkeit konnte sich aus diesem Zusammenhang der Ansatz einer Stadt- und Land integrierenden Vorstellung der geistlichen Gefolgschaft als soziopsychologische Stimulans entwickeln, die als Effekt dem erwünschten Gefühl von Sicherheit, Identität und Glaubenszuversicht entsprach.

9 Siehe zu Stephan Weinberger und J. B. Mayer: N. Reininger, Die Weihbischöfe von Würzburg, in: AU 18 (1865), 1–428.

10 Christoph Marianus, Ehren=Preiß, (Gropp, IV, 375–384).

11 Im folgenden (siehe Kap. IV. 3.2.1. und 3.2.2.: Die Entstehung des Kultes um die Patrona franconiae und Der Patronakult und die Ausstattung der Marienrotunde auf dem Festungsberg.

12 Siehe Kap. IV. 4.4.1.: Die Ikonographie der Neumünster-Fassade.

13 So z.B. die Erhebung der Heiligen Bruno und Aquilin.

14 Bei Kirchgeßner, 382 ff, „Status ecclesiasticus“ genannt.

15 Mayer-Himmelheber, 38.

2. Eucharistiefrömmigkeit

2.1. Die Corpus-Christi-Bruderschaft und die Stiftung der Immerwährenden Andacht

Die Betonung des Opfercharakters der Messe und der Realpräsenz Christi in der Eucharistie gehören zu den zentralen dogmatischen Positionen des nachtridentinischen Katholizismus, die kontrovers gegen die evangelische Abendmahlslehre und die Verwerfung der Hostienverehrung durch die Reformatoren verteidigt wurde. Dabei bezog die katholische Propaganda wesentliche Inhalte aus der Berufung auf teilweise bis in die Zeiten der urchristlichen Gemeinde zurückreichende Traditionen.[16] Dieser Ansatz kennzeichnet auch die nach dem Tridentinum unter Anleitung insbesondere der reformorientierten Orden in Anlehnung an mittelalterliche Vorbilder allenthalben neu gegründeten Corpus-Christi-Bruderschaften zur Verehrung des Allerheiligsten Altarsakramentes, die zu einem der wichtigsten Instrumente in der Förderung und Vertiefung der Eucharistiefrömmigkeit heranwuchsen.

In Würzburg kam es bereits 1630 unter Fürstbischof Philipp Adolf von Ehrenberg zur Gründung einer *Bruderschafft des Hochwirdigsten Sacramentes*, die sich in einem für die Zeit typischen Akt der rund hundert Jahre älteren, also noch vor dem Tridentinum durch Papst Paul III. gegründeten Erzbruderschaft zur Verehrung des Altarsakramentes an der Dominikanerkirche S. Maria sopra Minerva in Rom anschloss. Sinn und Zweck dieser Aggregation an die durch päpstliches Privileg legitimierte Gemeinschaft bestand zu einem wesentlichen Teil in der dadurch garantierten Übernahme

> „aller Privilegien, Ablaß, Indulgentien, Freyheiten, Gnaden und Indulten, so von Päpstlicher Heiligkeit der Ertz-Bruderschafft des Allerheiligsten Sacraments, der Kirchen S. Mariae supra Minervam zu Rom ausdrücklich verliehen worden, und fürder gegeben werden mögen, sich derselben aller halben zu gebrauchen, zu geniessen und zu erfreuen."[17]

Auch die übrigen Statuten der Bruderschaft bezeugen eine nachhaltige Prägung und Ausrichtung im Geist der nachtridentinischen Kirchenreform. So waren etwa den Mitgliedern tägliche Gebetsübungen anempfohlen, die die Fürbitte um eine gute Sterbestunde mit dem Gebet um die Zunahme der Christenheit, die Erhaltung der römisch-katholischen Kirche, die Einigkeit der christlich-katholischen Fürsten und die Ausrottung von Ketzerei und Kirchenspaltung verband. Eingebettet in turnusmäßige Bruderschaftsversammlungen, Messfeiern, Prozessionen und Wallfahrten sowie in der Zusicherung auf fürbittendes Gedenken nach dem Tod wurde so die persönliche Sorge des einzelnen Mitgliedes um Glaubensgewissheit und Beistand in Todesnot mit den politisch-konfessionellen Zielen des geistlichen Staates und der Kirche verbunden. Wolfgang Weiß stellt daher mit Recht die gerade im öffentlichen Vollzug der Bruderschaftsaktivitäten enthaltene „machtvolle Demonstration eines wieder gewonnenen katholischen Selbstbewusstseins"[18] heraus.

> „Wenn der Fürstbischof die Gläubigen an die Kirche mittels dieser Bruderschaft zu binden sucht, verknüpft er ganz selbstverständlich das ehrliche Bemühen, das Heil der Seelen zu sichern, mit der politischen Berufung, der Sache des Katholizismus in seinem Territorium und womöglich darüber hinaus zum Durchbruch zu verhelfen. Das Volk, das in seinen verschiedenen Ständen dem Allerheiligsten die Verehrung erweist, dokumentiert seine Religiosität ebenso wie die wieder gewonnene Einheit und Stärke des katholischen

[16] LThK Bd. 7 (1962) Sp. 342 ff, Stichwort „Meßopfer" (J. Betz), ferner: Theodor Schneider, Das Opfer Jesu Christi und die Kirche. Zum Verständnis der Aussagen des Konzils von Trient, in: Das Opfer Jesu Christi und seine Gegenwart in der Kirche. Klärung des Opfercharakters des Herrenmahls, hg. von Karl Lehmann und Edmund Schlink, (Dialog der Kirche 3), Freiburg 1983, 176 – 189.

[17] Wolfgang Weiß, Corpus-Christi-Bruderschaft, 704 ff. Die „Copia des Confirmations-Brieffs, einer Ertz-Bruderschafft Corporis Christi […]" ist abgedruckt bei Gropp, III, 757 ff.

[18] W. Weiß, 704.

> Territoriums. Im gemeinschaftlichen Tun dieser Prozession stellt sich der konfessionalistische Staat selbst dar, manifestiert sich öffentlich die gegenreformatorische Staats- und Kirchendoktrin."[19]

Es lässt sich nicht nachvollziehen, ob die Gründung Ehrenbergs wenigstens im Ansatz den vom Fürsten gewünschten religiös-politischen Erfolg erzielte. Bereits ein Jahr nach dem Gründungsakt wurde Würzburg von schwedischen Truppen erobert und besetzt. Erst am 31. Mai 1638 konnte wieder eine Bruderschaftsversammlung abgehalten werden. Nach den Friedensschlüssen von Münster und Osnabrück ließ der Magistrat der Bruderschaft in den Jahren 1649 und 1650 jeweils eine Bruderschaftsmedaille mit der Aufschrift *pignus futurae gloriae* herausgeben, die an die Mitglieder verteilt wurde, um zu neuem Eifer in der Verehrung der heiligen Sakramente aufzurufen.[20] Weitere Aktivitäten der Vereinigung scheinen sich jedoch eher im Stillen vollzogen zu haben. Erst Johann Gottfried von Guttenberg widmete der Bruderschaft erneute Aufmerksamkeit und förderte ihre öffentliche Reputation durch seine in den gemeinschaftlichen Gottesdiensten zur Schau gestellte exemplarische Devotion. Der entscheidende Impuls auf das Bruderschaftswesen aber ging von der Einführung eines Immerwährenden Gottesdienstes in der gesamten Diözese am 3. Dezember 1690 aus, dessen Organisation der Fürst bereits in einem Mandat des Vormonates der Konfraternität Corpus Christi übertrug. Nach Gropp[21] erging mit diesem Mandat an alle Stifte, Klöster und Spitäler der Stadt und der Diözese die Anweisung, die Termine für Andachten, Stundengebete und Messfeiern so zu verteilen,

> „ut singulis horis tam de die, quam de nocte in aliqua Ecclesia seu Capella sive Saecularis illa sit, sive Regularis, laus Divina peragatur."[22]

In der Verbindung mit der Verehrung des zur öffentlichen Andacht ausgesetzten Brotsakramentes fand die zu einer wirkungsvollen Kraft in der religiösen und politischen Propaganda des geistlichen Staates heranwachsende Bruderschaft ihre zentrale Orientierung und Sinngebung.

Einer der engsten Berater des Fürsten bei der Reorganisation der Corpus-Christi-Bruderschaft und der Einführung des Immerwährenden Gottesdienstes war der bereits erwähnte, theologisch hochgebildete Dompfarrer und geistliche Rat Dr. Thomas Höflich. Dieser publizierte am 17. Juni 1690 eine im Auftrag des Bruderschaftsmagistrates verfasste

> „Newe Weiß und Manier / wie in dieser Ertz-Bruderschafft mogte zu gewisser Stund das Hochwürdige Sacrament verehrt und angebett werden [unter dem Titel:] Anweisung / zu dem H. Berg Sion / Worauff / Das unschuldige Lam Gottes / JESuS / In dem Hochwürdigen Sacra= / ment deß Altares allen Brüdern / und Schwestern / unter dem Titel der Ertz Bruderschafft / CORPORIS CHRISTI / Bey Hohem Domb=Stifft / Durch / Kurtze gewisse Regul / Sonderbahre Andacht / Bewehrte Exempel / wird vorgestellt [...] Cum Permissu Superiorem."[23]

Das wohl nicht nur mit Genehmigung, sondern auch auf ausdrücklichen Wunsch des Fürsten zustande gekommene Büchlein lässt mit Deutlichkeit die Wurzeln der neuen didaktisch-propagandistischen Ausrichtung der Bruderschaft und der ihr verbundenen Feier der ewigen Andacht in den aufwendigen Quarant'ore-Inszenierungen des römischen Seicento erkennen. In Rom hatte sich bereits zum Ende des 16. Jahrhunderts eine von den Karfreitagsandachten und dem Fronleichnamsfest abgelöste eucharisti-

19 Dabei spielt es keine Rolle, dass diese Demonstration vor den realpolitischen Gegebenheiten der Zeit nicht Stand hielt.

20 W. Weiß, 706.

21 Gropp, II, 19 und Gropp IV, 334. Siehe auch W. Weiß, 711.

22 Gropp, II, 537. („dass in jeder Stunde des Tages bei Tag und bei Nacht in einer Kirche oder Kapelle, gleich ob sie einer Gemeinde oder einer Ordensgemeinschaft gehöre, das Lob Gottes beständig vollzogen werde.")

23 Thomas Höflich, Newe Weiß Manier, Würzburg 1690 (UB Wü).

sche Andachtsform ausgebildet, die sich der Verehrung des zur öffentlichen Schau ausgestellten Altarsakramentes in vierzigstündigem Gebet widmete. Daran anknüpfend führte Papst Clemens VIII. die Feier der Ewigen Andacht als *Oratio Quadraginta horarum alternatim et jugiter habendens [...] ad praescriptam ecclesiarum et temporis distributionem* für alle römischen Kirchen ein.[24] In der am 25. November 1592 erlassenen Bulle *Graves et diurnae* forderte der Papst angesichts der durch die Bedrohung des Osmanischen Reiches und die Abspaltung der Hugenotten verursachten Gefahr für die katholische Kirche zum allgemeinen Gebet für die Einheit der Christenheit und die Überwindung von Unglauben und Häresie auf. „Damit war", wie Karl Noehles feststellt, „ein kirchenpolitisch bedeutungsvolles Anliegen der gegenreformatorischen Kirche formuliert. Die vom Tridentinum besonders nachdrücklich unterstrichene Gnadenwirkung der Eucharistie sollte durch diese besondere Form der Devotion im Sinne der Enzyklika für das Wohl des Kirchenfriedens, wie ihn die katholische Kirche verstand, erfleht werden zur Stärkung und Festigung der Positionen des Papsttums."[25] Die in diesem Zusammenhang geforderte feierliche und würdige Ausrichtung der Quarant'ore-Feiern ließ in der Folgezeit den Brauch entstehen, aufwendige und mit allen Mitteln theatralischer Illusion und Suggestion ausgestattete ephemere Schaugerüste zu errichten, die zur Förderung der allgemeinen Devotion die Sakramentsgeheimnisse verdeutlichen und mit ekklesiologischen und kontrovers-theologischen Positionen verbinden sollten. Schon bald führte die Erkenntnis der in den Schaugerüsten liegenden propagandistischen Möglichkeiten dazu, dass sich die höchsten Würdenträger der römischen Kirche unter Einsatz aller rhetorischen Register barocker Kunst um ihre Ausrichtung bemühten. Insbesondere zogen die Jesuiten die Entwicklung und Ausgestaltung der dogmatischen, liturgischen und ikonologischen Inhalte der Apparate an sich und entwickelten die Sakramentsandachten zu großartigen theatralischen Inszenierungen, die den Betrachtern ein unerhörtes, simultanes Sinnenerlebnis vermittelten und dem Schaubedürfnis der Zeit unmittelbar entgegenkamen.[26]

Seit dem vierten Jahrzehnt des 17. Jahrhunderts wurde es üblich, die von den führenden Künstlern Roms unter Anleitung gebildeter Theologen entworfenen und gestalteten Apparate in Kupferstichen zu publizieren und durch umfangreiche Programmschriften zu erläutern. Dadurch wurde das reiche theologisch-ikonologische Material einer breiten Rezeption über den ursprünglichen römischen Wirkungskreis hinaus zur Verfügung gestellt. Besondere Bedeutung erlangten dabei in der zweiten Jahrhunderthälfte jene Apparate, die mit höchstem künstlerischen Aufwand für die Feiern des Vierzigstündigen Gebetes in Il Gesù errichtet wurden.[27] Von diesen, die szenographische Projektionskunst zu voller Blüte führenden, ephemeren Schaugerüsten ging ein nachhaltiger Impuls auch auf die Entwicklung der barocken Raumkunst einschließlich des Altarbaues nördlich der Alpen aus.[28] In diesem Zusammenhang verweist Karl Noehles insbesondere auch auf jene Gattung wissenschaftlich-kompilatorischer Werke, die das ungeheuer umfangreiche sakramentstheologische Gedankengut zu erfassen und der gelehrten Betrachtung zu vermitteln suchten. So zitiert er beispielhaft die in zwei Bänden publizierten *Cifre della Eucharistia* des Giovanni Domenico Roccamora,[29] die „einen endlosen Zitatenschatz aus Bibel, exegetischem Schrifttum sowie aus verschiedensten Gebieten der humanistischen und kosmologischen Litera-

[24] RDK Bd. IV (1960), Sp. 572 ff: Stichwort „Ewige Andacht" (Max Denzler).

[25] Karl Noehles, Visualisierte Eucharistietheologie. Ein Beitrag zur Sakralikonologie im Seicento Romano in: MJb 29 (1978), 92 –115, hier 93. Dieser Aufsatz ist grundlegend für das im Folgenden Vorgetragene.

[26] Noehles, 1978, 93. Siehe hierzu auch: Joseph Imorde, Allegoricus semper interpres, historiae fugiens veritatem. Zur Bildvalenz der Eucharistie, in: Barocke Inszenierung, hg. von J. Imorde, F. Neumeyer und T. Wedding, (Akten des Internationalen Forschungskolloquiums an der Technischen Universität Berlin 1996), Emsdetten/Zürich 1999, 105 – 115, hier insbes. 106 ff.

[27] Noehles, 1978, 97.

[28] Hierzu bisher grundlegend die Vorträge und Diskussionen des Berliner Forschungskolloquiums „Barocke Inszenierung" (hg. von J. Imorde u.a.); siehe insbes. den Aufsatz von Rudolph Preimesberger, Ephemer in dauernder Gestalt. Zu Berninis Hochaltar in Castelgandolfo, 117 – 125.

[29] G. D. Roccamora, Parte prima (Parte seconda) della Cifre delle Eucharistia [...]. Der erste Band erschien 1668 in Rom und ist Papst Alexander VII. postum gewidmet; der zweite Band des umfangreicher geplanten Werkes erschien 1670 ebenfalls in Rom. Siehe Noehles, 1978, 96 und Anm. 17.

tur aufarbeiteten und zu einem vertrackten Gedankengebäude aus Metaphern, Allusionen und Topoi zusammenfügten."[30] Roccamora stellt in diesem anspruchsvollen Werk gewissermaßen „Musterprogramme für Quarant'ore Feiern, bestehend aus dem szenischen Bild mit Inschriften, (für die unmittelbare optische Perzeption des Apparates), der *dichiratione*, die das vermittelt, was in den gedruckten Bildexegesen zum aufschlüsselnden Verständnis des Sinngehaltes des Textes vorlag und dem ‚*discorso*', der der Predigt entspricht"[31] zusammen, die einen Einblick in die komplexe Vielschichtigkeit des Materials zu geben vermögen.

Anhand der von Noehles vermittelten Übersicht über die wichtigsten, von Roccamora angesprochenen Sinnzusammenhänge der eucharistischen Thematik wird ersichtlich, dass auch die mit der Wiederbelebung der Corpus-Christi-Bruderschaft im Jahr 1690 in Würzburg einsetzende Eucharistieverehrung im Medium der Ewigen Anbetung mit ihren wesentlichen theologisch-ikonologischen Inhalten und propagandistischen Zielsetzungen nachhaltig vom Gedankengut der römischen Quarant'ore-Feiern beeinflusst war. So ruft bereits der zitierte Titel des von Thomas Höflich verfassten Bruderschaftsbüchleins im Berg Sion, also dem in der Offenbarung des Johannes geweissagten Berg der Verheißung, den sich das eucharistische Lamm zum Wohnsitz bei den Menschen genommen hat, ein zentrales Bildthema aus dem Zusammenhang der römischen Quarant'ore Feiern auf. Höflich hatte schon in seiner Festschrift zur Bischofsweihe des Johann von Guttenberg im Jahr 1686, die er dem Sprachgebrauch der Zeit entsprechend als Vermählung des Fürsten mit der *ecclesia Herbipolensis* feierte, diesen ikonologischen Topos verwendet, indem er die Ruralkapitel des Hochstiftes als *filiae Sion* und den Bischof als *rex Salomon* ansprach.[32] Auch im Widmungstext des Bruderschaftsbuches spielt er unter Verweis auf die Namen der beiden fürstlichen Stifter zunächst auf die in dem Sinnbild verborgenen panegyrisch-theologischen Inhalte an:

> „Den Ehrenberg der Todt bestigen / Auff Sions Berg das Lamb bleibt ligen." [...] „Gleich wie der Adler seine Jungen gegen der hitzigen Sonnen-Strahlen anzuführe[n] pfleget, nach dem Symbolisten 'Sic crede / also trau / also Schau' / durch Euer Hochfürstl. Gnaden so auferbauliches Exempel zu diser Andacht ihrer Selen zum Trost aufgeführt und gewehnt worden seynd / anerwogen / daß bey so gefährlichen Zeiten gegen die göttliche Straf kein bessere Verwahrung/ als das Blut des Lambs seye / und glückselig derjenige / der bey schwebenden Kriegs Troublen / under disen Berg sich verschantzet."[33]

Damit fasst der Dompfarrer in bewusster Mehrdeutigkeit verschiedene Gedankenstränge zusammen. Zunächst spielt er auf das Anliegen der Bulle *Graves et Diuturnae* an, indem er dem Kirchenvolk der Würzburger Diözese gegen die anhaltenden Nöte der Zeit das eucharistische Sakrament als Schutz und Heilmittel empfiehlt. Im Lamm Christi, das auf dem Berg Sion als der *ecclesia Herbipolensis* ruht, offenbart sich konkret das Geheimnis des göttlichen Opfers, dessen Nachvollzug den Gläubigen trotz irdischer Bedrängnis die ewige Glückseligkeit schmecken lässt. Die darin entschlüsselten heilsgeschichtlichen Wahrheiten werden so vermittelt, als sei die *ecclesia Herbipolensis* und mit ihr die Bruderschaft unmittelbarer Teil des im Lamm offenbarten göttlichen Heilsplanes. So lassen sich auch die panegyrischen Anspielungen auf die bildlichen Entsprechungen zwischen dem Namen des Fürsten und dem *mons Sion* als Beweis einer sich in seiner Person erfüllenden göttlichen Heilszusage interpretieren, die die Gesamtheit der Kirche Würzburg umfasst und in aktueller Not und Bedrohung beschirmt.

30 Noehles, 1978, 97.

31 Siehe hierzu auch das Abbildungsmaterial bei Noehles sowie ferner bei Rudolf Wittkower, Baroque Art: the Jesuit contribution, New York 1972 und Mark S. Weil, The devotion of the Forty Hours and roman barock illusions, in: The Journal of the Warbourg and Courtauld Institutes 37 (1974), 218 ff. Ferner, Joseph Imorde, Präsenz und Repräsentanz oder: Die Kunst den Leib Christi auszustellen. Das Vierzigstündige Gebet von seinen Anfängen bis zum Pontifikat Innozenz X., Emsdetten/ Berlin 1997.

32 Thomas Höflich (u.a), Mitra Episcopalis [...], Widmungsspruch: „Egredimini et videte Filiae Sion, Regem Salomonem in diademate quo cornavit illum Mater sua in die Desponsationis illius et in die Laetitiae cordis ejus, cant. 3.V.11."

33 Thomas Höflich, Bruderschaftsbüchlein der Corpus-Christi-Bruderschaft, Vorrede (unpag.).

Dieser Versuch einer panegyrischen Verknüpfung eschatologischer Aussagen mit der Person eines fürstlichen Adressaten im tagespolitischen Bezug war gerade im Zusammenhang mit den heiligen Bergen des Alten und Neuen Testamentes nicht neu. So spielt auch Roccamora mit dem Widmungsblatt des ersten, Papst Alexander VII. Chigi gewidmeten Bandes seiner *Cifre della Eucharistia* in der Darstellung des *mons Sinai* als dem Berg der Gesetzgebung und des ersten Bundes Gottes mit den Menschen, der in exegetischer Überlagerung zugleich als *Sion*, also als der apokalyptische Gottesthron des eucharistischen Lammes angesprochen wird, auf die *Monti* im Wappen des Chigi-Papstes an. Roccamora bezog sich damit möglicherweise auf einen im ersten Jahr des Pontifikats Alexanders VII. (1656) von G. F. Grimaldi für Il Gesù geschaffenen Quarant'ore-Apparat in Gestalt eines Berges, den der Chronist als „una gigantesca riproduzione dei Monti Chigiani" beschreibt. Grundlage dieser Deutung war ein bereits von Vitruv überliefertes Projekt des antiken Architekten Deinokrates, der beabsichtigt hatte, dem Berg Athos die künstliche Gestalt Alexanders d. Gr. zu geben. Dieses Projekt wurde u.a. von Pietro da Cortona in einer Zeichnung aufgegriffen, die selbst wiederum als Huldigung an Papst Alexander VII. zu interpretieren ist.[34] Diese panegyrischen Inhalte der Sion-Ikonographie waren in Würzburg offensichtlich bekannt und wurden in Anspielung auf den fürstlichen Namen mehrmals aufgegriffen. Eine weitergehende Entschlüsselung der vielschichtigen Sinnbezüge vermittelt die anlässlich der fürstlichen Exequien im Dom gehaltene *Leich= und Lob=Predigt* des Dompfarrers Friedrich Neubeck (SJ):

> „Zu einem allgemeinen Trost des höchstbetrübten Vatterlands / unter dem Schatten eines Gutten Bergs so auff der Spitzen sieben hoher Bergen / als ein Haus des Herrn gelegen [...]."[35]

Darin bemüht sich Neubeck, aus der Bildlichkeit des fürstlichen Namens eine besondere Auserwähltheit Guttenbergs abzuleiten, die er ebenfalls als einen im Heilsplan vorgesehenen, göttlichen Gnadenerweis gegenüber der Kirche und dem Hochstift Würzburg deutet:

> „Wer siehet nicht in diesem Seegen=vollen Berg Sion Unsern hochauffsteigenden Guten=Berg [...]. Mons in quo beneplacitum est Deo etc. als worauff der allerheiligste Gott nicht minder dann ehemalen bei denen Königen David und Salomon mit reichliche Himmels=Benediction gewohnt [hat. ...] und sehet auff diesem Guten Berg einen neuen Salomon entworffen / der / vermittelst seiner hohen Weisheit / das Hertzogtumb Francken so löblich regiret / daß man von diesem Guten Berg wohl sagen mag: Mons Dei, mons pinguis, mons coagulatus, mons pinguis."[36]

Diese Deutung des Sion-Guttenberg als Sitz des lebendigen Gottes wird im folgenden Text durch weitere christologische und sakral-ikonologische Aussagen in der typologischen Gleichsetzung des fürstlichen Namens mit dem *mons Moriae*, dem *Sinai*, dem *Mons Nazareth*, dem *mons in quo oravit Christus*, also dem Ölberg und dem *mons Calvariae* ergänzt. So habe Guttenberg wie Abraham auf dem Moria das Feuer der göttlichen Liebe, wie Moses auf dem Sinai die Weisheit göttlicher Gerechtigkeit empfangen. Wie Christus auf dem Berg Nazareth erblühte die fünfblättrige Rose auf dem Berg Guttenberg „als ein Sinnbild der Gutthätigkeit". Der Ölberg (*mons in quo oravit Christus*) ist Neubeck ein Sinnbild des fürstlichen Wahlspruches *semper in altum*, da sich der Fürst gleich Christus beständig in den vollkommenen Gehorsam gegen Gott begeben habe. Im *mons Calvariae* schließlich werde dem Zuhörer

[34] Vgl. W. Körte, Deinokrates und die barocke Phantasie, in: Die Antike. Zschr. f. Kunst u. Kultur des klass. Altertums, 13. Bd. (1937), 289 ff. Siehe ebenfalls Noehles, 1978, 98.

[35] Hochfürstlichen Tugend=Wandels / forderist zu schuldigsten Ehren des Hochwürdigsten Heil. Röm. Reichs Fürsten und Herrn / Herrn Joannis Godefridi [...] Dann auch zu einem allgemeinen Trost des höchstbetrübten Vatterlands / unter dem Schatten eines Gutten = Bergs / so auff der Spitzen sieben hoher Bergen / als ein Haus des Herrn gelegen, bey höchst ansehnlichem Traur=Gerüst / und Leich=Begängnuß / den 19. Hornung 1699 [...]. UB Wü.

[36] Neubeck, p. 10.

„das vollkomneste Exemplar eines christlichen Tugendt=Wandels / der Sohn Gottes nehmlich zur nachfolg vorgestellt; daß wir in seine Fußstapffen tretten / und auff der Strassen die er gehalten in das Himmlische Vatterland ihm nachfolgen sollen. Daß also diser Berg billich ein Berg des guten Exempels möchte genennet werden.“[37]

Diese unmissverständliche Bedeutungsakkumulation, in der der Fürst über den herkömmlichen ikonologisch-ikonographischen Sinngehalt als Statthalter und Stellvertreter des Gottessohnes hinaus als Unterpfand göttlicher Gnadenzusage und Typus Christi angesprochen wird, führt zurück zum Text des Bruderschaftsbüchleins des Thomas Höflich. Dieser antwortet im 1. Kapitel des Buches auf die einleitende Frage: *Was ins gemein ein Bruderschafft sey:*

„Gleichwie in vornehmen Städten eine löbliche Policey und altes Herkommen ist / daß [...] Zusammenkünfft / sonderbahre Versammlung / Gesellschafft= und Zunfften / dem allgemeinen Nutzen werden angestellt. Also finden sich nit weniger in Geistlichen Regierungen der christlichen Catholischen Kirchen / welche in Göttlicher Heiliger Schrifft offtermahlen eine[r] Stadt verglichen / und das newe Jerusalem genennet wird / neben der Verbindung und Verbrüderung unter eine Oberhaupt JESU CHRISTO / etliche sonderbare Gesell= und Bruderschafften / welche als Mittel zwischen geistlichen und weltlichen Stands=Personen [...] heylsamblich seynd eingeführt worden. Der Urheber und erste Stiffter diser Ertz=Bruderschafft ist Jesus Christus / der wahre Sohn des lebendigen Gottes / der Grund oder das Fundament ist gelegt worden / bereits in dem alten Testament / durch unterschiedliche Figuren / also in dem Bund des Lebens / in dem Opffer Melchisedech / in dem Himmelsbrodt / in dem Engelbrodt / so Eliae dem Propheten in der Wüsten gereicht worden. / Die Substanz aber / und das gantze Wesen diser Ertz-Bruderschaft / ist nach mahlen auffgericht worden / in dem letzten Abend / Seines Lebens / [...] bey Niessung deß Osterlambs / da er [...] das Hochwürdigste Sacrament seines wahren Fleisch und Bluts eingesetzt / die Apostel zu Priestern geweyhet / und den Gewalt übergeben / durch die Göttliche Wort / Brodt und Wein in sein wahres Fleisch und Blut zu verwandlen.“[38]

Diese heilige Erzbruderschaft habe sich über die Zeiten der ersten Christen hinweg fortgesetzt bis in die Gegenwart. Folglich sei nicht nur der Fürst gleich den Aposteln Sachwalter des göttlichen Präses, sondern auch die Mitglieder der Würzburger Konfraternität Nachfolger der urchristlichen Gemeinschaft in Jerusalem. Im Bild der Sion-Typologie beschreibt Höflich damit die Würzburger Bruderschaft unter ihrem bischöflichen Hirten als ein Ebenbild der aus der ersten Abendmahlsgemeinschaft hervorgegangenen urchristlichen Gemeinde. Zugleich bestätigt er in der Einsetzung der Apostel als Priester und der ihnen zugesprochenen Gewalt zur Wandlung der Sakramente das katholische Amts- und Hierarchieverständnis und die Auffassung von der Realpräsenz Christi in der Eucharistie. Da das Hochstift an diesen Grundtatsachen des katholischen Glaubens festgehalten habe, sei es von Gott mit einem auserwählten Fürsten gesegnet worden, an dem sich schon auf Erden die göttliche Gnadenzusage erfüllt habe. Immer wieder enthält daher der Text auch subtile Anspielungen auf die kriegerischen und bedrohlichen Zeitumstände, gegen die Würzburg jedoch mit dem Allerheiligsten gewappnet sei:

„Frohlocket und jauchzet, die Ihr in Sion wohnet / dan der Heilig ist mitten unter euch (Jes. Cap. 12).“[39]

[37] Neubeck, p. 10.

[38] Thomas Höflich, Bruderschaftsbüchlein der Corpus-Christi-Bruderschaft, p. 2 und 6.

[39] Thomas Höflich, Bruderschaftsbüchlein, p. 14.

Damit ruft Höflich am Schluss seiner Einleitung ein der katholischen Welt seit den Zeiten des Dreißigjährigen Krieges vertrautes Bild auf, indem er den eucharistischen Leib Christi in Anspielung auf die Offenbarung als ein Schutzschild und eine befestigte Stadt beschreibt:

> „Wann auch das Hochwürdigste Sacrament deß Altars ein Baum des Lebens ist / gepflantzet mitten in der Catholischen allein seelig machenden Kirchen […] so ist unsere Ertz=Bruderschafft das Paradeiß […]. Wann das Hochwürdigste Sacrament ein hellscheinendes Licht / ein Son und Feuer der Welt ist / so wird unsere Fraternität ein newer Himel seyn / welcher alle Menschen beschirmt / erleucht und in der Liebe Gottes entflammet. Ist es ein Schuß freyer Schild / ein starckes Schwerdt […] so ist unsere Bruderschafft ein wohlgerichtes Zeughauß / ein unüberwindliche Burg und Vestung / mit deme sich ein jeder gegen den Anlauff seiner Feinde / sichtbarlich und unsichtbarlich versehen mag.“[40]

Die mit diesen Vergleichen aufgerufenen militärischen Sinnbilder können, wie oben schon angesprochen, über ihren allgemeinen geistlich-theologischen Charakter hinaus auch als Hinweis auf ein latentes Gefühl der Bedrohung angesichts der aktuellen Lage des Reiches und des Hochstiftes selber verstanden werden. Damit entsprechen sie spezifischen Motiven der Propaganda und Verehrung des Kaisers in der traditionellen Rolle als *defensor Ecclesiae,* wie sie innerhalb der katholischen Reichspartei und natürlich auch am Kaiserhof selbst in Anspielungen auf das aktuelle Kriegsgeschehen an der Westgrenze des Reiches und auf dem Balkan sowie in bewusster Verflechtung theologischer, politischer und konfessioneller Inhalte verwendet wurden.[41] Diese werden in der Panegyrik der Guttenbergzeit zwar mit Zurückhaltung, aber doch mit unüberhörbarem Akzent eingeflochten und mögen über ihre konkret theologischen Inhalte hinaus im Ansatz auch als Vermittlung des nicht unumstrittenen militärischen Engagements des Fürsten verstanden werden.

2.2. Stift Haug und die Sion-Ikonographie: Die Einweihungsfeierlichkeiten vom 5. bis 12. August 1691 zur Fertigstellung des Kirchenbaus

Es ist nicht bekannt, ob das zitierte sakramental-theologische Gedankengut in der Guttenbergzeit auch als Programmgrundlage bei der Errichtung ephemerer Festdekorationen, etwa aus Anlass der Feierlichkeiten zur Stiftung der Immerwährenden Andacht o. ä. herangezogen wurde. Offensichtlich war es zu Anfang des 18. Jahrhunderts in verschiedenen Kirchen Würzburgs üblich, in der Karwoche bzw. am Karfreitag Heilig-Grab-Kopien zu errichten, über deren Ausgestaltung jedoch keine Nachrichten vorliegen.[42] Außerdem beschreibt Thomas Höflich im zweiten Teil seines Bruderschaftsbuches verschiedene Mirakelerscheinungen, die das ikonographische Material zu einer illusionistischen Inszenierung nach römischem Vorbild hätten liefern können,[43] doch mag man sich in Würzburg dieser Möglichkeiten zur konkreten Veranschaulichung der Inhalte der *propaganda fidei* zunächst nicht bedient haben. Interessant und deutlich nachvollziehbar ist jedoch von Anfang an der Einfluss des theologischen, bildlichen und vor allem szenographischen Materials der Quarant'ore auf die Entwicklung der kirchlichen Innenausstattung in Würzburg. Dabei kommt den beiden bedeutendsten Ausstattungsprojekten der Guttenbergzeit, die der Fürst maßgeblich förderte, nämlich der Stiftskirche Haug und der Wallfahrtskirche Fährbrück, eine besondere Bedeutung zu. Ferner scheint mir ein nachhaltiger Impuls auf die Planung

[40] Höflich, Bruderschaftsbüchlein, p. 14 f.

[41] Vgl. Matsche, I, 114 ff.

[42] Valentin Kirchgeßner berichtet, dass Johann Philipp von Greiffenklau am Karfreitag gewohnheitsmäßig die Heiligen Gräber der Stadt besichtigte, beschreibt diese aber nicht eingehender, so dass der inszenatorische Aufwand bei ihrer Errichtung nicht sicher ist. Erst aus Anlass der 100-Jahrfeier der Corpus-Christi-Bruderschaft im Jahr 1730 ist durch die Abbildung bei Gropp, II ein Festapparat belegt.

[43] Thomas Höflich, Bruderschaftsbüchlein, Dritter Teil: Bewehrte Exempel / und Miracul von der wahren Gegenwart JESU CHRISTI / im Hochwürdigsten Sacrament deß Altars, p. 197 ff.

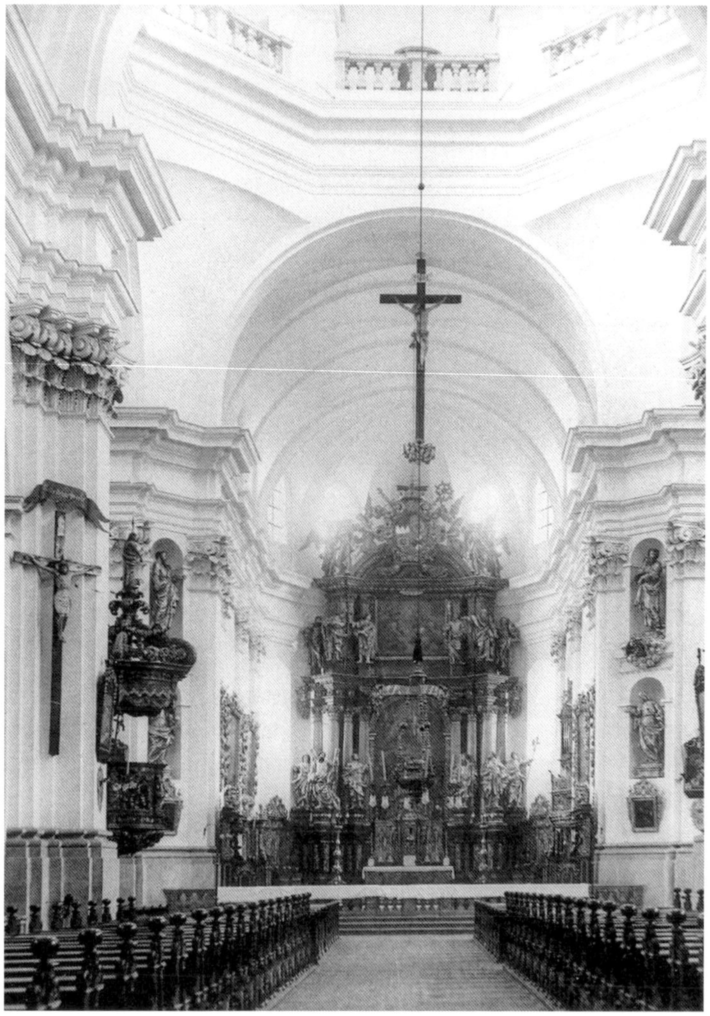

Abb. 5: Würzburg, kath. Pfarrkirche Stift Haug: Innenansicht durch das Langhaus auf Vierung und Chor (Zustand vor 1945); Fotoarchiv Gundermann Würzburg Inv.Nr. 02678.

zur Erneuerung der Domausstattung, die 1693 aufgrund der kriegerischen Bedrohung des Hochstiftes durch französische Truppen vorläufig ausgesetzt und in einem bisher nicht erklärbaren Entwicklungsschritt erst ab 1700/1701 unter Johann Philipp von Greiffenklau realisiert wurde, von dem sich nach 1690 in Würzburg verbreitenden Material theatralischer Inszenierungen auszugehen.

Die Hauger Stiftskirche *(Abb. 5)* war nach der bereits unter Johann Philipp von Schönborn erneuerten Karmeliterkirche der erste Kirchenbau im Hochstift, dessen im Sinne der zeitgenössischen Architekturtheorie klar definierter Innenraum die Etablierung einer nach denselben Regeln der Architekturszenographie gestalteten Innenausstattung und damit die Transformierung der Gesamtheit von Architektur und Ausstattung analog der Idee des *theatrum sacrum* überhaupt ermöglichte. Ganz offensichtlich im Bewusstsein der mit diesem Kirchenbau verbundenen künstlerischen und programmatischen Möglichkeiten widmete Guttenberg seiner baulichen Fertigstellung wie vor allem den Arbeiten an der Innenausstattung besondere Aufmerksamkeit. Dies lässt sich gerade in dem Zeitraum nachvollziehen, in dem die Planungen an der Domausstattung, wie erwähnt, wegen der drohenden Kriegsgefahr (1693–1698) eingestellt wurden.[44] So ist mit der Hauger Stiftskirche und ihrer kongenial gestalteten

[44] DKP 1693 März 28 (fol. 89 f). Diese Planunterbrechung scheint aber auch als bewusste „Denkpause" während der Domausstattung genutzt worden zu sein. So wird unten noch zu zeigen sein, dass das bei der Stift-Hauger Ausstattung entwickelte Gedankengut spätestens unter Philipp von Greiffenklau nachhaltigen Einfluss auf die Ausstattung des Domes gewann.

Innenausstattung in Würzburg sowohl der Beginn wie der bereits vorläufige Höhepunkt einer sich neu orientierenden Raumkunst erreicht, die sich ideengeschichtlich aus den gesteigerten Ansprüchen der im Wesentlichen jesuitisch geprägten *propaganda fidei* entwickelte und in den aus der Exerzitienpraxis entlehnten Mitteln der Suggestion und Illusion ihre künstlerischen Ausdrucksformen und Gestaltungsprinzipien fand. Das fürstliche Engagement in Bau und Ausstattung der Stiftskirche kann daher hier in zweifacher Hinsicht auch als ein bewusster Akt herrschaftlicher Denkmalsetzung interpretiert werden. So war das Bemühen um den Kirchenbau im Sinne der *imitatio Salomonis* grundsätzlich ein Beweis fürstlicher Pietas, die in ihrer staatstragenden Bedeutung bereits erläutert wurde. Zum anderen wurde im Bemühen um die Innenausstattung im Allgemeinen wie im Besonderen an dem von Guttenberg gestifteten Hochaltar eine deutliche Orientierung am aktuellen römischen Kunstgeschehen nachvollziehbar, die sich kaum anders als dem fürstlichen Repräsentationswillen entsprechend interpretieren lässt. Wie noch zu zeigen sein wird, handelte es sich darüber hinaus beim Hochaltar in Stift Haug wie bei dem nahezu zeitgleich entstandenen Fährbrücker Hochaltar um die ersten beiden Würzburger Retabelprojekte, die unmittelbar auf italienische Vorlagen zurückzuführen sind und auf einen Zusammenhang mit den ephemeren Schaugerüsten römischer Provenienz verweisen.[45] Dabei ist es aufschlussreich, dass dem Fürsten an Stift Haug derselbe Beraterkreis hochgebildeter Theologen zur Seite stand, der seine Politik *in rebus ecclesiae* mitbestimmte. Allen voran ist dies der Dompfarrer und Kanoniker an Stift Haug, Thomas Höflich, der in der Folgezeit seinen Entwurf einer Würzburg-Sion-Ikonologie auch auf den Bau der Hauger Stiftskirche ausdehnte.

Der 1670 unter Johann Philipp von Schönborn begonnene Neubau der Hauger Stiftskirche, deren mittelalterlicher Vorgängerbau bereits dreizehn Jahre zuvor der Erweiterung der Festungsanlagen im Norden der Stadt hatte weichen müssen, war nach wiederholten Bauverzögerungen erst im Sommer des Jahres 1691 zum Abschluss gekommen. Die Einweihung der Kirche ließ Johann Gottfried von Guttenberg mit einem einwöchigen Kirchweihfest vom 5. bis 12. August 1691, das zu einer programmatischen Inszenierung der in der Sion-Ikonographie zusammengefassten Bedeutungsinhalte geriet, feierlich begehen. Die Festhandlungen lassen sich anhand der Edition der zu den täglichen Festgottesdiensten abgehaltenen Predigttexte und den Aufzeichnungen und Überlieferungen Gropps rekonstruieren.[46] Sowohl diese Predigttexte wie die Textkommentare Gropps belegen eine erstaunliche Vertrautheit mit dem zeitgenössischen theologischen und kunsttheoretischen Schrifttum über den Kirchenbau. So beginnt Thomas Höflich seine am Festtag der Kirchweihe (5. August) gehaltene Predigt mit einer Erläuterung der ikonologischen und historischen Dimensionen, in die er zum einen den Hauger Kirchenbau zu setzen suchte, und die ihm zum anderen dazu dienten, die Bauherren, namentlich den Urheber des neuen Baues, Johann Philipp von Schönborn, und den Vollender Johann Gottfried von Guttenberg als Nachfolger der durch ihr Engagement für die Verherrlichung des Tempels Gottes legitimierten Prototypen christlichen Herrschertums zu proklamieren:

> „Obschon bey unsern vorfahren höchst berühmt gewesen die sieben Wunderwerck der Welt/ So gefällt doch jetzt mehr ein neu=erbaute Säul der hochheiligsten Dreifaltigkeit zu Wien / als die Pyramides Nili […], mehr gefällt jetzo ein neuer Kunst=reicher schöner

[45] Vgl. hierzu in diesem Kap. 2.3.: Stift Haug: Die Innenausstattung sowie Kap. V. 2.4.: Die Altäre für Stift Haug aus der Ausstattungsphase 1694/95. Es handelt sich bei der Vorlage um die Stichwiedergabe eines Triumphportals Carlo Fontanas, das dieser im Auftrag des Herzogs von Parma zur Possesio Innozenz' XII. am 13. April 1692 in Rom errichtete.

[46] Siehe Thomas Höflich u.a., Acht / =tägige / Kirchweyhe/ Das ist / Acht Kirchweyh=Predigten / samt einer beygefügten Danck=Predigt / so von verschiedenen der H. Schrift / Doctoren vom S. Augusti dieses lauffenden 1691ten Jahrs bis auf den 12. Tag gemeldten Monats gehalten worden; / Als der Hochwürdigste des H. Röm. Reichs Fürst und Herr / Herr Joannes Godefridus Bischof zu Würtzburg in eigener Hoher Person die neu=erbaute und hoch=ansehnliche Hauger=Stifts= und Pfarr=Kirche dem Allermächtigsten Gott / zu Ehren des H. Joannis des Tauffers / als gemeldter Kirche vornehmsten Patrons / mit gewöhnlichen der H. Catholischen Kirche Caeremonien geheiliget / zugeeignet / und eingeweyhet hat, Würzburg 1691 (UB Wü).

> Tempel / gleich diesem / als eben der Tempel Dianae . [...] Über den Tabernakel und Bunds=Kasten war Beseleel und Oeliab/ über den Tempel zu Jerusalem war Salomon / über die Salvators-Kirch zu Rom war Constantius / über das Reichs=Stifft zu Bamberg war Kayser Heinrich / als Bau=Herren von Gott benahmset / denen er auch darzu Mittel / Hülff und Verstand genug an die Hand gegeben; zu dieser neuen hoch=erhabenen[,] Welt=berühmten Structur und Ehren=Tempel Gottes aber war auserwehlt der Welt=bekandte [...] Chur=Fürst und Ertz=Bischoff Joannes Philippus" [von Schönborn, der den ersten Stein mit eigener Hand legte. Nachdem dessen drei Nachfahren Johann Hartmann von Rosenbach, Peter Philipp von Dernbach und Conrad Wilhelm von Werdenau den Bau fortgeführt hatten, konnte endlich am 9. Sonntag nach Pfingsten Johann Gottfried von Guttenberg den letzten Stein eigenhändig setzen, und die Kirche in eigener Person Gott weihen.] "Der wunderthätigen Mariä Capell zu Einsiedel setzte Christus selbsten den Krantz auf und heiligte sie mit seiner Göttlichen Gegenwart / zu welchem Ehren=Actum eingeladen war der Heil. Conradus / Bischoff zu Constanz Die herrliche und fürnehmste Mariä Kirch in Rom dedicierte selbst der Papst Libenus. Diese fürnehme Collegiat=Kirch weyhet ein das Haupt und höchste Vorsteher in Franckenland."

Höflich schließt diese Ausführungen mit einem nochmaligen Dank an Johann Gottfried von Guttenberg, den er hier folgerichtig als *Princeps optimo et vero Patriae pater* anspricht, da er trotz der Kriegswirren den Bau der Kirche vollendet habe:

> „[...] da alle Länder und Provinzen, ja fast die gantze Welt von der leidigen Kriegs=Fackel angesteckt und in armis seynd / bey diesen trüben durcheinanderlaufenden Wolcken gebe ich unserem gnädigsten Lands=Fürsten zum Pectoral jenes siegreiche Zeichen / welches vom Himmel mit hell=gläntzenden Wolcken umgeben / gezeiget worden CONSTANTINO dem großmächtigen Kayser / mit dieser Trostreichen Versicherung / in hoc signo vinces / mittels dessen er auch den Zunamen Magnus, groß / erhalten und in der That vollbracht. Daß unser Gnädigster Bischoff / Fürst und Hertzog möge Groß seyn und bleiben / das ist mein eintziger / innerlicher und eusserlicher Wunsch, daß er werde so groß an Wohlstand / als groß Er ist in dem Land / so groß an Alter / als am Altar / so groß an Glückseligkeit als an Arbeitsseligkeit / groß an Heiligkeit als an Weisheit / daß er werde so groß im Himmel / und noch größer / als Er ist auf Erden."[47]

Auch für Gropp ist der Zusammenhang der Hauger Stiftskirche mit der biblischen Überlieferung und den bedeutenden Werken der Menschheitsgeschichte evident:

> „Statue tibi ob oculos, si quoque vidisti, statuarum colossos, theatrorum horizontes, hortorum paradisos, palatiorum Capitolia, sepulchrorum Mausolæa, turrium pyramides, simulacrorum gigantes: sed constitue simul tecum, multorum annorum illa fuisse opera, non unius diei. [...] Mirari desine, si hæc audis, Opusque adspicias. Est enim Opus commendans artificem, extollens Episcoporum zelum, laudans Principum munificentiam, accendens subditorum devotionem, ornans Franconiæ Metropolim, si non orbis, urbis certe & Ducatus miraculum; ubi vides turres geminas ad æqualitatem pyramidum fastigiatas, tertiam in modum Mausolæi spaciosam, columnisque sublimem, muros late basiatos,

[47] Thomas Höflich, Predigt am 5. August 1691 auf den Text: „Wir seynd Knechte Gottes des Himmels und der Erden / und bauen diesen Tempel, der vor vielen Jahren zuvor gebauet war." Esrae 5, 11; in: Acht=tägige Kirchweyhe. (unpag.). Siehe zu dem auch hier wieder evidenten Zusammenhang zwischen dem fürstlichen Handeln in rebus Ecclesiae und dem aktuellen Kriegsgeschehen weiter oben.

statuas non Jovis, sed unius Dei simulacra, & organum plus bis mille fistulis harmoniacum, campanis quatuordecim canorum, Altaribus duodecim sanctum, omnia hic spacio ampla, soliditate firma, artificio rara, sumptu cara, labore magnifica, ornatu gloriosa."[48]

Diese Vergleiche des Hauger Kirchenbaus mit der mosaischen Stiftshütte, dem salomonischen Tempel oder den Weltwundern folgte einem gerade die zeitgenössische deutsche Architekturtheorie kennzeichnenden Versuch, eine Synthese sämtlicher historisch relevanter Baustile in einer universal heilsgeschichtlich orientierten Geschichtskonzeption zu finden, die von dem durch Gott inspirierten salomonischen Tempel ihren Ausgangspunkt nahm. So schreibt etwa Leonhard Christoph Sturm 1696:

> „Wenn wir aber lesen, daß Salomon der weiseste König, und sein Land das gesegnetste an Künsten so wohl, als an Schätzen gewesen; so lernen wir zugleich, daß damahls die regulaireste und eben diese wohlgestalte Bau-Art im Schwange gegangen, die jetziger Zeit mittelmäßigen Pallästen mehr Ansehen giebet. [...] Denn eben diese [d.h. die römisch-barocke Baukunst] kommet, wie alle zuvor erzehlete, mit der ersten von Gott selbst unmittelbar angegebenen, durch den weisen Salomon der Welt mitgetheilten, an dem unvergleichlichen Tempel zu Jerusalem zu Erstaunung der Völcker ausgebildeten, und durch Echzechiels Prophezeyung auch der späten Nachwelt noch in etwas eröffneten Bau-Kunst, so genau überein, als unsere ietzo in Deutschland blühende mit der Alt-Römischen."[49]

Diese Auffassung entsprach in ihrer Hierarchie- und Kontinuitätsvorstellung einer von Gott ausgehenden, über den salomonischen Tempel und die Werke der Weltarchitektur zu den Römern und Deutschen vermittelten Baukunst der zeitgenössischen politischen Lehre von den Weltreichen und konnte so in die allgemeine und zunächst durchaus überkonfessionelle Herrschaftspropaganda integriert werden. In der weiteren Entwicklung erhielt das Gedankengut insbesondere im katholisch-kirchlichen Schrifttum einen konfessionsspezifischen Akzent, indem der salomonische Tempel nicht nur als ein Werk der Baukunst, sondern vor allem als *heiliges Haus* interpretiert wurde. Dies entsprach der katholischen Auffassung von der Heiligkeit des Kirchenbaus, die diesem durch die sakramentale Weihe verliehen wurde und ihn würdig machte, das Tabernakulum mit dem in Realpräsenz gegenwärtigen Leib Christi zu beherbergen.[50] Daraus erklärt sich, weshalb die katholischen Autoren neben den Leistungen für Bau und Ausschmückung der Kirchen die Sorge für den gottgefälligen Vollzug der Kirchweihe analog der salomonischen Tempelweihe als Exemplum christlichen Herrschertums deuteten. Auch die Predigten zur Einweihung der Hauger Stiftskirche widmen sich diesem Gedankenzusammenhang, zumal der Fürst selber als Zelebrant die sakramentalen Handlungen vornahm. So stellte etwa Johann Georg Adelmann

[48] Gropp, II, 548 f. (Stelle sie Dir vor Augen, wenn Du sie je gesehen hast, die kolossalen Säulen, die unendlichen Bögen der Theater, die paradiesischen Gärten, die Riesenbauten der Paläste, die gewaltigen Grabmäler, die Türme der Pyramiden, die gewaltigen Götterbilder. Aber mache Dir zugleich klar, dass jene die Werke vieler Jahre waren, nicht die eines einzigen Tages. [...] Höre auf, Dich zu wundern wenn Du dies hörst und sieh Dir dieses Werk [die Stiftskirche Haug] an. Es ist ein Werk, dass den Künstler empfiehlt, den Eifer der Bischöfe hervorhebt, die Freigebigkeit der Fürsten rühmt, den religiösen Eifer der Untertanen anregt, die Hauptstadt des Frankenlandes ziert; es ist wenn auch nicht ein Weltwunder, so doch gewiss ein Wunder der Stadt und des Herzogtums. Dort siehst Du die Doppeltürme, hoch wie die Pyramiden, den dritten geräumig nach Art eines Mausoleums [gemeint ist die Kuppel über der Vierung], durch Säulen hoch erhaben, die Mauern mit breitem Fundament, die Statuen, nicht Jupiters, sondern Bildnisse des einen Gottes, die Orgel mit mehr als 2000 wohl tönenden Pfeifen in 14 Hauptfelder [im Prospekt] aufgeteilt, den Innenraum durch 12 Altäre geheiligt, alles vom Raum her weit und durch die solide Bauweise mächtig, durch die künstlerische Ausstattung einzigartig, durch die [hohen] Kosten wertvoll, durch die Arbeit prächtig, durch den Schmuck erhaben.")

[49] L. Chr. Sturm, Widmungstext der Ausgabe von Nikolaus Goldmanns „Vollständige Anweisung zu der Civil Bau=Kunst" an die Herzöge Rudolph August und Anton Ulrich von Braunschweig und Lüneburg. Sturm hatte den Text bereits für die Ausgabe von 1696 geschrieben. Er wurde jedoch erst der Ausgabe von 1699 beigefügt. Siehe hierzu Schütte, 1984, 141.

[50] Robert Bellarmin, Disputationes de controversiis christianae fidei, Ingolstadt 1601; siehe Schütte, 1984, 173 f.

das Bibelwort: *Hodie salus domui huic facta est* (Lk.19,9) in den Mittelpunkt seiner Predigt auf den zweiten Tag der Kirchweihe (6. August). In der folgenden Deutung bezog er den Vers zunächst auf die äußere Gestalt des neuen Gotteshauses, über dem

> „sich die Fürstlichen Schätze [...] so freigebig ergossen [hätten] / daß ein weltberühmtes / mit dem vorigen unvergleichliches Gebäude und Werck entstanden ist."

Dann aber betont er ganz im Sinne der *Disputationes decontroversiis christianae fidei* des Robert Bellarmin,[51] dass das wahre Heil des Hauses in seiner eigenen Heiligkeit liege, die es gemäß katholischer Auffassung durch die Kirchweihe empfangen habe:

> „Heil ist diesem Haus widerfahren, [da] heutigen Tags seine Göttliche Majestät sich dieses Haus zu einer Wohnung erwählet / und würcklich Besitz darin genommen hat. Gnad, weil Hochfürstl. Gnaden in eigener hoher Person der höchsten Majestät trotz Hitze und Ungemach [...]" es sich nicht haben nehmen lassen, dieses Haus zu einem Tempel zu weihen, „mithin die Göttliche Majestät in dieses Haus als dero eigenthümliche Wohnung [...]" gleich David, der Gott im ersten Tempel eine Wohnung bei den Menschen gab, „eingeführt haben."[52]

Im gottgefälligen Vollzug der sakramentalen Handlungen durch den Bischof werde die wahre Identität des Kirchenbaus mit dem ersten Tempel grundgelegt. Mit aller Deutlichkeit formuliert dies Johann Vogel in seiner Predigt zum 10. August, also dem fünften Tag der einwöchigen Kirchweihe, die unter dem Titel

> „Anderer Salomonischer Tempel / oder / Wohlgefallen und Gnadenhaltung Gottes des Allerhöchsten über die zierlich auferbaute Gottes / Häuser und hertzlich darinn verübten Andacht der Gläubigen [...]"[53]

veröffentlicht wurde. Der Predigt lag das an Moses aus dem brennenden Dornbusch am Berg Horeb gerichtete Gotteswort: *Locus enim in quo stas terra sancta est* zugrunde, das zu den beliebtesten biblischen Textvorlagen der Zeit nicht nur anlässlich von Kirchweihen, sondern insbesondere auch im Zusammenhang mit der Feier des eucharistischen Sakramentes[54] gehörte. Nach Vogel ist der *„Hauger Tempel"* durch die bischöfliche Weihe zu einem heiligen Ort geworden:

> „non est hic aliud nisi domus Dei et porta coeli, eine gnadenreiche Pforte, welcher wir uns bedienen einzugehen in die ewige Glückseligkeit."[55]

Wie die übrigen Prediger zur Hauger Kirchweihe sieht auch Vogel Beziehungen zwischen der architektonischen Gestalt der Kirche und ihrer Bedeutung, da sie

[51] Schütte, 1984, 173 (Anm. 48).

[52] Johann Georg Adelmann, Predigt zum 6. August 1691 auf den Text: „Hodie salus domui huic facta est." (Luc. 19 V. 9) in: Acht=tägige Kirchweyhe.

[53] Johann Vogel, Predigt zum 10. August auf den Text: „Und der auf dem Thron saß / der sprach: Siehe ich mache alles neu." (Offb 21, 5); in: Acht=tägige Kirchweyhe.

[54] Die Darstellung des brennenden Dornbusches gehörte folglich auch zum Bildmaterial der Quarant'ore. Siehe auch Noehles, 1978, 97 ff sowie grundsätzlich LCI Band 1, Sp. 510 f, Stichwort „brennender Dornbusch" (M. Q. Smith). Ferner sei noch einmal auf die oben zitierten panegyrischen Versuche hingewiesen, zwischen dem fürstlichen Namen Guttenberg = Guter Berg und den heiligen Bergen des Alten und Neuen Testamentes, auf denen Gott seine Wohnung hat, typologische Beziehungen herzustellen.

[55] Vogel, Predigt zum 10. August 1691.

„im Orientalischen Franckenland als ein anderer Salomonischer Tempel fast allen Gottes Häusern vorangehet."

Entsprechend lobte auch Adam Salentinus Bartholomaeus in seiner Predigt die architektonische Gestalt der Kirche, erschien sie ihm doch von

„einer solchen Vollkommenheit / daß sie sich nicht zu scheuen hat / mit den vornehmsten Kirchen in Teutschland in Vergleich zu kommen."

Daran schließt er die auch von Bellarmin in Abgrenzung zu protestantischen Richtlinien über die Ausstattung von Kirchen erhobene Forderung: Wie David und Salomon Gott einen herrlichen Tempel aufgerichtet haben,

„wie vielmehr sollen wir christen noch herrlichere Tempel unserem grossen Gott aufrichten / indem nicht bey uns ruhet die blosse todte Arch des Herrn / sondern Christus JESUS selber / der eingeborne Sohn des lebendigen Gottes in dem hochwürdigen Sakrament. Hat der Archen zu gefallen Salomon den Tempel übersilbert und übergüldet / wie vielmehr sollen wir Christen unsere Kirchen auf das höchste zieren und ausstaffiren / da wir das wahre Fleisch und Blut Christi Jesu in unseren Kirchen in dem Hochwürdigen herumtragen."[56]

In diesem Gedanken entschlüsselt sich das zentrale Anliegen der aufwendigen Festpropaganda, die damit unmittelbar an Vorstellungen der Sion-Ikonographie anknüpft. So ist der neue Tempel Stift Haug nicht ein Abbild des alten, sondern dessen wahrhaftige Erneuerung im Sinne der historisch-typologisch interpretierten Heilsgeschichte. Folglich sind auch die Bemühungen des Fürsten um den Kirchenbau sowohl als Stifter wie als Zelebrant nicht nur symbolisch, sondern typologisch den Taten Salomons vergleichbar. Der neue Salomon ist daher zugleich Garant des neuen Bundes Gottes mit der *ecclesia Herbipolensis*. Mit aller Deutlichkeit kommt dieser Gedanke in dem hier abschließend zu zitierenden Predigttext des Johann Nikolaus Schmidt für den 9. August zum Ausdruck, der sich in der Wortwahl und der zitierten Bildlichkeit offensichtlich am Text und der Bildsprache der Offenbarung orientiert:

„Höre / O Würtzburg / dich zu erfreuen / höret ihr Francken zu gratuliren / höret ihr Engel zu jubiliren / höret ihr Diener GOTTES mit Moyse anheut zu singen: Es ist keine Nation so groß / die ihre Götter so nahe bey sich habe / wie unser GOTT bey uns ist; Dann mich düncket ich höre eine große Stimme vom göttlichen Thron ruffend / und im gantzen Würtzburg und Franckenland erschallen: Ecce Tabernaculum DEI cum Hominibus: Schaue einen neue[n] Orth / ein neues Tabernackel / eine neue Arcam / einen neuen Tempel / das hochlöblich=fundirte / elaborirte / GOTT dedicirte Heilige Stifft=Haus! Da ist nun Gott bey uns / hierin hat Er gesetzt seinen Göttlichen Thron […]. Vor Ihm allda stehen tausend mal tausend Engel und Ertz Engel dienend und aufwartend / Vor Ihm allda schweben Cherubin und Seraphin / Ihn unaufhörlich lobend, ehrend und preisend; Vor ihm allda fliegen die himmlischen Geister mit verdecktem Angesicht / demütigster Reverentz / einhelliger Stimm / singen unaufhörlich mit den Dienern GOTTES Davidische Psalmen / mit den Priestern das Himmlische Heilige Lob=Gesang Sanctus, sanctus, sanctus […] So lehret mich der Prediger Chrysostomus: Ecclesia est Locus Angelorum: Die Kirche ist ein Ort der Engel / eine Wohnung der Etz=Engel / ja der Himmel selbsten / Wann du es nicht glaubest schaue auf den Altar und Tabernackl […] weist du nicht, daß

56 A. S. Bartholomaeus, Predigt zum 7. August auf den Text: „Und er begehrte Jesum zu sehen, wer er wäre." (Lk 19, 3); in: Acht=tägige Kirchweyhe.

du im Tempel mit den Engeln stehest / mit den Engeln singest und Psalmen betest vor dem König der Engel? Siehest du [...] O Würtzburg / jetzt nicht dein / sondern GOTTES geheiligtes Stiffts=Haus? Dieses stehet heute offen / alle können Gott zunahen / und Gott zu ihnen [...].“[57]

Dieses Schriftgut war hier so ausführlich zu zitieren, um zu zeigen, dass sich daraus eine deutliche Verbindung zwischen der mit der Stiftung der Ewigen Andacht in Analogie zu römischen Devotions- und Verehrungsformen greifbar werdenden Propagierung sakramental-theologischer Thematik und dem neuen Kirchenbau ergibt. Dies geschah einmal in der Anknüpfung an allgemeines theologisch-theoretisches Gedankengut über den Kirchenbau wie es z.B. Robert Bellarmin kontrovers formulierte. Zum anderen wird aber auch mit großem Nachdruck auf den Zusammenhang zwischen dem Kirchenbau, einschließlich seiner zukünftigen Ausstattung, und der Fülle sakramental-ikonologischer Bildgehalte hingewiesen, die in der Sion-Idee gipfeln. Daraus ergibt sich, dass die inhaltlichen Schwerpunkte dieser Predigten, also hier konkret die Erläuterungen zur Sion-Ikonologie keineswegs individuell gewählt wurden, sondern einem zeittypischen Repertoire heilsgeschichtlicher Vorstellungen entsprachen.[58] Darüber hinaus trifft dies an Stift Haug über die allgemeine heilsgeschichtliche Einordnung hinausgehend auch für die nachdrücklich propagierte Orientierung des Kirchenbaues an der in der zeitgenössischen deutschen Architekturtheorie entwickelten Idee der Rekonstruktion des Salomonischen Tempels zu. Im Folgenden sollen diese Gedanken in die Analyse der Innenausstattung von Stift Haug einbezogen werden. Dabei stehen ebenfalls ikonologische Aspekte im Vordergrund der Betrachtung. Es ist folglich damit ausdrücklich keine morphologische Ableitung oder Einordnung des Kirchenbaues angestrebt, die der in allen zeitgenössischen Zeugnissen belegten programmatischen Bedeutung der Hauger Stiftskirche und ihrer daraus abgeleiteten Wertschätzung und Wirkung nicht gerecht werden würde.

2.3. Stift Haug: Die Innenausstattung

Die ikonologische Deutung der Hauger Stiftskirche als Abbild des im Salomonischen Tempel präfigurierten, von Gott inspirierten Urbildes des christlichen Kirchenbaues lässt sich mit der von Muth angesprochenen Beobachtung zusammenführen, die Stiftskirche integriere in programmatischer Absicht verschiedene Hauptmotive der abendländischen Kirchenbautradition.[59] So werden in der Doppelturmstellung, der Strebepfeilerkonstruktion des Außenbaues und dem tiefen, polygonal schließenden Chor wesentliche Grundformen der mittelalterlichen Anlage aufgegriffen, die sich mit der wuchtigen Tafelfassade jesuitischer Prägung mit dreifach betontem Motiv der *porta coeli* und der monumentalen Kuppel als zitierendem Verweis auf St. Peter in Rom zu einer architektonischen Form vereinigen, die unter Einbeziehung der Sion/Tempel-Perspektive durchaus als *historische Architektur* verstanden

57 Johann Nikolaus Schmidt, Predigt zum 9. August 1691 auf den Text: „Es ist keine Nation so groß, welche ihre Götter so nahe bey sich habe / wie unser Gott ist nahe allen unsern Gebeten. (Deut. 4)“; in: Acht=tägige Kirchweyhe. – Peter Hawel hat in seiner Dissertation, der Spätbarocke Kirchenbau und seine theologische Bedeutung. Ein Beitrag zur Ikonologie der christlichen Sakralarchitektur, Würzburg 1987, hier 2 ff, Jubel- und Kirchweihpredigten des 18. Jahrhunderts auf ihre Aussagen über den jeweiligen Kirchenbau und seine ikonologisch-ikonographische Bedeutung untersucht und festgestellt, dass diese nur relativ selten konkrete architekturhistorische oder -ikonologische Deutungen vornahmen. „Obwohl die Prediger keine Deutung des Kirchenbaues vornahmen, entwickelten sie dafür umso weitläufiger das theologische Verständnis und die liturgische Aufgabe der Kirche [...]. Den allgemeinen Leitfaden dieser Quellen bildet die Heilsgeschichte, deren Erfüllung am betreffenden Sakralort und Sakralbau aufgewiesen wurde. Damit wurde gleichzeitig die Aufgabe des spätbarocken Sakralbaues umschrieben.“ Diese Aussagen setzt Hawel zum Kirchenbau und seiner Ausstattung in Beziehung und stellt fest, dass alle Einzelheiten von der Aufgabe des gesamten Sakralbaues, Vermittler der Heilsgeschichte zu sein, bestimmt wurden. – Hawels Ergebnisse lassen sich grundsätzlich auf die Kirchweihpredigten für Stift Haug übertragen.

58 Siehe Hawel, 2 f.

59 Muth, 1985, 23. Siehe auch: ders., „Ein Haus voll Glorie schauet.“, in: Frankenland 9 (1966), 178 ff.

werden will.[60] Darüber hinaus war möglicherweise auch die bis ins 18. Jahrhundert bestehende Steinsichtigkeit des Hauger Kirchenbaues aus der bewussten Absicht zu erklären, damit an die „alt-römische“, über das Salomonische Urbild von Gott inspirierte Baukunst anzuknüpfen.[61]

Die in der Hauger Stiftskirche zusammengeführten unterschiedlichen architektonischen Motive bestimmen in ihrer Raumbildung auch die szenographisch-dramaturgische Gestaltung des Innenraumes *(vgl. Abb. 5)*. Diese Beobachtung folgt der methodisierten Raumanalyse Angelika Seiferts, nach der die Szenographie den Raum und seine Ausstattung „über die Disposition und Korrespondenz der verschiedenen Gestaltungsebenen zu einem optischen, ikonologischen und metaphysischen Zusammenhang“[62] ordnet und in der projektiven Integration von Mikro- und Makroarchitektur die Voraussetzung begründet, beide als „Abbild einer überirdischen Realität“ umzudeuten. „Die Szenographie schafft im Medium des gebauten Sakralraumes die homogene Struktur, die mittels der zugeordneten ikonologischen Komponente im liturgischen Vollzug zu der geistigen Einheit der himmlischen Kirche transzendierte. In diesem Bezugsrahmen lässt sich auch der Grund dafür suchen, dass die Quarant'ore-Architektur die Realarchitektur so stark beeinflussen konnte.“[63] In der szenographischen Projektion des Stift Hauger Innenraumes bilden die verschiedenen Raumkompartimente sowohl selbständige und vollständige *Bilder*, wie sie sich zugleich übergeordneten Aspekten der Gesamtinszenierung unterordnen. Die Kirche präsentiert sich dem aus dem dunklen Vorhallenjoch Eintretenden zunächst als ein von kräftiger Gliederung beherrschter, längsorientierter Raum, der von meisterhafter Lichtregie bestimmt wird. Das dreijochige, von einem kräftigen, über korinthischen Pfeilerstellungen verkröpften Gebälkband zusammengeschlossene Langhaus ist auf das westliche Paar der diagonal gestellten Bündelpfeiler der Kuppel hin orientiert. Diese leiten den Blick über die mit Figurennischen ausgestatteten Stirnfronten der östlichen Kuppelpfeiler weiter in den Chor. Das Langhaus wird von relativ starken Schattenanteilen bestimmt, die durch das aus der Obergadenzone und den Fenstern der flachen Seitenkapellen fast verdeckt einfallende Licht rhythmisch durchbrochen werden. Wird so das Langhaus einmal gegen die helle Lichtzone der Kuppel abgeschlossen – wichtig ist dabei, dass die zum Langhaus gekehrten Profile der westlichen Kuppelpfeiler beschattet sind – leiten andererseits die rhythmisch gesetzten Lichtakzente der Fenster eben auf diese Lichtquelle zu. Die Kuppel selbst ist aus dem Langhaus heraus zunächst nicht in ihrer vollen räumlichen Dimension zu erfassen. Vielmehr wirkt sie im einheitlich aus der Höhe herabflutenden, überstrahlenden Licht eher wie eine raumindifferente Lichtfolie, die auf den Chorraum mit seinen direkten Lichtanteilen zuführt. Erst beim Durchschreiten des Langhauses ändert sich dieser Eindruck. Je mehr der Kuppelraum selbst sich als räumlicher Mittelpunkt entwickelt, wandelt sich das Langhaus mit den nun ebenfalls in Erscheinung tretenden Querarmen zum Annex eines dominierenden Zentralbaues. Gleichzeitig gewinnen aber nun auch Lang- und Querhaus Anteil am direkt strahlenden Licht, das aus dem Fenster der Orgelempore und den Fenstern der Stirnfronten einfällt und mit der Lichtfülle in

60 Diese Adaption historischer Architekturmotive wurde insbesondere im Zusammenhang mit dem Kirchenbau wohl durch die zeitgleiche Diskussion um die Rekonstruktionsversuche des Salomonischen Tempels etwa bei Villalpando sowie Goldmann/Sturm ausgelöst. Ein ähnliches Phänomen lässt sich bereits in der frühen Phase der Trindentinischen Reform, allerdings durchaus konfessionsübergreifend beobachten. Auch in Würzburg ist unter Julius Echter eine Tendenz nachweisbar, traditionelle Architekturmotive im Sinne einer konfessionsspezifischen Legitimierung einzusetzen (sog. Echter-Gotik, siehe hierzu u.a. Gisela Herbst, Die Bautätigkeit des Fürstbischofs Julius Echter von Mespelbrunn 1573–1617, (phil. Diss. masch.), Innsbruck, 1967; Victor Kotrba, Die nachgotische Baukunst zur Zeit Rudolfs II., in: Um ni 3, Ro n k XVIII, 1970.) Siehe auch grundsätzlich: Meinrad von Engelberg, Renovatio Ecclesiae, Die Barockisierung mittelalterlicher Kirchen, Petersberg 2005, hier insbesondere zu Würzburg, 294 ff. Die Verwendung historischer Architekturzitate entspricht also dem zeittypischen geschichtstheologischen und typologischen Denken. Daraus ergibt sich im Ansatz eine gewisse Parallele zu den Zielsetzungen des „Entwurfs einer Historischen Architektur“ von Johann Bernhard Fischer von Erlach, deren Bedeutung in einer gesonderten Betrachtung zu vertiefen wäre.

61 Die Kirche erhielt im Zuge einer umfassenden Außenrenovierung in den Jahren 1988 ff aus konservatorischen wie aus städtebaulich-ästhetischen Gründen eine frei empfundene Putzfassung.

62 Angelika Seifert, Westfälische Altarretabel (1650–1720). Ein Beitrag zur Interpretationsmethodik barocker Altarbaukunst, (phil. Diss. Münster), Bonn 1983, 46.

63 A. Seifert, 55.

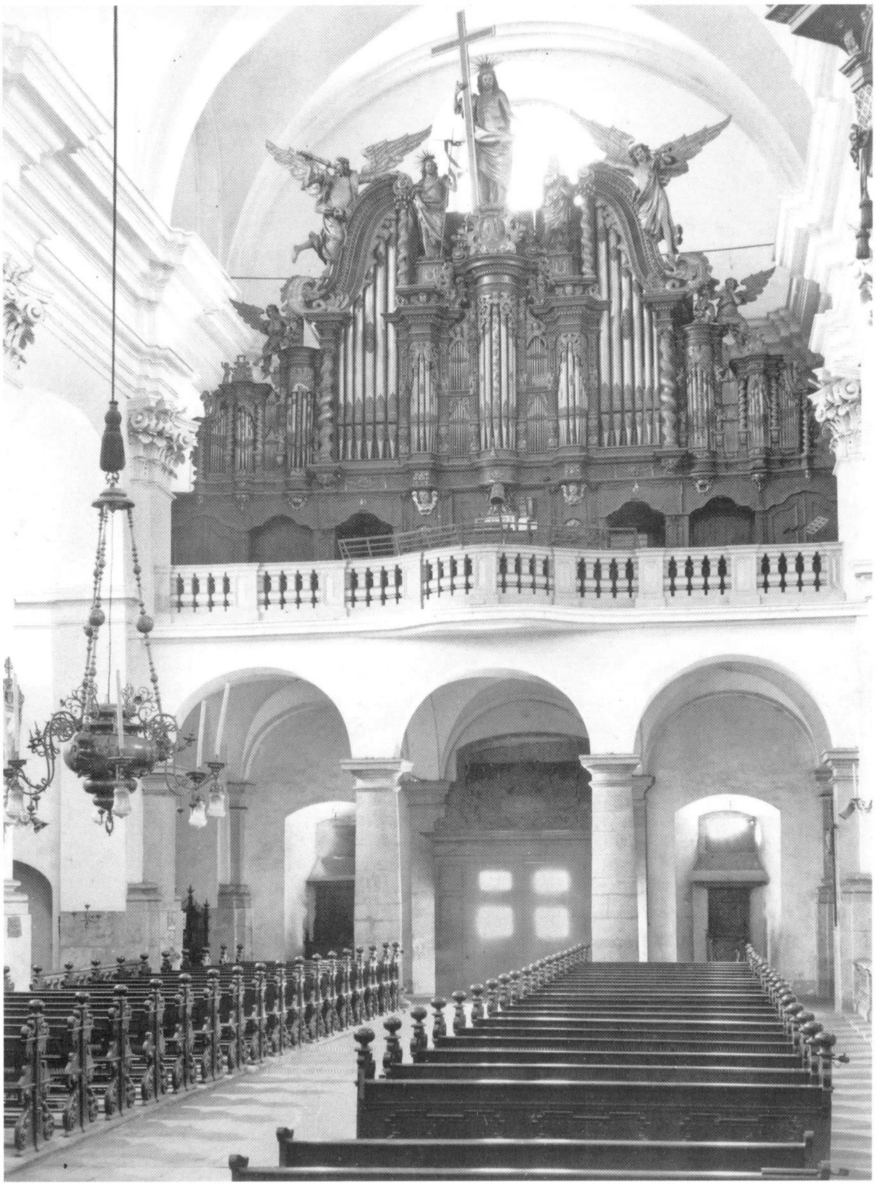

Abb. 6: Würzburg, kath. Pfarrkirche Stift Haug: Hauptorgel auf der West empore, Entstehung um 1689 (Zustand vor 1945); Archiv Mainfränkisches Museum Würzburg.

Kuppel- und Chorraum korrespondiert. Dieser durch die Architektur- und Lichtszenographie bestimmte Wandel der projektiven Zuordnung einzelner Raumkompartimente, der hier zunächst in seinen Hauptmotiven beschrieben wurde, lässt sich in gleicher Weise an den Kapellenräumen wie an den vier diagonalen Achsen des Kuppelraumes nachvollziehen. In jedem Fall schließt sich die perspektivische Projektion zu einem vollständigen Bild, das sich szenographisch der „Priorität des Hauptaspektes"[64] und thematisch der kultisch begründeten Gesamtaussage des Raumes unterordnet. Nach den traditionellen Bedeutungsschemata, die Norberg-Schulz am Beispiel von Il Gesù zitiert, und gestützt auf die ikonologischen Aussagen der Kirchweihpredigten lassen sich damit Haupt- und Nebenaspekte den eschatologischen Motiven *porta Coeli*, *Weg zum Heil* und *templum Salomonis, locus angelorum sowie domus Dei* zuweisen, die bereits in der Gestaltung der Fassade sichtbar hervorgehoben wurden.[65]

[64] A. Seifert, 106.

[65] Vgl. hierzu die Interpretation von Christian Norberg-Schulz, Weltgeschichte der Architektur, Barock, Stuttgart 1985, 12, zum Grundriss von Il Gesù.

Diese Wirkung wurde durch die zwischen 1690 und 1707 geschaffene Ausstattung der Kirche wesentlich mitbestimmt, so dass ihr fast vollständiger Verlust im März 1945 zu den beklagenswertesten Schäden an der Würzburger Kunst gehört. Leider waren die insgesamt hervorragenden Ausstattungsstücke auch nicht hinreichend fotografisch und wissenschaftlich dokumentiert, so dass eine vollständige Rekonstruktion des ursprünglichen Zustandes nicht mehr möglich ist. Die Ausstattung ging aus einer gemeinschaftlichen finanziellen Leistung des Fürstbischofs und der Stiftskapitulare hervor. Über ihre Planung geben die Stiftsprotokolle in den Grundzügen Auskunft. Dabei wird deutlich, dass es von Anfang an ein über ikonographische Bestimmungen zusammenfassendes künstlerisches Rahmenkonzept gegeben haben muss, dessen Ziel die weitgehende Vereinheitlichung der Ausstattung mit parallel korrespondierenden Altären und ihre vollständige szenographische Integration in die Kirchenarchitektur war. Eine Grundvoraussetzung dafür war auch die Übertragung der ausführenden Arbeiten an einen Stab identischer Mitarbeiter wie allen voran an den Maler Oswald Onghers, den Domkapitelschreiner Ferdinand Bielefeld und die Bildhauer Johann Kaspar Brandt und Michael Ries in der Phase bis 1701/02 sowie Balthasar Esterbauer für die Arbeiten bis 1707.

Das erste Ausstattungsstück der Kirche war die Orgel auf der Westempore *(Abb. 6)*, deren Prospekt Johann Kaspar Brandt 1689 verdingt wurde. Sie war also zur Einweihung der Kirche wahrscheinlich schon fertig gestellt. Die bildhauerische Ausstattung dieses Orgelprospektes folgte dem weit in das folgende Jahrhundert vorausdeutenden ikonologischen Konzept, ein Spiegel des Sakramentbereichs, also des Hochaltares zu sein. Daher wurde dieser Prospekt nicht allein von salomonischen Säulen und salomonischem Zierrat[66] bestimmt, sondern zugleich durch die bekrönenden Figuren des Salvators, der beiden Johannes' und der auf Drachenköpfe tretenden Engel in das *theatrum sacrum* des Raumes einbezogen. So lässt sich auch das Fenster über der Orgelempore, dessen volle Wirkung sich, wie beschrieben, in Korrespondenz zum lichtdurchfluteten Chor erst aus der Perspektive des Kuppelraumes entfaltete, als eine frühe Form des Orgelfensters in den Prospektentwürfen des 18. Jahrhunderts ansprechen.

Neben dem Chorgestühl und der bemerkenswerten Kanzel, deren Korpus und Treppe von Tugendpersonifikationen gegliedert und mit Reliefs aus der Leidensgeschichte Christi ausgestattet waren – beide waren Arbeiten Johann Kaspar Brandts von 1693/94 – bildeten die älteren von insgesamt zehn Altären in den Seitenkapellen, die wohl weitgehend von Michael Rieß gearbeitet wurden, eine formal einheitliche Gruppe.[67] Dem ikonologisch-ikonographischen Grundkonzept folgend, stellten sie immer neue Varianten des Hauptthemas *Triumphportal mit salomonischer Säulenstellung* vor. Diese Altäre *(Abb. 7–9)*, deren „Mangel an tektonischer Struktur" Kossatz kritisiert,[68] waren, soweit sich das aus dem vorhandenen Abbildungsmaterial entnehmen lässt, von einem außerordentlichen Schmuckreichtum, dessen Motive sich sowohl auf Mustervorlagen wie auf theologisch-spekulative Erläuterungen der salomonischen Ordnung zurückführen lassen.[69] Wichtig war bei diesen Retabel ferner, dass sie die Kapellenrückwände jeweils vollständig ausfüllten und damit die szenographische Transformation dieser Räume zu eigenständigen *theatri*, die dem Hauptprospekt zugeordnet waren, leisteten. Die Pilasterstellungen der Kapellenseitenwände konnten dabei mit dem überfangenden Gewölbebogen als architektonischer

[66] Engelsköpfe, Fruchtschnüre, Granatäpfel etc. nach der Interpretation Nicolaus Goldmanns „Anweisungen zu der Civil – Baukunst", 35: „Der Palm=Baum und die Granatapffel seyn Anzeigungen der wahren Kirche und deren wahren Gliedmassen. [...] Die Granatäpffel bezeichnen die Gliedmassen der wahren Kirche / in welchen durch Creutz vielfältige Früchte / gleichwie die Heeren im Granatapffel durch Zerberstung in dessen Rissen ausbrechen und sich sehen lassen. So tragen die Granatäpffel auch Krönlein / welches die unverwelckliche Krone der Ehren / die den rechten Streitern vorbehalten wird / andeuten." Vgl. auch die Abbildung der Salomonischen- bzw. Ehernen Säule, ebda. Fig. 15 nach p. 38. Siehe zu den einzelnen Ausstattungsstücken: KDB XII, Stadt Würzburg, 199 ff sowie Gottfried Mälzer, Alt Würzburg einst und jetzt. Begleitbuch zur Ausstellung der Universitätsbibliothek Würzburg zum Gedenken an den 16. März 1945, 1995, 171 ff.

[67] Vgl. Kap. V. 2.4.: Die Altäre für Stift Haug. Der Nothelferaltar in der dritten Kapelle der nördlichen Reihe wurde erst im zweiten Jahrzehnt des 18. Jahrhunderts ausgeführt.

[68] Kossatz, II, 492 f Anm. 590 und 517 Anm. 749.

[69] Zu denken ist hier ebenfalls in erster Linie an eine Beschreibung der salomonischen Ordnung nach Villalpando und Goldmann. Zur weiteren Diskussion des Vorlagenmaterials siehe Kap. V. 2.4.

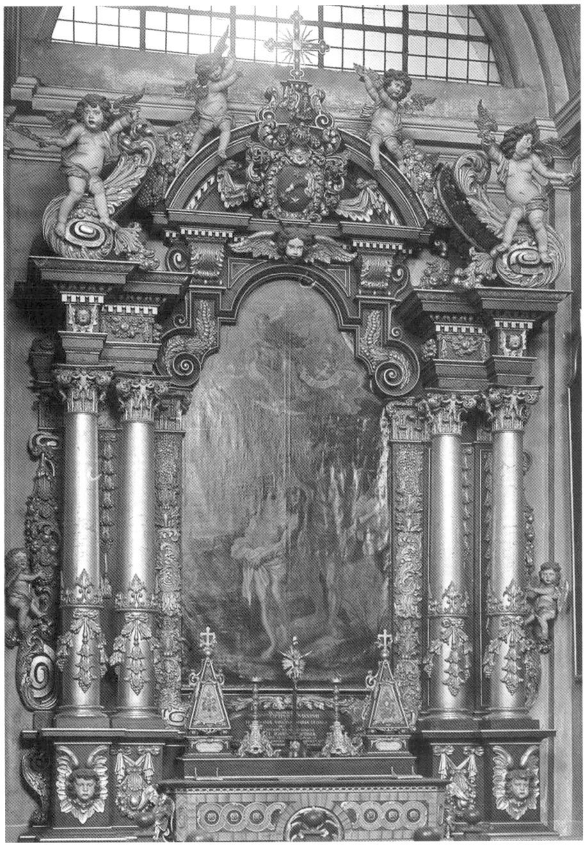

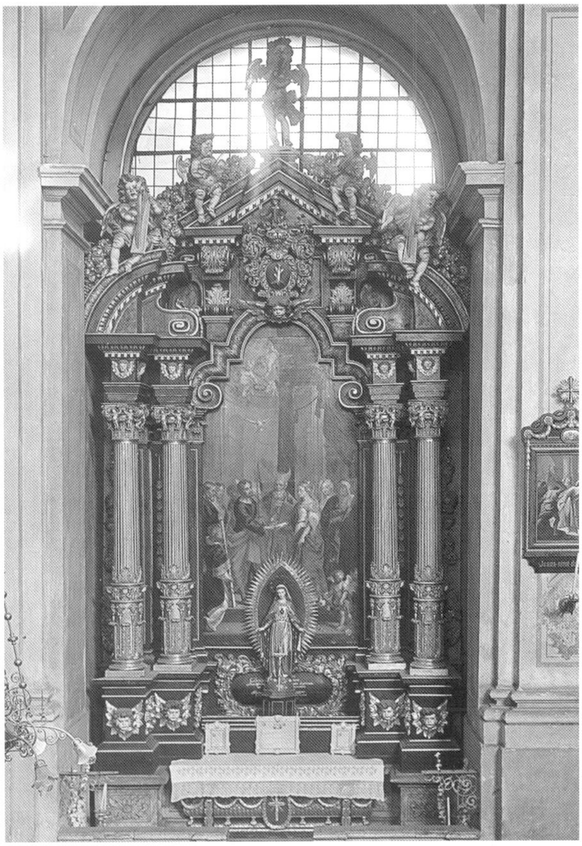

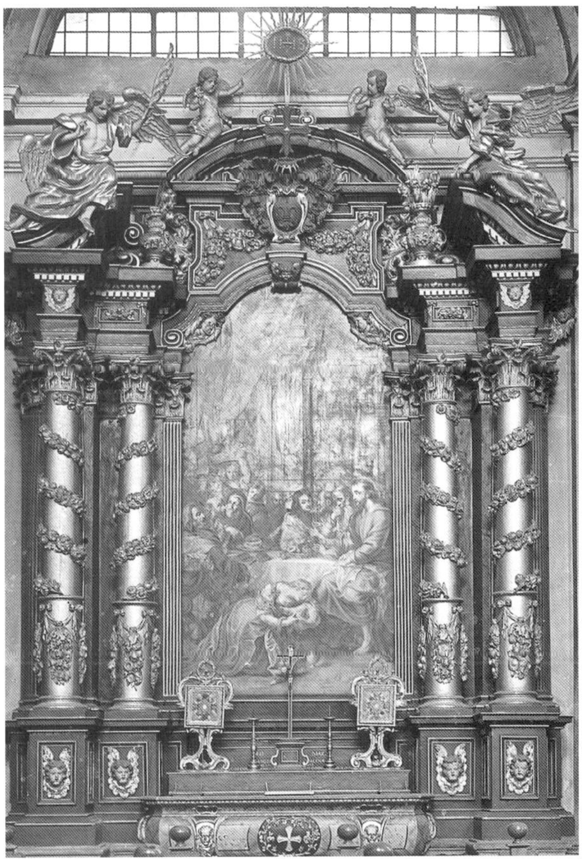

Abb. 7: Würzburg, kath. Pfarrkirche Stift Haug: Johann-Baptist-Altar in der nordöstlichen Langhauskapelle, um 1692/93, wohl Michael Rieß und Ferdinand Bielefeld, Altarblatt mit Darstellung der Taufe Christi, nicht bezeichnet (Kriegsverlust); Fotoarchiv Gundermann, Würzburg, Inv. Nr. 02674.

Abb. 8: Würzburg, kath. Pfarrkirche Stift Haug: Kapelle des nördl. Querschiffes, sog. Stockhammerscher-Altar von 1693 (Kriegsverlust), Michael Rieß und Ferdinand Bielefeld. Tafelbild „Maria Vermählung" von Oswald Onghers; Fotoarchiv Gundermann, Würzburg, Inv.Nr. 02673.

Abb. 9: Würzburg, kath. Pfarrkirche Stift Haug: Magdalenenaltar aus einer der nördlichen Langhauskapellen (Kriegsverlust), wohl Michael Rieß und Ferdinand Bielefeld, Altarblatt: „Magdalena salbt die Füße des Herrn," bez. Osw. onghers F. 1691; Fotoarchiv Gundermann, Würzburg, Inv. Nr. 02675.

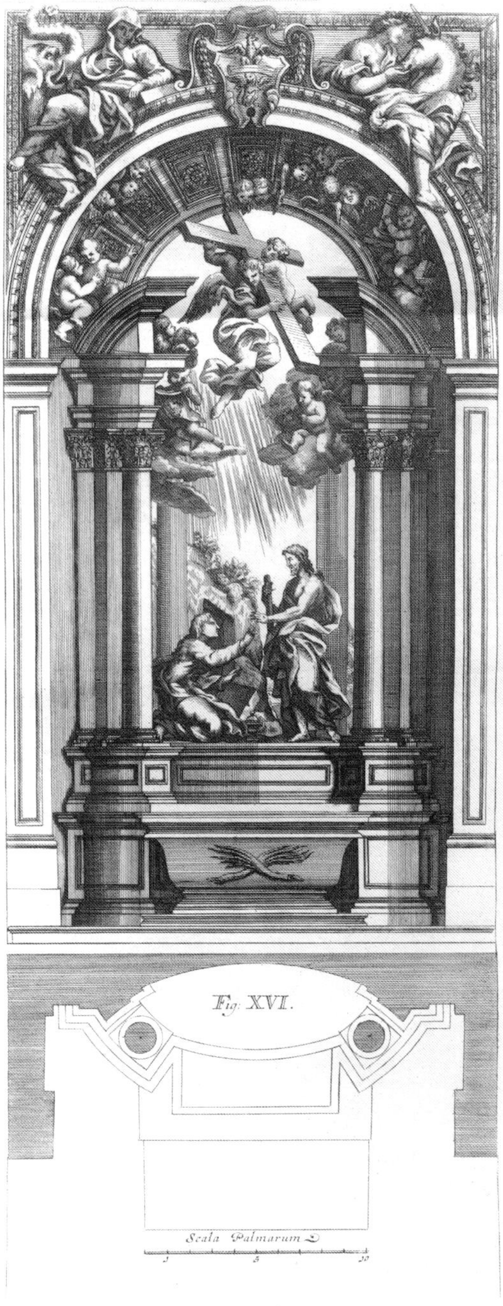

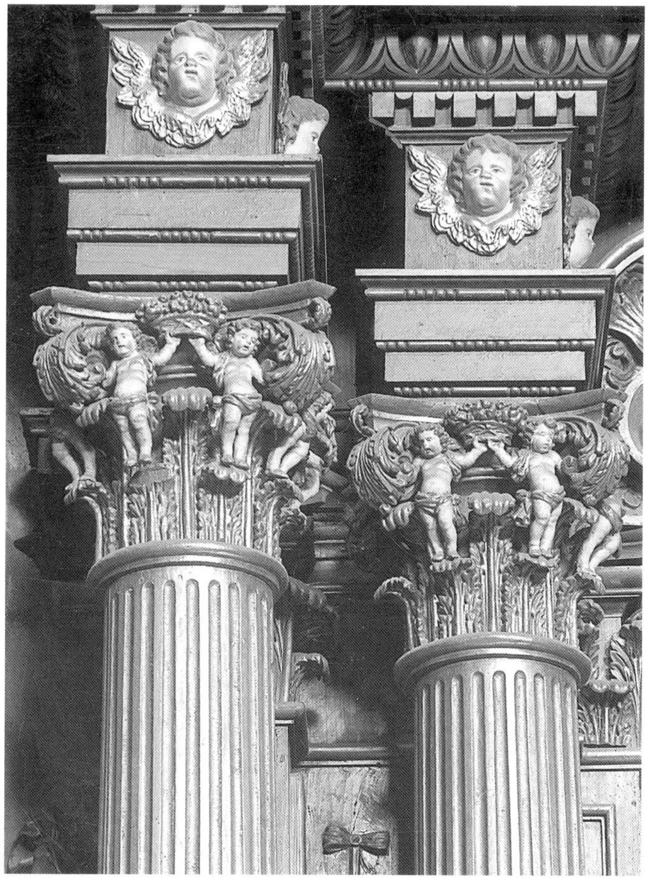

Abb. 10: Joachim von Sandrart, Der teutschen Academie der Bau-, Bildhauer- und Maler-Kunst. Ersten Haupttheils zweyter Band. Die dritte Abteilung: Von den römischen Altären, Fig. XVI.: Giovanni Lorenzo Bernini, Altar in der Capella alla Leone in S. Domenico e Sisto, Kupferstich; Exemplar des Germanischen Nationalmuseums Nürnberg, Bibliothek (Ausgabe von 1769, hg. von Johann Jacob Volkmann als Nachdruck einer Ausgabe von 1693), Sig. Kb 176/4 [2] [s].

Abb. 11: Würzburg, kath. Pfarrkirche Stift Haug: Detail der Säulen des ehem. Hochaltares: Engelputten mit Granatapfelkörben als symbolische Verweise auf Maria und Ekklesia; Fotoarchiv Gundermann, Würzburg, Inv. Nr. 02676.

Rahmen interpretiert werden. Die Kapellenrückwände selbst traten jedoch nur in der Ebene der Fenster in Erscheinung, die im szenographischen Zusammenhang des jeweils vorgestellten *Theatrum* eben nicht als begrenzende Wand, sondern als übernatürliche oder immaterielle Lichtquelle empfunden wurden, die sich motivisch auf das von oben einfallende Licht der großen Mittelbilder bezog. In der Tat waren die Szenen dieser Altarblätter offenbar so gewählt, dass sie jeweils von einer oberhalb der Arkaturen befindlichen Lichtquelle erleuchtet wurden, die auf das Wirken einer göttlichen Person (Geisttaube) oder den geöffneten Himmel als überzeitlichen Ort (Engel-Wolken-Gloriole) verwiesen. Während diese Bilder also einerseits den Blick in die jenseitige Welt thematisierten, wurde andererseits auch die Kirchenarchitektur in den Retabeln transparent. So konnten die noch vom Licht der Kapellenfenster überstrahlten Putten auf den Giebeln und Volutenschwüngen der Retabel, ähnlich wie die Figurengruppe auf der Orgel, als *reale* Boten einer höheren Welt verstanden werden, die nach den Predigtworten des Nikolaus Schmidt den Kirchenraum als *locus angelorum,* also als den *Himmel selbst* bevölkerten.[70] Rudolf Preimesberger und Felix Ackermann[71] haben die Wirkung des im Zusammenwirken von Skulptur, Architektur und Malerei inszenierten Lichtes in seiner künstlerisch vollendeten Entwicklung am Beispiel von Berninis Cappella Cornaro und vor allem der Cappella Alaleona *(Abb. 10)* analysiert und beschrieben. Mit dem Verweis auf diese beiden Meisterwerke Berninis soll hier nicht der Eindruck erweckt werden, als stünden die Altäre der Landhauskapellen in Stift Haug in deren direkter Genealogie. Dennoch scheint mir die Grundidee der sich in den Seitenkapellen und ihren Altären enthüllenden szenographischen Projektion, die sich dann im Hauptprospekt auf den Hochaltar hin fortsetzt, durchaus aus der Kenntnis entsprechender italienischer Vorlagen entwickelt zu sein. Dabei ist weniger die gefundene architektonische Lösung das eigentlich bahnbrechende Element als vielmehr das Anliegen, die Kapellenräume und die sie füllenden Altararchitekturen über die Lichtszenographie zu transformieren und über die figürliche Szene (Engel) und die gemalten Bilder als Schauplätze wunderbarer Ereignisse zu definieren. Der im Zusammenwirken verschiedener Medien (Architektur, Licht, Skulptur, Bild) suggerierte Ereignischarakter dieser in das Hauptschiff hineinwirkenden Räume bezeichnet daher durchaus einen entscheidenden Neuansatz in der Ausstattungskunst barocker Kirchenräume auch über Würzburg hinaus. In der Konsequenz steht diese Inszenierung damit am Anfang einer morphologischen Reihe, die im Rahmen dieser Arbeit bis zur Ausstattung der Klosterkirche Banz verfolgt wird, in deren Langhauskapellen der Bildhauer Balthasar Esterbauer dann tatsächlich Altarretabel nach dem Vorbild der Capella Cornaro realisierte, die sich dort nicht nur kongenial der kurvierten Architektur des Kirchenraumes einfügen, sondern diese darüber hinaus in vollendeter Form als Ort des metaphysischen Geschehens bestätigen.

Waren also die Altäre der Seitenkapellen im Langhaus von Stift Haug in ihrer architektonischen Durchbildung noch unvollendet, so setzte sich davon der im Wesentlichen zeitgleiche und von denselben Künstlern geschaffene Hochaltar der Guttenberg-Stiftung *(Abb. 5 und Abb. 45)* in bemerkenswerter Form ab. Zu diesem Altar wurden nach den bei Kempter zitierten Kapitelsprotokollen am 7. und 20. Mai 1694 Verträge mit dem Domkapitelschreiner Ferdinand Bielefeld und dem Bildhauer Johann Kaspar Brandt geschlossen. Letzterer sollte das Hauptgeschoss nach einem eigenen Projekt, das *obere Werckh* jedoch nach dem *Mainstockheimer Riß*, also wohl einer Zeichnung des Michael Rieß ausführen.[72] Diese Anweisungen wurden in der Literatur bisher als Hinweis darauf verstanden, dass der Altar, wie in Würzburg zu dieser Zeit üblich, auf ein gemeinschaftliches Projekt der beiden genannten Bildhauer zurückging. Tatsächlich dürfte dem Werk jedoch ein Entwurf Carlo Fontanas für ein im Auftrag des Herzogs von Parma zur Possessio Innozenz' XII. am 13. April 1692 in Rom errichtetes Triumphportal zugrunde gelegen haben, den Alessandro Specchi als Kupferstich publizierte *(vgl. Abb. 46)*.[73] Die offensichtlich mit der Ausstattung von Stift Haug verbundenen propagandistischen Absichten lassen meiner Ansicht nach keinen anderen Schluss zu, als dass der auftraggebende Fürstbischof sich mit dieser Altarstiftung nachdrücklich um ein Projekt bemühte, das über den Akt der frommen Stiftung hinaus geeignet war, seinen programmatischen Zielsetzungen zu dienen und seinem künstlerischen Sachverstand Ehre zu erwerben.

70 Siehe zu beiden Begriffen die oben zitierte Predigt von J. N. Schmidt (in diesem Kap. Anm. 57).

71 Preimesberger, 121 ff; Felix Ackermann, Die Altäre des Gian Lorenzo Bernini. Das barocke Altarensemble im Spannungsfeld zwischen Tradition und Innovation, Petersberg 2007, 49 ff und 73 ff.

72 Fritz Kempter, Würzburger Bildhauer 1650 bis 1720, (phil. Diss. masch.), Frankfurt 1925, 166–172. Rieß war nach seiner Eheschließung mit Susanna Kern, geschiedene Preuß, und dem Ausscheiden aus der Werkstatt seines Lehrmeisters Johann Philipp Preuß nach Mainstockheim übersiedelt, was mit Sicherheit darauf schließen lässt, dass der sog. „Mainstockheimer Riss" von seiner Hand stammt. Vgl. Kossatz, I, 42 f.

73 Siehe hierzu H. Martin von Erffa, Die Ehrenpforten für den Posseß der Päpste im 17. und 18. Jahrhundert, in: FS für Harald Keller, hg. von H. M. v. Erffa und E. Herget, Darmstadt 1963, 353, Abb. 11. Schon Kossatz, II, 409, Anm. 183 machte auf einen Quellenfund im SAWü, Kasten Stift Haug, Hochaltar (ehemals Nachlass Ziegler) aufmerksam, nach dem das Tafelbild des Hochaltares nach einem römischen Kupferstich gemalt wurde: „Disegno des blats zum hohen Altar (Assunta) gleich wie das Römische Kupfer zeiget."

Leider lässt sich nicht genau verfolgen, auf welchem Weg der Fontana-Entwurf in immerhin relativ kurzer Zeit an den Würzburger Hof vermittelt wurde. Möglicherweise versorgten die in Rom tätigen Agenten und Vertrauensleute des Fürsten diesen auch mit Nachrichten über künstlerische Ereignisse in der Stadt. Zu denken wäre dabei insbesondere an den späteren Weihbischof Bernhard Mayer oder auch dessen zeitweiligen Zögling und Neffe des Fürsten, Christoph Ernst von Guttenberg, die sich jeweils für längere Zeit in Rom aufhielten und die kunstpolitischen Unternehmungen des Fürstbischofs unterstützt haben könnten. Diesem unbekannten Vermittler könnte auch die Übersendung der archivalisch gesicherten Kupferstichvorlage für das Altarblatt (Maria assumpta) zu danken sein, das sich ebenfalls an einem römischen Vorbild orientierte.[74] Daneben ist aber auch ein zweiter Rezeptionsweg denkbar. Das Fontana-Projekt wurde in den Jahren 1694/95 auch für die zweite große Altarstiftung des Fürsten, nämlich für den von Kilian Stauffer in Stuckmarmor gearbeiteten Hochaltar der Wallfahrtskirche Fährbrück herangezogen. Der aus Graubünden stammende, dem Franziskanerorden angehörende Stauffer war mit der römisch-oberitalienischen Kunstszene, wie auch die Fährbrücker Nebenaltäre und andere Altarprojekte seiner Arbeit zeigen, durchaus vertraut, so dass es u.U. möglich scheint, ihn als den eigentlichen Vermittler der Vorlagen anzusehen.[75] In jedem Fall aber orientierte sich die aufwendige fürstliche Stiftung bewusst und in programmatisch-propagandistischer Absicht nun an aktuellen und repräsentativen Vorbildern der römischen Kunstszene und stand damit am Anfang einer noch darzustellenden Folge gleichrangiger Projekte, die die Neuerungen römisch-barocker Kunst über die kirchliche Innenausstattung nach Würzburg vermitteln sollten. Johann Caspar Brandt und Michael Rieß haben den Entwurf Fontanas also, möglicherweise in Anregung durch das Fährbrücker Projekt, lediglich umgezeichnet und den proportionalen Verhältnissen der Hauger Chorapsis angepasst. So wurde der Winkel der diagonal gestellten Säulenpaare etwas flacher geführt und den äußeren Freisäulen zu beiden Seiten noch ein weiteres Figurenpodest seitlich vorgestellt, das die Aufstellung jeweils einer weiteren Figur ermöglichte – vorgesehen waren die Zwölf Apostel – und den Altar so enger mit der Wandsituation verband. Dadurch schloss sich das Retabel in der szenographischen Projektion über die Figurenpodeste mit dem gleichfarbenen und gleichdekorierten Chorgestühl zu einer festen Sockelzone zusammen *(vgl. Abb. 12)*. Ähnlich wie in Fährbrück fügten sich die darauf aufruhenden, auf einem Kreissegment zur Mitte gestaffelten Säulen einmal dem Apsisgrund ein, wie sie zum anderen in der Ausführung der Gebälkzone dem Hauptgebälk der Architektur kommensurabel wurden. Gleichzeitig verklammerten die bis an die Retabelarchitektur herangeführten Fenster als Gliederelemente der Architektur diese mit der Wand und der Bilderfolge über dem Chorgestühl, wie sie die gegenstrahlende Lichtquelle im Rahmen des *theatrum sacrum* transzen-

[74] Kossatz, II, 409, Anm. 183. Das von Oswald Onghers gemalte Altarblatt ist als Schwarzweiß-Foto im Archiv Foto Gundermann dokumentiert. Leider war es mir nicht möglich, den vorbildlichen Kupferstich zu identifizieren. Das Bild entsprach in etwa dem Fährbrücker- oder auch dem heute in der Stadtpfarrkirche Forcheim befindlichen Assumpta-Blatt von Onghers aus dem Bamberger Dom. Beide haben aber letztlich Rubensblätter zur Vorlage, wie das für den Hochaltar der Antwerpener Kathedrale oder das Hochaltarblatt für die Kirche der Unbeschuhten Karmeliterinnen in Brüssel. (Vgl. zu den Rubensblättern u.a. den Katalog der Rotterdamer Ausstellung des Museums Boymans von 1953 oder den Katalog „Rubens e l'Incisione", Gabinetto Nazionale delle Stampe in der Farnesina, Rom 1977, (hier z.B. 46 Nr. 65). Möglicherweise gibt die Sichtung des zeichnerischen Nachlasses Onghers' über die Vorlage nähere Auskunft. Siehe zu weiteren Werken des Malers in Stift Haug: Georg Pracher, Gemälde von Oswald Onghers in Würzburg. Rückkehr nach Stift Haug nach 50 Jahren, in: Restauro 111/ 7 (2005), 466–468. Ferner: Edgar Baumgartl, Maler in Franken. Leben und Werk von Künstlern aus fünf Jahrhunderten, Nürnberg 1993 (zu Onghers: 117–119). Ebenfalls aufschlussreich: Gosbert Schüssler, Die Lauretanische Litanei, das ehemalige Hochaltarbild der katholischen Pfarr- und Wallfahrtskirche von Höchberg: „Die Himmelfahrt Mariens" von Oswald Onghers, in: Höchberg-Lesebuch, Höchberg 1998, 119–129.

[75] Die Ordensmitgliedschaft Stauffers enthob ihn dem für die handwerklich organisierten Künstler typischen Wettbewerbsverhalten. Es scheint aufgrund seiner Herkunft und seiner Ausbildung in der bis dahin in Franken unbekannten Technik des stucco lustro denkbar, dass er bereits in dieser Zeit einer der maßgeblichen Vermittler italienischen Formen- und Vorlagenmaterials war. In dieser Funktion könnte er unter Greiffenklau zum Kreis der fürstlichen Berater gehört haben, die die Diskussion um die Domausstattung in ihrer Endphase aktiv mitbestimmten. Siehe hierzu weiter unten Kap. IV. 2.4.: Die Diskussion um die Neuaustattung des Kiliandomes zwischen 1648 und 1701.

dierten. Das Obergeschoss des Hochaltares wurde gegenüber dem Fontana-Entwurf proportional verändert, um die Retabelarchitektur vollständig dem vorgegebenen architektonischen Rahmen einzufügen. Gleichzeitig erlangten beide Geschosse nun aufgrund ihrer annähernd gleichwertigen Größe und Höhe eine gewisse Selbständigkeit, die es möglich machte, das Untergeschoss über die seitliche Lichtquelle als *porta Coeli* zu definieren, während sich das Obergeschoss stärker dem Gebälkband und damit der Kirchenarchitektur integrierte.[76] Der abschließende Segmentbogengiebel mit dem von schwebenden Engeln gehaltenen Guttenbergwappen entsprach in kommensurabler Form sowohl der *porta Coeli* des Untergeschosses wie den Gewölbegurten und den Bogenstellungen des Kuppelraumes und forcierte so einmal mehr die Integration der Mikro- in die Makroarchitektur. Zu beiden Seiten des Giebels standen jeweils zwei große, lebhaft bewegte Engel, wohl die Erzengel darstellend, die im überstrahlenden Gegenlicht der Fensterzone nach der Deutung des Nikolaus Schmidt wiederum den geöffneten Himmel visualisierten. Damit wurde auch hier die Architekturszenographie von Chorraum und Altarretabel in kongenialer Form durch die Lichtszenographie des Kirchenraumes überhöht.

Der Altar zeigte im Portalrahmen des Hauptgeschosses das Bildnis Mariae Himmelfahrt unter der Gloriole der Dreifaltigkeit im Obergeschoss. Gerade in dieser thematischen Zuordnung wurde die leibliche Aufnahme der Gottesmutter in den Himmel auch als ein Sinnbild des Triumphes der Kirche im Sieg der Apokalyptischen Frau verstanden. Dieser Bedeutung entspricht es, dass den Säulenkapitellen jeweils zwei Engelsputten vorgesetzt sind, die Granatapfelkörbe als symbolische Verweise auf Maria als Braut Christi, Himmelskönigin sowie insbesondere als Ekkleia tragen.[77] *(Abb. 11)* Damit waren dem architektonischen Rahmen der porta Coeli und des gewölbetragenden Gebälks zwei der grundlegenden ekklesiologischen Hauptaussagen der nachtridentinischen Kirche einbeschrieben, die im propagierten Konzept der Hauger Stiftskirche als neuem salomonischen Tempel zugleich die Position der *ecclesia Herbipolensis* hervorhob. Diesem Zusammenhang waren auch die sechs Bilder über dem Chorgestühl *(Abb. 12)* mit Szenen aus der Leidensgeschichte Christi zugeordnet,[78] die auf das Altarsakrament als der neuen Bundeslade verwiesen.[79] Säulen und Pfeiler des Altares zeigten korinthische Ordnung und verkörpern damit, der Architekturlehre Villalpandos entsprechend, die Säulen des neuen Tempels. Gleichzeitig wurden sie personifiziert durch die ihnen zugeordneten Apostel, die nach der durch Texte des Thomas Höflich belegten Auffassung durch Christus als erste Priester eingesetzt, zugleich Zeugen seines im Altarsakrament präsenten Opfers waren. In dieser Position waren die Apostel aber auch als Prototypen des fürstlichen Stifters, der am Altar selbst zelebrierte, zu interpretieren. Folglich zierte dessen persönliches Wappenzeichen, die Guttenbergrose, die Friese der Altarsäulen wie das ihn als neuen Salomon vertretende Bischofswappen in der durch die Erzengel bezeichneten himmlischen Zone des Altargiebels prangte. Auch die ein Schriftband präsentierenden Putten über dem Portalrahmen, das die fürstliche Stiftung bezeugte, waren dem Szenenprospekt des Rahmens so eingefügt, dass sie an der permanenten Inszenierung auf der Altarbühne teilhatten. Indem sie durch diese Überschneidungen optisch ausdrücklich als schwebend erlebbar wurden, waren sie folglich in den Handlungsablauf, bzw. das Schauwunder des realitätsüberschreitenden *theatrum* einzubeziehen.[80] Das Geschehen auf dem Altar

[76] Wichtig ist, dass die Sockelpodeste des Obergeschosses nicht mit Ornamentik besetzt waren und sich damit farblich gegenüber dem Untergeschoss absetzten. Dies führt dazu, dass sich die Retabelhauptgeschosse in Stift Haug und Fährbrück optisch als architektonisch selbständige Triumphportale isolieren lassen. Dabei nimmt die der Apsisrundung folgende Säulenstellung beider Retabel im Ansatz die Entwicklung des Halbkreisziboriums, das wenige Jahre später im Würzburger Dom verwirklicht wurde, vorweg.

[77] Siehe u.a H. Sachs, E. Badstübner, H. Neumann, Christliche Ikonographie in Stichworten, Leipzig 1980, Stichwort „Granatapfel", 157.

[78] Diese waren, wie Felix Mader beschreibt, koloristisch auf die Altarblätter abgestimmt und verstärkten mit dem Chorgestühl den projektiven Zusammenschluss der gesamten Chorausstattung. KDB XII, Stadt Würzburg, 208.

[79] Siehe die entsprechenden Formulierungen in den zitierten Predigttexten von Johann Vogel und Nikolaus Schmidt, Anm. 55 und 57.

[80] Im Vergleich dazu waren die Stiftungsinschriften auf den Altären der Seitenkapellen jeweils an untergeordneter Stelle in ornamentierte Rahmen eingefügt, die an der theatralischen Inszenierung auf der Altarbühne keinen Anteil hatten.

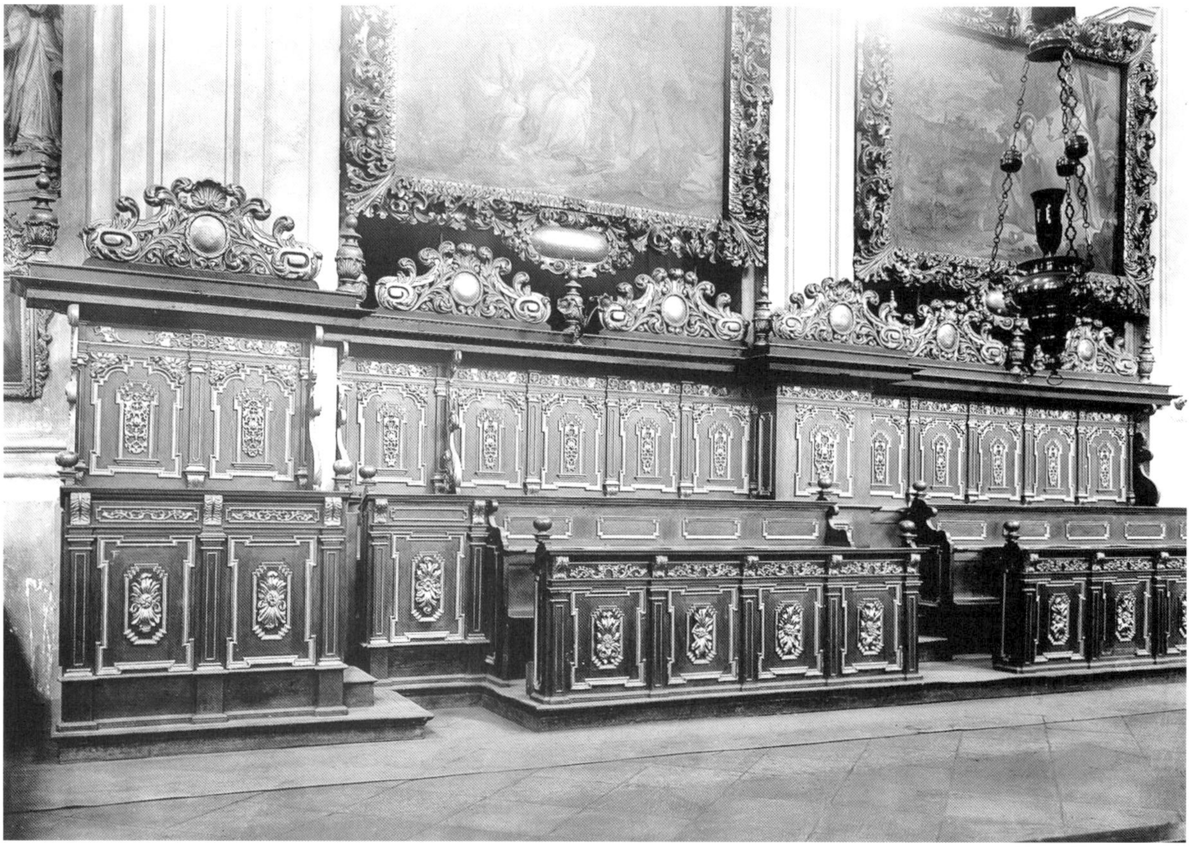

Abb. 12: Würzburg, kath. Pfarrkirche Stift Haug: Chorgestühl (Kriegsverlust); Fotoarchiv Gundermann, Würzburg, Inv.Nr. 02681.

wurde damit zumindest in Hinblick auf die fürstliche Devotion in ein dauerhaftes Ereignis transformiert, das den Zelebranten einbezog. Dieses bemerkenswerte, über die Bildung der Seitenaltäre in den Langhauskapellen weit hinausgehende Motiv wurzelt in dem allerdings schon dort spürbaren Bemühen, ein ephemeres Geschehen in dauerhafter Gestalt darzustellen. In der Konsequenz erweiterte nicht nur das Zusammenwirken von Architektur, Skulptur, Bild und verklärendem Licht das Retabel zur Bühne metaphysischer Ereignisse. Das als dauerhaftes Zeichen der fürstlichen Devotion auf und um den Altar inszenierte Geschehen implizierte vielmehr eine Handlungsfiktion, die nun wirkungsvoll mit dem ephemeren Messopfer, der ephemeren liturgischen Handlung oder dem ephemeren Festereignis der Kirchweihe korrespondiert.[81]

Dem Hochaltar als Zielpunkt und Zentrum des Raumes war, wie beschrieben, der Kuppelraum szenographisch zugeordnet. Folglich wiederholte dieser Raum im ikonologischen Konzept die thematischen Positionen des Hochaltares: *Triumph der Kirche* und *apostolische Legitimation*. Daraus folgte eine in Würzburg erstmals realisierte, bemerkenswerte kompositorische Entsprechung zwischen den architektonischen Grundformen von Kuppel und Altar und ihrer figuralen Instrumentierung, die wie beschrieben, lichtszenographisch unterstrichen wurde. Wie die Säulen des Altares durch die Apostel, wurden die Pfeiler der triumphalen Kuppel, in denen ein Teil des Reliquienschatzes der Kirche ruhte, in den oberen Nischen mit den Evangelisten als Mitapostel und Zeugen des Lebens Jesu besetzt. Darunter befanden sich im östlichen Pfeilerpaar das Kaiserpaar Heinrich und Kunigunde als weltliche Mitstifter und ein Epitaph des Gründungsbischofs Heinrich von Rothenburg als dem geistlichen Stifter der Kirche, das

[81] Preimesberger, 121 ff, zu den auch hier im weitesten Sinne vorbildlich wirkenden römischen Projekten vergleiche ferner Ackermann, 138 ff.

Balthasar Esterbauer, ebenfalls einer Vorlage Carlo Fontanas folgend, in den Jahren 1706/07 fertigte.[82] *(vgl. Abb. 64, 65)* Während sich der Hochaltar aus der Hauptperspektive von Langhaus und Kuppel erschloss, entfaltete sich das Theatrum der Kuppel erst in der räumlichen Bewegung, die neben den Diagonalansichten auch die Spiegelperspektiven zur Orgel wie die der Querarme umfasste. Folgerichtig ergänzte deren Ausstattung die Ikonographie des Kuppelraumes. Neben der bereits erwähnten Orgel mit der Salvatorgruppe auf der Westempore waren dem Thema des ekklesiologischen Triumphes hier die beiden Hauptaltäre der Querarme, der Pfarraltar mit der bildlichen Darstellung der Anbetung der Hirten im nördlichen und dessen Pendant mit der Anbetung der Könige im südlichen Querschiff zugeordnet.[83]

Der Hochaltar von Stift Haug war wie das parallele, ebenfalls von Johann Gottfried von Guttenberg gestiftete Retabel in Fährbrück im Hochstift Würzburg ein erstes und zugleich herausragendes Beispiel einer über die kulissenhafte Möblierung des Raumes hinausgehenden, nahezu vollständigen szenographischen Integration von Retabel- und Raumarchitektur, einschließlich der durch diese gesteuerten Lichtregie. Dabei lag der entscheidende und aus der beginnenden Kenntnisnahme mit römischen Ausstattungsprojekten konsequent durchgeführte Entwicklungsschritt in der Möglichkeit, die Retabelarchitektur der Hochwandstruktur der Kirche zu verähnlichen und mit den anderen Ausstattungsstücken zur Projektionsbühne eines den Raum als Abbild des Himmels transformierenden *theatrum sacrum* zusammenzuschließen, als dessen kultischer und projektiver Mittelpunkt der Altar selbst fungierte. In der Vorbereitung der Inszenierung einerseits durch das glanzvoll propagierte Fest der Kirchweihe und in ihrer Erweiterung andererseits über die devote Handlung des Altarstifters und deren dauerhaften Verewigung am Altar korrespondierte in dieser verklärenden Vision der Ort der realen Messfeier mit dem transformierten Schauplatz ewiger Anbetung. Die jüngeren Altäre des Querhauses aus der Ausstattungsphase 1705/07 führten diese Entwicklung folgerichtig weiter.[84]

2.4. Die Diskussion um die Neuausstattung des Kiliansdomes zwischen 1648 und 1701

Neben der Sorge um die Fertigstellung von Bau und Ausstattung der Hauger Stiftskirche waren die Fürstbischöfe von Würzburg seit dem Ausgang des Dreißigjährigen Krieges vordringlich um die Erneuerung der Domausstattung bemüht. Da diese unter Johann Philipp von Greiffenklau nach 1700 in Änderung des ursprünglichen ikonographischen Konzeptes zu einer glanzvollen römischen Quarant'ore-Inszenierungen nahe stehenden Propagierung der eucharistischen Geheimnisse geriet, sollen Planung und Ausführung an dieser Stelle umfassend behandelt werden. Damit werden allerdings über den sakramental-theologischen Zusammenhang hinaus auch weitere Aspekte der fürstlichen *propaganda fidei* angesprochen, deren Vertiefung erst in den nachfolgenden Kapiteln zu leisten ist.

Der Kiliansdom hatte bis ins 17. Jahrhundert seine mittelalterliche, nachtridentinischen Liturgieanforderungen nicht mehr entsprechende Ausstattung bewahrt. Möglicherweise von Anfang an, sicher aber seit dem 12. Jahrhundert, besaß er einen über die Vierung bis in das Langhaus hineinreichenden Hochchor, der durch Chorschranken gegen das Querhaus und durch einen Lettner gegen das Langhaus abgeschlossen, ausschließlich der Stiftsgeistlichkeit vorbehalten war.[85] Dieser Zweiteilung des Kirchen-

82 Abbildung in KDB XII, Stadt Würzburg, Fig. 165 und Muth, 20. Das Stifterdenkmal gehört zu den wenigen Ausstattungsstücken, die die Zerstörung der Stiftskirche 1945 überstanden haben. Die als Alternativentwurf angefertigte Skizze Fontanas für den Hochaltar in S. Maria della Steccata in Rom von 1694 ist im sog. Leipziger Skizzenbuch erhalten, siehe: Leipzig, Museum der bildenden Künste, Graphische Sammlung, Inv. Nr. NJ 7458 (= Skizzenband 26) fol 20r. Vgl. Ferner zu der erwähnten Fontana-Vorlage E. Coudenhove-Erthal, Carlo Fontana und die Architektur des römischen Spätbarock, Wien 1930, Tafel 29.

83 Der Dreikönigsaltar wurde 1706 Balthasar Esterbauer in Auftrag gegeben. Der Pfarraltar wurde nach dessen identischem Vorbild gegen 1760/70 von Johann Peter Wagner gearbeitet. Siehe hierzu Kempter, 154 und 156.

84 Diese Altäre waren der Unbefleckten Empfängnis Mariens, der Vermählung Mariens, dem Thema der Kreuzerhöhung sowie der Darstellung der lokalen Heiligen Aquilin und Bruno geweiht, stellten also Kultthemen vor, um deren Vertiefung sich die pastorale Seelsorge unter Guttenberg intensiv bemühte.

85 Muth, 1990, 24.

raumes entsprechend, wurde auf dem Hochchor das Messopfer exklusiv für die Stiftsgeistlichkeit zelebriert, während sich die seit 1187 belegte Pfarrgemeinde um einen Altar im Langhaus versammelte. Der Hochchor besaß zum Ausgang des Mittelalters eine außerordentlich hochwertige Ausstattung. Im Chorbogen befand sich ein 1386 erstmals erwähntes, 1497 von Tilman Riemenschneider erneuertes Kruzifix.[86] Wenige Jahre zuvor, 1494, hatte man auch das Sakramentshaus kostbar erneuern lassen. Zu Beginn des 16. Jahrhunderts wurde ein neues Chorgestühl aufgestellt. Ihm folgte 1508 der wiederum von Tilman Riemenschneider in rotem Salzburger Marmor gearbeitete Hochaltar, der in Form eines Ziboriums mit hohem gotischen Gesprenge den in einem Schrein auf der Mensa verwahrten Reliquienschatz des Domes repräsentativ umfasste. Dieser Schrein war ebenfalls aus rotem Marmor gearbeitet. Er enthielt den Hauptteil der Reliquien der Frankenapostel Kilian, Kolonat und Totnan sowie Reliquien der Apostel Petrus und Andreas, des Evangelisten Lucas, des Erzmärtyrers Stephanus sowie der Märtyrer Julianus, Symphorianus, Clemens, Maximinianus und der hl. Candida.[87] Zu Hochfesten des Domes wurden zusätzlich silberne Brustbilder der Frankenapostel, die die wirklichen heiligen Häupter enthielten, sowie der hl. Burkard, Kunigunde, Johannes des Täufers und des Evangelisten sowie der Maria auf den Altar gestellt. In Ergänzung dieser Ausstattung ließ man nach 1508 auch das Apsisgemälde in Anlehnung an die vorhandene, schadhafte Darstellung eines thronenden Christus im Kreis der Apostel durch den Augsburger Maler Lienhart Beck[88] erneuern. Zur Chorausstattung dieser Zeit gehörten ferner zwei, den Heiligen Andreas und Kilian geweihte Nebenaltäre, ein großes Singpult und mehrere große Kandelaber. Außerdem standen im freien Raum des Chores mehrere schwarz gefasste Tumbensarkophage verstorbener Fürstbischöfe.[89]

Als Julius Echter in seinem Schreiben vom 25. Oktober 1599 den Zustand der Domausstattung beklagte und das Kapitel aufforderte, zur Abhilfe der Missstände beizutragen, war damit keineswegs das Konzept einer Neuausstattung verbunden. Der Bischof bemängelte vielmehr wohl mit Blick auf sein bevorstehendes Regierungsjubiläum,

> „daß die Hauptkirche dieser Stadt [...] mit Staub und Ruß bedeckt erscheine."

Unter Berufung auf das von ihm viel zitierte Wort Salomons: „Herr, ich habe die Zierde deines Hauses geliebt", bot er dem Kapitel seine Mithilfe bei der Renovierung des Domes an und nannte dafür Gründe, die im Kern eine Zusammenfassung der fünf Jahre später in den erwähnten Festschriften zu seinem Regierungsjubiläum programmatisch geäußerten Absichten bezüglich seiner kunstpolitischen Unternehmungen darstellen:

> „Glaubt es uns, es wird dieses Werk nicht nur den frommen und religiösen Sinn unseres Volkes wecken, sondern darüber hinaus wird es auch zum vorzüglichen Lob gereichen, wenn Fremde im Vorübergehen die Hauptkirchen dieser Stadt in schönem Schmuck sehen und hieraus ersehen, wie die Nachkommen dasjenige, was ihre Vorfahren in christlichem Eifer schön erbaut haben, fleißig erhalten und nach Kräften vermehren."[90]

[86] Dieses Kruzifix blieb als eines der wenigen mittelalterlichen Ausstattungsstücke über die barocke Renovierung der Domausstattung an seinem ursprünglichen Platz erhalten. Pietro Magno ergänzte es allerdings um einen Wolkensockel mit Engelsköpfen sowie um die Statuen der Schmerzensmutter und des Johannes an den östlichen Vierungspfeilern. Zur Abb. des Kruzifix siehe KDB XII, Stadt Würzburg, Fig. 38. Auch dieses Kunstwerk verbrannte in der Bombennacht des 16. März 1945.

[87] F. X. Himmelstein, Die Reliquien der drei ersten Apostel des Frankenlandes, Würzburg 1850, 26 ff.

[88] Siehe zu diesen Angaben Muth, 1990, 24 ff.

[89] F. X. Himmelstein, Der St. Kiliansdom zu Würzburg, ^{2}1889. Siehe auch den Grabungsbericht von H. Schulze, Zu einer Baugeschichte des Kiliansdomes und seiner Vorgänger, in: Ecclesia Cathedralis. Der Dom zu Würzburg, hg. von Richard Schömig, Würzburg 1967. Ferner H. Schulze, Der Würzburger Dom und sein Bereich als Grablege, Teil II, in: WDGB 40 (1978), 5–48.

[90] Übertragung des lateinischen Originalbriefes bei F. K. Scharold, Geschichte und Beschreibung des St. Kilian-Doms oder der bischöflichen Kathedralkirche zu Würzburg, in: AU 4 (1838) 1. Heft, 1–155, hier 22; zit. nach Muth, 1990, 27.

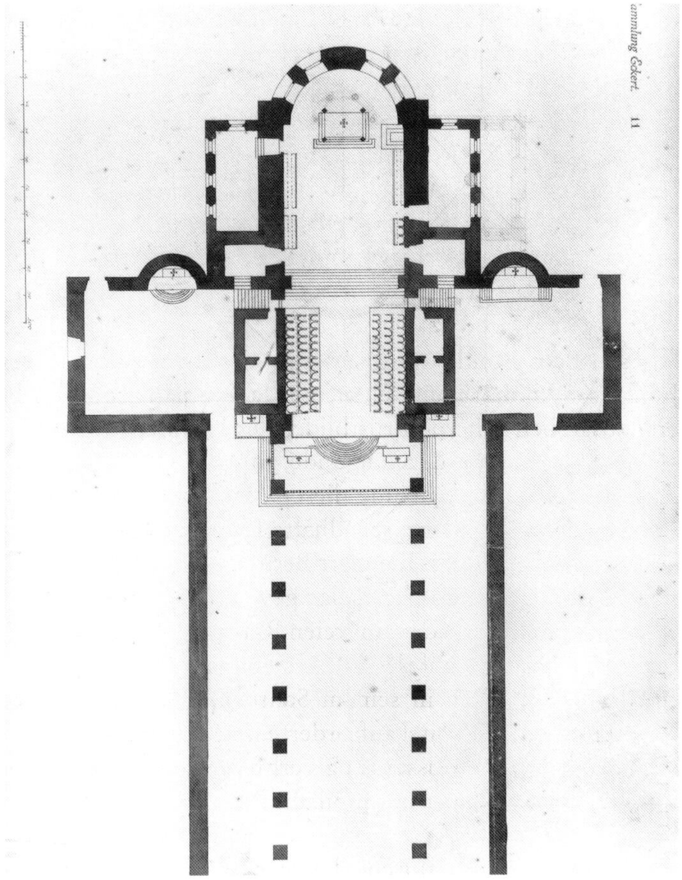

Abb. 13: Würzburg, Domkirche St. Kilian: Grundriss des Domes um 1700 mit Darstellung der Chorsituation um 1700 und dem skizzierten Grundriss des geplanten Hochaltarziboriums, (Sammlung Eckert) SE 11; Archiv Mainfränkisches Museum Würzburg.

Die durch diesen Brief eingeleiteten Renovierungsmaßnahmen bezogen sich zunächst auf die Raumschale selbst. So wurde durch Einwölbung von Querschiff und Langhaus und anschließender dekorativer Ausmalung der Raum vereinheitlichend zusammengefasst. Die Gewölbekappen der Vierung wurden durch Bilder des hl. Kilian, seiner Gefährten und des hl. Burkard geschmückt, die, auf das ikonographische Konzept des Hochaltares verweisend, dessen Bedeutung unterstrichen. Unter Johann Gottfried von Aschhausen wurden diese ersten Schritte in Richtung auf eine stärkere Betonung des Hochaltares im Gesamtraum durch den Abbruch des Lettners fortgesetzt. Dieser wurde durch eine Trennwand ersetzt, die durch zwei seitliche, vergitterte Durchgänge den Blick auf den Hochaltar freigab. In der Mitte dieser Trennwand wurde unterhalb der Sängertribüne der neue Pfarraltar errichtet, auf dem sich nach der bildlichen Überlieferung des Ulrich Büehler von 1627 ein vergoldetes Altartabernakel befand.[91] Unmittelbar nach Ende des Dreißigjährigen Krieges wurde auch diese Konstruktion abgebrochen und durch ein schmiedeeisernes Gitter ersetzt, zu dessen Seiten nun Pfarr- und Kreuzaltar und als entsprechendes Pendant ein Maria-Himmelfahrt-Altar Aufstellung fanden.[92] Auch dieser Zustand, der in einem Grundrissplan des späten 17. Jahrhunderts aus der Sammlung

[91] Trifft dies zu, so handelt es sich nach St. Martin in Landshut um das zweite in Deutschland nachweisbare Tabernakel. Gebräuchlicher war zu dieser Zeit noch immer die Aufbewahrung des Altarsakramentes im Sakramentshaus. Muth, 1990, 28.

[92] Siehe zu diesen Altären weiter unten Kap. IV. 3.4: Das Verehrungsmotiv der Maria Assunta und der Maria Immaculata sowie IV. 3.4.1.: Darstellungen der Mariae Himmelfahrt im Hochstift Würzburg. Beide waren mit Altarblättern Joachim von Sandrarts ausgestattet. Während der Renovierungsmaßnahmen Greiffenklaus wurden die Altäre unter die beiden ersten östlichen Langhausarkaden versetzt. Im Zuge der Gesamtrenovierung von 1893 wurden die Aufbauten beider Altäre stark vereinfacht. In diesem Zustand sind sie u.a. bei Mälzer, Abb. 74 und 75 ansatzweise zu erkennen. Beide Altäre verbrannten 1945.

Eckert[93] *(Abb. 13)* dokumentiert wird, scheint nur kurze Zeit befriedigt zu haben. Schon Johann Philipp von Schönborn hatte die Absicht geäußert, einen neuen Hochaltar errichten zu lassen.[94] Damit war erstmals das Projekt angesprochen, das Domkapitel und Bischof in der Folgezeit über fünfzig Jahre in immer neuen Planvariationen beschäftigen sollte und erst unter Johann Philipp von Greiffenklau zum Abschluss kam. Diese Diskussion um den neuen Hochaltar entwickelte sich im Laufe der Jahre von der konkreten Einzelmaßnahme ausgehend zur Auseinandersetzung um ein formales wie ikonographisch-ikonologisches Gesamtkonzept für die Domausstattung, das die Umgestaltung des gesamten Dominneren zum Ziel haben sollte. Dabei lassen die rekonstruierbaren Planungsabschnitte einen Prozess greifbar werden, der weit über das Würzburger Beispiel hinaus in idealer Weise den Zusammenhang zwischen Altarbaukunst und integrierender Raumkunst in der Zeit des ausgehenden 17. und beginnenden 18. Jahrhunderts zu spiegeln vermag.

Johann Philipp von Schönborn scheint bei seinem Vorstoß von 1648 zunächst an eine Lösung in Anlehnung an die eben vollendeten Tabernakelaltäre in West- und Ostchor des Bamberger Domes gedacht zu haben. Da man sich in Würzburg jedoch über die Finanzierung des neuen Hochaltares nicht im Klaren war – man dachte schon jetzt, wie in den folgenden Jahren an eine überaus kostspielige Ausführung des Retabels in Silber – wurde zunächst eine Neufassung der Reliquienbilder auf dem Altar vorgezogen. Auch hier orientierte man sich an den silbernen Brustbildern der Heiligen Heinrich und Kunigunde aus dem Bamberger Dom.[95] Nach Schönborns Tod stagnierte das Projekt jedoch.[96] Erst aus der Regierungszeit des Johann Gottfried von Guttenberg sind neue Konzepte bekannt. Dabei ging die Initiative zunächst nicht vom Fürsten selber, sondern von dem für den Kirchenbau zuständigen, überaus rührigen Domdekan Franz Christoph von Rosenbach aus. Dieser ließ 1685 aus Mitteln des Dombauamtes wahrscheinlich von Johann Philipp Preuß ein Modell zum neuen Hochaltar anfertigen, über dessen Beurteilung durch Fürstbischof und Kapitel jedoch nichts Näheres bekannt ist.[97] Darüber hinaus konzentrierten sich Rosenbachs Aktivitäten noch auf ein zweites Projekt, nämlich die Anfertigung einer Folge von acht großen Wandteppichen mit der Darstellung der Kilianslegende, die über dem Chorgestühl des Domkapitels unter der Vierung aufgehängt, zur Vereinheitlichung der Chorausstattung beitragen sollten.[98]

Mit der Idee zur Anschaffung dieser Teppichfolge vertrat der Domdekan ein in seiner Zeit durchaus modernes, auf niederländisch-flämische Vorbilder zurückgreifendes Ausstattungskonzept, das über das Bamberger Vorbild weit hinausging. Dort hatte man die neuen Altäre und das Chorgestühl in den lediglich einheitlich weiß gefassten, seiner architektonischen Struktur nach aber spätromanischen Raum eingestellt, damit jedoch keineswegs, wie die Innenansichten des Adam Arnold aus der Mitte des 17. Jahrhunderts belegen, eine Vereinheitlichung des Raumes im Ganzen oder auch nur in seinen Teilen erreicht.[99] Rosenbachs Konzept zielte demgegenüber für den Bereich des Würzburger Hochchores auf eine stärkere Zurückdrängung des mittelalterlichen Raumeindrucks zugunsten einer, die neuen Ausstattungselemente betonenden Ensemblewirkung, die in dem geplanten neuen Hochaltar architektonisch

93 SE 11, Würzburg, Dom, Grundriss um 1700. Mainfr. Museum. Abb. (Nachzeichnung) bei Wilhelm Engel/Max H. von Freeden, Eine Gelehrtenreise durch Mainfranken 1660, in: Mainfr. Hefte 15 (1952), 30; Kossatz II, 78 b. Siehe auch Kossatz, II, Anm. 270.

94 DKP 1648 Oktober 1 (fol. 344).

95 DKP 1670 Juli 7 (fol. 168); 1674 Febr. 22 (fol. 67); 1675 Jan. 12 (fol. 24); zit. nach Kossatz, II, 508 Anm. 721.

96 Möglicherweise spiegeln sich darin auch Auswirkungen der Streitigkeiten des Kapitels mit Fürstbischof Peter Philipp von Dernbach. Nachdem dieser erhebliche Finanzmittel in den Aufbau eines stehenden Heeres hatte fließen lassen, scheint es denkbar, dass das Kapitel weitere kostspielige Projekte wie die neue Domausstattung zunächst zurückstellte.

97 Kossatz, I 184 ff. Da bereits das Riemenschneider-Retabel die Grundform eines Ziboriums hatte, gehe ich auch beim Rosenbach-Modell, dass vermutlich Einfluss auf den Entwurf des Mirakelaltares in Dettelbach hatte, davon aus, dass es wie dieser als Ziborium konzipiert war.

98 Vgl. zu den Teppichen im Dom das Kapitel IV. 4.2.1.: Die Kilianteppiche. Abb. der 1945 verbrannten Teppiche im Katalog: Kilian – aller Franken Patron. Nr. 321, 1–6.

99 Abb. der Arnold'schen Dombilder u.a. bei Renate Baumgärtel-Fleischmann, Bruno Neundorfer, Die Altäre des Bamberger Domes von 1012 bis zur Gegenwart, Bamberg 1987, 117 (Nr. 34) und 119 (Nr. 35).

und inhaltlich kulminieren sollte. In dieser zunächst noch zaghaft angedeuteten Tendenz bereitete sich der in der Planungsphase um 1700 verwirklichte Schritt vor, den Chorraum als Aktionsbühne zur Inszenierung der andachtsfördernden Schau, im Sinne des von den Jesuiten propagierten *spectare missam*, als *theatrum sacrum* mit dem Hochaltar im Zentrum zu begreifen. Dieser Ansatz zur Vereinheitlichung der Ausstattung unterscheidet nach der Analyse von Ulrich Becker „das Bild eines gegenreformatorisch inszenierten Chores von seinem mittelalterlichen Vorgänger."[100]

Da zur Person Rosenbachs nur weniges überliefert ist, bleibt unklar, woher er die Anregungen zu seinem Konzeptentwurf bezog. So ist gegenwärtig nicht bekannt, wo Rosenbach studierte, wohin ihn seine Kavalierstour führte und mit wem er persönlich oder brieflich in Kontakt stand. Als unmittelbar paralleler Vorgang zum Erwerb der Würzburger Teppichserie ist jedoch auf die Schenkung von acht Bildteppichen der Reihe *Triumph der Eucharistie* nach Entwürfen von Peter Paul Rubens durch den Straßburger Bischof Wilhelm Egon von Fürstenberg an das Kölner Metropolitankapitel zu verweisen. Fürstenberg war zugleich Dekan des Kölner Domkapitels, das er durch die hochherzige Stiftung dieser Teppiche dazu bewegen wollte, seiner Bewerbung als Koadjutor des regierenden Erzbischofs und Kurfürsten von Köln zuzustimmen.[101] Da der Würzburger Domdekan zeitgleich wegen des neuen Altarmodells mit Straßburg in Verbindung stand,[102] scheint es nicht ausgeschlossen, dass er bereits zu einem früheren Stadium auch von dem Teppichprojekt Kenntnis hatte. Rosenbachs Vorstellungen fanden in Johann Gottfried von Guttenberg, der wiederum durch seinen eigenen Studienaufenthalt in Löwen entsprechende flandrische Kirchenausstattungen kannte, einen konsequenten Förderer.[103] So berichtete der Domdekan dem Kapitel bereits am 16. Februar 1686:

> „Seine Gnaden vermeindten, daß damit [gemeint ist die Anschaffung der Teppichfolge] fortzufahren in dem es pro Decore Ecclesiae und man kein Dombstifft fast findten werde, welches nicht mit dergleichen weniger versehen seye."[104]

Dennoch meldete sich auf der gleichen Sitzung auch eine Gruppe von Kritikern zu Wort, die aus Kostengründen dazu riet, den Dom doch lieber wie in Bamberg lediglich ausweißen zu lassen, was Rosenbach mit dem Hinweis ablehnte,

> „daß mehren Uncosten und Spesen dieses verursache, und nicht so lange ad splendorum der Kirche werte als die dappezerey."[105]

Im Juni desselben Jahres versuchte diese Gruppe noch einmal, während der Domdekan bereits von Krankheit gezeichnet war, das Projekt zu verhindern und drängte,

> „etwan nochmalen zu überlegen, ob nicht rathsamer und pro decore ecclesiae ansehnlicher sein möge, die Kirche gleich wie zu Bamberg ganz renoviren zu lassen."[106]

[100] Ulrich Becker, Studien zum flämischen Altarbau im 17. und 18. Jahrhundert, Brüssel 1990, 35.

[101] Siehe zu den Rubensteppichen und den angesprochenen politischen Zusammenhängen den AK Villa Hügel: Peter Paul Rubens Triumph der Eucharistie – Wandteppiche aus dem Kölner Dom, Essen 1954. Darin auf Seite 24 auch die Abbildung einer Aquatinta nach Carl Wild aus dem Rheinischen Landesmuseum Köln, die den Kölner Domchor mit den unter der Vierung aufgehängten Teppichen zeigt.

[102] Vgl. hierzu in diesem Abschnitt weiter unten. Der Abriss des kurz zuvor errichteten Straßburger Hochaltares erreichte das Würzburger Kapitel im Februar 1687.

[103] Die flandrischen Kirchen vermitteln auch heute noch vielfach einen Eindruck der in der zweiten Hälfte des 17. Jahrhunderts angestrebten komplexen Chorausstattungen. Dabei kam den in den Chorraum eingespannten Teppichen formal die Funktion zu, sowohl verschiedene Ausstattungselemente zusammenzufassen wie zugleich die noch überwiegend mittelalterliche Wandstruktur dieser Kirchen zu überdecken. Siehe hierzu z.B. die Chorausstattung von St. Salvator in Brügge. Vgl. ferner Becker, 34 ff.

[104] DKP 1686 Febr. 16 (fol. 74).

[105] DKP ebda. (Vgl. Anm. 98).

[106] DKP 1686 Juni 11 (fol. 173).

Rosenbach ließ jedoch vom Krankenlager aus wissen, er sei bereits mit dem Tapetenmacher in Verbindlichkeiten getreten, die er nun nicht ohne Gesichtsverlust für sich selbst und das Kapitel rückgängig machen könne. So willigte das Kapitel schließlich in einen Vorschlag des Dekans ein, den Kapitelsyndikus und den Maler Oswald Onghers nach Antwerpen zu schicken, um sicher zu gehen,

> „damit die figuren und posturen in der historia et vita sancti Kiliani desto besser herauskommen [...] und alles sicherer und gewisser eingerichtet werde.“[107]

Immerhin scheinen die Bedenken der Kritiker des Unternehmens nicht ganz unberechtigt gewesen zu sein, denn man geriet bereits bei der Zahlung der im Frühjahr des folgenden Jahres fällig werdenden Abschlagssumme in Verlegenheit, die erst durch den Verkauf einiger eingelagerter Weine behoben werden konnte. Wenige Wochen später, am 23. März 1687, starb Franz Christoph von Rosenbach nach längerem Siechtum. Sein kurz darauf bestimmter Nachfolger, Georg Heinrich von Stadion, gehörte offensichtlich zur Gruppe der Kritiker, die sich mit der Anschaffung der Teppiche noch immer nicht anfreunden konnte. So klagte er auf der Kapitelssitzung vom 10. Mai 1687:

> „in was vor schlechten stand das ornatamt anitzo bestehe und in was schlechteren es durch die tapezereien annoch gesetzt werde.“[108]

Auch mit der Beschaffenheit der ersten, im Dezember 1687 angelieferten Teppiche war er nicht zufrieden und bemängelte, dass

> „solche gar nicht reichlich an gold, sondern sehr gespart worden sei.“

Im Übrigen seien die Farben viel zu hell und würden bald durch Staub und Sonne Schaden nehmen.

> „Zu bedauren sei ein so großes capit[al]. Es seien zwei darzu gebraucht worden, deren ein als präsenzmeister zwar ein guter Rechnungsverständiger, aber sich auf dergleichen sachen nichts verstehet, der andere, der maler Oswald, aber ein fatzvogel sei.“[109]

Man dachte zunächst daran, den Teppichmacher zu verklagen, musste aber nach einem Blick in den Kontrakt erkennen, dass sich dieser in allem durchaus an die Anweisungen des Kapitels gehalten hatte.

Diese, bei der Anschaffung der Teppiche deutlich werdenden Differenzen um ein von der Mehrheit des Kapitels getragenes Gesamtkonzept kennzeichneten auch die folgende Phase der Hochaltarplanung. Bereits im Februar 1687, also noch zu Lebzeiten Rosenbachs, erreichte das Kapitel einen Abriss des neuen Hochaltares für das Straßburger Münster, als dessen Vermittler der Domdekan wohl noch tätig war. Dies deutet darauf hin, dass Rosenbach selbst aus allerdings unbekannten Gründen von dem älteren Modell des Johann Philipp Preuß abrückte.[110] Der Abriss des Straßburger Altares *(Abb. 14)*, der über Berninis Projekte für den französischen Königshof in Val-de-Grâce letztlich auf dessen Planungen für den Baldachin über dem Papstaltar in St. Peter zu Rom zurückging, fand offensichtlich auf breiter Front die Zustimmung des Kapitels wie auch des Bischofs. Dabei scheint vor allem ein Element fasziniert zu

[107] DKP 1686 Juni 15 (fol. 181'). Siehe hierzu auch insgesamt Georg Hock, Die Antwerpener Gobelins im Dom und im Universitätsmuseum zu Würzburg, in: AU 50 (1908), 151–178, hier 156 ff.

[108] DKP 1687 Mai 10 (fol. 189 f).

[109] DKP 1687 Dez. 13 (fol. 432'f); Hock, 161.

[110] DKP 1687 Febr. 22 (fol. 37'). Nach dem Tod Rosenbachs geriet das Modell zunächst in den Besitz eines „Herrn von Ostein Junior“, der es von Rosenbach verehrt bekommen haben wollte. Da es aus Mitteln des Bauamtes bezahlt worden war, forderte es dieses zurück, gab sich aber schließlich mit einer finanziellen Entschädigung zufrieden. Ostein nutzte das Modell möglicherweise als Hausaltärchen, was voraussetzt, dass es von einiger Größe und nicht geringem Aufwand gewesen sein muss. DKP 1687 April 8 (fol. 148); 1687 Mai 10 (fol. 192); 1687 Juni 3 (fol. 228); Kossatz, I, 185; II, 507, Anm. 707.

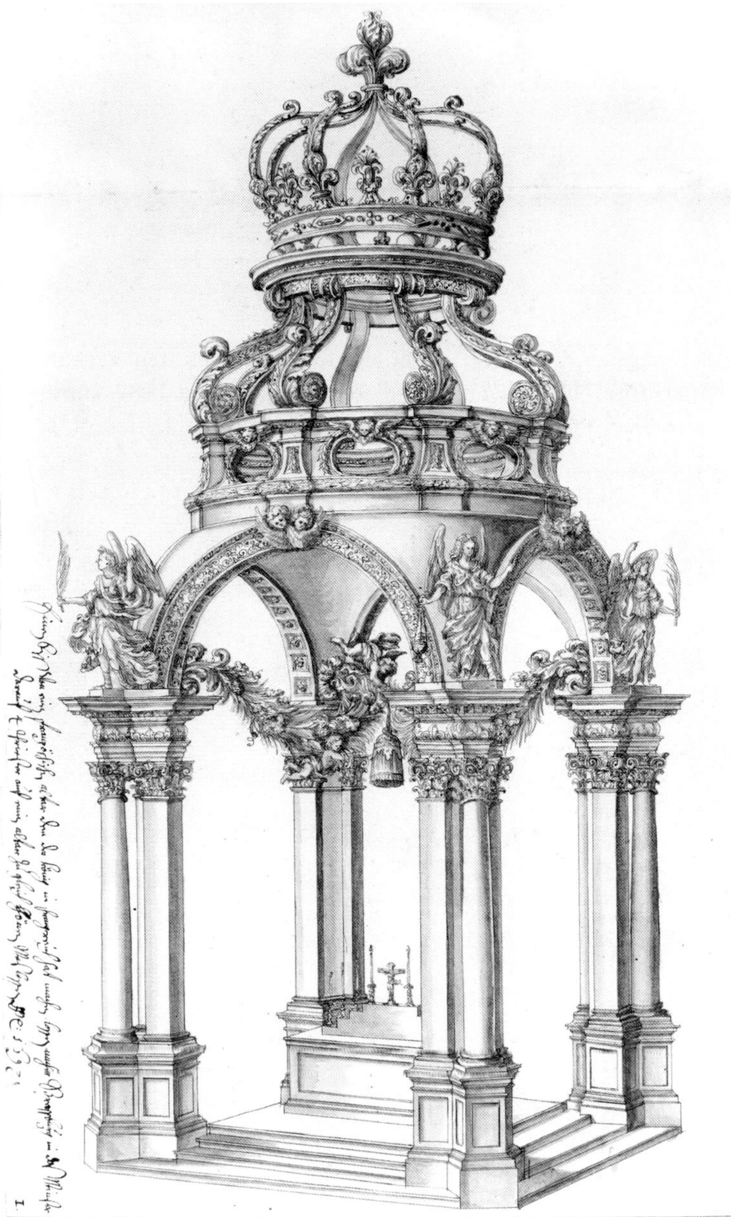

Abb. 14: Straßburg, Münsterkirche: ehem. Hochaltar des Martin Frémery von 1685 in einer Zeichnung von 1697 nach einem Kupferstich von 1686, der möglicherweise in einem Exemplar auch den Würzburger Domherren vorlag. Sammelbd. „Delineationes variae Cenotaphiorum, Altarium, Tabulatorum etc." des Johannes Hörmann, lavierte Federzeichnung, 480 x 290 mm. Das Blatt trägt die Aufschrift: „Ein Riß von einem französischen altar den der könig in Frangreich hat machen lassen nacher Straßburg in das Minster / darauf 4 Priester auf einen altar zu gleich khönen Meß lessen. Ao 1697; Bayer. Staatsbibliothek München, Cod. Germ. 2643, Bd. 2, fol.1

haben, nämlich die den Straßburger Altar abschließende, monumentale französische Königskrone, die nach der Eroberung der Bischofsstadt durch Ludwig XIV. 1681 und der Amtseinführung von dessen „getreuesten Hauptagenten im Reich," des bereits erwähnten Wilhelm Egon von Fürstenberg im Folgejahr als eine politische Demonstration französischer Machtansprüche verstanden werden musste.[111] Mit der durch Wilhelm Egon begonnenen Barockisierung des Straßburger Münsters waren in der künstlerischen Umsetzung ganz ähnliche formale und inhaltliche Schritte verbunden wie in Würzburg. Daher war eine Orientierung an den dortigen Projekten allein schon formal-ästhetisch folgerichtig. Der Straßburger Hochaltar selbst geht letztlich wohl auf eine finanzielle Zuwendung Ludwigs XIV. zurück und wurde von Martin Frémery 1686/87 errichtet. Zur Weihe des Altares 1688 war Ludwig persönlich anwesend und zog in einer feierlichen Zeremonie in das Münster ein. Die Anbringung der französischen

[111] Vgl. AK Villa Hügel (Rubensteppiche), 20. Zum Straßburger Hochaltar siehe Kossatz, II, Abb. 119a.

Königslilie auf der Spitze der das Altarwerk abschließenden Krone „darf als eine Umdeutung des Signums der Himmelskönigin Maria als Schutzherrin der Stadt und Titularheilige des Altares in das Hoheitszeichen der königlichen Majestät Ludwigs XIV. als dem neuen Fundator und Protektior der Bischofskirche angesehen werden."[112] In Kenntnis dieser Bedeutungsinhalte hatte Rosenbach das Projekt für Würzburg sofort adaptiert, indem er bei seiner Vorstellung mit Selbstverständlichkeit von einer bekrönenden *Herzogshauben*[113] als Abschluss sprach. Im März 1687 nahm dann ein Herr von Schönborn – Rosenbach war bereits verstorben – Kontakt mit dem in Frankfurt tätigen Johann Wolfgang Fröhlicher auf. Da dieser von Anfang an für alle Beratungen mit dem Kapitel auf Übernahme seiner Spesen bestand, äußerte man sich zunächst bedenklich, beschloss aber dann,

> „weilen ein hoher altar ein werckh, so in die posteritet dauren soll, also billich vorhero sich zu bemühen, daß was ansehnliches verfertiget werden, und keine Unkosten zur sparen, einen Künstler zu berufen."[114]

Fröhlicher kam daraufhin im Juli 1687 nach Würzburg, vermaß den Chor und versprach, in Kürze ein Modell liefern zu wollen, so dass das Kapitel im Einverständnis mit dem Bischof beschloss,

> „weilen der neue Altar von grosser Importanz und Dauer, [den] schon beyhandten liegente[n] Abriß [also wohl den des Straßburger Altares] dem franckfurther vorzulegen [und] einen anderen dagegen [machen zu lassen]."[115]

Am 5. November 1687 stellte Fröhlicher darauf sein Modell von „viererlei form und arth [...] darunter Ein Hochl. Domcapitul sich eines erwehlen könne",[116] vor. Die beiden Herren von Schönborn und Johann Gottfried von Guttenberg, der „selbst gantz Eyffrig weg. deß Altarß bishero sich gdgst. erzeiget,"[117] sprachen sich für eine Version mit zwei Säulen aus, doch erwies sich ein knapper Kostenüberschlag ihre Ausführung in der noch immer favorisierten Silberversion als unbezahlbar.[118] Nach dieser deprimierenden Erkenntnis geriet das Werk erneut ins Stocken. Zwar ließ man sich u.a. von Fröhlicher und einem Augsburger Künstler weitere Entwürfe vorlegen, doch fand man zu keiner Entscheidung, bis das Projekt schließlich am 28. März 1693 aufgrund der wieder zunehmenden militärischen Bedrohung durch französische Truppenbewegungen an den Grenzen des Hochstiftes bis auf weiteres ausgesetzt wurde.[119] Der über die finanzielle Situation des Kapitels offensichtlich nicht informierte Fröhlicher reagierte auf das Nichtzustandekommen eines Vertragsabschlusses außerordentlich gereizt und präsentierte dem Kapitel eine detaillierte Berechnung seiner erheblichen Unkosten.[120] Im Sommer 1698 ergriff Johann Gottfried von Guttenberg zwar erneut die Initiative,[121] starb aber bereits wenige Monate später, ohne dass neue Konzeptvorstellungen und Lösungsvorschläge bekannt wurden.

Erst mit dem Regierungsantritt des Johann Philipp von Greiffenklau trat die Planung der neuen Domausstattung in eine neue und entscheidende Phase. Bereits kurz nach seiner Amtseinführung bezeichnete der neue Fürst den Dom als ein „gar alt und grau, unansehnlich gewölb." Dies lässt

[112] Ernst Guldan, Hochaltar und Bischofsthron im Straßburger Münster, in: Festschrift für Heinz Rudolf Rosemann, München 1960, 187–220, hier 204.

[113] DKP 1687 März 1 (fol. 104). Das Motiv einer von Engeln getragenen Krone, die wiederum den zwischen ephemerer und dauerhafter Inszenierung wechselnden Ereignischarakter des Hochaltares unterstreicht, findet sich u.a. auch in Carlo Fontanas Hochaltar für S. Maria in Transpontina in Rom von 1673/75.

[114] DKP 1687 April 8 (fol. 147).

[115] DKP 1687 Juli 12 (fol. 282).

[116] DKP 1687 Nov. 6 (fol. 391).

[117] DKP ebda.

[118] DKP 1687 Nov. 13 (fol. 403).

[119] DKP 1693 März 28 (fol. 89 f).

[120] DKP 1688 Febr. 27 (fol. 136 ff); Kempter, 137 ff. Diese Kostenaufstellung vermittelt einen genauen und interessanten Einblick in Management und Organisation der Werkstatt Fröhlichers. Ihre Behandlung und Abwicklung durch das Domkapitel enthüllt dagegen mit peinlicher Deutlichkeit die völlige Ahnungslosigkeit der Stiftsherren im Umgang mit Künstlerpersönlichkeiten vom Format des Frankfurters.

[121] DKP 1698 Juli 11 (fol. 31 f).

darauf schließen, dass er nun wieder die Renovierung des gesamten Dominneren ins Auge fasste. Die Domkapitelprotokolle vom Februar 1700 spiegeln jedoch zunächst noch den Stand der Unentschlossenheit. So erinnerte der Domdekan am 1. Februar 1700 an die älteren Hochaltarprojekte, die sich jedoch insgesamt als zu kostspielig erwiesen hätten. Auch der Fürst teilte wenige Tage später mit, dass an die Ausführung eines dieser Projekte in Ermangelung der notwendigen Mittel gegenwärtig nicht zu denken sei, sprach sich aber noch einmal für einen in Anlehnung an das Straßburger Modell geschaffenen Entwurf, nach meiner Meinung handelt es sich dabei um das Modell Fröhlichers mit den zwei Säulen, aus:

> „Die Form belangent, vermeineten dieselbe [Hochfürstliche Gnaden, Anm. d. Verf.] Gdst., daß nach Form des Altares, wie zu Rom bey St. Peter, ein Werckh Von Bronzo, und die Zierrathen von silber gemacht werden könnten."[122]

Dann aber konnte sich der Fürst zu einem entscheidenden Gedankenschritt durchringen, indem er dem Domkapitel am 7. Juli desselben Jahres mitteilen ließ:

> „dass man die proposition nach denen würckhlich vorhandenen Mitteln, in so weit als die erklöcklich seyn mögen, sich eins Modells und Material ex qua vergleichen sollte." [Das Kapitel erklärte sich einverstanden,] „weilen es doch eine Vergebene sach, dass man ein gar costbahres werckh mit silber werdte erheben können, [und bat den Fürsten] gleichfalls geruhen Sich vernehmen und darzu Ihre Architectos überlegen zu lassen."[123]

Mit diesem Satz scheint der entscheidende Hinweis auf eine in den folgenden Wochen und Monaten des Jahres 1700 umgesetzte Planmodulation gegeben zu sein, die nicht nur den Wandel des bisher vermutlich über rechtwinkligem Grundriss geplanten zum konchenförmigen Ziborium[124] bewirkte, sondern in der vielmehr auch die Idee seiner vollständigen Einbindung in den durch die Stuckausstattung des Pietro Magno aus den Mitteln der Szenographie neu interpretierten Innenraum, die diesen Wandel zur Folge hatte, Gestalt annahm *(Abb. 15)*.[125] Damit war der Hochaltar nun nicht mehr möblierendes Additiv, sondern verband sich mit der Struktur der Wand wie mit dem in die Innenraumprojektion einbezogenen Licht zu einem, den materiellen Raum transzendierenden *theatrum*, das einen Einblick in die jenseitige Sphäre gewähren sollte. Nach meiner Ansicht rückt daher die Person des Stuckators und Innenarchitekten Pietro Magno in den Mittelpunkt dieser entscheidenden Planungsphase, an deren Ende Johann Caspar Brandt vermutlich noch im Dezember 1700 oder im Januar des Jahres 1701[126] einen Werkriss für die Ausführung des Hochaltares präsentierte und Pietro Magno selbst am 12. Februar einen Akkord über die Stuckierung des Langhauses sowie am 17. Juli 1701 über die Stuckierung von Chor und Querhaus abschließen konnte.[127] Da Brandt im Februar 1701 unerwartet verstarb, schloss man am 30. März 1701 zunächst mit Johann Michael Rieß einen Akkord zur Ausführung des Hochaltares. Nach

[122] DKP 1700 Febr. 13 (fol. 39). Die von Guttenberg gewählte Beschreibung des Altares „mit zwei Säulen" bezog sich vermutlich auf ein Stützenelement des „Models von viererlei Form." Denkbar scheint die Stellung dieser Säulen über Eck um einen Pfeilerkern, wie dies der vorbildliche Straßburger Hochaltar zeigt. Vgl. hierzu auch Kap. V. 2.2: Der Einfluss des „Straßburger Abrisses."

[123] DKP 1700 Juli 7 (fol. 141 f).

[124] Kossatz, I, 188.

[125] Es ist verlockend, den in der Sammlung Eckert (SE 11) verzeichneten Grundriss des Domchores und des östlichen Langhauses, der noch das Chorgestühl unter der Vierung und das vierseitige Ziborium zeigt, in den aber zugleich das konchenförmige Ziborium mit Bleistift eingetragen ist, in diesen Zeitabschnitt zu datieren. Vgl. Kossatz, I, 184.

[126] Bereits am 23. September 1700 hatte der Domdekan dem Kapitel mitgeteilt, der Fürst habe sich nach einem erneuten Kostenüberschlag zur Ausführung des Altars in „schönem rechten schwartzen marmor" entschlossen, in dessen Zentrum „ein Schöner Tabernacul von silber" stehen sollte, der in Anbetracht der kriegerischen Zeiten mit Schrauben versehen sein müsse, „dass man solchen eylfertig, wann es die noth erfordern thut, abthun könne [...]." DKP 1700 Dez. 23 (fol. 159 f).

[127] Kossatz, I, 188; II, 512, Anm. 730.

dessen ebenfalls überraschenden Tod am 17. April 1702 übernahm schließlich mit Balthasar Esterbauer der Künstler die Ausführung des Projektes, der die Entwicklung des Altarbaues in Franken in den folgenden Jahrzehnten maßgeblich bestimmen sollte.[128]

Im Zentrum dieser auf die Zeit zwischen dem 7. Juli 1700 und der Jahreswende 1700/1701 einzugrenzenden Phase steht also nicht an erster Stelle der Entschluss, das Ziborium in eine Halbkreisform zu wandeln, als vielmehr der entscheidende Gedanke, die noch in Chor, Langhaus und Querhausarme zerfallenden Raumteile der Domkirche durch Tieferlegung der Chorbühne unter der Vierung zusammenzufassen und so „zum ersten Mal als einen Raum durchschreitbar und überblickbar“ zu machen. In der Konsequenz dieser Idee, nach der „die kreuzförmige Anlage der Kirche erstmalig nicht allein von den oberen Raumgrenzen ablesbar wurde, sondern als Durchdringung gleicher Raumfluchten in machtvoller Bewegung – durch den neuen Stuck rhythmisch und festlich instrumentiert – erlebt werden konnte,“[129] war es dann folgerichtig, das zum Langhaus geöffnete Ziborium zum Zielpunkt dieser eindrucksvollen Projektion zu machen.

Der Entschluss, den Hochchor aus dem Vierungsquadrat zurückzuverlegen – um dies zu erreichen, musste der als *Luciakapelle* bezeichnete vordere Teil der Krypta aufgegeben und abgebrochen werden – hatte entscheidende Konsequenzen für die weitere Ausstattung der Kirche. So war es über die Integration des Hochaltares hinaus notwendig geworden, nun auch Vierung und Querschiff in die szenographische Ordnung einzubeziehen. Im dritten Vertrag Magnos vom 19. Dezember 1703 war daher „zu noch besserer Zierung des Creutzes“ vorgesehen, die Stirnfronten des Querhauses so auszustatten, dass

> „wan mann will oder sich ein fundator darzu finten wördte solche zu zierlichen althären können undt mögen gerichtet werdten.“[130]

Bereits im folgenden Jahr übernahmen diese Aufgabe der Kapitelsenior und Dompropst Otto von Guttenberg für den Altar des nördlichen sowie der Domdekan Georg Heinrich von Stadion für den Altar des südlichen Querhauses.[131] Spätestens zu diesem Zeitpunkt dürfte man auch an die Errichtung zweier monumentaler Altäre am Chorbogen gedacht haben.[132] Ihre Stiftung übernahmen zeitgleich[133] in den Jahren 1707/08 Johann Philipp von Greiffenklau für den Pfarraltar, der zugleich der Corpus-Christi-Bruderschaft als Zelebrationsaltar diente, und Lothar Franz von Schönborn für den Brunoaltar. Beide Retabel wurden von dem über die Arbeiten am Hochaltar zum führenden Bildhauer des kathedralen Ausstattungsprojektes aufgestiegenen Balthasar Esterbauer in der Abwandlung römischer Altarentwürfe des Andrea Pozzo ausgeführt.[134] In den Jahren 1700/1701 hatte man auch die ältere Chororgel auf der Nordwestempore des Querhauses notdürftig instand setzen lassen. Allerdings betrachtete man dieses Instrument wohl so wenig als hinlänglich, dass Pietro Magno Prospekt und Empore nicht in sein Stuck-

[128] Kossatz, I, 188; II, 511, Anm. 724. Der Vertrag zwischen Esterbauer und dem Domkapitel, das ja als Auftraggeber fungierte, wurde am 16. Mai 1702 geschlossen, nachdem man zuvor die bereits geleistete Arbeit des Michael Rieß taxiert hatte. Kossatz konnte durch das von ihm im Stadtarchiv Würzburg wiederentdeckte archivalische Material, das diese Vorgänge belegt, nachweisen, dass die Ausführung des Altares in allen wesentlichen Teilen Esterbauer zuzuweisen ist. (SAWü Kasten Dom, Mappe 2).

[129] Anton Ress, Der Würzburger Domstuck, in: DKD 20 (1962) 103–126, hier 106.

[130] Akkord mit Pietro Magno vom 19. Dez. 1703. Siehe Kossatz, II, 514 Anm. 730.

[131] A. Zumrhein, Beiträge zur Baugeschichte des Würzburger Domes, Beilage zum Fränkischen Volksblatt (Kunst und Wissenschaft) 1908, 54, zit. nach KDB XII, Stadt Würzburg, 49.

[132] Mit dem Abbruch des älteren Kreuzaltares hatte man ja zugleich den Pfarraltar der Domgemeinde aufgegeben. Es darf daher als sicher gelten, dass man von Anfang an daran dachte, diesen zu ersetzen. Die neue Position des Pfarraltares auf der Evangelienseite vor dem Chorbogen machte ferner die Errichtung eines Pendants auf der Epistelseite notwendig.

[133] Mader in KDB XII, Stadt Würzburg, 49, irrt in seiner auf F. X. Himmelstein, Kiliansdom, 63, zurückgehenden Angabe, dass der Brunoalter bereits im Jahr 1705 ausgeführt wurde. Siehe hierzu das Schreiben des Lothar Franz von Schönborn an Friedrich Karl vom 26. Juni 1708 in: QuGesch 1, 154 ff.

[134] Vgl. neben dem Ignatiusaltar auch den Gonzagaaltar von 1699 in Il Gesù. Ebenso steht der Hochaltar der Kirche Gesù e Maria von Carlo Rainaldi aus dem Jahr 1680 in der Genealogie dieser Retabel. Vgl. ferner den 1706/07 für Stift Haug geschaffenen Dreikönigsaltar des Balthasar Esterbauer. Vgl. hierzu weiter unten Kap. V. 3.2. mit Abb. 61, 62 und 66.

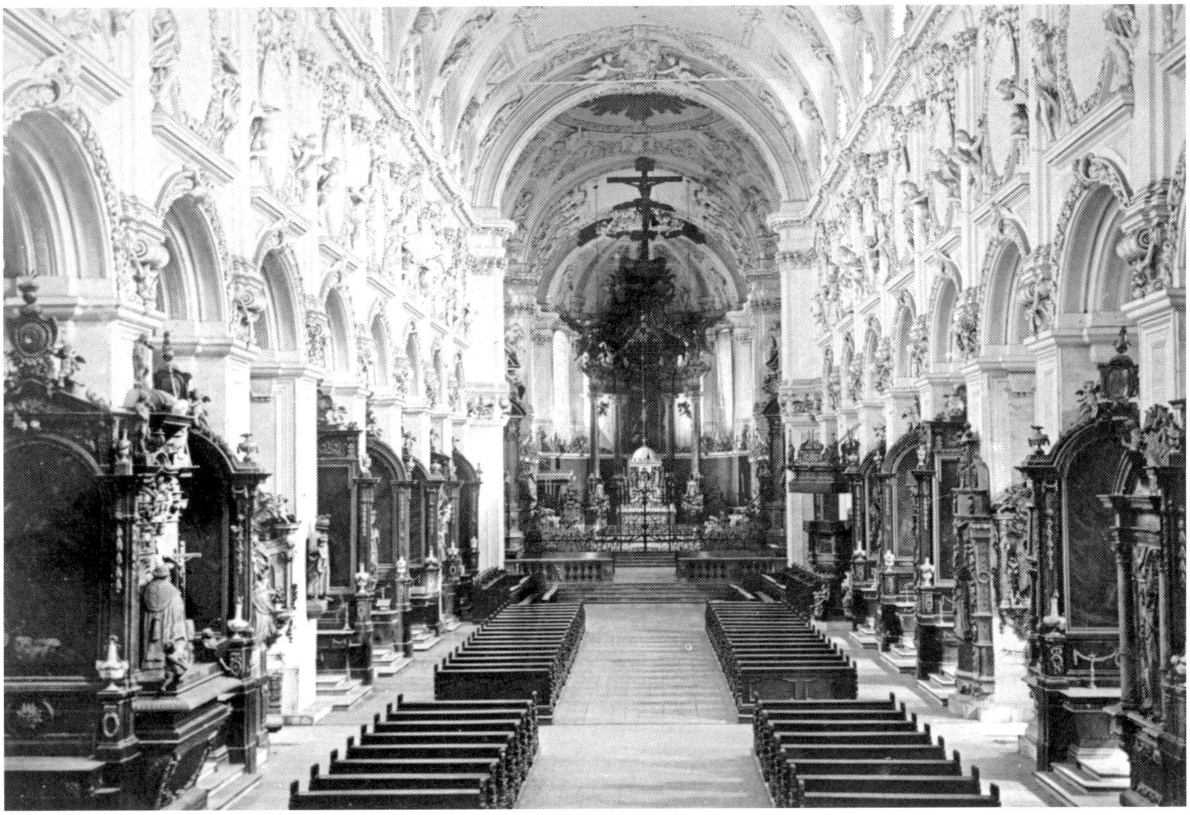

Abb. 15: Würzburg, Domkirche St. Kilian: Blick durch das Langhaus auf die Chorbühne (Zustand vor 1945).

konzept einbezog.[135] Etwa gleichzeitig mit dem Beginn der Arbeiten an der übrigen Ausstattung schloss man daher mit dem Orgelmacher Johann Hofmann einen Vertrag zum Neubau einer großen Orgel auf der Empore des südlichen Querhauses, zu der der Stiftsschreiner Ferdinand Bielefeld das Gehäuse fertigte. Die Bildhauerarbeiten waren wiederum zunächst Johann Michael Rieß verdingt worden, der bis zu seinem Tod jedoch noch nicht damit begonnen hatte. Auch diese Leistungen übernahm schließlich Balthasar Esterbauer mit dem am 16. Mai 1702 zwischen ihm und dem Domkapitel geschlossenen Vertrag.

Die Arbeiten an der Domausstattung waren bis zum Fronleichnamsfest des Jahres 1710, das als Weihetermin für den Pfarraltar angesehen werden darf, abgeschlossen. Die ursprünglich sicher beabsichtigte Ausmalung der großen Deckenbilder und der Wandfelder unterblieb vermutlich sowohl aus finanziellen Gründen wie in Ermangelung eines geeigneten Künstlers. Dennoch war es auch in der reduzierten Programmversion gelungen, die im Wesentlichen mittelalterliche Raumstruktur des Domes in ein zum Zeitpunkt seiner Fertigstellung zeitgemäßes Raumbild zu überführen. Damit entsprach die, wie der nächste Abschnitt zeigen soll, allerdings nicht allein auf das ästhetische Ergebnis zu beschränkende Wirkung der mit dem Gesamtprojekt verbundenen ehrgeizigen Absicht, dass die Domkirche

> „welche von so herrlicher architectur, alß eine im Reich seyn mag, vor andtere[n] Kirchen im Römischen Reich paßiren würde, [was] vor Gott sowohl meritorisch, alß einem hochw. domcapitul in dem zeitlichen reputirlich seye."[136]

[135] Die Orgel wurde jedoch erst 1770 durch ein Werk des späten Rokoko ersetzt.

[136] DKP 1700 Febr. 1 (fol. 17'). Es scheint mir bezeichnend, dass auch in einer eher schlichten Randnotiz wie der zitierten stets der Doppelcharakter einer Kunstunternehmung betont wird. Neben dem geistlichen Leistungscharakter der Werke ist die Reputation vor der zeitgenössischen Öffentlichkeit offensichtlich ebenfalls ein wesentlicher Beweggrund, der als Kontrollmaßstab letztlich auch für die fürstlichen *gesta in rebus ecclesiae* von Bedeutung war.

2.5. Die Entwicklung des ikonographischen Konzeptes der Domausstattung

Die beschriebene Entwicklung der Domausstattung von einem additiven, an der Bamberger Domausstattung orientierten Konzept zu einer raumintegrierenden szenographischen Projektion ist nicht allein auf den morphologischen Prozess zu verkürzen, sondern wurde spätestens unter Johann Philipp von Greiffenklau, wenn nicht schon unter seinem Vorgänger Gottfried von Guttenberg, eingeleitet und begleitet von einem Wandel des ikonographischen Gesamtprogramms, der zu den Wurzeln dieser neuen Raumausstattungskunst zurückführt. Um dies zu erläutern, ist es notwendig, zunächst etwas intensiver auf die ikonographischen Schwerpunkte der Domausstattung einzugehen.

Der Platz des Hochaltares im Domchor *(Abb. 16 und Farbabb. 1)* bezeichnete im Verständnis der Zeit[137] den Ort des Kiliangrabes. Hier gedachten der regierende Bischof und sein Domkapitel, dessen Mitglieder sich selbst als Kiliansbrüder bezeichneten, in erster Linie des Frankenapostels und seiner Gefährten als der Begründer und Schutzpatrone des ostfränkischen Bistums und Herzogtums.[138] Seit dem hohen Mittelalter führten Bischof und Domkapitel den heiligen Kilian in ihrem Siegel. Seit dem 15. Jahrhundert verehrten die Bischöfe Kilian nicht nur als Patron des Bistums, sondern auch als Schutzherrn ihres territorialen Machtbereiches. Diesem Verständnis entsprach der auf eine Initiative des Domkapitels zurückgehende Brauch, das dadurch seine Teilhabe an der weltlichen Macht des Bischofs proklamieren wollte, die Apsis des Domchores als Schatzkammer und Archiv zur Aufbewahrung wichtiger Urkunden des Hochstiftes zu benutzen. Einen ersten Höhepunkt erreichte diese Identifikation des Bischof-Herzogs mit seinem so postulierten heiligen Amtsvorgänger unter Rudolf von Scherenberg (1466–1495), der die von ihm gestifteten offiziellen Bildnisse des Heiligen mit seinen eigenen Porträtzügen ausstatten ließ, um auf diese Weise die typologische Identität zwischen dem regierenden Fürsten und dem heiligen Gründungsapostel zu bekräftigen.[139] Entsprechend wurde dem Bischof in Viten und Chroniken der Titel eines *alter fundator* des Hochstiftes beigelegt. Eine weitere bemerkenswerte Steigerung der Bedeutung Kilians leitet sich aus der zeitgenössischen Fassung des Kilianliedes *Von Sant Kilian der himmnus zu teutsch* ab, der dem alten Kilianhymnus *fons sapientiae* entsprach.[140] Darin wird das Wirken des *Apostels* Kilian mit den Leistungen der *Herrenbrüder* Petrus, Paulus und Andreas sowie Johannes des Täufers als dem Typus Christi[141] verglichen. Diese besondere Identifikation leitete sich aus der Tatsache ab, dass zum Domschatz Reliquien der genannten Heiligen gehörten und im Domchor mit den Kilianreliquien besondere Verehrung fanden. Es scheint denkbar, dass die darin anklingende Gleichsetzung Kilians mit den römischen Aposteln und die Propagierung seines Mitwirkens am Heilswerk Christi, aus der sich dann im 16. und 17. Jahrhundert der Anspruch einer apostolischen Gründung Würzburgs entwickelte, auch in der besonderen, auf römische Vorbilder verweisenden Würdeform des von Lorenz von Bibra gestifteten und von Tilman Riemenschneider gearbeiteten neuen Marmorziboriums des Domhochaltares einen angemessenen Ausdruck fand.

Unter Julius Echter wurden diese Bedeutungszusammenhänge erneut aufgerufen und den nachtridentinischen Vorstellungen über die Verehrung der heiligen Bistumsgründer gemäß abgewandelt. Dabei wurde der Akzent auf die Betonung der apostolischen Rolle Kilians gelegt, dem in dieser Funktion Burkard zur Seite trat. Wiederholt finden sich daher gerade in der Echterzeit Darstellungen Kilians und Burkards, in

137 Vgl. den Bericht der beiden reisenden Bollandisten Hennichen und Papebroch über den Dom aus dem Jahr 1660. Engel/von Freeden, 34 f.

138 Siehe zur Bedeutung der Kiliansgruft im Neumünster auch IV.4.1: Der Kiliankult nach 1650 und seine mittelalterlichen Wurzeln.

139 Vgl. hierzu und zum folgenden Abschnitt: Kilian – Mönch aus Irland – Aller Franken Patron, I. Katalog der Sonderausstellung zur 1300-Jahr-Feier des Kilianmartyriums im Mainfränkischen Museum Würzburg, hg. vom Haus der Bayerischen Geschichte, Würzburg 1989, insbes. die Kapitel: Kilian im Spätmittelalter – Herr des Herzogtums, 249 ff und Kilian zur Zeit der Gegenreformation – Apostel der Franken, 266 ff.; II. Aufsätze, insbes. H. W. Muth, Kilian, Kolonat und Totnan. Zur Ikonographie der Frankenapostel bis zur Säkularisation, 349–367; Karl Borchardt, Der hl. Kilian als Frankenapostel in der Gegenreformation, 383–395.

140 E. Soder von Güldenstubbe, St. Kilian in Hymnen, Liedern und Gedichten, in: Kilian Aufsätze, 419–443.

141 Johannes galt darüber hinaus in den Bischofsspiegeln der nachtridentinischen Zeit als der Idealtyp des Pastor bonus. Siehe hierzu auch weiter oben: Kap. III.1.: Das nachtridentinische Bischofsideal.

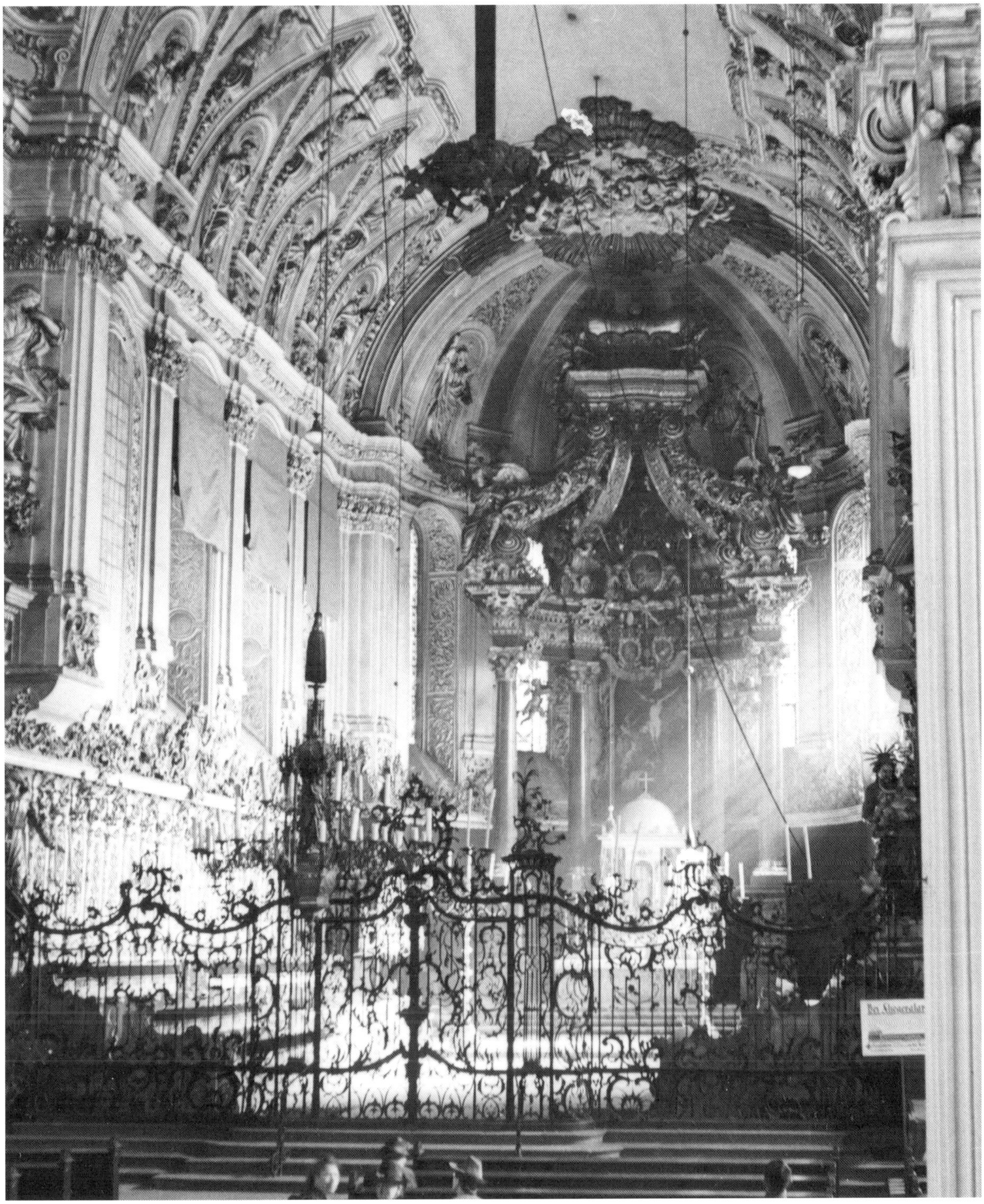

Abb. 16: Würzburg, Domkirche St. Kilian: Blick in den Chor (Zustand vor 1945). Das Foto vermittelt einen Eindruck von der für die Inszenierung des Altares wesentlichen Wirkung des gegenstrahlenden Lichtes; Stadtarchiv Würzburg.

denen diese den Aposteln Roms und heiligen Amtsvorgängern des römischen Ortsbischofs Petrus und Paulus in typologischer Entsprechung gegenübergestellt wurden. In Betonung der genealogischen Vorläuferschaft der Frankenapostel wurde es unter Julius Echter auch wieder üblich, den Heiligen in offiziellen Bildnissen mit den Porträtzügen des regierenden Bischofs auszustatten. Entsprechend bemühten sich die Historiographen Echters um die Hervorhebung biographisch-typologischer Entsprechungen zwischen dem Bischof und seinem heiligen Vorgänger, die in der Betonung gleichartiger Leistungen in der Befestigung des christlichen Glaubens, der Seelsorge und der Wahrnehmung bischöflicher Amtsverpflichtungen ihren Höhepunkt fanden. In der Zelebration der Messe vor dem Hochaltar, insbesondere in der Kommunion des Bischofs in der Gemeinschaft mit Christus, den Herrenbrüdern und den fränkischen Aposteln unter der erneuerten Darstellung des thronenden Christus inmitten der Apostel im Chorgewölbe des Domes erfuhr dieser Gedankenzusammenhang seine anschauliche und sinnfällige Darstellung.

Das bereits unter Johann Gottfried von Guttenberg geplante neue Säulenziborium für den Domhochaltar entsprach diesen Bedeutungsinhalten in kongenialer Form. So war zunächst in seiner den Zeitgenossen, wie die spätere Äußerung Greiffenklaus belegt, geläufigen Rückführung auf den Baldacchino Berninis über dem Petersgrab in Rom der Rang des *Apostelgrabes* im Würzburger Domchor hinreichend betont. Zugleich wurde in der Bekrönung des Altares mit der Herzogshaube die immer wieder formulierte Auffassung bekräftigt, dass das Würzburger Herzogtum durch Gott im Märtyrertod Kilians begründet wurde.[142] Die damit angesprochene, letztlich auf der Idee des *sacrum imperium* fußende Vorstellung einer fast tausendjährigen Tradition des geistlich-weltlichen Staatswesens galt der Zeit als Legitimationsnachweis wie als Betonung der Existenznotwendigkeit und wirkte insbesondere vor dem Hintergrund der anhaltenden kriegerischen Bedrohung und der wachsenden Säkularisationsgelüste der großen weltlichen Territorialherren des Reiches als politische Proklamation ersten Ranges. Durch die vom Domdekan Christoph von Rosenbach gestifteten Kilianteppiche wurden die angesprochenen kultisch-typologischen wie historisch-politischen Inhalte der Domausstattung zusätzlich betont. So waren die Hauptszenen der Kilianvita nach drei Bedeutungsschwerpunkten geordnet, die das *bischöfliche Wirken Kilians*, das *Martyrium* und das *Walten der göttlichen Gerechtigkeit* nach dem Tod des Heiligen vorstellten. Dabei scheint mir durch die Anordnung der mittleren Teppichgruppe mit den Szenen *Herannahen der Mörder, Martyrium Kilians und seiner Gefährten* und *Begräbnis der Heiligen Leiber* in der Nähe des Hochaltares ein besonderer Verweis auf den typologischen Bezug zwischen dem Martyrium Kilians und dem Opfertod Christi gegeben zu sein.[143]

Wie Tilman Kossatz vermutet, diente das in der Planungsphase 1687/88 von Bischof und Kapitel favorisierte Hochaltarmodell Fröhlichers nach dem Straßburger Riß wahrscheinlich auch als Vorbild für den neuen Mirakelaltar in der Wallfahrtskirche Dettelbach von 1688/90.[144] Damit lässt sich aus der u.a. durch einen Stich Salomon Kleiners überlieferten Gestalt des Dettelbacher Retabels *(Abb. 28)* möglicherweise auch eine verbindliche Vorstellung über den von Johann Gottfried von Guttenberg geplanten Domhochaltar gewinnen. Guttenberg stellte sich diesen Altar nach eigenen Aussagen in einer Form vor, die das Licht ausreichend „menagierte."[145] Dies ist nur so zu verstehen, dass er das durch die Fenster der Apsis einfallende Licht als Gestaltungselement in das *theatrum sacrum* des Altars einbezogen haben wollte. Dabei lässt sich leider nur vermuten, dass diese Wirkung auch dadurch erreicht werden sollte, dass man die Stützelemente des Altares wie in Dettelbach schräg stellte, um eine stärkere Einbin-

142 Christoph Fries (?), Geistliche und ewige Vermählung des Hochwürdigsten Fürsten und Herrn / Herrn Joannis Philippi mit dem uhralten Hertzoglichen Bistumb Würtzburg und Franken / in Beystand der ersten Bischoffe der Catholischen Kirchen PETRI und PAULI und des ersten Bischoffs zu Würtzburg KILIANI, 1699, (unpag.) UB Wü.

143 Vgl. weiter unten Kap. IV. 4.2.1.: Die Kilianteppiche.

144 Der Dettelbacher Mirakelaltar von 1688/90 wurde, wie Kossatz anhand von Archivfunden nachweisen konnte, von Michael Rieß ausgeführt. Kossatz vermutet jedoch einen Entwurfsanteil des alten Hofbildhauers Johann Philipp Preuß, der auch das Modell für den Domhochaltar von 1685/86 gefertigt hatte. Auch dies könnte ein Beispiel dafür sein, dass in dieser Zeit der entwerfende und der ausführende Künstler nicht unbedingt identisch sein mussten. Kossatz, I, 184 ff.

145 So kritisierte er an dem Modell Fröhlichers vom Februar 1688 u.a., dass es diese Forderung nicht erfüllte. DKP 1688 Febr. 21 (fol. 118).

dung des Retabels in die Raumsituation von Chor und Apsis zu ermöglichen. Sollte dies der Fall gewesen sein, scheint mir der Schritt zur Bildung eines konchenförmigen Ziboriums bereits in dieser Phase vorbereitet.[146]

Auf den Stützelementen des Altares sollten, wie aus Verhandlungen in den Domkapitelprotokollen und dem Vergleich mit dem Dettelbacher Mirakelaltar hervorgeht, große geflügelte Engel stehen. Ferner wünschte Guttenberg die Präsentation von vier Figuren „alß Statua St. Kiliani cum Sociis und die Mutter Gottes oben auf."[147] Auch diese Formulierung ist interpretationsbedürftig. So scheint es mir bei dem auf Frontalansicht ausgerichteten Hochaltar nicht wahrscheinlich, dass die möglicherweise aus Symmetriegründen um Burkard oder Andreas ergänzten Statuen Kilians und der Seinen wie die Evangelisten in Dettelbach vor oder zwischen die vier Stützen des Ziboriums gestellt werden sollten, zumal sich damit der Standort der Muttergottes „*oben auf*" nicht erklären ließe. Meiner Ansicht nach beschreibt Guttenberg damit einen tabernakelähnlichen Aufbau, der im Inneren des Ziboriums stehen sollte. Diesem wäre dann die Mensa vorgesetzt worden, auf der man zu Hochfesten des Domes zusätzlich die erwähnten Reliquienbüsten präsentiert hätte. Nachdem das konchenförmige Ziborium der Greiffenklauzeit dann die wirkungsvollere Präsentation der Brustbilder zwischen den Stützen möglich machte, übernahm man aus dem älteren Konzept die Idee der Überordnung des Marienbildes, das zwischen den mittleren Säulen über dem Tabernakel sichtbar gewesen zu sein scheint.

Nach der 1693 verfügten vorläufigen Aussetzung der Arbeiten an der Domausstattung aufgrund der kriegerischen Bedrohung durch französische Truppen wurden unter Johann Gottfried von Guttenberg keine weiteren Konzeptvorstellungen zur Weiterführung des Projektes bekannt. Dennoch dürften sich der Fürst und seine engeren Berater auch weiterhin mit Überlegungen zur Domrenovierung beschäftigt haben, was beispielsweise die Verhandlungen der Jahre 1697/98 über die Erneuerung der Domfassade belegen.[148] Dabei könnte das durch die Stiftung der Erzbruderschaft Corpus Christi und der Ewigen Andacht spätestens seit 1690 nach Würzburg vermittelte Gedankengut sowie das Bild- und Anschauungsmaterial der Quarant'ore-Apparati auch einen tiefer gehenden Einfluss auf die formalen Planungen zum neuen Hochaltar wie auf die Domausstattung im Allgemeinen gehabt haben. So vermittelt etwa die Ausstattung von Stift Haug oder auch die postum realisierte Stiftung des Johann-Gottfried-Altares für das Domlanghaus, der eine genaue Kopie des nach dem Petersaltar wohl berühmtesten römischen Altarwerkes dieser Zeit, nämlich des erst wenige Monate zuvor von Andrea Pozzo fertig gestellten Ignatius-Altares für die gleichnamige Kapelle in Il Gesù darstellt,[149] in welchem Maß man sich in dieser Zeit mit dem aktuellen römischen Kunstgeschehen auseinandersetzte.[150] Daher ist es denkbar, dass die unter Greiffenklau sehr schnell herbeigeführten Entscheidungen zur Erweiterung des Ausstattungsvorhabens unter Einbeziehung von Vierung und Querhaus und der Wandlung des ikonographischen Konzeptes durch vier weitere Altarstiftungen bereits in den späten Regierungsjahren Guttenbergs vorbereitet wurden. Diese Annahme wird durch die in der Literatur bisher nicht erwähnte, hochherzige postume Stiftung des Fürsten zugunsten der Kirchenausstattung gestützt, der zufolge Pietro Magno im zweiten Akkord vom 17. Juli 1701 veranlasst wurde,

146 Nach dem bereits erwähnten Grundrissplan des Domes SE 11 aus der Zeit um 1700 stand das Ziborium Riemenschneiders unter dem östlichen Chorjoch, also vor der Apsisrundung. Es ist davon auszugehen, dass man diesen Standort zunächst beibehalten wollte. Erst nach der Versetzung des Chorgestühls in das Presbyterium, die durch die Aufgabe des Hochchores unter der Vierung notwendig wurde, musste der geplante Altar wohl zunächst aus Platzgründen in die Apsis gerückt werden. Zugleich mag dieser Standortwechsel die konchenförmige Bildung des Altargrundrisses mitbestimmt haben.

147 DKP 1688 Febr. 21 (fol. 118).

148 Siehe hierzu DKP 1697 (fol. 159) und Lili Götz-Günther, Antonio Petrini. Ein Beitrag zur Geschichte der Barockarchitektur in Franken, phil. Diss. Würzburg 1923, 59.

149 Vgl. hierzu weiter unten Kap.V. 2.3.: Der Hochaltar für die Pfarrkirche Veitshöchheim von 1692 und der Johann-Gottfried-Altar für das Domlanghaus von 1700/01.

150 Diese Auseinandersetzungen erfolgten vor allem durch Künstler, die von auswärts nach Franken übersiedelten, wie z.B. Johann Michael Maucher, Franz Julius und Johann Baptist Brenno, Kilian Stauffer sowie schließlich auch Pietro Magno und Balthasar Esterbauer. Wenn die Fürsten zunächst auch weiterhin die ansässigen Bildhauer zu Arbeiten heranzogen, war dies wohl in erster Linie Ausdruck landesherrlicher Fürsorge, weniger aber ein Indiz tatsächlicher künstlerischer Bevorzugung.

„oben bey Endt des Navis Ecclesiae, aber anfang des Creutz, dass hochfürstl. Guttenberg. Wappen, nach erfordterter größung machen undt an[zu] führen.“[151]

Unter Johann Philipp von Greiffenklau wurde, möglicherweise also nach vorbereitenden Planungen der Guttenbergzeit, das ursprünglich zentrale Kilianthema in der Chorausstattung zugunsten einer stärkeren Betonung der Gnadenwirkung des eucharistischen Sakraments und zur Visualisierung des mit der *ecclesia universalis* triumphierenden Welterlösers zurückgedrängt.[152] Im Zentrum des durch die szenographische Projektion zusammengefassten Gesamtraumes stand fortan das letztlich von Balthasar Esterbauer gefertigte halbkreisförmige Hochaltarziborium mit dem Säulentabernakel, das durch fünf adorierende Engel ergänzt wurde, sowie das vom Vorgängeraltar übernommene, jetzt zwischen dem mittleren Säulenpaar des konchenförmigen Ziboriums über dem Tabernakel angebrachte große und durch das einfallende Licht verklärte Kruzifix des Zacharias Juncker. Beiden waren die auf bogenartigen Verbindungsgliedern zwischen den Altarsäulen stehenden Brustbilder Kilians und seiner Gefährten sowie des Apostels Andreas und der Gottesmutter zugeordnet, wobei das Marienbild, wie schon bemerkt, sehr wahrscheinlich zwischen Tabernakel und Kruzifix sichtbar wurde. Leider lassen sich der ursprüngliche Zustand und die Wirkung dieser Projektion heute nur noch notdürftig rekonstruieren. Nach den von Tilman Kossatz aufgefundenen Archivalien wird das Tabernakel Esterbauers als zentrale Kuppelanlage mit sechs ganzen und zwei halben Säulen in der Form des Wechterswinkler Tabernakels[153] oder aber des dreiteiligen Triumphbogentabernakels der Fährbrücker Wallfahrtskirche vorstellbar. Das für dieses Tabernakel vom Goldschmied Martin Nötzel geschaffene Zierrat umfasste Teile für eine kupfervergoldete Werktags- wie für eine silbervergoldete Festtagsversion. Damit ist belegt, dass das Ostensorium zumindest in zwei Bildern, vermutlich aber noch um eine dritte geschlossene Version wandelbar war, was die Annahme einer zentralen Kuppelanlage bestätigt. Ferner fertigte Balthasar Esterbauer fünf Engelsmodelle für das Tabernakel, die ebenfalls dem Goldschmied übermittelt wurden.[154] Adorierende Engel als Handlungsträger des im Tabernakel vorgestellten *theatrum sacrum* sind zwar an verschiedenen Beispielen des 17. und frühen 18. Jahrhunderts,[155] jedoch nicht in Franken belegt. Aufgrund der fehlenden Größenangaben bleibt ihre Anbringung am Würzburger Tabernakel unklar. Ungewöhnlich scheint ferner die angegebene ungerade Anzahl der Engel, die eine lediglich paarweise Anordnung ausschließt. Weiterhin ist für den Zusammenhang auf die in der hochbarocken römischen Altarbaukunst allenthalben präsenten adorierenden Engel zu verweisen, die wie oben schon angesprochen, durch ihre scheinbar ereignishafte Aktion den Schauplatz der permanenten Altarbühne bevölkerten. In Kombination mit einem von Engeln verehrten Altarbild war beispielhaft die ebenfalls schon erwähnte Skizze Fontanas für den Hochaltar von S. Maria della Steccata vorbildlich.[156] Das erwähnte Kruzifix zwischen dem mittleren Säulenpaar war 1609 von Zacharias Juncker nebst vier Engeln, deren Weiterverwendung offenbleibt, für den alten Hochaltar des Tilmann Riemenschneider gefertigt worden.[157] Die Aufstellung der Brustbilder ist durch die Balthasar Esterbauer verdingten „drei nidere bögen durchaus mit Laubwerck

[151] Guttenberg teilte, wie u.a. aus der bei Gropp zitierten Inschrift des Johann-Gottfried-Altares hervorgeht, sein Vermögen in gleiche Teile zugunsten seiner Familie, der Armen des Hochstiftes (Guttenbergische Armenstiftung) und der Kirche. Aus dem letztgenannten Anteil wurde um das Jahr 1701 der erwähnte Gedächtnisaltar, in dessen Nähe der Fürst auch beerdigt wurde, durch Balthasar Esterbauer realisiert. Eine weitere Summe muss aber auch, wie die Anbringung des Wappens über dem Vierungsbogen nahelegt, in die Gesamtrenovierung des Domes geflossen sein.

[152] Dieser Prozess ist in der ikonographischen Entwicklung kathedraler Innenräume im 17. Jahrhundert nicht singulär. Siehe hierzu Becker, 104 ff.

[153] SAWü Kasten Dom, Mappe 4, Zettel Nr. 18, zit. nach Kossatz, II, 512, Anm. 724; siehe auch ders. I, 149 f.

[154] SAWü Kasten Dom, Mappe 2, Zettel Nr. 11, zit. nach Kossatz, II, 511, Anm. 724.

[155] Vgl. z.B. Walter Schulten, Der Tabernakel der Kirche St. Mariä Himmelfahrt, in: Die Jesuitenkirche St. Mariä Himmelfahrt in Köln. Dokumentation und Beiträge zum Abschluss ihrer Wiederherstellung 1980, 1982, 210 – 223.

[156] Siehe weiter oben, Kap. IV. 2.3.: Stift Haug: Die Innenausstattung, sowie die dort erwähnte Projektskizze Fontanas im Leipziger Skizzenbuch.

[157] Siehe Himmelstein, Kiliansdom und KDB XII, Stadt Würzburg, 48.

geziert, welche zu den brustbildern kommen",[158] belegt. Ferner fertigte Esterbauer fünf Postamente, „jedes mit Laubwerck und Engels Köpf" versehen. In den Jahren 1719–1723 erhielt der Altar schließlich ein silbernes Antependium mit Darstellungen aus der Kilianvita.[159] Kruzifix, Tabernakel sowie zumindest auch das Marienbrustbild waren vermutlich im Inneren des Ziboriums so postiert, dass sie im einfallenden, gleißend weißen Licht der Apsisfenster wunderbar verklärt wurden. Damit war, den Zielen theatralischer Inszenierung des Altargeschehens entsprechend, eine Wirkung erzielt, in der sich die höhere Wesenheit dieser von weißem, d.h. göttlichem Licht überstrahlten Figuren und Gegenstände enthüllte. Da das Ziel der beschriebenen Projektion, wie an anderer Stelle noch ausgeführt werden soll, der Darstellung der Realpräsenz des eucharistischen Leibes Christi im Altarsakrament diente, entsprach diese Verklärung oder auch Enthüllung des göttlichen Wesens in den das Geheimnis der Eucharistie verdeutlichenden Gegenständen kongenial dem zeitgenössischen Schaubedürfnis. Bereits 1726 wurde wohl schon im Sinne der Frühaufklärung die entsprechende wunderhafte Inszenierungen radikal bekämpft,[160] als erste einschneidende und die Lichtregie des Gesamtraumes empfindlich störende Maßnahme, das Kruzifix in der Lichtgloriole der Apsisfenster durch ein Gemälde des Clemens Anton Lünenschloß mit der Darstellung des hl. Nepomuk vor dem Kreuz ersetzt. In späterer Zeit wurden auch die Bögen zwischen den Altarsäulen mit den Brustbildern, die in der Literatur analog zu den Konstruktionen in Gereuth, Randersacker und Komburg beschrieben werden, entfernt. Alle diese Veränderungen, denen schließlich die Zerstörung des Ziboriums am 16. März 1945 folgte, wurden in einer Form durchgeführt, die die Dokumentation des Ursprünglichen kaum noch möglich macht. So stellen die im Folgenden vorgetragenen Überlegungen letztlich lediglich den Versuch einer Annäherung an einen verlorenen Zustand vor, dessen vollständige Rekonstruktion in einigen Punkten unsicher bleibt. Gleichwohl wird sichtbar, dass der Neuausstattung des Domes ein das künstlerische Konzept ergänzender ikonographischer Plan zugrunde gelegen haben muss, in dem das künstlerische Ziel, die Gesamtprojektion des auf die Bühne des Hochaltares ausgerichteten Raumes zu erreichen, mit dem theologischen Anliegen zusammenfiel, diesen im Sinne der Kernaussagen der zeitgenössischen *propaganda fidei* zu interpretieren.[161]

Die ursprüngliche Bildung des Tabernakels zum Hochaltar des Würzburger Domes in Form eines Kuppelbaus zitiert als Abbild die Überlieferung des Heiligen Grabes zu Jerusalem. Damit verweist das Tabernakel aber nicht allein auf die Stätte des Todes Christi, sondern, als *sepulcrum gloriosum* auf den Ort der Auferstehung und des Sieges über den Tod.[162] In gleicher Weise könnte das bewusst in der Lichtgloriole der mittleren Chorfenster über dem Tabernakel gesetzte Kruzifix als Triumph- und Siegeszeichen Sinnbild des in seiner Kirche verklärten Christus sein. Dieser Deutung entsprach das Dekor des Altares aus Sonnenblumen (Christus-Sol) und unverwelklichem Lorbeer (Christus-Rex). In der Zuordnung des Muttergottesbildes wurde diese angedeutete Christus-Salvator-Thematik in einer seit dem Mittelalter geläufigen Bedeutungsüberlagerung um den Themenkomplex der *mater Salvatoris* erweitert. So war bereits in frühchristlicher Zeit die Anrufung Mariens als „beseelter Altar des Lebensbrotes"[163] verbreitet, ebenso griff die Lauretanische Litanei aus zahlreichen älteren Titulationen u.a. die Bezeichnung Mariens als *Tabernakel Gottes, heilige Wohnung Gottes bei den Menschen, Arche des Neuen Bundes, vas admirabilis, domus aurea usw.* heraus. In der Vertiefung dieser Sinnbezüge waren im 17. Jahrhundert Monstranzen gebräuchlich, die das eucharistische Himmelsbrot im geöffneten Leib der von einer Strahlengloriole verklärten Immaculata präsentierten.[164] Ferner war das heilsfördernde Zusammenwirken von

[158] SAWü, Kasten Dom, Mappe 2, Zettel Nr. 9, zit. nach Kossatz II, 509, Anm. 722.

[159] SAWü, Kasten Dom, Mappe 24, zit. nach Kossatz, II, 512, Anm. 724.

[160] Vgl. hierzu grundsätzlich Babara Goy, Aufklärung und Volksfrömmigkeit in den Bistümern Würzburg und Bamberg, Würzburg 1969.

[161] Vgl. hierzu grundlegend: Angelika Seifert, Westfälische Altarretabel (1650–1710). Ein Beitrag zur Interpretationsmethodik barocker Altarbaukunst, Bonn 1983, insbes. 151 ff.

[162] H. P. Hilger, in: Robert Grosche, Der Kölner Altarbau des 17. und 18. Jahrhunderts, Köln [2]1978, 121.

[163] Ewald M. Vetter, Mulier amicta sole und Mater Salvatoris, in: MJb IX–X (1957/58), 32–71, hier 32 f.

[164] Vgl. z.B. die 1652 geschaffene Monstranz aus Kloster Weyarn. Vetter bildet ferner eine von Franz Kipfinger geschaffene Monstranz aus der Stadtpfarrkirche Weilheim ab, die diese Präsentation der Gottesmutter um die Darstellung der Dreifaltigkeit ergänzt. Vetter, 52, Abb. 20 und 21.

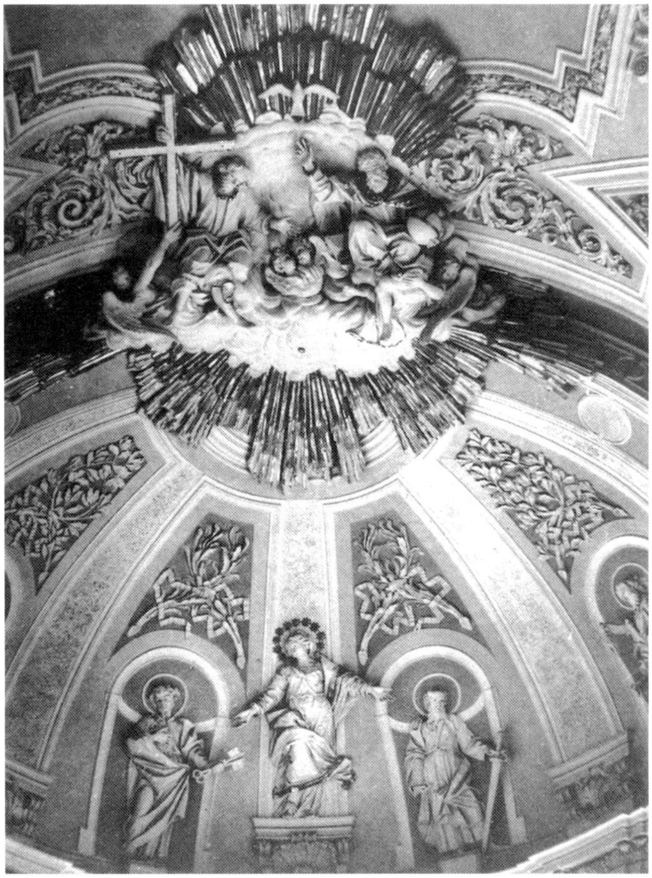

Abb. 17: Würzburg, Domkirche St. Kilian: Apsiskalotte über dem ehem. Hochaltar, Maria zwischen den Apostelfürsten Petrus und Paulus unter der Gloriole der Dreifaltigkeit. Stuck von Pietro Magno; Stadtarchiv Würzburg, NF 176.

Salvator mundi und *mater Salvatoris* wie die zum Bildmaterial des Immaculata-Komplexes gehörende Thematik der aus dem Heilsplan Gottes gefolgerten Sündenfreiheit der *Werkmeisterin der Schöpfung*[165] in zahlreichen Varianten Gegenstand der zeitgenössischen Quarant'ore-Apparati. So findet sich beispielsweise im sechsten Bild der bereits erwähnten *Cifre della Eucharistia* des Giovanni Domenico Roccamora eine Darstellung des kreisenden Rings des Zodiakus, dessen zwölf Sternzeichen dem Sternenkranz der Apokalyptischen Frau entsprechen. Dieser senkt sich im Bild gleich einer himmlischen Erscheinung in den Raum einer Sakramentskapelle. Dabei wird „das kosmische Symbol des fleischgewordenen und geopferten Gottessohnes, d.h. die Kreisscheibe der Oblate in der Sonnenmonstranz"[166] von einem fliegenden Putto in bezeichnender Sinnhaftigkeit der Jungfrau des gleichnamigen Sternbildes vor den Leib gehalten. Den mariologisch-ekklesiologischen Bildsinn dieser Darstellung enthüllt ein Lemma, das zugleich in Erweiterung der Bedeutungsinhalte auf das zwölfte Kapitel der Johannesoffenbarung verweist: „in sole posuit tabernaculum suum."[167]

Nach Karl Noehles entsprechen die geläufigen Bildinhalte des „erhöhte[n] Thron[es] des Sonnenweibes [...] in korrespondierende[r] Figuration" dem „Sakramentstabernakel des christlichen Gotteshauses", als „der Arche (arca) des Neuen Bundes über der Gott seinen Wohnsitz hat."[168] Auch im Würzburger Dom wurde das im Zentrum des Hochaltarziboriums enthüllte Salvator-Salvatrix-Thema in der Ausstattung von Chorgewölbe, Vierung und Querhaus hinsichtlich einer umfassenden Darstellung des göttlichen Heilswirkens erweitert. So erscheint im Apsisgewölbe Maria in der Achse des Hochaltares, als Immaculata oder Himmelskönigin mit einem Sternenkranz bekrönt, im Kreis der zwölf Apostel unter der auf einer Engelswolke im Strahlenkranz erscheinenden Dreifaltigkeit *(Abb. 17)*. Die in den

[165] Nach Cyprian, siehe: Noehles, 1978, 103.
[166] Noehles, ebd., 103.
[167] Noehles, ebd., 103.
[168] Noehles, ebd., 103 f.

nischenartig ausgebildeten Stichkappen des Chorgewölbes stehenden Apostel stellen in dieser Zuordnung den himmlischen Hofstaat der Immaculata dar. Entsprechend erscheinen ausschließlich im Chorgewölbe als Träger des großen, nicht ausgeführten Deckenbildes vierflügelige Engelhermen, die hier zugleich als Thronwächter und Repräsentanten der himmlischen Herrlichkeit anzusprechen sind. Im formalen und inhaltlichen Bezug auf den Hochaltar erscheint in der Zusammenschau mit der figürlichen Darstellung des Chorgewölbes die dem Vorstellungskomplex der Apokalyptischen Frau thematisch zugeordnete Immaculata als Braut des *Christus resurrectus* in der Trinität nach einer von Georg Schmidt entlehnten Formulierung als *Allwesenheitsbild Mariens*, das die historische und außerweltlich begriffliche Gestalt der Gottesmutter zusammenfasst.[169] In diesem Verständnis vereinigt dieses Bild theologische und mystische Sinngehalte. „Der theologische zielt auf die Gleichsetzung Mariens als Gottesbraut mit der irdischen Kirche, die Bewahrerin der unter dem Bild des Schmerzensmannes verstandenen Gnadenmittel ist, der mystisch-realistische meint die schmerzhafte Mutter, deren erste Freude schon von den Ahnungen der Passion (Schmerzensmann) überschattet war."[170] In der folgerichtigen Adaption dieser Inhalte verweist die zwischen die römischen Apostelfürsten Petrus und Paulus[171] gestellte Immaculata im Apsisgewölbe des Würzburger Domes in der Achse mit Tabernakel, Marienbüste und Kruzifix des Hochaltares sowohl auf eucharistisch-ekklesiologische Bedeutungsinhalte, wie sie in der Zuordnung der Altäre des Querhauses, die den Themenkomplexen Schmerzensmutter und Schmerzensmann gewidmet waren,[172] auch die Universalität eschatologischen Gedankengutes repräsentiert.

Chor, Quer- und Langhaus des Würzburger Domes sollten über Altar- und Stuckausstattung hinaus schließlich mit großen Deckenbildern, letzteres zusätzlich mit einer Folge von Wandbildern ausgestattet werden, deren Programm leider nur ansatzweise bekannt ist. So ist aus den Rechnungsbüchern des Domkapitels zu entnehmen, dass für das Langhaus Szenen des Lebens Jesu und der Gottesmutter vorgesehen waren.[173] Dies lässt mit Sicherheit darauf schließen, dass die dargestellten ikonographisch-ikonologischen Zusammenhänge in der malerischen Ausstattung des Domes eine Vertiefung erfahren hätten.

Die hier angesprochenen marianischen, durch christologische Aspekte ergänzten Bedeutungsinhalte um *mater Salvatoris* und *Maria Coredemtrix* sowie um die *mulier amicta sole* und *Immaculata Conceptio* sollen weiter unten noch vertieft werden.[174] Zum Verständnis des Folgenden sei hier jedoch noch einmal darauf verwiesen, dass sich die gesamte Thematik in der Betonung des katholischen Eucharistieverständnisses zu einem zentralen Anliegen der Kirchenreform entwickelte. Auch im ikonographisch-ikonologischen Zusammenhang der Würzburger Domausstattung entsprach daher das marianische Allwesenheitsbild im Scheitelpunkt der Apsis in folgerichtiger Zuordnung dem Hauptthema des in seiner Kirche verklärten Weltenerlösers. So war in der Gesamtheit der in dieser Thematik aufgerufenen Symbolik und Typologie zugleich der Vorstellungskomplex der präexistenten göttlichen Weisheit angesprochen. Als deren Inkarnation nahm Christus auf dem Thron der Weisheit, in dem die abendländische Mariologie nach der Interpretation von Jesajas 11/1,2 Maria präfiguriert sah, Platz.[175] In diesem Verständnis war also die göttliche Weisheit als „vorgeordnete geistige Kraft und Offenbarungsvermittlerin" mit der ebenfalls als

[169] Georg Schmidt, Patrozinium und Andachtsbild, in: Mitt. d. Inst. f. österr. Geschichtsforschung Bd. LXIV (1956), 277 f. Dieser Zusammenhang wird im nachfolgenden Kapitel anhand typischer marianischer Verehrungsmotive im Hochstift Würzburg im 17. und 18. Jh. vertieft. Siehe Kap. IV. 3. – 3.4.2.

[170] Schmidt, 288.

[171] Dabei verweist der Schlüssel als Attribut des Petrus zugleich auf die der Maria-Ecclesia von Christus verliehene Binde- und Lösegewalt, deren Behauptung gegen die reformatorische Kirche zu den Grundanliegen der katholischen Kirche gehörte. Siehe auch Lexikon der christlichen Ikonographie (LCI), hg. von E. Kirschbaum SJ u.a. 1970 ff, hier Bd. 4 (1972, Sp. 82 ff, Stichwort: „Schlüsselübergabe an Petrus" (J. Poeschke) sowie G. Schiller, Bd. 3 (1971), 192 f: „Die Apostelkollegien in der endzeitlichen Herrlichkeit".

[172] Siehe zu den Altären an den Stirnfronten des Querhauses Kap.V. 4.1.

[173] DKP Dombau-Rechnungen 1701 Nr. 39442; siehe auch: Rudolf Edwin Kuhn, Der Thronsaal der Himmlischen Herrlichkeit. Das Lebenswerk des Stuckator-Architekten Giovanni Pietro Magno im Würzburger St. Kiliansdom, Würzburg 1981, 24 Anm. 10.

[174] Siehe hierzu die entsprechenden nachfolgenden Kapitel sowie grundlegend Gertrud Schiller, Band 4.2.: „Maria", (1980).

[175] Siehe hierzu Gertrud Schiller, Band 4.1.: Die Kirche (1976), 68 f: „Einführung Marias in den Tempel".

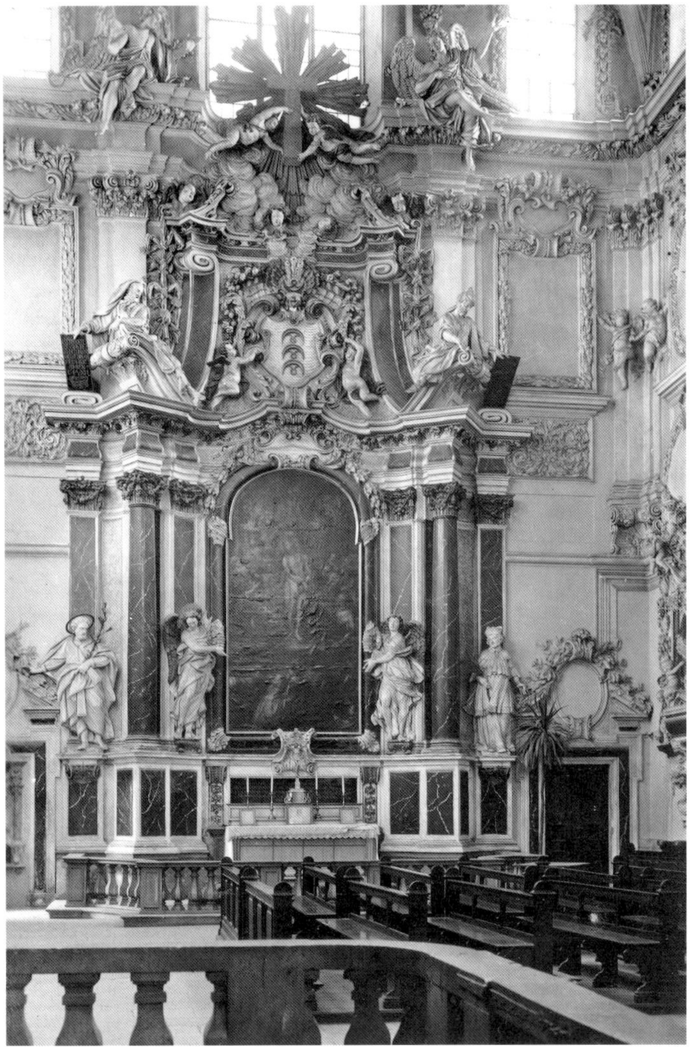

Abb. 18: Würzburg, Domkirche St. Kilian: Stirnfront des nördlichen Querhauses, sog. Propstaltar von Pietro Magno, 1704, aus der Stiftung des Otto Philipp von Guttenberg. Altarblatt: „Darstellung Christi im Tempel," wohl Oswald Onghers, nicht bez. (Zustand vor 1945); Fotoarchiv Gundermann, Würzburg, Inv.Nr. 14682.

präexistent gedeuteten Ecclesia zu identifizieren.[176] In der Vertiefung dieses Themas wurden in den Zwickeln des mit einer Strahlengloriole ausgestatteten Vierungsgewölbes die vier Evangelisten dargestellt, die als Verkünder des im Heilswirken Christi offenbarten göttlichen Logos auf ihre Schrifttafeln als Attribute weisen. Dabei ist folgerichtig der Tafel des Matthäus als dem biblischen Zeugen der Menschwerdung ein Bild der Maria mit Kind eingefügt, das unmittelbar auf die nach katholischer Überzeugung im Heilsplan Gottes vorgesehene Mitwirkung Mariens am Heilswerk Christi hindeutet. Damit verdichten sich die angesprochenen Bild- und Bedeutungsinhalte in der Interpretation von Hochaltar und Tabernakel als Abbilder der durch das *sepulcrum gloriosum* sowie durch die assoziierten Vorstellungen des Neuen Tempels in Maria präfigurierten Ecclesia, die unter der Trias der göttlichen Personen residiert und unter der Statthalterschaft der als Beamte des Gottesstaates eingesetzten Apostel und ihrer bischöflichen Nachfolger durch die Verwaltung des eucharistischen Gutes in die historische Zeit hineinwirkt.

Wie schon angedeutet, wurde das skizzierte Gesamtkonzept in einem zweiten Schritt um die Ausstattung des Querhauses erweitert. So zeigen die beiden 1704 gestifteten Altäre an den Stirnfronten der Querhausarme *(Abb. 18 und 19)* in monumentaler, bereits im dritten Akkord des Pietro Magno von 1703 auch wörtlich mit *Portalen* verglichener Rahmenarchitektur auf der Nordseite die *Darbringung Christi im Tempel* (purgatio Mariae) und auf der Südseite die *Darstellung Christi als Schmerzensmann* (Ecce-

[176] Schiller, Bd. 4.1., 69.

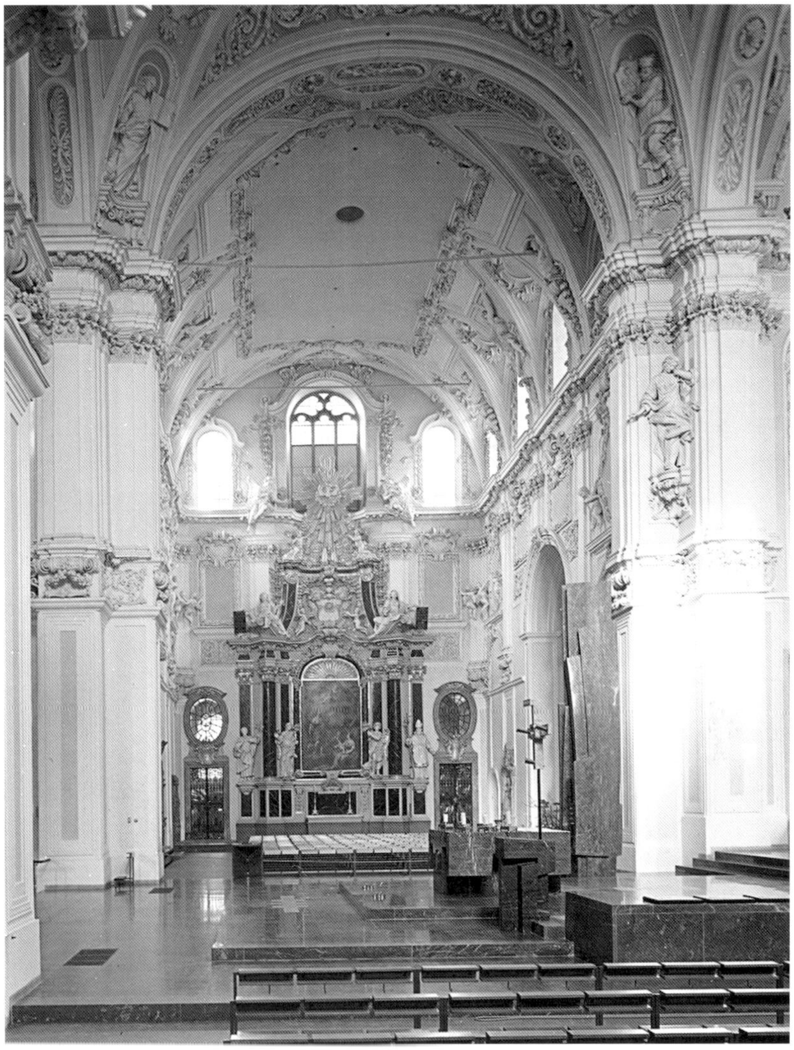

Abb. 19: Würzburg, Domkirche St. Kilian: Stirnfront des südlichen Querhauses, sog. Dechantaltar von Pietro Magno, 1704, aus der Stiftung des Georg Heinrich von Stadion. Altarblatt: „Christus wird von Pilatus dem Volk vorgestellt," bez. Osw. ongkers pinxit Ano 1704. Pendant zum zeitgleichen Propstaltar im nördlichen Querhaus (Zustand vor 1945); Stadtarchiv Würzburg, NF 176

homo).[177] Auf dem Gesims des nördlichen Altares weisen die samische und die hellespontische Sibylle, als Vertreterinnen der den heidnischen Völkern zur Offenbarung des göttlichen Erlösungsplanes gesandten Prophetinnen,[178] auf Spruchbänder mit den Kernsätzen ihrer die Inhalte der Altarblätter thematisierenden Weissagungen. So steht auf dem Spruchband der samischen Sibylle (links): *Ecce dies nigra, quae tollet laeta tenebras, mox veniet,*[179] während auf dem der hellespontischen Sibylle der Orakelspruch: *Vidi decorare puellam munera digna suo et divino numine*[180] zu lesen ist. Auf dem Altar des südlichen Querhauses entsprechen den Sibyllen die Propheten Jeremias und Jesajas, deren Schrifttafeln die auf das Opfer des Welterlösers vorausdeutende Weissagungen präsentieren. So ist bei Jeremias zu lesen: *Attendite et videte, si est dolor sicut dolor meus,*[181] während Jesajas auf die Worte *livore ejus sanati sumus*[182] verweist.

[177] Beide Altarblätter stammten aus der Werkstatt Oswald Onghers. Sie verbrannten 1945, während die Rahmenarchitekturen erhalten blieben.

[178] Schiller, Bd. 4.2., 215 f. – LCI Band 4, Sp. 150 ff Stichwort: „Sibyllen" (G. Seib).

[179] Siehe der schauervolle Tag, welcher hinweg nimmt die Nacht, kommt bald.

[180] Ich sah eine Jungfrau mit Gaben schmücken, ihres und des göttlichen Geistes würdig.

[181] Lament. Jer 1, 12: Höret und sehet, ob da ist ein Schmerz wie meiner.

[182] Jes 53, 5: Durch sein Blut sind wir geheilt.

Die ursprünglich in der Themenwahl aufeinander sowie auf das ikonographische Gesamtkonzept des Kirchenraumes abgestimmten Altarblätter der Querhausaltäre stellten mit der *Darbringung im Tempel* und der *Darstellung Christi durch Pilatus* zwei Begebenheiten des Lebens Jesu dar, die unmittelbar auf den Opfertod am Kreuz bezogen waren. Die *Darbringung im Tempel* ist mit der Reinigung Mariens, die nach jüdischem Gesetz vierzig Tage nach der Geburt eines Kindes stattfand, sowie mit der Loslösung des erstgeborenen Kindes vom Tempeldienst verbunden. An diese rituellen Ereignisse schloss sich nach Lk 2, 25 die Begegnung mit Simeon, der vom Geist erleuchtet, in dem Kind den von Gott gesandten Erlöser erkannte. Seinem Lobgesang folgte das Zeugnis der Prophetin Hannah.[183] Durch beider Bekenntnis wurde die am Altar vollzogene Darbringung typologisch mit dem Opfertod Christi verbunden.[184] Darüber hinaus entwickelten sich aus der Identifizierung Simeons mit dem Hohenpriester ein typologischer Verweis auf den den Tod Christi im Meßopfer nachvollziehenden christlichen Priester.

Neben diesen auf das eucharistische Opfer Christi verweisenden Bedeutungsinhalten gehört das Fest der Purifikatio auch zu den marianischen Hochfesten des Kirchenjahres. So preist etwa die Rosenkranzlitanei Maria in einer Anrufungsformel als Jungfrau, die Christus im Tempel aufgeopfert hat. Während Gott zur Erfüllung des Heilswerks seinen Sohn schenkt, vollzieht das alttestamentarische Gottesvolk mit Maria als Typus Ecclesiae die Rückgabe des Geschenkten zur Erfüllung des Gesetzes. So bringt Maria den Sohn Gottes als Heil der Welt im Tempel dar. In diesem Verständnis sind Reinigung und Darbringung mit dem göttlichen Erlösungswerk unmittelbar verbunden, wobei die *aktiven Reinigungstaten* Christi und Mariens im theologischen Verständnis zusammengefasst wurden.[185] Daher wird die Weissagung des Simeon, der in dem Kind das Zeichen erkennt, dem widersprochen wird, ergänzt durch die Prophezeiung an Maria, dass ihr ein Schwert durch die Seele dringen werde. In diesem, das Passio-Compassio-Verständnis zusammenfassenden Satz ist die Verehrung Mariens als *Schmerzensmutter* und *Coredemptrix* begründet.[186] Daher erscheint sie im Kontext der Domausstattung folgerichtig erneut als Mater dolorosa unter dem Triumphkreuz im Chorbogen.

Das Johannesevangelium[187] berichtet von der Darstellung des gegeißelten Christus im königlichen Spottgewand vor dem Volk. Der Feststellung des Pilatus, dass er keine Schuld an Christus fände, folgt der Ruf des Volkes: *Sein Blut komme über uns und unsere Kinder.*[188] Nach Gertrud Schiller bezeichnet das Ecce-homo-Bild neben der Kreuzigung die wichtigste Station der Passion, in der sich im Leiden Christi das Ausmaß menschlicher Schuld spiegelt. Zugleich verweisen die Worte des Pilatus *Ecce homo* auf das Mysterium der Inkarnation des Gottessohnes. Aus der Gegenüberstellung der *Darbringung im Tempel* erschließt sich darüber hinaus in beiden Szenen eine weitere Bedeutungsebene. Erschien Maria in der Tempelszene, auf ihre eschatologische Rolle als Typus Ecclesiae voraus deutend, als diejenige, die mit Simeon und Hannah den Messias erkennt und annimmt, so wird das Volk, das Christus im Ecce-homo verdammt, zum Typus des alten Israel. Damit verweisen beide Szenen auf die Antithese von Ecclesia und Synagoge. In dieser Bedeutungsüberlagerung ergänzen sie auch die Darstellung der Himmelskönigin im Apsisgewölbe über dem Hochaltar. Da Maria den Heilsplan Gottes erkannte und aktiv mitgestaltete, wird ihr gleich Christus der besondere Gnadenvorzug gewährt, nicht in der Macht des Todes zu verbleiben. In dem mit der Aufnahme in den Himmel und der Himmelskrönung der Jungfrau aufgerufenen Sponsus-Sponsa-Motiv ist die Vorstellung Mariens als Braut des Logos und Urbild der Kirche begründet. So entspricht der Annahme des göttlichen Heilswillens die Stiftung des eucharistischen Sakramentes, als dessen Sachwalterin die in der *Immaculata* präfigurierte Kirche sich als allein selig machend bezeichnen konnte.[189]

[183] Schiller, Bd. 1: „Inkarnation, Kindheit und Wirken Jesu", (1966), 100: *Darbringung im Tempel.*

[184] Marienlexikon, hg. vom Institutum Marianum Regensburg unter Leitung von Remigius Bäumer und L. Scheffzyk, 1988 ff; hier Bd. 2, 142, Stichwort „Darbringung im Tempel" (A. Stöger/F. Tschocher).

[185] Marienlexikon Bd. 2, 143.

[186] Marienlexikon Bd. 6, 28 ff, Stichwort: „Schmerzensmutter" (J. Finkenzeller / M. Schawe).

[187] Joh 19, 4–15.

[188] G. Schiller, Bd. 2: Die Passion Christi (1968) 86 ff, „Das Ecce-homo-Andachtsbild".

[189] *Extra ecclesiae nulla salus.* Auch dieser Kernsatz des katholischen Universalitätsanspruchs richtete sich in dieser Zeit insbesondere gegen die protestantische Kirche.

nahme des Abbruchs der Krypta und der Änderung des Lang- und Querhausgewölbes in eine Stichkappentonne mit tiefer eingeschnittenen Fenstern die konkreten Eingriffe in die architektonische Struktur des Domes während der Umbauphase 1700/01 gering. Auch Magno verwendete in den Simsbändern der Langhaushochwand oder den einspringenden Vierungspfeilern wesentliche Elemente der vorhandenen mittelalterlichen Raumgliederung. Der Wandel des mittelalterlichen in ein barockes Raumbild erfolgte also vielmehr durch eine geschickte Bekleidung der Wand, was an das Vorgehen bei der Errichtung ephemerer Apparate erinnert.[200] Im Versuch der Verwandlung der mittelalterlichen Strukturen fand Magno zu einer veränderten Form szenographischer Projektion und Inszenierung, der sich auch hier die bewegliche Innenausstattung in kongenialer Form unterordnete. Die entscheidenden Schwachpunkte der bildmäßigen Erscheinung des Dominnenraumes bestanden darin, dass weder Vierung noch Chorgewölbe direkt belichtet wurden. Beide bildeten vielmehr im Hauptprospekt aus dem durch die großen Obergadenfenster und die Fenster der Seitenschiffe gut beleuchteten Langhaus eine entschiedene Dunkelzone, deren prinzipielle Inszenierungsschwäche im künstlerischen Konzept Magnos dadurch ausgeglichen wurde, dass sie zum einen die tiefenräumliche Erscheinung des Chores im Sinne einer bildmäßigen Verdichtung milderte und zum anderen eine klare Abgrenzung des zwischen den westlichen Vierungspfeilern erscheinenden Bühnenbildes und dem aus den Obergadenfenstern belichteten Langhaus bewirkte. Dieser Effekt wurde durch die im eigentlichen Sinne als *decorum* aufgefassten Stuckaturen Magnos in besonderer Weise verstärkt. So gliederte der Künstler die Hochschiffswände des Mittelschiffs durch kräftige architektonische, figürliche und ornamentale Elemente, die die bereits in der Arkadenreihe angelegte perspektivische Entwicklung auf den westlichen Vierungsbogen zu unterstrichen. Dessen deutlich einspringende Stützen waren wiederum nur so sparsam mit Stuckornamenten bekleidet, dass sie das von oben einfallende Licht besonders gut reflektierten und damit optisch als Bühnenportal wirksam werden konnten. Von demselben Standort im Langhaus aus betrachtet wurde dagegen das Hauptgesims des Chores von den östlichen Vierungspfeilern überschnitten, so dass die Wiederholung des Triumphbogens der Vierung in Apsisbogen und Altarbaldachin eine Kontraktion dieser Raumteile bewirken konnte, die, verstärkt durch das beschriebene atmosphärische Dunkel, deren bildmäßige Erscheinung steigerte. „Alle gestalterischen Mittel sind darauf gerichtet, den Blick auf diese Erscheinung, über deren effektive räumliche Disposition nur schwer Klarheit zu gewinnen ist, hinzulenken, sie in einen dynamischen Prozess der Steigerung auf sie zu beziehen, um dann eben diese Erscheinung durch die deutliche Zäsur, die der Triumphbogen [...] vor dem Choreingang [schafft], vom Betrachter zu distanzieren."[201] Mit diesem von Karl Noehles entlehnten Zitat, das ein ephemeres Architekturprojekt Cortonas zur Feier der Quarant'ore in San Lorenzo in Damaso von 1635 beschreibt, lässt sich analog das Wirkprinzip der Raumkunst Pietro Magnos wie zugleich eine ihrer wesentlichen künstlerischen Wurzeln erschließen.

Ist diese Wirkung anhand des vorhandenen historischen Bildmaterials relativ gut zu rekonstruieren, so bedarf es einiger Phantasie, will man sich die ursprüngliche Einbindung des Hochaltares in die licht- und raumszenographische Projektion vergegenwärtigen. Wie ja bereits erwähnt, stand der Hochaltar ursprünglich auf beträchtlich höherem Niveau, so dass die Aufbauten im Inneren – also das tempelähnliche Silbertabernakel, das von den Silberbüsten der Apostel gefasst und möglicherweise von der Marienbüste überragt wurde, und das Juncker'sche Kruzifix – durch das seitlich aus den Apsisfenstern einfallende Licht wunderbar verklärt wurden. Damit war eine Wirkung erreicht, die an das zahlreiche Vorlagenmaterial der ephemeren Quarant'ore-Apparati erinnerte. Wurde der Blick des Betrachters wie beschrieben durch die Kontraktion der architektonischen Motive und den Licht-/Schatten-Kontrast auf die Altarbühne konzentriert, so transzendierte diese in ihrem ikonographischen und liturgischen Zentrum durch die Wirkung des einfallenden, weißen Lichtes und suggerierte so in den die Geheimnisse des eucharistischen Sakraments umfassenden Gegenständen die Gegenwart Gottes. Damit war das Ziel zahlreicher ephemerer Apparate, das in der Messliturgie propagierte Geheimnis der Transsubstantiation *ad oculis*, also vor der schau-

[200] Vgl. zu den Stuckarbeiten Magnos im Einzelnen: R. E. Kuhn, 23 ff.

[201] Karl Noehles, Architekturprojekte Cortonas. Zum 300. Todesjahr des Künstlers, in: MJb 20 (1969), 171–206, hier 188 f.

enden Gemeinde zu enthüllen, in die dauerhafte Struktur des festlich inszenierten Kirchenraumes überführt. Indem das konchenförmige Ziborium vor der durchfensterten Apsiswand selbst zum Ort göttlicher Präsenz wurde, erweiterte die Wirkung dieser Inszenierung letztlich jene in Stift Haug, in der das architektonische Retabel zur *porta Coeli* transzendierte und einen Ausblick in den durch das weiße Licht der Chor- und Obergadenfenster interpretierten metaphysischen Illusionsraum öffnete.

Bevor ich auf die damit angesprochenen Fragen nach der morphologischen Ableitung des konchenförmigen Ziboriums zurückkomme,[202] ist hier zunächst auf weitere Aspekte der szenographischen Gesamtprojektion am Innenraum des Domes zu verweisen. So gehört es ja zu den Grundlagen szenographischer Raumkunst, dass sich das jeweils projizierte Bild mit der Bewegung des Betrachters im Raum wandelte und immer neue Geheimnisse enthüllte. *(vgl. Abb. 15)* Durchschritt man daher das Langhaus des Würzburger Domes bis an die Stufen des Bühnenvorbaues unter der Vierung, so öffnete sich der zunächst auf den Hochaltar zentrierte Prospekt und bezog die beiden vor dem Chorbogen aufgestellten Altäre von 1708/10 ein *(vgl. Abb. 20)* Diese nahmen in ihrer architektonischen Bildung als Portale selbst Proszeniumscharakter an und konzentrierten den Blick des Betrachters ebenfalls auf ein transzendentes Geschehen. Dabei ist es zunächst wichtig, noch einmal rückblickend die szenographische Ordnung des Langhauses zu betrachten. *(Abb. 23)* Dieses erhielt vor allem Licht aus den während der Renovierungsarbeiten vergrößerten Obergadenfenstern sowie in geringerem Anteil aus den Fenstern der Seitenschiffe. Der Betrachter befand sich also in einer Raumzone mit eher indirektem Lichtanteil, was die Konzentration seines Blicks auf die Lichtzonen, also durchaus auch auf Hochschiffswand und Obergaden, insbesondere aber auf das Bühnenbild im Chorraum förderte. Diese durch das Licht bewirkte Dramaturgisierung des Raumes, die seine ikonographische und liturgische Interpretation ergänzte, entsprach allgemeinen Anschauungen über die hierarchische Strukturierung des Kirchengebäudes. So waren auch die unter den Arkadenbögen aufgestellten Altäre mit Darstellungen aus dem Heiligenleben[203] in der schwarzen und braunen Fassung ihrer Retabel der lichtarmen Raumzone zugeordnet. Lediglich ihre vergoldeten Säulenstellungen, die die perspektivische Ausrichtung des Langhauses auf das Bühnenportal der Vierung unterstrichen, hatten in der Reflektion Anteil am Licht der oberen Raumzone.[204] Soweit die ursprünglichen Altarblätter anhand von Abbildungen vorstellbar werden, waren sie alle, wie die Seitenaltäre in Stift Haug, auf eine Beleuchtungsquelle *oberhalb* des dargestellten Bildausschnittes bezogen, in der das göttliche Gnadenwirken anschaulich wurde.[205] In der allegorischen Deutung des Kirchenraumes war diese Lichtquelle mit dem durch die Obergadenfenster einfallenden, weißen Licht gleichzusetzen, das die obere Raumzone des Langhauses erhellte und auf das den Hochaltar transzendierende Licht der Chorbühne verweisen konnte. Zugleich wurde die obere Raumzone durch himmlische Wesen bevölkert, die das Hereinwirken der metaphysischen Welt in den Kirchenraum belegten. Dabei entsprach es ebenfalls den im zeitgenössischen Verständnis des Kirchengebäudes grundgelegten didaktischen Zielsetzungen, wenn die reizvollen Putti und die großen Flügelengel der Hochschiffswände, die abwechselnd stuckierte Bilderrahmen präsentierten, für die Szenen des Lebens Christi und Mariens vorgesehen waren, lebhaft in den Raum hineinagierten und damit die Einheit und Bezogenheit von kämpfender und triumphierender Kirche betonten. Magno gestaltete die auf profi-

[202] Siehe in diesem Kapitel weiter unten sowie Kap V. 4.1: Die Retabelbauten im Querhaus des Würzburger Domes.

[203] Eine Ausnahme bildete das östliche Paar mit dem bereits oben erwähnten ehem. Pfarr- und dem Mariae Himmelfahrtsaltar, die bis 1701 vor dem Chorgitter unter der Vierung standen.

[204] Da die Retabel, wie oben angedeutet, 1893 verändert wurden, lässt sich diese Wirkung anhand der vorhandenen Fotos nicht nachvollziehen. Lediglich der nach Kleinostheim transferierte Johann-Gottfried-Altar, der den Absichten seines fürstlichen Stifters entsprechend allerdings aufwendiger ausgeführt wurde als die übrigen Langhausaltäre, hat sein ursprüngliches Retabelgehäuse bewahrt. Im Übrigen lag das beschriebene Fassungssystem für die Langhausaltäre schon im ausgehenden 17. Jahrhundert vor, wie aus einem Streit mit dem Maler Ussleben um die Fassung des Laurentius- und des Christus-Flagelatus-Altares zu entnehmen ist. DKP 1687 April 17 (fol. 169 f).

[205] Damit deutet sich also ein nicht rationaler Zusammenhang zwischen den auf das himmlische Licht verweisenden Bilddarstellungen der Altarblätter, die sich ja letztlich in anderen Raumzusammenhängen ereignen, und dem durch die Obergadenfenster in den Kirchenraum einfallenden, weißen, also im Ursprung göttlichen Licht an, der den inszenatorischen Charakter der Gesamtausstattung unterstreicht.

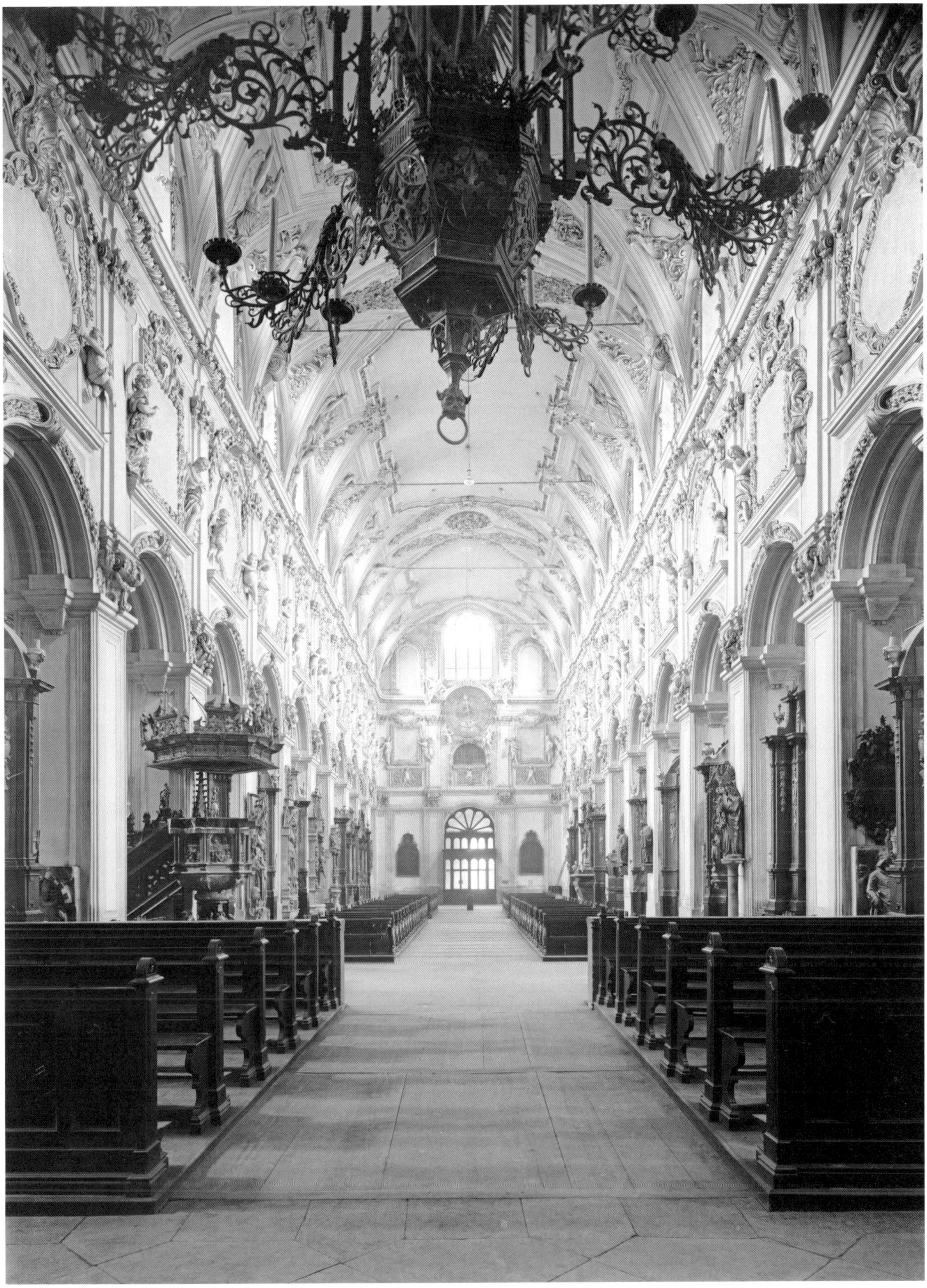

Abb. 23: Würzburg, Domkirche St. Kilian: Blick aus dem Hochchor in das Langhaus mit dem Stuck von Pietro Magno (Zustand vor 1945).

lierten Simsstücken stehenden Engel und die fliegenden Putti in wechselnden Stellungen und Haltungen, wodurch das Ereignishafte ihrer Erscheinung bzw. die Transformation des zeitlichen Kirchenraumes zum metaphysischen Ereignisraum betont wurde. Dadurch gewannen die fest mit der Wand verbundenen Bilderrahmen, die von den Engeln und Putten teilweise freiplastisch umgriffen oder von ihren wehenden Gewändern überschnitten wurden, gewissermaßen schwebenden Charakter. In ähnlicher Weise wurden auch die gewölbetragenden Cherubim oder die, den Tondoring mit der Strahlengloriole in der Vierung herabsenkenden Putti in einer Art dargestellt, die die materielle Realität des Raumes zugunsten des Wunders bzw. des sich wunderbar ereignenden Geschehens veränderte. Magno gestaltete diese mit den Realitätsebenen spielenden Figurationen wohl in Kenntnis entsprechender römischer Vorbilder,[206] die einmal mehr im ikonographisch-ikonologischen Gedankengut der Quarant'ore-Inszenierungen und der sie umsetzenden Altarprojekte des römischen Hochbarock wurzelten. *(vgl. Abb. 22)*

Von einem Standpunkt auf der Höhe der Chorschranken wurde der Betrachter dann im Gegensatz zum Langhaus mit der strahlenden Fülle des aus den Chor- und Apsisfenstern einfallenden Lichtes konfrontiert, das einerseits den Hochaltar erneut distanzierte, andererseits als Abglanz auf den gänzlich vergoldeten Altären vor dem Chorbogen, dem Pfarraltar auf der Nord- und dem Brunoaltar auf der Südseite widerschien. *(vgl. Abb. 20)* In ihrer raumaktiven Bildung mit diagonal gestellten Säulenbündeln auf abgerundetem Sockel[207] übernahmen diese monumentalen Altarretabel im Übergang zwischen Vierung und Chor eine ungemein wichtige Funktion, indem sie das *theatrum sacrum* der Hochaltarbühne vor der schauenden Gemeinde spiegelten. Dies galt insbesondere für den zugleich als Zelebrationsaltar der Corpus-Christi-Bruderschaft fungierenden Pfarraltar, dessen Altarblatt, wie oben erwähnt, die Verherrlichung der Eucharistie durch die Völker der Erde darstellte und der darüber hinaus mit dem Brunoaltar vor dem nur der Domgeistlichkeit vorbehaltenen Durchschreiten der letzten Wegstrecke von der Vierung bis zum Hochaltar, auf dem sich das Mysterium der Transsubstantiation vollzog, eine wirkungsvolle Zäsur setzte.

Bedurfte das *theatrum sacrum* des Kirchenraumes einerseits der schauenden Gemeinde als Rezipienten, so entfaltete sich die vollständige Wirkung der Inszenierung auf der Hochaltarbühne erst in Anwesenheit des Bischofs und der Stiftsherren. Indem sich diese als Repräsentanten der *ecclesia Herbipolensis* um den Thron des himmlischen Königs auf dem Hochaltar versammelten, an dem der Gründungsapostel Kilian selbst einen Ehrenplatz einnahm, wurde die Chorbühne zum Abbild des im Gewölbe vergegenwärtigten himmlischen Thronsaales. Dies rechtfertigt die Deutung dieser Bühne mit dem von der Herzogshaube bekrönten Ziborium als geistliches Zentrum des gesamten Hochstiftes, das dessen Rang innerhalb der *ecclesia universalis* angemessen zum Ausdruck brachte.

Als weitere, den Hauptprospekt von Langhaus und Chor ergänzende Raumeinheit ist abschließend das Querhaus *(vgl. Abb. 18 und 19)* zu betrachten. Wie bereits angesprochen, war es über diagonale Blickachsen, die die Chorbogenaltäre zum Ziel hatten, zunächst in den Hauptprospekt aus dem Langhaus integriert. Ferner war es für den Betrachter in seinen jeweiligen Armen durch Umschreiten des Vierungspodestes zugänglich und einsichtig. Wirkungsvoller und damit bedeutsamer war aber der simultane Überblick über den Gesamtraum mit den monumentalen Altären der Stirnfronten als Zielpunkten, der eben von diesem Podest unter der Vierung wiederum ausschließlich für den beschränkten Kreis der Domgeistlichkeit selbst möglich wurde. Die Privilegierung dieses Blickpunktes lässt in der Konsequenz die Zugehörigkeit des Querhausprospektes zum *theatrum sacrum* des Hochaltares deutlich werden. Auch das Querhaus ließ in seiner architektonischen Bildung die Grenzen sichtbar werden, die sich der szenographischen Überformung durch Magno im Sinne hochbarocker Raumwirkung stellten. Neben den allgemeinen Proportionen des Raumes erwies sich vor allem der gerade Schluss der Stirnfronten als problematisch, da er die Integration der vorgesehenen Portalaltäre in die architektonische Struktur erschwerte. Ferner war der Raum durch die romanischen Apsidenkapellen auf der Ostseite und die Orgelemporen auf der Westseite im Ansatz ungleichgewich-

[206] In ihren Wurzeln verweisen diese Inszenierungen Magnos letztlich auf den Kunstkreis Berninis. Vgl. hierzu die bereits oben zitierten Aufsätze von Joseph Imorde und Rudolph Preimesberger, in: Barocke Inszenierung.

[207] Siehe Kap. VI. 4.1.

tig.[208] Da die Raumsituation des Querhauses die Bildung einer Vorbühne nicht zuließ, entwickelte Magno die beiden Altäre der Stirnfronten, die bereits in der Planung von 1703 als *Portale* bezeichnet wurden, zu „proszeniumsartigen Instanzen,“[209] die ikonologisch den Ausblick in den metaphysischen Illusionsraum eröffneten und damit selbst zu *Himmelsportalen* transzendierten. Während also der Hochaltar im Tabernakel als Zentrum selbst Ort himmlischer Präsenz wurde, betonten die Querhausaltäre eine formale Grenze, nach der sich die metaphysische Welt außerhalb des Betrachterraumes erstreckte. Gleichwohl sind diese Himmelsportale nicht nur von Abgesandten der jenseitigen Welt umstellt, sondern schließen in dem sich zu Strahlenglorioten oberhalb der Altarauszüge materialisierenden Licht, in dessen Mitte auf der Nordseite die Taube des Logos als marianisch-ekklesiologisches und auf der Nordseite das von Engeln gehaltene Kreuz des Leidens als christologisches Symbol erscheinen, an die Himmelssphäre an. Entsprechend dringen in diesem Bereich wiederum lebhaft agierende himmlische Wesen in den Kirchenraum und bezeugen seine proklamierte Identität mit der Wohnung der Engel.[210]

Die Stuckierung der Raumschale des Würzburger Domes durch Pietro Magno hatte den bis 1700/01 seiner Erscheinung nach mittelalterlichen Raum in ein barockes Raumkontinuum verwandelt, das sich mit der erneuerten Innenausstattung zu einem szenographisch strukturierten Bild zusammenschloss, dessen grundgelegte ikonographisch-ikonologische Programmatik betonte und im liturgischen Vollzug zum Abbild der himmlischen Kirche transzendierte. Diese Wirkung war in erster Linie aus der Projektion des Langhauses erfahrbar, die der schauenden Gemeinde im *theatrum sacrum* des Hochaltares das Geheimnis der Realpräsenz des eucharistischen Gutes enthüllte. Zugleich wurde die abbildliche Identität der um das Tabernakel als Thron des eucharistischen Christus versammelten Gemeinschaft von Bischof und Stiftsherren mit der apostolischen Gemeinschaft des himmlischen Hofstaates sichtbar. Dabei wurde das Schauwunder der Transzendenz in erster Linie durch die inszenierte Wirkung des aus den Chor- und Apsisfenstern einfallenden Lichtes bewirkt, das als Himmelslicht von göttlicher Wirkmacht anzusprechen ist. In diesem Sinne entsprach das Wesen des überstrahlenden Lichtes der Deutung des ikonographischen Zentrums aus Tabernakel, Marienbüste, Kruzifix, Immaculata und Dreifaltigkeitsgruppe. In der Gegenlichtprojektion des Ziboriums vor durchfensterter Chorwand wurde so die Wandlung des Realraumes in einen metaphysischen Illusionsraum anschaulich. Seine um 1700 in Deutschland bahnbrechende Entwicklung ist in ihrer Wirkung durchaus über den in den Quellen als vorbildlich erwähnten Baldachino in St. Peter hinaus mit weiteren Projekten Berninis und seines Umkreises vergleichbar und reflektiert, wie letztlich auch diese, augenscheinlich das Motivmaterial und Gedankengut der Quarant'ore-Apparati.[211]

208 Der Blick auf die Orgelprospekte, von denen lediglich der südliche der Hofmannorgel von 1701/03, zu dem Balthasar Esterbauer Figuren und Zierrat schnitzte, in das Stuckkonzept Magnos einbezogen wurde, schloss sich wiederum nur für die Akteure auf der Chorbühne sichtbar, mit dem Rückblick ins Langhaus auf die große Domuhr mit den Figuren des Chronos und der Fama zu einem eigenständigen Bild zusammen.

209 A. Seifert, 111.

210 Diese Inszenierung entsprach dem von Johann Nikolaus Schmidt in seiner Predigt zur Einweihung von Stift Haug am 9. August 1691 verwandten Topos, dass die Kirche das Haus der Engel sei, deren Anwesenheit zugleich die Heiligkeit des Ortes bezeuge. Siehe oben Kap. IV. 2.2: Stift Haug und die Sion-Ikonographie sowie Anm. 52.

211 Wie in Kap. V noch näher erläutert werden soll, ist es gewissermaßen das künstlerische Vermächtnis Berninis, die Verwandlung der ephemeren liturgischen oder sakralen Handlung in die dauerhafte Struktur der Altar- oder auch Raumbühne vollzogen zu haben und damit zugleich den architektonischen Raum des Kircheninneren zur Veranschaulichung wunderbarer Ereignisse auf eine jenseitige Realität hin zu transzendieren. (Vgl. hierzu wiederum Imorde/Preimesberger, in: Barocke Inszenierung). Siehe beispielhaft für diese Inszenierungskunst Berninis die Capella Cornaro in Santa Maria della Vittoria, die Capella Raimondi in S. Pietro in Montorio, die Capella Allaleona in SS. Domenico e Sisto, die Capella da Silva in Sant' Isidor, die Capella Altieri in S. Francesco a Ripa sowie den von Preimesberger beschriebenen Hochaltar in Castelgandolfo. Der größte Teil dieser berninesken Kapellenausstattungen wurde durch die Stichwerke de Rossis (1684) und Sandrarts (nach 1684) schon frühzeitig auch im Norden Europas bekannt. Dabei belegt das nachdrückliche Bemühen dieser Stichwerke, gerade die künstlerischen Mittel dieser Inszenierungen präzise darzustellen, in welchem Maß die zeitgenössischen Rezipienten an der Umsetzung derartiger Vorlagen interessiert waren. Ferner ist auch auf den in mehreren Bänden erschienenen Kunstführer des Padre Titi zu verweisen, der ausführliche Beschreibungen der hervorragenden Altäre und Kapellenausstattungen Roms enthielt und zu den meistgelesenen Kunstguiden der Zeit gehörte. P. Filippo Titi, Studio di pittura, scultura et architettura nelle chiese di Roma, Rom 1674. Siehe hierzu auch Renate Jürgens, Die Entwicklung des Barockaltars in Rom, phil. Diss. Hamburg 1956, 1 f.

Die theologische Untermauerung dieser wie auch der Würzburger Inszenierung lieferten Programmentwürfe für ephemere *theatri* wie das bereits erwähnte, Pietro da Cortona zugeschriebene Projekt für San Lorenzo in Damaso aus dem Jahr 1635, oder jenes in einer Zeichnung des Ciro Ferri[212] überlieferte für eine unbekannte Kirche oder schließlich der berühmte Apparat des Carlo Rainaldi für Il Gesù aus dem Jahr 1650. *(vgl. Abb. 22)* Ein weiterer, dem konchenförmigen Tabernakel des Würzburger Domes morphologisch näherkommender Entwurf des Andrea Pozzo findet sich schließlich im zweiten Band seiner *Prospectiva pictorum atque architectorum,*[213] wobei der Künstler selbst darauf hinwies, dass er diese Figur in den neunziger Jahren des 17. Jahrhunderts mehrfach als Grundform ephemerer Apparate verwendet habe.

Diese Überlegungen führen zu der von Kossatz gestellten Frage zurück, wer für die Bildung des konchenförmigen Altarziboriums im Würzburger Dom verantwortlich war.[214] Nach der vorausgehenden Analyse des Gesamtraumes und der Entwicklung seiner Ausstattung lässt sich die Antwort insoweit präzisieren, dass die Entwicklung eben maßgeblich durch die Kenntnis ephemerer Apparate vorangetrieben wurde, deren programmatischer Einfluss sich auch in der Zusammenstellung des ikonographischen Gesamtkonzeptes spiegelte. Dies legt nahe, dass auch auf der Auftraggeberseite konkrete Vorstellungen szenographischer Projektionen vorhanden waren, die durch die kongenialen Planungen Pietro Magnos weiterentwickelt wurden. Dabei bleibt es jedoch offen, ob die szenographischen Projektionen des italienischen Stuckators den Anstoß gaben, das Ziborium durch seine konchenförmige Bildung der Makroarchitektur des Kirchenraumes einzubinden, oder aber dieser Impuls im Zuge der Ausformulierung des sakramental-theologischen Programms durch die Auftraggeber selbst erfolgte. Immerhin ist es aufschlussreich, dass in Würzburg, wie auch das Hochaltarprojekt in Stift Haug belegt, bereits zum Ausgang der Guttenbergzeit die Vermittlung entsprechenden Vorlagenmaterials nachweisbar wird, und dass darüber hinaus mit der Kenntnisnahme verschiedener italienischer Altarentwürfe schon vor 1700 eine intensive Auseinandersetzung mit den Zielsetzungen der neuen römisch-oberitalienischen Raumkunst einsetzte, die ohne Zweifel die Entwicklung des frühen 18. Jahrhunderts entscheidend förderte und vorantrieb.[215]

Damit wird schließlich sichtbar, dass das in der kunsthistorischen Rezeption bisher eher vernachlässigte Projekt der barocken Neuausstattung des Würzburger Domes sowohl in seiner künstlerischen wie in seiner ikonographisch-ikonologischen Gesamtkonzeption wesentliche Neuerungen und Ideen des römischen Hochbarock nach Franken vermittelte, die die künstlerische Entwicklung der Innenarchitektur in den folgenden Jahren entscheidend mitbestimmen sollten.[216]

2.7. Die Stiftung des Pfarraltares im Dom und der Sonnenmonstranz für die Corpus-Christi-Bruderschaft durch Johann Philipp von Greiffenklau

Wie Johann Gottfried von Guttenberg war auch Johann Philipp von Greiffenklau ein eifriger Verehrer des eucharistischen Sakramentes und erwies der von seinem Vorgänger gestifteten Corpus-Christi-Bruderschaft, wie Gropp vermerkt, so viele Gnaden, dass man ihn selbst als einen Stifter habe ansehen können.[217] Gropps Äußerungen sind an dieser Stelle in bezeichnender Weise missverständlich. So gab es unter Greiffenklau keine neuen, über die Guttenbergzeit hinausführenden pastoralen Akzente und Initiativen im Bruderschaftsleben. Der Fürstbischof bedachte die Bruderschaft jedoch zum Zeichen seiner persönlichen Devotion, über die Leistungen seines Vorgängers hinaus, mit sehr hohen finanziellen Aufwendungen, die als ein dauerhaftes Gedächtnis mit seinem Namen verbunden blieben. So stiftete Greiffenklau zunächst um die Jahre 1707/08 3000 rheinische Gulden für die Aufrichtung des im vorangehen-

[212] Zu den Projekten Cortonas und Ciro Ferris siehe Noehles, 1978, 109, Abb. 11 und 12.

[213] Band II in der Ausgabe von 1702 (1711) Fig. 47.

[214] Kossatz, I, 188.

[215] Diese Zusammenhänge sollen in Kap. V vertieft werden.

[216] Vgl. die ebenfalls grundsätzlich positive Bewertung der barocken Renovatio des Würzburger Domes bei Engelberg, 303 ff.

[217] Gropp, IV, 537.

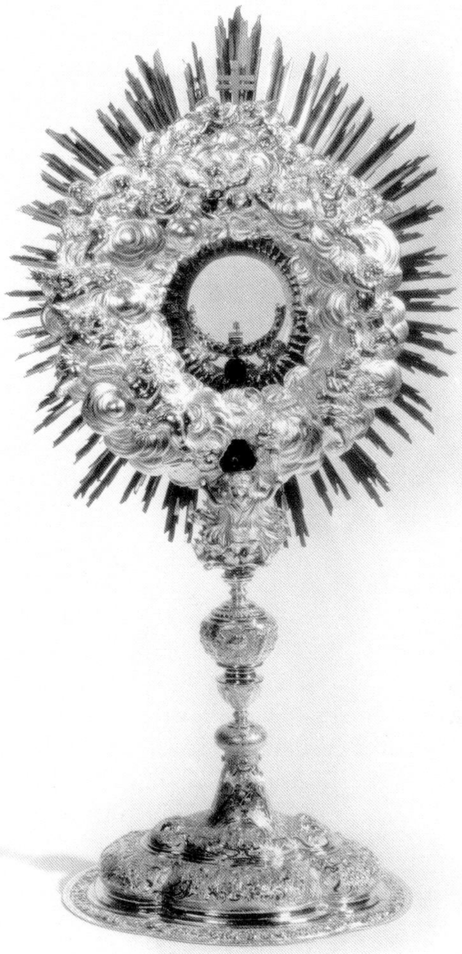

Abb. 24: Würzburg, Dommuseum: Monstranz aus der Stiftung des Johann Philipp von Greiffenklau von 1709/10 für den Pfarraltar des Domes, Aufnahme nach Wiederherstellung der Monstranz 1964 mit frei nachmodellierten Engelsfiguren.

den Kapitel bereits erwähnten Pfarraltares am nördlichen Chorbogenpfeiler des Domes *(vgl. Abb. 20 und 21)*, der zugleich den vorläufigen Abschluss der Arbeiten an der Innenrenovierung des Domes markierte. Für die Einweihung des Altares, der zum Gründungsfest der Bruderschaft an der Oktav zu Fronleichnam des Jahres 1710 weitgehend fertig gestellt war, stiftete der Fürst ferner eine aus reinem Gold gearbeitete und mit Edelsteinen verzierte Monstranz *(Abb. 24)* im Wert von 5000 Gulden aus seinem Privatvermögen.[218] Zur Einweihung des neuen Pfarraltares habe Greiffenklau seiner Gewohnheit gemäß, wie Gropp schreibt,[219] das Allerheiligste wohl schon in der neuen Monstranz bei der vorausgehenden Prozession durch die Stadt getragen und es dann während einer feierlich zelebrierten Messe auf den neuen Altar gesetzt.

Der Pfarraltar korrespondierte in seiner architektonischen Anlage mit dem zeitgleich von Lothar Franz von Schönborn gestifteten Bruno-Altar am südlichen Chorbogenpfeiler. Beide Altäre waren, wie oben bereits erwähnt, Schöpfungen Balthasar Esterbauers, der eine etwas schlichtere Abwandlung desselben Typs bereits wenige Jahre zuvor im Dreikönigsaltar für Stift Haug *(vgl. Abb. 59)* realisiert hatte. Alle drei Altäre folgten dem architektonischen Schema des 1699 geweihten Gonzaga-Altares Andrea

[218] Abbildungen des 1945 verbrannten Pfarraltares finden sich u.a. in Gottfried Mälzer, Alt Würzburg, 98 f. Zu der erhaltenen Monstranz siehe Norbert Kandler, Kostbarkeiten aus dem Dom zu Würzburg, Würzburg 1990, 16 (Farbabb. 7) mit Beschreibung 82 f. Dort auch ein weiterer Auszug aus den Kommentaren Gropps, der beide Stiftungen Greiffenklaus als einen Ausfluss der fürstlichen Frömmigkeit und Verehrung gegen das hochwürdigste Gut charakterisiert.

[219] Gropp, IV, 538.

Pozzos *(vgl. Abb. 60)* im römischen San Ignatio. Nach der Fertigstellung des testamentarisch von Johann Gottfried von Guttenberg für das Domlanghaus gestifteten Altares zu Ehren seiner Namenspatrone, der dem Typus des Ignatius-Altares Pozzos für Il Gesù *(vgl. Abb. 41 und 42)* folgte, bildete die genannte Altargruppe ein weiteres Beispiel einer sehr frühen Auseinandersetzung Esterbauers oder auch seiner Auftraggeber mit den Altarschöpfungen des Jesuitenpaters.[220]

Der Pfarraltar entsprach dem architektonischen Aufbau eines Triumphportals, in dem Angelika Seiffert „eine ‚Abbreviaturformel' des Himmlischen Jerusalem"[221] sieht. Wie beim Hochaltar für Stift Haug waren den korinthischen Freisäulen der Portalarchitektur auf selbständigen Postamenten, die die Kurvierung des Altargrundrisses bereicherten, mit den fürstlichen Namenspatronen Johannes Ev. und Philippus und den beiden eucharistischen Visionären Antonius und Ignatius heilige Personen vorgestellt, die das Geschehen auf der Altarbühne wie darüber hinaus auch die Bedeutung der fürstlichen Stiftung interpretierten. Dabei ließ sich die beispielsweise von Goldberg und Sturm überlieferte allegorische Deutung der korinthischen Säulenordnung als *Aufrichtigkeit der Seele* und *Majestät des höchsten Wesens* auf die dargestellten Figuren beziehen. Zugleich illustrierte die Summe dieser Bedeutungen die persönlichen Tugendvorzüge des fürstlichen Stifters, wobei als tertium comparationis aus der Funktion des Altares abzuleiten, der gemeinsame Eifer für die Verehrung des eucharistischen Christus in den Vordergrund trat.[222]

Das ebenfalls schon erwähnte, von Johann Rieger gemalte Altarbild stellte die Anbetung des Allerheiligsten durch die Erdteile dar. Leider ist dieses Bild *(vgl. Abb. 21)* fotografisch nur unzureichend dokumentiert. Soweit die vorhandenen Schwarzweiß-Abbildungen zeigen, wurde in dieser Fassung des im Zusammenhang mit der Verherrlichung des eucharistischen Mysteriums außerordentlich populären Bildthemas[223] das Allerheiligste in einer Strahlenmonstranz auf einer Engelwolke unter dem Bildnis Gottvaters schwebend den in Devotion verharrenden Erdteilen präsentiert. In der Strahlengloriole um die Lunula der Monstranz repräsentierten mit der thronenden Frankenpatronin Kolonat und Totnan sowie die vier heilig gesprochenen Würzburger Bischöfe Kilian, Burkard, Bruno und Adalbert den Leistungsanteil der *ecclesia Herbipolensis* an der Ausbreitung und Verteidigung der im eucharistischen Sakrament verkörperten reinen Lehre. Die im Diagonalschnitt unter der Monstranz erscheinende Taube des Geistes, die somit der Zone der Erdteile näher zugeordnet war als der des Himmels, belegt, dass das Bild jedoch nicht den Missionstypus, sondern den eschatologischen Huldigungstypus vertrat. Folglich waren alle vier Erdteile in Vollendung des irdischen Missionsauftrages Christi als Bekehrte dargestellt, die unter der Führung der als männliche Gestalt mit den päpstlichen Insignien und einem Modell der Peterskirche dargestellten Europa das Allerheiligste verehrten. Damit fasste das Bild den Gedanken des eucharistischen Triumphes im Sinne der nachtridentinischen katholischen Dogmatik mit der endzeitlichen Vorstellung der Devotion der Erdteile, also des ganzen Weltkreises, zusammen und ließ in überzeitlich-visionärer Schau gegenwärtige Glaubensüberzeugungen und endzeitliche Verheißung ineinanderfließen. Rieger schärfte diesen Gedanken, indem er zu Füßen der Papstfigur einen zu Boden gestürzten, unzweifelhaft die Irrlehre verkörpernden Mann einfügte, dessen Schriften von Flammen erfasst und vom Wind verweht werden. Damit war eindeutig der konfessionelle Bezug der endzeitlichen Huldigung geklärt, der durch ein weiteres Detail wiederum auch auf die historische Mission der *ecclesia Herbipolensis* zu übertragen war. Über der Papstfigur erschien nämlich in einem Landschaftsausschnitt die Festung Marienberg, die in ihrer Bedeutung als Wohnstatt Mariens und Sitz des regierenden Fürstbischofs typologisch gewissermaßen in den Rang einer Vorburg des Glaubens erhoben wurde. Diese Rückbindung des heilsgeschichtlichen Ereignisses an die historische Aktualität betonte auch die Widmungsinschrift auf einer Kartusche im Scheitel des Portalrahmens, die diesen zudem so überschnitt, dass sie den obersten Rand des Bildes beschattete. In dieser Inschrift wurde der fürstliche Stifter folgerichtig als ein Verehrer der Eucharistie bezeichnet und damit in historische und typologische Beziehung zu den Erdteilen als den endzeitlichen Adoranten gesetzt:

[220] Siehe hierzu vertiefend Kap. V. 2.3. und V. 4.2.

[221] A. Seiffert, 41.

[222] Vgl. zur Ikonographie der Säulen: Goldmann/Sturm, 36 f.

[223] Vgl. Sabine Poeschel, Studien zur Ikonographie der Erdteile in der Kunst des 16.–18. Jahrhunderts, München 1985, 152 ff.

„In honorem Sanctissimæ Eucharistiæ / Beatissimæ Virginis Mariæ, cæterorumque Sanctorum / Patronorum hujus Ecclesiæ hanc aram erexit / JOANNES PHILIPPUS [...] Sanctissimæ Eucharistiæ Adorator.“[224]

Der im Altargemälde dargestellte wahre Leib Christi entsprach schließlich der auf dem Altar bewahrten Monstranz der fürstlichen Stiftung, auf die in der Konsequenz der Deutung der „sakramentale Realitätsanspruch“[225] des Bildes überfloss. Auch in dieser Sinnentsprechung galt die dauerhafte fürstliche Devotion, die ephemere Stiftertätigkeit, Adoration und Zelebration umfasste, unmittelbar dem im Abbild vergegenwärtigten Urbild. Dabei wird die ephemere Handlung des Stifters in der materiellen Vergegenwärtigung durch den Altar und die beschriebene Inschrift ähnlich wie beim Hochaltarprojekt in Stift Haug in ein zeitlos dauerhaftes Ereignis verwandelt. Auch hier findet also eine Grenzüberschreitung zwischen ephemerer und dauerhafter Form statt, in der die zeitliche Aktion in der dauerhaften architektonischen Struktur des Altars letztlich Memorialcharakter annimmt.

Die angedeutete komplizierte Sinnüberlagerung und Verschmelzung verschiedener Realitätsebenen, die das Geheimnis der Realpräsenz umfassen, bezieht auch die künstlerische Ausgestaltung der Greiffenklau-Monstranz ein. Es handelt sich bei diesem Kunstwerk, wie bereits bemerkt, um eine aus reinem Gold gearbeitete Scheibenmonstranz, die das ovale Schaugefäß mit der Lunula in einer Wolken- und Engelgloriole umfasst, aus der Strahlen des göttlichen Lichtes hervorbrechen. Damit veranschaulicht die Strahlengloriole den Glanz göttlicher Herrlichkeit, der im Geheimnis der Eucharistie verborgen liegt.

„Hier stellt sich uns das Behältnis als Bild dessen dar, was es enthält. Dabei wird das goldene, in vielen verschiedenen Lichtbrechungen kleiner bunter Partikel von Juwelen [...] sprühende Geflimmer der [...] Gefäßform durch seine Mitte, die blendend weiße Hostienscheibe, gesteigert. Die Realität des Glaubens ist für den Schauenden mit dem zum Bild gewordenen Behältnis zu einer Einheit verschmolzen. Das Übernatürliche tritt unmittelbar in Erscheinung, indem das Bild die wunderbare Auswirkung in der natürlichen Welt versinnbildlicht [...].“[226]

Während die Erdteile auf dem Altargemälde dem endzeitlich offenbarten Mysterium der Eucharistie huldigen, ist der profilierte Fuß der Monstranz mit Reliefs geschmückt, die einmal in alttestamentarischen Opferszenen und Mahlfeiern die eucharistische Speise präfigurieren (Opferung Isaaks, Fest der ungesäuerten Brote, Mannalese) und zum anderen auf die Gnadenwirkung des eucharistischen Opfers verweisen (Bundeslade, Samson mit dem erschlagenen Löwen, Samson mit den Stadttoren von Gaza). Zwischen Schaft und Strahlenscheibe vermittelt eine Trägerfigur, über der ein sechseckiger, facettierter Smaragd angebracht ist. Dieser kann nach der von Valentin Kirchgeßner beschriebenen Symbolbedeutung der Edelsteine als Sinnbild der *divina sapientia*, die das eucharistische Geheimnis enthüllt, interpretiert werden und zugleich auf die Weisheit des fürstlichen Stifters selbst verweisen, die Kirchgeßner im *Typus boni Principis* unter dem Lemma *Mysteria pandit* beschreibt.[227]

Die Monstranz ist mit dem Wappen Greiffenklaus und einer Umschrift versehen, die ebenfalls seinen Leistungsanteil an dem frommen Werk herausstellt:

„In Honorem S[anctis]s[i]mi Altaris sacramenti R[e]verend[issimus] D[ominus] cel[sissi]mus S. R. I. Princeps Joannes Philippus L. B. Greiffenclau à Vollraths [etc.] Ostensorium hoc propriis mediis ex auro fieri curavit et Summa Aed[is] Alt[ari] Paroch[iali] dono dedit 1710.“

224 Zit. nach Gropp, II, 610.

225 A. Seifert, 39.

226 Inge Habig, Eucharistische Allegorie im Spätbarock nördlich der Alpen. Phänomenologie der dogmatischen, apologetischen, katechetischen und devotionalen Bildelemente einer kirchlichen Allegorese, Münster 1973, 25 f. Der letzte Satz ist ein Zitat Habigs nach Dagobert Frey, Der Realitätscharakter des Kunstwerks, in: FS für Heinrich Wölfflin, München 1935, 45. Siehe zur Typologie der Erdteilhuldigung, Poeschel, 241 ff.

227 Kirchgeßner, 173.

In der Erläuterung Kirchgeßners wird dieser Akt darüber hinaus in seiner materiellen und ideellen Bedeutung zu einem herausgehobenen Exemplum der fürstlichen Pietas, die er der Auffassung der Zeit gemäß als höchste Fürstentugend anspricht:

> „Derowegen seynd diejenigen Fürsten und Bischöffe / welche sich der Frommigkeit ergeben / das Licht der Welt / das Saltz der Erden / die Cron der Tugend / die Ehr unserer Natur / diese werden unter denen 24 Aeltesten glantzend das Lamb anbetten / und ewig mit ihm regieren; glücklich ist das Land / welches einen frommen Fürsten hat / dann mit eben derjenigen Sorgfalt / mit welcher ein Fürst die Ehr Gottes zu mehren suchet / mit derselben versorget Gott den Fürsten und seine Unterthanen / ja es fließet über die göttliche Freygebigkeit / welche von menschlicher Freygebigkeit nicht kan überwunden werden, / Gott vergildet unendlich denen Fürstenthümern was in der Maaß zur Ehre Gottes angewendet worden / dannenhero sich glücklich und Überglückseelig das Franckenland schätzen kan / welches Gott der Höchste mit einem so frommen Fürsten begabet und beseeliget hat. [...]“[228]

Die zitierte Passage aus dem *Typus boni Principis* belegt mit wünschenswerter Deutlichkeit den staatspolitischen Charakter der fürstbischöflichen Frömmigkeitsübungen, unter denen die das katholische Glaubensdogma bestätigende Ehrerbietung gegenüber der Eucharistie den obersten Rang einnahm. Daher verweist Kirchgeßner im Zusammenhang mit der oben bereits vollständig zitierten Textpassage bezeichnenderweise auch auf die rudolfinische *pietas Eucharistica* als zentrales Motiv der habsburgischen Sakramentsfrömmigkeit, die in der Darstellung der kaiserlichen Panegyriker den Aufstieg des Hauses Habsburg zu Kaisertum und weltbeherrschender Stellung bewirkte.[229] In der Adaption Kirchgeßners wird nun ein enger Wirkzusammenhang zwischen der Eucharistiefrömmigkeit des Kaiserhauses und des ihm darin nacheifernden Bischofs angedeutet, aus dem die Gottgewolltheit auch seiner Herrschaftsausübung bis zum Ende der Zeiten gefolgert werden konnte.

Damit schließt sich der Kreis der vorgestellten Deutungsansätze der neuen Domausstattung in der Interpretation der fürstlichen Stiftung des Pfarraltares. Die hier mehrfach beschriebene Grenzüberschreitung zwischen zeitlicher und ewiger Adoration, die sich im Kirchgeßner-Zitat als erste Fürstentugend erschließt, bedurfte letztlich des neuen Kunstmittels einer aus der Gesamtheit des transformierten Raumes entwickelten Altarbühne, die dem gesteigerten Schaubedürfnis der Zeit wie dem Bedürfnis dauerhafter Vergegenwärtigung von Heilshistorie, Heilsgegenwart und Heilsversprechen so wirkungsvoll entgegenkam.

Dabei scheint sich die Überzeugungskraft der rhetorischen Strategie insbesondere aus der erläuterten Transitorik der Bedeutungsebenen zu ermitteln, da sie die „endzeitliche Verheißung himmlischer Harmonie“ mit der „zeitlichen Hoffnung auf eine erbauliche Erdenpraxis“[230] gleichermaßen in der Person des fürstlichen Stifters verankerte. Auch in diesem Kontext erschließt sich, dass die Diskussion um die Neuausstattung des Domes in ihrer Gesamtkonzeption letztlich vielfältige Zielstellungen integrierte, was in der Rückführung auf die beteiligten Personen wiederum gerade an den Kreis der fürstlichen Berater denken lässt, die die Politik in *rebus ecclesiae* mitbestimmt.

[228] Kirchgeßner, 151. Vgl. zur vollen Länge dieses Zitats über die fürstliche Pietas Kap. III.4: Der Tugendkatalog in Valentin Kirchgeßners *Typus boni Principis*.

[229] Matsche, I, 112 ff.

[230] Diese Formulierungen sind aus Imorde, 1997, 96 f. entlehnt.

3. Die fürstbischöfliche Pietas mariana

3.1. Marianische Kult- und Verehrungsmotive im Zeitalter der tridentinischen Kirchenreform

Nach dieser Betrachtung und Analyse der beiden exemplarischen Ausstattungsprojekte in Stift Haug und im Kiliansdom unter dem Leitmotiv der *pietas eucharistica* werden in den beiden folgenden Kapiteln mit der Darstellung verschiedener Aspekte der fürstbischöflichen Marien- und Heiligenverehrung nun zwei weitere Motivkomplexe der öffentlich vollzogenen fürstlichen Frömmigkeitsübungen vorgestellt. Dabei steht auch hier die Präsentation beider Themen vornehmlich in der kirchlichen Ausstattungskunst im Mittelpunkt der Untersuchung. Zugleich soll aber an ausgewählten Beispielen und Begebenheiten der öffentlichen (Selbst-)Darstellung der fürstlichen Auftraggeber sichtbar gemacht werden, in welchem Ausmaß die geistliche Propaganda das allgemeine Bewusstsein formte. In diesem Sinne sind die von Susanne Mayer-Himmelheber in der Analyse der Kunst- und Kirchenpolitik des Carlo Borromeo beschriebenen soziologischen Ausdrucksformen einer Ritualisierung des öffentlichen Lebens und der Ausbildung einer geistlichen Gefolgschaft als identitätsstiftende Prozesse auch auf das Hochstift Würzburg zu übertragen. Als ihre Chiffren und Kodierungen konnten daher die exemplarischen Stiftungen der Fürsten zugunsten des himmlischen Hofstaates und der Kirchen des Landes im allgemeinen Bewusstsein eine so herausragende Bedeutung annehmen, dass sich in ihnen die Integrität und Autorität der *ecclesia Herbipolensis* wie des Hochstiftes selbst zu verkörpern schien.

Die Erneuerung der katholischen Kirche an Haupt und Gliedern im Zeitalter der tridentinischen Reformen stand in Mitteleuropa insbesondere im Zeichen einer vertieften Marienverehrung. Wie kein anderes Kultanliegen war der entschieden kontroverse Aspekte der Sakraments- und Gnadenlehre in sich vereinigende Marienkult aufgrund seiner besonderen Anschaulichkeit und Gefühlsintensität gerade in der praktischen Seelsorge geeignet, die Positionen der nachtridentinischen Kirche dem Bewusstsein des Volkes nahezubringen. So boten die verschiedenen Verehrungsmotive, unter denen die Gottesmutter um Schutz und Hilfe in jedweder Lebenssituation angerufen wurde, vielfältige Handhabe sowohl zur pastoralen Vertiefung und Intensivierung katholischer Kultanliegen, wie sie darüber hinaus herangezogen wurden, um dem Gesamtprozess katholischer Reform, Erneuerung und Erstarkung als Symbol der Identität und Identifikation zu dienen. Dieses Potential wurde auch in dem schon seit dem Mittelalter ausgesprochen marianisch geprägten Hochstift Würzburg genutzt und fand im Zuge der die katholischen Reformanliegen transportierenden Neukonzeption kirchlicher Innenausstattungen große Aufmerksamkeit. Um dies zu vertiefen werden im Folgenden zunächst einige wesentliche Aussagen der Trienter Reformkirche zur Marien- und Heiligenverehrung zusammengefasst, die über die Darstellung kontroverser Aspekte oder des allgemeinen Triumphs der Kirche hinaus die katholische Bildwelt nachhaltig beeinflussten und somit im Kirchenraum sowie im Kontext katholisch-konfessioneller Propaganda mehr und mehr präsent wurden. Daran anschließend sollen an verschiedenen Schwerpunkten marianischer Glaubenspropaganda in Würzburg typische Verehrungsmotive vorgestellt werden, die in ihrem zumeist auf mittelalterliche Wurzeln zurückgehenden Kultgeschehen im 17. Jahrhundert in charakteristischer Weise durch aktualisierte, dem tridentinischen Geist entsprechende Verehrungsformen der Gottesmutter als Typus der triumphierenden Kirche überlagert und aufgewertet wurden. Dabei kam es zu einer nicht nur für Würzburg typischen Verähnlichung dieser ursprünglich auf örtlicher Überlieferung beruhenden Kultanliegen durch zeitgemäße Anrufungsformen Mariens als Patrona, Auxiliatrix, Immaculata und Himmelskönigin, die die Summe der in der Gottesmutter präfigurierten Lehr- und Heilsaussagen widerspiegelten. Dieser Prozess vollzieht sich im Wesentlichen bereits in der Regierungszeit des Julius Echter und ist mit dessen Reformwerk untrennbar verbunden. Daher ist im Folgenden auch immer wieder auf die Zusammenhänge der Echter'schen Kirchenreform einzugehen, die die kontrovers-theologischen Aspekte der katholischen Glaubenslehre in Würzburg befestigte und offensiv gegen den Protestantismus vertrat. Im Verlauf des 17. Jahrhunderts öffneten sich die damit verbundenen Propagandaanliegen unter dem Eindruck der kriegerischen Bedrohungen des Heiligen Römischen Reiches, durch die auch der Kaiser zu seiner angestammten Rolle als *Defensor ecclesiae* zurückgefunden hatte, und der grassierenden Sorge vor dem bevorstehenden Umsturz der „alten Ordnung" zunehmend der tagespolitischen Inanspruchnahme, in deren Konsequenz sich die pietas Mariana zu einer den *Typus boni Principis* auszeichnenden, staatspolitischen Tugend und Versicherung öffentlicher Wohlfahrt entwickelte. In der den Übergang ins 18. Jahrhundert markierenden Regierung Greiffenklau wird schließlich die konsequente öffentliche Darstellung der fürstlichen Devotion gegenüber Maria über das begleitende Schrifttum hinaus ein regelmäßiger Bestandteil zahlreicher Wallfahrten, Bittgänge, Stiftungen und anderer religiöser Festlichkeiten. Dabei ändern sich weniger die eigentlichen theologischen und pastoralen Inhalte und Anliegen dieser fürstlichen Frömmigkeitshaltung als eben die Formen des öffentlichen Vollzugs. Da sich diese Prozesse insbesondere im Kaiserhaus in ähnlicher Konsequenz nachvollziehen lassen, vermute ich darin letztlich auch in Würzburg einen Spiegel zeitpolitischer Verhältnisse und Stimmungslagen.[231]

Die Konzilsväter von Trient selbst hatten sich aufgrund der wachsenden Kritik der Reformatoren an den Praktiken der Marien- und Heiligenverehrung zunächst nur zurückhaltend zu diesbezüglichen Fragen geäußert. So stellte man im Dekret über die Verehrung der Bilder[232] lediglich allgemein fest, dass den Darstellungen Christi, Mariens und der Heiligen Verehrung zukomme, jedoch nicht, weil etwas Göttliches in ihnen sei, sondern weil die ihnen bezeugte Verehrung und Achtung auf die Prototypen zurückfalle. Vor den Bildern knie man nieder und entblöße das Haupt, jedoch nicht, weil man sie wie die Heiden gleich Idolen verehre, sondern weil man denen Ehrerbietung bezeuge, „deren Ähnlichkeit jene besitzen." Den Bischöfen wurde empfohlen, bildliche Darstellungen zu nutzen, um das Volk über „die Geschichte der Mysterien unserer Errettung" zu belehren und ihm die grundlegenden Glaubensartikel nahezubringen. Dies solle geschehen, indem man den Gläubigen „miracula et salutaria exempla Gottes durch die Heiligen vor Augen führe, damit sie Gott dankten und das Leben der Heiligen nachahmten."[233] Dabei müsse man aber darauf achten, dass alle schädlichen und peinlichen Missbräuche im Gebrauch der heiligen Bilder vermieden würden. Diese relativ allgemein gehaltenen Äußerungen wurden in nachkonziliarer Zeit von verschiedenen Theologen wie dem Kardinal Gabriele Paleotti näher erläutert. Dieser widmete sich in seinem 1582 in Bologna erschienenen *Discorso intorno alle Imagini Sacre e Profane* auch der Frage, ob es wundertätige Bilder gebe und wie Missbräuche im Umgang mit diesen zu erkennen und auszuschließen seien.[234] Auch Paleotti wiederholt den Grundsatz „honos [...] refertur ad prototypa,"[235] stellt aber erweiternd fest, dass der Prototyp auch wesensmäßig in einem heiligen und wundertätigen Bild anwesend sein könne. Deshalb erläutert er detailliert, was als *imago sacra* betrachtet werden dürfe. Dazu zählt er u.a. „Bilder, an denen Gott Zeichen gesetzt oder Wunder gewirkt habe" und solche, „die schon ‚anticamente,' das heißt durch die Tradition als heilig gelten oder durch ihr Alter geheiligt würden."[236] Beide Grundsätze trugen maßgeblich dazu bei, dass die nachtridentinische Kunst nur noch wenige ikonographisch eigenständige Gnadenbildtypen entwickelte, sondern sich im Wesentlichen auf den durch die Tradition gerechtfertigten Bestand zurückzog. Auch die deutliche Zurückhaltung in der Neugründung von Wallfahrtsstätten, die nicht aus einem bereits bestehenden Kultzusammenhang legitimiert waren, findet in dieser Auffassung eine Begründung. Paleotti legte darüber hinaus auch großen Wert auf die Forderung, dass die heiligen Bilder mit den dargestellten Prototypen Ähnlichkeit (similitudine) haben sollten. So müssten etwa biblische Begebenheiten oder autorisierte Heiligenlegenden textgetreu wiedergegeben werden. Auch hier müsse die Tradition als Richtschnur genommen werden. Die so legitimierten Bilder hätten die Kraft, die Sinne zu lenken und über die

[231] Vgl. zur Beschreibung etwa der Auswirkungen des Türkenkrieges auf die öffentliche Meinung in Deutschland: K. O. v Aretin, Die Türkenkriege als Traditionselement im katholischen Europa, in: Tradition, Norm, Innovation. Soziales und literarisches Traditionsverhalten in der Frühzeit der deutschen Aufklärung, hg. von Wilfried Barner, München 1989, 23–25.

[232] Der lateinische Text des Dekretes ist abgedruckt bei Hubert Jedin, Entstehung und Tragweite des Trienter Dekretes über die Bilderverehrung, in: Theolog. Quartalsschr., 116 (1935), 143–180 und 404–429. Vgl. zum Folgenden auch Ilse von zur Mühlen, Nachtridentinische Bildauffassung. Cesare Barronio und Rubens Gemälde für S. Maria in Vallicella in Rom, in: MJb 41 (1990) 23–60, hier insbes. 29 ff. Ferner: Preimesberger.

[233] Zur Mühlen, 29.

[234] Ebenso Zur Mühlen, 29 ff.

[235] Paleotti 1, Cap. II, 131; nach Zur Mühlen, 30. Siehe auch ebd. 58, Anhang II, Nr. 9.

[236] Zur Mühlen, 30 ff.

Betrachtung und Bewunderung zu Gott zu führen. „Die ‚similitudine' ist der wichtigste Faktor eines Bildes. [...] Erst ‚similitudine' schafft eine ‚imagine', die auf Sichtbares und Unsichtbares verweist und so einerseits dem Künstler Lob in der Welt erbringt sowie andererseits ihn befähigte, den Betrachter dem Laster zu entfernen und dem wahren Kult Gottes zuzuführen."[237]

Zentrale mariologische Themen wurden auf dem Trienter Konzil nur am Rande diskutiert. Insbesondere in den beiden eng zusammenhängenden, von den Protestanten negativ beurteilten Fragen der leiblichen Aufnahme Mariens in den Himmel und ihrer Unbeflecktheit von der Erbsünde – beide wurden von ihren Befürwortern kausal in dem Satz „assumpta quia immaculata" zusammengefasst – fand das Konzil zu keiner eindeutig positiven Lehrentscheidung. Die Konzilsväter betonten jedoch, dass Maria durch einen besonderen Gnadenvorzug von Gott über andere Menschen erhoben worden sei. Dies lasse den Schluss zu, dass sie auch vom Makel der Erbsünde ausgenommen wurde.[238] Diese Position gab den Befürwortern der *Immaculata conceptio* in der Folgezeit Gelegenheit, den Glauben an die Unbefleckte Empfängnis Mariens wie an die daraus folgende leibliche Aufnahme der Gottesmutter in den Himmel machtvoll zu propagieren. Dabei floss dieses Gedankengut mit der auf Ambrosius zurückgehenden Deklaration Mariens als Typus der *ecclesia militans et triumphans* und ihrer Identifikation mit der Apokalyptischen Frau als der Siegerin über die Feinde Christi zusammen. So wurde Maria insbesondere in der Gestalt der Immaculata bzw. der *Assumpta quia immaculata* zur Identifikationsfigur der katholischen Kirche.

Bereits die mittelalterlichen Theologen haben insbesondere am Assunta-Thema auf die vielschichtige Verflechtung und Überlagerung mariologischer und christologischer Bedeutungsinhalte hingewiesen. So wurde die ikonographisch mit der Himmelfahrt Christi eng verbundene Vorstellung der *assumptio Mariae* um den *sponsus-sponsa-Gedanken* und die typologische Gleichsetzung der Braut Christi mit der in der apokalyptischen Frau präfigurierten Ecclesia erweitert, woraus sich das Verständnis der Gottesmutter als der Gekrönten und Erstbegnadeten in der himmlischen Hierarchie und ihre Rolle als Fürbitterin der Menschheit ableitete.[239] Schon Augustin hatte in seinen Predigten und Schriften über Maria auf „die Einheit von Christi Fleisch und der Jungfrau Leib" verwiesen, die ihm zugleich Beweismittel der Himmelfahrt Mariens war:

> „Der Thron Gottes, die Wohnung des Herrn, das Tabernakel Christi muss da sein, wo er selber ist. [...] Freue dich Maria, mit unaussprechlicher Freude, du bist nun mit Leib und Seele in Christo, deinem eigenen Sohn, mit ihm und durch ihn. Dein Tod ist ohne Verwesung gleichwie die Geburt des Sohnes war ohne Unreinheit [...]. Maria, Gottes Gebärerin, Gottes Helferin, Gottes Magd [...]."[240]

Es konnte nicht ausbleiben, dass die protestantischen Reformatoren sowohl in der Ausformulierung der Rechtfertigungslehre wie in der Verteidigung des gegen den Autoritätsanspruch des römischen Papsttums gerichteten *sola-scriptura-Prinzips* an der Assuntalehre Anstoß nahmen. Trotz dieser kontroversen

[237] Zur Mühlen, 30 mit Anm. 35 f.

[238] Vgl. zu diesem Abschnitt: Georg Söll, Die katholische Reaktion in der sog. Gegenreformation, in: Handbuch der Marienkunde, hg. von Wolfgang Beinert und Heinrich Petri, Regensburg 1984, 196 ff. Papst Alexander VII. ergänzte die Auffassung Paleottis 1665 durch eine dogmatische Erklärung, die den entscheidenden Abschnitt der Definitionsbulle von 1854 vorwegnahm (Söll, 200). Hierzu weiterhin auch Schiller, Bd. 4.2, 154 ff mit einer ausführlichen Darstellung der mittelalterlichen Auffassung.

[239] Siehe hierzu Erasmus Weddigen, Zur Ikonographie der Bamberger Assunta von Jacopo Tintoretto, in: Die Bamberger „Himmelfahrt Mariens" von Jacopo Tintoretto, Internationales Kolloquium in München, 27. und 28. Januar 1986, hg. vom Bayerischen Landesamt für Denkmalpflege, München 1986, 61–113, hier 63.

[240] Zit. nach der Legenda aurea des Jacobus de Voragine (hier in der Übersetzung aus dem Lateinischen von Richard Benz, Heidelberg [8]1975). Die Legenda aurea umfasst die ausführlichste Kompilation der Legendenberichte zum Leben und Sterben Mariens und wurde damit auch zur Hauptquelle für die bildliche Darstellung der Himmelfahrt Mariens. Unter den insgesamt sechzehn, als Belege für den Wahrheitsgehalt des Legendenberichtes aufgeführten Autorenverweisen findet sich auch das angeführte Augustinuszitat. Siehe hierzu Weddigen, 69 f.

Brisanz wurde das Thema auf besondere Veranlassung Kaiser Karls V., der die Protestanten im Reich nicht verstimmen wollte, während des Konzils von Trient bezüglich der zusammenhängenden Fragen der *Immaculata conceptio* und der *Assumptio Mariae* nicht abschließend erörtert. Beide Glaubenssätze entwickelten sich aber im Zuge der zunehmenden Polarisierungen zwischen den Konfessionsparteien nach Abschluss des Konzils zu Leitmotiven der katholisch kontroversen Positionen. So machten die Befürworter der Sündenfreiheit der Gottesmutter in der eingängigen Formel *assumpta quia immaculata* deutlich, dass sie neben der Heiligen Schrift auch die aus der Tradition gerechtfertigte Lehre der katholischen Kirche als Entscheidungsrichtlinie in Glaubensfragen anerkannten.[241] Die sich bereits in den Jahrzehnten nach Trient häufenden künstlerischen Fassungen des Themas der *Maria assumpta* wie der ikonographisch nahe verwandten *Immaculata conceptio* in monumentaler Form und ihre Präsentation am Hochaltar oder einem vergleichbaren prominenten Ort innerhalb des Kirchenraumes war daher immer auch ein deutliches Bekenntnis zur alleingültigen Lehre der katholischen Kirche.[242] In diesem Sinne konnte die in der Himmelfahrt bewiesene Sündenreinheit der Gottesmutter mit „der Makellosigkeit und damit der Unfehlbarkeit der katholischen Lehre im Glauben gleichgesetzt“[243] werden. In der triumphalen Auffahrt der Gottesmutter in den Himmel war daher zugleich die Vorstellung des zeitlichen und endzeitlichen Triumphes der *religio immaculata* eingeschlossen.

Die Verehrungsmotive der *Maria assumpta* und der *Maria immaculata* umfassten damit in ihrer Gesamtheit Inhalte, die über pastorale und kontroverstheologische Aspekte hinaus der triumphalen Selbstdarstellung der katholischen Kirche und der sie repräsentierenden Kräfte entsprachen. Aus der Übertragung dieser Zusammenhänge auf die Aktualität der politischen und konfessionellen Auseinandersetzungen des 16. und 17. Jahrhunderts leitete sich daraus die in vielen katholischen Fürstenhäusern Europas und bei den Führern der katholischen Reichspartei üblich werdende Adaption der Gottesmutter als Schutzpatronin und Siegeszeichen ab. Namentlich die für ihre *pietas mariana*[244] sprichwörtlich bekannten Mitglieder des Hauses Habsburg bezeugten ihre schon im ausgehenden Mittelalter propagierte besondere Parteinahme für die Gottesmutter durch wiederholte Anverlobungen oder öffentlich inszenierte Schutzersuchen an Maria. Einen besonderen Aufschwung aber nahm die Verehrung Mariens als omnipotente Schutzpatronin des Kaiserhauses und seiner Verbündeten durch den Sieg der Heiligen Allianz unter Don Juan d'Austria über die Türkische Flotte in der Seeschlacht bei Lepanto 1571, den man der Wirkung des kurz zuvor von Papst Pius V. erneuerten Rosenkranzgebetes zuschrieb. Daher wurde der 7. Oktober als Jahrestag der Seeschlacht zum Fest des Rosenkranzes im Gedächtnis unserer Lieben Frau vom Siege[245] erhoben. Das Ereignis dieses marianischen Sieges in der Schlacht von Lepanto wurde zu einer besonderen Inspirationsquelle für die Vorstellung, die Gottesmutter vergelte den katholischen Regenten das gegen die Angriffe der Protestanten behauptete Engagement zu ihren Ehren mit Schutz und Hilfe in allen persönlichen, politischen und militärischen Notlagen. Dabei scheint gerade das Kaiserhaus selbst die Hilfeleistung der Himmelskönigin als *Auxilium christianorum*, *Auxiliatrix* oder *Generalissima* in militärisch bedrängter Situation zu einem besonderen Mirakel stilisiert zu haben, aus dem sich die Gottgewolltheit kaiserlicher Herrschaftsausübung folgern ließ. Einen erneuten Höhepunkt erlebte die *Mariahilf-Verehrung* in dieser spezifischen Verbindung mit dem Schlachtenglück des Hauses Habsburg durch den entscheidenden Sieg der vereinigten kaiserlichen Heere, zu dem auch ein Würzburger Truppenkontingent gehörte, in der Schlacht am Kahlenberg am 12. September 1683, der den Belagerungsring der osmanischen Heerscharen um Wien durchbrechen konnte und diese nach Ungarn zurückweichen ließ. Während der Belagerung Wiens war der nach Passau geflüchtete Kaiser Leopold fast täglich zum Ursprungsort der Mariahilf-Verehrung auf dem Schulenberg gepilgert, um für die Errettung seiner Länder und des Reiches vor

241 Söll, 197.

242 Siehe hierzu auch Peter B. Steiner, Tintorettos Himmelfahrt Mariae aus dem Bamberger Dom und die Erneuerung der kirchlichen Kunst in Süddeutschland nach dem Konzil von Trient, in: Die Bamberger „Himmelfahrt Mariens“, 53–61.

243 Matsche, I, 147.

244 Matsche, I, 142 ff.

245 Matsche, I, 146 ff wie auch zum Folgenden.

den Türken zu beten.[246] Damit war er in der Wiederbelebung eines bereits in der Zeit des Dreißigjährigen Krieges mit dem Schulenberg verbundenen Kultgeschehens selbst in die dem Kaisertum überkommene eschatologische Rolle des *Defensor ecclesiae* getreten, der in der *Mater ecclesiae* und *Auxiliatrix christianorum* eine unüberwindliche Bundesgenossin fand. Durch seine am Kahlenberg bewiesene Wehrhaftigkeit wurde das Passauer Mariahilf-Bild nicht nur in den unmittelbar von der Kriegsgefahr bedrohten Ländern der Habsburger Monarchie, sondern auch für die vorwiegend katholischen Anhänger der Kaiseridee im Reich zum Symbol der Errettung vor den Ungläubigen wie der Reichsfeinde schlechthin.

Eine weitere Vertiefung erfuhren die verschiedenen Aussagen über *Maria als Schutzherrin und Vorkämpferin der katholischen Partei*[247] schließlich durch die 1558 von Petrus Canisius ins Deutsche übertragene Lauretanische Litanei, die spätestens nach ihrer Approbation durch Sixtus V. 1587 zu einem wichtigen Instrument der jesuitischen *propaganda fidei* wurde. Die Lauretanische Litanei war im Zusammenhang mit der seit 1554 unter Obhut und Betreuung der Jesuiten stehenden Wallfahrt zum Heiligen Haus der Maria in Loreto entstanden und fasste verschiedene ältere Marienlitaneien zusammen.[248] Sowohl die volkstümliche Fassung der Litanei, die sie zu einer Anrufungsformel in jedweder Lebenslage machte, wie die populäre Legendenfassung, nach der das Heilige Haus vor dem Zugriff der Ungläubigen in den Schutz der christlichen Nationen geflüchtet sei, trugen zum ungemeinen Aufschwung der Loretoverehrung bei. Bereits 1601 verfügte Papst Clemens VIII., dass bei gottesdienstlichen Anlässen neben der Allerheiligenlitanei nur noch die Lauretanische Litanei verwendet werden durfte. Für ihren endgültigen Aufschwung wurde auch hier die Seeschlacht von Lepanto zum Schlüsselereignis, belegte sie doch zweifelsfrei die Wehrhaftigkeit der durch den Beistand Mariens gestärkten christlichen Truppen. Nach dem Sieg der unter dem Schlachtruf *Maria Hilf* vereinigten Truppen der katholischen Liga über den Winterkönig Friedrich von der Pfalz 1620 am Weißen Berg entstanden in Bayern und in den habsburgischen Ländern daher zahlreiche Kopien der Loretokapelle als Siegeszeichen und Votive der katholischen Restauration,[249] die die gerade im Marienkult greifbar werdende Verflechtung zwischen religiöser und staatspolitischer Propaganda in dieser Zeit anschaulich belegen. In Anlehnung an dieses Ereignis wurde die Errettung aus Gefahr und Todesnot durch Maria nach Anrufung oder auf Fürbitten in verschiedenen Fassungen auch Bestandteil der reichhaltig entstehenden Exempel- und Predigtliteratur. Darin bemühten sich vornehmlich die Mitglieder des Jesuitenordens, der über die Seelsorge mit den politischen Führern der katholischen Staaten in persönlichem Kontakt stand,

[246] Das Mariahilf-Bild auf dem Schulenberg ist eine Kopie des 1537 von Lucas Cranach gemalten Marienbildes im Typus der byzantinischen Glypophilousa, also der vom Kind umarmten und geküssten Gottesmutter. (Sperber, 56 ff.) Dieses Bild wurde Erzherzog Leopold V. als Fürstbischof von Passau anlässlich seines Besuchs in Dresden 1611 von Kurfürst Johann Georg I. geschenkt. Nach mirakulösen Erscheinungen entschloss sich Leopold, dem Bild auf dem Passauer Schulenberg eine Kapelle zu errichten, die schon bald großen Zulauf erhielt. Dieser hielt auch über die Verbringung des Originalbildes nach Innsbruck im Jahr 1622 hinaus an. An die in Passau verbleibende Bildkopie wandte sich das Volk nicht nur in Wassergefahr (Donauschifffahrt) und Pestnot. Bereits in den Zeiten des Dreißigjährigen Krieges wurden vielmehr wiederholt öffentliche Bittprozessionen veranstaltet, in denen Maria um Errettung aus Kriegsgefahr, oder in der konfessionellen Zuspitzung um Hilfe gegen die Feinde der reinen Lehre angefleht wurde. An diese Kultinhalte schloss Kaiser Leopold I. an, als er sich in der bedrohlichen Situation des Jahres 1683 auf den Schulenberg zurückzog, um die Herrscherin des Himmels um Hilfe für die bedrängte Christenheit zu bitten. – Siehe zu diesem Zusammenhang auch Walter Hartinger, Mariahilf ob Passau. Volkskundliche Untersuchung der Passauer Wallfahrt und der Mariahilf-Verehrung im deutschsprachigen Raum, Passau 1985.

[247] Vgl. zu der Vielzahl an Titulationen, unter denen Maria um Schutz angerufen wurde weiterhin auch Matsche, I, 148 ff.

[248] Marienlexikon Bd. 4 (1992) 151 ff, Stichwort „Loreto“ (W. Prötzl, A. Borer, E. G. Trapp). Siehe auch Gudrun Hahner, Exempel im Mariale des Laurentinus Lemmer (VÖ z. Volkskunde und Kulturgesch. 18, hg. von W. Brückner und Lenz Kriss-Rettenbeck), Würzburg 1984, hier insbes. 7 ff (Aspekte der Marienverehrung im 17. Jh.). Ferner F. Matsche, Gegenreformatorische Architekturpolitik. Casa-Santa-Kopien und Habsburger Loreto-Kult um 1620, in: Jb. f. Volkskunde 1978, 81–119.

[249] Matsche, I, 153 ff; ders., Architekturkopien; Evelin Flögel, Die Loretokapellen in Baden-Württemberg, Bayern und der Republik Österreich, (phil. Diss.), München 1984.

um eine volksnahe Erläuterung der in den lauretanischen Anrufungsformeln zusammengefassten katholischen Lehrmeinung über Maria.[250] Die andauernde Bedeutung dieses Schrifttums auch im Hochstift Würzburg belegt das noch im Jahr 1687 in der Bischofsstadt publizierte *Lauretanum Mariale* des Würzburger Jesuiten Laurentinus Lemmer, dessen umfangreicher Titel mit wünschenswerter Klarheit auf den Zusammenhang zwischen den vielfältigen, aus der Lauretanischen Litanei abgeleiteten Verehrungsformen der Gottesmutter in dieser Zeit und ihrer Bedeutung als Typus der unfehlbaren und siegreichen katholischen Kirche hinweist:

> „Lauretanum Mariale, Gott und dem Lamm GOttes zu Lob / Des Lamms GOttes Mutter zu Ehren / Zu Auferbauung der Menschen / Trost und Zuflucht der Sünder / Beständigkeit der Frommen / Anreitzung der Jugend / Lieb gegen Mariam. Mit zweyen Indicibus der Sachen und Predigten: Geschrieben in alle Ehren=Titul / so die ohnfehlbare / wahre Catholische Kirch der ohne Macul empfangenen / ohne Sünd gelebten vor Lieb gestorbenen Jungfrauen und Mutter MARIAE gibt in der Lauretanischen Litania. [...].“[251]

Aufgrund ihres Bekanntheitsgrades wurde die Lauretanische Litanei schließlich unabhängig vom eigentlichen Loretokult zu einem der beliebtesten marianischen Gebetshymnen überhaupt. Aus diesem Grunde ist es nicht verwunderlich, wenn verschiedene Andachtsformen und Kultelemente aus dem Loreto-Komplex auch auf andere marianische Bilder, in deren Gestalt die katholische Christenheit Maria um Schutz und Hilfe anflehte oder als Siegerin über die Feinde Christi und der Kirche verehrte, übertragen wurde.

3.2. Marianische Verehrungsmotive im Hochstift Würzburg

3.2.1. Die Entstehung des Kultes um die Patrona franconiae unter Julius Echter

Auch im Hochstift Würzburg stand, wie oben schon angesprochen, die Erneuerung der katholischen Kirche sichtbar im Zeichen einer starken, auf mittelalterliche Inspirationsquellen zurückgehenden Marienfrömmigkeit. Nahezu alle Fürstbischöfe bemühten sich um eine ausdrückliche Vertiefung und Erweiterung marianischer Kultanliegen, die sich insgesamt an den oben beschriebenen zentralen Verehrungsmotiven der Zeit ausrichteten. Die nachfolgend erläuterten Beispiele stellen daher nicht den Anspruch einer vollständigen Übersicht, sondern erfassen insbesondere solche Aspekte, die die bereits in den vorausgehenden Kapiteln angesprochene Verflechtung zwischen Kunst, Religion und Politik deutlich machen.

Die Verehrung Mariens hatte in Würzburg eine bis in die Frühzeit der Bistumsgeschichte zurückreichende Tradition, die von Anfang an mit dem Marienberg verbunden war. Nach glaubhafter Überlieferung der Vita Burcardi hatte Herzog Hedan II. im Jahr 706 innerhalb des seit der Zeit der frühen Merowingerherzöge belegten Bergkastells eine zu Ehren Mariens geweihte, erste christliche Kapelle in Franken errichten lassen. Die Existenz dieser Kapelle wird durch eine Urkunde Karlmanns aus dem Jahr 746 bestätigt, mit der dieser neben anderen Kirchen die *Basilica infra praedictum castrum in honorem Sa. Mariae constructa* dem neu errichteten Bistum Würzburg schenkte.[252] Mit diesem, in Anlehnung an die Grabeskirche Mariens oder das römische Maria Rotonda (Pantheon) errichteten Kirchenbau identifizierte man bis in die Gegenwart die noch bestehende Kapelle auf dem Marien-

[250] So z.B. auf die Titel *Auxilium Christianorum* und *Conceptio Immaculata*; vgl. hierzu u.a. Petrus Antonius Spinelli, Maria Deipare, Köln 1609, bzw. Maria Deipara Appendix, Köln 1618. Ferner widmete der jesuitische Barockdichter Jacob Balde (1603–1668) der Lauretana ein Gedicht unter dem aus der Litanei übernommenen Titel „Speculum sine macula.“

[251] Zit. nach Hahner (Titel der Ausgabe Mergentheim 1690).

[252] MB XXVIII b, Nr. 11, 16; vgl. Böhmer-Mühlbacher, Reg. Imp. Nr. 743, 275.

berg.[253] Im Jahr 752 hatte der erste Bischof Würzburgs, Burkard, die Gebeine der Märtyrer Kilian, Totnan und Kolonat der Überlieferung nach in der Bergkapelle beisetzen lassen, bevor sie im Jahr 788 in Anwesenheit Karls des Großen in den auf der rechten Mainseite gelegenen ersten Dom an Stelle des heutigen Neumünsters übertragen wurden. Damit hing vermutlich die Verlagerung eines von Burkard zunächst linksmainisch geplanten geistlichen Zentrums an diesen Ort zusammen.[254] Dennoch behielt der Marienberg mit der Kapelle nicht nur als Residenz der Fürstbischöfe stets eine besondere Bedeutung im politischen und geistlichen Leben des Hochstiftes. Hierher führte im triumphalen Geleit stets der erste Weg des erwählten und inthronisierten Fürsten, von hier wurde sein Leichnam schließlich in pompösem Trauerzug zu Grabe geleitet. Seit dem Jahr 1151 wurden ferner die Eingeweide der Fürsten in der Marienbergrotunde unter einem Epitaph bestattet. Darüber hinaus behielt die Kapelle auch im Zusammenhang der Kilianverehrung Bedeutung. So kam es unter Bischof Rudolf von Scherenberg im Rahmen einer deutlichen Intensivierung des Kiliankultes im Sinne bischöflicher Herrschaftspropaganda zur wiederholten Darstellung des Marienberges mit der Kapelle wie der im Tal gelegenen Burkardkirche in der Kunst, was darauf hinzudeuten scheint, dass man beiden Orten aufgrund ihrer historischen und kultischen Bedeutung in der Verehrung der Frankenapostel eine besondere Rolle zuweisen wollte. Spätestens seit dem ausgehenden Mittelalter war die Marienbergkapelle schließlich auch Aufbewahrungsort eines Teils des hochstiftischen Reliquienschatzes, darunter eines Partikels der Dornenkrone sowie des Kreuzes Christi.[255]

Nachdem bereits im Jahr 1572 Teile der mittelalterlichen Burg auf dem Marienberg durch ein Feuer vernichtet wurden, beschädigte ein weiterer Brand im Jahr 1600 auch die Marienkapelle schwer. Der unmittelbar nach der Zerstörung in Angriff genommene Auf- und Ausbau von Burganlage und Kirche ließ bereits nach wenigen Jahren den Marienberg in der bis heute erhaltenen baulichen Gestalt erstehen. Dabei nutzte der in dieser Zeit politisch bedrängte Julius Echter den weitgehenden Abschluss der Baumaßnahmen im Jahr 1604 in Verbindung mit seinem im Vorjahr begangenen dreißigjährigen Regierungsjubiläum zu einer propagandistischen Selbstdarstellung seiner Regierungsleistungen im Kontext eines christologisch-eschatologisch begründeten Herrschaftkonzeptes, das oben bereits behandelt wurde.[256] Die zu diesem Anlass herausgegebenen Festschriften, der *Christlich Fränkische Ehren=Preiß* und die *Encaenia et Tricennalia Juliana* sind mit einem von Johann Leypold gestochenen Titelblatt[257] ausgestattet, in dessen Zentrum die als „PATROCINIUM ORIE(NTE) FRANCIAE“ bezeichnete und mit der Herzogskrone bekrönte Maria mit dem Kind im Gestus des Weltenherrschers auf der Mondsichel stehend von Engeln verehrt wird *(vgl. Abb. 4)*. Die damit durch Maria in Rang und Bedeutung abgelösten alten Bistumspatrone Kilian und Burkard sind auf diesem Kupferstich nunmehr in ihrer Rolle als heilige Gründungsapostel und Amtsvorgänger des regierenden Fürsten dessen Tugendpersonifikationen vorangestellt, unter denen Religio als die staatstragende Haupttugend mit dem Bild der Festungskirche ausgezeichnet ist. Der von diesem Motiv Ausgang nehmende Kult um die *Patrona franconiae* oder Herzogin des Frankenlandes schuf dem Hochstift eine prägnante Symbolfigur, die bis zum Ende des Alten Reiches ein Inbegriff seiner Identität und Integrität sein sollte.[258]

[253] Zum heutigen Forschungsstand siehe u.a. Ludwig Wamser, Castellum, quod nominatur Wirciburc, in: KA Kilian – Aufsätze, 173–227 mit kontroverser Interpretation. Tatsächlich ist die bestehende Kapelle weder mit dem Bau Hedans noch mit dem unter Ludwig dem Frommen 822 belegten karolingischen Kirchenbau identisch. Sie stammt in ihren ältesten Teilen aus dem 11. Jahrhundert. Abgesehen von der durch Wamser erwogenen Möglichkeit, dass der Standort dieser Kapelle nicht mit dem durch Hedan errichteten Kirchenbau übereinstimmt, war man jedoch im 17. Jahrhundert von der Identität der Rotunde mit dem ersten Kirchenbau des Frankenlandes überzeugt.

[254] Siehe Wamser, 186 ff.

[255] J. B. Stamminger, Franconia sacra: Geschichte und Beschreibung des Bistums Würzburg. Die Pfarrei St. Burkard in Würzburg, Würzburg 1889, 93 ff, insbes. 101 ff.

[256] Siehe oben Kap. III. 2: Die Festschriften zum dreißigjährigen Regierungsjubiläum des Julius Echter; Abdruck der Festschriften bei Gropp, I und Gropp, IV.

[257] Abbildungen hierzu bei Gropp, IV, 375.

[258] Gerade der Patronakult ist geeignet, die von Hubatsch geäußerte Kritik am grundsätzlich mangelnden Staats- und Identitätsbewusstsein in den geistlichen Territorien zu korrigieren (Hubatsch, 109). So ist letztlich auch das im katholischen Gesangbuch enthaltene, ursprünglich an die in Würzburg residierende Patronin gerichtete Marienlied „Maria Himmelskönigin“ ein beredtes Zeugnis für die Intensität des tief in religiöser Emotionalität wurzelnden Bindungsbewusstseins der katholischen Einwohnerschaft des Hochstiftes.

Die Darstellungen des Leypold'schen Kupferstiches wie die Erläuterungen des Christoph Marianus vermitteln eine hinreichende Vorstellung vom Aussehen der Patrona, deren vergoldetes Bildnis fortan auch den Marienturm der Festung zierte. Danach entsprach sie dem Typus der von der Sonne bekleideten Apokalyptischen Frau, die auf der Mondsichel steht. Im Leypold'schen Stich hält Maria in ihrer Linken das Lilienszepter, während das von ihr in typisch statuarischer Form getragene Kind die mit einem Kreuz bekrönte Weltkugel in Händen hält. Aus späteren Beschreibungen des Bildnisses auf dem Marienturm geht schließlich hervor, dass es entsprechend mit einem Kranz aus zwölf Sternen umgeben war. Die Identifikation als *Patrona franconiae* erfolgt schließlich durch die von Maria getragene Herzogskrone, die mithin zum eigentlichen, die Patrona von anderen Bildtypen unterscheidenden Attribut wurde. In die Ausgestaltung dieses sich in der Folgezeit in Franken ungemein verbreitenden Bildtypes gingen über die Identifikation mit der Apokalyptischen Frau ferner vor allem Verehrungsmotive der Maria de Victoria (Maria vom Siege, Generalissima des Hauses Habsburg) des Habsburger Kontextes, die sich in der Folge der Seeschlacht von Lepanto entwickelten, wie schließlich allgemein der Maria assumpta und der Immaculata über. Entsprechend war die Patrona auch mit den Anrufungsformeln der Rosenkranzlitanei wie mit der sie überlagernden Lauretanischen Litanei anzusprechen.[259]

Die festlichen Ereignisse der Jahre 1603/04 zum Regierungsjubiläum Echters und der Wiedereinweihung der Festung wurden durch einen an den Fürstbischof gerichteten Brief des späteren Textverfassers der Festschriften, des Jesuitenpaters und Professors der Theologie an der Würzburger Universität Christophorus Marianus, vorbereitet.[260] Darin regt Marianus an, den ihn in Loreto beeindruckenden Kult um Maria als Siegeszeichen (*Trophaea Mariana*)[261] auch auf Würzburg zu übertragen, da die im Zeichen Mariens vollzogene Erneuerung der alten Religion durch Julius Echter in dem fränkischen Bistum so sichtbare Früchte getragen habe. Dabei nennt er bereits die Gründung der Universität und des Juliusspitals sowie die Aufrichtung des Patronabildes auf dem Marienturm der Festung als wichtige Stationen der Echterschen Restaurationspolitik. Außerdem erwähnt er die Vielzahl hochstiftischer Marienheiligtümer, die unter Echter wiederhergestellt wurden, und hebt besonders das von ihm so genannte *Lauretum Francicum* in Dettelbach hervor. Damit belegt dieser, gleichsam einen Konzeptentwurf der späteren Festschriften umfassende Brief die gedankliche Verbindung der in der Folgezeit unter Echter entwickelten Patrona-Verehrung mit dem Loreto-Kult in seiner spezifischen konfessions- und herrschaftspolitischen Adaption.

Auch die beiden Festschriften von 1604 enthalten wichtige Aussagen über die Leitmotive der Verehrung Mariens als *Patrona franconiae*. Der volkstümliche *Ehren=Preiß* betont zunächst die Übereinstimmung des Bildtypus mit den tridentinischen Lehrsätzen über Maria. So werden vor allem die christologischen Bedeutungszusammenhänge hervorgehoben, die der Mutter Christi die Rolle der Fürsprecherin der Christenheit zuweisen.[262] Keineswegs, so versichert Marianus, verehre man Maria an Gottes Stelle. Die Ketzer leugneten die Tradition des katholischen Lehr- und Heilsgebäudes, würden aber von Maria als dessen Verteidigerin überwunden.[263] Auch die an ein gebildeteres Publikum gerichtete *Encaenia et Tricennalia Juliana* lässt bereits in der Mehrdeutigkeit des Titels einen Zusammenhang zwischen der Erneuerung des katholischen Glaubens im Hochstift und der baulichen Wiederherstellung der Marienbergkapelle anklingen. Im weiteren Textzusammenhang wird folglich die Erneuerung der Kirche der zentralen, staatserhaltenden Tugend des Fürsten, der religio oder der Gottesfurcht zugeschrieben.[264] Ihr ist als Ausfluss des Gottesgnadentums sapientia, also die in ihrer Summe von Gott ausgehende Weisheit zugeordnet, die den Fürsten lehrt, im Einklang mit Gottes Ratschluss und Gesetz zu handeln. Deshalb ist der die Gottesfurcht des Fürsten belegende Wiederaufbau der Marienrotunde auf dem Festungsberg

[259] Aus vergleichbarem Kontext entstand wenige Jahre später (1614/15) das nahe verwandte Bild der Patrona Bavariae.

[260] Epistola Dedicatoria Christophori Mariani ad Julium Episcopum, qua illi sua Trophaea Mariana post Sacra Aedis Lauretanae invisionem anno Sancto seu pro cultu Dei & Beatissimae Virginis pie ac laudabiliter gesta compendiose recenset. Abdruck bei Gropp, I, 524–527.

[261] Auch diese Bezeichnung entspricht dem Kontext der Maria de Victoria, der das Bild der Patrona ergänzt.

[262] Diese geht auch sehr deutlich aus der formalen Gestaltung des Kultbildes hervor.

[263] Derselbe Gedanke findet sich noch einmal im Lauretum Mariale Lemmers: „Aber freue dich, Maria / lasse sie nun zitschen / etliche ketzerische Schlangen-Mäuler / du zerknirscht ihnen doch ihre Häupter / und stehest doch auf ihnen. / Dein Lob ist ausgebreitet in aller Welt." 201; zit. nach Hahner, 8.

auch ein Werk der Weisheit, die den Panegyriker veranlasst, die typologische Identität Echters mit dem exemplarischen Urbild des weisen und von Gott erleuchteten Herrschers, Salomon, zu postulieren:

> „Magnifice etenim Sapientiam tractabat, (Salomon;) & ut Sapientiam habens, obtulit Sacrificium Dedicationis & Consummationis Templi. 2. Machab. 2“.[265]

In der Reflexion dieser in der Encaenia mehrfach angesprochenen Bedeutungszusammenhänge erschließt sich nun in den Feierlichkeiten zum Wiederaufbau der Marienrotunde auf dem Würzburger Festungsberg ein überaus ambitioniertes Programm, in dem sich das auf die *renovatio* der *Ecclesia catholica* gegründete Selbstbewusstsein des geistlichen Staatswesens machtvoll zur Schau stellte. Dabei hat die Interpretation zunächst von der Tatsache auszugehen, dass es sich bei der Kapelle in der Überlieferung der Zeit um die erste christliche Kirche des Frankenlandes handelt, die von Anfang an Maria geweiht und aufs Engste mit der Gründung und Befestigung des christlichen Glaubens durch die Apostel des Frankenlandes, zu denen die Echterzeit auch Burkard zählte, verbunden war. Deshalb vollzog sich die Wiederbefestigung des katholischen Glaubens durch Echter als dem *Chiliani novus* im Zeichen Mariens als *trophaeum Marianum* und Typus der *religio immaculata*, verkörpert in der *Patrona franconiae*, die als Unterpfand des Neuen Bundes Gottes mit der Ecclesia Herbipolensis in dem erneuerten Tempel auf dem Festungsberg ihren Wohnsitz nahm. In dieser Vorstellung kulminieren sowohl frühchristliche Bildvorstellungen wie die Aussagen der Lauretanischen Litanei: So wie Maria auf dem Thron Salomons, der die Summe menschlicher Weisheit und Tugend repräsentiert, Platz nimmt, ist sie selbst als Mutter Christi und in ihrer daraus resultierenden eschatologischen Rolle als Ecclesia Sitz der göttlichen Weisheit. Indem der Fürstbischof ihr in Anspielung auf diese Gedankenzusammenhänge den Marienberg mit der ältesten christlichen Kirche des Hochstiftes übereignete, stellte er seine eigene Politik wie die Geschicke des Hochstiftes in den universalen Zusammenhang des göttlichen Heilswirkens. In der Summe dieser Bedeutungen war Maria als neue Patronin des Hochstiftes zugleich Fürbitterin, Schutzherrin und Garantin gegenwärtiger und zukünftiger Glückseligkeit.

Diese Interpretation wird durch die Aussagen der *Encaenia et Tricennalia Juliana* unterstrichen:

> „Hac igitur mente & sententia nos [...] Mariam Patronam, Antistitam Montis, Arcis, Templi fatemur & veneramur, Magna Mater, Potens Patrona; qua nulla alia inter Sanctos ac Cœlites vel apud Deum gratiosior, vel in homines benevolentior: Cujus patrocinium Mons & Arx & Templum, & universa Franconia, difficillimis temporibus, præsentissimum sensit: quaque adeo non potuit, nec debuit forte alia eligi hujus Principatus Antistita, quæ quamvis in maximis periculis, & turbulentissimis motibus, & periculosissimis tempestatibus, & sæpe etiam desperatis rebus adfuit, & opem à Filio Christo opportune attulit. Vera Mater & Regina, Blanda & Fortis, & quibuscunque titulis ac verborum ornamentis ac laudibus à nobis prædicanda, quas excogitare humana facundia potest, [...].“[266]

264 Siehe zur Wirkung der fürstlichen Pietas auch Kap. III.4.

265 Epistola Oraculum Coeleste quod Juliana Dedicatio approbatur = Einleitung zur Encaenia des Christoph Marianus, (Gropp, I), 528. („ Mit [bewunderungswürdiger Größe] Erhabenheit handelte er nach der Weisheit (Salomon); und da er Weisheit besitzt, brachte er die Weihe und die Vollendung der Kirche als Opfergabe dar. 2. Machab. 2.“)

266 Encaenia (Gropp, I), 586 f. („ In dieser Gesinnung und Meinung bekennen und verehren wir [...] Maria als die Patronin; Beschützerin des Berges, der Burg, des Gotteshauses, große Mutter, mächtige Patronin, keine andere ist unter den Heiligen und Himmelsbewohnern gnadenreicher bei Gott oder gütiger zu den Menschen. Ihren Schutz verspüren der Berg, die Burg, das Gotteshaus und das gesamte Frankenland in den schwierigsten Zeiten als überaus hilfreich. So konnte und durfte keine andere zur Patronin des Frankenlandes erwählt werden als sie, die auch in den größten Gefahren, in den heftigsten Erschütterungen, in den gefährlichsten Stürmen und in oft verzweifelter Lage (uns) beistand und gütig Hilfe von Christus, ihrem Sohn brachte. Wahre Mutter und gütige, starke Konigin; mit welchen Ehrennamen und mit [welchem Wortschmuck,] welchem Lobpreis, den die menschliche Redekunst erfinden kann, auch immer wir Dich preisen, [beschütze uns und unseren Fürsten und erhalte das Frankenland].“)

Aus dem Gesagten geht hervor, dass die *Patrona franconiae* von Anfang an keine Kult-, sondern eine Symbolfigur war. Dies stimmt mit der Beobachtung Kolbs[267] überein, dass ihr selbst keine Altäre geweiht wurden und sich auch folglich keine Wallfahrt um ein entsprechendes Gnadenbild entwickeln konnte. Es ist vielmehr ein besonderes Charakteristikum der Patronaverehrung, dass sie die traditionellen Marienanbetungsstätten und Wallfahrtsorte nicht ablöste, sondern ergänzte und integrierte. Dies wird z.B. an der von Christoph Marianus als *fränkisches Loreto* bezeichneten Wallfahrtskirche in Dettelbach deutlich, auf die im Folgenden noch ausführlicher einzugehen ist. Die sich dort seit dem frühen 16. Jahrhundert um das wundertätige Bild einer schmerzhaften Pieta entwickelnde Wallfahrt wurde ebenfalls unter Julius Echters intensiver Förderung zu einem Mittelpunkt des diözesanen Wallfahrtgeschehens überhaupt und behielt diese Funktion bis zur Säkularisation des Hochstiftes.[268] Auch die von Johann Gottfried von Aschhausen und Franz von Hatzfeld wiederbegründete Wallfahrt zum Mariengnadenbild von Höchberg, die dem Patronakult aufs Engste verbunden war, wurde von Johann Philipp von Schönborn, Johann Gottfried von Guttenberg und Johann Philipp von Greiffenklau wiederholt namentlich in Zeiten kriegerischer Bedrohung in einer dem Mariahilf-Kult verwandten Art um Hilfe angefleht. In Fährbrück ließ schließlich Johann Gottfried von Guttenberg in den Jahren zwischen der türkischen Belagerung vor Wien und dem Sieg der kaiserlichen Truppen bei Ofen und Budapest aus einem älteren Wallfahrtsmotiv eine dem Kultgeschehen um Maria Auxiliatrix und Maria de Victoria zugeordnete Wallfahrt neu fundieren.[269]

3.2.2. Der Patronakult und die Ausstattung der Marienrotunde auf dem Festungsberg

In der Kulttradition der Würzburger Marienbergkapelle sind seit dem Mittelalter verschiedene Schwerpunkte erkennbar. Neben der latent dominierenden Marienverehrung war die Rotunde trotz der Überführung der sterblichen Überreste der Frankenapostel in den Dom bzw. das spätere Neumünster immer

[267] Karl Kolb, Wallfahrtsland Franken, Würzburg 1979, bes. 77 ff (Herzogin von Franken); ebenso: M. Hofmann, Herzogin von Franken und Bayern, in: WDGB 24 (1962) 293–305.

[268] Dabei sind einzelne Verehrungsmotive um die Maria Dettelbach mit den aus der Lauretanischen Litanei abgeleiteten Titeln der Patrona, die ja die Summe dieser Anrufungen verkörperte, identisch. Dies zeigt sich mit Deutlichkeit an dem um 1610 von Michael Kern geschaffenen Schmuckportal der Wallfahrtskirche, dessen Programm dem etwa zeitgleichen, ebenfalls von der Hand des Forchtenberger Meisters stammenden Portal der Marienbergkapelle entspricht. (vgl. Abb. 27) Beide Portale werden von einer mehrgeschossigen Säulen-Pilasterarchitektur eingefasst, die den Aufbauten zeitgenössischer Altäre verwandt ist. Zu beiden Seiten der Eingangspforten stehen jeweils vor einer säulengerahmten Nische die Apostel Petrus und Paulus als Symbolfiguren der universalen römischen Kirche. Darüber ist die *Verkündigung an Maria* dargestellt, in Dettelbach ergänzt durch eine ebenfalls säulengerahmte *Anbetung der Könige*. Abschließend folgt in einer wiederum akzentuierenden Nischenarchitektur jeweils über der Mittelachse des Portals eine Darstellung der *Patrona franconiae*, begleitet von den Frankenaposteln Kilian und Burkard.[407]

[269] Zu Fährbrück vgl. weiter unten Kap. IV. 3.4.3. Nach Gropp, II, 537, trug Johann Gottfried von Guttenberg ferner dazu bei, eine Filialbruderschaft der Münchener Mariahilf-Bruderschaft in Mergentheim unter dem Titel *Confraternitas sub Invocatione Beatae Mariae Auxiliatricis pro felice agone* zu gründen, die von den dort ansässigen Kapuzinern betreut wurde. In diesem Bemühen kam er in engen Kontakt mit dem Kapuzinerkustos und Guardian für Franken, Johann Caspar von Mergentheim und dem Deutschmeister Ludwig Anton von Pfalz-Neuburg, dem Bruder der Kaiserin Eleonora Magdalena, der ihn auch im Kampf gegen die Wahlkapitulation des Domkapitels unterstützte. Dieter Weis, Die Mariahilf-Verehrung in Franken, in: JbLF 53 (1992), 201–217, hier 202 f., verweist darauf, dass sich dabei gerade in der Person des Deutschmeisters und Schwagers des Kaisers die verschiedenen Rezeptionsstränge des Mariahilf-Kultes kreuzen. Ludwig Anton von Pfalz-Neuburg war selbst Teilnehmer des Türkenkrieges und hatte somit die spezifischen, von Kaiser Leopold erneuerten Kultschwerpunkte um das Passauer Gnadenbild vermutlich in eigener Anschauung kennen gelernt. Gleichzeitig darf er als ein Förderer der mit der Münchener Bruderschaft verbundenen dynastischen Interessen des Hauses Pfalz-Neuburg gelten. Guttenberg weihte in der Marienkapelle auf dem Hauptmarkt in Würzburg parallel zu anderen Aktivitäten am Mariae Himmelfahrtstag 1688 einen neue Mariahilf-Altar, der der Würzburger Bruderschaft als Andachtsort dienen sollte und von den Kapuzinern der Stadt betreut wurde.

auch ein Ort der Kilianverehrung geblieben.[270] Ferner bewahrte man einen Teil des hochstiftischen Reliquienschatzes, darunter den erwähnten Partikel der Dornenkrone Christi, zwei Armreliquare der hll. Cordula und Felix sowie ein großes, mit rotem Samt gefasstes und silberbeschlagenes Buch mit den *Reliquiae Sanctorum durch alle Monath des ganzen Jahres*[271] in der Bergkapelle auf. Möglicherweise leitete sich auch aus der Summe dieser Kultfunktionen und Kultmotive die Bemerkung des Christoph Marianus ab, man könne die Kirche, deren Rotundenform in ganz Franken einmalig sei, beinahe als fränkisches Pantheon bezeichnen:

> „Quid vero illud [templum], quod in Arce situm, antiquitate quidem omnibus, quae in tota Franconia sunt, praestantius: forma etiam singulari, quod Pantheon aut Capitolium Francicum paene luberet nominare?"[272]

Ferner ist, wie schon angedeutet, seit dem hohen Mittelalter die Einbindung der Kirche in das herrschaftspolitische Zeremoniell bei Wahl und Tod eines Fürstbischofs nachweisbar.[273]

Diesen unterschiedlichen Kultschwerpunkten entsprechend, befanden sich in der Marienbergkapelle schon in mittelalterlicher Zeit mehrere Altäre, darunter ein Kreuz- und ein Kilianaltar. Für den vermutlich seit Gründung der Kirche Maria geweihten Hochaltar überliefert Stamminger das Patrozinium Mariae Geburt.[274] Das Kirchweihfest der Kapelle am Sonntag nach Mariä-Himmelfahrt bzw. am Sonntag nach der Oktave des Frauentages[275] lässt jedoch eine schon seit dem Mittelalter mit diesem Ort verbundene Verehrung Mariens als Himmelskönigin erkennen. Unter Julius Echter wurden die bestehenden Kulttraditionen der Kirche in einem neuen Gesamtprogramm zusammengefasst, das didaktisch auf die Darstellung der ineinanderfallenden konfessions- und herrschaftspolitischen Ziele des Fürsten ausgerichtet war und inhaltlich durch die neue Patrona als Symbolfigur repräsentiert wurde. Die wesentlichen Aussagen dieses Programms lassen sich trotz der Plünderung und Verwüstung der Kirche während der schwedischen Besetzung des Hochstiftes im Dreißigjährigen Krieg (1631–1634) rekonstruieren.

Wichtig in dem hier vorgestellten Zusammenhang ist die bereits in der Portalprogrammatik kurz gefasste Darstellung von Marias Mitwirkung am göttlichen Heilsplan, kraft derer sie nach katholischer Lehrmeinung Anteil am Erlösungswerk wie an der Weltherrschaft Christi hatte. So erscheint sie am Portal über den Repräsentanten der universalen Kirche zunächst in der Szene der Verkündigung, in der die Mitwirkung Mariens am göttlichen Heilsplan begründete wurde. In dieser Bedeutung ist die über der Verkündigungsgruppe zwischen den Repräsentanten der fränkischen Kirche stehende Patrona, die sich die Marienbergkapelle zu ihrem neuen Wohnsitz erwählte,[276] Zeichen und Sinnbild für die Existenz und die Sieghaftigkeit der universalen wie der fränkischen Kirche. Im Hauptraum der Rotunde erscheint im noch erhaltenen Deckenstuck der Echterzeit unter der Rotundenkuppel *(Abb. 25)* die überlebensgroße Figur Christi als Schmerzensmann umgeben von vier Engelsgestalten, die die Leidenswerkzeuge vorweisen. Diese waren in der materiellen Präsenz der Partikel der Dornenkrone und des Kreuzes auch Gegenstand der kultischen Verehrung

[270] Dies wird im nachfolgenden Kapitel IV. 4: Imitatio Chiliani noch weiter vertieft.

[271] Stamminger, 104. Das Buch wurde 1618 im Besitz von St. Burkard erwähnt, spätestens in der Zeit kurz vor der Eroberung des Hochstiftes durch schwedische Truppen gelangte es aber in das Archiv der Marienburg. Unter Johann Philipp von Schönborn wurde das Buch 1667 der Marienrotunde übereignet. Später gelangte es auf nicht geklärten Wegen in Privatbesitz. 1888 wurde es durch das Haus Habsburg angekauft und Papst Leo XIII. als Geschenk übergeben. Heute befindet es sich im Vatikanischen Museum.

[272] Gropp, I, 585. („Was aber jenes Gotteshaus, das auf dem Berg liegt, betrifft, das durch sein Alter alle anderen im Frankenland übertrifft: sollte man es nach seinem einzigartigen Aussehen nicht Fränkisches Pantheon oder Kapitol nennen?") – Natürlich spielt Marianus hier in erster Linie auf die Rotundenform an. Allerdings war ja auch das Pantheon im christlichen Rom der Verehrung aller Heiligen gewidmet.

[273] Vgl. neben der schon wiederholt zitierten älteren Literatur auch die allgemein gehaltenen Angaben bei Christian Antz, Sacrum Theatrum Romanum. Das Würzburger Neumünster und die katholische Baukunst in Deutschland zwischen 1680 und 1720, Weimar 1997, 142 ff.

[274] Stamminger, 103 f.

[275] Unter Echter wurde das Kirchweihfest auf den Sonntag nach Matthäi verlegt, seit 1650 jedoch wieder zum erstgenannten Datum gefeiert.

[276] Auch dieser Aspekt enthielt eine Anspielung auf den Loreto-Komplex.

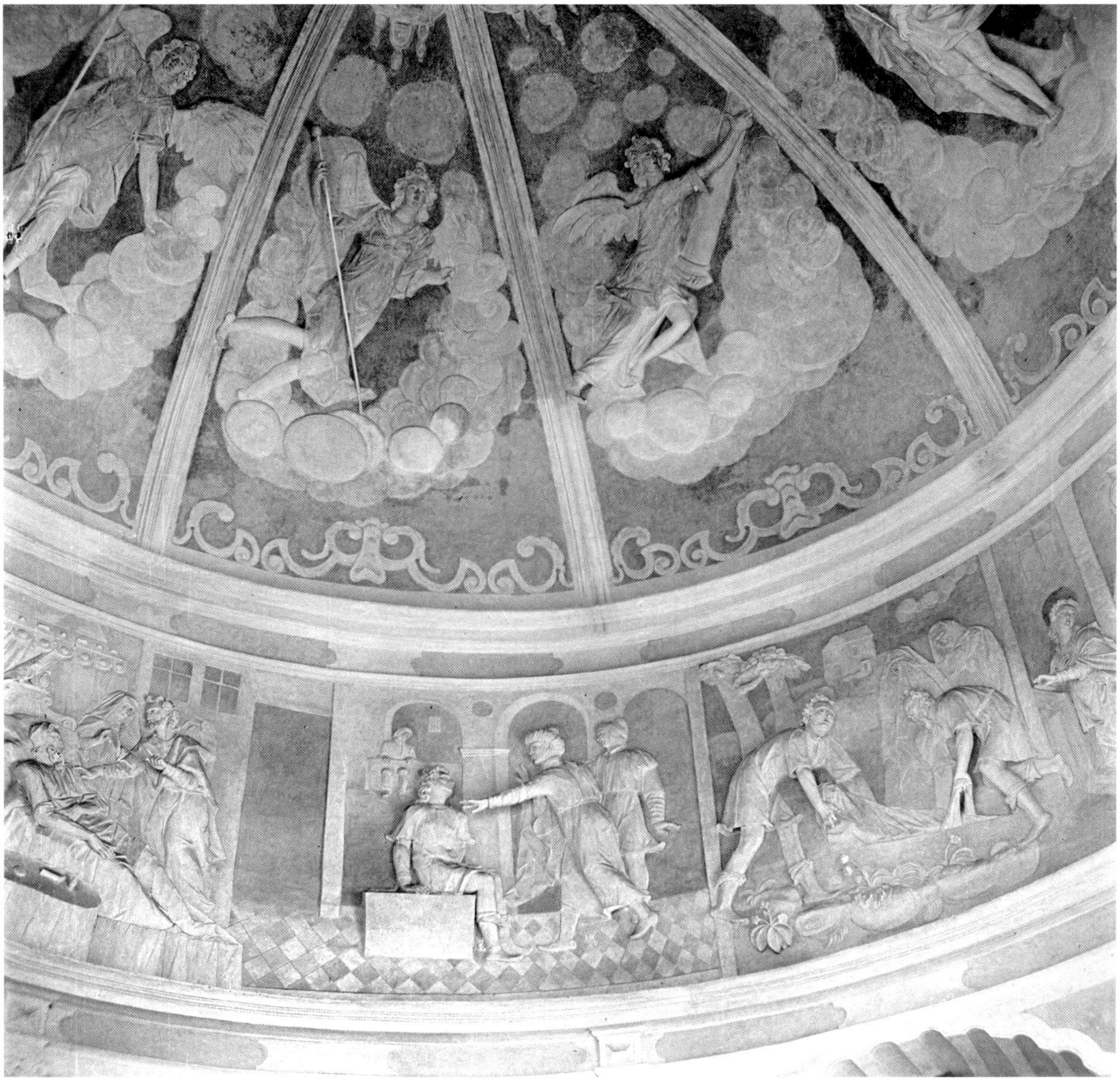

Abb. 25: Würzburg, Festung Marienberg, Marienrotunde: Innenraum mit Stuckdarstellungen der leiblichen Werke der Barmherzigkeit im Kuppeltambour sowie Engel mit den Leidenswerkzeugen Christi in den Kuppelfeldern (Konrad Ulbacher verm.), um 1604–10 (Zustand vor 1945).

auf dem linken Seitenaltar. In der Gesamtikonographie des Raumes verwiesen sie darüber hinaus auf das Zusammenwirken Christi als des aktiven Teils und Mariens als der Mediatrix zur Vollendung des göttlichen Heilsplanes. Daher erscheint im Zusammenhang des Kuppelstucks auch erneut eine Darstellung der Verkündigung, die Marias Ergebung in den Willen Gottes, also ihre aktive Bejahung der darin ausgelösten Gottesmutterschaft belegt. Ihrem auch von Christoph Marianus betonten Verständnis als *Coredemptrix* entsprechend, ist diese Verkündigungsszene im Tambour, also der der Kuppel hierarchisch untergeordneten Raumzone dargestellt. Ihr zugeordnet sind ebenfalls im Tambourbereich szenische Darstellungen der sieben Werke der Barmherzigkeit, die die Geistgaben als Tugendzyklus ergänzen. Darüber hinaus lassen diese sich als exemplarische Tugenden auf den bei Marianus angesprochenen fürstlichen Leistungskatalog beziehen. Als Bestandteil der Weltgerichtsikonographie erinnern die Szenen schließlich an Mariens fürbittende Gnadenwirkung am Tag des Jüngsten Gerichtes. Beide Deutungsmöglichkeiten verweisen ferner auf die durch Julius Echter erneuerte Funktion der Kapelle als Grablege der Fürstbischöfe.

In der Konsequenz dieser Kultmotive, die der Immaculata-Thematik zuzuordnen sind, wurde der neue Hochaltar der Kirche dem Thema *Mariae Aufnahme in den Himmel* gewidmet.[277] Da nach katholischer Lehrmeinung Maria nicht durch eigene Machtvollkommenheit, sondern allein aufgrund des ihr von Gott gewährten Gnadenvorzuges, der seinen Grund in ihrer Mithilfe am Erlösungswerk Christi hatte, in den Himmel aufgenommen wurde, waren damit im marianischen Kultzusammenhang auch christologische Aspekte aufgerufen. In dieser bevorzugten Gnadenausstattung war Marias fürbittende Kraft als Patrona grundgelegt. Diese Inhalte wurden durch ein bis 1945 erhaltenes, aus der bereits im Dreißigjährigen Krieg zerstörten Kapellenausstattung der Echterzeit stammendes und möglicherweise zum Hochaltar gehörendes Alabasterrelief mit der Darstellung eines Gnadenstuhles ergänzt. Im Rahmen der marianischen Programmatik der Kapelle verwies dieser Bildstein auch auf Marias Anteil am Mysterium der Trinität in ihrer Bedeutung als *Tochter des Vaters*, *Braut Christi* und *Heiligtum des Geistes*.[278] Zur Aufstellung des neuen Altares hatte Echter den alten Rotundenbau um einen rechteckigen Choranbau erweitern lassen, den Christoph Marianus in Anspielung auf das Heilige Haus in Loreto als *sancta camera* bezeichnete. Als solche wird er auch durch die Wiederholung der Verkündigungsszene, die ja nach der Legende in der Casa santa stattfand, über dem Chorbogen ausgewiesen. In ihm befand sich von nun an das fürstbischöfliche Oratorium, das von Echter und seinen Nachfolgern, soweit sie auf dem Marienberg residierten, zur Erfüllung des Topos *princeps pius* zu regelmäßiger Andacht aufgesucht wurde. Diese Trennung des fürstlichen Andachtsraumes im eigentlichen Wohnhaus der Patrona vom Hauptraum der Rotunde unterstrich nicht nur als Motiv der persönlichen Frömmigkeit die Bedeutung der Marienverehrung unter Julius Echter, sondern war zugleich Ausdruck ihrer herrschaftspolitischen Funktion. Die Andacht des Fürsten, seine in diesem Raum Maria als der auserwählten Gnadenvermittlerin und Schutzherrin des Frankenlandes entgegengebrachte Verehrung, nahm hier den Charakter einer staatspolitischen Handlung an. Durch sie diente der Fürst unmittelbar der *salus publica*.

Damit lässt sich letztlich auch aus diesem Zusammenhang ein unmittelbarer Verweis auf die herrschaftspolitischen Inhalte der Kapellenausstattung und die Bedeutung der Kirche als Begräbnisstätte der Fürstbischöfe ableiten. So wie der regierende Fürst, der im Sanktuarium mit der Patrona kommunizierte und sie um Beistand in allen Bedrängnissen bat, durch sein frommes und tugendhaftes Handeln dem Wohl seines Landes diente und darin zugleich den Tugendschatz der Kirche mehrte, erwarteten die verstorbenen Fürsten den Tag des Jüngsten Gerichtes im Vertrauen auf die angesammelten Gnadenmittel und die Fürbitte ihrer Patronin, zu der diese durch ihre Mitwirkung am göttlichen Heilsplan befähigt wurde. In diesem Zusammenhang spielt wiederum die Bedeutung der Kapelle als erster Erhebungsort der Leiber des heiligen Kilian und seiner Gefährten eine wichtige Rolle, versuchten doch die Fürstbischöfe gerade seit Echter durch die Titulation des Frankenapostels als erstem Bischof Würzburgs den heiligen Märtyrer in die Tugendgenealogie ihrer Amtsvorgänger einzuordnen.[279]

Die Zerstörung eines großen Teils der Rotundenausstattung durch schwedische Truppen wohl noch am Tage der Eroberung des Marienberges unter Gustav Adolf von Schweden am 17. Oktober 1631 hatte ihre Nutzung als Sakralraum zunächst durch die schwedische Schlossbesatzung nicht beeinträchtigt. Nach Abzug der Schweden wurde die Kapelle nur notdürftig instand gesetzt. Dabei war man, wie Gropp berichtet, bemüht, die Blutmale der während der schwedischen Eroberung der Festung in der Kapelle getöteten Geistlichen als Glaubenszeugnisse zu konservieren.[280] Die leeren Kassen des Hochstiftes sowie der vorrangig betriebene Ausbau der Befestigungsanlagen des Marienberges verhinderte jedoch vorläufig eine dauerhafte Instandsetzung der Kapellenausstattung. Dennoch belegen verschie-

[277] Leider ist zum Aussehen und den bildlichen Darstellungen dieses Altarwerkes nichts überliefert. Möglicherweise war es mit einer der frühesten Himmelfahrtsdarstellungen der nachtridentinischen Zeit in Würzburg ausgestattet.

[278] Siehe zu diesem Bildstein Stamminger, 106, Zur Deutung Marias in der Trinität siehe ferner LThK Bd. 3 (1933) Sp. 52 ff, Stichwort „Mariae Himmelfahrt" (J. Sauer) sowie Schiller, 3, 10 ff: Die Braut Christi in der himmlischen Stadt, und dies., 4.1, 114 ff: Die Inthronisation Mariens in der Monumentalkunst.

[279] Siehe hierzu vertiefend IV. 4: Imitatio Chiliani.

[280] Gropp, III, 436 f., 439 f.

dene Stiftungen für die Ausstattung der Kapelle, dass die mit ihr verbundenen Verehrungsmotive durchaus weiter tradiert wurden.[281]

Unter Johann Gottfried von Guttenberg[282] wurde die Hofhaltung schließlich auf Drängen des Domkapitels zur allgemeinen Kostenminderung in die Stadt verlegte so dass die Kapelle sogar vorübergehend ihre Funktion als Hofkapelle verlor und lediglich dem Gottesdienst der Schlossbesatzung diente. So war es Johann Philipp von Greiffenklau vorbehalten, mit der von Kirchgeßner als erste Regierungshandlung des neu erwählten, von *heilige[m] Gottes=Eyffer*[283] entflammten Fürsten beschriebenen, vollständigen Erneuerung der Kapellenausstattung auch den Kult um die Landespatronin glanzvoll wiederzubeleben. Gropp berichtet dazu zusammenfassend in seiner *Wirtzburger Chronik*:

> „Insonders aber hatte etwas wunderwürdiges die sonderbare Andacht und kindliche Zuversicht zu der Schutz=Patronin des Fränkischen Bodens Mariam. Er hatte gleichsam ein unersättliche Begierd der über=gebenedeyeten Gebährerin Gottes Mariae Lob anzuhören, welche ihm auf alle dero glorreiche Fest=Tag […] einen sowohl Sommers als Winters=Zeit beschwerlichen Weeg vom hohen Schloß=Berg herab in die Sodalität, samt der gantzen Hof=Stab geführet, nicht ohne merklichen Zusatz, welchen hierdurch bey hohen und niedrigen Standes=Personen die Verehrung dieser mächtigen Himmels=Königin Mariae gewonnen. Wem seynd unbekannt seine vielfältigen auf 3. und 4. Stund weit, Mariae zu Ehren zu Fuß unternommene Wallfahrten? Der Samstägigen Lauretanischen Litaney hat er nicht allein auf dem Schloßberg als Stiffter derselben beständig beygewohnet, sondern hat solche auf dem Land, wo er sich befunden, halten lassen. In der Hof=Capell hat er zu Dienst Mariae kostbare Kirchen=Geräth angeschafft. An unterschiedlichen Orthen seynd Deroselben Bildnussen theils neu verguldet, theils sonsten prächtig durch ihn aufgerichtet worden. So gar auf geprägten Müntzen führete er zum Sinnbild Mariam mit der Umschrift: Suscipe, Protege."[284]

Der zitierte Text zeigt, dass die bereits bei Julius Echter erkennbaren Tendenzen, im Kult um die *Patrona franconiae* das gesamte marianische Kultgeschehen des Bistums zu intensivieren, unter Johann Philipp von Greiffenklau wieder deutlich zunahm. Im gleichen Maß wurde unter ihm die fürstliche *pietas mariana* zu einer alle Belange der hochstiftischen Wohlfahrt umfassenden Staatssache. Dies berichten Kirchgeßner und Gropp am Beispiel verschiedener Begebenheiten, die belegen, dass die fürstliche Devotion gegenüber der Herzogin des Frankenlandes zunehmend zu öffentlichen Inszenierungen geriet, in denen sich der Fürst stellvertretend für Bistum und Hochstift der Gottesmutter weihte und ihre Hilfe in bedrängter Lage erbat. Die jeweils folgende Gewährleistung der fürstlichen Bitte musste dann den

[281] Max H. von Freeden, Festung Marienberg, Würzburg 1982, 116 f. Johann Philipp von Schönborn ließ den in das Archiv der Burg geflüchteten Reliquienschatz der Kirche restituieren und stiftete 1663 zwei prachtvolle Silberleuchter. Diese tragen am Fuß jeweils drei Medaillons, von denen das erste die Patronin von Kirche, Burg und Hochstift über einem Bild der Festung zeigt, während das zweite die Namenspatrone des Kurfürsten und das dritte Stiftungsdatum sowie die Wappen Schönborns präsentiert. Die Leuchter befinden sich heute als Leihgaben im Mainfränkischen Museum Würzburg. 1664 wurde in der Kirche ein Bildnis der gekrönten Himmelskönigin mit dem Kind im Gestus des Salvators auf dem Arm aufgerichtet, das Maria in der Interpretation der Offenbarung auf den Kopf der die Weltkugel umschlingenden Schlange tretend darstellte. Die Figur wurde in ein Ädikulagehäuse mit Knorpelwerkzierat gestellt, das über einer von Voluten gehaltenen Kartusche von einer Sonne mit dem Signum Marianum bekrönt war, in bezeichnender Mehrdeutigkeit also sowohl Aspekte der Verehrung Mariens als konfessionsspezifisches Siegeszeichen wie des Patronakultes vereinigte. Nach Stamminger, 106, stammte die Figur von der Hand des Zacharias Juncker. Sie verbrannte 1945. Abb. in KDB Ufr. und Aschbg. XII, Stadt Würzburg, Fig. 326.

[282] Unter Guttenberg sind in der Tat keine Handlungen zugunsten der Patrona auf dem Festungsberg überliefert. Dies mag mit der unter ihm stark geförderten Verehrung des Mariahilf-Komplexes und vor allem der mit einem ähnlichen Kultmotiv ausgestatteten Wallfahrt nach Fährbrück zusammenhängen, auf die unten noch eingegangen wird.

[283] Kirchgeßner, 154.

[284] Gropp, IV, 323.

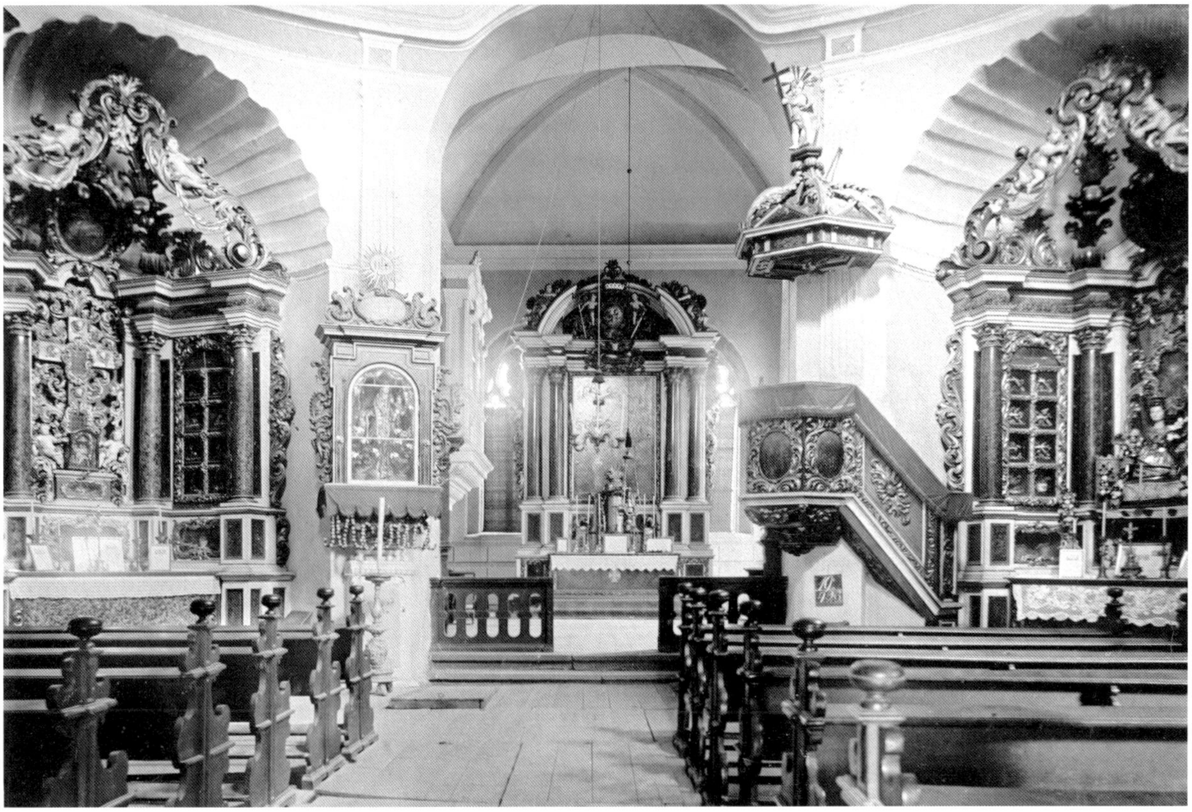

Abb. 26: Würzburg, Festung Marienberg, Rotunde: Blick durch den Rundbau in den Chor mit den Altären aus der Stiftung des Joh. Phil. von Greiffenklau von 1701 (Kriegsverlust).

Schluss, dass das bischöfliche Regiment Gott wohlgefällig war und von Maria unterstützt wurde, zwingend nahelegen. So schließt Kirchgeßner die entsprechenden Textpassagen folgerichtig mit den Worten:

> „Dannenhero wir auch unter diesem frommen Herrn von allen bishero anderstwo grassirten Ungemachen augenscheinlich behütet worden und fernerhin beschützet zu werden hoffen können. [...].“[285]

Den damit formulierten Ansprüchen und Absichten folgend, wurde die Marienrotunde des Festungsberges unter Greiffenklau über die Echter'schen Ansätze hinaus zu einem, dem mit diesem Ort verbundenen Patronakult entsprechenden Allerheiligtum des Hochstiftes ausgebaut. Aus diesem Grund ließ der Fürst die Anzahl der Nebenaltäre im Rotundenraum auf vier erhöhen und mit zahlreichen Reliquien ausstatten *(Abb. 26)*. Dabei wurde der Altar in der Nordostnische, also auf der Evangelienseite vor dem Chorbogen, dem Heiligen Kreuz, sein Pendant auf der Epistelseite den Märtyrern Aquilin und Paulin geweiht. Die beiden Altäre in den westlichen Nischen der Rotunde wurden zu Ehren der Frankenapostel Kilian, Totnan und Kolonat sowie der heiligen Bischöfe Bonifatius, Burkard und Otto errichtet.[286] Damit war in der Kapelle gewissermaßen der gesamte, die Ecclesia Herbipolensis repräsentierende, himmlische Hofstaat vertreten, der hier zusammen mit dem Fürsten bzw. in stellvertretender Adoration

[285] Kirchgeßner, 173.

[286] Die Weihe dieser Altäre erfolgte am 26.9.1702 durch Stefan Weinberger. Der Hochaltar bedurfte keiner neuen Weihe, da sein Patrozinium beibehalten wurde. Zu den auf den Altären im Einzelnen verwahrten Reliquien siehe Stamminger, 104 ff. Das Zentrum des Kreuzaltares bildete eine plastische Kreuzdarstellung, in deren Mitte der schon zu Stammingers Zeiten nicht mehr erhaltene Kreuzpartikel eingesetzt war und an dessen Fuß das Glasreliquar mit der Dorne aus der Krone Christi aufbewahrt wurde.

der Schutzpatronin des Landes huldigte. Dieser selbst war, wie bereits unter Echter, aufgrund ihrer besonderen Symbolfunktion in der Rotunde freilich kein Altar geweiht. Vielmehr waren die ihren Kult mit begründenden Verehrungsmotive im Himmelfahrtspatrozinium des Hochaltares zusammengefasst, den Kilian Stauffer um 1700 wie die Nischenaltäre in Stuckmarmortechnik errichtete und mit einem Assunta-Bild des Oswald Onghers ausstattete, dessen Ikonographie mit der von einem Engel unter den rechten Fuß der Gottesmutter gesetzten Mondsichel in bezeichnender Weise u.a. um den *pulchra ut luna-Titel* des Immaculata-Komplexes erweiterte wurde.[287]

Nach den Berichten Kirchgeßners und Gropps wurde das Kultgeschehen in der Marienrotunde während der Regierung Greiffenklaus wiederholt durch Feierlichkeiten ergänzt, die der Bedeutung der Kapelle als Staatsheiligtum des Hochstiftes beredten Ausdruck gaben. So führte Greiffenklau zunächst wie schon mehrfach erwähnt zum Zeichen seiner marianischen Pietät eine wöchentlich samstags zu haltende Marienandacht in der Rotunde ein, bei der mit feierlichem Pomp (magnificentia) die Herrin des Festungsberges durch Absingen der Lauretanischen Litanei geehrt wurde. Ferner berichtet Gropp, dass Greiffenklau das hundertjährige Jubiläum der Marianischen Bürgersodalität dadurch würdigte, dass er die festliche Prozession von der Marienkapelle auf dem Würzburger Markt zur Rotunde begleitete und dem dort gefeierten Gottesdienst beiwohnte. Schließlich wurde in der Marienrotunde des Festungsberges und nicht im Dom unter Assistenz des Weihbischofs und sämtlicher infulierter Äbte des Hochstiftes das feierliche Hochamt anlässlich des Besuches Kaiser Karls VI. am 13. Januar 1702 begangen.[288]

Über diese auf die Marienkapelle bezogenen Handlungen hinaus suchte Greiffenklau die auf der Festung residierende Patrona selbst mehrmals in Stellvertretung für Volk und Land mit konkreten Bittanliegen auf. Unter den verschiedenen Berichten über die dabei geleistete wirksame Hilfe der Patronin sollen hier zwei exemplarische Beispiele herausgegriffen werden, die die neuen Dimensionen des Patronakultes unter Greiffenklau und seine Einbindung in die staats- und herrschaftspolitische Propaganda ermessen lassen. Im Frühjahr 1706 hatte Ludwig XIV., wie bereits oben ausgeführt, die geistlichen Staaten entlang der Rheinlinie, namentlich das Kurfürstentum Mainz, plündernd und brandschatzend überfallen, ohne dass ihm die anderweitig gebundenen Truppen des Reiches und des Kaisers wirksame Gegenwehr leisteten. Damit wurden die von Lothar Franz von Schönborn schon im Vorfeld des Spanischen Erbfolgekrieges geäußerten Befürchtungen, dieser werde vor allem die staatliche Existenz und Integrität der kleinen Reichsfürstentümer gefährden, zu bitterer Gewissheit. Auch das Hochstift Würzburg schien erstmals ernstlich in Gefahr. Über die aus diesem Anlass getroffenen Vorkehrungen Greiffenklaus berichtet Gropp:

> „Reverendiss.[imus] ac Celsiss.[imus] Princeps Joannes Philippus, postquam nihil eorum, quæ a solicito patriæ Patre & Principe pro suorum conservatione & protectione præstanda & possibilia fuerant, neglexisset; ad Deum Exercituum, ejusque Sanctissimam Matrem, potentissimam cœli & terræ Reginam, Franconiæ nostræ Patronam, Mariam, quatenus ipsa clientem Franconiam & clementer *susciperet*, & potenter *protegeret*, confugit. Et sane inter medios belli tumultus, Gallorumque hostiles insultus & violentas rapinas, salva stetit & incolumis Franconia nostra; haud dubie (uti pie credimus) *suscipiente* eam & *protegente* Beata Virgine Maria, quæ *terribilis ut castrorum acies ordinata*, nos de manu hostium potenter defendit.“[289]

287 Siehe hierzu auch weiter unten Kap. IV.

288 Siehe zum Besuch des Kaisers und zum folgenden Abschnitt Kap. II.1.5: Auswirkungen der Kriegshandlungen.

289 Gropp, II, 622. („Da unser hochwürdigster und erhabenster Fürst Johannes Philippus nichts von dem vernachlässigte, was ein besorgter Fürst und Vater des Vaterlandes zur Rettung und zum Schutz der seinen tun muss und was ihm möglich war, so nahm er seine Zuflucht zum Gott der Heerscharen und zu seiner Heiligsten Mutter, der mächtigsten Königin des Himmels und der Erden, der Patronin unseres Frankenlandes [und flehte], sie möge das Frankenland als Schutzbefohlenen gütig annehmen und machtvoll beschützen. Und wirklich, mitten unter den Schrecken des Krieges, den feindlichen Angriffen und gewaltsamen Raubzügen der [Franzosen] Gallier blieb unser Frankenland heil und unversehrt; ohne Zweifel, wie unser frommer Glaube ist, weil die selige Jungfrau Maria sich seiner angenommen und es beschützt hat; sie hat uns gegen die Schar der Feinde verteidigt, in welch schrecklichen Reihen sie auch vor uns standen.“)

Noch diese Schilderung der Ereignisse in den Märztagen 1706 vermittelt einen Eindruck von der Dramatik der Situation, in der auch Würzburg seine staatliche Existenz ernsthaft bedroht sah. Das wirksame Eingreifen der Patrona sicherte daher dem Hochstift nicht nur Frieden und staatliche Unversehrtheit, sondern förderte auch die Reputation des Fürsten selbst, dem die himmlischen Mächte so augenscheinlich gewogen waren. Dabei ist an Kirchgeßners Erläuterungen zur fürstlichen Tugend der Pietas zu erinnern, in denen er ausführte, dass die Existenz der Staaten nicht auf menschlicher Macht gründe, sondern durch Gott in Anrechnung der frommen Werke der Regenten bestimmt werde.[290] Angesichts der gerade im Zusammenhang mit den Reichskriegen gegen Frankreich immer wieder beschworenen Gefahr einer Säkularisation der geistlichen Staaten musste die bewiesene Wehrfähigkeit der Patrona so als ein innen- wie auch begrenzt außenpolitisches Signal erscheinen. Daher stattete der Fürst der Patronin in Erfüllung seines gegebenen Gelübdes öffentlich Dank ab, indem er das alte, von Julius Echter zum Zeichen der Rückkehr des Hochstiftes zum katholischen Glauben auf dem Nordostturm der Festung errichtete Marienbild herabnehmen, und prachtvoll, *magis conspicuam & splendidiorem formam,*[291] erneuern ließ. Die Erläuterungen Gropps, die Marienfigur sei gekrönt, mit zwölf Sternen umgeben und auf eine Mondsichel gestellt worden, lassen keinen Zweifel daran, dass es sich bei dem Bild um eine den Echter'schen Patronatyp wiederholende Darstellung Mariens, ausgestattet mit den Attributen der Himmelskönigin und der Apokalyptischen Frau, handelte. Dabei verweisen die bei Gropp hervorgehobenen Worte *suscipere* und *protegere*, die auch den Marienmünzen Greiffenklaus eingeprägt wurden,[292] auf Psalm 91, 14 f, der die Vorstellungen über Maria als Siegerin im Kampf gegen die Schlange entscheidend formte. Auch auf einer goldenen Medaille des Jahres 1711 im Wert von 50 Gulden zur Einweihung des Zeughauses auf der Festung Marienberg erscheint die Patrona mit Kind und Lilienstab schließlich über dem von zwei Kanonen flankierten Hochstiftswappen in bezeichnender Verquickung historischer und eschatologischer Bedeutungsinhalte. So lautet die Umschrift: „Dich loben Wir danken Vor Krieg Behüt Franken." Auf der Rückseite dieser Medaille erscheint ein Krieger (Mars) in antiker Rüstung an eine Kanone gelehnt in der Umschrift: „Der Krieg würd verzehrt und der Fried ernehrt."[293] Im historischen Zusammenhang der Errettung Würzburgs vor Kriegsgefahr wurde die Erwartung des eschatologischen Erlösungswerkes der Gottesmutter, in dem sie die vier durch den Sündenfall ausgelösten Plagen der Menschheit, Krieg, Hunger, Pest und Häresie überwinden sollte, auf die zeitliche Wohlfahrt des Hochstiftes übertragen.[294]

Die Ereignisse wiederholten sich daher auch ein weiteres Mal, als unter der von anhaltender Nahrungsknappheit zum Ende des Spanischen Erbfolgekrieges geschwächten Bevölkerung Anzeichen einer grassierenden Pestepedemie auftraten:

> „Niemahlen aber hat sich Gott augenscheinlicher demselben [Johann Philipp von Greiffenklau] wilfährig erzeigt, als da im Jahr 1714 die gefährliche Pest, nachdem sie grosse Niederlagen durch Pohlen, Böhmen, Österreich verursacht, in das Franckenland heimlich eingeschlichen. [...] In solcher Angst und Noth, nachdem alle menschliche Hülff=Mittel, Rath und That zu Ausreuthung desselben nicht erklecklich mehr schienen, nahme Joannes Philippus sein Zuflucht zum Himmel, besuchte zu Fuß alle benachbarte Wallfahrten von der Himmels=Königin: bette wie ein treuer Hirt für seine Schäfflein, und schluge gleichsam den einreissenden Todt in Ketten und Band, daß er aus demjenigen Dorff [Erlebach im Odenwald], in welches er eingefallen, keinen Schritt weit fortsetzen, noch einigen im gantzen Land den geringsten Schaden zufügen konte. Mit solchen und dergleichen Begebenheiten belohnte das tugendsame Leben seines Dieners der gütige Gott."[295]

290 Gropp, II, 622.

291 Gropp, II, 622.

292 Hier in der anrufenden Version „suscipe et protege."

293 Siehe zu diesen Medaillen Greiffenklaus: Helmschrott, Klaus u. Rosemarie, Würzburger Münzen und Medaillen von 1500–1800, Kleinrinderfeld 1977, hier: 179 –207.

294 Matsche, I, 162 f, verweist auf diesen Zusammenhang am Beispiel der Mariensäule am Hof zu Wien. Auch mit diesem Weihebild an Maria wurden Inhalte der „Pietas publica" berührt, die für das Würzburger Geschehen der Jahre 1706/07 vorbildlich gewesen sein könnten.

295 Gropp, IV, 329.

In diesen Rahmen fügt es sich, dass Greiffenklau am 14. Juni 1713, dem symbolträchtigen Datum der Vigil des Festes Corpus Christi,[296] in einer feierlichen Zeremonie unter Anwesenheit des gesamten Domkapitels und der Geistlichkeit, des Geistlichen Rates und des fürstlichen Hofstaates, der Sodalitäten, des Würzburger Stadtrates und einer großen Volksmenge der Gottesmutter erneut ein Standbild, diesmal auf dem Turm der Marienkapelle auf dem Hauptmarkt, errichten ließ, das diese im Typus der Immaculata darstellte. So scheint es denkbar, dass auch die Hilfeleistung der Heiligen Jungfrau im Jahr 1714 konkret aus dieser Weihegabe des Fürsten abzuleiten war und ein weiteres Mal auf eine bevorzugte Gnadenstellung des Fürsten bei Maria verweisen konnte.[297]

Die feierliche Erneuerung des Marienbildes auf dem Festungsturm in Erfüllung eines Votivgelöbnisses und die quasi vorbeugende Schenkung zugunsten der städtischen Marienkapelle entsprachen in ihrer öffentlichen Inszenierung vergleichbaren Handlungen, mit denen die Führer der katholischen Partei schon in der ersten Hälfte des 17. Jahrhunderts ihre Anverlobung an Maria propagiert hatten. So ließen etwa die Wittelsbacher wie die Habsburger zu konkreten Ereignissen, an denen sich die Hilfe Marias offenbart hatten, Mariensäulen als Votiv- und Dankopfer zum ewigen Gedächtnis errichten.[298] Es ist nicht bekannt, ob auch Julius Echter die um 1600 erfolgte Aufrichtung des Marienbildes auf dem Festungsturm in einen entsprechenden Akt der Weihe seiner Person wie des gesamten Hochstiftes an Maria integrierte. Johann Philipp von Greiffenklau und seine Panegyriker waren jedenfalls offensichtlich bemüht, die Ereignisse der Jahre 1706/07 und 1714 gewissermaßen als eine Art „Staatsmysterium" zu propagieren, das sowohl dem Schutz des Hochstiftes vor jeglicher Gefahr wie der Behauptung seiner von Gott gewollten und unterstützten staatlichen Unversehrtheit sinnfälligen Ausdruck gab. Damit wurde Maria in Bezug auf die emblematische Bedeutung einer Verszeile des Hohenliedes als *turris David propugna cullis* zum mächtigen Schutzschild des Hochstiftes Würzburg proklamiert, das dessen Integrität sinnfällig vor Augen führte.

3.3. Die Wallfahrtskirche Maria Dettelbach als Lauretum Francicum

Wie der oben zitierte Brief des Christoph Marinaus von 1600 an Julius Echter belegt, war es die darin dokumentierte Absicht des Jesuitenpaters, dem seit Alters her verbürgten Wallfahrtgeschehen zu einer Schmerzensreichen Pieta in Dettelbach, ähnlich wie bei der nobilitierenden Überformung des Kultgeschehens auf dem Marienberg, eine an dem wohl berühmtesten Wallfahrtsorte der Zeit orientierte neue Ausrichtung zu geben. Darüber hinaus verweist die Verbindung zwischen dem Patronakult des Festungsberges mit dem von Marianus so genannten *Lauretum Francicum* auf die schon oben angesprochene allgemeine inhaltliche Nähe beider Kultmotive. Dieses Vorgehen kennzeichnet nicht allein die landesherrliche Fürsorge für Dettelbach, sondern entsprach einer allgemeinen Sorge des Julius Echter um die Wiederbelebung der zum überwiegenden Teil marianischen Wallfahrten des Landes nach den Wirren und Auseinandersetzungen des Reformationszeitalters.[299] Dabei war es Echters Ziel, die zu restituierenden Kultorte nach den tridentinischen Richtlinien in Hinblick auf Alter, Autorität und Klarheit des jeweiligen Kultmotives zu überprüfen. Über die Bindung an die jeweilige Lokaltradition hinaus erfuhr die Wallfahrtspropaganda dieser Orte unter Echter und seinen Nachfolgern dann oftmals eine übergeordnete Ausrichtung in Anlehnung an die durch das Trienter Konzil autorisierten Verehrungsmotive um Maria Hilf, Maria Assunta, Maria Loreto oder auch um Maria de Victoria. Dabei scheint es an verschiedenen Wallfahrtsorten beabsichtigt, dass deren jeweilige Verehrungsmotive den Kult um die *Patrona franconiae* als Symbolfigur des Hochstiftes ergänzten. Dieser wenig beachtete Zusammenhang

[296] Gropp, II, 612.

[297] Kirchgeßner und Gropp verbinden diese Ereignisse allerdings nicht kausal. Dennoch scheint mir die Vermutung eines Zusammenhanges gerechtfertigt, zumal mit der Stiftung für die städtische Marienkapelle in den krisengeschüttelten Jahren 1713/14 ein vermutlich innenpolitisch höchst willkommener „Erfolg" zu verbuchen war.

[298] Siehe Matsche, I, 162 f sowie 172 ff. Auch der nachmalige Kaiser Karl VI. hatte als spanischer König Maria im Juni 1706 nach der Befreiung Barcelonas ein säulenartiges Denkmal errichten lassen.

[299] Siehe die bei Karl Kolb, Wallfahrtsland Franken, Würzburg 1979, aufgeführten Marien-Wallfahrtsorte.

entspricht zunächst dem allgemeinen Anliegen, der Volksseelsorge in der Betonung der katholischen Ablass- und Gnadenlehre gerade solche Leitbilder voranzustellen, deren Autorität einmal über jeden Zweifel erhaben war und deren bekannte und bezeugte Gnadenwirkung zum anderen nachhaltig mit dem positiven Fortgang der katholischen Sache verbunden war. Vor allem aber beinhaltete die Verknüpfung der Landeswallfahrten mit den berühmten marianischen Wallfahrt- und Kultanliegen der Zeit in Bezug auf den angesprochenen Triumphgedanken auch eine anspruchsvolle Aufwertung der eigenen Position, die dem im Glaubenskampf gefestigten und damit auch politisch wirksamen Selbstbewusstsein der *ecclesia Herbipolensis* gesteigerten Ausdruck verlieh.

So erfreute sich der zunächst in Dettelbach seit 1504 verehrte Bildtyp einer schmerzensreichen Muttergottes, der im Motiv der *compassio Mariae* auch christologische Aspekte vereinigte, in Franken besonderer Beliebtheit, ließ er sich doch in vielfältiger Weise um Schutz und Hilfe vor Unheil, Gefahr und allgemeiner Lebensnot anrufen. Die von Christophorus Marianus angesprochene Verbindung mit dem Loretokult deckt darüber hinausgehend jedoch eine weit umfassendere Strategie auf, in der sich eine Verbindung des sich etablierenden fränkischen Staatsheiligtums mit der in der gesamten katholischen Welt als Zeichen des Triumphes der katholischen Religion wie der Sieghaftigkeit der bei der alten Lehre verbliebenen Nationen verehrten Maria Loreto abzeichnete. Gut fünfzig Jahre später wurde dieser Gedanke von den mit der Organisation des Wallfahrtwesens in Würzburg befassten Jesuiten bekräftigt, indem sie in dem an der Straße zwischen Würzburg und Dettelbach gelegenen Ort Effeldorf eine genaue Kopie der Casa Santa als Stationswallfahrt auf dem Weg nach Dettelbach errichten ließen.[300] Diese wurde mit einer vergoldeten Nachbildung des Lauretanischen Gnadenbildes sowie mit verschiedenen Berührungsreliquien ausgestattet.[301]

Es nimmt angesichts dieser Bedeutungsakkumulation nicht wunder, dass die Wallfahrt zu St. Maria in vineis bei Dettelbach in der Folgezeit aufs Engste mit dem im Hochstift Würzburg unter Julius Echter ansetzenden katholischen Reformwerk verbunden wurde.[302] Der Fürstbischof hatte schon mit dem Beginn der systematischen Rekatholisierung des Hochstiftes im Jahr 1585 u.a. in der Dettelbacher Wallfahrtskirche Missionen abhalten lassen. Wenn auch die Rückkehr des zu diesem Zeitpunkt weitgehend protestantischen Dettelbach zum alten Glauben nur unter erheblichem Druck zustande kam – siebzig Familien zogen es sogar vor, den Ort ihrer Glaubensüberzeugung zuliebe zu verlassen – wurde doch Dettelbach in den Folgejahren zu einem Inbegriff für die Sieghaftigkeit der katholischen Religion im Hochstift und für die Wirkmacht seiner Schutzfrau und Symbolfigur Maria. Aus dem Jahr 1590 datiert ein typisch konfessionell eingefärbter erster Mirakelbericht über die erneuerte Gnadenstätte.[303] 1591 fand Herzog Wilhelm V. von Bayern, der Dettelbach in Begleitung Echters aufsuchte, nach Anrufung des Gnadenbildes Heilung von einer plötzlich auftretenden Krankheit. Die Bezeichnung Dettelbachs als *Lauretum Francicum* durch Christoph Marianus ließ den Gnadenort schließlich endgültig aus dem Schatten provinzieller Bedeutung

300 Reste dieser Kapelle und ihrer Ausstattung haben sich im Chor der bestehenden Pfarrkirche St. Jacob d.Ä. in Effeldorf erhalten.

301 In ähnlicher Weise nahm auch die von Franz von Hatzfeld geförderte Bergwallfahrt Laudenbach zu einem dort verehrten schmerzensreichen Mariengnadenbild deutlich Züge des Loretokultes an. Siehe hierzu Wolfgang Schneider, Die Wallfahrt zur Bergkirche bei Laudenbach, Würzburg 1987, hier 50 ff.

302 Siehe unter der jüngeren Literatur in erster Linie Hans Dünninger, Maria siegt in Franken. Die Wallfahrt nach Dettelbach als Bekenntnis, Würzburg 1979; dort auch umfassend eine Zusammenstellung der weiterführenden Literatur sowie insbes. der Quellenschriften und der älteren Wallfahrtsliteratur zu Dettelbach (127 ff.) Siehe ferner: Josef Dünninger, Maria in arena (in vineis). Studien zur Geschichte des fränkischen Wallfahrtswesens, besonders über die Wallfahrt zum Vesperbild von Dettelbach, in: BJbVk (1961), 62–68; ders., Marianische Wallfahrten der Diözese Würzburg, 1960, 56–59; Joseph Faitsch, Die Wallfahrtskirche zu Dettelbach in der Geschichte, in: Verba vitae et salutis 16 (1937), 103–129; M. H. von Freeden, W. Engel, Fürstbischof Julius Echter als Bauherr, in: Mfr. Hefte 9 (1951); G. Gradmann, Michael Kern, Bildhauer, (phil. Diss.), Straßburg 1916; G. Link, Klosterbuch der Diözese Würzburg, 2 Bde. Würzburg 1873/77; KDB, Unterfranken und Aschaffenburg II, Stadt und Bezirksamt Kitzingen, bearb. von Georg Lill und Karl Wagner, München 1911 (Nachdruck 1983) 77–102. Siehe zur zeitgenössischen Rezeptionsgeschichte des Dettelbacher Wallfahrtwesens auch Günther Reiter, Heiligenverehrung und Wallfahrtswesen im Schrifttum von Reformation und Katholischer Restauration, Würzburg 1970, 131 ff.

303 H. Dünninger, 1979, 19 ff und 23 ff; Reiter, 128 f.

heraustreten. Schon im Jahr 1606 nannte der gelehrte Jesuit Jacob Gretser in seiner in Ingolstadt publizierten Schrift *De sacris et religiosis peregrinationibus*[304] Dettelbach in einer Reihe mit den berühmtesten deutschen Gnadenstätten seiner Zeit, nämlich Einsiedeln, Tuntenhausen, Altötting und Regensburg. Im folgenden Jahr griff der Würzburger Weihbischof Eucharius Sang in seiner Neufassung des Dettelbacher Mirakelbüchleins *Beneficia Vetera et Nova Divae Virginis Dettelbachensis*[305] in seinen Vergleichen zur Bedeutungssteigerung Dettelbachs sogar noch weiter aus und verwies auf Loreto, Montserrat, Marseille, Hal und Montaigu als beispielhafte Orte, die die Gnadenwirkung Mariens als *Mater ecclesiae* und Schutzfrau des Menschengeschlechtes hinreichend bewiesen hätten. Im Zusammenhang mit dem Erscheinen des Sang'schen Mirakelbüchleins im Jahr 1607 ist schließlich auch die Umbenennung der ursprünglich *St. Maria in arena (im Sande)* titulierten Wallfahrtskirche in *St. Maria in vineis* erwähnenswert.[306] Sang hatte in der Echter gewidmeten Vorrede des Buches die in Dettelbach geschehenen Mirakel mit den Trauben verglichen, die die Kundschafter der Israeliten nach dem vierten Buch Moses13, 23–27 aus dem Land der Verheißung mitbrachten. In diesem Bild spielte der Weihbischof auf die im Zeitalter der tridentinischen Erneuerung immer wieder angesprochene Gleichsetzung Würzburgs mit dem *Gelobten Land* an, die unter dem neuen Namen der Wallfahrtsstätte um den typologischen Vergleich mit dem *Weinberg des Herrn* als Sinnbild der Kirche erweitert werden konnte. Darin wurde der durch *St. Maria in vineis* als neuem Staatsheiligtum symbolisierte Kampf Echters zur Wiederaufrichtung der alten Religion, der heilstheologischen Geschichtsinterpretation des 16./17. Jahrhunderts gemäß, in die Dimension des endzeitlichen Streites zur Aufrichtung des Reiches Gottes erhoben.

Im Zuge dieser Propaganda nimmt es nicht wunder, dass der Zustrom von Wallfahrern nach Dettelbach mit der Zeit so groß wurde, dass man an eine Kirchenerweiterung denken musste. 1608 wurden hierzu erste Vorbereitungen getroffen, fünf Jahre später, am 8. September 1613, dem Fest Mariae Geburt, konnte die neue Kirche von Eucharius Sang in Anwesenheit Echters geweiht werden. Mit diesem bewusst gewählten Kirchweihdatum wurde von nun an auch das Immaculata-Thema, das im zeitgenössischen Verständnis aufs Engste mit dem Triumph der katholischen Kirche verbunden war, in den Kult um das Dettelbacher Mirakelbild integriert.[307] Die von Echter in den folgenden Jahren gestiftete Ausstattung der Kirche ist heute nur noch rudimentär erhalten. In ihrer ausgewiesen christologisch-ekklesiologischen Programmatik war sie ein weiterer Baustein zum Verständnis der kunst- und religionspolitischen Propaganda des Fürstbischofs, der seinen Nachfolgern offensichtlich in vielerlei Hinsicht als Leitbild und Richtschnur für eigene Aktivitäten diente. Daher ist auch in Dettelbach zum Verständnis der Initiative des Johann Gottfried von Guttenberg und des Johann Philipp von Greiffenklau zunächst ein kurzer Rückblick auf das Konzept Echters für Dettelbach notwendig, das sich beispielhaft an der Ikonographie des Hauptportals zusammenfassen lässt.

Das Dettelbacher Kirchenportal *(Abb. 27)* entspricht in seiner formalen Anlage und seinen ikonographischen Inhalten, wie schon angesprochen, dem Eingangsportal der Marienrotunde auf dem Würzburger Festungsberg.[308] Beide wurden mit vermutlich nur geringem zeitlichen Abstand um 1609/1613 vom Würzburger Ratsbildhauer Michael Kern aus dem protestantischen Forchtenberg geschaffen. Dabei darf vermutet werden, dass die Portalikonographie in beiden Fällen unter Mitwirkung des Christoph Marianus entwickelt wurde. Dem Würzburger Portal vergleichbar, erinnert das Dettelbacher in seinem dreistufigen Aufbau an zeitgenössische Altarretabel, wie sie nach einem Inventar des Jahres 1613 auch in

[304] Jacob Gretser, De sacris et religiosis peregrinationibus libri quatuor, Ingolstadt 1606; vgl. Reiter, 72 ff. Diese Schrift diente der Behauptung der Rechtmäßigkeit des Wallfahrtwesens.

[305] Eucharius Sang, Beneficia vetera et nova Divae virginis Dettelbacensis [etc.], Würzburg 1607; Abdruck bei Gropp, I, 649–686; Übersetzung von Johann Vietor, Der Allerseligsten Jungfrau MARIAE etc., Würzburg 1608. Vgl. Reiter, 132 ff.

[306] Dünninger, 1979, 36; siehe auch 32 ff.

[307] Im Jahr der Kirchweihe wurde Dettelbach erstmals auch in einem internationalen Wallfahrtsführer, nämlich dem in Neapel erschienenen „Maria Deipara Thronus Dei" des Jesuiten Pietro Antonio Spinelli genannt. Dieser bezog sein Wissen über Dettelbach vermutlich aus Johannes Tritemius, De miraculis Beatissimae Mariae semper Virginis in Ecclesia nova prope Dettelbach in arena etc., Würzburg 1511. Abdruck bei Gropp, I, 176–218. Siehe H. Dünninger, 54.

[308] Siehe hierzu oben Kap. IV. 3.2.1.

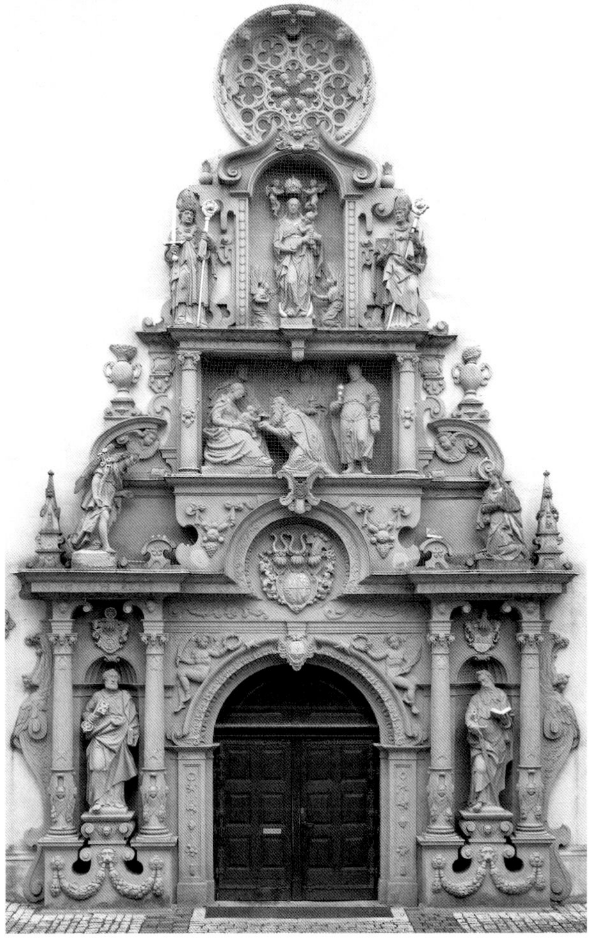

Abb. 27: Dettelbach, kath. Wallfahrtskirche Maria im Sand: Portal der Kirche von Michael Kern, um 1610/13.

Dettelbach existiert haben.[309] Das von einem Halbkreisbogen überfangene Kirchenportal bildet das Zentrum der Anlage. Seine Bedeutung als *Pforte des Heils* wird durch geflügelte Putti in den Bogenzwickeln, die den Eintretenden Märtyrerpalme und Ehrenkrone entgegen halten, aufgerufen. Das Portal wird von einer Architektur aus gekuppelten Säulen vor Wandnischen eingefasst, die von einem verkröpften Architrav abgeschlossen werden. Dieser bildet über der Portalachse einen Dreiviertelkreis, dem das fürstbischöfliche Wappen einbeschrieben ist. Darüber erheben sich ähnlich wie ein Auszug zwei weitere, durch Säulen bzw. eine Art Ädikula gefasste Bildebenen. In den Nischen zwischen den Säulen des Portalgeschosses stehen auf Podesten, die den Säulenstühlen konstruktiv und ornamental verbunden sind, die römischen Apostelfürsten Petrus und Paulus, hier wie am Portal der Würzburger Marienrotunde auf die universale Kirche als alleiniger Sachwalterin der Gnadenmittel verweisend. Das Dekor der Säulen scheint diese nach den Berichten Villalpandos über den Tempel zu Jerusalem als *Salomonische Säulen* auszuweisen. Entsprechend kann das gesamte florale und vegetabile Dekor, namentlich die Gehänge aus Weintrauben und Granatäpfeln sowie die Vielzahl der geflügelten Engelköpfe oder die vierflügeligen, körperlosen Cherubim zu beiden Seiten der Säulenstellungen als Verweise auf den salomonischen Tempel wie auf die in Maria als *Mater ecclesiae* präfigurierte himmlische Stadt verstanden werden. Auf der zweiten Ebene ist über den Säulen die Verkündigung an Maria dargestellt. Dieser ist formal die in der Portalachse befindliche und durch das Stifterwappen erhöhte, säulengerahmte Szene der *Anbetung der Könige* zugeordnet.

[309] Vgl. Inventarium sive Designatio, vnd Beschaffenheit aller Ornaten, vnd Kirchen sachen in der Pfarr: Wallfahrt: vnd Spittalkirchen zu Dettelbach, Beschrieben Anno DNI 1613; Dek. Dettelbach VR 1592/95 1929 fasz. 1.; siehe auch H. Dünninger, 1979, 49 ff und 129.

Auf der dritten Ebene folgt die Darstellung einer auf der Mondsichel stehenden Maria mit Kind, die von Engeln verehrt und mit der Würzburger Herzogskrone gekrönt wird. Dabei ist die Möglichkeit gegeben, das darüberliegende Rosenfenster als Gloriole auf Maria zu beziehen. Der damit eindeutig als *Patrona franconiae* gekennzeichneten Gottesmutter zur Seite stehen Kilian, in bekannter Verweisfunktion als Repräsentant der *ecclesia Herbipolensis* sowie Augustinus als Patron der Stadt Dettelbach.

Die in ihrer Bedeutungsfülle über die Anlage der Würzburger Marienrotunde hinausgehende Dettelbacher Portalarchitektur ist Spiegel des in Maria zusammengefassten Heilsgebäudes der katholischen Kirche. Dabei steht, aus den salomonischen Bezügen der Architektur wie aus der zentralen Szene der *Anbetung der Könige* abzuleiten, die typologische Bedeutung der Gottesmutter als *thronus Dei*, *sedes Sapientiae* und *ecclesia imperatrix* im Mittelpunkt des ikonographischen Konzeptes. Während die über den portalrahmenden Säulen dargestellte Szene der Verkündigung den göttlichen Ratschluss zur Erlösung durch die Menschwerdung Christi und die darin begründete Mitwirkung Mariens am Erlösungswerk beinhaltet, richtet sich in der Epiphaniasszene der Blick auf die göttliche Abkunft des Kindes und seine Mission als zukünftiger Messiaskaiser.[310] Damit gipfeln im komplexen Sinngehalt dieser Epiphaniasszene zentrale Aussagen der christlichen Heilserwartung. So hat bereits die Patristik die Anbetung des auf dem Schoß seiner Mutter thronenden Kindes durch die weisen Könige typologisch auf die Anbetung des apokalyptischen Weltenherrschers durch die Völker der Erde bezogen. Dies ermöglicht zugleich die Identifikation Mariens mit der *sedes Sapientiae*, auf der Christus als Inkarnation der göttlichen Weisheit Platz nimmt. Darüber hinaus berührt die Bildvorstellung des in seiner Herrlichkeit offenbarten Messias die Vorstellung der durch ihn erhöhten *ecclesia imperatrix,* aus der die katholischen Theologen des Reformzeitalters den Bedeutungskomplex der triumphierenden Kirche entwickelten. Diese Deutung schloss unmittelbar auch die im Obergeschoss dargestellte Patronin des Frankenlandes ein.

Die darin zusammengefassten Aspekte interpretieren die Bedeutung der Dettelbacher Wallfahrt im gesamten Kultgeschehen des Hochstiftes Würzburg. Sie verkörpern im katholischen Verständnis sowohl den Triumph der Eucharistie und der reinen Lehre über die Häresie, wie sie als Sinnbilder der erfolgreich vollzogenen Mission verstanden werden können. Daher ließen sie sich auch konkret auf die Bedeutung Dettelbachs im Kontext des Echter'schen Missionswerkes beziehen. So erschließt sich in der Architektur des Portals, auf dessen anschauliche Bedeutung als *Pforte des Heils* bereits verwiesen wurde, in der Zusammenfassung der Themenkomplexe um den göttlichen Ratschluss zur Erlösung, die Inkarnation Christi, den Triumph des Logos und die Verherrlichung der *ecclesia imperatrix* im Typus der *Patrona franconiae* ein weitgespanntes, überaus gelehrtes Bildprogramm, das in umfassender Weise die von Echter und seinen Beratern bekräftigten kontrovers-theologischen Positionen der Kirche vergegenwärtigt.

Soweit sich aus dem erwähnten Inventar des Jahres 1613 schließen lässt, waren die kontroversen Hauptaspekte der Dettelbacher Portalikonographie zugleich Gegenstand der leider nur in der prachtvollen Kanzel erhaltenen Innenausstattung der Kirche aus der Echterzeit.[311] Verloren gegangen ist hingegen die übrige Ausstattung aus Choraltar und vermutlich vor dem Chorbogen aufgestelltem Nebenaltarpaar, deren Ikonographie verschiedene mariologische und christologische Themen umschloss.[312] Als Mirakelaltar wurde der mittelalterliche Bildstock mit dem Gnadenbild der schmerzhaften Muttergottes verwendet und an Stelle des heutigen unter der Vierung, also gewissermaßen in der Mitte der Kirche aufgestellt. In dieser umfassenden Präsentation des Ecclesia-Sapientia-Themas umfasste das Echtersche Ausstattungskonzept von *St. Maria in vineis* zugleich auch eine Weiterführung jener bereits in der *Encaenia et Tricennalia Juliana* angesprochenen Gedanken über die göttliche Weisheit als Existenzgrund des weltlichen Staatswesens und Lehrmeisterin der Fürsten. So vermochte letztlich die in der Festschrift zitierte Kernsentenz aus den Sprüchen Salomonis*: Per me reges regnant et principes imperant* in Ergänzung der am Portal dargestellten *Anbetung der Könige* dem *Princeps sapiens et pius* als Sachwalter der *ecclesia Herbipolensis* in die Projektion der eschatologischen Wahrheiten einzubeziehen.

[310] Schiller, Bd. 1 (1966), 21, Der Ratschluss zur Erlösung.

[311] Das Ausstattungsprogramm der Kanzel umfasst eine Darstellung der dem Sapientia-Thema zugeordneten marianischen Wurzel Jesse. Hierzu: Schiller, Bd. 1, 26 ff.

[312] H. Dünninger, 1979, 50.

3.3.1. Der Dettelbacher Mirakelalter von Johann Gottfried von Guttenberg

Der hohen Zuneigung Julius Echters und seines Nachfolgers Johann Gottfried von Aschhausens zu Dettelbach – letzterer hatte die Propaganda der Wallfahrt auch in das Hochstift Bamberg getragen, das er mit Würzburg in Personalunion regierte – folgte unter Philipp Adolf von Ehrenberg ein gewisser Rückgang, dessen Ursache wohl auch im parallelen Aufbau der Wallfahrt nach Höchberg begründet war. Während der schwedischen Besetzung des Hochstiftes erlitten Kirche und Wallfahrt schwere Schäden. 1642 bemühte sich der Franziskaner Chrysostomus Beitmüller durch Herausgabe eines neuen Mirakelbüchleins[313] um die Wiederbelebung des Wallfahrtgeschehens. In ungebrochem Eifer für die Anliegen der katholischen Kirche richtete er diese Schrift

> „[...] wider die Vnkatholischen (welche alß Feind der Wallfahrten / Verachter der Wunderbilden vnd Verlaugner der augenscheinlichen Wunder Gottes / vielleicht eines vnd das ander / so in diesem Marianischen Quellbrunn gehandelt wird / mochten anfechten)."

Das Gnadenbild befand sich allerdings zu diesem Zeitpunkt offensichtlich in Würzburg, wohin man es zur Sicherung vor plündernden schwedischen Soldaten geflüchtet hatte, denn am 10. Mai 1648 wurde es auf einer Prozession der Würzburger Bürgerschaft unter Führung Johann Philipps von Schönborn und des Würzburger Domkapitels nach Höchberg mitgeführt, als man in der dortigen Kirche Maria um Abwendung des Krieges und anderer Übel anflehte.[314] Über die Wiederpräsentation des Bildes in Dettelbach lässt sich zunächst nichts Sicheres sagen, offensichtlich hatte aber der alte Bildstock die Schwedenzeit unbeschadet überstanden. Erst um 1688 trat der Guardian des die Wallfahrt betreuenden Franziskanerklosters, P. Walter Fassnacht, an Johann Gottfried von Guttenberg mit der Bitte heran, den bescheidenden Gnadenaltar zu erneuern.[315]

Johann Gottfried von Guttenberg bemühte sich, wie schon erwähnt, nachhaltig um die Intensivierung des marianischen Kultgeschehens in seinem Hochstift. Dabei scheinen einige seiner Aktivitäten eine Annäherung an marianische Kultmotive des Kaiserhauses unter Leopolds I. zu belegen, die im nachfolgenden Kapitel am Beispiel der Wallfahrtskirche Fährbrück noch vertiefend dargestellt werden sollen.[316] Auch die Bemühungen Guttenbergs um die Erneuerung des Dettelbacher Gnadenaltares fügen sich in die bereits beschriebene Strategie, das durch das kaiserliche Vorbild propagierte Kultgeschehen um Maria als Patronin, Auxiliatrix und Siegeszeichen auch zu einer Sache des Hochstiftes zu machen. Da diese Intensivierungen der Leistungen zu Ehren Mariens zeitgleich zum Abschluss der militärischen Allianzen mit dem Kaiser erfolgten, könnte sich darin auch die Absicht widerspiegeln, das politische Handeln des Fürsten auf der metaphysischen Ebene zu untermauern. Ich bin daher nicht der Ansicht Dünningers, der die Aufwendungen Guttenbergs aus Mitteln der Hofkammer zugunsten des neuen Dettelbacher Gnadenaltares als eine Art Entschädigung für die vorausgegangene Vernachlässigung zugunsten Fährbrücks begreift.[317] Im kunstpolitischen Gesamtkonzept des Johann Gottfried von Guttenberg nahm vielmehr der Dettelbacher Gnadenaltar einen so herausragenden Platz ein, dass er ohne weiteres an die Leistungen seiner Vorgänger zu Ehren des *Lauretum Francicum* heranreicht.

313 Chrysostomus Beitmüller, Brunnquell Mariae Dettelbach / Darinn der Ursprung vnd das aufnemmen dieser H. Wallfahrt beschrieben, Würzburg 1642. Siehe auch G. Reiter, 132 ff.

314 Gropp, II, 452; Siehe auch H. Dünninger, 1979, 66.

315 Walter Fassnacht gehörte den Franziskanern Oberdeutscher Provinz an. Diese hatten 1665 das Kloster und die Wallfahrtsbetreuung an die Thüringische Provinz abtreten müssen. Erst 1677 konnten die Oberdeutschen Franziskaner auf Betreiben Peter Philipp von Dernbachs nach Dettelbach zurückkehren. H. Dünninger, 1979, 68.

316 Vgl. IV. 3.4.3. Auch die im Jahr 1688 erfolgten Stiftungen der Mariahilf- und der Mariaschmerz-Bruderschaft in Würzburg verweisen auf diesen Zusammenhang. Vgl. Weis, 202 ff.

317 H. Dünninger, 1979, 75. Nach P. Lorenz Köberlein, Dettelbach, in: Bavaria Franciscana antiqua IV (1958), 424, steuerte die Hofkammer zu den Gesamtkosten des Altares von 376 fl. 240 fl. bei. Dies ist insofern ein Unterschied zu Fährbrück, als der Fürst dieses aus privaten Mitteln förderte. Daraus spricht sicher eine gewisse Vorliebe Guttenbergs für Fährbrück, aus der sich nach meiner Ansicht jedoch nicht unbedingt Konkurrenz zu Dettelbach folgern lässt.

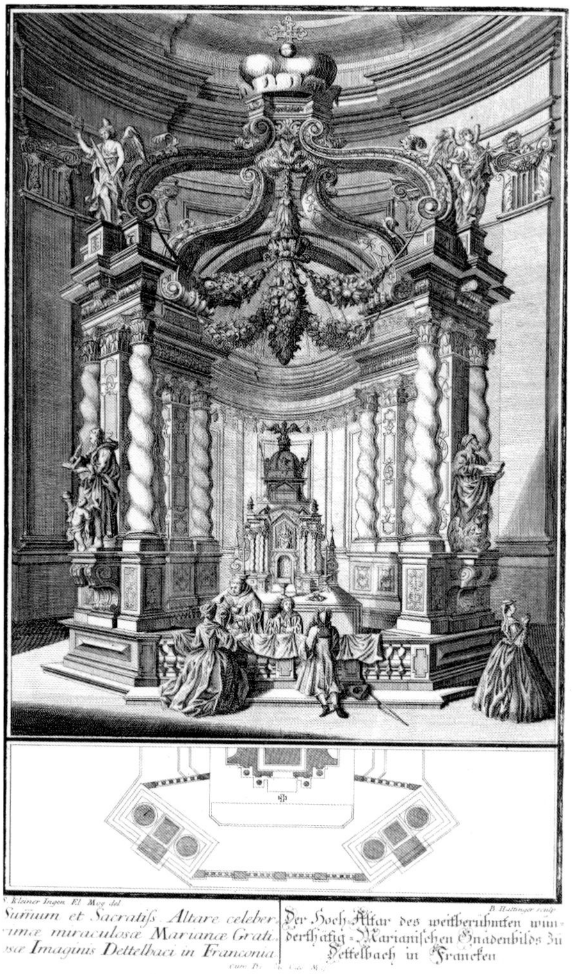

Abb. 28: Dettelbach, kath. Wallfahrtskirche Maria im Sand: Gnadenaltar von 1687 nach dem Kupferstich von Salomon Kleiner, 1723; Archiv Mainfränkisches Museum Würzburg.

Nach Kossatz'[318] Vermutungen könnte der in mehreren Stichdarstellungen überlieferte Dettelbacher Gnadenaltar *(Abb. 28)*[319] die Planungen zum Würzburger Domhochaltar in der Zeit nach Kenntnisnahme des Straßburger Abrisses im Februar 1687 widerspiegeln. Möglicherweise wurde er sogar nach einer der vier Visierungen Fröhlichers vom November 1687 gearbeitet.[320] Der so letztlich in Ableitung über Berninis Louvre-Projekte auf das Ziborium über dem Petersgrab verweisende Dettelbacher Mirakelaltar erhob sich auf quer orientiertem oktogonalem Grundriss. Seine vier schräg gestellten Stütz-

[318] Kossatz, I, 184 ff.

[319] So z.B. bei Gropp, II, 77, auf einem als Wallfahrtsandenken gedruckten Faltbriefchen der 2. Hälfte 18. Jh., abgebildet bei Hans Dünninger, Maria siegt, oder auch auf dem hier abgebildeten berühmten Kupferstich Salomon Kleiners, Mainz um 1760, Abb. ebda., 73.

[320] Kossatz, I, 187 sowie II, 567 und 719. Als ausführender Künstler darf zumindest für die Figuren und das Dekor nach einer von Kossatz zitierten Quelle der Mainstockheimer Bildhauer Michael Rieß vermutet werden, der 1687 „2 Stämm Kihnfernholtz zum Miraculos altar zu Dettelbach" erhält. (SAW R 8283) Auch nach meiner Meinung arbeitete Rieß, wenn man ihn überhaupt mit der Altararchitektur in Verbindung bringen darf, in Dettelbach wie am späteren Hochaltar für Stift Haug nicht selbständig, sondern nach einer Entwurfsvorlage, die wohl der von Guttenberg und den beiden Herrn von Schönborn favorisierten Version mit zwei Säulen des Modells Fröhlichers „in viererley Form" zum Domhochaltar entsprach. Siehe hierzu weiter unten Kap. V.2.2: Der Einfluss des Straßburger Abrisses. Leider ist über Ausführung und Farbfassung des Altares nichts gesagt. Denkbar scheint mir eine Schwarz-Silber- oder auch Schwarz-Gold-Fassung bzw. eine furnierte Version mit silbernen oder vergoldeten Figuren und Schmuckelementen, wie sie in Stift Haug zur Ausführung kam.

elemente aus jeweils einem Pfeilerkern und zwei seitlichen gewundenen Säulen korinthischer Ordnung wurden durch Gebälkstücke zusammengefasst und durch diagonale Volutenspangen miteinander verbunden. Diese Voluten trugen, dem Projekt für den Domhochaltar auch darin vergleichbar, den mit einem Kreuz bekrönten Fürstenhut als Signum des geistlich-weltlichen Regimentes. Den Pfeilersockeln waren auf großen Volutenpodesten die Figuren der vier Evangelisten vorgesetzt. Alle bekannten Stiche zeigen übereinstimmend, wenn auch z. T. seitenvertauscht, in der Hauptperspektive des Altares Matthäus und Lucas. Ebenso waren die Gebälkstücke der Pfeiler um kleine, von Voluten getragene Podeste vorgezogen, auf denen Engel mit Siegespalmen und Lorbeerkränzen standen. Vom Ansatz der Volutenspangen wurden, von Drahtelementen gestützt, schwere Festons aus Arkantus, Lorbeer, Weintrauben und Granatäpfeln nach innen geführt, wo sie sich mit einer senkrecht aus der Mitte herabhängenden Blatt- und Früchtekaskade verbanden.

Der Altar war entsprechend der ursprünglichen Position des alten Bildstockes, der beibehalten und mit einer Altarmensa versehen wurde, nach Norden ausgerichtet. Wenn Gropp tatsächlich, wie angegeben, den Zustand von 1690 abbildet, war dieser Bildstock in ein zentralbauartiges Gehäuse mit zwei seitlichen Interkolumnien aus ebenfalls gewundenen Säulen eingefügt, dessen kuppelartiger Aufbau von Putti mit Palmwedeln und Kränzen umstellt und von einem Pelikan als Christus- bzw. Eucharistiesymbol bekrönt wurde. Der Rückseite des Bildstockes wurde in Erweiterung des bisherigen Konzeptes ein weiterer, der hl. Anna geweihter Altar vorgesetzt, der den besonderen Kultvorlieben der die Wallfahrt betreuenden Franziskaner um die Mutter Mariens wie der Propaganda der *Immaculata conceptio* entsprach.[321] Der oktogonale, mit Spiralsäulen ausgestattete Volutenbaldachin griff wie der kleine Zentralbau über dem Bildstock als architektonisches Zitat auf die Gestalt zeitgenössischer Sakramentstabernakel zurück, die teilweise in allgemeiner Form auf den in Christus erneuerten Tempel Salomonis oder auf die Überlieferung des Heiligen Grabes als *sepulcrum gloriosum*, also als Stätte der Auferstehung und des Sieges über den Tod verwiesen.[322] Dieser Deutung entsprachen die verwendeten Spiralsäulen, die im allgemeinen Verständnis der Zeit auf jene in das römische Alt-Sankt Peter transferierten zwölf antiken Säulen verwiesen, die der Legende nach aus dem Tempel zu Jerusalem stammen sollen und zu zentralen Elementen in der Diskussion um die Ausgestaltung der Vierung und der Hochaltararchitektur in Neu St. Peter wurden.[323] Ebenso waren die Festons aus Weintrauben und Granatäpfeln in ihrer eucharistischen und ekklesiologischen Symbolbedeutung auch hier dem überlieferten Dekor des Salomonischen Tempels nachempfunden.[324] Ferner sind die Evangelisten als Emanationen Christi zugleich Verkünder des göttlichen Heilswirkens wie die Engel mit Siegespalmen und Ehrenkränzen allgemein auf die heilswirkende Erneuerung der Kirche oder auch den Sieg des göttlichen Lammes bezogen werden können.

In diesem Sinne reflektierte der formal von konkreten Projekten wie dem Straßburger Hochaltar und über diesen vom Papstaltar zu St. Peter in Rom ausgehende Dettelbacher Mirakelaltar eine Fülle von Bedeutungsansätzen, die letztlich wieder zum Thema der *ecclesia triumphans* zurückführen. Dabei verwies der in der Altararchitektur wie im Zentralbau über dem Bildstock vergegenwärtigte *Neue Tempel* auf geläufige Titulationen der Gottesmutter, die bereits in frühchristlicher Zeit wie in der den Marienkult der tridentinischen Reformkirche so nachhaltig beeinflussenden Lauretanischen Litanei wiederholt

321 Ob diese beiden Altarseiten durch Balustraden abgeschrankt wurden, wie sie der Stich Kleiners darstellt, bleibt ebenso offen wie die Gestaltung der nach Osten und Westen gerichteten Schmalseiten.

322 Vgl. hierzu W. Schulten, Der Tabernakel der Kirche St. Mariae Himmelfahrt in Köln, in: Die Jesuitenkirche St. Mariae Himmelfahrt in Köln, Düsseldorf 1982, 210–222, hier 213 ff. Schulten verweist, in diesem Zusammenhang auf die Gestalt des Zentralbaugehäuses übertragbar, auf die Bedeutung der dreiachsigen Triumphbogenbühne im geistlichen Schauspiel der Jesuiten, deren Gestalt die zeitgenössischen Quarant'ore-Apparati nachhaltig beeinflusst hat. Wie ich bereits an anderer Stelle dargestellt habe, stellen die Quarant'ore-Apparati in ihrer raumintegrierenden Konzeption und der darauf gründenden potenzierten Schauwirkung wesentliche Inspirationsquellen der Altarbauten dieser Zeit dar.

323 Vgl. Heinrich Thelen, Zur Entstehungsgeschichte der Hochaltararchitektur von St. Peter in Rom, Wien 1967.

324 Siehe hierzu die entsprechenden Beschreibungen des Tempeldekors bei Villalpando und Goldmann.

als *Heilige Wohnung Gottes*, *Tabernakel des Neuen Bundes*, *Arche des Zeugnisses* oder *Haus der Weisheit* angesprochen wurde. Zur Vertiefung dieser Aussagen sei hier noch einmal auf die in Stichwerken propagierten Quarant'ore-Projekte dieser Zeit verwiesen, in deren unmittelbar sinnfälligen Expositionen eucharistisch-ekklesiologischer Thematik der Kirchenraum selbst zum Ort des illusionistischen Schauspieles transformierte. So ist beispielsweise der berühmte, nach Carlo Rainaldis Apparat für Il Gesù im Jahr 1650 publizierte Stich *(vgl. Abb. 22)*, dessen Bekanntheit ich nicht zuletzt aufgrund seiner Prominenz in Würzburg vermute, mit dem von Engeln getragenen Baldachintabernakel als *Haus des höchsten Gutes* in die Genealogie des Dettelbacher Mirakelaltares zu setzten.

Der durch besondere Zuwendung des Fürstbischofs Johann Gottfried von Guttenberg nach dem Vorbild des zu dieser Zeit geplanten Würzburger Domhochaltares aus dem Würdezeichen des Ziboriums entwickelte Mirakelaltar für St. Maria in vineis fasst also in seiner ikonographisch-ikonologische Gestalt die wesentlichen Bedeutungsinhalte des Dettelbacher Wallfahrtgeschehens zusammen, die bereits um 1600 in dem als strategisches Ziel formulierten Titel des *Lauretum Francicum* angesprochen wurden. Danach waren in dem zum Symbol des Sieges über die Feinde der alten Religion erhobenen Mirakelbild sämtliche durch Maria repräsentierte und im zentralen Thema der *Ecclesi-Sapientia* zusammenfallende Gnadentitel gegenwärtig, die der Heilszuversicht der *societas christiana* Ausdruck gaben. Da der Dettelbacher Hochaltar wie eine weitere Reihe marianischer Stiftungen in zeitlichem Zusammenhang mit den kriegerischen Auseinandersetzungen entstanden, die den Fürstbischof auf die Seite des Kaisers in seiner eschatologisch begründeten Rolle als Defensor ecclesiae geführt hatten, kann auf dieser Ebene das Engagement Guttenbergs für St. Maria in vineis auch als ein demonstrativer Akt aus politisch-zeitgeschichtlichem Anlass verstanden werden, in dem der Fürst Maria in ihrem fränkischen Staatsheiligtum mit besonderen Ehren bedachte. Dabei lässt die Häufung solcher Aktionen in dem hier erfassten Zeitraum die weiter unten noch zu vertiefende Vermutung einer Anregung durch die antitürkische Marienpropaganda Kaiser Leopolds I. zu.[325]

3.3.2. Die Stiftungen des Johann Philipp von Greiffenklau für Dettelbach

Johann Philipp von Greiffenklau stiftete dem Dettelbacher Gnadenbild im Jahr nach seinem Regierungsantritt einen silbernen Thronsessel, den er selbst in einem feierlichen Gottesdienst zum Kirchweihfest am 8. September 1700 auf den Mirakelaltar setzte.[326] Dieser als Baldachin gearbeitete Silberthron diente der weiteren Verkleidung des inzwischen wohl recht unansehnlichen alten Bildstockes. Der damit erreichte Zustand wird vermutlich am deutlichsten auf dem bei Gropp abgebildeten Faltblatt aus der 2. Hälfte des 18. Jahrhunderts wiedergegeben.[327] Der Silberthron selber findet sich auf dem ebenfalls bei Gropp abgebildeten Kupferstich Salomon Kleiners *(vgl. Abb. 28)*; er hat sich in etwas reduzierter Form bis heute in Dettelbach erhalten. Danach wurde dieser Thron offensichtlich vor den Kuppelbau gesetzt und ergänzte diesen um einen zeltförmigen Baldachinaufbau mit Schabracken, dessen Vorhangbahnen von Engeln mit Leidenswerkzeugen und Siegespalme in den Händen zur Seite gezogen wurden. Im Inneren des Baldachinzeltes erschien das Gnadenbild auf einer um drei Stufen erhöhten Thronbank sitzend. In den Baldachinaufbau ist das fürstbischöfliche Wappen einbeschrieben.[328] Seine Spitze bekrönt ein Kreuz. Der Silberthron erweiterte den dreiachsigen Triumphbogenaufbau des Bildstockes vollends zur Bühne. So war insbesondere der von den Engeln vollzogene zeremonielle Akt der Enthüllung des Gnadenbildes sowohl als imperialer Gestus wirksam wie er darüber hinaus auf die Enthüllung

[325] Matsche, I, 168. Vgl. Kap. IV. 3.4.3. und 3.4.4.

[326] Sacrae Iconi B.M.V. Thaumaturgae Dettelbacensis perelegantem Thronum, totum ex argento affabre elaboratum confici fecit & donavit, in quoeadem Sacra Imaguncula Festis celebrioribus publicae venerationi exponitur. Gropp, II, 612.

[327] Siehe in diesem Kapitel Anmerkung 306.

[328] Nach der bei Gropp publizierten Abbildung wird der Baldachin von einer Strahlensonne mit dem Monogramm Mariae abgeschlossen. Ob diese Version einen älteren Zustand darstellt, bleibt offen.

der Schriftbedeutung im gemeinsamen Heilswirken von Christus und Maria verweisen konnte. Damit ergänzte der Silberthron in einer für Greiffenklau charakteristischen, fürstlich anspruchsvollen Demonstration die Bedeutungsinhalte der Guttenbergischen Altarstiftung, wie er ihre bereits angesprochenen bühnenhaften Tendenzen in der vollendeten Präsentation des Gnadenbildes im Rahmen eines *theatrum sacrum* zusammenfasste.

Die Stiftung des Silberthrones im ersten Regierungsjahr des neuen Fürsten scheint darüber hinaus, ähnlich wie die Aufwendungen zugunsten der Marienrotunde auf dem Festungsberg, die Absicht Greiffenklaus zu bekunden, die von Kirchgeßner betonte Staatstugend der Pietas durch entsprechende Leistungen zugunsten der zentralen Gnadenorte des Landes zu demonstrieren und zu beweisen. Wenn dabei in der zeitlichen Kontinuität Dettelbach nach der Würzburger Marienrotunde an zweiter Stelle stand, so belegt dies auch erneut die enge Verwandtschaft des Mirakelbildkultes mit der Patronaverehrung. Entsprechend erwähnt Kirchgeßner die Stiftung des Silberthrones für Dettelbach im Anschluss an die Aufwendungen zugunsten des Patronabildes auf dem Festungsturm.

> „Gleichwie unser unvergleichlicher Greiff [...] die Gemüths Augen zur Sonne der Gerechtigkeit gerichtet hat, also ist er auch dahin beflissen / daß mit der Sonne begleidete Weib / die ubergebenedeyte Mutter Gottes [...] möglichst zu beehren.“[329]

Dettelbach spielte aber auch weiterhin in den Kultgewohnheiten des Fürsten eine große Rolle. So begleitete er mehrmals die Prozessionen der verschiedenen marianischen Sodalitäten zu St. Maria in vineis. Kirchgeßner berichtet darüber hinaus von der weiteren Votivstiftung einer Silbermonstranz nach wiedererlangter Gesundheit.[330] Auch diese Monstranz hat sich im Dettelbacher Kirchenschatz erhalten. Es handelt sich dabei um eine außerordentlich qualitätvolle Arbeit wohl des Augsburger Silberschmiedes Johannes Zeckel,[331] in deren künstlerischer Gestaltung die mit dem Dettelbacher Gnadenort verbundenen ikonographischen Schwerpunkte exemplarisch aufgegriffen werden. So ist die das Schaugefäß mit der vom Osterlamm getragenen Lunula umfassende Sonne von einem Kranz aus Arkantusranken, Edelsteinen, freihängenden Trauben und Engeln sowie den Figürchen der Heiligen Burkard, Augustinus, Franziskus und Antonius umgeben. Unterhalb der Sonne befindet sich eine verkleinerte Abbildung des Gnadenbildes auf dem neuen Silberthron Greiffenklaus, oberhalb erscheint Gottvater im Segensgestus, darüber schwebt in einer Strahlensonne, die von einem Kreuz bekrönt wird, die Taube des Heiligen Geistes. Wie die Monstranz für den Altar der Corpus-Christi-Bruderschaft im Würzburger Dom gehört auch das Dettelbacher Ostensorium zu den bedeutenden Stiftungen kirchlicher Geräte durch Johann Philipp von Greiffenklau. Sie fasst zum einen in prägnanter Weise die im Dettelbacher Mirakelbild wirksame Gnaden- und Sakramentenlehre der Kirche zusammen, wie sie gleichzeitig die in den Edelsteinen symbolisierten Tugenden des Fürsten mit den eucharistischen Früchten als Gnadenzeichen des Gelobten Landes parallelisiert.

Als ein weiteres Ereignis von besonderer Bedeutung wurde schließlich unter Johann Philipp von Greiffenklau das Fest zur hundertjährigen Kirchweihe Dettelbachs am 8. September 1713 begangen. Aus diesem Anlass wurde vom Sonntag vor Mariae Geburt bis zum darauf folgenden Sonntag täglich in der Kirche ein feierliches Hochamt zelebriert. Zum Festtag selber erschien der Fürst mit dem gesamten geistlichen und weltlichen Hofstaat und demonstrierte damit einmal mehr anschaulich die Bedeutung des Staatsheiligtums im Selbstverständnis des Hochstiftes. Aus Anlass des Jubiläums wurde ein Kupferstich nach Art eines Thesenblattes publiziert, der die Leistungen des Gründers Julius Echter und des regierenden Fürsten für den Gnadenort propagierte. Ferner ist im Dettelbacher Franziskanerkloster ein Ölgemälde erhalten, das die Bedeutung der hundertjährigen Kirchweihe reflektiert.[332] Kupferstich und Ölgemälde veranschaulichen in barocker Sinnfälligkeit die auf den Stifter Julius Echter und den Erneuerer Philipp von Greiffenklau herabfließende göttliche Gnadenfülle, die so als Folge aus dem

[329] Kirchgeßner, 167. Ein weiteres Motiv mag für diese und andere Aktivitäten Greiffenklaus darüber hinaus in der Ausrichtung eines Heiligen Jahres (1700) in Würzburg zu suchen sein, das somit auch nach Dettelbach ausstrahlte.

[330] Kirchgeßner, 384.

[331] Siehe KDB II, 99 und Tafel XI.

[332] H. Dünninger, 1979, 77 f.

unmittelbaren Zusammenhang der fürstlichen Protektionen und Votivleistungen zugunsten des Gnadenbildes verstanden werden kann. Damit bestätigt sich einmal mehr die Tugendwirkung namentlich der fürstlichen Pietas, die Kirchgeßner so nachhaltig als Ursache der reichen göttlichen Gnadenerweise zugunsten des Frankenlandes propagiert hatte:

> „Glücklich das Land welches einen frommen Fürsten hat / dann mit eben derjenigen Sorgfalt / mit welcher ein Fürst die Ehr Gottes zu mehren suchet / mit derselben versorget Gott den Fürsten und seine Unterthanen. [....]“[333]

3.4. Das Verehrungsmotiv der Maria Assunta und der Maria Immaculata

3.4.1. Darstellungen der Mariae Himmelfahrt im Hochstift Würzburg in der ersten Hälfte des 17. Jahrhunderts – Die liturgische und programmatische Einbindung in die kirchliche Gesamtausstattung

Der Glaubenssatz der leiblichen Aufnahme der Gottesmutter in den Himmel wurde in Franken etwa seit dem zweiten Drittel des 17. Jahrhunderts verstärkt propagiert. Kaum ein anderes Bildthema war zunächst aufgrund seiner herausragenden eschatologischen und kontrovers-ekklesiologischen Deutungsmöglichkeiten, darüber hinaus aber auch rein formal aufgrund seiner dramaturgischen Bildinhalte geeigneter, im Rahmen des *theatrum sacrum* des Hochaltares und des Chorraumes „inszeniert“ und dem Kirchenvolk zur frommen Schau präsentiert zu werden.[334] Es ist daher nicht verwunderlich, wenn die monumentale Darstellung des Himmelfahrt-Themas in der Kunst bald alle anderen marianischen Bildvorlagen übertraf. Namentlich seine Verwendung zur Präsentation in den nach der Mitte des 17. Jahrhunderts entstehenden und den Einfluss der tridentinischen Reformvorstellungen auf Liturgie und kirchliche Ausstattung spiegelnden monumentalen barocken Hochaltarretabeln unterstreicht seine Bedeutung und Wertschätzung. Wie im benachbarten Bamberg ging dabei die Initiative zur Wahl dieses Bildmotivs zunächst allgemein nicht von den regierenden Fürstbischöfen, sondern von einzelnen Mitgliedern des Domkapitels aus.[335] Zuvor hatte lediglich Julius Echter den neuen Hochaltar der Marienrotunde auf dem Festungsberg in Ergänzung des Patrona-Themas der Maria-Himmelfahrt geweiht, doch existieren zu seinem Aussehen keine Überlieferungen.[336] Im Zuge der Erneuerungsmaßnahmen an der Domausstattung war 1648 der alte Pfarraltar vor den Chorschranken durch einen Kreuz- und einen Maria-Himmelfahrt-Altar ersetzt worden.[337] Diese wurden jeweils mit zweigeschossigen Retabeln versehen, die in zeitgemäßer Form mit großformatigen Altarblättern wohl des Joachim von Sandrart ausge-

[333] Kirchgeßner, 151.

[334] Siehe hierzu grundlegend Marienlexikon Bd. 3 (1991), 199 ff, Stichwort „Mariae Himmelfahrt“, (H. Bürkle), Schiller, 4.2., 83 ff, Der Tod Marias und ihre Verherrlichung sowie Söll, 196 ff.

[335] In Bamberg hatte dagegen der theologisch hoch gebildete und kunstverständige Dompropst Johann Christoph Neustetter, gen. Stürmer, schon zu Beginn des 17. Jahrhunderts ein Gemälde Jacopo Tintorettos von beträchtlichen Ausmaßen mit der Darstellung der Himmelfahrt Mariens erworben. Dieses in Franken erste monumentale Gemälde italienischer Provenienz war geeignet, das „schauende Publikum“ im Sinne der tridentinischen Liturgiereform durch seinen auf Fernsicht angelegten Maßstab zu versammeln. Johann Christoph Neustetter (1570–1638) studierte von 1588 bis 1592 am Germanicum in Rom, gehörte also „zu jener kleinen Gruppe von Klerikern, die durch ihre Ausbildung qualifiziert und motiviert waren, die Erneuerung des Bistums im Geist des Konzils von Trient zu wagen.“ Peter B. Steiner, Kolloquium Tintoretto, 53. Siehe auch zur Biographie Neustetters Renate Baumgärtel-Fleischmann, Zur Geschichte des Gemäldes „Himmelfahrt Mariens“ von Jacopo Tintoretto in Bamberg, in: Die Bamberger „Himmelfahrt Mariens“, 13–25, hier 16.

[336] Der Altar wurde bei der schwedischen Eroberung der Festung 1631 zerstört. Weitere Himmelfahrt-Patrozinien sind aus der Zeit Echters nicht überliefert.

[337] Der Kreuzaltar war eine Stiftung des ebenfalls in Würzburg präbendierten Bamberger Dompropstes Hieronymus von Würtzburg, den Mariae-Himmelfahrtaltar stiftete der Würzburger Domdechant Veit Gottfried von Werdenau, ein Onkel des nachmaligen Fürstbischofs Wilhelm von Werdenau.

stattet waren.[338] Die beiden Bollandisten Papebroch und Hennichen haben anlässlich ihrer Reise durch Franken im Jahr 1660 diese Altäre gesehen und als glanzvoll beschrieben. Spätestens im Zusammenhang mit der Tieferlegung des Chores unter Johann Philipp von Greiffenklau wurden sie unter die Langhausarkarden versetzt und im Aufbau verändert. Sie verbrannten 1945 mit der übrigen Domausstattung.[339] 1662 stiftete der Würzburger Dompropst Franz Ludwig Faust von Stromberg einen weiteren Mariae Himmelfahrt-Altar für die nördliche Seitenapsis des Domquerhauses, dessen Aufbau sich über vier gewundene Säulen perspektivisch dem Apsisgrund einfügte und das von Oswald Onghers gemalte Himmelfahrtsbild wie aus unbestimmter Tiefe in den Raum hineinwirken ließ. Die Anlage – vermutlich ist der Aufbau ein frühes Werk des Johann Philipp Preuß[340] – folgte dem bereits 1630 von Nikolaus Lenkhart und Ulrich Bühler ausgeführten Peter und Paul-Altar der südlichen Nebenapsis, der sich möglicherweise an den ephemeren Schaugerüsten Heiliger Gräber, wie sie zumindest bereits in Rom errichtet wurden, orientierte.[341] Beide Altäre setzten über das deutliche Bestreben, die Neuausstattung des Domes nach dem Prinzip der Symmetrie zu organisieren und dem Bemühen um die liturgische Zusammenfassung der Gemeinde vor dem Altar letztlich, auch programmatische Akzente, die dem gefestigten Autoritätsanspruch der katholischen Kirche unmissverständlichen Ausdruck gaben. So verwies der den Patronen des römischen Papsttums gewidmete Peter und Paul-Altar mit der monumentalen Darstellung des eucharistischen Leibes Christi auf das katholische Verständnis des Messopfers, während auf der Gegenseite der Mariae Himmelfahrt-Altar die auf Tradition und Schrift gegründete Lehrautorität der römische Kirche proklamierte.

Ein weiterer Innovationsschub ging schließlich von verschiedenen Klosterkirchen des Hochstiftes aus, in denen die Aufrichtung großformatiger Himmelfahrtbilder an herausragender Position nach der Mitte des 17. Jahrhunderts wiederholt Anstoß zu einer tridentinischen Vorstellungen entsprechenden Umgestaltung des gesamten Kircheninneren gaben. Einen besonderen Impuls setzte dabei die zwischen 1650 und 1652 geplante und ausgeführte Chorneuausstattung der Klosterkirche Ebrach. Der Ebracher Konvent hatte sich unter seinem tatkräftigen Abt Petrus Scherenberger um die Jahrhundertmitte zur Errichtung eines neuen Hochaltares entschlossen, für den man zunächst im Hauptgeschoss eine Darstellung des Marientodes und im Obergeschoss ein folglich deutlich kleineres Mariae Himmelfahrt-Bild vorsah.[342] Aus nicht näher bekannten Gründen wich man jedoch von diesem Vorhaben ab und ließ den Altar mit einer monumentalen Darstellung *Assumptionis B.M. Virginis* im Hauptgeschoss und einer plastischen Marienkrönung vor durchbrochenem Retabelgrund im Obergeschoss ausführen.[343] Für dieses 1778/80 in den klassizistischen Hochaltar Materno Bossis integrierte Hauptbild diente ein Stich Schelte à Bolswerts nach dem Rubensbozetto für den 1625 allerdings abweichend ausgeführten Hochaltar der Antwerpener Kathedrale als Vorlage.[344] Die dieses ambitionierte Projekt vorbereitende, gegen Ende 1651 erfolgende Planänderung dürfte, wie Kossatz überzeugend nachweisen konnte, auf den Einfluss einer theologisch gebildeten Autorität des Klosters, möglicherweise des Abtes selbst, zurückzuführen sein, deren Handschrift wohl auch jene unmittelbar in diese Phase fallende Chorraumskizze zu verdanken ist, die eine ungefähre Vorstellung vom Planungsstand dieser Zeit vermittelt.[345] Danach füllte das projektierte monumentale

338 Das für den Himmelfahrtsaltar überlieferte Altarblatt des Joachim von Sandrart ist bei F. Mader in KDB XII, Stadt Würzburg, Tafel IV, gegenüber S. 52 abgebildet, dort aber auf 1670 datiert. Siehe zu Joachim von Sandrart, Christian Klemm, Joachim von Sandrart, Kunstwerke und Lebenslauf, Berlin 1986. Das Himmelfahrtsbild aus dem Würzburger Dom wird dort 153 f besprochen und in die Zeit um 1662 datiert. Wenn es sich bei diesem Bild um das tatsächlich ursprüngliche des wohl älteren Altares handelt, ist es entweder um einige Jahre älter als vermutet oder aber das Retabel war zum Zeitpunkt der Reise der beiden Gelehrten noch ohne Bildausstattung. – Vgl. auch Kossatz, I, 71 f. sowie II, Anm. 228, 421 f.

339 Vgl. insgesamt auch Kossatz, I, 91 ff.

340 Hierzu ebenfalls Kossatz, I, 91 ff.

341 Beide Altäre sind abgebildet bei Kossatz, II, Abb. 20 und 21. Zur weiteren Rezeption dieser Heilig-Grab-Aufbauten siehe unten Kap.V. 2.1.: Die späten Projekte des Johann Philipp Preuß.

342 Kossatz, I, 68 ff. Der Kontrakt zwischen dem Kloster und dem Maler Jörg Heyden wurde am 12.11.1650 geschlossen.

343 Nach den Ermittlungen Kossatz hatte das Retabel Ausmaße von 12 x 24 Schuh, also 342 cm x 680 cm. Kossatz, I, 69.

344 Kossatz, I, 69 mit Anm. 214.

345 StAWü, A 236 II, B1. 108. Abbildung bei Kossatz, II, Abb. 10b.

Retabel die Apsis der Kirche vollständig aus. Das riesige Gemälde war so über Sockelgeschoss und Mensa erhoben, dass es der perspektivischen Projektion aus Presbyterium und Langhaus einen eindeutigen, auch aus größerer Entfernung deutlich erkennbaren Zielpunkt setzte. Die gemalte Hauptszene wurde um eine plastische Darstellung der Marienkrönung vor durchfenstertem Hintergrund im Obergeschoss ergänzt. Damit war, wie aus zeitgenössischen Beschreibungen deutlich wird, erstmals im fränkischen Raum auch das durch die Chorfenster einfallende Licht in die theatralische Inszenierung des Altares einbezogen.[346]

Erst Johann Gottfried von Guttenberg wandte sich dem Assunta-Thema im Rahmen seiner Stiftertätigkeit wiederholt zu. So wurden einige seiner Altarstiftungen mit großformatigen Himmelfahrtbildern des Oswald Onghers versehen. Diese Entwicklung verlief parallel zu der in ihren Grundzügen bereits geschilderten Neuorientierung der kirchlichen Innenausstattung nach dem Leitgedanken der in Trient geforderten liturgischen Sammlung der einen Gemeinde um den Hochaltar, die die Ausbildung des monumentalen Retabels und seine szenographische Integration in den Kirchenraum eingeleitet hatte. Dabei eigneten sich sowohl die Bedeutungsinhalte des Themas wie der zu seiner Präsentation verfügte materielle Aufwand und künstlerische Anspruch in idealer Weise zur nachhaltigen Propaganda der fürstlichen Pietas wie zumindest indirekt auch der fürstlichen Magnifizenz.

Auch die beiden bedeutendsten Altarstiftungen des Fürsten zu Lebzeiten, die Hochaltäre der Stiftskirche Haug *(Abb. 29)* und der Wallfahrtskirche Fährbrück *(vgl. Abb. 43)*, zeigen als monumentales Hauptbild die Himmelfahrt Mariens, ergänzt jeweils durch eine gemalte Dreifaltigkeitsdarstellung im Auszug, die in beiden Altären als ein Verweis auf die Marienkrönung zu deuten ist. Für beide Guttenberg-Altäre diente, wie schon oben erwähnt, eine ephemere Triumphbogenanlage Carlo Fontanas als Vorlage. (*vgl. Abb. 46*) In die dauerhafte materielle Form des Hochaltarretabels übertragen, wurde diese so in die Innenraumarchitektur der beiden Kirchen integriert, dass der sich öffnende Ausblick durch das Triumphportal nun als Zielpunkt der gesamten Innenraumprojektion verstanden werden konnte. Dies wird insbesondere in dem oben bereits beschriebenen, die Sion-Ikonographie des Innenraumes zusammenfassenden Hochaltarprojekt der Hauger Stiftskirche deutlich, das mit einem von Oswald Onghers nach einer römischen Kupferstichvorlage gemalten Hochaltarblatt ausgestattet war, welches die leibliche Erhebung Mariens aus dem Grab durch eine Engelwolke darstellte.[347] Nach dem Legendenbericht des

[346] Siehe hierzu auch den bei Kossatz 1, 69 zitierten Bericht Papebrochs und Hennichens von 1660. (Engel, Freeden, 43 f.) Den Planungen zum neuen Hochaltar in Ebrach war im Jahr 1650 die Transferierung der im klösterlichen Selbstverständnis so bedeutungsvollen Stiftergräber der Stauferkönigin Gertrud und ihres Sohnes Herzog Heinrichs von Schwaben an die Chorwände zu beiden Seiten des Hochaltarretabels vorausgegangen. Wie die erwähnte Chorraumskizze von 1651/52 belegt, war weiterhin vorgesehen, den Presbyteriumsraum über die Arkaturen des Hochchores hinweg durch Balusterschranken, deren Höhe sich am Sockelgeschoss des Hochaltares und den Podesten der Stiftergräber orientierte, gegen Querschiff und Langhaus abzugrenzen. In dieses Schrankenwerk waren auf der rechten Seite der Abtsthron und links ein weiterer Altar integriert. Der Entwurf der Ebracher Chorausstattung von 1651/52 lässt damit in der Zusammenfassung aller Ausstattungselemente Gestaltungsprinzipien erkennen, die den im Geist der katholischen Reform instrumentierten, komplexen Innenräumen flandrischer Kathedralkirchen entsprachen. Dabei ging es darum, auf der durch die Abschrankungen herausgehobenen Aktionsbühne des Chorraumes im Zusammenwirken von kultischer Zeremonie und programmatischer Ausstattung das Selbstverständnis der in der Berufung auf ihre Traditionen und Autoritäten wiedererstarkten Kirche angemessen zu repräsentieren und die darauf gründende geistliche Macht des sich hier versammelnden Ordenskonventes suggestiv vor Augen zu führen. Dies lässt vermuten, dass die Planänderung zur Ausführung des Ebracher Hochaltares, die dem Thema der Mariae Himmelfahrt im Kirchenraum einen so beherrschenden Platz zuwies, Teil einer umfassenden Projektion war, die vor dem Bild Mariens als dem Typus der triumphierenden Kirche auch die Autorität der *Ecclesia Ebrachensis* beschwor. Damit wurde die Ebracher Ausstattung vorbildlich für weitere klösterliche Konzepte wie etwa auch der Chorausstattung von Mariaburghausen und insbesondere der Klosterkirche Bronnbach.

[347] Vgl. zu dieser Vorstellung des geöffneten Himmels auch den im Kapitel Stift Haug und die Sion-Ikonographie (Kap. IV. 2.2.) zitierten Predigttext des Johann Nikolaus Schmidt auf den 9. August 1691 sowie ebd., Anm. 52. Wie oben schon erläutert, wurde das Motiv des Auffahrens der Gottesmutter in den Himmel und die Erscheinung der Dreifaltigkeit in der Ergänzung des gemalten Bildlichtes durch das real in die Chorfenster einfallende Himmelslicht suggeriert. Im Sinne der Lichtszenographie war damit die Identität des aus dem Chorraum zurückstrahlenden Lichtes mit dem von Maria, den Engeln und der Dreifaltigkeitsgruppe ausgehenden Himmelslicht anschaulich thematisiert.

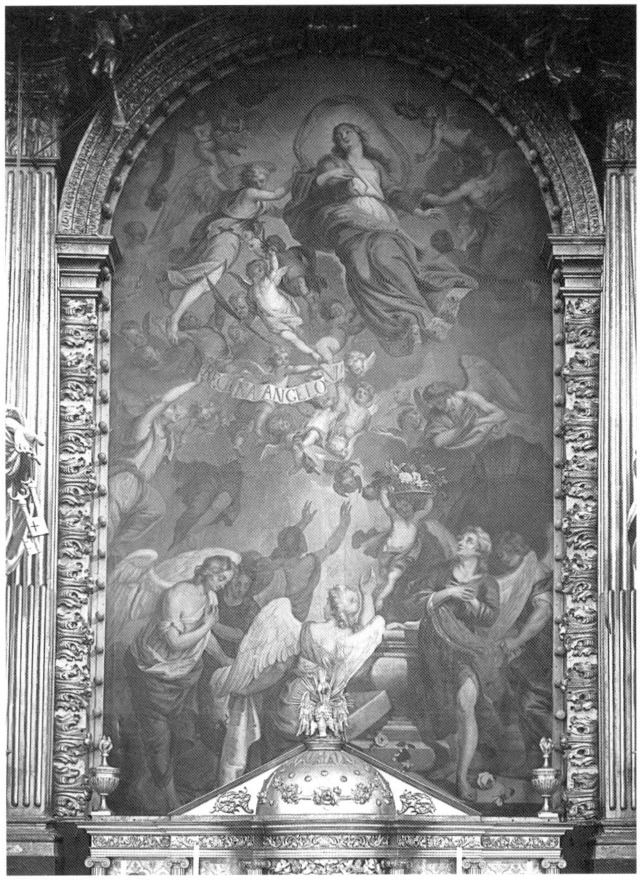

Abb. 29: Würzburg, kath. Pfarrkirche Stift Haug: Hochaltarblatt mit Darstellung der Mariae Himmelfahrt von Oswald Onghers, 1695 (Kriegsverlust); Fotoarchiv Gundermann, Würzburg, Inv.Nr. 02672.

Jacobus de Voragine fanden die Ereignisse des Marientodes und der Himmelfahrt *am Berge Sion,*[348] also an dem in der ikonologischen Entsprechung durch den Kirchenbau selbst figurierten Ort statt. Die von Maria als *Söhne und Brüder*[349] bezeichneten Apostel waren auf wunderbare Weise im *theatrum sacrum* des Hochaltares sowohl an ihrem Grab versammelt, wie sie zugleich mit den Attributen ihres eigenen Martyriums das Himmelsportal umstanden. Hier verwiesen sie in spannungsreicher, unmittelbar auf den Betrachter einwirkender Mimik und Gebärde auf den metaphysischen, also überzeitlichen Sinngehalt des sich vor der schauenden Gemeinde, vertreten durch die Gemeinschaft von Bischof, Priester und Stiftsherren, vollziehenden Mysteriums. Dabei waren die im zeitgenössischen Verständnis als erste Bischöfe der Kirche Christi und damit auch als Vorgänger des Würzburger Kirchenfürsten anzusprechenden Apostel im Hochaltar sowohl Zeitzeugen des durch die Heilige Schrift belegten Heilswirkens Christi und Mariens wie des die Lehrautorität der katholischen Kirche festigenden Triumphes der reinen Jungfrau als dem von Augustin gepriesenen *tabernaculum Christi* und Typus der *religio immaculata.*[350] In der Verknüpfung der *Sion-Ikonographie* der Hauger Stiftskirche mit der über die Altarstiftung des Bischofs demonstrierten Parteinahme für die durch Maria präfigurierte und die Apostel bezeugte Lehre der allein seligmachenden Kirche war darüber hinaus ein weiteres Mal auch die allgemeine Sorge des Fürsten um Erhalt und Festigung der katholischen Religion als Grundlage der zeitlichen und ewigen Glückseligkeit des Landes zu folgern.

[348] Jacobus a Voragine, Legenda aurea, zit. nach Benz, 563.

[349] Legenda aurea, zit. nach Benz, 563.

[350] Die besondere Bedeutung der Apostel hebt auch Thomas Höflich in seiner Kirchweihpredigt in Stift Haug vom 5. August 1691 hervor, indem er die Heiligkeit des Gotteshauses damit begründet, „weilen von allen Altären / deren zwölf seyen / keiner der nit mit einem herrlichen Particul von jedem Apostel besonders belegt und begnadet ist." Siehe hierzu „Acht tägige Kirchweyhe (Kap. IV., Anm. 44).

3.4.2. Die Erweiterung des Himmelfahrt- und des Immaculata-Themas um zeitgeschichtliche Aspekte

Wie einleitend zu diesem Kapitel erläutert, standen in der Diskussion des Trienter Konzils zunächst die kontroverstheologischen und bekennenden Inhalte des Assunta-Themas und der ihm nahe verwandten Immaculata-Verehrung im Vordergrund. In der Folgezeit wurde aber gerade das Engagement zugunsten der unbefleckten Gottesmutter und Himmelskönigin auch in einen erweiterten herrschaftsprogrammatischen Kontext vieler katholischer Dynastien integriert. Dabei ging es zunächst in einfacher Schlussfolgerung um die schon mehrfach betonte Erwartung, die Gottesmutter werde das Eintreten zu ihren Ehren durch vielfältigen Schutz und allgemeine Hilfeleistungen vergelten. Da im Rahmen der Herrschaftspropaganda damit das Thema der öffentlichen Wohlfahrt angesprochen war, konnte sich der fromme Fürst in der Folge seiner devoten Handlungen in vielfältigen Formen auf das Wohlwollen der himmlischen Mächte als Ausweis seiner gottgewollten Herrschaft berufen. Durch das überlieferte Eintreten der Gottesmutter etwa in der schon mehrfach erwähnten Seeschlacht von Lepanto oder auch der Schlacht am Weißen Berg für die Sache des Kaiserhauses wurde insbesondere im Zeitalter des Großen Türkenkrieges die Hoffnung auf die beschirmende Allmacht der Himmelskönigin zu einer existenzversichernden Vorstellung, die über den unmittelbaren Kontext des Habsburger Kaiserhauses hinaus[351] gerade bei den kleineren katholischen Reichsständen eine besondere Anziehungskraft entwickelte. Wie schon im Zusammenhang mit der Entstehung des Patrona-Kultes angesprochen, scheinen sich auch in Würzburg während der Regierungszeit des Johann Gottfried von Guttenberg und des Johann Philipp von Greiffenklau über die allgemeine theologische Vertiefung des Assunta-Themas hinaus Berührungspunkte mit der unmittelbaren herrschafts- und militärpolitisch motivierten Marienpropaganda der Habsburger aus der zeithistorischen Tatsache abzuleiten, dass beide Fürsten als ausgewiesene Parteigänger des Kaisers die staatliche Existenz ihrer Hochstifte unmittelbar mit dessen Geschick verbanden. Daher umfasst gerade die öffentliche Darstellung der pietas Mariana, namentlich in Hinblick auf die Verehrung der Gottesmutter als Assunta oder Immaculata auch einen deutlichen Akt staatspolitischer Selbstdarstellung.

3.4.3. Der Bau der Wallfahrtskirche Fährbrück

Diese Bedeutungszusammenhänge werden in Bau und Ausstattung der Wallfahrtskirche Fährbrück *(Abb. 30 und 31)* durch Johann Gottfried von Guttenberg evident. Dabei hat es den Anschein, als ob der Fürst bei diesem Projekt, das ihn fast während seiner gesamten Regierungszeit beschäftigen sollte, in besonderer Weise persönliche Überzeugungen und staatspolitisches Interesse verband. So berichtet zunächst Gropp:

> „Perculiari devotione Joannes Godefridus afficiebatur erga Sacellum B.M.V. in Föhrbrück, jam a multis retro annis tam populi frequentia, quam impetratis ibidem a Deipara Beneficiis percelebre. Ut locum celebriorem redderet, & populo majorem affunderet devotionem, novum ac perelegans templum propriis suis sumptibus e fundamento excitavit, arisque exornavit; impensis sacro huic ædificio Mariano 12000. & amplius florenis. Non acquievit in his Principis nostri Mariophili munificentissima pietas. Quoties enim templum hoc suum invisebat (singulis autem annis semel aut pluries id facere consueverat) nunquam sine munere ibidem relicto discessit.“[352]

[351] Siehe hierzu, wie schon mehrfach erwähnt, Matsche, I, 147 ff.

[352] Gropp, II, 538. („Von besonderer Hingabe erfüllt war Johannes Godefridus für das Heiligtum der Gnadenreichen Jungfrau in Fährbrück, das schon seit vielen Jahren durch zahlreichen Besuch der Bevölkerung und durch die dort von der Gottesgebährerin erlangte Hilfe sehr berühmt war. Um den Ort noch berühmter zu machen und dem Volk eine noch größere Verehrung nahezulegen [zu ermöglichen], ließ er ein von Grund auf neues und sehr schönes Gotteshaus auf seine Kosten errichten und mit Altären ausstatten. Die Kosten für diesen heiligen, Maria geweihten Bau betrugen mehr als 12 000 Gulden. Damit aber gab sich die höchst freigebige, Maria über alles liebende Frömmigkeit unseres Fürsten nicht zufrieden. So oft er nämlich dieses, sein Gotteshaus besuchte, (er pflegte es in jedem Jahr einmal oder auch öfter zu besuchen,) ging er nicht fort, ohne ein Geschenk zu hinterlassen.“)

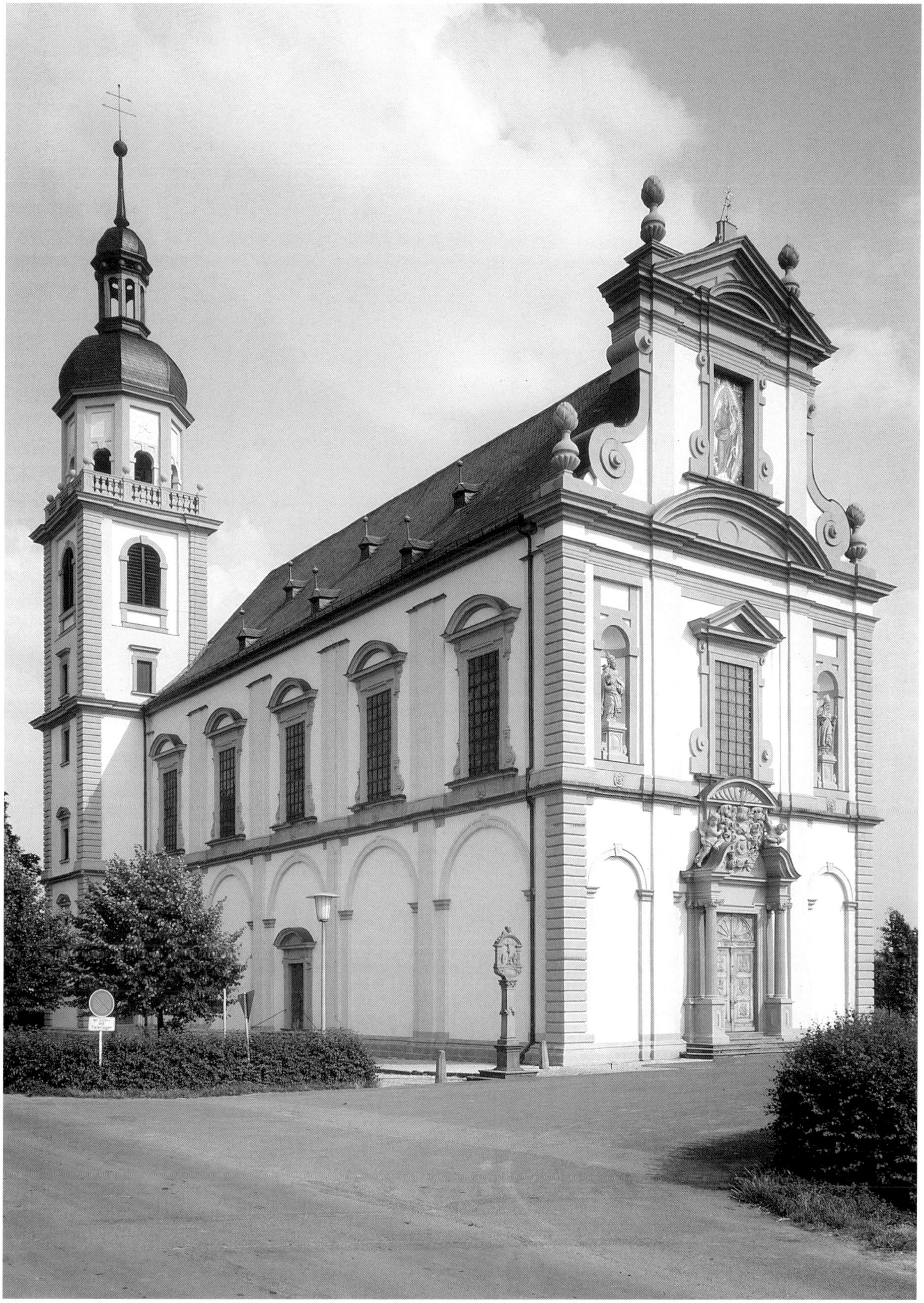

Abb. 30: Fährbrück, kath. Wallfahrtskirche Mariae Himmelfahrt: 1685/97 wohl von Kilian Stauffer errichtet.

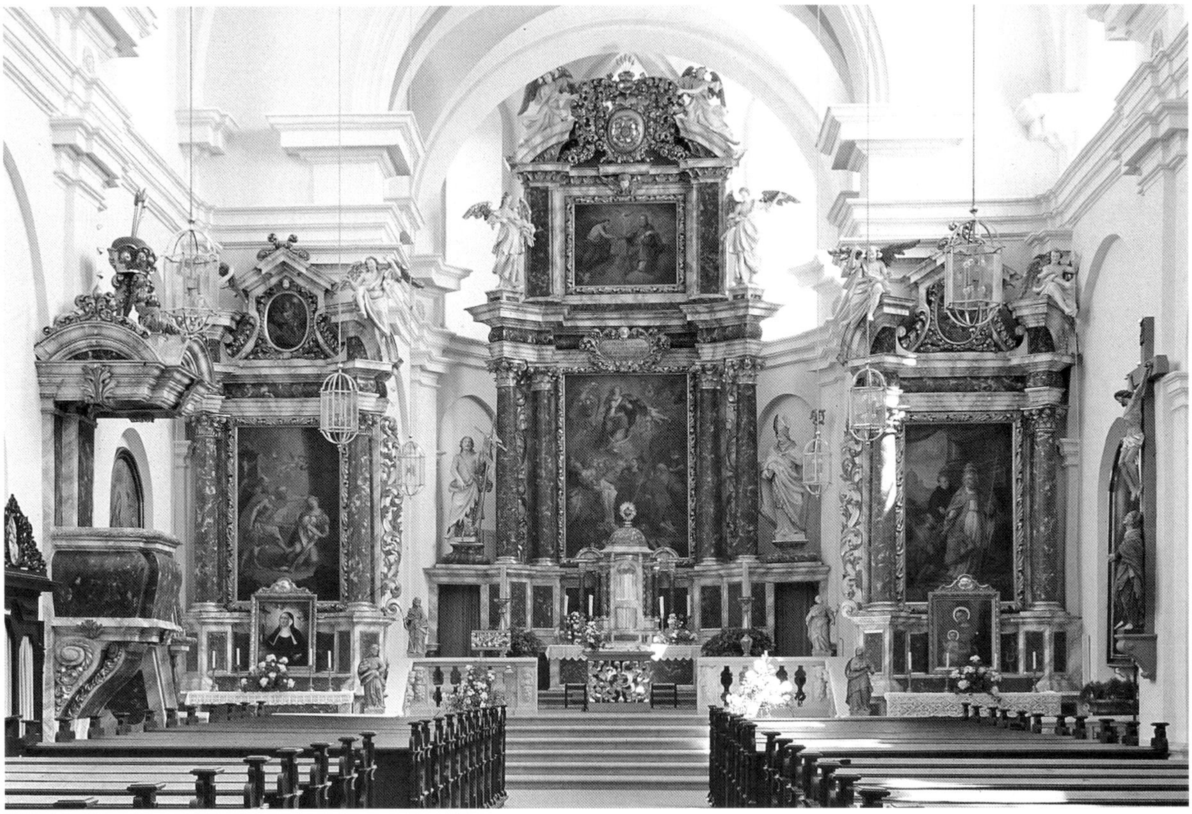

Abb. 31: Fährbrück, kath. Wallfahrtskirche Mariae Himmelfahrt: Altarausstattung von Kilian Stauffer mit Altarblättern von Oswald Onghers, um 1695/97.

Dieser besondere Umstand eines über das an den übrigen Wallfahrtskirchen des Landes zu beobachtende Maß hinausgehenden persönlichen Engagements zugunsten Fährbrücks fand in der Literatur bisher weder Beachtung noch eine Erklärung. Lediglich Kraus[353] berichtet, der Fürst habe von seinem nahe gelegenen Schloss Rimpar aus mehrfach Fußwallfahrten nach Fährbrück unternommen, „um allda die Patronin des Frankenlandes zu begrüßen und ihr seine wichtigsten Regierungssorgen anzuempfehlen." Damit gibt Kraus zwei wichtige Hinweise. Zunächst könnte in der Tat die Lage der Wallfahrtskirche zum fürstlichen Schloss in Rimpar, einem der bevorzugten Aufenthaltsorte Guttenbergs, den Anstoß zu ihrer besonderen Pflege gegeben haben. Darüber hinaus aber scheint mir entscheidend, dass Kraus von einem Patrona-Kult in Fährbrück spricht, der die bestehende traditionelle Wallfahrt zu dem hier verehrten Gregoriusstein abgelöst haben müsste. Diese Zusammenhänge bedürfen daher zunächst einer tiefer gehenden Klärung.

Die Wallfahrt Fährbrück geht nach Kraus in das 12. Jahrhundert zurück, ist also eine der ältesten des Frankenlandes. Das Benediktinerkloster Neustadt a. M. hatte hier auf einer Schenkung des Otto von Wickertshausen nach der Mitte des Jahrhunderts zunächst ein als Pfarrkirche für die umliegenden Ansiedlungen bestimmtes Gotteshaus errichtet, das der Verehrung der Mutter Gottes und des Papstes Gregor geweiht war. Schon bald entwickelte sich aber um den Taufstein dieser Kirche, den sog. Gregoriusstein, an dem der späteren Legende zufolge schon Kilian getauft haben soll, eine Wallfahrt, der zumindest regionale Bedeutung zukam. Während des Bauern- und Markgräfler Krieges verfiel die bestehende Kirche,[354] wurde aber nach Kraus bald „von den Gläubigen" wieder errichtet. Sebastian

[353] J. A. Kraus, Urkundliche Nachrichten über die Wallfahrtskirche Fährbrück, in: AU XIX (1868), H. 3, 149.

[354] Möglich, aber quellenmäßig nicht zu belegen, ist auch eine Zerstörung der Kirche in den genannten Kriegen. Fährbrück gehörte zu dieser Zeit den Herren von Grumbach. Nach der Ächtung des Geschlechtes durch Julius Echter wurde der Grumbachische Besitz und somit auch die Wallfahrtskirche durch das Hochstift Würzburg eingezogen.

Zeißner[355] berichtet dagegen, die Stätte der zerstörten Kirche habe bis in die Zeit des Julius Echter wüst gelegen, sei aber von Gläubigen aus der Umgegend weiterhin besucht worden. Tatsächlich schenkte Julius Echter der Wallfahrt wohl aufgrund ihres unklaren Motives keine Aufmerksamkeit. Erst nach dem Dreißigjährigen Krieg wurde in Fährbrück auf Initiative des Kellerverwalters von Arnstein, Johann Barthold Heinrich, unter Mithilfe der Bewohner aus den umliegenden Dörfern wieder ein bescheidenes Gotteshaus errichtet,[356] zu dem Johann Philipp von Schönborn das Bauholz stiftete.[357] Johann Barthold Heinrich hatte dem Kurfürsten zuvor von den anhaltenden wunderbaren Ereignissen am Ort der Gnadenstätte berichtet, so dass sich dieser offensichtlich zur Einflussnahme auf das spontane und unkontrollierte Wallfahrtgeschehen in Fährbrück veranlasst sah. Weihbischof Melchior Söllner weihte diese Kirche am 1. Oktober 1653 ein. Der jährliche Kirchweihtag wurde damit auf den ersten Oktobersonntag festgelegt. Die Betreuung der Wallfahrt wurde dem Würzburger Karmeliterkloster übertragen, das mit der Stiftung einer Bruderschaft zum marianischen Skapulier den marianischen Kultschwerpunkt im Fährbrücker Wallfahrtgeschehen zu intensivieren suchte. Mit dieser Bruderschaft war ein vollkommener Ablass verbunden, der sich bald als ein wirkungsvolles Instrument in der Fährbrücker Kultpropaganda entwickelte. Das Skapulierfest wurde in Fährbrück erstmals am 23. Juli 1656 begangen. Der dazu in den benachbarten Dörfern verbreitete Verkündzettel beschrieb mit Deutlichkeit die neuen Ziele seelsorgerlicher Praxis in Fährbrück.[358] Neun Jahre später, im Jahre 1675, stiftete einer der betreuenden Karmeliterpatres, P. Paschasius à S. Joan. Evang., nach seiner Rückkehr aus dem kaiserlichen Heerlager, wohin er einem Grafen Starhemberg als Feldkaplan gefolgt war, der Kirche die Nachbildung der Muttergottes von Foy und einen mirakulösen Gürtel. Zur Aufbewahrung beider ließ er ein kleines Tabernakel anfertigen, das auf einem der beiden Nebenaltäre der Kirche aufgestellt wurde.[359] Dieses Gnadenbild scheint sich in der Folgezeit neben dem Gregoriusstein zum Zentrum der Fährbrücker Wallfahrt entwickelt zu haben.

Die Verehrung der Muttergottes aus dem flandrischen Foy-Notre-Dame wurde im Zeitalter der tridentinischen Reformen namentlich durch die Jesuiten gefördert. Bei dem Urbild handelt es sich um eine stehende Maria mit Kind aus der Zeit um 1430, die in einem Eichbaum gefunden wurde. Aus dem Holz dieser Eiche wurden nach der Legende weitere Bildkopien gefertigt, die weite Verbreitung fanden. Im deutschsprachigen Raum sind u.a. Kopien in Ellwangen, Neuburg a. d. Donau, Ingolstadt, Passau, München und Innsbruck erhalten.[360] Die in der Münchener Bürgersaalkirche „zur allerheiligsten Dreifaltigkeit“ aufgestellte Bildkopie von 1628 wurde mit einer Strahlensonne umgeben. Mutter und Kind tragen prächtige Kronen und die Insignien ihrer himmlischen Macht, wurden also dem Bildtyp der Himmelskönigin angenähert, der auch durch das Dreifaltigkeits-Patrozinium der Kirche nahegelegt wird. Vor allen Bildern sollen sich Krankenheilungen und Gebetserhörungen zugetragen haben. Die Hintergründe der Gnadenbildstiftung in Fährbrück sind leider nicht ganz klar. Es hat jedoch den Anschein, als ob es

[355] Sebastian Zeißner, Geschichte der Wallfahrt Fährbrück in Franken, Würzburg 1915, 6. Zeißner stützt sich in seinen Angaben auf die 1867 aus Urkunden der Pfarrei Hausen, zu der Fährbrück seit dem 17. Jahrhundert gehörte, zusammengestellte, handgeschriebene „Chronik von Fährbrück.“ Diese wurde zunächst im Pfarrarchiv Hausen verwahrt und zu Beginn des 20. Jahrhunderts an das Diözesanarchiv Würzburg abgegeben.

[356] Dies belegt auch eine Wappentafel über dem heute neben dem Aufgang zur Orgelempore in die Wand eingelassenen Gregoriusstein mit der Inschrift: Mit frommer Leuth Hilfe und Beystend hat Johan: Barthol: Heirich der Zeit Keller zu Arnstein dis Kirchlein Erbauen lassen Anno 1653.

[357] Zeißner, 7.

[358] Zeißner, 34 f.: „Vollkommener Ablass zu Fährbrück den 23. Julio Anno 1656. Am nächstfolgenden Sonntage [...] wird das sonst von Altersher bei den Carmeliten gewöhnliche Fest [...], das Scapulierfest bei der löb. Wallfahrt zu Fährbrück mit besonderer Solemnität begangen und gehalten werden. An welchem Feste der glorwürdigen Himmelskönigin und Mutter Gottes Maria für die großen und vielfältigen, dem Carmeliter=Orden und dessen durch die Bruderschaft Genossen ertheilte Wohltaten und sonderlich wegen Ertheilung des hl. Scapuliers billigermassen Lob und Dank solle gesagt werden. Alle, welche recht und mit wahrer Reue beichten, die heilige Kommunion empfangen, um Ausreutung der Ketzerei, um Einigkeit christ. kath. Fürsten und um Erhöhung der kath. Kirche an selbiger Wallfahrt zu Fährbrück und am selbigen Tage beten werden, [erlangen einen vollkommenen Ablass.]“

[359] Zeißner, 12.

[360] Vgl. Hans Dünninger, Unsere Liebe Frau vom Schönenberg bei Ellwangen und Nôtre Dame de Foy, in: Ellwangen 764–1964. Beiträge und Untersuchungen zur Zwölfhundertjahrfeier, hg. im Auftrag der Stadt Ellwangen, Ellwangen 1964, 833–840; ferner: Helmut Sperber, Unsere Liebe Frau. 800 Jahre Madonnenbild und Marienverehrung zwischen Lech und Salzach, Regensburg 1980, 134 ff.

sich dabei um den bewussten Versuch einer Neuorientierung des Wallfahrtgeschehens aus religionspädagogischen Gründen handelte, wobei man versuchte, den nicht mehr als zeitgemäß empfundenen Kult um den Gregoriusstein, in dessen Zentrum offensichtlich ebenfalls Krankenheilungen standen, durch ein etabliertes Kultbild abzulösen, dessen Bedeutungsinhalte und Deutungsmöglichkeiten dem Gnadenbildstifter allerdings wohl vertraut gewesen sein dürften.

Fährbrück erfreute sich in der Folgezeit einer außerordentlichen Beliebtheit beim Volk, so dass man schon im Jahr 1683 abermals einen Kirchenneubau projektierte. Der im Folgejahr zum Fürstbischof erwählte Johann Gottfried von Guttenberg betrachtete dieses Projekt dann mit solchem Wohlwollen, dass er sich schon kurz nach seinem Regierungsantritt zu einer großzügigen Spende von 12.000 fl aus privaten Mitteln zur Erneuerung der Kirche entschloss. Damit scheint er von Anfang an die Absicht eines weiteren Ausbaues des marianischen Schwerpunktes verbunden zu haben. So stiftete er wohl deutlich vor Fertigstellung der übrigen Ausstattung vier kleine Alabasterfiguren der Heiligen Anna, Joachim und Josef sowie einer Maria als Tempeljungfrau *(Immaculata)*, die dem Gnadenbild in einer heute nicht mehr vollständig zu rekonstruierenden Anordnung zur Seite standen *(vgl. Abb. 31)*.[361] Diese Tatsache lässt jedoch zweifellos erkennen, dass das Kultgeschehen um das ältere Gnadenbild nun mit neuen Inhalten aus dem Zusammenhang der Immaculataverehrung belebt und erweitert wurde. Dabei spricht einiges dafür, dass diese Wallfahrt zu dem neu ausgestatteten Gnadenaltar auch während der Kirchenbauzeit aufrechterhalten wurde.[362] So überliefert ja beispielsweise Gropp, dass Guttenberg selbst das Fährbrücker Gnadenbild wenigstens einmal jährlich aufgesucht habe. Ferner trug Guttenberg den Karmelitern in Fährbrück mit dem 18. März 1691 auf, monatlich für den regierenden Fürsten und zum Wohle des Vaterlandes eine hl. Messe zu lesen.[363] Erste Messfeiern nach Fertigstellung der Gesamtausstattung feierte der Fürst schließlich persönlich am 10. Mai 1697 sowie am 4. November 1698.[364]

Der Neubau der Fährbrücker Wallfahrtskirche folgt in der formalen Anlage dem zeitgleich von Antonio Petrini projektierten und wiederum von Johann Gottfried von Guttenberg geförderten Kirchenbau für die Ursulinen in Kitzingen. Beide Kirchen wurden als einschiffige Saalbauten mit leicht eingezogenem, polygonal abschließendem Chor, Chorflankenturm und hoch aufragender, in den Grundmotiven dem Vorbild von Santa Maria della Vittoria in Rom folgender Schaufassade errichtet. Diese Ähnlichkeit in der Anlage der Fassaden wurde in der Literatur zum Anlass genommen, den Neubau von Fährbrück dem für die Ursulinenkirche gesicherten Antonio Petrini zuzuschreiben.[365]

361 Nach Zeißner, 9, wurde das Gnadenbild später in die Kapelle der Vogelsburg, einem Landgut der Würzburger Karmeliter, übertragen, wo es 1803 verloren ging. Es ist jedoch belegt, dass der ursprüngliche Gnadenaltar nach Fertigstellung der Guttenbergischen Innenausstattung zentral vor den Chorschranken stand. Die Alabasterfigürchen könnten also, dem heutigen Zustand vergleichbar, von Anfang an auf den Chorschranken gestanden haben. Zur Datierung dieser Figuren ist allgemein zu sagen, dass sie vermutlich älter sind als die unter der Regie Kilian Stauffers geschaffene Innenausstattung und von einer anderen Hand stammen als die Figuren des Hochaltares.

362 Siehe dazu anders lautend: P. Ephrem Zimmer OSA, P. Berchmans Ortweis OSA, Wallfahrtskirche Fährbrück, Regensburg 1987, 4.

363 Ordensarchiv, Akt Pfarrei Hausen, 9. Zit. nach Zeißner, 26.

364 Zeißner, 15 f.

365 Fährbrück ist seinem Rang als ländliche Wallfahrtsstätte entsprechend im Sinne der zeitgenössischen architektonischen Ordnungsvorstellung deutlich anspruchsloser instrumentiert als die Hauptkirche der adeligen Ursulinen in Franken, wirkt aber auch unabhängig davon in einer nicht unbedingt für Petrini sprechenden Art spannungsloser. Insbesondere lässt die Fährbrücker Fassade in ihrer additiven Schichtung und Zueinanderordnung verschiedener architektonischer Repräsentationsmotive jene dynamische Kraft vermissen, die wiederum die Westfassade der Ursulinenkirche bestimmt. Ich halte es daher für wahrscheinlicher, dass Guttenberg in Fährbrück nicht Petrini selbst, sondern einen anderen Baumeister, möglicherweise Kilian Stauffer verpflichtete. Im Übrigen entspricht dies offensichtlich den Gepflogenheiten der Fürstbischöfe dieser Zeit, die anders, als dies eine Generation später etwa die Mitglieder des Hauses Schönborn tun, zur Realisierung ihrer privaten Stiftungen und Aufträge wiederholt auf Künstler „zweiten Ranges" zurückgriffen. So wurde beispielsweise auch das Guttenbergische Schloss in Kirchlauter nicht von dem im Übrigen durch die Familie Guttenberg protegierten Antonio Petrini, sondern vom Landbaumeister Heinrich Zimmer ausgeführt. Dafür mögen einerseits Kostengründe, aber auch die allgemeine tugendhafte Verpflichtung der geistlichen Herren, in persönlichen Angelegenheiten Bescheidenheit zu üben, ausschlaggebend gewesen sein. Darüber hinaus scheinen sich die Fürsten und adeligen Herren dieser Zeit verpflichtet gefühlt zu haben, das Handwerk auf breiter Basis durch eine ausgewogene Verteilung von Aufträgen zu fördern und damit dem allgemeinen wirtschaftlichen Wohl zu dienen.

Über die hier nur zu referierende Frage der Autorenschaft Petrinis hinaus betrachte ich die Vorbildlichkeit der Fassade der römischen Hauptkirche des Karmeliterordens, dessen Würzburger Niederlassung, wie erwähnt, die Betreuung der Wallfahrt Fährbrück übernahm, noch im weiteren Sinne als aufschlussreich für die besondere Schwerpunktsetzung Guttenbergs im Fährbrücker Wallfahrtsgeschehen. So stand das römische Santa Maria della Vittoria seit dem kaiserlichen Sieg in der Schlacht am Weißen Berg bei Prag 1620, die als Kreuzzug gegen die Feinde der heiligen Jungfrau propagiert worden war,[366] aufs Engste in Verbindung mit dem Kult der Casa d'Austria um Maria als „Generalissima und Staatspalladium".[367] Da man diesen Sieg weiterhin auch der Mitwirkung des Karmeliterpaters Domenico à Jesu Maria zuschrieb, der dem kaiserlichen Heer ein Kreuz und ein marianisches Gnadenbild vorangetragen hatte, schenkte Kaiser Ferdinand II. dieses aus der Deutschordenskommende Strakonitz stammende Bild der römischen Hauptkirche des Karmeliterordens, die in Erinnerung an diese Ereignisse fortan den Namen *Santa Maria della Vittoria* führte. Der gerade durch den Karmeliterorden propagierte und gepflegte Kult um Maria als *Generalissima* und *Auxiliatrix* des Kaiserhauses und seiner Verbündeten erlebte unter Leopold I. während des Zweiten Türkenkrieges eine erneute Hochblüte.[368] Nach der für die kaiserlichen Truppen siegreichen Schlacht auf dem Kahlenberg bei Wien (12.9.1683), die unter dem Kampfruf *Maria Hilf* geführt worden war, stiftete und renovierte Leopold vor allem im Bereich der Befestigungsanlagen der Stadt, die der türkischen Belagerung standgehalten hatten, eine Reihe von Marienheiligtümern, die nach Matsche gleich „marianischen Vorwerken" den wirksamen Schutz der Generalissima veranschaulichen sollten. Nach dem Sieg der kaiserlichen Heere, zu denen auch ein Würzburger Truppenkontingent gehörte, bei Buda (Ofen), den der Kaiser in der kryptographischen Deutung des Ortsnamens vorhergesagt hatte,[369] stiftete Leopold ferner in der Wiener Vorstadt Laimgrube eine der Maria Hilf geweihte Kirche auf das Patrozinium Mariae Himmelfahrt.

Bei aller gebotenen Vorsicht, da sich die Interpretation der Kultintentionen in Fährbrück nicht auf gesicherte Überlieferungen stützen kann, scheint mir doch die parallele Schenkung des Fährbrücker Gnadenbildes durch den Karmeliterpater Paschasius à S. Joan Evang., der ebenfalls aus dem kaiserlichen Feldlager zurückkehrte, auffallend, zumal man von diesem Zeitpunkt an den Fährbrücker Kirchweihtag auf den ersten Sonntag des Oktobermonates, also zeitlich in die Nähe eines weiteren Schlüsselereignisses marianischer Protektion zugunsten des Kaiserhauses, nämlich den Jahrestag der Schlacht von Lepanto (7.10.) legte. So halte ich es auch nicht für ausgeschlossen, dass die erwähnte Orientierung der Fährbrücker Kirchenfassade in ihren Grundmotiven an Santa Maria della Vittoria als ein den Zeitgenossen durchaus verständlicher Verweis auf den nun durch Guttenberg in der Wallfahrtskirche vertieften Kultzusammenhang um Maria als *Siegeszeichen, Generalissima* und *Auxiliatrix* des Kaiserhauses[370] wie der kaiserlichen Parteigänger, zu denen er sich zählte, zu werten ist, und sich also nicht allein rein formal aus dem Formenrepertoir Petrinis oder eines anderen Baumeisters ableiten lässt. Diese Annahme wird nicht nur durch die im Folgenden zu beschreibende Innenausstattung, soweit sie erhalten ist oder in Bezug auf das Gnadenbild rekonstruiert werden kann, bestätigt, sondern entspricht darüber hinaus weiteren Aktivitäten des Fürsten, der gerade in den ersten Baujahren von Fährbrück daran ging, durch die in den Allianzverträgen von 1688 und 1693 bekräftigte Parteinahme für das Kaiserhaus seinem eigenen politischen Schicksal eine entscheidende Wende zu geben. So gab Johann Gottfried in vergleichbarer Weise in den Jahren 1687/88 durch die Stiftung der Mariahilf-Bruderschaft, der er zu einem besonders symbolträchtigen Datum, nämlich zum Maria-Himmelfahrtstag 1688, in der Würzburger Marienkapelle einen Altar weihte, auch seiner durch intensive diplomatische Kontakte zu den kaiserlichen Verbündeten Johann Wilhelm und Ludwig Anton von Pfalz-Neuburg vertieften politischen Orientierung beredten

366 Matsche, I, 150 ff.

367 Matsche, I, 153.

368 Matsche, I, 168 ff.

369 Beata Virginis Dabit Auxillum = BUDA, Matsche, I, 170.

370 Siehe hierzu unten Kap. IV. 3.1: Marianische Kult- und Verehrungsmotive im Zeitalter der tridentinischen Kirchenreform sowie zum zeitgeschichtlichen Hintergrund Kap. II. 1.2: Die ersten Regierungsjahre.

Ausdruck.[371] Ferner stiftete er, wie im vorausgehenden Kapitel beschrieben, dem Dettelbacher Mirakelbild 1688/90 einen neuen Gnadenaltar und bemühte sich um den Neubau bzw. die teilweise Neuausstattung der Wallfahrtskirchen Höchberg und Maria Buchen.[372] Daher scheint mir die Vermutung begründet, dass alle diese Aktivitäten zu Ehren der Gottesmutter in einem engeren, durch zeitgeschichtliche Umstände forcierten Zusammenhang standen und durch die kaiserliche *pietas mariana* angeregt wurden. Indem der Fürstbischof als bewaffneter Reichsstand durch den Abschluss von Allianzverträgen gegen das Votum seines eigenen Kapitels auf die Seite des Kaisers trat und den *defensor Ecclesiae* im Kampf gegen die Feinde Christi und Marias unterstützte, begab er sich zugleich demonstrativ unter die Schutzklientel des kaiserlichen Staatspalladiums und Siegeszeichen *Maria de Vittoria*. Damit könnte sich die in den Folgejahren hervortretende Vorliebe Guttenbergs für Fährbrück aus dem Zusammenhang des hier etablierten marianischen Kultschwerpunktes erklären, der persönliche und politische Anliegen des Fürsten integrierte und propagierte. In seinem Zentrum stand ein in seinen Stiftungsintentionen nicht ganz klar zu fassendes, in der Folgezeit aber verschiedene marianische Titel *(Immaculata, Assunta, Victoria, Auxiliatrix)* zusammenführendes Gnadenbild, das darin dem 1798 von Johann Peter Wagner im Auftrag des Karl Dietrich von Guttenberg erneuerten Bild einer Himmelskönigin oder *Patrona franconiae* entsprach.

3.4.4. Die Ausstattung der Wallfahrtskirche Fährbrück

Die Fährbrücker Kirche ist, analog zur Gliederung des Außenbaues *(vgl. Abb. 30)*, im Inneren zweigeschossig aufgebaut. Zwischen gliedernden Pilastern, auf denen Gewölbegurte von gleicher Breite aufruhen, laufen um das Erdgeschoss flach vor die Wand geblendete Arkaden. Das Obergeschoss wird durch Fenster belichtet, die so von den tief in die Mauer eingeschnittenen Laibungen verdeckt werden, dass sie auch im Chorpolygon als Lichtquelle selbst nicht in Erscheinung treten. Erd- und Obergeschoss werden durch ein auf den Pilasterkapitellen aufruhendes Architravband getrennt, auf dem die Sohlbänke der Fenster aufsitzen, während die Pilaster selbst mit Fries und Gebälkstück in das Obergeschoss hineingeführt werden. Dieses ungewöhnliche Motiv bleibt sowohl licht- wie raumszenographisch nicht ohne Wirkung. So werden einmal die zwischen Erd- und Obergeschoss geteilten Schatten- und Lichtanteile des Raumes durch das Relief der Gebälkzone ungemein belebt. Darüber hinaus akzentuiert und proportioniert das verspringende Gebälk den Raum und bereitet seine Orientierung auf den Hochaltar im Chorhaupt vor. Schließlich werden die den Pilasterfriesen vorgeblendeten Guttenbergrosen, deren Affinität zur Rose Maria als dem neuen Reis über der Wurzel Jesse die fürstlichen Panegyriker mit Nachdruck betonten, über den Bereich des Irdisch-Inferioren des schattenreichen Erdgeschosses hinausgehoben und der Lichtzone angenähert.

Der marianische Kultschwerpunkt der Fährbrücker Wallfahrtskirche ist nach der Versetzung des Gnadenbildes im Zuge der Liturgiereform nach 1960 an die Südseite des Langhauses in seiner ursprünglichen

[371] Wie oben schon kurz erläutert, war Guttenberg ein Förderer der Mariahilf-Bruderschaft in Mergentheim, die sich als Filiale der Münchener Bruderschaft kurz nach 1684 gegründet hatte. Die Weihe des Mariahilf-Altares in der Marienkirche auf dem Würzburger Hauptmarkt fand am 15.8.1688 statt. Als Pendant dazu wurde der Altar auf der Epistelseite zwei Jahre später dem Thema Maria-Schmerz geweiht. (Alfred Wendehorst, Die Aufzeichnungen des P. Ignaz Gropp über die Würzburger Marienkapelle, in: WDGB 34 (1972), 129–143; sowie P. Ignaz Gropp, Beschreibung deren Marienkapellen, Manuskript StAWü.) Die zugehörigen Altarretabel beschreibt Gropp als völlig gleichartig. Nachdem sich zum Mariahilf-Altar im Stadtarchiv Würzburg (SAWü Ratsakt 2141; zit. nach Weis, 207 und Anm. 65) eine Rechnung erhalten hat, ist darauf zu schließen, dass beide zwischen dem Weihedatum 15.8.1688 und dem Rechnungsdatum 1691 neu angefertigt wurden. Beide Altäre fielen mit der übrigen barocken Ausstattung der Kapelle einer Renovierung des 19. Jahrhunderts zum Opfer. Aus den Beschreibungen Gropps geht weiterhin hervor, dass der Maria-Schmerz-Altar ebenfalls zentrale Kultstätte einer gleichnamigen Bruderschaft war. Auch dieser Altar trug eine Weiheinschrift, die das Kultanliegen der Bruderschaft im Ansatz fassbar machte.

[372] Die Hochaltäre beider Kirchen sind mit Maria-Himmelfahrtsbildern ausgestattet.

Dominanz nicht mehr wirksam. Bis zu diesem Zeitpunkt befand sich der Gnadenaltar an zentraler Position vor den Chorschranken, also zwischen der Trias aus Hoch- und Nebenaltären, deren Ikonographie die Aussagen des Gnadenbildes offensichtlich ergänzte. *(vgl. Abb. 31)* So zeigt der heute stärker im Zentrum der szenographischen Projektion des Innenraumes stehende Hochaltar, der im Wesentlichen ähnlich wie das Hochaltarretabel von Stift Haug aus dem erwähnten Entwurf Carlo Fontanas im Auftrag des Herzogs von Parma für den Triumphbogen zur Possessio Papst Innozenz' XI. im Jahr 1692 entwickelt wurde, im Hauptgeschoss eine von Oswald Onghers gemalte Darstellung der Mariae Himmelfahrt, die im Obergeschoss durch eine Dreifaltigkeitsdarstellung als Hinweis auf die Krönung der Gottesmutter ergänzt wird. Zu beiden Seiten des von gekuppelten Freisäulen gerahmten Himmelfahrtbildes stehen über Durchgängen die Namenspatrone des Fürsten, Johannes der Täufer und Gottfried von Tours. Dabei schließt der Hochaltar ähnlich wie in Stift Haug über Säulenstellung und Gebälk an die um Kirchenschiff, Chor und Chorpolygon umlaufenden, die Wand gliedernden Arkaturen an, so dass diese die Figuren der Namenspatrone rahmen und zur Integration der Mikro- in die Makroarchitektur beitragen.[373] Da der Hochaltar jedoch nur im Obergeschoss mit einer Lichtfolie von den seitlichen (verdeckten) Fenstern her hinterlegt ist, werden beide Geschosse stärker gegeneinander verselbständigt als dies in Stift Haug der Fall war. Dadurch wird das Hauptgeschoss deutlicher in die Innenraumprojektion einbezogen und mit den Seitenaltären stärker dem ursprünglichen Zentrum im Gnadenaltar angenähert. Das Auszugsbild dagegen, das den geöffneten Himmel repräsentiert, scheint, zumal es lediglich von Pilastern und zwei großen geflügelten Engeln gerahmt wird und die konvexe Bildung des Chorpolygones nicht aufnimmt, wie eine lichtverklärte Gloriole über dem Hauptgeschoss zu schweben. Dabei ist dem Altar allerdings vor Architrav und Fries des Hauptgeschosses eine vergoldete Widmungstafel vorgesetzt, die auf die Stiftung des Fürstbischofs verweist. Diese erstrahlt anschaulich im Reflex des Himmelslichtes, ähnlich wie das fürstliche Familienwappen zwischen den gesprengten Giebelschenkeln des Auszuges und die Guttenbergrose vor den Friesen der Langhauspilaster, und verweist damit einmal mehr auf die Wirkung des fürstlichen Votivs.

Der rechte Seitenaltar ist dem heiligen Papst Gregorius geweiht. Das wiederum von Oswald Onghers gemalte Altarbild zeigt den Heiligen in päpstlichem Ornat mit Tiara und Kreuzstab vor der Peterskirche zu Rom, während er dem als Schiffbrüchigen erscheinenden Engel des Herrn Almosen reicht. Diese Begebenheit fand nach der Legenda aurea des Jacobus à Voragine noch vor der Wahl Gregors zum Papst statt, wird aber als unmittelbar vorbereitender Anlass gedeutet. Im kleinen Ovalmedaillon des Auszuges schwebt daher ein Putto mit der Geisttaube als Attribut des Kirchenvaters und weist ihn damit als einen vom Geist Gottes Begnadeten aus. Wie schon erwähnt, besaß Fährbrück seit seiner Gründung ein Gregoriuspatrozinium. Daher mochte die Widmung des Seitenaltares durchaus an das ältere Wallfahrtgeschehen um den Gregoriusstein, der ja nach wie vor in der Kirche neben dem Aufgang zur Orgelempore verwahrt wurde, erinnern. Darüber hinaus sind aus der besonderen Begnadung und Auserwähltheit des Gregorius weitere Verehrungsmotive abzuleiten, die auf einen engeren Zusammenhang zu dem durch Guttenberg inszenierten marianischen Kultgeschehen in Fährbrück schließen lassen. So berichtet die Legenda aurea, Gregorius habe nach seiner in der Begegnung mit dem Engel vorbereiteten Wahl zum Papst die in Rom grassierende Pest dadurch besiegt, dass er das in Santa Maria Maggiore verehrte Mariahilf-Bildnis in einer Bittprozession durch die Stadt tragen ließ. Daraufhin sei ihm der nun als St. Michael identifizierte Engel erneut erschienen und habe das Ende des großen Sterbens angekündigt. Damit scheint sich über das Gregoriusthema auch ein Hinweis auf das komplexe Kultgeschehen um das Guttenbergische Gnadenbild im Zentrum der Kirche zu erschließen. Darüber hinaus verweist das Gregoriuspatrozinium auf der typologischen Ebene schließlich auch auf den fürstlichen Wohltäter des Gnadenortes, der sich an diesem Ort der Hilfe der himmlischen Mächte zu Schutz und Wohlfahrt seines Landes versicherte.

Der linke Seitenaltar ist schließlich Barbara als der Patronin des Würzburger Karmeliterklosters geweiht, dem die Betreuung der Fährbrücker Wallfahrt anvertraut war. Zugleich war Barbara als Patro-

[373] Über das grundsätzliche Motiv, die Namenspatrone als stellvertretende Adoranten des Fürsten am Altar einzusetzen, wird deren Bedeutung durch die Einbindung in die Architektur eindrucksvoll unterstrichen.

nin der Artillerie aber auch Schutzherrin der Würzburger Truppen, die das kaiserliche Heer an den Kriegsfronten im Osten und Westen unterstützten. In dieser Bedeutung gehörte die Heilige zum Hofstaat der Generalissima und Maria de Victoria. Weiterhin spricht das kleine Auszugsbild, auf dem zwei Putten die Sakramentssymbole Kelch und Hostie präsentieren, Barbara als Helferin in Todesnot an und kann damit im Kontext der Gesamtausstattung schließlich auch auf ein persönliches Bittanliegen des fürstlichen Wohltäters verweisen. Aus der Summe dieser Bedeutungshinweise und Verehrungsmotive scheint mir der durch Johann Gottfried von Guttenberg für Fährbrück bestimmte Kultschwerpunkt um ein hier offensichtlich über verschiedene Adaptionen als Maria de Victoria anzusprechendes Bild der Himmelskönigin und Patrona weitgehend rekonstruierbar. Die bisher genannten Aspekte um die Maria-Assunta-Darstellung des Hochaltares, das Maria-Auxiliatrix-Motiv des Gregoriusaltares, dem das Barbara-Patrozinium entspricht, werden ergänzt durch die bereits erwähnten vier Alabasterfiguren, die die Eltern Mariens, Joachim und Anna, den hl. Josef sowie eine Maria ohne Kind mit einer Lilie in der linken Hand darstellen. Diese Marienfigur ist an der Sockelplatte als *filia beata* bezeichnet, stellt also Maria als Tempeljungfrau oder *Immaculata* dar.[374] In ihrer ursprünglich wohl unmittelbar auf das Gnadenbild bezogenen Aufstellung verwiesen diese Figuren unmissverständlich auf das Mysterium der unbefleckten Empfängnis der Gottesmutter und des Gottessohnes, das Marias Anteil am Heilsgeschehen begründete und ihre am Hochaltar dargestellte triumphale Auffahrt in den Himmel, die typologisch dem Triumph der *ecclesia universalis sive immaculata* in einem hier durchaus zeitgeschichtlich interpretierbaren Bezug entsprach, kausal vorbereitete.

Danach wurzelt das Fährbrücker Kultgeschehen in ganz bezeichnender Weise in dem unter Guttenberg immer wieder betonten Engagement des geistlichen Fürsten zugunsten der Gottesmutter und der durch sie verkörperten reinen Lehre der katholischen Kirche. In diesem Sinne verehrte er sie in einem die politische Aktualität der Zeit reflektierenden Gnadenbild, das offensichtlich unter dem Leitmotiv „assumpta quia immaculata" die Summe marianischer Titel und Anrufungsformen verkörperte. Diesem Verständnis nach bekommt auch der folgende Hinweis in Gropps *Wirtzburger Chronik* einen tieferen Sinn:

> „Seine gegen Himmel aufsteigende stets brennende Andacht bezeugen so viele zu größeren Ehren Gottes und dessen jungfräulicher Gebährerin durch das Herzogtum Francken theils von Grund auf neu=erbaute, theils verbesserte Kirchen als die Wallfahrtskirche Fährbrück [...] ganz allein."[375]

Darüber hinaus reflektiert das ursprüngliche Fährbrücker Gnadenbild im Zusammenhang mit den Ereignissen um den zweiten Türkenkrieg wesentliche Impulse, die aus dem Komplex der Verehrung Mariens als Auxiliatrix, Staatspalladium und Generalissima des Hauses Habsburg unter Leopold I. über den Kaiserhof selbst oder enge Verbündete, wie den Hochmeister des Deutschen Ordens Ludwig Anton von Pfalz-Neuburg nach Würzburg drangen. In diesem Sinne erhielt das Fährbrücker Kultgeschehen einen über die persönliche Prägung hinausgehenden, staatspolitischen Impuls, durch den die hier Maria dargebrachte Devotion, die der *Pietas mariana* Guttenbergs entsprach, zu einer die Person des Fürsten, die Wohlfahrt des Hochstiftes wie darüber hinaus Kaiser und Reich integrierenden Angelegenheit wurde.

374 Schiller, 4.2., 67 ff, Die Einführung Marias in den Tempel.

375 Gropp, IV, 303.

3.5. Mariae-Himmelfahrt-Darstellungen unter Johann Philipp von Greiffenklau

Unter Johann Philipp von Greiffenklau nahmen diese durch Guttenberg in Fährbrück vorbereitete öffentliche Demonstrationen der fürstlichen *pietas mariana,* wie oben schon kurz reflektiert, in der Berichterstattung deutlich zu. So verweisen die fürstlichen Panegyriker und Historiographen stets mit Nachdruck auf die sich wiederholenden Akte der fürstlichen Anverlobung und Weihe an die Gottesmutter, die stets stellvertretend für Volk und Land geschahen. War dabei in erster Linie die Patrona, also die Schutzherrin des Frankenlandes angesprochen, wurde in ihrem Bild doch regelmäßig der Titel der Himmelskönigin und *Assunta* mit aufgerufen. Auch im umgekehrten Sinn wurde unter Greiffenklau das Assunta-Thema über seine konfessionellen Inhalte hinaus mit Motiven der Patrona-Verehrung angereichert und in einen erweiterten Rahmen herrschaftspolitischer Kunstunternehmungen integriert. Dies belegt zunächst die Darstellung der Mariae Himmelfahrt auf dem Hochaltarbild des im Jahr 1700 von Greiffenklau gewissermaßen in Erfüllung seiner ersten Amtspflichten[376] gestifteten Altars der Marienrotunde auf dem Festungsberg, die als eigentlicher Wohnsitz der Patrona angesehen wurde. Das von Oswald Onghers gemalte, in die Würdeform einer von Doppelsäulenstellungen gerahmten Ädikula integrierte Altarblatt war der *Regina angelorum*, also einem der wichtigsten Anrufungstitel der Patrona aus der Lauretanischen Litanei gewidmet, deren Fürsprache der mit der Schutzherrin im Oratorium kommunizierende Fürst für sich und die Seinen erbat. Entsprechend war das Bild auf die triumphale Präsentation der himmelfahrenden Maria durch die Engel beschränkt, die symbolisch auf weitere Titulationen Mariens in der Lauretana verwiesen. Lediglich der mit Blumen gefüllte Sarg, deren Wohlgeruch durch die Putten im Vordergrund angedeutet wurde, belegt, dass es sich bei dieser Darstellung um eine *Maria Assunta*[377] und nicht, was naheliegender gewesen wäre, um eine *Maria Immaculata* handelte. Dem Altarblatt der Festungskirche entspricht in den wesentlichen Grundzügen das auf das Jahr 1658 datierte ehemalige Hochaltarbild der Pfarr- und Wallfahrtskirche Höchberg, das ebenfalls in der mehrfachen Überlagerung typologischer Bedeutungen der *Regina Sanctorum omnium*[378] gewidmet ist, also ebenfalls einen der wichtigsten Ehrentitel aus der Lauretanischen Litanei thematisiert. Auch in seiner zwischen 1714 und 1717 entstandenen Eigenkirche in der unterfränkischen Herrschaft Gereuth ließ Greiffenklau eine mit der Herzogshaube bekrönte Kopie des Würzburger Domaltares mit einer sehr qualitätvollen plastischen Darstellung der Himmelskönigin von Jacob van der Auvera ausstatten, der die fürstlichen Namenspatrone Johannes d. T. und Philippus als stellvertretende Adoranten zur Seite gestellt wurden. *(vgl. Abb. 53)* Schließlich umfasst die nahezu gleichzeitig mit dem Hochaltarbild der Festungskirche entstandene Darstellung der Himmelskönigin im Stuck des Würzburger Domchores über dem Tabernakel des Hochaltares in bezeichnender Weise Bedeutungsinhalte, die, wie oben bereits ausführlicher dargelegt wurde, unter dem Vorstellungskomplex der *Ecclesia triumphans* zusammengefasst werden können.[379] Im Verständnis der zeitgemäßen eschatologischen Geschichtsdeutung waren damit im Bezug auf die *ecclesia Herbipolensis* und ihre zeitliche wie ewige Wohlfahrt zweifellos auch immer wieder Bedeutungsinhalte aufgerufen, die das politische Geschick des Hochstiftes unmittelbar betrafen. Dies soll abschließend an der Darstellung der Mariae Himmelfahrt im Giebelfeld über dem Hauptgeschoss der von Johann Philipp von Greiffenklau gestifteten Fassade des Neumünsters gezeigt werden, die nach ihrer viel zitierten Inschrift den Patronen des Vaterlandes gewidmet war.[380]

Die Tympanonszene der Neumünsterfassade enthält eine Darstellung der himmelfahrenden Maria, die ikonographisch um weitere, aus der Lauretanischen Litanei entnommene Titel wie *stella matutina*, *pulchra ut luna* und *regina angelorum* bereichert ist *(Abb. 32)*. Ihr zugeordnet ist in der zentralen Nische des Obergeschosses die Figur des *Salvator mundi,* die das Gesamtprogramm anspruchsvoll erweitert. In der Ergänzung durch das Bild des Weltenherrschers ist die *Genetrix Salvatoris* auch hier zugleich als

[376] Kirchgeßner, 153.

[377] Das nicht erhaltene Altarblatt ist abgebildet in: Die Kunstdenkmäler von Bayern, XII. Stadt Würzburg (bearb. von Felix Mader), Neuausgabe München, Wien 1981, Abb. XXXVIII).

[378] So lautet der Text auf dem hinter Maria durch die Engel entfalteten Spruchbandes.

[379] Siehe hierzu oben Kap. IV. 2.5.: Die Entwicklung des ikonographischen Konzeptes der Domausstattung.

[380] SS: MM: CHILIANO: ET: SOCIIS: PATRIAE: PATRONIS: ANNO: MDCCXVI IOANNES PHILIPPUS EPISCOPUS HERBIPOLENSIS F:O:D: Die Gruppe der drei Märtyrer wurde um die Figur Burkards erweitert.

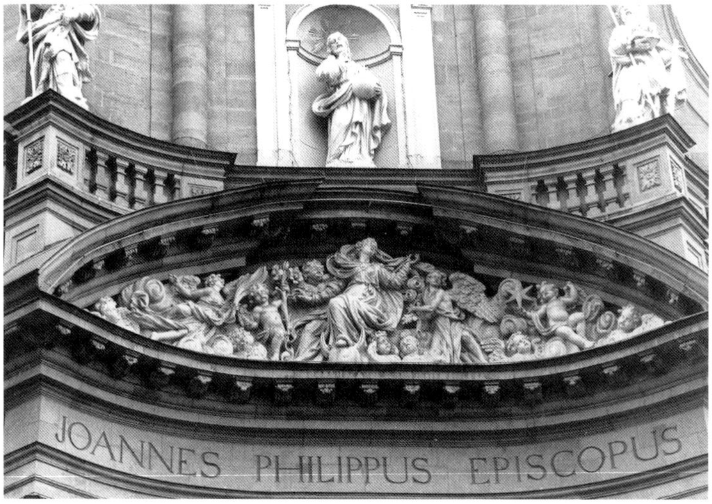

Abb. 32: Würzburg, kath. Pfarrkirche Neumünster (ehem. Kollegiatsstiftskirche St. Johannes, Maria und Kilian) Tympanongruppe an der Westfassade; Foto Stadtarchiv Würzburg, NF 176.

Mater Ecclesiae wie in der Marienrotunde auf dem Festungsberg und im Domchor in ihrer besonderen Rolle als Coredemptrix, Statthalterin Christi und Befehlshaberin über die irdischen Regenten angesprochen. Damit lassen sich die auf der Attikazone der Neumünsterfassade dargestellten Frankenapostel in der Vervollständigung dieser Inhalte als Präfiguranten des regierenden Fürsten dem Hofstaat der Himmelskönigin einverleiben, wie sie andererseits nach der von Jacobus de Voragine überlieferten Aussage Mariens als deren *liebe Söhne und Brüder* angesprochen werden können. In dieser Deutung war ein auch den Patronakult auszeichnendes, persönliches Verhältnis zwischen den auf den Fürstbischof verweisenden Symbolfiguren des Hochstiftes und der Gottesmutter suggeriert, das die Gewissheit des besonderen Wohlergehens des Frankenlandes unter ihrem himmlischen Schutz bekräftigte.

Über diese allgemeine Feststellung hinaus scheint mir das auf der Neumünster-Fassade vermerkte Jahr der Fertigstellung ihres Rohbaues aber auch den konkreten Bezug ihres gegenüber früheren Planzuständen nachträglich veränderten ikonographisch-ikonologischen Programms auf die politische Aktualität der Jahre 1716/17 zuzulassen. Dieser Aspekt soll im Zusammenhang des ebenfalls militärische Inhalte umfassenden Kiliankultes weiter unten vertieft, muss aber zum besseren Verständnis der Assunta-Verehrung schon hier angesprochen werden. Im Frühjahr 1716 hatte mit dem Vormarsch der wiederum durch ein Würzburger Kontingent verstärkten kaiserlichen Truppen der Dritte Türkenkrieg begonnen. Bereits im Sommer desselben Jahres feierten die unter dem Kommando des Prinzen Eugen vereinigten Heere mit der Eroberung von Peterwardein und Temesvar erste Erfolge, die auch im Hochstift jubelnd begrüßt wurden. Dabei hatten sich die kaiserlichen und mit ihnen die Würzburger Truppen, wie schon in den vorangegangenen Kriegsjahren demonstrativ dem Schutz der Himmelskönigin anvertraut, dessen Wirksamkeit sich nun im konstanten Schlachtenglück offenbarte. Mit aller Deutlichkeit unterstrich diese Überzeugung der Jesuitenpater Johannes Schatz, der die Würzburger Truppen während der Feldzüge der Jahre 1716/17 begleitet hatte, in einer Dankespredigt im Dom zu Würzburg nach der siegreichen Schlacht von Belgrad am 16. August 1717.[381] Schatz erinnerte nämlich in dieser Predigt die Anwesenden daran, dass die Heilige Jungfrau den *kayserlichen Waffen* schon so manchen Sieg bei ihrem Sohn erwirkt habe, wie z.B. während der türkischen Belagerung vor Wien im Jahr 1683 und in den Schlachten bei Ofen und Neuhäusel. Alle diese Siege hätten in bezeichnender Nähe zu einem hohen marianischen Festtag gestanden. Deshalb hätten die Christen in Erinnerung an diese Gnaden Maria in ihren Herzen ein Dankeszeichen aufgerichtet und darauf geschrieben:

[381] Johannes Schatz, Dancksagung für die herrliche Victori, welche das christl. Heer [...] Caroli VI [...] 1717 unter Anführung [...] Printz Eugenii von Savoyen [...] erfochten, Würzburg 29.8.1717 (UB Wü); Die Leistungen Greifenklaus zugunsten des kaiserlichen Heeres beschreibt Gropp, II, 621 ff unter der Kapitelüberschrift „Joanni Philippi erga Domum Austriae devotio".

„Terribilis ut castrorum acies, ordinata, Luna sub pedibus ejis."

Auch die Franken hätten im vergangenen Kriegsjahr mit *inbrünstigen Bitt=Seuffzern* unzählige Wallfahrten angestellt und die Gottesmutter täglich vor dem ausgestellten Sakrament um Hilfe gegen die Türken gebeten; auch seien sie *bey Läuterung der Turcken Glocken* auf die Knie gefallen und hätten für den Sieg der Christenheit

> „gefaßtet, gebetten und Allmosen gegeben. Am Vortag der Schlacht von Belgrad, [also am Maria-Himmelfahrtstag 1717], an welchem von viel hohen und niedrigen Stands=Persohnen die Speiß der Engel genossen war im christlichen Lager / an welchem viel tausend Meß=Opffer / viel tausend communionen von denen Gläubigen verrichtet an welchem in so vielen Orthen in der Welt von denen Bruderschafften der Mutter Gottes und Bett=Stunden angestellet waren, den Sieg wider der Türcken grosse Macht zu erhalten [...hatte man sich endlich entschlossen, die feindlichen Truppen] in der Morgen=Dämmerung anzugreiffen / welches auch umb vier Uhr unter Bedeckung des Nebels glücklichst vollzogen war. [...]"

> „Ich gedachte wohl, [fährt der Augenzeuge Schatz fort], die Himmels-Königin würde am Tag Ihrer Himmelfahrt / in der Morgen Stund da sie an viel tausend Orthen [...] verehrt und angeruffen wird [...] ihr Recht nicht zurück lassen / sondern den christlichen Volck beystehen / und haben unsere Gedanken und Hoffnungen nicht fehlgeschlagen. [...] Unter anderen Tituln geben wir dieser Allerseeligsten Jungfrau [daher] auch in der täglichen Litanei diesen Titel *Stella matutina, du Morgenstern*. Deshalb sage die Jungfrau auch von sich: *Ego quasi Stella matutina in medio nebulae (Eccl. 50)*."

Schatz schildert also an dem zeitgleichen Ereignis der Schlacht von Belgrad[382] den allgemeinen Bewusstseinsstand bezüglich der während der Türkenkriege immer wieder beschworenen Ikonologie und Symbolik um Maria als *Assunta* und Himmelskönigin. Wenn daher gerade an der Neumünsterfassade jene marianischen Attribute hervorgehoben werden, die die „Türkensiegerin" seit jeher kennzeichnen, scheint mir vor dem umrissenen zeitgeschichtlichen Hintergrund die Annahme eines aktuellen Bezugs der Darstellung begründet. Es hat darum den Anschein, dass die Projektion der Himmelskönigin an der Neumünsterfassade ähnlich wie die Votivstiftungen für die Türme der Festung oder der Marienkapelle auf dem Hauptmarkt das Schutz- und Hilfsersuchen des Fürsten gegenüber der wehrhaften und siegreichen Jungfrau und Gottesmutter für sein Volk, seine Truppen wie für die gesamten kaiserlichen Heerscharen, dessen Wirkung sich in den Siegen der Jahre 1716/17 wunderbar einstellte, in einem allgemein verständlichen Bild anschaulich demonstriert. Folglich lassen sich die dem Verständnis der Zeit unmittelbar präsenten antitürkischen Inhalte der Darstellung als eine nachdrückliche politische Demonstration verstehen, die die Siege der kaiserlichen und der Reichstruppen mit den besonderen Erfolgen des Hochstiftes und des regierenden Fürstbischofs verband. An ihnen wird die in der Guttenbergzeit vorbereitete „staatspolitische Inanspruchnahme"[383] des Marienkultes über das konfessionsspezifische Eintreten für die reine katholische Lehre und den innenpolitischen Akt der gegenüber der Patrona vollzogenen Anverlobung des Fürsten für Volk und Hochstift hinaus wie in Fährbrück nun auch auf die außenpolitische Mitwirkung Würzburgs an der Unterstützung des *defensor Ecclesiae* übertragen. In diesem Verständnis wird die Darstellung der Mariae Himmelfahrt an der Neumünsterfassade im Selbstbehauptungsstreben des Hochstiftes letztlich zu einem in den öffentlichen Raum hineinwirkenden demonstrativen Manifest, in dem sich die durch die himmlischen Mächte sanktionierte staatliche Wohlfahrt, Wehrhaftigkeit und politische Souveränität des Hochstiftes bestätigte.

[382] Tatsächlich handelte es sich bei dieser in den frühen Morgenstunden des 16. August 1716 beginnenden Schlacht um den ersten Nachtangriff der neuzeitlichen Militärgeschichte.

[383] Matsche, I, 57.

4. Imitatio Chiliani

4.1. Der Kiliankult nach 1650 und seine mittelalterlichen Wurzeln

Als weiteres Feld herrschaftspolitischer Selbstdarstellung und künstlerischen Engagements soll abschließend mit dem Komplex der Imitatio Chiliani exemplarisch der gesamte Bereich der Heiligenverehrung und -nachfolge im Hochstift Würzburg aufgegriffen werden, der sich in der Ausrichtung auf den Kult des heiligen Gründungsapostels und seiner Gefährten ausdrücklich auf die *gloriose Tradition*[384] des Hochstiftes bezog. Dabei war über den oben bereits angesprochenen Kontext der Ritualisierung des Landes hinaus mit dem Verweis auf die in der Person Kilians symbolisierte Gründungshistorie des Hochstiftes stets auch das Motiv der Identitätsstiftung angesprochen.

Insgesamt erlebte der Kilianskult im Verlauf des 17. Jahrhunderts eine Neubestimmung, die wesentlich mit der zeitgleichen Etablierung der *Patrona franconiae* als Staatspatronin unter Julius Echter zusammenfiel. Fungierte Kilian im Mittelalter noch selbst insbesondere als heiliger Landesvater, wurde er unter Echter mit seinen Gefährten und dem vermeintlich ersten Bischof-Herzog des Landes, Burkard, zumeist als Blutzeuge Christi, Gründungsapostel des fränkischen Bistums und heiliger Amtsvorgänger des regierenden Fürsten angesprochen. In dieser Rolle wurde er nach 1648 im Geiste tridentinischer Spiritualität und Glaubenspropaganda schließlich zur Symbolfigur des Wiederaufbaues und der Stabilisierung der *ecclesia Herbipolensis* wie der bischöflichen Zentralgewalt.[385] Damit war er als Bistumspatron im Hofstaat der Patrona franconiae gewissermaßen an erster Stelle stellvertretend für die regierenden Fürsten anwesend. In diesem Sinne wurde der Märtyrer zum Inbegriff des standhaften Kampfes zugunsten der reinen Lehre, der, von einer Vielzahl heiliger und frommer Männer fortgesetzt, zu einem zentralen Thema im herrschaftspolitischen Selbstverständnis der Fürstbischöfe avancierte und Bistum und Hochstift im Status eines auserwählten Landes mystifizierte. Dem entsprach das gerade von Philipp von Greiffenklau in Anlehnung an Julius Echter wieder aufgegriffene Bemühen um die Erhebung und Verehrung lokaler Märtyrer und Heiliger, die den Glaubenskampf der *ecclesia Herbipolensis* bezeugten.

Die Darstellung der *gloriosen Tradition* des Hochstiftes unterstrich dabei nicht nur die Bedeutung der kirchlichen Autorität, sondern untermauerte darüber hinaus im Verständnis der heilsgeschichtlichen Mission der *res publica humana* auch die staatliche Existenz des Hochstiftes. Daher war man gerade in der Zeit nach dem Friedensschluss von Münster, der die Sorge um die Säkularisation der geistlichen Staaten nur vorübergehend hatte bannen können, bemüht, die auf die Stärkung der weltlichen Gewalt des Bischof-Herzogs zielenden mittelalterlichen Rechtstraditionen des Kiliankultes neu zu beleben.[386] So verweist etwa noch Valentin Kirchgeßner auf den Zusammenhang zwischen der hochstiftischen Wohlfahrt und der Ausübung der „heiligen Justiz“ durch den Bischof, die auf der von Gott selbst geübten Gewalt gegenüber den Mördern Kilians und seiner Gefährten gründete:

> „Alle […] diese dem Franckenland und hiesigem Hochstifft zuwachsende Behaglichkeiten können niemand anderster als dem Geber alles Guten / dann der Fränckischen Frommigkeit / und dieser Landen glücklichste Regierung und Administrierung der jederzeit ungebogenen Gerechtigkeit beygemessen werden; weilen darinnen die Gott gefällige heilige Justiz als das allerkostbarste Kleynod und Grund=Säul aller Länder und Provintzien bewahret und auffrecht behauptet“ [wird. So habe Kilian sein heiliges Blut vergossen und damit] “den Grund eines so herrlichen Bist- und Fürstentumbs nicht allein geleget, darauff

384 Mayer-Himmelheber, 20.

385 Siehe AK Kilian, insbesondere die Kapitel: Funktionen des Heiligen seit dem Spätmittelalter: Kilian im Spätmittelalter – Herr des Herzogtums (249–266); Kilian zur Zeit der Gegenreformation – Apostel der Franken (266–285); Kilian als Schutzpatron (285–300); Kilian zur Zeit des Barock – Patron des Vaterlandes (300–328). Ferner: AK Kilian: Aufsätze, Kap.: Kilian aller Franken Patron, 349 ff.

386 Siehe hierzu Friedrich Merzbacher, Zur Rechtsgeschichte und Volkskunde der Würzburger Kiliansverehrung, in: Herbipolis Jubilans. 1200 Jahre Bistum Würzburg, in: WDGB 14/15 (1952/53) 27–57.

> der allergerechteste Göttliche Richter selbstens" [durch Bestrafung der Übeltäter der Nachwelt zeigen wollte,] „daß dieses Stift jederzeit bei der recht richtenden Gerechtigkeit bleiben werde."[387]

Die Auffassung, dass der die Landeshoheit begründende Gerichtsbann des Bischof-Herzogs aus dem Martyrium Kilians gefolgert werden konnte, stand letztlich auch hinter der spätestens seit der Mitte des 15. Jahrhunderts nachvollziehbaren Tendenz, das Würzburger Herzogsschwert dem Märtyrerschwert Kilians in der formalen Bildung wie im zeremoniellen Gebrauch zu verähnlichen.[388] Dieses Schwert trugen die Bischöfe von Würzburg als Insignie und zum Zeichen der ihnen 1168 durch Kaiser Friedrich I. in der Güldenen Freiheit bestätigten herzoglichen Gerichtshoheit, die ihnen unter den geistlichen Fürsten des Reiches eine Sonderstellung einräumte. Es erschien zunächst, mit der Spitze nach unten gerichtet und dadurch von dem aufrecht gehaltenen Märtyrerschwert Kilians unterschieden, auf den bischöflichen Münzen, seit Manegold von Neuenburg (1287–1303) auch auf den Grabsteinen der Fürsten. Gottfried von Hohenlohe (1317–1322) wurde erstmals ein Schwert mit ins Grab gegeben. Johann von Grumbach ließ sich schließlich 1466 ein repräsentatives Prunkschwert anfertigen, das auch seine Nachfolger beibehielten. Wie Mitra und Stab wurde das Herzogsschwert den Bischöfen zu feierlichen Anlässen vorangetragen. Zelebrierten diese selbst die Messe, hielt der Obermarschall das entblößte Schwert bis zur Wandlung aufrecht mit der Spitze nach oben, stieß es dann in die Scheide und trug es dem Fürsten mit gesenkter Spitze voran.[389] Gerade dieser Brauch lässt sich nach Kirchgeßners Ausführungen als ein Hinweis darauf interpretieren, dass der Bischof-Herzog weltliche und geistliche Gewalt, legitimiert durch das Blutopfer Kilians, auf seinen göttlichen Auftrag zur Mitwirkung an den heilsgeschichtlichen Aufgaben der *res publica generis humani* zurückführte. Weiterhin ist es aufschlussreich, dass der Bereich hinter dem Reliquiengrab des Domhochaltares als Aufbewahrungsort für die wichtigsten Urkunden des Hochstiftes, darunter insbesondere die erwähnte Güldene Freiheit Friderichs I. diente.

Als ein weiteres, mit der Wohlfahrt des Landes unmittelbar verbundenes Symbol verwahrte man im Dom schließlich ein Kilianpanier, auch Cyriacusfahne genannt, das dem bischöflichen Heer in der Schlacht bei Kitzingen gegen den Grafen Hermann von Henneberg vorangetragen worden war. Der in dieser Schlacht am Cyriacustag, den 8. August 1266, errungene Sieg wurde folgerichtig dem Eingreifen Kilians zugeschrieben. Deshalb trug man in der Erinnerung daran die Cyriacusfahne fortan sowohl während der Kilianprozession sowie während der in der Erinnerung an die Schlacht von Kitzingen eingeführten Cyriacusprozession zusammen mit den Heiltümern des Bistums um die Stadt und hängte sie anschließend im Dom auf.[390]

Im Bestreben, das Ansehen und die Bedeutung der aus den Wirren des Reformationszeitalters und des Dreißigjährigen Krieges unbeschadet hervorgegangenen *ecclesia Herbipolensis* in der Berufung auf den heiligen Gründungsapostel zu betonen, bemühte sich Johann Philipp von Schönborn schon bald nach dem Friedensschluss von Münster darum, einen vollkommenen Ablass für den Besuch der Domkirche am Fest- und Oktavtag des heiligen Kilian zu gewinnen.[391] Dieses 1651 gewährte Ablassprivileg schloss an eines der zentralen Institute der römischen Papstkirche an und bestätigte damit Autorität und Ansehen der Kirche Würzburg, deren Leistungen um die Mehrung eben jenes geistlichen Gnadenschatzes, der die Ablasslehre begründete, insbesondere durch die Person des Apostelmärtyrers, von den zeitgenössischen Theologen immer wieder hervorgehoben wurde. Darüber hinaus bekundete die Verbindung des Ablassprivilegs mit dem Hochfest Kilians die zentrale Bedeutung dieses Festtages im kultischen Jahresgeschehen des Bistums.[392]

387 Kirchgeßner, 391 ff.

388 Vgl. hierzu AK Kilian: Katalogbeiträge Nr. 240/241 (Muth), 250 f.

389 AK Kilian: Katalogbeitrag Nr. 240 (H. W. Muth), 250.

390 H. Dünninger, 1962, 152.

391 H. Dünninger, 1962, 156 f; Merzbacher, 33. Ein solcher Ablass hatte schon im Mittelalter bestanden. So erwarb Bischof Johann I. von Egloffstein nach dem Kilian zugeschriebenen Sieg in der Schlacht bei Bergtheim 1401 einen außerordentlichen Ablass auf das Fest des Heiligen. Papst Bonifaz IX. widerrief dieses Privileg zwar bereits im Folgejahr, doch gewährte Sixtus IV. Rudolf von Scherenberg erneut einen Ablas auf das Kilianfest für insgesamt 15 Jahre. H. Dünninger, 1962, 156 f.

392 Siehe LThK Bd. 5 (1933), Sp. 665 ff, Stichwort „Jubeljahr". Ferner: Mayer-Himmelheber, 36 ff.

Diese Strategie schloß an die schon unter Julius Echter gebräuchliche Gegenüberstellung Kilians und Burkards mit den römischen Aposteln Petrus und Paulus an.[393] In diesem Verständnis legte auch Philipp von Greiffenklau, der sich mit Nachdruck um die kultische und propagandistische Aufwertung des Gründungsapostels bemühte, mit Bedacht den Tag seiner Konsekration zum Bischof im Jahr 1700 genau zwischen das Kilianfest und den Festtag Peter und Paul,

> „als wolle er in Petro die ewige Vermählung mit dem Römischen und in Kiliano mit dem Würtzburgischen Bistumb andeuten."[394]

Damit war der Auffassung der Zeit entsprechend, die Geschichte stets auch aus der Perspektive ihrer endzeitlichen Zweckbestimmung interpretierte, wiederum ein staatspolitischer Anspruch formuliert, denn, so fährt der zitierte Text fort, Christus habe in seiner Kirche ein geistliches und ein weltliches Regiment angeordnet, wobei er dem geistlichen den Vorzug gab. Keine Monarchie und kein Königreich könne auf einen so langen Stammbaum verweisen wie die römische Monarchie des Papsttums *von Petro an* oder das Herzogtum Würzburg *unter Bischoffs Staab sambt der Inful.* Vor dem Hintergrund zunehmender Säkularisierungstendenzen bei den großen weltlichen Territorialstaaten des Reiches und der abwertenden Beurteilung der lediglich gewählten geistlichen Fürsten galt dieses Votum unmittelbar auch der Befestigung der eigenen Position.

4.2. Die Kilianverehrung im Würzburger Dom

4.2.1. Die Kilianteppiche

Der Kiliankult hatte in seinen fassbaren Elementen bereits im Mittelalter einen deutlichen Schwerpunkt im Dom, dem das über der Stätte des Martyriums errichtete Neumünster als kultisches Nebenzentrum zugeordnet war.[395] So weist Dünninger auf den viel zitierten Reisebericht der beiden Bollandisten Papebroch und Henichen hin, nach dem man um 1660 offensichtlich den Marmorsarg auf dem Hochaltar des Domes für den ursprünglichen Aufbewahrungsort der Märtyrerleiber und der Burkardreliquien hielt, während das Sepulchrum in der Gruft des Neumünsters in Vergessenheit geraten war.[396] Zum Verständnis der im Folgenden noch näher zu erläuternden Kultzusammenhänge an den unterschiedlichen Verehrungsstätten der heiligen Gebeine sei hier kurz die Geschichte ihres Verbleibens seit der Erhebung durch Burkard im Jahr 752 zusammengefasst.[397] Nach der glaubwürdigen Über-

[393] So z.B. in: Lorenz Fries, Historie, Nahmen, Geschlecht Wesen, Thaten, gantz Leben und Sterben der gewesenen Bischoffen zu Wirtzburg und Hertzogen zu Franken, hg. von P. Ludewig, Frankfurt 1713, fol. 3: „[…] und wiewol der Heilige Martirer Kilian in d. Zahl der Wirtzburgischen Bischoff biß her von niemandt gezogen, undt gesetzt wordn, dannach dieweil er der erst gewesen ist, der den Heiligen Christlichen Glauben in diesem unserm franckenland gepredigt und gelehrt, auch rechte Bischöfliche Wercke geübt hat, […] hab ich […] In für den ersten Bischoff zu Würzburg eingeschrieben, das er wohl und ein großers verdienet hat." Siehe auch die Schmuckportale der Marienrotunde auf dem Festungsberg und der Wallfahrtskirche Dettelbach.

[394] Geistliche und ewige Vermählung, Predigt zum Konsekrationsakt Greiffenklaus. Siehe Kap. III. Anm. 27.

[395] Siehe H. Dünninger, 1962, 147 ff; P. Ignatius Gropp, Lebens=Beschreibung deren Heiligen Kiliani, Bischoffens und dessen Gesellen Colonati Priesters, Totnani Diacons, Martyrern und Ersten Aposteln des Franckenlands, Würzburg 1738, Nachdruck 1924. Siehe ferner in diesem Kapitel (IV. 2.5.) Die Entwicklung des ikonographischen Konzeptes der Domausstattung.

[396] H. Dünninger, 1962, 157 ff; Freeden/Engel, Gelehrtenreise, 29 ff. Erwähnt wird lediglich, dass das Neumünster am Ort des Kilianmartyriums errichtet worden sei. Ferner beobachteten beide einen regen Zulauf zu dem in der Ostkrypta verehrten Kruzifix mit über der Brust gekreuzten Armen. Da auch Kirchgeßner, 382, eine Freitagsandacht zur Sterbestunde Christi in der Neumünstergruft erwähnt, könnte sich darin eine für diese Zeit typische Überlagerung oder auch Ergänzung kilianischer Kulttraditionen durch christologisch–christozentrische Aspekte abzeichnen.

[397] Chron. Wirziburg.: MG SS VI, 26; zit. nach H. Dünninger, 1962, 147 (Anm. 25).

lieferung der allerdings erst aus dem 12. Jahrhundert stammenden jüngeren Vita Burchardi hatte Burkard die Märtyrergebeine zunächst in das Marienheiligtum auf dem Festungsberg, zumindest aber wohl an einen Ort auf der linken Mainseite[398] übertragen, um sie bis zur Fertigstellung eines ursprünglich linksmainisch geplanten Dombaues würdig aufbewahren zu können. Aufgrund wunderbarer Erscheinungen sah er sich aber nach einiger Zeit veranlasst, den neuen Dom auf der rechten Mainseite über der Stätte des Martyriums zu errichten. An diesem Ort soll Burkard 753 oder 754 selbst beigesetzt worden sein. Nach Fertigstellung des Dombaues wurden die Märtyrerleiber dann sehr wahrscheinlich im Jahr 788 im Beisein Karls des Großen in die Westkrypta dieser ersten Würzburger Kathedralkirche, die sich also an der Stelle des heutigen Neumünsters befand, übertragen. Als der dem Salvator geweihte Dom im Jahr 855 abbrannte, entschloss man sich zu einer Verlagerung des Neubaues an einen etwas weiter südlich und erhöht gelegenen Platz, dem Standort des heutigen Domes, und übertrug nach dessen Vollendung um 890 die Märtyrergebeine dorthin. Dabei spricht für die Kontinuität der Kilianverehrung im kultischen Rahmen der Domkirche, dass das Patrozinium des Frankenapostels den Salvatortitel der Bischofskathedrale allmählich zu überlagern begann.[399] Erst etwa hundert Jahre später scheint man dann auch der alten Grabstätte wieder Aufmerksamkeit geschenkt zu haben. So überliefert Lorenz Fries,[400] dass Bischof Bernward (990–995) über der Stätte des Martyriums ein Oratorium errichtet habe, aus dem dann das um 1058 gegründete, zunächst Maria und allen Heiligen geweihte Stift Neumünster hervorging. Bernwards Vorgänger Hugo hatte im Jahr 984 die Gebeine des nach wie vor an der ersten Grabstätte Kilians bestatteten Burkard erheben und in das von diesem gegründete Andreaskloster auf der linken Mainseite übertragen lassen, das sich seitdem nach Burkard benannte.[401] Da dieses Stift offensichtlich ebenfalls einen Kilian geweihten Altar besaß, wurde der heilige Märtyrer in der Folgezeit wiederholt auch als Patron von St. Burkard genannt.[402] In der Folge dieser Entwicklung forderten die Stiftsherren von Neumünster wohl noch im 11. Jahrhundert die Märtyrerreliquien vom Domkapitel zurück. Tatsächlich einigte man sich aber, wie auch Gropp berichtet, auf einen Vergleich, nach dem der wichtigste Teil der Reliquien, darunter die heiligen Häupter und das Evangelienbuch Kilians, im Dom verblieben.[403] Trotz dieser zeitweiligen Bemühungen des Neumünsters blieb daher auch weiterhin der Dom Hauptort der Kilianverehrung. Im frühen 13. Jahrhundert wurde dann Johannes der Evangelist zum Hauptpatron des Neumünsters erhoben. Nachdem Papst Sixtus IX. im Jahr 1487 für den Besuch des Domes am Festtag des hl. Kilian und den beiden nachfolgenden Tagen einen vollständigen Ablass gewährt hatte, entwickelte sich folglich hier und nicht an der Stätte des Martyriums an diesen Tagen eine regelrechte Heiltumsschau, die mit allem Gepräge der mittelalterlichen Kirche veranstaltet wurde.[404] Bischof wie Domkapitel, dessen Mitglieder sich als Kilianbrüder bezeichneten, beriefen sich mit wechselnder Intensität auf das Patrozinium des Gründungsapostels. Während die Bischöfe im späten Mittelalter die Gewohnheit entwickelten, Darstellungen des Frankenmissionars mit ihren eigenen Porträtzü-

398 H. Dünninger, 1962, 147. Nach der heutigen Forschungsmeinung, wollte Burkard das geistliche Zentrum seines Bistums in einem zunächst linksmainisch bestehenden Siedlungskern, also unabhängig von der Stätte des Kilianmartyriums gründen. Ludwig Wamser hält es aufgrund von archäologischen Grabungsbefunden für denkbar, dass die erste Begräbnisstätte der Märtyrerreliquien, also die erwähnte „capella infra […] castrum“ nicht – wie bisher angenommen – innerhalb des Bergkastells, sondern innerhalb dieses befestigten Siedlungskernes im Bereich des späteren Klosters St. Burkard, das ja wiederum aus dem geplanten linksmainischen Dombau hervorging, lag. Siehe Wamser, Castellum, 186 ff.

399 P. Schöffel, Herbipolis sacra. Zwei Untersuchungen zur Geschichte des Bistums im frühen und hohen Mittelalter. Aus dem Nachlass hg. von W. Engel (= VÖ der Gesellsch. f. fränk. Gesch. IX/7) Würzburg 1948, 92 f. H. Dünninger, 1962, 148.

400 Fries bei Ludewig, 420; H. Dünninger, 1962, 148.

401 Siehe: Vita Sancti Burchardi. Die jüngere Lebensbeschreibung des hl. Burkard, ersten Bischofs zu Würzburg, hg. von J. Bendel, Paderborn 1912, hier 48; H. Dünninger, 1962, 148.

402 Ebd., 149.

403 Fries, hier in der Ausgabe von Ludewig, 420; Gropp, Lebens=Beschreibung, 6 f.

404 H. Dünninger, 1962, 154 ff.

gen auszustatten,[405] demonstrierten die Domherren im Streit mit Johann II. von Brunn, als sie sich 1431 mit den Kilianreliquien in die Stadt Ochsenfurt zurückzogen, dass sie und nicht der Bischof das Hochstift repräsentierten.[406] Seit dem Beginn des 16. Jahrhunderts gab das Kapitel eigene Wappenkalender heraus, deren Titel von den Symbolfiguren des Heiligen und seiner Gefährten geziert wurden.[407] Mit der Domrenovierung des frühen 17. Jahrhunderts wurde das Chorgestühl der Domkapitulare unter dem Vierungsgewölbe des Domes schließlich von einer Darstellung Kilians und seiner Gefährten sowie des hl. Burkard überfangen.[408]

Bereits die schon erwähnte Stiftung eines vollkommenen Ablasses auf den Kiliantag im Jahr 1651 hatte die andauernde Bedeutung der Märtyrerreliquien im kultischen Rahmen der Domkirche deutlich gemacht. So scheint es einem von Bischof und Domkapitel gemeinsam getragenen Wunsch nach einer

[405] Für das Spätmittelalter sind in erster Linie die Büsten Tilman Riemenschneiders zu nennen, die Kilian mit den Porträtzügen des regierenden Fürstbischofs Rudolf von Scherenberg zeigen. So z.B. hl. Kilian, um 1505/10 Mainfränk. Mus. (S 44737) aus der Pfarrkirche Burgebrach sowie die lebensgroße, möglicherweise aus dem Dom stammende Büste, die mit den Büsten Colonats und Totnans im 18. Jahrhundert (?) ins Neumünster übertragen wurde und dort 1945 verbrannte. Siehe im AK Kilian dazu weitere Beispiele (Abb. 253). Aus der Zeit des Julius Echter sind beispielhaft erhalten eine Bronzebüste aus der Zeit um 1600 (Altenheim des Juliusspitals) sowie eine Kilianfigur aus Lindenholz, ebenfalls um 1600, (Würzburg Bischöfliches Ordinariat), beide abgebildet im AK Kilian (Nr. 266 und 267). Siehe ferner auch die Darstellung Kilians in Münzbildern des 16. und beginnenden 17. Jahrhunderts. AK Kilian, Nr. 269 ff.

[406] AK Kilian: Aufsätze: Karl Borchardt, Kilian als Symbolfigur, 379.

[407] Siehe z.B. Walter A. Brod, Mainfränkische Kalender aus vier Jahrhunderten, Würzburg 1952. Für den hier genannten Zusammenhang ist ein zwischen 1693 und 1695 von Georg Friedrich Weigant in Würzburg gedruckter Kalender aufschlussreich. Das Entstehungsdatum des Blattes hat Stefan Muth dazu veranlasst, einen Bezug zum 950-jährigen Gründungsjubiläum des Bistums zu vermuten. (Martyrium und Verehrung Kilians. Exemplum und Darstellung in der Stadt Würzburg (Dipl. Arbeit), Würzburg 1982.) Dies geht nach meiner Meinung aus der Ikonographie des Blattes, die deutlich die weltlichen Belange des Hochstiftes, weniger aber die geistlichen des Bistums anspricht, nicht so ohne weiteres hervor. So scheinen mir hier gerade jene politischen Inhalte im Zentrum zu stehen, die in der zeitgenössischen Argumentationsstrategie des Kapitels gegenüber dem Fürstbischof in der Frage der Wahlkapitulation eine entscheidende Rolle spielten. Das Domstift wird auf dem Blatt als ein üppiger Weinstock dargestellt, an dessen Zweigen die Wappen der Kapitulare gleich Früchten hängen. Über dem kräftigen Stamm erscheint das Wappen des Fürstbischofs Johann Gottfried von Guttenberg mit Herzogshut und Mitra bekrönt. Letztere ist mit dem Bild der Frankenpatronin geschmückt. An den Stamm des Weinstockes gelehnt sind Bischofsstab und Herzogsschwert. Zu beiden Seiten des Stockes stehen Kilian und Gosbert, deren Verdienste um das Stift von Schriftbändern verkündet wird. Die Krone des Weinstockes wird durch die Wappen des Papstes und des Kaisers geschmückt. Darüber erscheint in einer strahlenden Sonne das Symbol der Dreifaltigkeit. Wieder erläutern Schriftbänder den Bedeutungszusammenhang. So haben Papst und Kaiser Bistum und Hochstift durch reiche Schenkungen ausgestattet (UTRINQUE DECORI), Wachstum und Blüte aber folgen aus dem Segen Gottes (DEUS DEDIT INCREMEN[TUM]). Eine weitere Schriftrolle zu Füßen des Weinstockes fasst den tieferen Sinn der Darstellung in einem Segenswunsch zusammen, der deutlich das Hochstift, weniger das Bistum anspricht: CRESCE PERENNANTES STIRPS INCYTA / CRESCE PER ANNOS! FLOS TUUS EST PATRIAE GLORIA, FRUCTUS OPES. Der Weinstock als Christussymbol wie als Sinnbild der christlichen Gemeinde scheint hier nicht allein auf die Verwurzelung der ecclesia Herbipolensis in der Kirche Christi zu verweisen. So erinnern die bekrönenden Wappen von Papst und Kaiser an die Ausstattung von Bistum und Hochstift mit geistlicher und weltlicher Gewalt. Daher fungiert auch nicht allein Kilian in der bekannten Rolle als Blutzeuge und Stifter, sondern wird in etwas freier Auslegung des Legendentextes von Gosbert unterstützt. Auch das Wappen Guttenbergs ist folglich mit den Insignien des Bischofs und des Herzogs ausgestattet. Wachstum und Wohlergehen (incrementum) des Hochstiftes, die aus dem Segen Gottes fließen, deuten sich in den gleich üppigen Früchten in den Zweigen des Weinstockes hängenden Wappen der Kapitulare an. Auch der zitierte Segenswunsch zielt mit den höchst mehrdeutigen Begriffen *patriae gloria* und *opes* weniger auf Blüte und Wohlergehen des Bistums bzw. der ecclesia Herbipolensis, sondern vielmehr gerade auf jenes Herzstück der territorialen Gewalt, um dessen Kontrolle sich die Condomines seit jeher bemühten.

[408] Diese Deckengemälde des Wolf Eisenmann fielen der Stuckausstattung des frühen 18. Jahrhunderts zum Opfer. An ihre Stelle traten die Stuckfiguren der Evangelisten von Pietro Magno. Diese Maßnahme, der freilich die Versetzung des Chorgestühles vorausging, entspricht dem in der Neuausstattung des Domes unter Johann Philipp von Greiffenklau deutlich werdenden Bemühen, das Kilianthema dem christologisch orientierten Gesamtkonzept der Ausstattung unterzuordnen.

würdigeren Ausgestaltung der Kilianfeste entsprochen zu haben, wenn das in den Folgejahren diskutierte Gesamtprojekt zur Erneuerung der Domausstattung zunächst im Zeichen einer vertieften Betonung des Kilianthemas stand. Schon 1648 hatte Johann Philipp von Schönborn die Absicht geäußert, den Hochaltar des Domes erneuern zu lassen.[409] Da das Domstift jedoch nicht über ausreichende Finanzmittel verfügte, begnügte man sich, wie oben bereits erläutert, zunächst mit der Neufassung der heiligen Häupter nach dem Vorbild der Silberbüsten des Kaiserpaares Heinrich und Kunigunde im Bamberger Dom.[410]

Erst die mit dem Jahr 1685 greifbar werdenden Initiativen des Domdekans Franz Christoph von Rosenbach ließen dann das ebenfalls bereits oben beschriebene, an den komplexen Ausstattungen flämischer Kathedralkirchen orientierte künstlerische Konzept greifbar werden, mit dem die Diskussion um die Neuausstattung des Domes in eine neue Phase trat.[411] Nach Rosenbachs Vorstellungen sollte mit dem neuen Hochaltar, der die heiligen Häupter der Frankenapostel in würdigem Rahmen präsentierte, ein deutlicher kultischer Akzent im Domchor gesetzt werden. Um diesen gemäß zeitgenössischen Raumvorstellungen in ein ikonographisch wie formal-ästhetisch übergreifendes Konzept einzubinden, veranlasste der Domdekan darüber hinaus die Anschaffung einer Serie von neun großformatigen Gobelins mit der Darstellung der *Historia et Vita sancti Kiliani.*[412] Die damit angestrebte Ensemblewirkung, in der sich die funktionale Erweiterung des Hochchores zur Bühne im Sinne des barocken *theatrum sacrum*[413] anbahnte, wurde durch zwei weitere Teppiche mit den Wappen der Domkapitulare ergänzt, die über dem zu diesem Zeitpunkt noch im Presbyterium unter der Vierung befindlichen Chorgestühl der Domherren Aufhängung fanden. Ferner wurde eine Anzahl kleiner Bordürenteppiche zur Ausschmückung des Chorgestühls in Auftrag gegeben.

Die Konzeptvorstellungen des Domdekans, der selbst die Fertigstellung der Teppiche nicht mehr erlebte, kamen bekanntlich nur zu einem Teil zur Ausführung. So wurden die erstmals zum Kilianfest des Jahres 1688 aufgehängten Teppiche zunächst wohl um das alte Riemenschneider-Ziborium herum angeordnet, was der beabsichtigten Gesamtwirkung möglicherweise nicht entsprach. Als es dann unter Johann Philipp von Greiffenklau im Rahmen eines neuen Gesamtentwurfes, der die Verlagerung des Chorgestühles aus der Vierung in den Hochchor voraussetzte, schließlich zur Ausführung eines Hochaltares nach abweichendem Entwurf kam, scheinen die Teppiche wiederum nicht ganz in das neue, raumintegrierende Konzept gepasst zu haben. Daher wurden sie wohl auch nicht, wie es möglicherweise ursprünglich geplant war, ganzjährig, sondern lediglich jeweils zum Kiliansfest aufgehängt.[414] Auch ihre in späterer Zeit recht stiefmütterliche Behandlung lässt sich aus diesem Wechsel des Plankonzeptes erklären.[415]

Nach einer von Hock zitierten Notiz aus den Domkapitelprotokollen des Jahres 1688 waren die neuen Teppiche *obenherum* [...] *bei dem hohen altar* aufgehängt worden. Dies lässt sich so inter-

409 DKP 1648 Okt. 1 (fol. 344); Kossatz, 184 ff (mit Anm. 721 f.) sowie oben Kap. IV. 2.2.1.

410 Vgl. F. X. Himmelstein, Der St. Kiliansdom in Würzburg, ²1889, 32; F. Friedrich, Der Kiliansdom in Würzburg, 1893, 45; E. Ullrich, Die katholischen Kirchen Würzburgs, 1897, 95 f.

411 Siehe hierzu oben Kap. IV.2.2. ff.

412 Georg Hock, Die Antwerpener Gobelins im Dom und im Universitätsmuseum zu Würzburg, in: AU 50 (1908), 151–178.

413 In diesem Zusammenhang sei daran erinnert, dass auch aus Anlass der Quarant'ore-Feiern in Rom mehrfach Teppiche zur Ausschmückung des Sanktuariums aufgehängt wurden, die gemäß Exodus 26,1 an die Ausschmückung der Stiftshütte erinnern sollten. Vgl. Imorde, 58.

414 Gropp, Lebens=Beschreibung deren Heiligen Kiliani [...].

415 So erwähnt Hock (163 ff), dem wir die gründlichste Beschreibung der Teppiche verdanken, dass deren Bordürenumrahmungen teilweise umgenäht oder sogar zur Ausbesserung anderer Stücke abgeschnitten worden waren. Dies lässt sich eigentlich nur aus der Notwendigkeit erklären, die Teppiche nach der Übertragung des Chorgestühles und der Wappengobelins in den Hochchor enger hängen zu müssen, als man ursprünglich beabsichtigt hatte. Nach der Neuanfertigung des Chorgestühles im Jahr 1750 mit den geschnitzten Wappenbekrönungen der Kapitulare hatte man schließlich für die Wappengobelins keine Verwendung mehr. Man bewahrte die Teppiche vermutlich zunächst weiterhin in der Ornatkammer des Domes auf. Nachdem die von Bock im Museum der Universität und auf dem Dachboden des Alten Gymnasiums in Würzburg wiederentdeckten Teppiche aus der Sammlung des Minoriten Bonavita Blank stammen sollen, lässt sich annehmen, dass sie im Zuge der Säkularisation in Privatbesitz gelangten. Die Teppiche verbrannten 1945.

pretieren, dass die Teppiche um die Apsis herumgeführt wurden,[416] zumindest aber dem Hochaltar deutlich in rahmender Funktion zugeordnet waren. Diese Tatsache erlaubt einige interessante Rückschlüsse auf die ikonographischen Schwerpunkte des Rosenbach-Konzeptes. So ließ die nach Erzählelementen der *passio major* wie der *passio minor* getroffene Szenenauswahl der Teppiche eine klare Dreiteilung erkennen. Die drei ersten Teppiche waren der Darstellung der seelsorgerischen Tätigkeit des *Bischofs Gottes*,[417] also *Predigt*, *Taufe (Gosberts)* und *Betonung des kanonischen Eherechtes* gewidmet. Es folgte die Schilderung des Martyriums der Frankenapostel wiederum in drei Begebenheiten: *Herannahen der Mörder, Ermordung der Heiligen* sowie *Verbergen der Leichen*. Im Mittelpunkt der letzten Gruppe stand schließlich das *Walten der göttlichen Gerechtigkeit*, auf der nach den Aussagen Kirchgeßners Bistum und Hochstift Würzburg mit dem Blutopfer Kilians gründeten: *Wahrheitssuche Gosberts, Tod der Gaillana* sowie *Auffindung der Märtyrerleiber durch Burkard*.[418]

Die inhaltlichen Aussagen der Teppichfolge gipfelten im didaktischen Bemühen, Leben und Sterben der Heiligen in Affinität zum Heilswirken Christi darzustellen. Damit orientierte man sich einerseits an den bekannten Forderungen des Trienter Konzils nach einer christologischen Fundierung des Heiligenkultes, entsprach andererseits aber auch bestehenden Würzburger Traditionen, wie sie etwa bereits in der Textfassung der *passio maior* oder auch in der Hymnendichtung des hohen und des ausgehenden Mittelalters zum Ausdruck kamen.[419] Dabei ging es darum, den durch die Stiftung der Kirche Christi an die Apostel ergangenen Missionsauftrag auch auf das Wirken der Frankenapostel zu beziehen, deren Blutopfer dem Opfertod Christi typologisch entsprach und folglich als Stiftungsakt der *ecclesia Herbipolensis* interpretiert werden konnte. Deshalb scheint es mir für das ikonographische Verständnis der Teppiche bedeutungsvoll, wenn durch ihre möglicherweise von Anfang an bestimmte Aufhängung am bzw. um den Hochaltar, an dem der Bischof als „alter Kilian" mit den Kilianbrüdern den Tod Christi im Messopfer nachvollzog, die Affinität des Märtyrertodes zum Blutopfer Christi sichtbar behauptet wurde. Damit ergänzte die Teppichserie bereits vorhandene ikonographische Akzente in der Domausstattung, wie sie spätestens seit dem ausgehenden Mittelalter etwa in der Darstellung des thronenden Christus inmitten der Apostel im Chorgewölbe gesetzt waren. In Szenenauswahl und Gruppierung waren die Kilianteppiche daher ein eindrucksvolles Zeugnis jenes auf mittelalterliche Traditionen zurückgreifenden Selbstbewusstseins des nach dem Frieden von Münster und Osnabrück wieder erstarkenden geistlichen Staates, der sich in seinem ersten Bischof und Apostel auf ein Gründungsmysterium berief, das der nachdrücklich propagierten Vorstellung von einer Auserwähltheit des Landes Ausdruck geben sollte. Diese war ja in immer wieder propagierter Folgerung Ausfluss des durch Kilian und seine Nachfolger erworbenen Gnaden-

[416] Hock, 164 f. nahm diese Aufhängung als ursprünglich an. Da sich Guttenberg und Greiffenklau aber so nachhaltig für die Berücksichtigung des durch die Chorfenster einfallenden Lichtes bei der neuen Ausstattung aussprachen, das im lichtszenographischen Zusammenhang der besseren Präsentation des Tabernakels und der Marienbüste, wie darüber hinaus auch der Märtyrerbüsten diente, muss angenommen werden, dass der nach 1700 offensichtlich nur für die Zeit des Kilianfestes akzeptierte Zustand mit den aufgehängten Teppichen eine Notlösung darstellte.

[417] Passio minor, Kap. 7. Siehe den Abdruck in: AK Kilian, 18 ff.

[418] Die Teppiche Nr. 4 und 5, *Herannahen der Mörder* und *Tod der Heiligen* schließen, wie dies bereits Bock sah, in Bild und Bordüre unmittelbar aneinander an und bildeten vermutlich ursprünglich ein Stück in Übergröße. Stephanie Kleidt und Johannes Erichsen kommen daher im AK Kilian, 311 (Nr. 321), zu dem Schluss, dass von der ursprünglich bestellten und im Inventar des Domes von 1725 genannten Zahl von neun Teppichen zwei verloren gegangen sein müssten. Dabei übersehen sie nach meiner Meinung jedoch die beiden Wappengobelins, die ja, wie die DKP eindeutig belegen, mit der Serie der Kilianteppiche zusammen bestellt und nach 1701/03 mit diesen im oberen Chor aufgehängt wurden. Dies bedeutet, dass die Teppiche bis 1945 vollständig erhalten waren. Die Zerschneidung des Stückes Nr. 4 und 5 verweist möglicherweise ein weiteres Mal auf die veränderten Bedingungen bei der Aufhängung der Teppiche nach der Versetzung des Chorgestühles.

[419] Siehe z.B. den Kilianhymnus im Graduale für Stift Haug aus der Zeit kurz nach 1381. AK Kilian, 247 f. (Nr. 239). Die Dreizahl wird hier in Verbindung zur Dreifaltigkeit gesetzt. Diese Versuche gehen im Grunde schon auf die passio major zurück. So spricht Kilian, der wie Christus in Getsemane das Martyrium im Gebet erwartet, nach dieser Textversion die Mörder mit den Christusworten: „Freunde, wozu seid ihr gekommen?" (vgl. Mt 25, 50) an. Auch die Sammlung des Märtyrerblutes in ein reines Leintuch und die Versorgung des Grabes durch die fromme Augenzeugin Burgunda lehnt sich in gewisser Weise an Schilderungen des Lebens und Sterbens Christi an. Vgl. den Textabdruck der passio major in: AK Kilian, 20 ff.

schatzes, dessen Wirkung sich in dem 1651 auf den Kiliantag gewährten vollkommenen Ablass erneut und demonstrativ bestätigte. Aufgrund der bereits geschilderten, möglicherweise schon zum Ende der Guttenbergzeit eingeleiteten ikonographischen Wandlungen der Domausstattung zugunsten des nun die eucharistische Gnadenlehre der Kirche betonenden Gesamtkonzeptes verlor das Kilianthema um 1701 in der Domkirche jedoch an Bedeutung. In der Konsequenz dieser Entwicklung folgte daraus unter Johann Philipp von Greiffenklau zu Beginn des 18. Jahrhunderts die Neubelebung des Kiliankultes am Neumünster.

4.3. Der Kilianaltar in der Marienrotunde auf dem Festungsberg

In den seit dem Mittelalter fassbar werdenden Elementen der Verehrung Kilians spielte neben dem Dom und dem über dem Ort des Martyriums errichteten Neumünster auch die Marienrotunde auf dem Festungsberg, in die Burkard die Gebeine der Heiligen vorläufig hatte übertragen lassen, eine Rolle. Wenn sich dabei im Einzelnen auch nur wenige konkrete Handlungen belegen lassen, blieb dennoch der Brauch aufschlussreich, die sterblichen Überreste der Fürstbischöfe während des mehrtägigen Leichenzeremoniells sowohl eine Zeit in der Marienrotunde wie in der Gruft des Neumünsters aufzustellen, bevor sie nach den Exequien im Dom zur letzten Ruhe gebettet wurden. Darin spiegelt sich das Bestreben, den Übertragungsweg der Gebeine Kilians im Leichenbegängnis seiner Nachfolger nachzuvollziehen. Damit verwies dieses Brauchtum ein weiteres Mal auf die besondere Bedeutung der *imitatio Chiliani* im Rahmen herrschaftspolitischer Selbstdarstellung und Legitimationsbemühungen.[420]

In diesem Verständnis kommt der als erste Regierungshandlung[421] betonten Wiederherstellung der Rotundenausstattung auf dem Marienberg unter Johann Philipp von Greiffenklau, die bereits unter dem Hauptaspekt der Patrona-Verehrung angesprochen wurde, durchaus auch die Bedeutung einer Reverenz gegenüber dem heiligen Amtsvorgänger zu. Insgesamt griff die wohl schon 1702 im Wesentlichen vollendete Ausstattung Greiffenklaus[422] die ikonographischen Inhalte der im Dreißigjährigen Krieg zerstörten Anlage Echters wieder auf. Allerdings wurde aufgrund der bereits unter Johann Philipp von Schönborn erfolgten Vermehrung des Reliquienschatzes[423] die Zahl der Altäre in der Rotunde auf vier erhöht. Dabei fand der Kilian und seinen Gefährten geweihte Altar als Pendant einer zu Ehren der Heiligen Bonifatius, Burkard und Bruno errichteten Andachtsstätte in der südwestlichen Nische der Rotunde seinen Platz. Die Retabel beider Altäre wurden als Nischenbaldachine ausgeführt und mit jeweils drei Statuen der Titularheiligen versehen. Die Erweiterung der Altarpatrozinien insbesondere um die drei mit der Gründung und Anfangsgeschichte des Bistums aufs Engste verbundenen Heiligen entsprach dem Bestreben Greiffenklaus und seiner Ratgeber, die Auserwähltheit Würzburgs in der Zahl seiner Heiligen zu proklamieren, deren Tugenden in der Person des regierenden Fürsten weiterwirkten und deren erworbene Gnadenmittel die Wohlfahrt des Landes dauerhaft garantierten.[424]

420 In diesen Kontext gehört beispielhaft auch der Echter von seinen Panegyrikern übertragene Ehrentitel des *neuen Kilian*. In diesem Verständnis sind die an den Schmuckportalen etwa der Marienrotunde oder der Wallfahrtskirche Dettelbach angebrachten Kilianfiguren stets auch stellvertretend für den regierenden Bischof in seinem universellen Amtsverständnis zu interpretieren.

421 Kirchgeßner, 150 ff.

422 Nach Stamminger, 103, wurden die Nebenaltäre am 26. September 1702 durch Stephan Weinberger geweiht.

423 Stamminger, 104 f.

424 Es scheint daher folgerichtig, dass Valentin Kirchgeßner im *Typus boni Principis* in unmittelbarem Anschluss an die Wiederherstellung der Rotundenausstattung die herausragenden seelsorgerlichen Handlungen des Bischofs erwähnt. Dabei schilderte er mit besonderer Ausführlichkeit die am 9. August 1699 vorgenommene Weihe der Ursulinenkirche in Kitzingen, zu deren Konsekration Greiffenklau in einer Predigt vor protestantischen und katholischen Gläubigen die Bedeutung und Wirkung der bischöflichen Sakramentenspende erläuterte: „Als unsere Vorfahren die heiligen Apostel als die erste Bischöff der cathol. Kirchen ihren neu= getaufften christen gethan / das seynd wir gesinnet / euch als unseren auserwähltem Volck und liebsten Kindern in Christo heute mitzutheilen […].“ Kirchgeßner, 152 ff. Wenn Kirchgeßner abschließend darauf verweist, dass die Wirkung der bischöflichen Predigt so gewaltig gewesen sei, dass sich mehrere protestantische Zuhörer im Anschluss taufen ließen, so wird dem Leser der gesamten Textpassage die Assoziation zwischen der apostolischen Bedeutung der Marienkirche als Gründungs- und Hofkirche des Bistums und dem apostolischen Handeln des Kiliannachfolgers nahegelegt.

Über seine Vorbildlichkeit als Nachfolger der Apostel sowie Stifter und erster Bischof der *ecclesia Herbipolensis* hinaus galt die Kilian in der Marienrotunde wie an anderen Orten entgegengebrachte Verehrung aber auch dem Patron des weltlichen Staatwesens und Garanten zeitlicher Wohlfahrt. Dies scheint mir durch ein weiteres, ebenfalls in das Jahr 1702 fallendes Ereignis belegt. So konnte das Hochstift nach Jahren der Missernten und des Hungers im Jahr 1702 erstmals wieder eine hinreichend gute Ernte verzeichnen, die die allgemeine Nahrungsmittelknappheit zu lindern half. Greiffenklau ließ aus diesem Anlass, wie bereits oben dargestellt, eine Medaillenserie von insgesamt drei Schaumünzen auflegen, von denen eine mit Bildnissen Kilians und seiner Gefährten versehen war. Dabei war aus der um den oberen Rand der Medaille geführten Widmungsinschrift *HAC MAGNA TRIADE PATROCINANTE* ein Zusammenhang zwischen der guten Ernte und der väterlichen Fürbitte der Patrone zu folgern. Die drei Frankenapostel sind auf der Münze in ungewöhnlicher Weise als Statuen auf Postamenten stehend wiedergegeben. Diese von den üblichen Münzbildern Kilians abweichende Darstellung hat Trenschel zu der Vermutung veranlasst, es könne sich dabei um die Wiedergabe konkreter Vorbilder handeln.[425] Nach meiner Ansicht ist dabei in erster Linie an die drei zeitgleich entstandenen Statuen auf dem Kilianaltar in der Marienrotunde zu denken. Dies könnte nahelegen, dass die Altarstiftung in der Rotunde in höherem Maß Votivcharakter besaß, als dies bisher angenommen wurde und in diesem Zusammenhang den programmatischen Auftakt zu weiteren Initiativen Greiffenklaus zu Ehren der Frankenapostel bildete.

4.4. Der Neubau der Neumünsterfassade

Dieser Bedeutungszusammenhang wird schließlich am Neubau des Neumünsters evident, dessen künstlerisch anspruchsvolle Fassade nach längerem Planungsprozess als eines der bedeutenden städtebaulichen Projekte der Ära Guttenberg-Greiffenklau das Thema der Verehrung der heiligen Landespatrone zum einen an ihren Ursprungsort zurückführte und hier darüber hinaus erstmals im urbanen Raum verankerte.[426]

Schon Johann Gottfried von Guttenberg hatte im Zusammenhang mit dem projektierten Neubau der fürstbischöflichen Kanzlei nordöstlich des Domes den Gedanken entwickelt, die Fassade des anschließenden Neumünsters in einer Flucht mit der Kanzlei gegen den Kürschnerhof vorzuziehen, um sie als repräsentativen Höhepunkt in ein platzgestaltendes Gesamtkonzept zu integrieren. Anfang Januar 1698 wurden erstmals zwei Vertreter des Stiftskapitels in die Pläne des Fürsten eingeweiht, bereits im Mai desselben Jahres lag ein Riss für das Gesamtkonzept vor, zu dessen Verwirklichung verschiedene Finanzierungsmodelle diskutiert wurden.[427] Dabei wurde, wie auch später unter Greiffenklau, stets zwischen dem *Kirchenbau*, also der Verlängerung der romanischen Stiftskirche zum Kürschnerhof, den das Stift

[425] Trenschel, 1379–1381. Siehe zum politischen Zusammenhang Kap. II: Die Auswirkungen des Krieges.

[426] Vgl. zum Neumünster insgesamt Christian Antz, Sacrum Theatrum Romanum, Das Würzburger Neumünster und die katholische Baukunst in Deutschland zwischen 1680 und 1720, Weimar 1997. Da nach meiner Ansicht die Ikonographie dieser herausragenden Fassade geeignet ist, die zeitliche Abfolge der erhaltenen Planzeichnungen zu erhellen sowie auch die Frage nach dem künstlerischen Umfeld des unbekannten Architekten zu klären, soll auf diese Zusammenhänge kurz eingegangen werden.

[427] Vgl. hierzu Fritz Oswald, Die Vorgeschichte der Fassade von Neumünster. Eine Studie zum Würzburger Bauwesen um 1700, in: MfrJb. 12 (1960), 103 ff, mit den entsprechenden Auszügen aus den Kapitelprotokollen, hier 105 f. Oswald nimmt an, dass am 15. Mai und 1. Juli 1698 über zwei verschiedene Planvorlagen gesprochen wurde. Nach meiner Meinung änderte sich zwischen beiden Terminen aber nur der Überschlag, also letztlich der Anteil, mit dem sich der Fürst an dem Unternehmen beteiligen wollte. Siehe zur Neumünsterfassade weiterhin: Clemens Schenk, Die Würzburger Neumünsterfassade und ihre künstlerische Herkunft, in: Kunst in Mainfranken, Würzburg 1941; Hans Reuther, Das Neumünster in Würzburg, München 1952 und Jürgen Eminger, Die Neumünsterfassade in Würzburg, (Schriften aus dem Institut für Kunstgeschichte der Universität München Bd. 23), München 1987 sowie Antz, inbs. 68 ff. Die beiden letztgenannten Arbeiten auch mit einem weiter vertiefenden Literaturüberblick.

finanzieren sollte, und dem abschließenden *Fassadenprojekt*, für das der Fürst als Stifter auftrat, unterschieden. Leider hat sich der erwähnte Riss nicht erhalten, so dass das Plankonzept der Guttenbergzeit in wesentlichen Punkten unklar bleibt. Vor allem fehlen Aufschlüsse darüber, wie man sich die Verlängerung des Kirchenbaues nach Westen vorstellte. Die Planentwicklung der Greiffenklauzeit lässt aber vermuten, dass man zu dieser Zeit wohl noch nicht an die Errichtung einer Kuppelrotunde über dem Märtyrergrab dachte. Auch aus den ab 1702/04 greifbar werdenden Verhandlungen des Stiftskapitels von Neumünster mit Johann Philipp von Greiffenklau ergeben sich zunächst keine Rückschlüsse auf die Planung einer Kuppel. Am 8. November 1704 heißt es in den Stiftsprotokollen, dass

> „Se. Hochfürstl. Gn. des beständigen Vorhabens seyen, in gleicher linie mit dero cantzley-Bau, vor der Stifftskirch an dem Kirschners Hoff, denen heyligen Patronen Kyliano, Colonato und Totnano zu Ehren, ein Portal, wenn anderst von seiten des stiffts das vorhaben, vermittels Verlängerung der Kirch, so vill es erfordern werde, secundiren werde, Von eigenen mitteln zu stellen."[428]

Das ganze Unternehmen wurde dann aber, vermutlich auch wegen der auftretenden Bauschäden an der erst 1709 fertig gestellten Kanzlei, um fünf Jahre verschoben. Erst im Stiftsprotokoll vom 11.9.1710 heißt es wieder,

> „das Se. Hochfürstl. Gn. auch des Kirchenbaus wiederum gedacht und nachdeme Sie die darüber Verfertigte grund-, inwendig und auswendige auftragung Riss mit besonderer dabey gezeigten gefallen gesehen, sich darüber zu allmöglicher beforderung [...] gnädigst resolviret, desgleichen der H. geheime Rath und cammer Director[429] gethan [...]. Nachdeme man nun hierbey nicht allein die ebenfalls zur besichtigung vorgelegte Riss sondern auch das in Holz gestellte modell besehen, und die über solchen bau und denen costen zu sammen gefasten vorschläg und mittel mit mehrern angehört: So wurde es zu be[i]den dahin genommen, Umb bey nechsten Peremptorio darüber schliessig werden zu können."[430]

Zu diesem Zeitpunkt war man also in der Planung des Kirchenbaues bereits soweit fortgeschritten, dass man einen Termin zur endgültigen Beschlussfassung (23.9.1710) vorsehen konnte. Es folgt dann am 8. Januar 1711 der viel zitierte Eintrag, dass man

> „[...] über die manier und weis zu bauen mit zuzihung bauverständigen persohnen, in sonderheit des domb capitul: baumeisters [Georg Bayer], H. [Andreas] Müller, Mr. Joseph [Greissing] und Fr. Kilian [Stauffer] Franciscaner, und einiger herrn capitularen eine Underredung zu pflegen, und auf guetbefinden des herrn propsten Hochw: und G. [Johann Philipp Fuchs von Dornheim] der baumaister zue Anspach [wohl Gabriel de Gabrieli] pro consilio zu beruffen: bey dem bauen aber so vill möglich der orth und gelegenheit der begräbnus der Hey: Kiliani und Burckardi zu verschonen seye."[431]

Am 14. Januar wird schließlich vermerkt, dass auch

> „ein gewisser Baumeister von Bamberg zu Rath gezogen, Von demselben auch die Besichtigung des orths notthurftiglich eingenommen worden [...]."[432]

[428] Kapitelprotokolle Neumünster, (fol. 61 r); Oswald, 108.

[429] Gallus Jacob beteiligte sich an den Baukosten des Stiftes für die Überlassung einer Chorherrenstelle an seinen Sohn mit 1000 Gulden.

[430] Kapitelprotokolle Stift Neumünster, (fol. 66 r); Oswald, 109.

[431] Kapitelprotokolle Stift Neumünster, (fol. 1 ff); Oswald, 109.

[432] Kapitelprotokolle Stift Neumünster, (fol. 8); Oswald, 110.

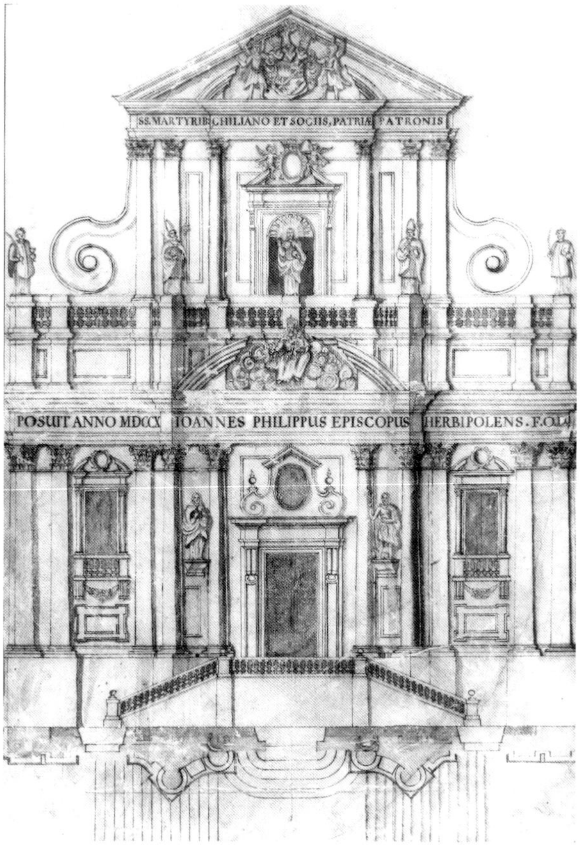

Abb. 33: Würzburg, kath. Pfarrkirche Neumünster: Fassadenriss von 1710 (Handzeichnung), Martin von Wagner-Museum, Slg. Hz 5002 (Nr. 133).

Nach Abtragung des Grundes bis auf den anstehenden Fels konnte dann am 18. Juni 1711 der Grundstein zum Kuppelbau gelegt werden, wobei die in Kopie erhaltene Urkunde Meister Joseph Greissing als Bau- und Werkmeister sowie als geschworenen Zimmermeister, Meister Jacob Bauer als geschworenen Steinhauer und Maurermeister sowie schließlich Meister Michael Franckh als gewöhnlichen Zimmermeister[433] unter den Ausführenden benennt. Bei der erst ein Jahr später erfolgenden Grundsteinlegung zum Fassadenbau wurden schließlich Valentin Pezani als Bau- und Werkmeister, Joseph Greissing als geschworener Zimmer- und Werkmeister sowie die Brüder Erhard und Michael Marckhardt als Steinhauermeister genannt.[434]

Es hat den Anschein, dass die langwierigen Planungen zur Verlängerung der Stiftskirche gegen den Kürschnerhof als Voraussetzung zum Neubau einer den Platz wirksam beherrschenden Schaufassade erst mit dem Jahr 1709/10 in eine Phase traten, in der sich eine, der später realisierten nahekommende Lösung abzuzeichnen begann. Die Genehmigung der Risse und des hölzernen Modells zum Kuppelbau im Spätsommer desselben Jahres bezeichnen zugleich auch ein entscheidendes Stadium im Planungsprozess der Fassade. Unter den erhaltenen Fassadenrissen ist in diesem Zusammenhang vor allem der Entwurf aus dem Martin-von-Wagner-Museum[435] von Interesse, der nach der mit dem ausgeführten Bau nahezu identischen Fassadeninschrift auf das Jahr 1710 zu datieren ist *(Abb. 33)*. In der Tat zeigt dieser Riss bereits das vollständige ikonographische Programm des ausgeführten Projektes, wie auch das zentrale architektonische Thema der Kurvierung des sich in einer zweiten Schale ablösenden Mittel-

[433] Eine Kopie der Urkunde zur Grundsteinlegung befindet sich in StAWü. Standbuch 121 (Stift Neumünster), 5f.

[434] StAWü. Standbuch 121 (Stift Neumünster), 6.

[435] Projekt Martin von Wagner Museum: Slg. Hz 5002. Die drei weiteren Risse gehören zum Bestand der Sammlung Eckert, heute im Mfr. Museum Festung Marienberg. Davon sind SE 14 und SE 18 als Kriegsverluste zu beklagen. Siehe zur Diskussion um die Zuschreibung und Chronologie der Pläne die in Anm. 383 angegebene Literatur. Die Blätter sind u.a. bei Antz abgebildet.

intervalls vollständig durchgeführt ist. Damit setzt sich dieser Entwurf zeitlich deutlich vom Projekt SE 18 ab, das, wohl um den beschränkten Platzverhältnissen am Kürschnerhof entgegenzuwirken, die Fassadenmitte über gekurvte Seitentraveen um einige Meter hinter die Fluchtlinie des Kanzleigebäudes zurück schwingen lässt. In diesem Konzept hätte sich der Abstand zwischen der Fassade und den rückwärtigen Teilen von Westquerschiff und Langhaus des Adalberobaues, deren Erhaltung vorgesehen war, soweit verringert, dass die Einfügung der Kuppelrotunde unmöglich geworden wäre. Damit ist dieser Riss nicht etwa als ein Konkurrenzentwurf zu betrachten, sondern als Zusammenfassung einer älteren Konzeptvorstellung, die aber spätestens mit den konkreten Planungen des Stiftskapitels für den Rotundenbau im Jahr 1710 überholt war. SE 14 entspricht dem Riss aus dem Martin-von-Wagner-Museum im Grundriss, während SE 19 eine Entwicklungsstufe darstellt, die der ausgeführten Fassade nahe kommt. Da SE 14 und SE 19 zudem den ausgeführten Kuppelbau exakt im Grundriss abbilden, müssen sie zeitlich im Zusammenhang mit dessen endgültiger Genehmigung durch Beschluss des Stiftsperemptorium im September 1710 entstanden sein. Diese zeitliche Differenzierung der Pläne schließt meiner Meinung nach endgültig die Notwendigkeit aus, sie konkurrierenden Baumeistern aus dem im Januar 1711 zusammentretenden Beratergremium zuzuweisen. Bereits Reuther hatte darauf hingewiesen, dass dieses Gremium wohl in erster Linie zu Beratungen über technische Fragen am Kuppelbau zusammengerufen wurde, der in Plan und Modell also schon ein Vierteljahr zuvor genehmigt worden war.[436] So spricht nach meiner Ansicht einiges dafür, dass sich das Fassadenprojekt nicht in konkurrierender, sondern in kontinuierlicher Entwicklung über einen längeren Zeitraum entwickelte. In diesem Zusammenhang spielt auch das ikonographische Konzept der Fassade eine wichtige Rolle, da es eine Einordnung des Projektes in den Gesamtrahmen der kunstpolitischen Unternehmungen der Würzburger Fürstbischöfe ermöglicht. Dass dies auch innerhalb der stilgeschichtlichen Erörterung nicht nur ein Nebenaspekt ist, wird ersichtlich, wenn man realisiert, dass in den Fassadenentwürfen inhaltlich wie formal eben die Themen aufgegriffen wurden, die die Entwicklung der kirchlichen Innenausstattung wie insbesondere auch des Altarbaues in Würzburg bestimmten.[437]

[436] Es ist denkbar, dass man zu diesem Termin hauptsächlich Fragen der Kuppelstatik diskutierte, zumal diese über unsicherem Grund errichtet werden sollte. Dies erklärt die Hinzuziehung der beiden im Festungsbauwesen erfahrenen Architekten Andreas Müller und Gabriele Gabrieli. Auch die kurze Ortseinsicht Dientzenhofers könnte der Untersuchung des Untergrundes gedient haben. Immerhin wurde wiederholt ausdrücklich die Schonung der Martyriumsstätte, die ja im Bereich der Kuppelfundamente lag, gefordert. Aus der klaren Trennung des Kuppel- und des Fassadenprojektes lässt sich aber schließen, dass dieser Termin nichts mit dem Entwurfsprozess zur Fassade zu tun hatte. Möglicherweise ist es aber aufschlussreich, dass Dientzenhofer danach lediglich eine Erkenntlichkeit, nicht aber Reisespesen gezahlt wurden. Dies könnte darauf schließen lassen, dass er ohnehin in Würzburg anwesend war und die Besichtigung aus einer Gefälligkeit heraus vornahm. Denkbar scheint z.B. ein Aufenthalt Dientzenhofers in Würzburg aus Anlass des Haus- und Grundstückstausches zwischen Joh. Phil. von Greiffenklau und Lothar Franz von Schönborn in den Jahren 1710/11 und 1712. Wie auch zu anderen Gelegenheiten nahm Greiffenklau die Dienste Dientzenhofers gerne in Anspruch, um mit ihm über eigene Bauprojekte zu beraten. QuGesch. 1, 202 (1711 März 14) und 232 (1712 August 9). So war Dientzenhofer bereits im Jahr 1702 in den Angelegenheiten der Planungen zum Schönbornhof in Würzburg tätig. Auch zu diesem Termin nutze Greiffenklau die Gelegenheit, um seinen Rat und sein Urteil zu den Entwürfen seines im Bau befindlichen Stadtpalais, dem sog. Roten Bau, zu hören. (QuGesch. 1, 66 (1702 Jan. 30) und 88 (1703 April 22).

[437] Erich Hubala und Erich Schneider sprechen diesen Zusammenhang im Verweis auf die beiden Altäre Pietro Magnos im Domquerhaus an. Siehe Würzburg, Geschichte in Bilddokumenten, hg. von Alfred Wendehorst, München 1981, 67 und 161. Auch Antz, sieht diese Verbindung zu fränkischen Altarretabeln, verweist aber in der Ableitung der Neumünsterfassade ausdrücklich auf Hochaltarziborien wie in Fulda und in Komburg. Wie im abschließenden Kapitel V. 4.3. noch ausgeführt wird, haben diese im Gegensatz zu den Nebenaltären der Komburg jedoch nur mittelbar auf die Entwicklung der Neumünsterfassade Einfluss. Ferner ist die Neumünsterfassade eine wesentliche Vorstufe zur Entwicklung des von Balthasar Esterbauer und Johann Dientzenhofer gemeinsam projektierten Hochaltarretabels in der Klosterkirche Banz.

4.4.1. Die Ikonographie der Neumünsterfassade

Es ist nicht ganz sicher, ob die unter Guttenberg ansetzenden Planungen zur Erneuerung des Neumünsters in seinen Westteilen über das zunächst betonte städtebauliche Motiv hinaus bereits mit der Absicht einer Vertiefung und Intensivierung des Kiliankultes am Ort des Martyriums verbunden waren. Unter Johann Philipp von Greiffenklau wurde jedoch die in ihren Ansätzen auf Julius Echter, wenn nicht in die Zeit des Rudolf von Scherenberg zurückgehende politische Inanspruchnahme des heiligen Gründungsapostels und Blutzeugen Christi im fürstlichen Herrschaftskult manifest. Dabei lag es nahe, die unter Berufung auf Kilian immer wieder betonte Tatsache einer besonderen Begnadung und Auserwähltheit des Hochstiftes auch am ersten Begräbnisort des Heiligen angemessen zum Ausdruck zu bringen. In diesem Zusammenhang sind die Bemerkungen Kirchgeßners zu der unter Greiffenklau bis zum Jahr 1709 vollendeten fürstlichen Kanzlei, die ja schließlich die Erneuerungen am Neumünster veranlasste, von besonderem Interesse.[438] Kirchgeßner erwähnt das Kanzleiprojekt unter den Beispielen der

> „für die Ewigkeit auffgerichteten Gebäuen als gleichsam unsterblichen Zeugen Ihro Hochfürstl: Gnaden Glorwürdigster Regierung."[439] [Es diene] zu Beförderung Recht und Gerechtigkeit [...] worinnen Sie [Hochfürstl. Gnaden] dem waisesten König Salomon / es nicht allein gleich / sondern noch bevor thaten, [denn Salomon habe für den Richterstuhl ein Häuslein, Greiffenklau aber einen glanzvollen Bau] von majestetische[r] Arth [aufführen lassen].[440]

Damit wird im Planungsprozess der Neubauten um den Kürschnerhof auch ein inhaltlicher Zusammenhang greifbar zwischen dem fürstlichen Kanzlei- und Gerichtsgebäude und dem benachbarten Ort des Kilianmartyriums, an dem Kilian sein Blut vergossen und damit

> „den Grund eines so herrlichen Bist- und Fürstenthumbs [...] gelegt" [und gezeigt habe,] „daß dieses Stifft allzeit bei der recht-richtenden Gerechtigkeit bleiben werde."[441]

Aus dieser Verbindung war in der Gesamtheit der in Kirchenfassade *(Abb. 34)* und Kuppelprojekt von Neumünster gipfelnden fürstbischöflichen Planung zur Bebauung des Kürschnerhofes das Hochstift und *ecclesia Herbipolensis* in der Person des Gründungsapostels, Märtyrers und hl. Amtsvorgängers des regierenden Fürsten zusammenfassende Gedankengut präsent.

Diese inhaltliche Festlegung wird bereits im frühesten der erhaltenen Fassadenkonzepte greifbar. So spiegelt der Riss SE 18 in seiner grundsätzlichen Orientierung das bereits unter Guttenberg in mehreren Projekten aufgegriffene Vorbild der Fassade von Santa Maria della Vittoria in Rom wider. Dabei erfuhr das Projekt SE 18 gegenüber dem römischen Vorbild allerdings insofern eine Wandlung, als das über dem Zugang zur Kiliangruft liegende Hauptportal von vier, durch einen monumentalen Sprenggiebel zusammengefasste Halb- (innen) und Dreiviertelsäulen (außen) vor Pfeilerrücklagen gerahmt wird, wobei sich die Giebelschenkel über den äußeren Säulen verkröpfen. Die in unterschiedlichem Maß aus der Wand hervortretenden Säulen bereiten die Kurvierung der Außentraveen vor, während ihre schräg gestellten Podeste mit den über Eck versetzten Säulen- und Pfeilerbündeln im Übergang zu den Fluchten des Kanzlei- und des geplanten Kellereigebäudes korrespondieren. Den von Voluten vermittelten Giebelauszug über der Fassadenmitte gliedern über den Säulen stehende Pilaster. Die Seitentraveen schließen mit einer Balustradenattika, die zur Mitte von dem großen Sprenggiebel überschnitten wird.

438 Der *Typus boni Principis* wird bereits im Jahr 1712, also vor Vollendung der Stiftsneubauten, die Kirchgeßner daher nur am Rande bemerkt, fertig gestellt. Siehe zur Ikonographie insbesondere auch die Schriften und Predigten des Paters Johannes Schatz zu Kaiserwahl (1711) und Türkensieg (1717).

439 Kirchgeßner, 346.

440 Kirchgeßner, 348.

441 Kirchgeßner, 399.

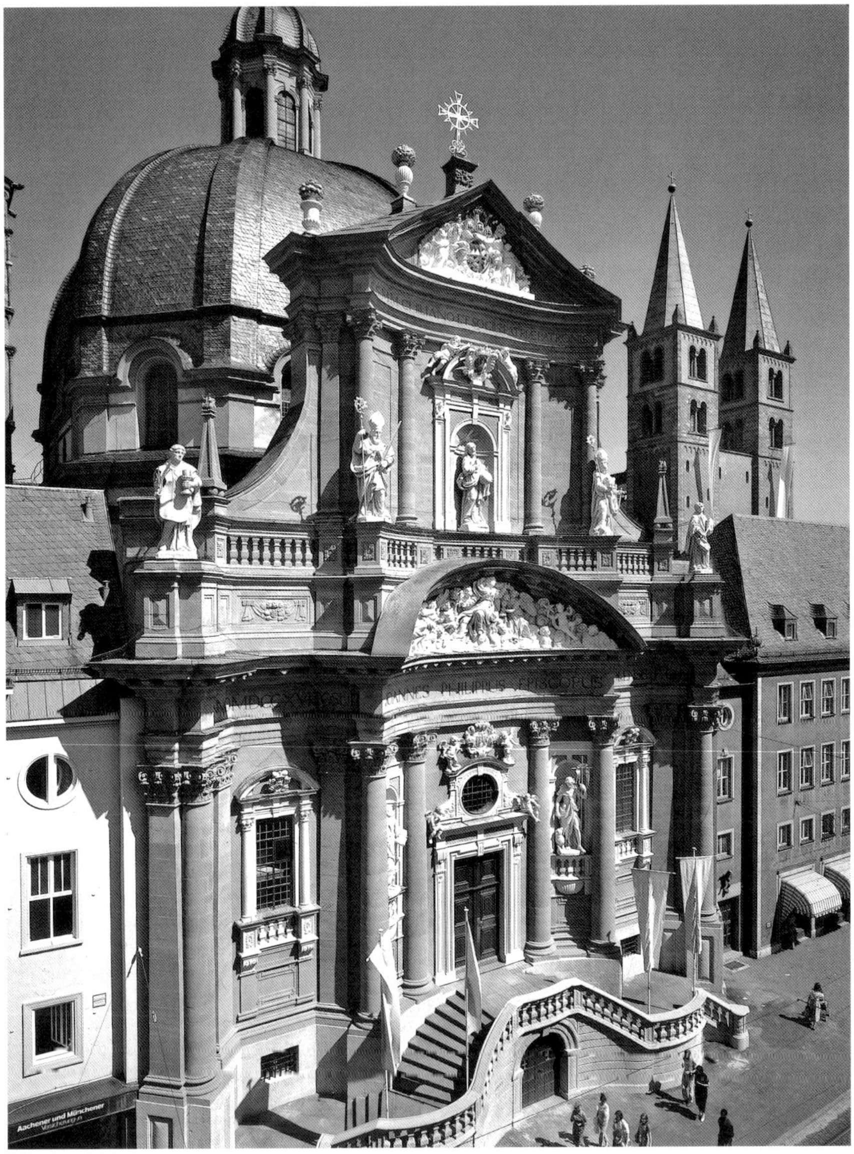

Abb. 34: Würzburg, kath. Pfarrkirche Neumünster: Westfassade (1712-1719).

Zwischen den Säulen des Mittelintervalles stehen auf Podesten vor der Wand die Kirchenpatrone Johannes der Täufer und Johannes der Evangelist. Ihnen entsprechen die auf der überschnittenen Attikabalustrade zwischen den Pilastern des Auszuges stehenden Bistumspatrone Kilian und Burkard, denen Kolonat und Totnan über den äußeren Säulen-/ Pfeilerbündeln assistieren. Im Tympanon des zentralen, säulengetragenen Sprenggiebels erscheint eine monumentale, in den Wolken thronende Figur der Himmelskönigin oder Patrona, die das Kind im Gestus des Weltenherrschers präsentiert, während die Ädikulanische des Auszuges Christus-Salvator vorbehalten ist. Dem abschließenden Dreiecksgiebel ist das fürstliche Wappen einbeschrieben. Dieses im Wesentlichen dem Ausführungsprogramm entsprechende, in der Gestaltung aber noch eher additiv wirkende figürliche Konzept wird im Projekt von 1710 *(vgl. Abb. 33)* dem fortgeschrittenen Planungsstand entsprechend in einen aus der Logik der architektonischen Form entwickelten, anschaulichen Zusammenhang gestellt. Wie bereits angedeutet, entwickelt sich die Kurvierung im Riss von 1710 aus dem Mittelintervall, wobei sich die portalrahmenden Säulen mitsamt den äußeren, gekurvten Pfeilerrücklagen in einer konkaven Schale von der durch die plan geführten Außentraveen markierten Rückwand lösen. An dieser Kurvierung hat der Sprenggiebel wie die von den Säulen getragene Attika mit abschließender Balustrade teil. Auch der Giebel ist gegenüber

SE 18 in stärkerem Maß plastisch durchgebildet, indem der Mittelteil mit der zentralen Figurennische von Säulen gerahmt und mit einem Segmentgiebel abgeschlossen den seitlichen, von gekuppelten Pfeilern gefassten Wandfeldern und dem abschließenden Dreieckgiebel so vorgesetzt ist, als gehöre er zu dem sich von der Rückwand schalenartig lösenden Mittelintervall des Untergeschosses. In der Konsequenz dieser räumlichen Ordnung treten die zum Mittelteil gehörenden Ausstattungsteile und Figuren, namentlich die den Sprenggiebel tragenden Säulen mit der thronenden Himmelskönigin im Tympanon, die in der Verlängerung der äußeren Säulen auf den schräg gestellten Podesten der Balustrade stehenden Bistumspatrone Kilian und Burkard[442] sowie die zentrale Figur des Salvators in der Mittelnische und das abschließende fürstliche Wappen im Segmentgiebel in einen tieferen inhaltlichen Zusammenhang. Dieser lässt sich zunächst allgemein sowohl als Verweis auf das propagierte Gründungsmysterium wie auf die zeitliche und ewige Existenz der *ecclesia Herbipolensis* in der Kirche Christi interpretieren.[443] In diesem Sinne fungierte die Fassade ja auch gewissermaßen als ein monumentales Doppelportal sowohl zu der erneuerten Kiliangruft wie zu dem mächtigen, lichtdurchfluteten Kuppelsaal, dessen freilich erst nach 1730 entstandene Ausstattung ikonographisch folgerichtig das Gnadenwirken Kilians in kausalen Zusammenhang mit der Verherrlichung der *ecclesia Herbipolensis* in der universalen Kirche als eschatologischer Heilsgemeinde setzt. Diese Innenausstattung umfasste in einer Gesamtschau nahezu alle relevanten Inhalte, die das Thema der Stiftung und des endzeitlichen Triumphes der Kirche (Leiden und Verherrlichung Christi, Himmelfahrt und Krönung Mariens, Anbetung der Dreifaltigkeit durch die Heiligen und Seligen etc.) betrafen. In diesem Zusammenhang war über die Gruft als Andachtsort hinaus das Kilian-Burkard-Thema auch in der Altarausstattung des Kuppelraumes angesprochen (Kilian-, Burkard- und Bonifatiusaltar) und dem Triumphgedanken zugeordnet.[444]

Das ikonographische Programm der ausgeführten Fassade wurde gegenüber dem Entwurf von 1710 möglicherweise aus zeitgeschichtlichem Anlass um einige kleine, allerdings höchst bedeutende Details ergänzt, so dass über die skizzierte Interpretation eine weitere Konkretisierung möglich scheint. So zeigte bereits der Riss im Giebel der Salvatornische ein hochovales, von Engeln präsentiertes Schild, das von einer Fürstenkrone bekrönt wurde. Im ausgeführten Projekt ist diesem Schild ein einköpfiger, gekrönter und flügelschlagender Adler mit Szepter und Schwert einbeschrieben, der nach meiner Ansicht nicht, wie Reuther meint, das Johannessymbol darstellt. Reuthers Deutung[445] stützt sich auf die Tatsache, dass der Adler in seinen Krallen ein Schriftband mit den Anfangsworten des Johannesevangeliums: *In principio erat verbum* hält. Dies kann aber den Adler auch als Symbol des Fleisch gewordenen Logos, also Christus selbst identifizieren, zumal der Evangelist mit seinem Attribut bereits in der rechten Portalnische erscheint. In der besonderen Darstellung des Flügel schlagenden Adlers mag aber auch der Adlerflug und damit in Bezug auf die Figur des *Salvator mundi* Christi eschatologische Rolle als Weltenrichter angesprochen sein. Die nun vollends nicht mehr für das Johannessymbol sprechende Ausstattung des Adlers mit Krone, Szepter und Schwert sowie die Bekrönung des Ovalschildes mit der Fürstenkrone macht es schließlich meiner Ansicht nach auch sinnvoll, den Adler emblematisch auf den *Typus Christi*, also den Kaiser, möglicherweise im besonderen Verständnis des *Phoenix redivivus* als den im Vorjahr (=1711) der Grundsteinlegung zum Fassadenbau (= 1712) neu erwählten Kaiser Karl VI. zu beziehen, an dessen Wahl der Würzburger Fürstbischof einen maßgeblichen Anteil reklamierte.[446] In

442 Diese waren in der älteren Planfassung (SB 18) vor die Wandfelder des Giebels gesetzt, so dass ihnen die über den äußeren Säulen stehenden Kolonat und Totnan hierarchisch übergeordnet waren.

443 „So lang […] Gott Gott wird seyn / so lang wird […] Kilianus dein Bischoff O Würtzburg im Himmel seyn." Predigt zum Konsekrationsakt Greiffenklaus.

444 Siehe zu der 1945 weitgehend vernichteten Innenausstattung von Kuppelraum und Kirche KDB XII, Stadt Würzburg, 304 ff. Ferner vgl. die umfassende Interpretation dieser Ausstattung bei Antz.

445 Reuther, 1952, 6. Siehe zur Deutung des Adlerfluges LCI Band 1 (1968) Sp. 70 ff; (L. Wehrhahn-Strauch) sowie Sachs / Badstübner / Neumann, 20 f. Ferner ausführlich und für das folgende grundlegend Schiller, Bd. 3, (Auferstehung und Erhöhung Christi), 120 ff: „Symbolik und Typologie der Auferstehung Christi. Der Adler". Die Adlerikonographie in Bezeichnung des regierenden Kaisers in Würzburg ist auch durch Kirchgeßners *Typus boni Principis* hinreichend belegt.

446 Siehe zu den Hintergründen der Kaiserwahl von 1711 auch Matsche, I, 310 ff.

diesem Zusammenhang ist noch einmal auf die zu Ehren des Kaiserbesuchs am 13.1.1712 zwischen der Augustinerkirche und dem Stephanstor errichtete Ehrenpforte zu erinnern, die ganz offensichtlich auf die in Planung befindliche Neumünsterfassade Bezug nahm. Auch das ikonographische Programm dieser Ehrenpforte sucht in komplizierter Sinnüberlagerung die eschatologische Mission des neu gekrönten Kaisers und des durch ihn vertretenen Habsburger Kaisertums zu propagieren, indem es zwischen den exemplarischen Tugendleistungen der Familie der Habsburger in der Bekennung und Verteidigung des wahren Glaubens und der universalen Mission des Typus Christi zugunsten der durch die Himmelskönigin verkörperten Kirche einen unmissverständlichen Zusammenhang herstellt. Ähnlich wie im Entwurf der Neumünsterfassade von 1710 aus dem Martin-von-Wagner-Museum erscheint darin eine thronende Himmelskönigin oder Imperatrix an zentraler Position, der der flügelschlagende Adler zur Seite gestellt ist. *(vgl. Abb. 3)*

Die damit umrissene reichspolitische Deutungsmöglichkeit des ikonographischen Programms der Neumünsterfassade scheint sich dadurch zu bestätigen, dass auch die beiden Patrone, Kilian und Burkard deutlicher, als dies auf den Rissen zu erkennen war, in der Ausführung die Attribute der geistlichen (Mitra, Krummstab, Märtyrerschwert) und der weltlichen Macht (Fürstenhut, Gerichtsschwert) des Bischof-Herzogs präsentieren. Schließlich wurde, wie schon im vorausgehenden Kapitel erläutert, möglicherweise aus zeitgeschichtlichem Anlass die Figur der Himmelskönigin oder Patrona durch eine Assumpta mit den Attributen der „Türkensiegerin" (Mondsichel, Morgenstern, Siegespalme, Rose, Engelwolke) ersetzt.[447] In der Erweiterung dieser Interpretation erscheint mir die Fassadeninschrift

> „SS: MM: CHILIANO: ET: SOCIIS: PATRIAE: PATRONIS / ANNO MDCCXVI POSUIT JOANNES PHILIPPUS EPISCOPUS HERBIPOLENSIS F.[RANCIAE] O.[RIENTALIS] D.[UX]"

die den Votivcharakter der fürstlichen Stiftung betont, auch als ein politisches Manifest, das abschließend erläutert werden soll.

In ihrer über einen längeren Planungsprozess um 1710/11 entwickelten Gestalt war die dem Kuppelbau über dem Märtyrergrab vorgesetzte, prachtvolle Schaufassade des Neumünsters ein sichtbares Votiv- und Dankopfer des regierenden Fürsten an die heiligen Gründungsväter von Bistum und Hochstift, das zugleich Würzburgs Rang in dem durch Maria als Mater Ecclesiae und Patronin des Frankenlandes sowie durch Christus als Weltenherrscher und *Salvator mundi* verkörperten universellen Seinszusammenhang bezeichnete. Dabei markierte die wohl erst um 1709/10 gefallene Entscheidung zur Errichtung eines Kuppelbaues über dem Märtyrergrab vermutlich zugleich den Beginn einer erneuten Intensivierung des Kiliankultes am Ort des Martyriums und ersten Begräbnisplatz der Heiligen. Diese steht sicherlich zunächst im Zusammenhang mit der parallel vollendeten Erneuerung und ikonographischen Veränderung der Domausstattung wie darüber hinaus im Zeichen des allgemeinen fürstlichen Engagements zugunsten der Hauptkirchen der Stadt, das die programmatische Bedeutung Würzburgs als einer Vorburg der katholischen Religion anschaulich machen sollte. Fortan besaß die Stadt in den Türmen und der Kuppel von Salvatordom und Neumünster ihr auch städtebaulich wirkungsvolles geistliches Zentrum, das als eine steinerne Krone interpretiert werden konnte.[448] Darüber hinaus bot das geistliche und weltliche Angelegenheiten des Bistums und Hochstiftes integrierende Kilianthema aber auch Gelegenheit zur propagandistischen Öffnung auf zeitgeschichtliche Aktualitäten und Zusammenhänge. So hatte Johann Philipp von Greiffenklau dem Heiligen und seinen Gefährten, wie oben schon dargestellt, nach der guten Ernte des Jahres 1702 eine Schaumünze in einer Serie von insgesamt drei Medaillen gewidmet, die mit der Umschrift *HAC MAGNA TRIADE PATROCINANTE* versehen die

[447] Siehe oben Kap. IV. 3.5.: Mariae-Himmelfahrt-Darstellungen unter Johann Philipp von Greiffenklau.

[448] Siehe z.B. Gottfried Mälzer, Alt Würzburg einst und jetzt. Begleitbuch zur Ausstellung der Universitätsbibliothek Würzburg zum Gedenken an den 16. März 1945, Würzburg 1995, mit dem „Postkartenblick" auf Kuppel und Türme von Dom und Neumünster (Abb. 3 und 4, S. 6 f).

Wohlfahrt des Hochstiftes der Fürbitte und Fürsorge der Heiligen anheim stellte.[449] Auch in den Jahren, in denen die Entscheidung über Kuppel- und Fassadenprojekt heranreifte, mag sowohl der Schutzversicherung gegenüber den alten Landespatronen wie der in ihnen verkörperte Existenzgarantie für Bistum und Hochstift, die letztlich auch aus der Stiftungsinschrift auf der Fassade spricht, innenpolitisch Bedeutung zugekommen sein. Das Hochstift befand sich ja seit 1701 auf der Seite des Kaisers im Reichskrieg gegen Frankreich, der, wie oben geschildert, im Jahr 1706 auch auf das eigene Territorium überzugreifen drohte. Dabei könnte in diesem Zusammenhang die Erinnerung an die bereits im Mittelalter propagierte Wehrhaftigkeit der Frankenapostel, deren Eingreifen man u.a. den Sieg in der Schlacht von Kitzingen im Jahr 1266 zuschrieb, eine Rolle gespielt haben. So besaß zumindest die in dieser Schlacht dem bischöflichen Heer vorangetragene Kilianfahne im Zeremoniell der Cyriacus- wie der Kilianprozessionen sichtbare Bedeutung.[450] In der Ausstattung des Giebelfeldes der Salvatornische mit einem auf den Weltenherrscher selbst oder auf seinen Stellvertreter verweisenden flügelschlagenden und gekrönten Adler scheint mir darüber hinaus aus diesen allgemeinen Zusammenhängen ein konkreter Bezug auf das nach dem unerwarteten Tod Josephs I. in nicht unumstrittener Wahl auf seinen Bruder und spanischen König Karl übergegangene Habsburger Kaisertum möglich,[451] das in den kaisertreuen Reichsteilen immer wieder propagiert und aus der *providentia divina* abgeleitet wurde. So beschreibt auch der fürstliche Historiograph Valentin Kirchgeßner die Ereignisse um den Übergang der Kaiserwürde auf Karl in einer für ihn typischen universalgeschichtlichen Überschau als Folge göttlicher Vorherbestimmung:

> „Allermassen die Veränderung deren Reichen nicht zufällig seynd / sondern eine unumbgängliche Nothfolge (verstehe allhier eine Christliche Nothfolge) das ist / eine Folge der Göttlichen Vorsichtigkeit / welche nicht mit sich führet eine Noth des Zwangs / sondern die Unfehlbarkeit […][452]

Dabei ging es Kirchgeßner nicht allein darum, die Wahl Karls als individueller Person zu illustrieren und als gottgewollt zu propagieren. Sein Anliegen war es vielmehr in der konkreten Deutung des *Phoenix redivivus* den Verbleib des Kaisertums beim Hause Habsburg im Sinne einer überpersonellen Identitätsideologie[453] analog zum Verständnis der Vier-Reiche-Lehre als einen der eschatologischen Zweckbestimmung der *res publica humana* gemäßen Vorgang zu beschreiben, aus dem zugleich die fortdauernde göttliche Garantie zeitlicher und ewiger Glückseligkeit für die unter dem Banner des Kaisers versammelten Nationen zu schließen war.

> „Dann unter den Häusern der gantzen Welt wird kein älteres / kein Gottesförchtigeres gefunden als das HauS Habsburg oder Ertz=Hauß Oesterreich […]. Und weilen die vom HauS Oesterreich sich allezeit der Christenheit zum besten Tapffer verhalten / als seynd sie von denen römischen Päpsten Söhne deS H. Petri / Advocati, Erhalter und Beschützer der Rechten der Kirchen genennet worden. […] Dann / nachdeme kein nutzlicher und nothwendigere Tugend ist in einem Fürsten als die Gottes=Forcht / dann diese und die Haltung des Gesätzes die rechte Grund=Säulen deS Reichs seynd / so ist nichts denen vom HauS Oesterreich allzeit mehr angelegen gewesen / als die Frommigkeit / und den wahren Catholischen Glauben zu behalten / und zu erhalten; zu Erhaltung dessen sie sich nicht allein selbst / sondern auch ihre Reich und Güter Gott dem Allmächtigen verlobet haben."[454]

[449] Siehe oben Kap. IV. 4.: Imitatio Chiliani. (Zitat der Medallieninschrift nach Trenschel, 11.)

[450] Siehe hierzu oben Kap. IV. 4.1.: Die Kiliankult nach 1650 und seine mittelalterlichen Wurzeln sowie H. Dünninger, 1962, 152, ferner Gropp, Lebens=Beschreibung, 51, mit Erwähnung der Cyriacusprozession.

[451] Siehe zu den Zusammenhängen der Wahl Kaiser Karls VI. Matsche, I, 28 ff.

[452] Kirchgeßner, 293.

[453] Matsche, I, 316.

[454] Kirchgeßner, 294 f.

In diesem Grundverständnis der Bedeutung des Habsburger Kaisertums, das die kaiserlichen Vertreter dieses Hauses als natürliche Beschützer der geistlichen Staaten erscheinen ließ, suchte Kirchgeßner aber auch ein konkretes Hinwirken Greiffenklaus auf die Wahl Karls VI. zu behaupten:

> „Unser Durchleuchtigste Fürst warffe auff Oesterreichische Manier nun seine Tugend-Strahlen auff die Gemüther der Reichs-Standen / und erweckte ein inbrünstiges Verlangen Carolum auf dem Thron zu sehen [...] / dann Carolus ware den 12. Octobris 1711.ter Jahrs für das jenige Liecht erkennet / welches auff den allerhöchsten Leuchter in der Welt gesetzt zu werden verdienet / das ist mit einhelliger Stimm des Churfürstl: Collegii zu Römischen Kayser erkohren / und mit grösten Jubel der zu Franckfurth versammleten Welt außgeruffen worden.
> Wie sehr diese glücklichst außgeschlagene Wahl Ihro Hochfürstl: Gnaden erfreuet und getröstet / ein solches erhellet ab deme / daß dieselbe wegen glücklichster Wahl Ihro Kayserlichen Majestät dem eylfften Novembris deßwegen ein Solennes Danck=Fest angestellet [...].“[455]

Diese Aussagen führen zurück zum ikonographischen Gesamtkonzept der Neumünsterfassade und des Kuppelbaues über dem Märtyrergrab und lassen sich hier exemplarisch vertiefen.[456] Auch die Fürstbischöfe von Würzburg leiteten die Existenz- und Zweckbestimmung ihres Staatswesens aus der geschichtstheologisch fundierten Ideologie des Heiligen Römischen Reiches als dem letzten unter den irdischen Weltreichen ab. Dabei beriefen sie sich auf die durch den Gründungsapostel Kilian und seine Gefährten und Nachfolger erworbenen geistlichen Verdienste, die die Wohlfahrt des Hochstiftes wie der gesamten *res publica christiana* bestimmten. In diesem Verständnis waren die Fürstbischöfe von Würzburg, die in der besonderen Bedeutung des Konsekrationsaktes in die Tugend- und Leistungsnachfolge des heiligen Märtyrers traten, zugleich die legitimen Bundesgenossen des Kaisers als Typus Christi im Kampf gegen die Feinde des Reiches und der Kirche. Diese letztlich politische Sinngebung der Fassade erhielt im Jahr ihrer Fertigstellung nach dem Ende des Spanischen Erbfolgekrieges wie aus Anlass des beginnenden Dritten Türkenkrieges besondere Aktualität. In der Zusammenfassung ergänzt die bereits beschriebene Tympanonszene mit der Darstellung der himmelfahrenden Maria als „Türkensiegerin“ konkret jene Inhalte, die den zeitlichen Kampf des Stellvertreters Christi und seiner Verbündeten proklamieren. So entwickelte sich in einer möglicherweise erst um 1711/12 und 1716/17 erfolgten Erweiterung das Kirchenfassade und Kuppelbau des Neumünsters zusammenfassende ikonographische Programm schließlich zu einer Gesamtschau jenes universalen Gedankengebäudes, auf dessen Fundamente sich der geistliche Reichsfürst in seiner bedrohten Sonderexistenz zu Beginn des 18. Jahrhunderts noch berufen konnte. Die Stiftung der glanzvollen Fassade wie des Kuppelbaues an die Patrone des Vaterlandes darf daher in einem hohen Maß als ein energischer Akt der Selbstdarstellung und Selbstbehauptung des bischöflichen Stifters und des von ihm repräsentierten Hochstiftes verstanden werden.

455 Kirchgeßner, 299. Während dieses Dankgottesdienstes im Dom wurde von P. Johannes Schatz S.J. eine Predigt mit dem Titel: „Das strahlreichste und auff den höchsten Leuchter erhebte Liecht Carolus VI. erwählter Römischer Kayser [...] bey e. Solennität welche Joannes Philippus [...] Bischoff zu Würtzburg [...] wegen glücklichstem Außgang deß Kayserlichen Wahl-Tags [...] im Jahr 1711 den 11. Nov. [...] celebriert hat,“ gehalten, aus der Kirchgeßner nach eigenen Angaben die geschichtstheologischen Inhalte seiner Darstellung bezog. – Johannes Schatz hatte, wie oben im Zusammenhang mit der ikonologischen Deutung der Himmelfahrt Mariens im Tympanon der Neumünsterfassade erwähnt, auch die Predigt zum Sieg der kaiserlichen Heerscharen in der Schlacht vor Belgrad gehalten. Weitere Predigttexte des Paters über das zum Tod Josephs I. im Würzburger Dom errichtete Trauergerüst sowie zur Geburt Erzherzog Leopolds (1716) sind in der UB Wü. erhalten. Es scheint denkbar, dass mit Schatz eine der Personen greifbar wird, die die Anliegen, Ikonographie und Ikonologie der kaiserlichen Propaganda im Reich nach Würzburg vermittelten. – Zur Vervollständigung der Ansätze einer Reichsikonographie im Neumünster sei darauf verwiesen, dass zur späteren Ausstattung der Kuppelrotunde auch ein den heiligen drei Königen als Reichspatronen geweihter Altar gehörte; ferner wurde dem ebenfalls als Reichspatron fungierenden hl. Joseph im Langhaus ein Altar geweiht. Siehe KDB XII, Stadt Würzburg, 304 ff.

456 Auch in diesem Zusammenhang sei nochmals auf Antz, insbes. Kap. 9 (109–132) Fassadeninszenierung, verwiesen. Allerdings bleibt seine Interpretation der ikonographischen Zusammenhänge z.B. zur Figur des Johannes oder auch zur Mariae-Himmelfahrt hier etwas oberflächlich.

V. Die Entwicklung des Altarbaues im Hochstift Würzburg zwischen 1680 und 1730

1. Zum Stand der Forschung

War es in den vorausgehenden Kapiteln dieser Arbeit das Anliegen, fürstliche Auftragskunst im Kontext ihrer ideengeschichtlichen Bedeutung zu betrachten, so sollen die Stiftungen sakraler Kunst, worunter in dem hier betrachteten Zeitraum vor allem Altarretabel sowie zunehmend auch Gesamtausstattungen für bestimmte Kirchenräume zu verstehen waren, nun abschließend im Kontext der allgemeinen Entwicklung kirchlicher Innenausstattungen formal-genetisch analysiert und in eine morphologische Reihenfolge gesetzt werden. Diese Betrachtung vermag den ersten Teil der Arbeit dahingehend zu ergänzen, als sich erweisen wird, dass die Stiftungen der Fürstbischöfe und der hohen kirchlichen Würdenträger im betrachteten Zeitraum ausnahmslos in enger und direkter Anlehnung an die berühmtesten zeitgenössischen Projekte römischer und oberitalienischer Kunst entstanden, wodurch sich die Auftraggeber im nobilitierenden Urteil ihrer Zeitgenossen über die Absicht der frommen Stiftung hinaus als kunstverständig erwiesen. Damit entwickelt sich aus den oben analysierten Ausstattungsprojekten kirchlicher Kunst im Hochstift Würzburg eine auch formal-genetisch erstaunlich geschlossene Reihe, die für die Erörterung des Themas „sakrale Innenausstattung" nahezu exemplarischen Charakter hat. Zu ihrer Vervollständigung muss allerdings auf einige weitere Ausstattungsprojekte zurückgegriffen werden, die wie die Kloster- und Stiftskirchen von Fulda, Komburg, Bronnbach und Banz über verschiedene biographische und historische Verbindungen im engsten Zusammenhang mit dem Würzburger Kunstgeschehen stehen.

Die Entwicklungsgeschichte des barocken Altarbaues in Deutschland ist noch immer ein Desiderat der Forschung. Dies belegen bereits die oft weit zurückliegenden Publikationsdaten der wenigen existierenden Altarmonographien,[1] die die formale Entwicklung der Gattung in mehr oder weniger weit gefasstem Überblick, häufig jedoch ohne Reflexion der jeweils vorgegebenen Standortsituation zusammenfassen. Aber auch in den jüngeren Darstellungen zu diesem Thema wurde bisher nur selten versucht, die Betrachtung des Altarbaues aus der gattungsgeschichtlichen Bezogenheit, vorzugsweise auf die Architektur oder die Plastik, zu lösen und in eine Analyse der kirchlichen Innenarchitektur als konkretem Aufgabenfeld künstlerischer Projektion zu überführen.[2] So konzentriert sich etwa auch Guido Reuter in seiner sehr reichhaltiges Material bearbeitenden Dissertation zur Entwicklung des Altarbaues in Bayern,[3] das zumindest durch seine optische Präsentation viele Aspekte des fränkischen Altarbaues vertiefen kann, auf die formale Analyse herausragender Einzelwerke, ohne deren historischen, ikonologi-

1 So z.B. das in seiner Komplexität unübertroffene Standartwerk von J. Braun, Der christliche Altar 2 Bde., München 1924; R. Hoffmann, Der Altarbau im Erzbistum München und Freising in seiner stilistischen Entwicklung vom Ende des 15. bis zum Anfang des 19. Jahrhunderts, München 1905; ders., Bayerische Altarbaukunst, München 1923; Robert Grosche, Der Kölner Altarbau im 17. und 18. Jahrhundert, (phil. Diss.), Köln 1923, ²1978 mit Beiträgen von Christian Pesch und H. P. Hilger; F. Moser, Der Altar im Lande Salzburg vom Jahre 1600 bis 1770, (phil. Diss.), Wien, 1925; G. Rotter, Die Entwicklung des österreichischen Altarbaues im 17. Jahrhundert, (phil. Diss.), Wien 1966.

2 Richtungweisend in Hinblick auf einen solchen Ansatz ist die bereits erwähnte Dissertation von Renate Jürgens, Die Entwicklung des Barockaltars in Rom, (phil. Diss.), Hamburg 1956, die die illusionistische Rauminszenierung als eigenständige künstlerische Aufgabe würdigt.

3 Guido Reuter, Barocke Hochaltäre in Süddeutschland 1660–1770, Petersberg 2002.

schen oder auch szenographischen Kontext zu beachten. Zu den bemerkenswerten Ausnahmen gehört die hier bereits viel zitierte Dissertation von Angelika Seifert, die allerdings im Rahmen des beabsichtigten Darstellungsziels wiederum den Aspekt der herrschaftspropagandistischen Funktion der Altarstiftungen nur am Rand berührt.[4] Seiferts Arbeit legt in der formalen Analyse des barocken Altarbaues in Westfalen und der Entwicklung einer konsequenten Interpretationsmethodik entscheidende Grundlagen, auf die ich mich im Folgenden immer wieder berufen kann.

Auf den Zusammenhang der Kontextforschung konzentriert sich ausdrücklich Ursula Brossette in ihrer sehr aufschlussreichen Marburger Dissertation über *Die Inszenierung des Sakralen*,[5] indem sie die theatralischen, aus dem Grundcharakter des religiösen Festes abgeleiteten Ausstattungselemente süddeutscher Barockkirchen analysiert: „Temporäre Dekorationen wie Triumphpforten, Kulissengräber oder das Fastenvelum [...] verändern den Sakralraum und verwandeln ihn in eine [...] Festkulisse für die sakralen Zeremonien, festlichen Aufzüge und geistlichen Spiele." Aus dieser Betrachtung abgeleitet entwickelt die Autorin den Ansatz, den Kirchenraum „keinesfalls ausschließlich als architektonisches Kunstwerk betrachten" zu wollen, „sondern vielmehr in seiner Funktion als wirkungsvolle Hintergrundkulisse für sakrale Zeremonien."[6] Mag diese Beschränkung des Blickwinkels zunächst etwas provokant wirken, leitet die Autorin im Folgenden daraus jedoch mehrere grundlegende Thesen ab, die den Rahmen meiner vorgetragenen Überlegungen sinnvoll ergänzen. Danach geht Brossette davon aus, dass das theatralische Dekorationssystem süddeutscher Barockkirchen auf liturgische Bedürfnisse bei der Gestaltung kirchlicher Festakte antwortet, indem es auswechselbare Kulissen für die Inszenierung des Sakralen schafft oder eine im Messverständnis und in der Andachtspraxis vorgebildete dramatische Grundstruktur zur ständig präsenten Ausstattung verfestigt. Dabei seien insbesondere jene Kirchen, an deren Planung fürstliche Persönlichkeiten beteiligt waren, von den Erfordernissen höfischer Repräsentation und Festkultur geprägt. In diesem Sinne sei der Illusionismus des Theaters – ähnlich wie bei Hofe oder in den glaubensdidaktischen Aufführungen der Ordenstheater – auch im Kirchenraum ein Medium, den Herrscher zu verherrlichen.[7]

Sehr hilfreich war mir schließlich die Studie von Felix Ackermann über *Die Altäre des Gian Lorenzo Bernini* von 2007,[8] die grundsätzlich feststellt, dass in der Altarbaukunst die schöpferischen Ambitionen der kirchlichen Innenraumgestaltung kulminieren. Der Autor sucht daher die formale innovative Leistung Berninis aus dem Kontext der Gesamtinszenierung zu beschreiben, indem sich etwa das Retabel zum Ereignisraum wandelt oder den Zelebranten in die visualisierte jenseitige Sphäre einbezieht. Die inszenatorische Leistung Berninis und seines römischen Umkreises sowie letztlich auch das künstlerische und publikatorische Werk Pozzos waren den fürstlichen Auftraggebern in Würzburg und ihren ausführenden Künstlern, wie abschließend noch einmal dargestellt werden soll, ganz offensichtlich wohl bekannt und leiteten dort den künstlerischen Paradigmenwechsel in der Konzeption und im Verständnis der Innenraumarchitektur im Übergang vom 17. zum 18. Jahrhundert ein, der im Folgenden näher analysiert werden soll.

Der fränkische Altarbau in den Grenzen des alten Hochstiftes Würzburg, war bisher lediglich Gegenstand einiger monographischer Darstellungen. Auch die beiden erwähnten Dissertationen von Reuter und Brossette lassen die fränkischen Altar- und Ausstattungsprojekte außer Acht. Unter den jüngeren Arbeiten war vor allem die Heidelberger Dissertation von Gabriele Heitsch,[9] die sich wiederum lediglich auf die Analyse von Einzelwerken beschränkt und deren Funktion im Kontinuum des barocken Innenraumes vernachlässigt, allein aufgrund der bearbeiteten Materialfülle hilfreich. Allerdings schmälert der Verzicht auf eine Vertiefung des bedeutungsgeschichtlichen Hintergrundes den Erkenntnisge-

4 Angelika Seifert, Westfälische Altarretabel (1650–1720). Ein Beitrag zur Interpretationsmethodik barocker Altarbaukunst, Bonn 1983.

5 Ursula Brossette, Die Inszenierung des Sakralen. Das theatralische Raum- und Ausstattungsprogramm süddeutscher Barockkirchen in seinem liturgischen und zeremoniellen Kontext, Weimar 2002.

6 Brossette, 25.

7 Brossette, 26.

8 Felix Ackermann, Die Altäre des Gian Lorenzo Bernini. Das barocke Altarensemble im Spannungsfeld zwischen Tradition und Innovation, Petersberg 2007.

9 Gabriele Heitsch, Der unterfränkische Altarbau des ausgehenden 17. bis zur Mitte des 18. Jahrhunderts, (phil. Diss. Heidelberg), München 1968.

winn dieser Arbeit zum Teil erheblich. Eine wesentliche Grundlage schuf die verdienstvolle Monographie Tilman Kossatz' zu Leben und Werk des Würzburger Hofbildhauers Johann Philipp Preuß (1605 – ca. 1687),[10] deren Bedeutung allein schon aufgrund des hohen Informationsgehaltes des recherchierten Quellenmaterials nicht zu unterschätzen ist. Auch sie beschränkt sich allerdings, dem Forschungsgegenstand entsprechend, auf die Darstellung einzelner Objekte und analysiert nicht deren Wirkung im Kontinuum des Gesamtraumes. So blieb insgesamt die Erkenntnis eines Zusammenhangs zwischen dem verschiedene künstlerische Gattungen integrierenden Altarbau und der Entwicklung der sakralen Innenausstattung als künstlerisches Aufgabenfeld, dessen Motivation sich im Allgemeinen aus der zeitgenössischen *propaganda fidei* wie im Besonderen aus dem Zusammenhang der katholisch-konfessionellen Herrschaftspropaganda ergibt, im Wesentlichen bisher ohne wissenschaftliche Konsequenz.

2. Die Entwicklung Würzburger Altarretabel zwischen 1680 und 1701

Tilman Kossatz fasst die entscheidende Entwicklung dieses Zeitraumes in der Beobachtung zusammen, dass in der architektonischen Bildung einer Reihe von Altären des Preuß'schen Spätwerkes, namentlich des Hochaltares der Klosterkirche Bildhausen (1679), des Hochaltares der Würzburger Karmeliterkirche (1687, *Abb. 35*) und des Mirakelaltares für Dettelbach (1687, *vgl. Abb. 28*), wobei letzterer wohl in der Ausführung bereits maßgeblich von Preuß' langjährigem Gesellen Johann Michael Rieß betreut wurden, italienischer Einfluss wirksam zu werden beginnt.[11] Während Preuß wie sein Nachfolger Johann Michael Rieß sich über die Entwicklung der römisch-italienischen Altarbaukunst vermutlich in Verwendung des üblichen Vorlagenmaterials informierte, gelangte mit einer Reihe nach Franken einwandernder oder in den angrenzenden Territorien tätiger italienischer Künstler, wie z.B. Giovanni Battista und Diego Francesco Carlone in Passau und Amberg, Giovanni und Carlo Domenico Lucchese in Speinshardt und Waldsassen, Francesco Giulio und Giovanni Battista Brenno in Ebrach sowie schließlich den im Umkreis des Würzburger Baumeisters Antonio Petrini tätigen Ausstattungskünstlern oder dem ab 1699 in der fränkischen Bischofsstadt nachzuweisenden Pietro Magno mit der Vermittlung authentischen italienischen Formengutes auch die Kenntnis illusionistischer Rauminszenierungen nach Franken.[12] Weiterhin war eine Gruppe jüngerer deutschsprachiger Künstler, die zum Ende des 17. Jahrhunderts nach Franken übersiedelte, mit der italienischen Kunstentwicklung wohl zum Teil bereits in eigener Anschauung oder aber aus der Zusammenarbeit mit den Italienern vertraut, so dass auch diese zu Vermittlern werden konnten. Neben dem in Ebrach tätigen Johann Maucher[13] und im Ansatz wohl auch dem Würzburger Johann Caspar Brandt ist hier nach 1690 zunächst der Minoritenbruder Kilian Stauffer[14] sowie zum Ausgang des Jahrhunderts vor allem Balthasar Esterbauer zu nennen, der die Ent-

[10] Tilman Kossatz, Johann Philipp Preuß (1605–ca. 1687). Ein Beitrag zur Genese barocker Bildkunst in Franken (Bde. I u. II, zit.: Kossatz I / II), (phil. Diss.), Würzburg 1988.

[11] Kossatz, I, 137 ff.

[12] Kuhn; Lucia Longo, Antonio Petrini, Architetto Calavino di Trento 1621 – Würzburg 1701, Trento 1974; Dorothee Trepplin, Bau und Ausstattung des Klosters Ebrach im 17. und 18. Jahrhundert, (phil. Diss. Würzburg, 1930), Berlin 1937; Werner Heunoske, Giovanni Battista und Francesco Giulio Brenno – Zwei Tessiner Barockstuckatoren und ihre Tätigkeit für das Zisterzienserkloster Ebrach (1693–1697), in: JbFL 50 (1990), 179–242; Zur Tätigkeit italienischer Stuckateure in Franken, Bayern und angrenzenden Gebieten siehe ferner: M. Marangoni, I Carloni, Florenz 1925; H.-M. Sauren, Antonie Giuseppe Bossi, ein fränkischer Stuckator, Würzburg 1925; I. Dalchow, Italienische Stukkatoren und ihre Ornamentik in der bayer. Architektur um 1700, (phil. Diss.) Kiel 1926; A. M. Zendralli, Graubündener Baumeister und Stuckatoren in deutschen Landen zur Barock- und Rokokozeit, Zürich 1930; F. Martin, Die Stukkatoren des Salzburger Domes, in: Mitt. d. Gesellsch. f. Salzburger Landeskunde 84–85 (1944/45) 91 ff. A. Gürth, Lurago, Carlone und Dientzenhofer, in: Christl. Kunstbl. Bd. 97 (1959), 5 ff; E. Guldan, Die barocke Gewölbedekoration des Passauer Domes, in: Passauer Jb. f. Gesch., Kunst und Volkskunde, Bd. 5 (1961), 73 ff; ders., Italienische Stuckatoren in Bayern, in: E. Arsian (Hg.), Arte e Artisti dei Laghi Lombardi, Como 1964, 182–194; A. Ress, Der Würzburger Domstuck, in: DKD 20 (1962), 103–126.

[13] T. Kossatz, Zwei Altäre Johann Michael Mauchers für Ebrach, in: MfrJb. 29 (1977) 81–91.

[14] Andreas Niedermayer, Kunstgeschichte Würzburgs, Würzburg 1860; Fritz Kempter, Würzburgs Bildhauer 1650–1700, (phil. Diss. masch.), Frankfurt 1924 (1925).

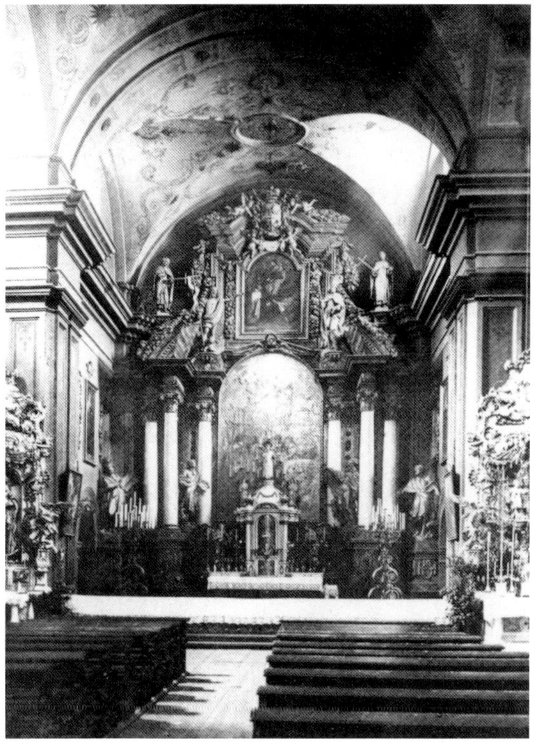

Abb. 35: Würzburg, ehem. Karmeliterklosterkirche St. Joseph und Magdalena: Hochaltar v on Johann Philipp Preuß, 1684 (Kriegsverlust).

wicklung des Altarbaues und der sakralen Ausstattungskunst innerhalb des Hochstiftes in den folgenden drei Jahrzehnten entscheidend bestimmen sollte.[15]

Der sich im Generationenwechsel der Künstlerschaft nach 1680[16] vorbereitende und sich nicht zuletzt im gleichzeitigen Wandel der Altarbaukunst allgemein vollziehende künstlerische Paradigmenwechsel

15 Mit der Person und dem trotz schwerer Kriegsverluste noch immer umfangreich erhaltenen Werk des Bildhauers Balthasar Esterbauer hat sich bisher lediglich Robert Diehl in seiner Frankfurter Dissertation von 1924 (R. Diehl, Balthasar Esterbauer, 1924) tiefer auseinandergesetzt. Aufgrund der geradezu exemplarischen Karriere des aus Niederbayern stammenden Künstlers in Würzburg und der herausragenden Qualität seiner Werke scheint eine weitergehende Würdigung seines noch nicht erfassten Gesamtwerkes wünschenswert. – Esterbauer wurde nach bisherigen Kenntnissen um 1672 in Mettenbach (Medmach Inferioris Bavariae; hierzu die biographischen Angaben zum Bruder Thomas bei Joachim Hotz, Kloster Banz, aus dem Nachlass hg. von R. Hanemann u. a., Bamberg 1993) als Sohn eines Schreinermeisters geboren. Aufgrund seiner profunden Kenntnisse schreinerischer Konstruktionen im Retabelbau ist es nicht ausgeschlossen, dass er eine erste Ausbildung im Betrieb seines Vaters absolvierte. Über seine Lehr- und Gesellenjahre als Bildhauer ist nichts bekannt, wahrscheinlich scheint mir jedoch eine Ausbildung in einer Werkstatt des Innviertels (Umkreis Zürn, Th. Schwantaler, M. Guggenbichler) oder in einer schon früh die Neuerungen italienischer Kunst rezipierenden Werkstätte des oberbayerisch-tirolerischen Grenzgebietes. Auch ein eigener Italienaufenthalt vor seiner Niederlassung in Würzburg ist zu erwägen. Unklar ist bisher die Bezeichnung Esterbauers als Witwer (viduus) anlässlich seiner Eheschließung mit der aus einer alteingesessenen Würzburger Handwerkerfamilie stammenden Anna Maria Siebenlist am 5. April 1701. Sollte dies die zweite Verehelichung Esterbauers gewesen sein, so wäre der Zeitpunkt seiner Niederlassung als selbständiger Meister um die Dauer der ersten Ehe, einschließlich einer gewissen Trauerfrist, zurückzuverlegen. Ferner ist eine vorübergehende Zusammenarbeit Esterbauers mit der Werkstatt des Johann Caspar Brandt zu prüfen. Wenig ist bisher auch die über engere und wohl freundschaftliche Beziehungen Esterbauers zu Johann Dientzenhofer bekannt, dessen Sohn Johann Christoph (?) 1706 Pate des ersten Kindes Esterbauers wird. Ferner sind als Paten der Söhne Esterbauers der Orgelmacher Johann Hofmann (1709) und Balthasar Neumann (1717) belegt. Siehe zur Herkunft Esterbauers auch Hans Peter Trenschel, Thomas Wagner, Beiträge zu Leben und Werk des Bildhauers Thomas Wagner, in: MfrJb. 28 (1976), 55–94. Zu Johann Hofmann siehe Hermann Fischer, Theodor Wonhaas, Johann Hofmann, Hof- und Orgelmacher in Würzburg, in: WDGB 50 (1988) 739 ff.

16 Ca. 1687 Tod des Johann Philipp Preuß, 1701 Tod des Johann Michael Rieß und Antonio Petrinis, 1702 Tod des Johann Caspar Brandt.

wäre ohne eine entsprechende Neuorientierung in der Auftraggeberschaft nicht denkbar gewesen. Dies wird schon in den ersten Stiftungen des Fürstbischofs Johann Gottfried von Guttenberg, nämlich dem Hochaltar für die Karmeliterkirche und dem Dettelbacher Mirakelaltar von 1687 sowie dem Hochaltar für die Pfarrkirche Veitshöchheim *(vgl. Abb. 36)* von 1692 greifbar und findet in den bereits ausführlicher behandelten Hochaltären für Stift Haug *(vgl. Abb. 45)* und die Wallfahrtskirche Fährbrück (1695, *vgl. Abb. 47*) sowie schließlich in der Stiftung des Johann-Gottfried-Altares für das Domlanghaus (um 1700/01, *vgl. Abb. 41)* zur reifen Entwicklung. Im Zentrum dieses Prozesses steht aber wohl die zunächst durch die Initiativen des Domdekans Franz Christoph von Rosenbach vorangetriebene Diskussion um die Erneuerung des Würzburger Domhochaltares, die innerhalb der Führungsschicht des Domkapitels eine intensive Auseinandersetzung mit den neuen Entwicklungstendenzen des zeitgenössischen Altarbaues auslöste. Unter der von Anfang an gegebenen Voraussetzung, dass der projektierte Altar wie bereits sein Vorgänger die Form eines Ziboriums haben sollte, ließ Rosenbach 1685, wie oben dargestellt, zunächst von Johann Philipp Preuß ein Modell anfertigen, von dem er mit den am Planungsgeschehen beteiligten Domherren und dem regierenden Fürstbischof jedoch zwei Jahre später zugunsten des Abrisses nach dem Straßburger Hochaltar *(vgl. Abb. 14)* abwich. Dieser Abriss wiederum diente dann dem bis in die Greiffenklauzeit favorisierten Modellentwurf des Johann Wolfgang Fröhlicher vom November des Jahres 1687 als Vorbild.[17]

Im selben Jahr, allerdings wohl vor Kenntnisnahme des Fröhlichermodells,[18] trat Guttenberg, wie bereits erwähnt, als Stifter des Hochaltares für die Karmeliterkirche sowie als Mitstifter für den Dettelbacher Mirakelaltar auf. Bei beiden Altären lässt die Identität des Stifters wie die Person des zumindest noch planerisch beteiligten alten Hofbildhauers Preuß vermuten, dass sich in ihrer architektonischen Struktur auch der Stand der künstlerischen Diskussion um den neuen Domhochaltar widerspiegelte, bevor die mit dem Straßburger Abriss vermittelte wesentliche Neuerung, nämlich die zwischen zwei rechtwinklig angeordneten Pfeilern diagonal freigestellte Säule, verarbeitet wurde. Dieses neue und richtungweisende Motiv fand erst in einer weiteren Altarstiftung Guttenbergs, nämlich dem ebenfalls schon genannten, von Johann Caspar Brandt ausgeführten Hochaltar der Pfarrkirche Veitshöchheim von 1692 Beachtung. In den drei späten Stiftungen des Johann Gottfried für Stift Haug und Fährbrück nach der Vorlage eines ephemeren Triumphbogenprojektes Carlo Fontanas sowie dem postum realisierten Altar für das Domlanghaus nach dem Vorbild des Ignatiusaltares des Andrea Pozzo zeigt sich dann bereits die profunde Kenntnis und souveräne Adaption der italienischen Vorlagen.[19]

2.1. Die späten Projekte des Johann Philipp Preuß

Wie Tilman Kossatz darlegt, kennzeichnet es den in den Hochaltären der Klosterkirchen Bildhausen und Wechterswinkel sowie der Würzburger Karmeliterkirche *(vgl. Abb. 35)* greifbar werdenden Spätstil des Johann Philipp Preuß, dass er die Idee der Verräumlichung der Architektur, die somit Platz für frei agierende Figuren schuf, aufnahm, indem er die Säule von der Bindung an die Retabelrückwand löste und in allerdings noch grundsätzlich rechtwinkliger Anordnung von außen nach innen, also auf das Altarbild zu, staffelte.[20] Diese Säulenrücksprünge wurden durch Verkröpfungen des Gebälks (Bildhausen, Wechterswinkel) oder aber einen zusätzlichen Sprenggiebel über dem vorderen Säulenpaar (Karme-

[17] Siehe hierzu oben Kap. IV. 2.4. ff.

[18] Kossatz, II, 489, Anm. 567; Rechnungen Urs.kloster StAWü R 8283 (1687) fol. 91 r. Aus den Angaben der Rechnungsspezifikation ist leider kein genaues Datum der Holzlieferung zu entnehmen.

[19] Siehe hierzu in diesem Kapitel vertiefend den Absatz 2.3. In der Nachfolge des Veitshöchheimer Hochaltares und der beiden Projekte für Stift Haug und Fährbrück steht auch der wohl von Johann Michael Rieß geschaffene Hochaltar für die Pfarrkirche Iphofen von 1702. Dieses Werk lässt erkennen, wie weit sich das Formenrepertoire des Bildhauers unter dem Einfluss der fürstlichen Auftragskunst zu wandeln vermochte. Siehe zu Rieß ebenfalls Kempter, 70–88.

[20] Kossatz, I, 137 ff.

literkirche) akzentuiert. Die so geschaffene Altarbühne entwickelt sich als kulissenartiger Schichtenraum, der zumindest der Tendenz nach die Möglichkeit bot, Licht zur mystischen Verklärung der figürlichen Szene aus verdeckter Quelle einfallen zu lassen, um damit zugleich die noch problematische Schnittstelle im Übergang zwischen Makro- und Mikroarchitektur, also zwischen Kirchenraum und Altararchitektur zu interpretieren. Dies ist in allerdings noch begrenzter Wirkung im Hochaltar der Karmeliterkirche erreicht, dessen figurenbekröntes Obergeschoss aus den durch Stichkappen stark überschnittenen seitlichen Fenstern Licht erhielt. In dieser Entwicklung folgte der langjährige Geselle des Preuß, Johann Michael Rieß, der nach seiner Übersiedlung nach Mainstockheim im Hochaltar für die Pfarrkirche von Eibelstadt sowie in den Seitenaltären für Stift Haug *(vgl. Abb. 7–9)* als selbständiger Bildhauer fassbar wird.[21]

Angelika Seiffert beschreibt den Prozess der beginnenden Integration des als Bühnenportal gebildeten Retabels in die Raumstruktur der Kirche am Beispiel westfälischer Altäre wie folgt:

> „Retabelarchitektur und Bildprospekt werden nun mit der Flucht des Realraumes zusammen zu einer Perspektive homogenisiert. In dieser Umkehrung des Säulenrücksprungsmotives zum Retabelzentrum und -inneren liegt der prinzipielle Ansatz für die szenographische Integration des hochbarocken Kirchenraumes [...]. Die Kontraktion der äußeren Säulenstellung zum rhythmischen, einachsigen Portalmotiv verursacht eine Konzentration der kompositorischen Spannung vom Raum auf den Altar, der zu einem bedeutenden oder dem bestimmenden Akzent im Raum wird. Die Umkehrung nun vermittelt diese Spannung vom Raum auf den Altar, der als künstlerischer und liturgischer Höhepunkt die Erwartungen des Betrachters und Beters in sich synthetisieren soll, um sie an die Metaebene weiterzuleiten. Daraus erklärt sich z.B. das Phänomen der Motivfolge in den spätbarocken Kirchen, die die transitorische Ikonologie des Triumphportals dazu nutzt, von der Fassade zum Chorbogen, dann zum Hochaltar und von diesem in den Freskobereich hinüberzuführen. [...] Wie grundsätzlich die szenographische Konsequenz der Umkehrung der Retabelverkröpfung von außen nach innen ist, zeigt die Fontanakapelle in Sa. Maria del Popolo (1653/57), die durch eine konzentrische Stufung der Säulenordnungen als Wandvorlagen einen Gesamtraum zu einer Kulisse transformiert. Morphologisch bereitet dieser nach innen verkröpfte Altartypus den szenographischen Diagonalschnitt und die Grundrisskurvatur vor, die durch die Abwinklung der Säulenstellungen aus der rechtwinklig frontalen Projektion eine totale und vor allem fließende Öffnung des Altarportals bewirkte.“[22]

Mit der Erwähnung der Capella Cibo in S. Maria del Popolo verweist Seifert auf die Wurzeln des kulissenartig verräumlichten Altarretabels in der römischen Kunst. Allerdings erfolgte in der Capella Cibo wie auch in der etwas älteren Kirche S. Maria in Campitelli des Carlo Rainaldi die szenographische Transformation nicht im Altarretabel, sondern erfasste den gesamten Architekturraum, dem sich die folgerichtig als unselbständige szenographische Details[23] gebildeten Altäre in Form eines Bühnenportals bzw. einer Tabernakelgloriole einordneten.[24] Dieser Vergleich unterstreicht die Vermutung, dass Preuß wohl kaum auf direktem Weg, also etwa über das 1684 aufgelegte Stichwerk de Rossis, das spätestens nach 1690 in der Edition Joachim von Sandrarts nach Deutschland vermittelt

21 Kossatz, I, 31 ff., 160, 259 f.

22 A. Seifert, 261 f.

23 A. Seifert, 202.

24 Dabei ist es für die Wirkung der szenographischen Projektion dieser Kirchenräume unerheblich, dass sie sich in ihrer realen Grundrissdisposition vollkommen voneinander unterscheiden. Siehe auch Torgil Magnuson, Rome in the Age of Bernini, 1986, Volume II, 221 ff und 300 ff.

wurde,[25] von den Prinzipien der kulissenartigen Raumbildung resp. der Retabelszenographie Kenntnis erhalten hatte. Vielmehr scheint mir bei ihm eine indirekte Rezeption etwa über den Tirol-Münchener-Kunstkreis und Künstlerpersönlichkeiten wie den Bildhauer und Architekten Paul Huber, die Maler Egid und Hans Schor oder den Münchener Hofmaler Johann Anton Gumpp denkbar. So ist etwa auf den in der Zusammenarbeit Paul Hubers mit Hans und Egid Schor entstandenen Hochaltar der Stiftskirche Wilten[26] oder aber auf die von Johann Anton Gumpp in Münchener Kirchen realisierten Heilig-Grab-Prospekte zu verweisen, die in der aus dem Berninikreis schöpfenden Tradition Heiliger Gräber in Tirol wurzelten.[27] Kossatz macht allerdings zu Recht darauf aufmerksam, dass es bei dem hier in erster Linie vergleichbar scheinenden Hochaltar aus der Karmeliterkirche des Johann Philipp Preuß nicht zu einer kreuzförmigen Durchdringung der Stützenelemente[28] wie bei den Entwürfen Gumpps oder auch dem Wiltener Hochaltar kam, sondern die prostyl gedachten Säulen sich jeweils selbständig auf eine Pilasterrücklage bezogen. Diese Beobachtung belegt das letztlich traditionelle Architektur- und Raumverständnis des Preuß, dem das Ziel der szenographisch gleitenden Raumverschleifung als Voraussetzung der Transformation fremd war. Auch in der Ordnung der Stützenelemente zu beiden Seiten des Wechterswinkler Ostensoriums oder am Tabernakel für den Dettelbacher Mirakelaltar deuten sich den Entwürfen Gumpps bzw. dem Wiltener Retabel zwar verwandte, der Ableitung nach aber prostyle Lösungen an.[29] Beide können im Übrigen auch einen Hinweis auf die Bildung des Hochaltarmodells von 1686 geben.

2.2. Der Einfluss des Straßburger Abrisses auf den Altarbau in Franken

Die Vermittlung des Abrisses nach dem Straßburger Hochaltar[30] *(vgl. Abb. 14)* im Februar 1687 transportierte nicht nur die Bischof und Domkapitel gleichermaßen faszinierende Idee der bekrönenden Herzogshaube nach Würzburg, sondern leitete über das Motiv der zwischen zwei rechtwinklig geordneten

[25] G. G. de Rossi, Disegni di vari Altari e Cappelle nelle chiese di Roma, Rom 1684; Joachim von Sandrart, Altari et sacelle varia templorum Romae, Nürnberg nach 1684. Siehe auch den Sammelband „Li cinque libri di architettura de Giovanni Battista Montani," Mailand 1691. – Auch Renate Jürgens weist in ihrer oben schon erwähnten Hamburger Dissertation über den Barockaltar in Rom darauf hin, dass der Ausstattung von Kapellen und der Stiftung von Altären im Rom des 17. und 18. Jahrhunderts besondere Bedeutung zukam. „Das Interesse richtete sich im gleichen Maße auf die Stifter, unter denen sich neben den alten römischen Familien vor allem hohe Kirchenfürsten befanden, und auf die berühmten Künstler, die von jenen zur Ausstattung ihrer Grabkapellen und Titelkirchen herangezogen wurden. Dementsprechend enthalten die zeitgenössischen Monographien und Guiden, vor allem die Bände des Padre Titi, oft bis ins Einzelne gehende Beschreibungen hervorragender Altäre und Kapellen." Daher ist zum weiteren Verständnis der Rezeptionswege römischer Kunst in Franken auch Padre Filippo Titi, Studio di pittura, scoltura et architettura nelle chiese di Roma, Rom 1674, heranzuziehen.

[26] Siehe hierzu auch Kossatz, II, 490 f., Anm. 580.

[27] Leider sind unsere Kenntnisse zu den ephemeren Apparati des Innsbruck-Münchener Kunstkreises gering. Siehe zu München Peter Strieder, Entwürfe zu Heiligen Gräbern in Münchener Kirchen, in: Das Münster (1951), 283 ff. Strieders Hypothese, Gumpp müsse auf einer nicht belegten Italienreise Frescodekorationen Pozzos gesehen haben, bevor diese in der „Perspectiva pictorum" veröffentlicht wurden, wird von Gertrude Aurenhammer (Die Handzeichnungen des 17. Jahrhunderts in Österreich, Wien 1958, 21 und 113 mit Abb. 10) durch die Einordnung eines vergleichbaren Entwurfs in das Spätwerk Egid Schors relativiert. Siehe hierzu auch Bernhard Kerber, Andrea Pozzo, Berlin 1971, 212–214. Auch der Frescoaltar Pozzos für die Jesuitenkirche SS. Martin e S. Francesco Saverio in Modovi steht in seiner architektonischen Bildung letztlich in der Tradition Berninis. Pozzo veröffentlichte diesen Altar im ersten Band seiner Perspectiva (T. 64) und wiederholte ihn in der Wiener Franziskanerkirche. In der Rezeption des Tirol-Münchener Kreises wie der Projekte Pozzos stehen schließlich auch die zwischen 1718 und 1725 als Illusionskulissen gestalteten Altäre in der Wallfahrtskirche Paura bei Stift Lambach.

[28] D.h. freigestellte Säulen um einen von Pilastervorlagen überschnittenen Pfeilerkern.

[29] Siehe z.B. den im Kupferstich des Salomon Kleiner dargestellten Grundriss des Dettelbacher Ziboriums *(Abb. 28)*.

[30] Vgl. zur Geschichte des von Ludwig XIV. und dem Straßburger Bischof Franz Egon von Fürstenberg gestifteten ehem. Hochaltares im Straßburger Dom: Ernst Guldan, Hochaltar und Bischofsthron im Straßburger Münster, in: Festschrift Heinz Rudolf Rosenmann, München 1960, 187–220. Der Straßburger Altar wurde von Martin Frémery bis 1687 errichtet und 1688 bei Anwesenheit Ludwigs geweiht.

Abb. 42: Andrea Pozzo, Perspectiva pictorum atque architectorum, Frankfurt a. M. 1700, Fig. 60: Altare di Sant'Ignatio fabricato in Roma (= Ignatius-Altar in Il Gesù); Exemplar der Staatsbibliothek Bamberg (aus dem Nachlass des D: [domini] Dizenhoffer, Bambergensis 1741), Ausgabe von 1700, Sig. L'art.f.7[a] (Bd. 2).

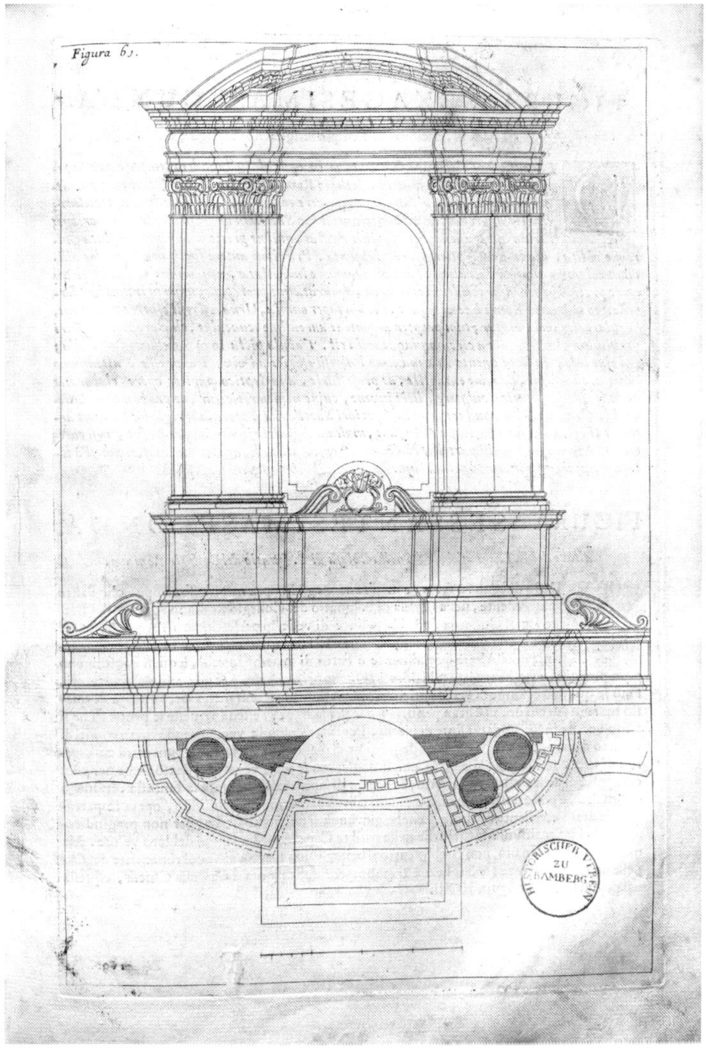

Abb. 43: Andrea Pozzo, Perspectiva pictorum atque architectorum, Frankfurt a. M. 1700, Fig. 61: Pianta et elevatione dell' Altare di S. Ignatio; Exemplar der Staatsbibliothek Bamberg (aus dem Nachlass des D: [domini] Dizenhoffer, Bambergensis 1741), Ausgabe von 1700, Sig. L'art.f.7[a] (Bd. 2).

tenbergs, wenn er sich bei der Stiftung zu seinem eigenen Nachruhm an dem wohl bedeutendsten Altarprojekt seiner Zeit orientierte. Aber auch die außerordentlich qualitätvolle Ausführung des Altarwerkes lässt erkennen, in welchem Maß dieser Altar über das künstlerische Leistungsniveau dieser Zeit in Würzburg hinausging. Allein die Korrektheit der architektonischen Bildung, die Feinheit des Ornamentes oder der neuartige Realitätsgrad der figürlichen Szene waren zu dieser Zeit geeignet, dem Stifter, dessen Wappen sichtbar über dem Bildportal schwebt und dessen Geschlechterrose die Säulenfriese schmückt, Ehre vor der Nachwelt zu erwerben.[45] Dies belegt, dass auch der mit der Ausführung des Altares beauftragte Balthasar Esterbauer, der hier vermutlich in seinem ersten Würzburger Altarwerk greifbar wird, grundsätzlich mit den Neuerungen der römischen Kunst wie insbesondere des in der Kunst Berninis wurzelnden Pozzokreises vertraut war, so dass man darüber spekulieren mag, ob nicht seine Übersiedlung nach Würzburg möglicherweise konkret in Zusammenhang mit der fürstbischöflichen Altarstiftung stehen könnte. Zumindest aber ist die Entstehung dieses in Würzburg richtungsweisenden Altarwerkes dem

[45] Die Bedeutung der korrekten architektonischen Bildung wird nicht zuletzt in dem bereits vielfach zitierten Werk Sandrarts (De Rossi ‚Vari Altari di Roma) betont und trug zu dessen schneller Verbreitung bei. Zur Frage des Einflusses der Auftraggeber auf die konkrete Bildung von Architektur und Decorum hat Tilman Kossatz einen interessanten Quellenfund publiziert, der belegen kann, dass diese unter bestimmten Umständen über einen feineren künstlerischen Sachverstand verfügten als viele der ausübenden Künstler und Handwerker. Siehe T. Kossatz, Joh. Phil. Maucher, 91 (Anm. 42).

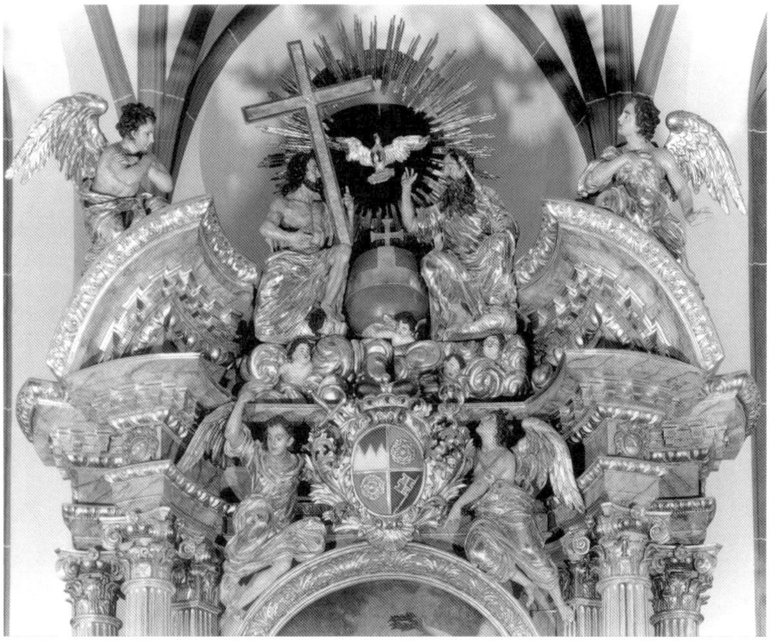

Abb. 44: Kleinochsenfurt, kath. Pfarrkirche Maria Schnee, ehem. Altarretabel aus der postumen Stiftung des J. G. v. Guttenberg für das Langhaus des Würzburger Domes, Auszuggruppe mit der Darstellung der Dreieinigkeit über dem Wappen des Stifters.

Zusammentreffen verschiedener günstiger Voraussetzungen zu danken, in deren Folge sich die Altarbaukunst innerhalb des Hochstiftes schon bald zu hervorragender Blüte entfalten sollte.[46]

Esterbauer setzte im Johann-Gottfried-Altar, allerdings in Kontinuität der Pozzo'schen Vorbilder, die bereits im Veitshöchheimer Hochaltar eingeleitete Entwicklung der Verräumlichung und dynamischen Verspannung der Retabelarchitektur fort, indem er die mittlere Säulenstellung mit Pilasterrücklage nun nicht mehr diagonal, sondern in konkav raumgreifender Bewegung vor die gleichfalls durch seitliche Freisäulen mit Pilasterrücklagen markierte Retabelrückwand zog. Dabei entsteht durch die sphärische Krümmung von Podesten, Gebälkstücken und Giebelsegmenten der vorderen Säulen-Pilasterstellung der Eindruck, als handele es sich bei dieser um ein schalenartiges Gebilde, das das von der Rückwand gelöste Altarblatt bzw. den Bildrahmen sowie die herabschwebenden Engel und die Trinitätsgruppe im Auszug umfasst.[47] Die Krümmung der genannten Teile erfasst jedoch lediglich deren Grundrissfiguration. Esterbauer verzichtete hier noch darauf, auch die Stirnflächen der Säulenpodeste oder der Friesstücke wie bei seinen späteren Altären konkav zu wölben. In der Tat scheint aber durch diese Krümmung der horizontalen Architekturteile die in Veitshöchheim angedeutete Idee, die bildliche und plastische Szene einerseits im Umgreifen durch die Architektur in einem qualitativ andersartigen Raum zu bergen und sie andererseits gegen den Hauptprospekt in Richtung auf den Betrachterraum zu projizieren, in gereifter Form vorgeführt. Dadurch übernimmt die verräumlichte Altarmitte gewissermaßen die Funktion eines Ostensoriums, das dem Betrachter in sublimierter Form einen Blick in die jenseitige Welt gewährt. In diesem Sinne ist die Illusion der wunderbaren Enthüllung auf der Altarbühne, die dem Betrachter reale Präsenz suggeriert, vollendet. Dieser Eindruck wird durch die lebensnahe Gestaltung der Figuren, namentlich der beiden Engel über dem Bildrahmen, die das Guttenberg-Wappen präsentieren, unterstrichen *(Abb. 44)*. So scheinen trotz einheitlicher Vergoldung Haut, Haare, Flügel und Gewand der Engel substanziell tastbar, wird ihr wiederum durch feine Überschneidungen oder das Übergreifen des Kranzgesimses verdeutlichtes Schweben auch als physischer Akt nachvollziehbar. In hohem Maß findet also bereits hier die für Esterbauers Werk so typische Grenzüberschreitung zwischen

[46] Der Johann-Gottfried-Altar steht seit 1793 in Kleinochsenfurt und erhielt anlässlich seiner Transferierung ein neues Altarblatt. Das ursprüngliche Blatt „Gottfried von Amiens wäscht Pilgern die Füße“ befindet sich in fragmentiertem Zustand im Besitz von Stift Haug (T. Kossatz, Johann Michael Maucher, 87. KDB Ochsenfurt 1911, 131.)

[47] Siehe auch Kossatz, II, 558, Anm. 1106.

den Realitätsebenen statt, die das zur Permanenz gewandelte Ereignis der dauerhaften Verehrung und dem Gedächtnis der Nachwelt anheim stellt. Gerade diese künstlerisch-inszenatorischen Qualitäten charakterisieren nachdrücklich das Werk des Bildhauers und weisen ihm eine herausgehobene Position unter den zeitgenössischen Künstlern Frankens zu.

Der Altar Pozzos schließt mit der Strahlengloriole um die Geisttaube an die Lichtzone des Fensters im Schildbogen der Ignatiuskapelle an. Der Mariotti-Stich gibt die dadurch erzielte oder zumindest angestrebte Wirkung wieder, indem er die Gloriole in weißem Licht erstrahlen lässt. Esterbauer integrierte diese Vorgabe in sein Altarwerk, indem er die Geistgloriole durchbrochen arbeitete, so dass das Licht einer Fensterzone durch sie hindurch fallen konnte. Dabei tat es der Bedeutung des nun in die Würzburger Altarbaukunst integrierten Motives keinen Abbruch, wenn diese Wirkung am ursprünglichen Standort des Altares im Domlanghaus nicht zur Geltung kam.[48]

2.4. Die Altäre für Stift Haug aus der Ausstattungsphase 1694/95

Als ein weiteres wichtiges Beispiel der fürstbischöflichen Orientierung an der römischen Kunstentwicklung ist der 1694 durch Johann Gottfried von Guttenberg für Stift Haug gestiftete Hochaltar zu betrachten *(Abb. 45)*.[49] Wie oben bereits dargelegt, geht dieser Altar nicht auf ein gemeinsames Entwurfsprojekt der beiden Bildhauer Michael Rieß und Caspar Brandt zurück, was aufgrund einer Fehlinterpretation der entsprechenden Angaben in den Stiftsprotokollen zu vermuten gewesen wäre. So war der viel zitierte *Mainstockheimer Riß* des Michael Rieß wohl lediglich als Werkzeichnung anzusprechen, das Retabel selbst, das am 7. und 20. Mai 1694 dem Kapitelschreiner Ferdinand Bielefeld und dem Bildhauer Johann Caspar Brandt verdingt wurde, steht jedoch morphologisch in der unmittelbaren Filiation eines ephemeren Triumphportales, das Carlo Fontana im Auftrag des Herzogs von Parma zur Possessio Papst Innozenz' XIII. am 13. April 1692 in Rom errichtete *(Abb. 46)*.[50] Diese Ehrenpforte ist in Grund- und Aufriss verschiedenen älteren Projekten Carlo Rainaldis[51] ähnlich, zeichnet sich aber durch das auf der Schmalseite vorgestellte dritte Freisäulenpaar gegenüber ihren Vorgängerinnen aus. Eben dieses dritte Freisäulenpaar wurde mit weiteren, nur das Fontana-Projekt von 1692 kennzeichnenden Einzelheiten, in das Hochaltarretabel für Stift Haug übernommen.[52]

Der zweigeschossige Aufbau des Hochaltarretabels von Stift Haug kröpfte sich im Hauptgeschoss über zwei Freisäulenpaare korinthischer Ordnung auf separaten hohen Sockeln zum Zentrum des architektonisch gebildeten Bildrahmenportales zurück. Dieses wurde von parallel stehenden, selbständigen, also nicht als Rücklagen für die Säulen dienenden Pilastern eingefasst. Die so markierte Retabelwand wurde zusätzlich von den bereits erwähnten, seitlich stehenden Freisäulen betont, die so postiert waren, dass sie von der Lichtfolie der Apsisfenster hinterfangen wurden. Dadurch wurde der diaphane Charakter der Freisäulenstruktur nachhaltig betont. Im Obergeschoss, das von einem großen Segmentbogengiebel überspannt wurde, ersetzten analog gestellte Pilaster die Säulen. Dabei

[48] Eine vergleichbare Gegenlichtprojektion war allerdings schon bei dem nach 1650 für die Klosterkirche Ebrach vorgesehenen Hochaltar intendiert, der im Kontext der dortigen Chorausstattung für Franken eine richtungsweisende Bedeutung gehabt haben muss. Vgl. hierzu oben: Kap. IV. 3.4.1: Darstellungen der Mariae-Himmelfahrt im Hochstift Würzburg.

[49] Zur Bedeutung der 1691 geweihten neuen Stiftskirche im Rahmen der fürstlichen Kunstpropaganda siehe Kap. IV. 2.2.: Stift Haug und die Sion-Ikonographie.

[50] Vgl. Erffa, 353, Abb. 11. Der Abriss dieser Ehrenpforte wurde durch einen Kupferstich Alessandro Speccis verbreitet (Disegno et Inventione del Cavaliere Carlo Fontana […] Alessandro Specci, Intaglio et disegno; Vat. Bibl. Sarti 65).

[51] Siehe die bei Erffa publizierten Triumphforten von 1610 und 1689 (Fig. Nr. 7/8 u. 9/10). Vermutlich wurden jeweils Teile dieser Apparati wiederverwendet, was den wiederholten Geboten der Päpste entsprach, den Aufwand der Festgerüste zu verringern.

[52] Auch Carlo Rainaldi adaptierte immer wieder Entwürfe anderer Projekte zu Altarretabeln. So lässt sich etwa das Hochaltarretabel für die Kirche SS. Gesù e Maria von 1678/80, dem der Hochaltar von Fährbrück nahesteht, auf die Ehrenpforte von 1670 zurückführen. Die Verwendung eines Triumphpfortenentwurfs für ein Retabel war also keine singuläre Erscheinung.

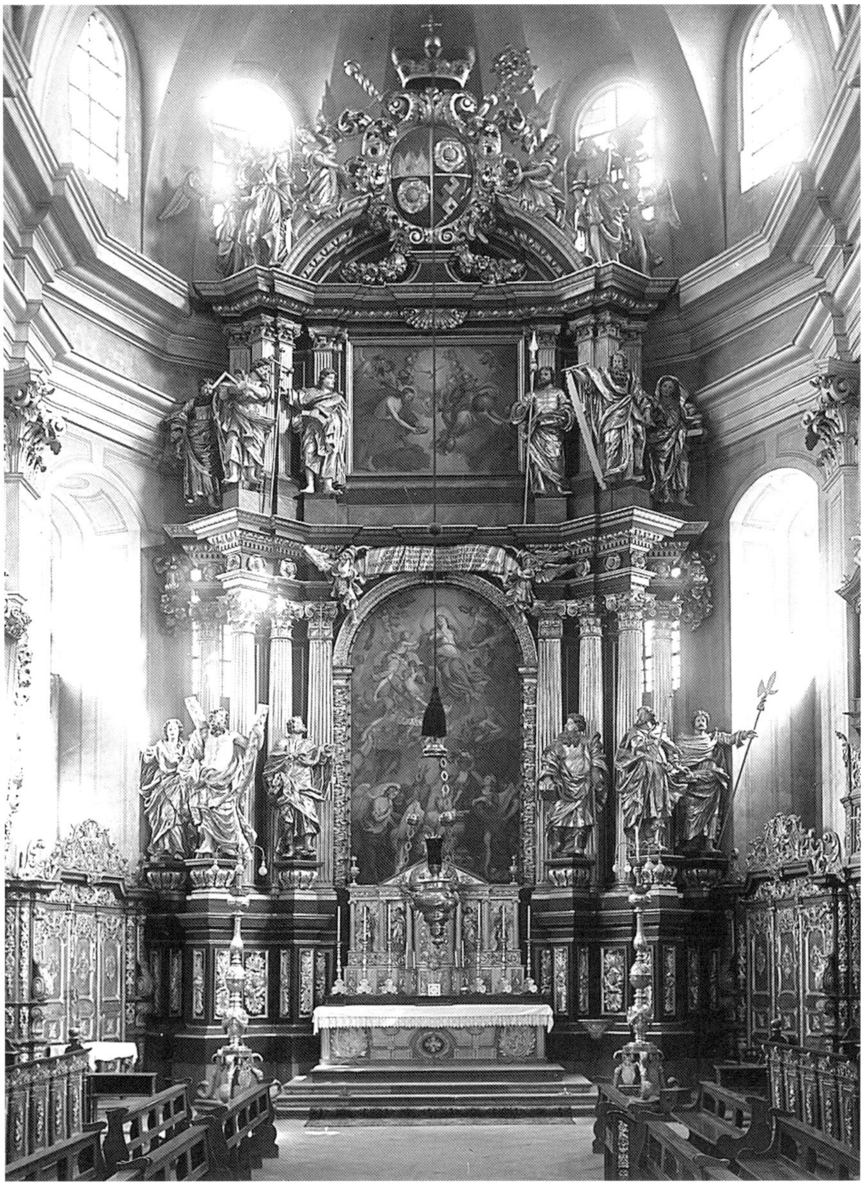

Abb. 45: Würzburg, kath. Pfarrkirche Stift Haug: Hochaltar von 1695 aus der Stiftung des J. G. v. Guttenberg von Johann Caspar Brandt, Michael Rieß und Ferdinand Bielefeld mit Altarblatt von Oswald Onghers (Kriegsverlust). Fotoarchiv Gundermann, Würzburg, Inv.Nr. 2673.

entsprach es der üblichen Reduktion des Aufwandes in diesem Geschoss, dass auf die Ausbildung von Architrav- und Friesstücken verzichtet wurde. Über dem horizontalen Kranzgesims saß im Giebelfeld ein der Fontana-Vorlage vergleichbarer geschweifter Sockel, auf dem das monumentale, die Giebelschenkel sprengende und mit der Herzogshaube bekrönte Wappen des Fürsten aufruhte. Wie bei den Guttenberg-Stiftungen üblich zierte darüber hinaus die fürstliche Wappenrose die Friese der Stützen im Hauptgeschoss.

Säulen und Pilaster standen, wie schon angedeutet, sämtlich auf separaten, hintereinander gestaffelten Sockeln. Ebenso überschnitten sich ihre Gebälkstücke. Die so betonte lineare Reliefstruktur der Retabeloberfläche, die durch die Brechung des einfallenden Lichtes unterstrichen wurde, korrespondierte mit der Wirkung der Pilastervorlagen an der Chorwand wie mit den vielfach überschnittenen Bündelpfeilern der Vierungskuppel. Damit ist als wesentliche und herausragende Leistung dieser Altarschöpfung ihre nachhaltige Einbindung in die Makroarchitektur der Kirche *(vgl. Abb. 5)* angesprochen. So schließt das Sockelgeschoss an das farblich entsprechende Gestühl der Stiftsherren, akzentuieren die Bilder an den Chorwänden das Bildportal des Retabels und betonen zugleich die Wirkung der weißen

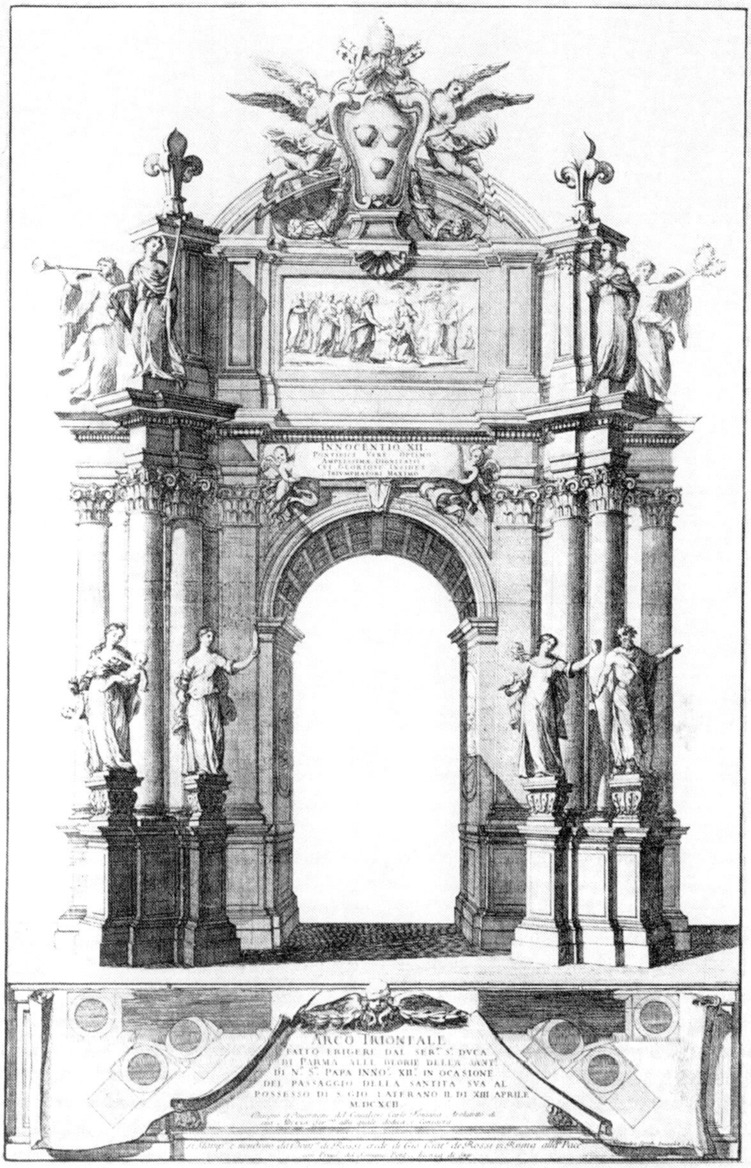

Abb. 46: Carlo Fontana: Entwurf zu einem Triumphportal zur Possessio Papst Innozenz' XIII. am 13.4.1692 in Rom. Kupferstich von A. Specci: Disegno et Inventione del Cavaliere Carlo Fontana Architetto di sua Altezza Ser^{ma} [...] Si stamp^{o}, e uendono da Dom^{co} Rossi erede di Gio. Giac^{o} de Rossi in Roma [...] Alessandro Specci Intaglio e disegno. (Vermutlich Bibliothek des Vatikan, Signatur nicht auffindbar.); Repro nach Hans Martin Freiherr von Erffa, Die Ehrenpforten für den Possess der Päpste im 17. und 18. Jahrhundert, in FS für Harald Keller zum 60. Geburtstag, Darmstadt 1963, S. 353.

Lichtfolie der unverstellten Apsisfenster, so bindet schließlich das Gebälk von Haupt- und Obergeschoss in das massive, den Kirchenraum umfassende Gebälkband ein und wird der abschließende Segmentbogen des Retabels den Gurtbögen der Wölbung kommensurabel. In dieser Integration in die Architektur war das Retabel nicht mehr möblierendes Element, sondern gleichsam verdichtete Architektur, die sich analog der Deutung der Kirche als himmlisches Jerusalem als transzendierende Bühne der Invasion der Abgesandten der himmlischen Welt öffnete.

Keine weitere Altarstiftung Guttenbergs war mit einer solchen Zahl überwiegend lebensgroßer, heftig und pathetisch agierender Figuren ausgestattet.[53] So stehen vor den Stützen von Haupt- und Obergeschoss die lebensgroßen Figuren der zwölf Apostel auf Podesten, die entsprechend der Fontana-Vorlage vor die Säulen und Pilaster gesetzt wurden und sich damit ikonologisch auf diese beziehen

[53] Hier mag man letztlich einen Reflex der Inszenierungspläne des Johann Wolfgang Fröhlicher für den Domchor sehen.

lassen.[54] Weiterhin standen auf dem Kranzgesims des Obergeschosses vier große, vom überstrahlenden Licht der Stichkappenfenster verklärte Flügelengel, die von kleineren schwebenden Engeln begleitet wurden, welche das monumentale Wappen des Fürsten präsentierten.[55] Schwebende Putti entrollten schließlich vor dem Gebälk des Hauptgeschosses ein Schriftband mit Hinweisen auf die fürstliche Stiftung. Auch dieses Motiv entsprach der Fontana-Vorlage. Während sich die Engel Fontanas allerdings mit dem zugewiesenen Raum der Bogenzwickel begnügen und ihr Schriftband streng planimetrisch halten, waren die Engel des Stift Hauger Retabels in schon bekannter Manier schwebend dargestellt, was anhand feiner räumlicher Überschneidungen der Altararchitektur ablesbar wurde. Damit wird auch hier einmal mehr die oben beschriebene Korrespondenz zwischen dem Ereignischarakter der devoten Stiftung sowie ihrem andächtigen Nachvollzug in der realen Messfeier und dem in Ikonographie und Szenographie thematisierten bzw. visualisierten Schauplatz ewiger Andacht anschaulich.

Der Hochaltar von Stift Haug erfüllte als fürstbischöfliche Stiftung für eine der bedeutendsten Kirchen der Stadt Würzburg zweifelslos auch repräsentative Aufgaben. In diesem Sinne war die offensichtliche Orientierung an einem im Kreis interessierter Rezipienten sicher bekannten Projekt der römischen Kunstszene letztlich Ausweis der fürstlichen Kennerschaft und Urteilsfähigkeit und verwies auf das Ideal des *Princeps philosophus*. Im Vergleich zum Hochaltar wirkten die zeitgleich entstandenen Altäre der Seitenkapellen dagegen in ihrer architektonischen Bildung antiquiert und in ihrer üppigen ornamentalen Ausstattung, die allerdings der durch Villalpando und Goldberg verbreiteten Jerusalem-Ikonographie entsprach, seltsam überladen. Bei diesen überwiegend von Johann Michael Rieß und dem Schreiner Ferdinand Bielefeld ausgeführten Retabeln[56] handelte es sich, soweit die verfügbaren Vorkriegsaufnahmen belegen, jeweils um Abwandlungen des über zwei prostyle Säulenpaare rechtwinklig zurückgekröpften Ädikulatypus *(vgl. Abb. 7, 8 und 9)*. Die zentralen Bildrahmen waren jeweils von pilasterähnlichen Elementen eingefasst, die allerdings in Ermangelung korrekter Basen oder auch aufgrund ihres reichen Zierrates zwar ihrer Funktion als Bildrahmen, nicht aber tektonischen Aufgaben gerecht wurden. Diese Rahmenpilaster trugen jeweils einen sich über Voluten und rechtwinkligen Verkröpfungen aufschwingenden Bogen, den wiederum ein eher ornamental empfundener, über Konsolen ansetzender Dreiecks- oder Segmentbogengiebel bekrönte. Dabei trug es zur Verwirrung der Formen bei, dass Konsolbogen und Giebel die Ausbildung eines korrekten Hauptgebälkes über den Säulen verhinderten.

Sämtliche Seitenaltäre füllten die Stirnfronten der Kapellen in der Breite vollständig aus und schlossen in der Höhe mit ihren Voluten- und Giebelaufbauten an die Lichtfolien der Kapellenfenster an. Diese enthüllten in bereits mehrfach angesprochener Manier die himmlische Abkunft der in diesem Bereich agierenden Putti, wie sie zugleich in ihrer Helligkeit dem Wesen des Lichtes der großen Tafelbilder entsprachen, das die jeweiligen Szenen als Ausweis göttlicher Wirkmacht von oben her erleuchtete. Diese Wirkung zeigt etwa die Abbildung des von Virgilius Stockhammer 1695 gestifteten Altares *(vgl. Abb. 8)* mit der von Oswald Onghers gemalten Vermählung Mariens.[57] Darin gelang es dem Maler durch die illusionistische Verräumlichung der Bildarchitektur den Eindruck zu erwecken, als markiere und interpretiere die Retabelarchitektur lediglich die Öffnung zu einem dahinter befindlichen, lichtdurchfluteten Raum der jenseitigen Welt. In diesem Sinne wird auch das überreiche Dekor der Retabel verständlich und deutbar. Diese interpretierende Leistung des Oswald Onghers, der also gewisse Defizite der architektonischen Bildung auszugleichen vermochte, dürfte zu seiner außerordentlichen, leider

[54] Im Obergeschoss des Fontana-Projektes stehen die Figuren allerdings nur auf sehr flachen Sockelplatten über dem Kranzgesims des Hauptgeschosses. In Stift Haug waren die Obergeschosssockel nicht dekoriert, so dass sich zumindest in den vorliegenden Schwarzweißabbildungen der Eindruck einer deutlichen Trennung zwischen den Geschossen einstellt. Die Notwendigkeit, die Figuren des Obergeschosses auf Sockel zu stellen, ergab sich aus den proportionalen Verhältnissen zwischen Retabel und Kirchenraum.

[55] Die Bedeutung der Engel wird in der Festpredigt des Johann Vogel zur Kirchweihe vom 10. August 1691 angesprochen: „Die Kirche ist ein Haus der Engel, eine Wohnung der Erzengel […].“ Vgl. oben Kap IV. 2.2.1.

[56] Vgl. KDB (Ufr. u. Aschaffenburg) XII, Stadt Würzburg, 1915, 205; Kempter, 75; Scharold, Notizen; SAWü Kasten Stift Haug sowie Kossatz, II, 517, Anm. 749.

[57] Als eine bisher nicht genügend ausgeschöpfte Quelle dienen auch hier die im Fotoarchiv Gundermann erhaltenen Aufnahmen. Siehe auch Kossatz, II, Abb. 72. Siehe zu weiteren Altarblättern aus Stift Haug: ders., II, Abb. 71 sowie KDB XII, Stadt Würzburg, 207, Fig.

bisher noch nicht hinreichend gewürdigten Karriere in Würzburg beigetragen haben.[58] Wie allerdings oben schon erläutert, ist auch bei diesen Altarwerken die grundsätzliche Tendenz, die Kapellenräume mit den sie füllenden Altararchitekturen über die Lichtszenographie zu transformieren, durchaus angelegt. Indem sich die im gleißenden Licht herabflutende figürliche Szenerie (Engel) und die gemalten Bilder als Schauplätze wunderbarer Ereignisse enthüllen, wird der im Zusammenwirken verschiedener Medien (Architektur, Licht, Skulptur, Bild) angestrebte Ereignischarakter der Inszenierung greifbar.

Die manieristische Struktur der ehemaligen Seitenaltäre in Stift Haug erübrigt den Versuch, sie aus dem Vorlagenmaterial des ausgehenden 17. Jahrhunderts ableiten zu wollen. Am ehesten mag man sie noch der Art einiger, im ersten Drittel des Jahrhunderts entworfener Altäre für S. Maria Maggiore in Rom anschließen, wie etwa den Girolamo Rainaldi oder Pompeo Targoni zugeschriebenen Projekten aus dem Berliner Kupferstichkabinett,[59] wenngleich bei keinem dieser Entwürfe das Hauptgebälk zwischen den Pfeilerstellungen derart vernachlässigt wird, wie bei den Seitenaltären von Stift Haug. Auch im weiteren bekannten Werk des Johann Michael Rieß ist diese Art fremd. So zeigen die den Stift Hauger Altären im Übrigen nahestehenden Retabel in Reupelsdorf, die aus Münsterschwarzach stammen,[60] ein zwar wenig struktiv empfundenes, aber immerhin vorhandenes Hauptgebälk. Ebenso lässt der wohl Rieß zuzuschreibende Hochaltar für die Pfarrkirche Iphofen, der den Johann-Gottfried-Altar des Domlanghauses voraussetzt und daher architektonisch insgesamt korrekter gebaut ist, das Hauptgebälk zwar durch eine Giebelverblendung überschneiden, ersetzt es aber nicht. Auch das überreiche Dekor der Stift Hauger Seitenaltäre – hier sei stellvertretend auf den Magdalenen-Altar *(vgl. Abb. 9)* verwiesen – findet keine unmittelbare Parallele. Da dieses die komplizierte Sinnfülle der Sion-Ikonographie in das Retabel transportierte, ist allerdings wohl auch eine weitgehende, aktive Mitsprache der Auftraggeber aus dem Kreis der Stiftskapitulare an der Bildung der Retabel zu erwägen.

2.5. Die Altarausstattung von Fährbrück und das Werk Kilian Stauffers

Auch der Hochaltar der Wallfahrtskirche Fährbrück *(Abb. 47)*[61] integriert sich in seiner affinen Struktur der Makroarchitektur des Kirchenraumes. Dieser zeitgleich mit dem Hochaltar für Stift Haug von Johann Gottfried von Guttenberg gestiftete und von Kilian Stauffer ausgeführte Altar folgt jenem gleichfalls in der Rezeption der Vorlage. Dabei fand der in der italienischen Kunst erfahrene Kilian Stauffer, hierin den Forderungen nach reduziertem Aufwand für die ländliche Wallfahrtskirche entsprechend, zu einer vereinfachten, die architektonische Struktur zugleich aber auch klärenden Form, die die deliziöse Wirkung des farbigen Stuckmarmors unterstreicht.[62] So reduzierte Stauffer den architektonischen Aufwand des Hochaltares von Stift Haug im Hauptgeschoss auf die klassische Ädikulaform mit

[58] Leider nach heutigen Maßstäben nicht mehr ausreichend ist die Dissertation von Eugen Kainz, Oswald Onghers (Studien zur deutschen Kunstgeschichte 179), Straßburg 1915. Der als *fränkischer Rubens* bezeichnete Onghers war über seinen gesamten Schaffenszeitraum hinweg die beherrschende Malerpersönlichkeit in Würzburg, obwohl nicht alle Werke seiner vermutlich großen Werkstatt von gleicher Qualität sind. Auch in den Jahrzehnten nach Onghers Tod 1706 wurden seine Werke immer wieder, möglicherweise auch durch seinen Schwiegersohn Jacob van der Auvera oder dessen Sohn Johann Wolfgang van der Auvera gehandelt. Nach Wolfgang van der Auveras frühem Tod heiratete dessen Witwe (geb. Curé) Johann Peter Wagner und brachte den Onghers-Nachlass in dessen Besitz. (Siehe hierzu Karl Sitzmann, Künstler und Kunsthandwerker in Ostfranken, Kulmbach 1957, 21 und 551.

[59] Staatliche Museen Preußischer Kulturbesitz, Katalog der italienischen Zeichnungen der Kunstbibliothek Berlin, Architektur und Dekoration, 16.–18. Jh., bearb. von Sabine Jacob, Berlin 1975, Abb. 274, 275 mit Katalogtext 63 f. Bei den Blättern handelt es sich um Handzeichnungen aus der Slg. Pacetti, Hdz. 574, 575. Siehe auch das Stichwerk von G. Montano, Tabernacoli Diversi, Rom 1628.

[60] Kossatz, I, 303 mit II, Abb. 73 a.

[61] Siehe auch Kap. IV. 3.4.4.: Die Ausstattung der Wallfahrtskirche Fährbrück.

[62] Die Altäre von Fährbrück sind mit der Kanzel in rotem Stuckmarmor gehalten. Die horizontalen Elemente sind weiß gefärbt. Die geschnitzten ornamentalen Teile sind vergoldet. Damit wurde die architektonische Zurückhaltung durch das kostbare Material – Stauffer war in Würzburg lange Zeit der einzige Künstler, der die Stuckmarmortechnik beherrschte – mehr als wettgemacht.

einer parallelen Säulenstellung vor Pilasterrücklagen und eine zweite, diagonal vorgezogene Freisäulenstellung ohne Rücklagen, die sich über die seitlich verblendeten Durchgänge, auf denen die Figuren der bischöflichen Namenspatrone stehen, den Pilastern der Makroarchitektur annähert. Auch das Obergeschoss wird nach dem Ädikulaprinzip von parallel stehenden, überschnittenen Pilastern gefasst, die zwischen abschließenden Giebelsegmenten das wiederum von Engeln präsentierte fürstliche Wappen rahmen. Zwei weitere lebensgroße Flügelengel, deren rhetorische Gestik die dargestellten Bildinhalte der Himmelfahrt Mariens unter dem Segen der Trinität kommentieren, stehen auf dem Kranzgesims der Freisäulen.

In der Assimilierung von Altar- und Innenarchitektur, die durch die farbliche Strukturierung des Retabels unterstrichen wird, werden einerseits die Blendbögen des Apsisrundes zu überfangenden Nischen für die Figuren, wie andererseits das seltsame Motiv des verspringenden Pilastergebälks in der verklammernden Wirkung des Altargebälkes seine Klärung findet. Die Bildung des Fährbrücker Hochaltarretabels lässt darüber hinaus an einem Detail auch erkennen, dass es sich bei diesen Motiven nicht um bloße Wiederholungen erprobter Effekte handelt, sondern dass sich zumindest die geschulten Retabelbauer dieser Zeit intensiv und mit sehr viel Gespür um korrespondierende Strukturen zwischen Mikro- und Makroarchitektur bemühten. Wie bereits erwähnt, stellte Stauffer eine diagonal versetzte vor eine bildparallele Säulenstellung. Im Gegensatz zum Stift Hauger Hochaltar *(vgl. Abb. 45)*, bei dem sich die Gebälkstücke der Säulen und Pilaster jeweils in gleichen Abständen über der Mitte der Spatien verkröpften, erfolgt in Fährbrück die Winkelung bereits über den bildparallelen Säulen, so dass die diagonal stehenden über die Spatien hinweg mit verhältnismäßig langen Gebälkstücken ausgestattet sind. Dies hat den optischen Effekt zur Folge, dass sich die Gebälkstücke der Säulen in ihren Dimensionen besser denen der Pilastervorlagen der Wand wie vor allem dem Architravband im Apsisgrund anpassen.[63] Suchte man also in Stift Haug die Reliefwirkung der vielfachen Verkröpfungen in Angleichung an die Pilaster des Chores und die Bündelpfeiler der Vierung, so galt es hier die ausgewogene Ponderation der großen Struktur und der einzelnen Teile hervorzuheben. Gleichzeitig nähert sich das als architektonische Form durchaus auch isolierbare Hauptgeschoss des Fährbrücker Retabels durch die Beruhigung der Gebälkzone der Wirkung einer in die Apsis gestellten Kolonnade und verweist damit auf die Bildung des Würzburger Domhochaltares.

Die szenographische Wirkung des Fährbrücker Hochaltares wird allerdings wesentlich durch die beiden rahmenden Seitenaltäre vor dem Chorbogen unterstrichen *(vgl. Abb. 31)*. Bei diesen handelt es sich um eine für das Werk Stauffers typische Abwandlung der Bildrahmenädikula – hier in Angleichung an den Hochaltar mit diagonal gewinkelten Säulenstellungen – die zwischen raumgreifenden Giebelschenkeln jeweils einen kleinen Auszug mit Bildmedaillon fassen. Wie beim Fährbrücker Hochaltar und den weiteren, mir bekannten Stauffer-Altären, umgreifen die Säulen auch hier als Würdezeichen jeweils einen besonders qualifizierten Raum, der im vergoldeten, damit farblich akzentuierten Bildrahmen sichtbar wird. Dies trifft trotz des reduzierten Bewegungsimpulses ebenso für den um 1701 für die Rotunde auf dem Marienberg in Würzburg geschaffenen Hochaltar *(Abb. 48)* wie für das von Johann Philipp Fuchs von Dornheim 1713/15 gestiftete Altartrio der Schlosskirche zu Friesenhausen[64] zu. Auch in dieser, von Joseph Greissing im selben Zeitraum errichteten ländlichen Schlosskirche werden die Retabel mit allerdings vergleichsweise reduzierten Mitteln szenographisch in die Raumarchitektur integriert. Aufgrund der begrenzteren Raumverhältnisse umstellen die analog zum Würzburger Hochaltar in schwarzem Stuckmarmor mit weißen Adern gehaltenen Altarsäulen[65] das Bildportal des Hochaltares so, dass das innere Paar rechtwinklig raumgreifend nach vorne gezogen wird, während das rückwärtig

[63] Dieser Effekt ist in dieser Zeit ohne Zweifel auf die Kenntnisse römischer Kapellenausstattungen zurückzuführen. So ist gerade in Fährbrück auf die Integration von Carlo Rainaldis Hochaltar für SS. Gesù e Maria, den auch Sandrart (Fig. XIII) abbildet, in den Kirchenraum zu verweisen.

[64] Der Hochaltar der Pfarrkirche Friesenhausen wird abgebildet bei Heitsch, Abb. 31.

[65] Ähnlich wie in Fährbrück wird die deliziöse Oberflächenwirkung der Altäre durch den wirkungsvollen Schwarz-Weiß-Kontrast ihrer Färbung unterstrichen. Das vergoldete Schnitzwerk stammt vermutlich von Balthasar Esterbauer, mit dem Stauffer häufig zusammenarbeitete.

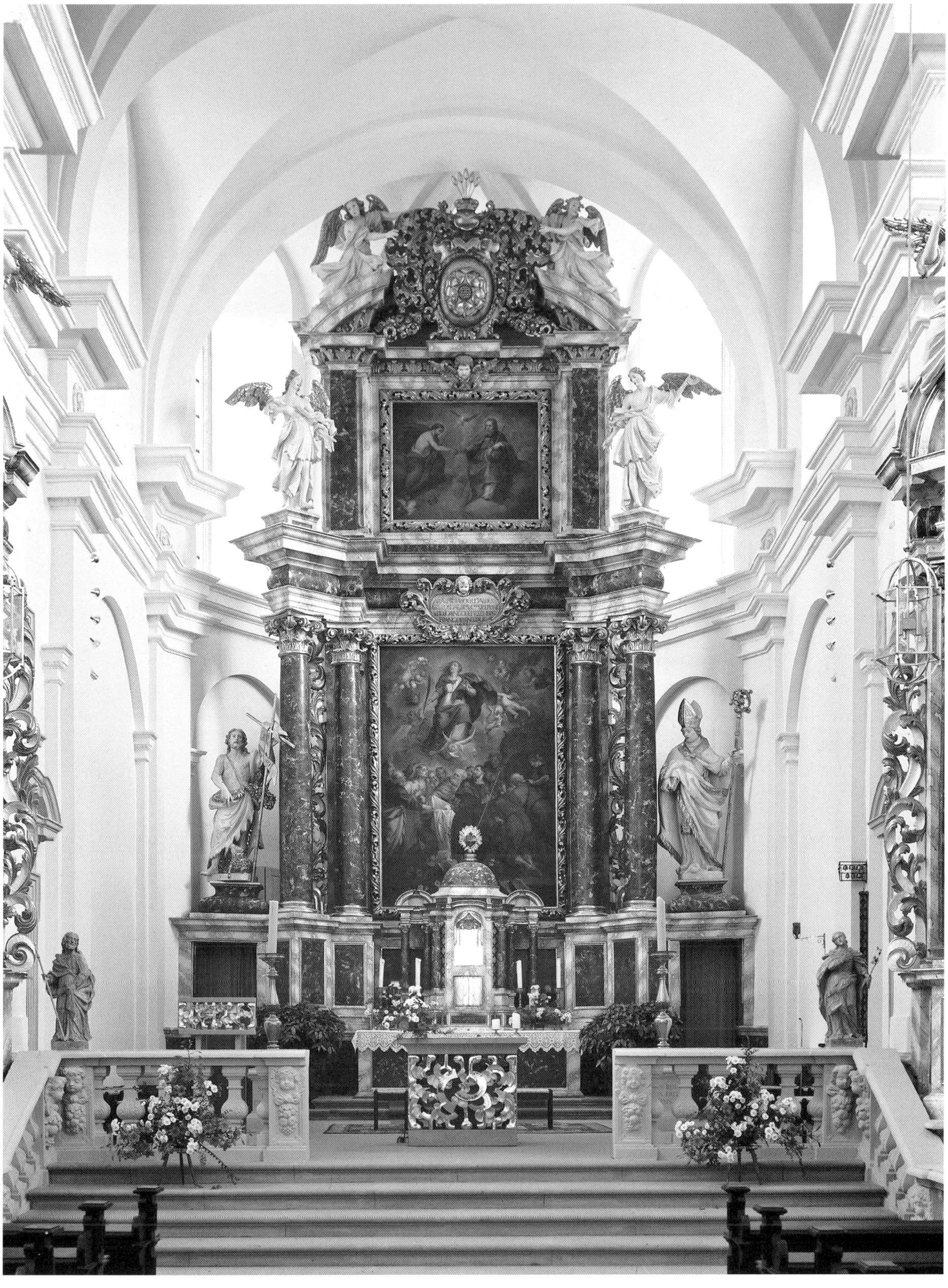

Abb. 47: Fährbrück, kath. Wallfahrtskirche Mariae Himmelfahrt: Hochaltar von Kilian Stauffer mit Altarblatt Mariae Himmelfahrt von Oswald Onghers, 1695/97.

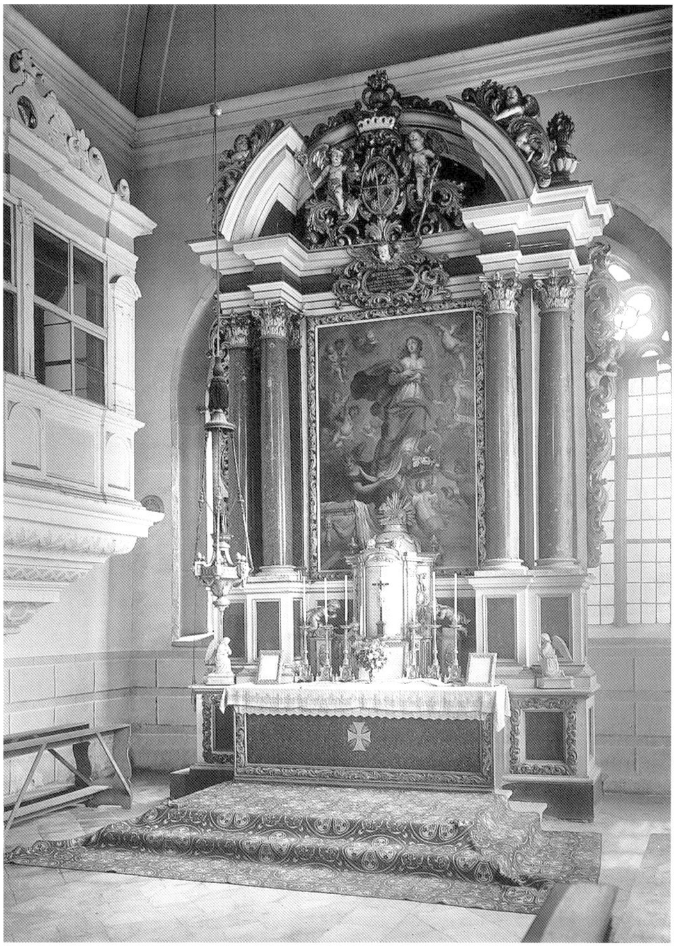

Abb. 48: Würzburg, Festung Marienberg, Marienrotunde: Hochaltar von Kilian Stauffer mit Altarblatt von Oswald Onghers, 1700/01, aus der Stiftung des Joh. Ph. Von Greiffenklau (Kriegsverlust).

äußere zu den Apsisfenstern vermittelt, die zugleich als Nischenraum und Lichtfolie für die seitlich über verblendeten Durchgängen stehenden Namenspatrone der Stifter dienen. Auch in Friesenhausen wird die Prospektwirkung der Ausstattung durch die Seitenaltäre ergänzt.

Der dabei immer mitwirkende Eindruck einer architektonisch selbständigen Retabelarchitektur ist ebenfalls im Altartrio für die von Stauffer selbst im Auftrag seines Ordens 1699 umgebaute Klosterkirche Schönau[66] realisiert. Stauffer kombiniert in dieser Kirche den dreiteiligen, von Säulen gegliederten Hochaltarprospekt mit ebenfalls säulengerahmtem Ädikulaauszug mit Seitenaltären, die auch hier als einfache Bildrahmenädikulen ausgeführt wurden. Die Komplettierung dieser Ausstattung erfolgte einmal durch das Einfügen des Chorgestühls, das die Sockelgeschosse der Altäre verband[67] und weiterhin durch die entsprechende Anhebung der Bildebene in den Seitenaltären über die Kerzenstufe und die Zone der *vasae sacrae*. Ferner wurde der schlichte Saalraum der Kirche durch eine Anzahl großformatiger Bilder in kunstvoll geschnitzten und vergoldeten Rahmen ausgestattet, die ebenfalls so gehängt wurden, dass sie den Blick auf die Retabel konzentrieren. Damit korrespondiert der Charakter dieser in Stil und Farbgebung außerordentlich einheitlichen, gewissermaßen „vor die Wand" gelegten Ausstattung

[66] Siehe zu Schönau KDB (Ufr. u. Aschaffenbg.) XX, Bezirksamt Gemünden (bearb. von A. Feulner) 1920 (1983). Schönau gehört zu den in der Reformationszeit aufgegebenen Zisterzienserinnenklöstern des Hochstiftes Würzburg. Im 17. Jahrhundert übernahmen die Franziskanerminoriten (OFM) in Würzburg die Liegenschaft vom Hochstift als Ausgleich für Leistungen, die Stauffer an verschiedenen Kirchen des Hochstiftes erbracht hatte. (Siehe KDB XX, 125 ff).

[67] Dieses Gestühl wurde allerdings erst 1735 von Sebastian Urlaub geschaffen. Über einen Vorgänger besteht Unklarheit.

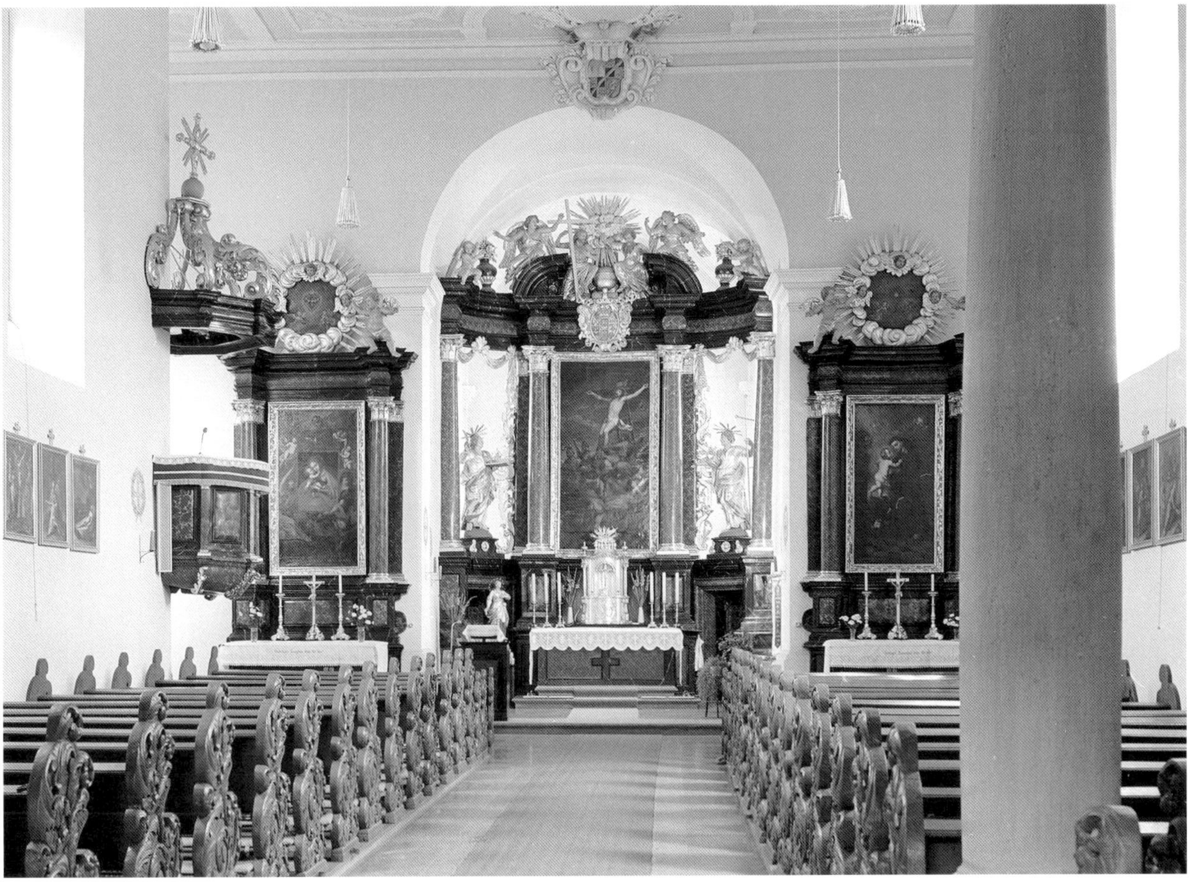

Abb. 49: Hausen, Stadt Bad Kissingen, kath. Pfarrkirche Hl. Kreuz: ehem. Prämonstratenserinnenklosterkirche, Altarausstattung von K. Stauffer und B. Esterbauer, 1719–1724.

als würdevoller Rahmen für den Ausblick in die jenseitige Welt auf der liturgischen Ebene mit der Bedeutung der zur Schau gestellten Inhalte. In der analogen Entwicklung zu Schönau fand die in Fährbrück angelegte Tendenz, der Retabelarchitektur Funktionen der Innenarchitektur zuzuweisen, in den von Kilian Stauffer und Balthasar Esterbauer gemeinsam ausgeführten Altären der Würzburger Universitätskirche von 1703/04 und dem beiden ebenfalls zuzuschreibenden Ensemble aus Hochaltar und Chorbogenaltären in der ehem. Praemonstratenserinnenkirche Heiligkreuz in Hausen *(Abb. 49)*, die nach Abzug der Nonnen unter Julius Echter der Universitätsstiftung übertragen worden war, eine Fortsetzung.

Die Entwurfsanteile der genannten Künstler an den Altären der Universitätskirche scheinen nicht ganz eindeutig geklärt. So fertigte zunächst Caspar Brandt um 1700 einen Riss zum Hochaltar, für den seine Witwe Zahlungen erhielt.[68] Allerdings entspricht das in fragmentarischem Zustand durch ein Foto dokumentierbare und in Resten noch heute in der Pfarrkirche Schlüsselfeld erhaltene Altarwerk *(Abb. 50)*[69] so deutlich den Staufferschen Altartypen wie insbesondere dem rund zwanzig Jahre jünge-

[68] Reinhard Helm, Die Würzburger Universitätskirche 1583–1983. Zur Geschichte des Baues und seiner Ausstattung (= Quellen und Beiträge zur Geschichte der Universität Würzburg, hg. vom Vorsitzenden der Kommission für die Geschichte der Bayerischen Julius-Maximilian-Universität Peter Baumgart, Bd. 5), 87 ff. Den Universitätsrechnungen ist weiter zu entnehmen, dass die zur Aufstellung im Altar bestimmten zwölf Apostel nach Brandts Tod von Tobias Ungleich ausgeführt wurden, aufgrund erheblicher Mängel aber von Balthasar Esterbauer „reformiert“ werden mussten. KDB XII, Stadt Würzburg, 510.

[69] Zur Geschichte und zur Rekonstruktion des Altares siehe Helm, 87.

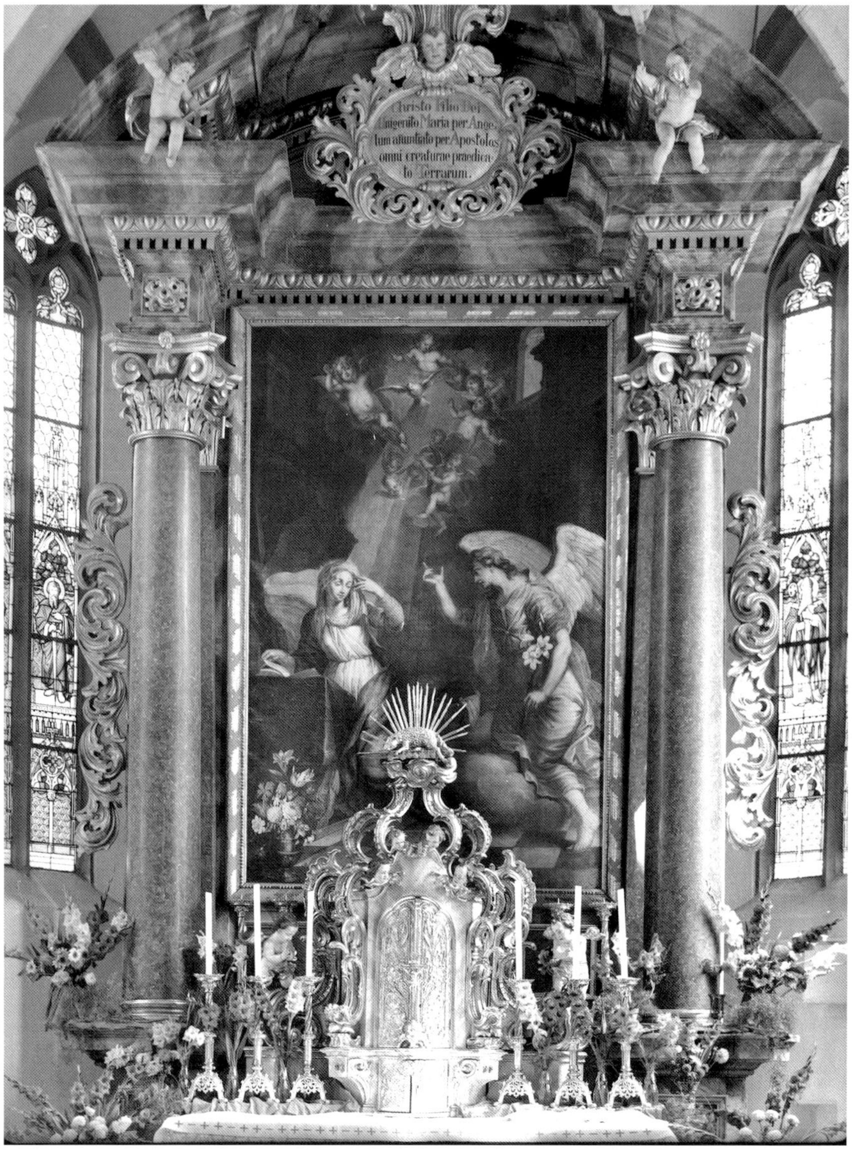

Abb. 50: Schlüsselfeld, kath. Pfarrkirche St. Kilian und Johannes der Täufer, Fragment (vermutlich Auszug) des ehemaligen Hochaltares der Universitätskirche Würzburg von 1703/04 von Kilian Staufer und Balthasar Esterbauer.

ren Hochaltar von Heiligkreuz, dass sich eine Zuweisung des Ausführungsentwurfes an Brandt verbietet. Da sich ferner aus den bei Mader zitierten Universitätsbaurechnungen nicht entnehmen lässt, ob Brandt überhaupt einen Gesamtriss der Retabelarchitektur oder nur ein Detail wie etwa eine Bekrönung zeichnete, scheint mir der Anteil Brandts an dem ausgeführten Werk vernachlässigbar. Die Seitenaltäre der Universitätskirche repräsentierten dagegen vollständig den Typ der 1704/05 von Balthasar Esterbauer für die Pfarrkirche Randersacker ausgeführten Konchenaltäre, so dass zumindest an diesen ein Entwurfsanteil des Kapitelbildhauers zu diskutieren ist.[70] Diese Altäre entsprechen also nicht dem hier vorgestellten Typus der Bildrahmenädikula und sollen daher erst weiter unten im Zusammenhang mit den Retabeln in Randersacker und Stauffers Altären für die Festungskirche beschrieben werden.[71]

[70] Diese Überlegungen machen zugleich deutlich, dass es zwischen Esterbauer und Stauffer zahlreiche Berührungspunkte gab, die für die Entwicklung des Würzburger Altarbaues im frühen 18. Jahrhundert fruchtbar waren. Abb. der Seitenaltäre bei Kossatz, II, Abb. 115 a.

[71] Siehe hierzu weiter unten: Zur Entwicklung von Seitenaltären nach dem Typus der Raumgliederädikula.

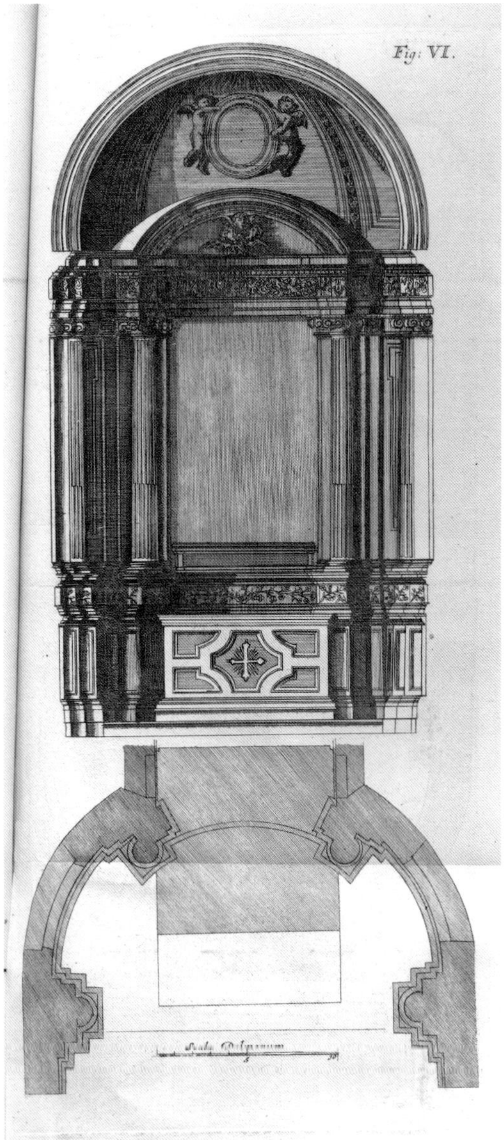

Abb. 51: Joachim von Sandrart, Der teutschen Academie der Bau-, Bildhauer- und Maler-Kunst. Ersten Haupttheils zweyter Band. Die dritte Abteilung: Von den römischen Altären Fig. VI.: G.L. Bernini: Altar der Capella Raimondi in S. Pietro in Montorio zu Rom, Kupferstich, Exemplar des Germanischen Nationalmuseums Nürnberg, Bibliothek (Ausgabe von 1769, hg. von Johann Jacob Volkmann als Nachdruck einer Ausgabe von 1693), Sig. Kb 176/4 [2] [s].

Der monumentale Hochaltar der Würzburger Universitätskirche aus dunkelrotem Stuckmarmor mit weißen Adern und vergoldetem Zierrat[72] ist als zweigeschossige, dreiachsige Gliederädikula zu rekonstruieren, die sich der älteren Innenarchitektur der Kirche kongenial einfügte. Das Altarzentrum bildeten zwei übereinandergestellte, nach der Rekonstruktionszeichnung Helms nahezu identisch gebildete Bildrahmenädikulen mit parallel vorgestellten, prostyl gedachten Säulen, die gesprengte Giebelsegmente trugen. Die Ädikulaebene markierten seitlich postierte Pilaster. Die von Oswald Onghers ausgeführten Tafelbilder zeigten im Hauptgeschoss die Verkündigung an Maria und im Obergeschoss eine darauf bezogene Darstellung der Dreifaltigkeit. Dieser architektonisch fixierte Retabelkern wurde durch Seitenachsen, die in beiden Geschossen als offene Säulenstellungen mit konvex kurviertem Gebälk gebildet

[72] Gropp, I, 509 in der Übersetzung nach Helm, 165: „Die Säulen (des Altares), das Tabernakel u.a. zeigen durch die neue Erfindung jener Zeit, feinst geglätteten Marmor auf gipsernem Kalk, eine gewisse rote Färbung, mannigfaltig verziert und abwechselnd mit weißen Streifen. Der übrige Teil des Hochaltares ist weiß, mit Streifen ganz außen, die überall vergoldet sind.“ – Die zentrale Ädikula des Hauptgeschosses ist mit dem zugehörigen Altarblatt, wie erwähnt, in Schlüsselfeld erhalten.

waren, den Arkadenreihen der Schiffsarchitektur angenähert, vollzogen also die Kurvierung der Apsis nach, wobei die vorderen Säulen leicht einwärts gedreht waren. Vor die Säulen und in die Interkolumnien waren wohl ähnlich wie beim Hochaltar von Stift Haug die Statuen der zwölf Apostel gesetzt, deren Stellungen und pathetische Gebärden Esterbauer, wie erwähnt, zu verbessern hatte.

Das Altarwerk, dessen Höhe mit ca. 7,50 Metern und dessen Breite mit ca. 15,50 Metern von Helm berechnet wurde,[73] erscheint bei diesen Ausmaßen als diaphane Struktur mit kurvierten Seitenachsen in der Zeit kurz nach 1700 derartig singulär, dass man Mühe hat, konkrete Vorbilder zu benennen. Am ehesten finde ich diese wiederum im Material der ephemeren *theatri,* das über den Tirol-Münchener Kunstkreis um die Brüder Schorr und Gumpp im Rückgriff auf Bernini oder aber bereits in direkter Rezeption von Pozzos Traktat vermittelt wurde. Auf dieser Basis realisierte Balthasar Esterbauer in den Jahren 1712/13 den ebenfalls zweigeschossigen, diaphanen Altar mit kurvierten Seitenachsen in der Klosterkirche Bronnbach, dessen Planung sehr wahrscheinlich in die Zeit um 1704 zurückreicht.[74]

Stauffer und Esterbauer wiederholten das Hochaltarretabel der Universitätskirche als eingeschossige Version in dem rund zwanzig Jahre später durch die Universitätsstiftung beauftragten Hochaltarwerk der Filialkirche Heiligkreuz in Hausen.[75] Dieser Altar ist Teil eines Ensembles mit Chorbogenaltären und Kanzel. Seine senkrechten stehenden Teile, also die Säulen sowie die gewölbten Spiegel der Podeste und die Friese sind in dunkelrotem Stuckmarmor gehalten, die Unterbauten und das Gebälk erscheinen tief schwarz, Säulenbasen und -kapitelle sowie Zierrat und Figuren sind vergoldet. In Heiligkreuz erfüllt das dem tonnengewölbten Chorraum vorgeblendete Retabel ähnlich wie in Schönau die Funktion, den Sakralraum gegen den Gemeindesaal abzuschließen. Daher stehen die auf die bischöflichen Namenspatrone Johannes und Philippus reduzierten Figuren mit ihren Postamenten auf analog zum Gebälk kurvierten, geschlossenen Zargenwänden. Dies hat zur Folge, dass der im Gemeinderaum stehende Betrachter die Tiefe des sich hinter dem Altar erstreckenden Chores nicht abschätzen kann. Auch die in Chor- und Apsiswand befindlichen Fenster sind aus seiner Perspektive nicht auszumachen, wohl aber illuminiert das durch sie einfallende Licht das Retabel aus einer mystifizierten Raumzone, und fällt durch die offenen Seitenachsen, wo es von den vergoldeten Gewändern der Figuren reflektiert wird und deren transzendente Abkunft enthüllt, in den Gemeinderaum. Dabei korrespondiert die Erfahrung des von jenseits der erkennbaren Raumgrenzen einfallenden Lichtes mit der Wahrnehmung von Raum und Licht im zentralen Tafelbild sowie in den Gemälden der konventionell als Bildrahmenädikulen mit diagonal vorgestellten Säulen gehaltenen Chorbogenaltäre. Die Dramaturgie dieser Inszenierung setzt über den Hochaltar der Universitätskirche hinaus Altarprojekte Balthasar Esterbauers voraus, die aber ihrerseits morphogenetisch dem aus der Kunsterfahrung des römischen Spätbarock wie insbesondere aus dem Werk Berninis schöpfenden Kunstschaffen Kilian Stauffers verbunden sind. So ist als ein richtungweisendes Paradigma dieser Altartypen auf den durch das Stichwerk Sandrarts verbreiteten Altar Berninis in der Capella Raimondi von S. Pietro in Montorio zu verweisen *(Abb. 51),* dessen inszenatorische Möglichkeiten im Werk der beiden Würzburger Künstler vielfach aufgegriffen und abgewandelt wurden.[76]

[73] Helm, 88.

[74] Siehe in diesem Kapitel: Die Klosterkirche Bronnbach, mit weiteren Erläuterungen.

[75] Wie oben bereits bemerkt, wurde diese Kirche unter Julius Echter der Universitätsstiftung übertragen. Ab 1714 hatte Joseph Greissing die Kirche unter Verwendung älterer Bauteile erneuert. Das Wappen des Johann Philipp Franz von Schönborn am Kirchenportal belegt, dass der Kirchenbau noch in dessen Regierungszeit vollendet wurde. Die aus den Archivalien allerdings nicht belegbare Übertragung der Neuausstattung der Kirche an Kilian Stauffer und Balthasar Esterbauer ist aufgrund der formalen Gestaltung wie aufgrund der vorbildlichen Ausstattung der Universitätskirche unzweifelhaft. Der Hochaltar trägt das Wappen des Johann Philipp Franz von Schönborn, was darauf hinweist, dass die Ausstattung erst in dessen Regierungszeit entstand.

[76] Abb. VII in der Ausgabe Nürnberg von 1684. Siehe in diesem Kapitel auch die Ausführungen zu den Altarprojekten Esterbauers in Randersacker, Gereuth, Bronnbach, Komburg und Banz.

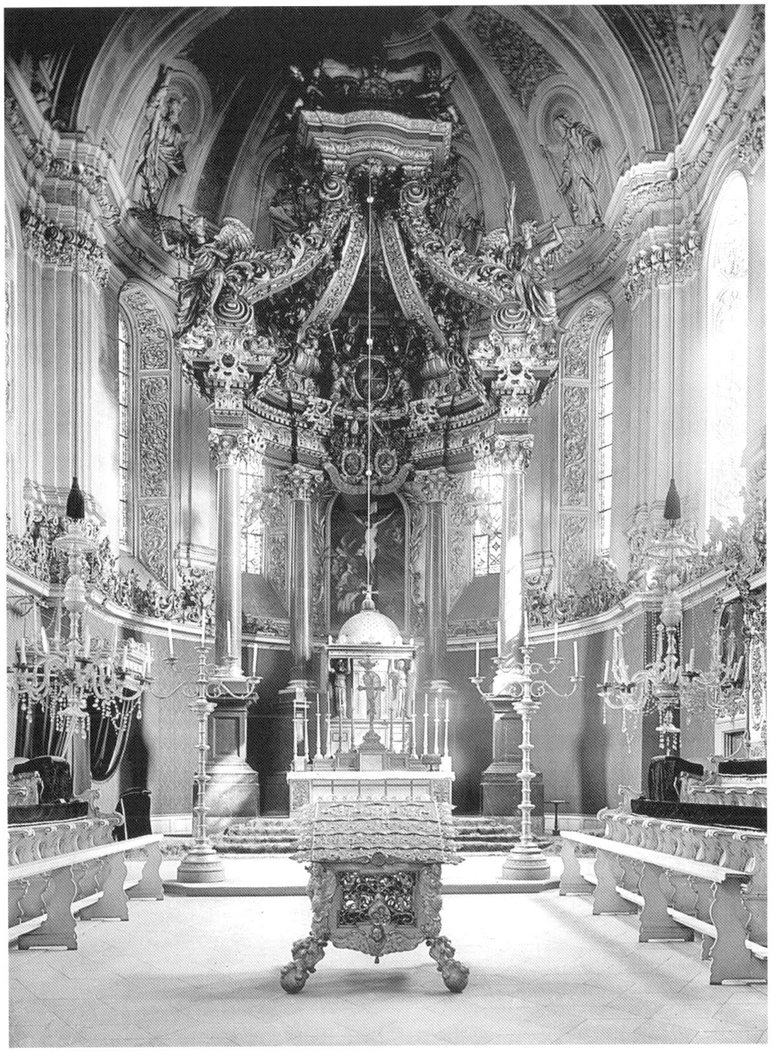

Abb. 52: Würzburg, Domkirche St. Kilian: Hochaltar des Balthasar Esterbauer von 1701 mit den Veränderungen des 18. und 19. Jhs. (Kriegsverlust). Fotosammlung Stadtarchiv Würzburg, NF 176.

3. Der Hochaltar des Würzburger Domes von 1700/01 und seine Nachfolgeprojekte

Die von Tilman Kossatz gestellte Frage, was den Wandel des ursprünglich über rechteckigem Grundriss geplanten zum konchenförmigen Hochaltarziborium im Würzburger Dom veranlasst habe *(Abb. 52)*,[77] konnte im Verlauf dieser Darstellung insoweit beantwortet werden, als festgestellt wurde, dass dieser Wandel sich aus dem Prozess der szenographischen Transformation des gesamten Dominnenraumes entwickelte. Dadurch wurde der zum Raum geöffnete Hochaltar zum Zielpunkt einer Projektion, die über die bildliche Vergegenwärtigung des göttlichen Heilswirkens in der Darstellung des in seiner Kirche thronenden Christus kulminierte *(vgl. Abb. 15–17)*. In diesem Verständnis wurde unter dem Würdezeichen des Ziboriums mit bekrönender Herzogshaube das Tabernakel mit der Büste Mariens und dem Triumphkruzifix präsentiert, wobei der damit konkret aufgerufenen Vorstellung der *Ecclesia universalis* in den Büsten der Frankenapostel ausdrücklich auch die Vertreter der fränkischen Kirche zur Seite gestellt wurden. Dass dadurch, wie ja bereits die bekrönende Herzogshaube ahnen ließ, politisches Gedankengut im Sinne der erläuterten eschatologischen Geschichtsdeutung als wesentliches Anliegen in die Inszenierung einfloss, konnte im ersten Teil dieser Darstellung hinreichend belegt werden.[78] Gerade diese Bedeutungsdimension des Domhochaltares hatte zur Folge, dass er zumindest für eine begrenzte Zeit

[77] Kossatz, I, 188.

[78] Siehe hierzu Kap. IV. 2.4.

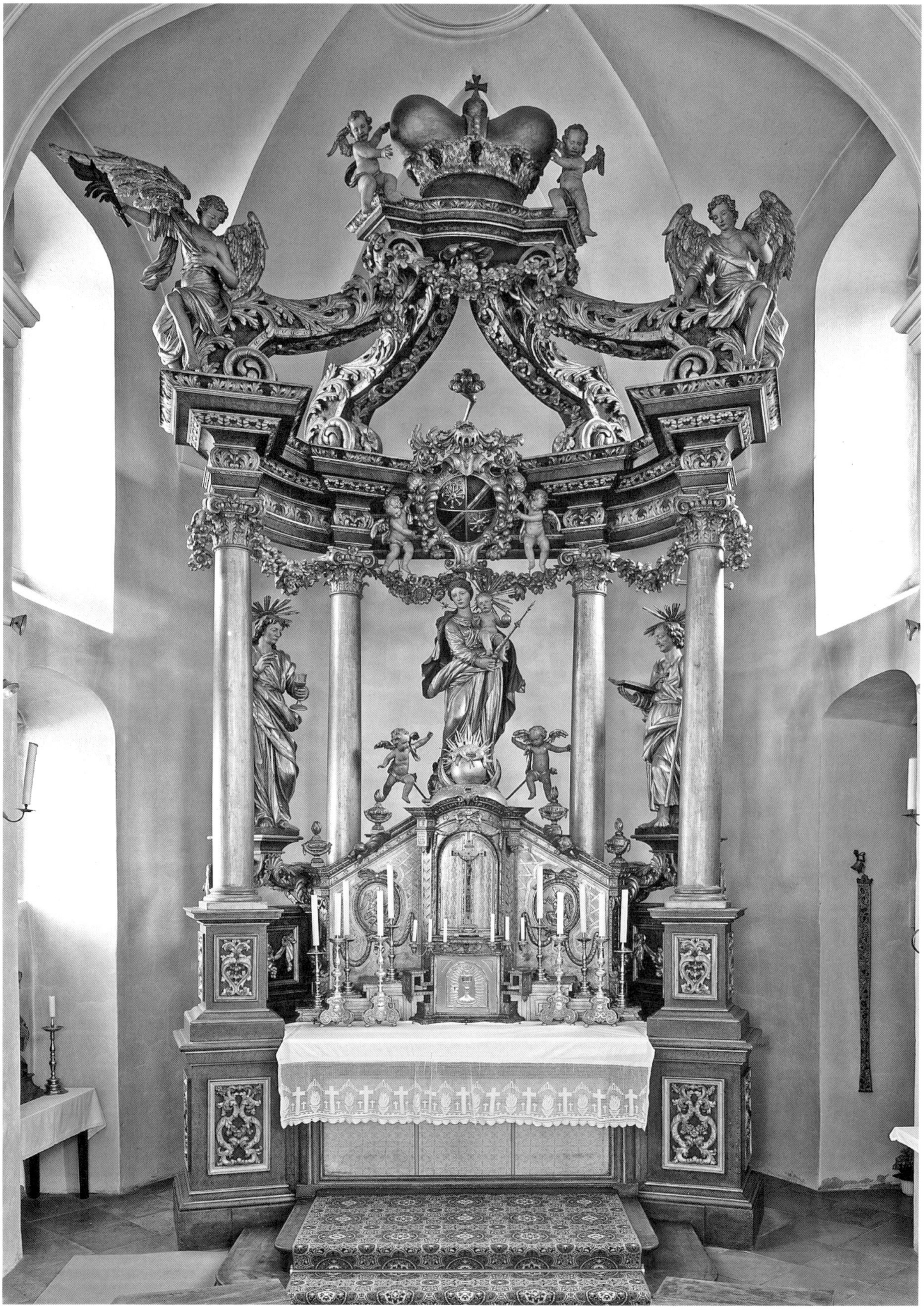

Abb. 53: Gereuth, kath. Pfarrkirche St. Philippus: Hochaltar von 1714/17, Jacob van der Auvera.

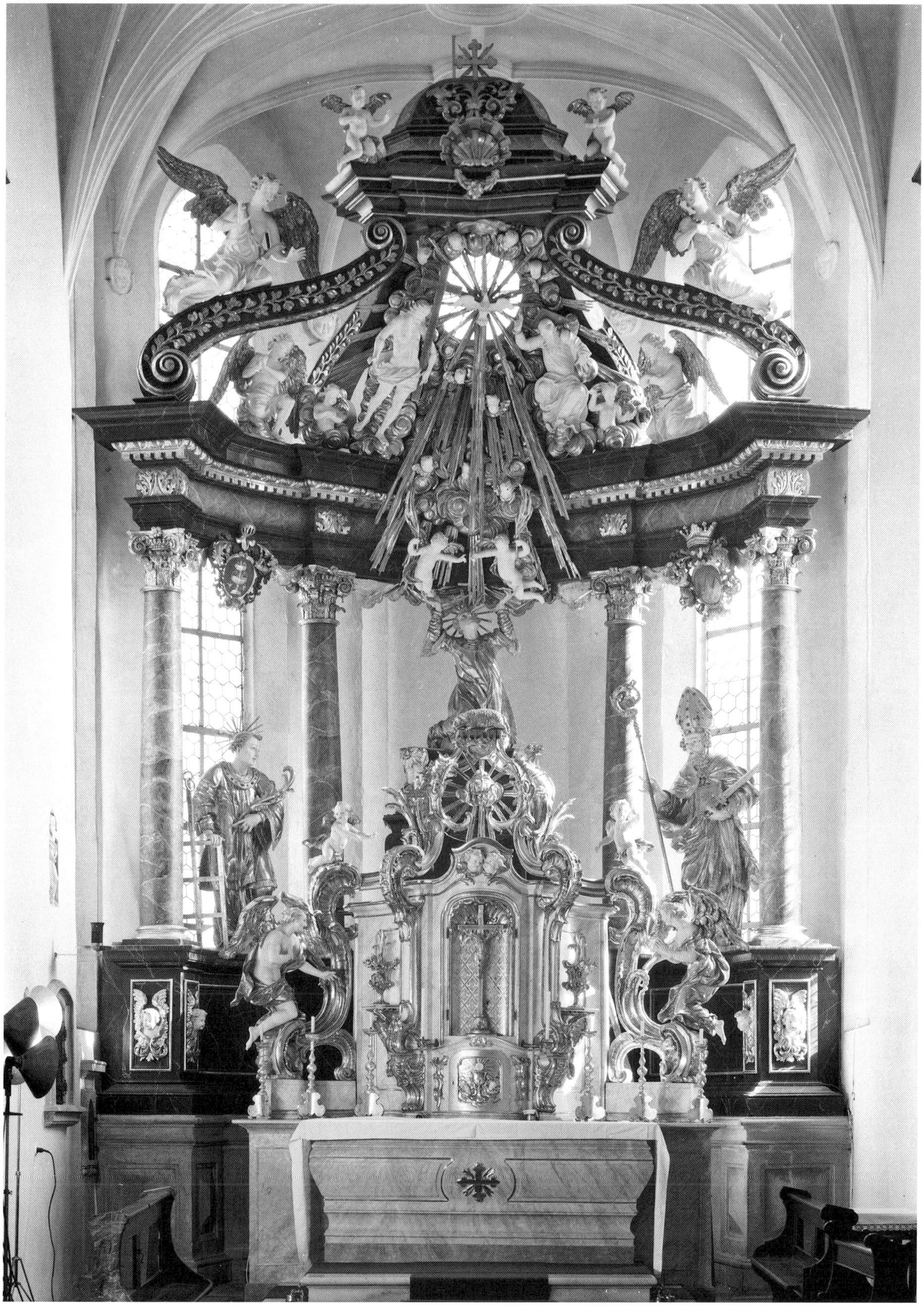

Abb. 54: Randersacker, kath. Pfarrkirche St. Stephan: Hochaltar, um 1702/10, von B. Esterbauer.

gewissermaßen zum Wahrzeichen des Hochstiftes werden konnte, was die relativ genauen Kopien im greiffenklauschen Gereuth *(Abb. 53)* im domkapitelschen Randersacker *(vgl. Abb. 54)* sowie in dem an evangelische Territorien grenzenden Nebenstift Komburg *(Farbabb. 3)* belegen.[79]

Das Hochaltarziborium des Würzburger Domes *(vgl. Abb. 52 und Farbabb. 1)* erhob sich über vier Säulen korinthischer Ordnung aus schwarzem Stuppacher Marmor mit weißen Adern. Die Säulen standen auf hohen Postamenten, wobei das vordere Paar parallel zum Apsisbogen gestellt, das rückwärtige dagegen diagonal nach innen gedreht war. Sie wurden durch ein in exaktem Halbkreis geführtes Gebälk verbunden, das sich mit dem Säulengebälk verkröpfte, auf dessen ausladenden Kranzgesims die schweren, mit Arkantusranken geschmückten Volutenspangen des Baldachins[80] ursprünglich direkt aufruhten. Die in Angleichung an die Apsiskonche relativ steil aufsteigenden Volutenspangen wurden an der Spitze durch eine geschweifte und profiliert verkröpfte Kämpferplatte zusammengefasst, auf der der von zwei Putten präsentierte und mit dem Reichsapfel als Insignie der vom Kaiser übertragenen weltlichen Macht bekrönte Herzogshut aufruhte. Ferner saßen auf den Volutenfüßen jeweils paarweise agierende große Flügelengel.[81] In den Interkolumnien schwebten weitere Putti, die üppige Blumengirlanden, wohl ähnlich denen von Gereuth, hielten. Im Scheitel des halbkreisförmigen Gebälks waren schließlich die Wappen des Johann Philipp von Greiffenklau sowie der als Mitstifter belegten Domherren von Rosenbach und von Walderdorf angebracht. Unklar bleibt, wie oben erwähnt, die ursprüngliche Anbringung der mit Laubwerk gezierten Bögen für die Büsten der Frankenapostel, des Andreas und der Maria. Ferner ist nicht bekannt, ob diese, wie auch die Blumengirlanden, bereits 1749 oder zu einem späteren Zeitpunkt entfernt wurden.

Die Verkröpfung des Gebälks beim Würzburger Domhochaltar von 1701 scheint mir vor allem deshalb bemerkenswert, weil sie dessen von Erich Hubala indirekt vertretene Zuordnung zum Typus des von Palladio für Il Redentore geschaffenen absidialen Kolonnadenaltars widerspricht. Hubala hat sich zum Thema des absidialen Barockaltares mehrfach geäußert.[82] Dabei ist ihm in der Einschätzung des Würzburger Domaltares ein Fehler unterlaufen. So interpretierte Hubala die von Johann Philipp von Greiffenklau vor der endgültigen Planredaktion nach dem 7. Juli 1700 geäußerte Vorstellung, das Retabel *nach form des Altars wie zu St. Peter in Rom* machen zu wollen, so eng, dass er sich dieses Werk nur als vierseitiges Ziborium vorstellen konnte.[83] Daher fasste er die belegten Veränderungen an dem Altar im Jahr 1749, die sich allerdings wie beschrieben auf dessen proportionale Anpassung an den tiefer gelegten Chor beschränkten, als Erneuerung auf, durch die der Altar erst seine absidiale Form erhalten habe. Hubala sah sich in dieser Interpretation[84] dadurch bestärkt, dass er die morphogenetische Ableitung des absidialen, zum Raum geöffneten kolumnaren Altares aus dem Vorbild des Bernini-Ziboriums für St. Peter in Rom grundsätzlich bestritt. Statt dessen führte er die als Kolonnaden angesprochenen absidialen Retabel ausschließlich auf den erwähnten Hochaltar Palladios in Il Redentore zurück, den dieser in genauer Entsprechung zu seinen Rekonstruktionen römisch-antiker Tempelarchitekturen entworfen hatte.[85]

[79] Ob auch die z.T. wesentlich jüngeren Kolonnadenaltäre Balthasar Neumanns und Johann Peter Wagners an diese Bedeutung des Domhochaltares anschließen, soll hier nicht weiter erörtert werden. Siehe hierzu Erich Hubala, Apsidiale Barockaltäre, in: Forma et subtilitas. FS für Walter Schöne zum 75. Geburtstag hg. von Wilhelm Schlink u. Martin Sperlich, Berlin 1986, 145 ff und H. P. Trenschel, Die kirchlichen Werke des Würzburger Hofbildhauers Johann Peter Wagner, Würzburg 1968.

[80] Die Gebälkzone wurde nach Tieferlegung des Chores 1749 zur Angleichung der Altarproportionen an das Raumvolumen, jedoch nicht zum Vorteil des Retabels verändert. Offensichtlich empfanden dies auch schon die Zeitgenossen, wie aus einer bei Kempter, 145, zitierten Quelle hervorgeht

[81] Die in verschiedenen Archiven erhaltenen Fotos des Würzburger Domaltares lassen immer nur das vordere Engelpaar erkennen. In den bei Kossatz, II, 510, Anm. 724, zitierten Archivalien ist aber wohl auch mit Reflex auf das Ziborium in St. Peter von vier Engeln die Rede (Akkord mit Johann Michael Rieß vom 30.3.1701 = SAWü Mappe 4 Zettel Nr. 7, fol. 11).

[82] Hier zugrunde gelegt: E. Hubala, The apsidial baroque altar: Bernini or Palladio Referat auf dem Intern. Colloquium on Bernini der American Academy in Rome vom 9.5.1980; siehe auch ders., 1986.

[83] Siehe oben Kap. IV. 2.4: Die Diskussion um die Neuausstattung des Kiliansdomes.

[84] Wenn auch der Hochaltar des Domes selbst nicht erhalten ist, so erlauben doch die sicher zu datierenden Nachfolgeprojekte in Randersacker, Gereuth und Komburg zweifellos dessen architektonische Form von 1701 zu rekonstruieren.

[85] Vgl. den im IV. Buch von Palladios Architekturtraktat dargestellten Jupiter-Tonans-Tempel und den Mars-Ultor-Tempel; Hubala, 1986, 152.

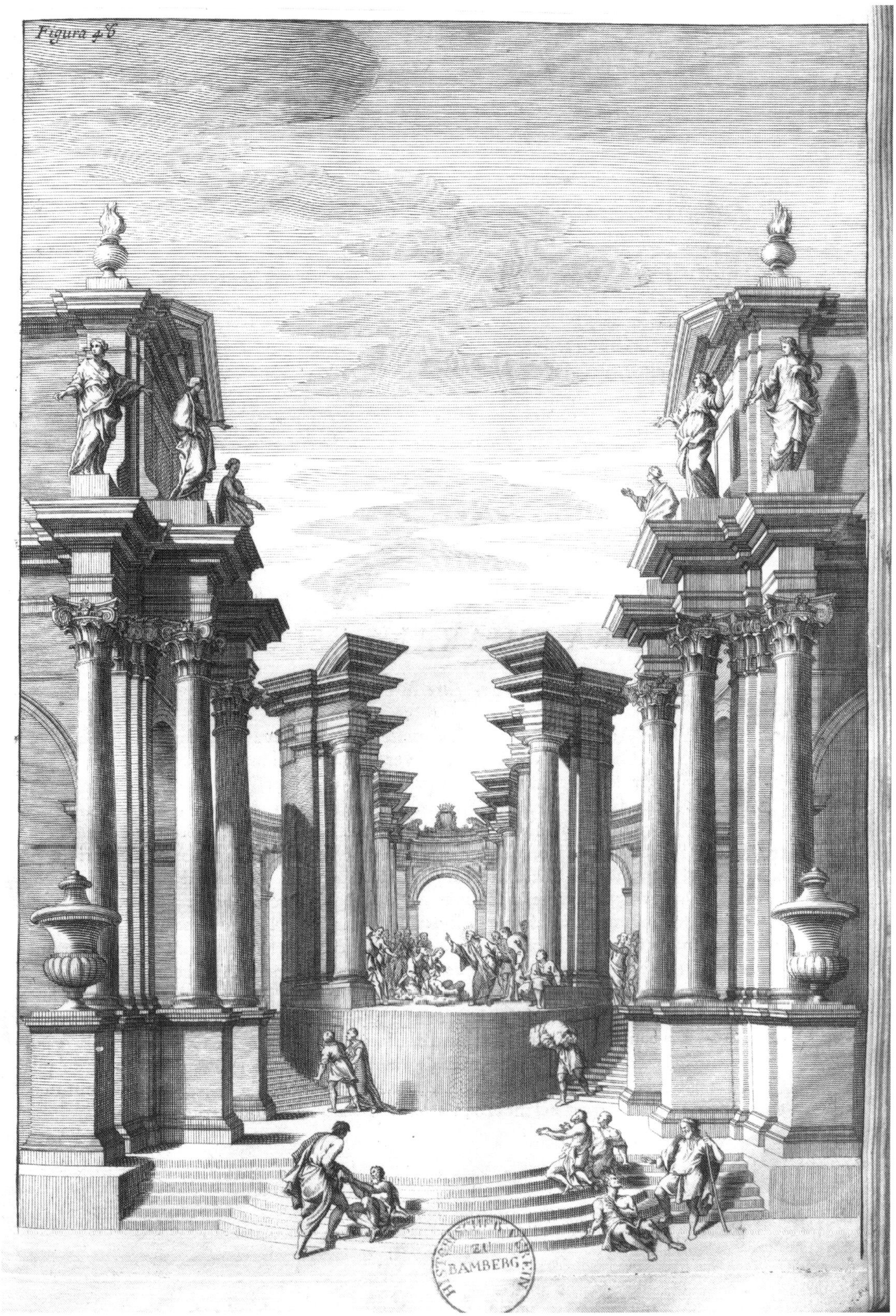

Abb. 55: Andrea Pozzo, Perspectiva pictorum atque architectorum, Frankfurt a. M. 1700, Fig. 48: Altra inventione […] = Entwurf für einen Festapparat; Exemplar der Staatsbibliothek Bamberg (aus dem Nachlass des D: [domini] Dizenhoffer, Bambergensis 1741), Ausgabe von 1700, Sig. L'art.f.7 ^{a} (Bd. 2).

In der Genealogie dieses Projektes sah Hubala sowohl einige Pariser Altarschöpfungen aus dem engeren Umkreis des französischen Königshauses[86] wie vor allem die absidialen Kolonnadenaltäre Balthasar Neumanns. Als deren wesentliches formales Ziel nannte Hubala „das Streben nach Re-Integration von Altar und Wandgliederung“,[87] in dessen Verwirklichung die „transparente[ ] Kolonnade unlöslich mit der defilierenden Wandgliederung und mit dem Ganzen der räumlichen Ordnung verbunden“[88] wurde.

Da Hubala, wie erwähnt, in seiner Interpretation der Entstehungsgeschichte des Würzburger Domhochaltares ein Fehler unterlief, war er nicht veranlasst, die Ergebnisse seiner Überlegungen an dessen formaler Form zu reflektieren. So lässt sich dieses absidial gebildete Retabel aufgrund der Verkröpfungen des Gebälks über den Säulen eben nicht morphogenetisch auf den Kolonnadenaltar in Il Redentore zurückführen wie es auch nicht dem für dessen Entstehung so entscheidenden, den gesamten Kirchenraum umfassenden künstlerischen Konzept entsprach, ihn zu einem Bestandteil der Wandgliederung werden zu lassen. Vielmehr integrierte sich dieser Altar als selbständiges, letztlich eben nur aus der Grundform des berninesken Ziboriums verständliches Gebilde der Innenarchitektur der Kirche in der Abfolge kommensurabler, baldachinartiger Strukturen in Langhaus, Vierung, Chor und Apsis. Gleichzeitig nahm er in seiner formalen Doppelfunktion, Tabernakel, Kruzifix und die erwähnten Büsten bergend zu umfassen wie vor der schauenden Gemeinde zu exponieren, als Zentrum der szenographischen Projektion inhaltlich die Bedeutung an, Bezugspunkt und Abbild der Kirche im metaphysisch-universalen Sinn zu sein. In der Konsequenz dieser Deutung brauchte es nach meiner Interpretation in Würzburg während der entscheidenden, auf die Zeit zwischen dem 7. Juli 1700 und der Jahreswende 1700/1701 einzugrenzenden Planungsphase, an deren Anfang ja immerhin bereits Projekte wie das Dettelbacher Ziborium oder auch die Hochaltäre von Stift Haug und Fährbrück standen, nur noch eines geringen äußeren Anstoßes durch ein integrierendes Raumkonzept, das wohl letztlich der aus dem Bernikreis und der oberitalienischen Kunst inspirierte Pietro Magno lieferte, um die ursprünglich geplante vierseitige Bildung des Domhochaltares aufzugeben und seine Einbindung in den Raum – nicht aber in die Wand – zu vollenden. In diesem Verständnis war es letztlich zur Rekapitulierung des Prozesses der formalen und inhaltlichen Formfindung in Würzburg erheblicher, das zu dieser Zeit verfügbare Quarant'ore-Material *(vgl. Abb. 22)*, zu dem möglicherweise auch schon verschiedene Projekte Pozzos gehörten *(Abb. 55)*, sowie die vor allem auf der Publikationsbasis von G. G. de Rossi und Sandrart vermittelten Kenntnisse komplexer römischer Kapellenausstattungen zu reflektieren,[89] als ihn auf die Frage *Palladio oder Bernini* zu verkürzen.

3.1. Exkurs: Apsidiale Altarprojekte in Flandern und Österreich

Bevor ich mich den bereits genannten Nachfolgewerken des Würzburger Domhochaltares zuwende, soll an dieser Stelle sehr knapp auf einige absidiale Altarlösungen in Flandern und Österreich eingegangen werden. Auch Ulrich Becker leitet die Entstehung exedraler und absidialer Altäre in Flandern in der Zeit um 1700 aus den gesteigerten Ansprüchen an das im Kirchenraum inszenierte *theatrum sacrum* ab, die Bildhauer und Architekten nach geeigneteren Präsentationsmöglichkeiten für szenische Skulptur suchen ließen, als sie die Ädikula bot.[90] Becker sieht in diesem Prozess ebenfalls Parallelen zwischen den berninesken Kapellenausstattungen und den Inszenierungszielen ganzheitlicher absidialer Raumlösun-

[86] So z.B. das ehem. Ziborium Le Ducs in Val-de-Grâce und das ehem. Hochaltarretabel Pierre Le Pautres in Notre Dame de Paris; Hubala, 1986, 156 ff.

[87] Ebd., 165.

[88] Ebd., 168.

[89] Vgl. hierzu nochmals *Abb. 22* mit dem 1650 von Carlo Rainaldi für Il Gesù entworfenen Festapparat zur Feier der Quarant'ore. Eine Weiterentwicklung dieses Ansatzes stellt Pozzos Entwurf in Fig. 48 für einen Festapparat aus der „Prospectiva pictorum“ *(Abb.55)* dar, der das letztlich auch in Würzburg wirksame Verständnis von Retabelarchitektur (als Bühne des theatrum sacrum) und Innen*raum*architektur illustriert. Eine Weiterentwicklung dieses Entwurfs im Kontext der fränkischen Altarbaukunst findet dann beim Hohaltarretabel der Klosterkirche Banz statt.

[90] Becker, 160.

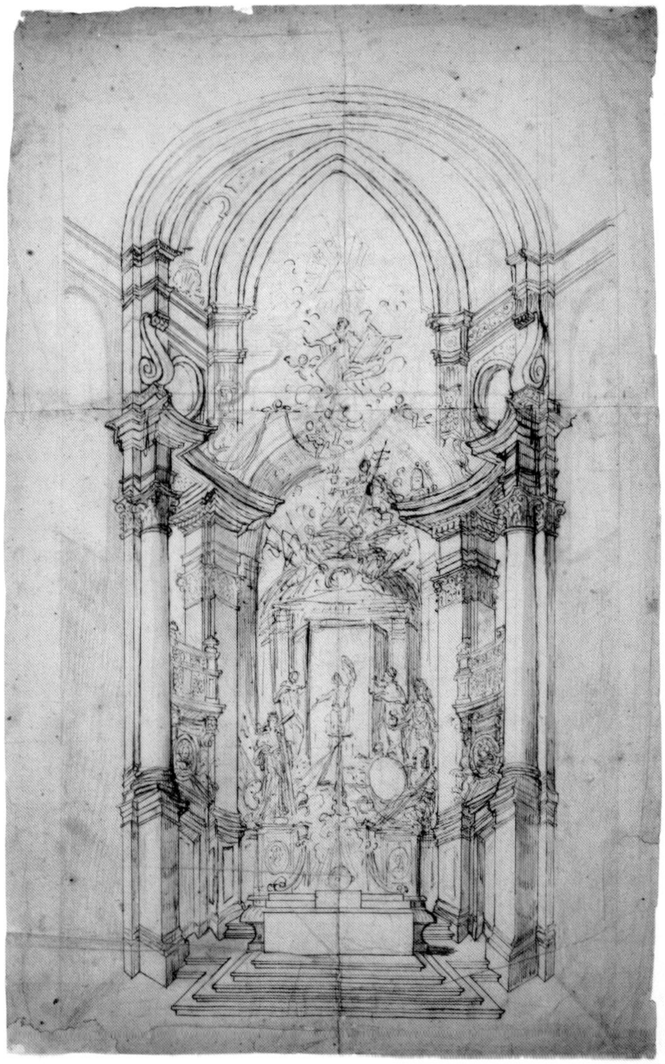

Abb. 56: H. Fr. Verbruggen: Entwurf für die Festdekoration des Chores der Antwerpener Augustinerkirche, sign. und dat. 1709, Antwerpen, Prentenkabinet, Cat. A.LXIII.1, Inv. 2173.

gen namentlich eines Peeter Scheemaekers und eines F. H. Verbruggen für verschiedene Kirchenprojekte in Flandern. Dabei belegt er am Beispiel des 1685 aus der Gemeinschaftsleistung des N. Ykens, A. Quellinus d. J. und des G. Kerricx hervorgegangenen Hochaltares der Antwerpener Jacobskirche, in welchem Maß gerade in dem aus der Tradition der Rubenswerkstatt geprägten Flandern malerische Inszenierungen die Verräumlichung der Altararchitektur mitbestimmten.[91]

Auch der außerordentlich interessante Entwurf Peeter Scheemaekers d. Ä. für die Bernardusabtei in Hemigsem[92], der die Himmelfahrt Mariens über den um das Grab versammelten, emotional zutiefst ergriffenen Jüngern vor einer absidialen Säulenstellung darstellt, ist aus dem Bemühen herzuleiten, die Dramaturgie gemalter Szenen in das Altarwerk zu übertragen. Die sich daraus ableitenden Probleme der architektonischen Realisierung haben bei diesen wie auch bei einer Reihe von absidialen Altarentwürfen Verbruggens *(Abb. 56 und 57)*[93] dazu geführt, dass beide Architekten einerseits bestrebt waren, ihre

91 Becker, 34 ff und Abb. 24.

92 Becker, Abb. 57 aus dem Museum Vleeshuis, Antwerpen, Cat. Nr. 27.A.5, Inv.1231.

93 Becker, Abb. 62 (H. Fr. Verbruggen, Altarentwurf, Prentenkabinet Antwerpen Cat. D.XXIII.19, Inv. 2022), 64. (Ders. Entwurf für die Festdekoration des Chores der Antwerpener Augustinerkirche, 1709, PK, Cat. A.LXIII.1, Inv. 2173) und 66 (Ders. Entwurf zu einem Ignatiusaltar, sig. und dat. 1697, PK, Cat. A.LXIII.23, Inv. 2147) sowie weitere Entwürfe und Projekte.

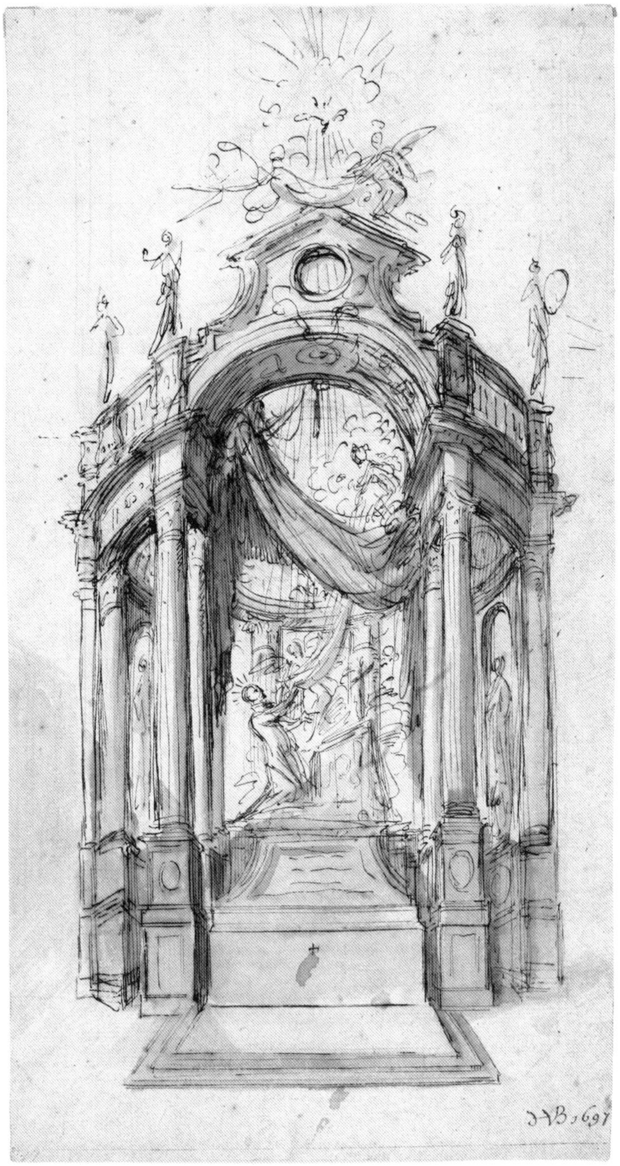

Abb. 57: H. Fr. Verbruggen: Entwurf zu einem Ignatiusaltar (Festdekoration?) sign. und dat. 1697. Antwerpen, Prentenkabinet, Cat. A. LXIII, 23, Inv. 1247.

Retabelarchitekturen der Innenarchitektur des Kirchenraumes zu verähnlichen, wie dies auch in Stift Haug, Fährbrück oder dem noch zu besprechenden Hochaltar der Klosterkirche Bronnbach geschah. *(vgl. Abb. 68–70)* In diesem Bestreben entwickelte insbesondere Verbruggen die klassische Ädikula andererseits zu komplexen Raumarchitekturen,[94] die gemalte und plastische Szene vereinigen und als selbständige architektonische Gebilde Funktionen der Raumarchitektur übernehmen konnten. Auch bei diesen Inszenierungen kam dem in der Nachfolge Berninis dramaturgisierten und aus verdeckter seitlicher oder direkt gegenstrahlender Quelle einfallenden Licht als handlungsinterpretierendem Medium eine entscheidende Rolle zu.

Neben der eigenständigen architektonischen Lösung des Würzburger Domhochaltares entstanden auch in Franken um 1700 den flandrischen Schöpfungen vergleichbare Altarwerke (Universitätskirche, Bronnbach, Seitenschiffaltäre in Randersacker, Banz), die die Rückbindung an die Wand nicht aufgaben und damit den Anspruch stellten, Funktionen der Innenarchitektur zu übernehmen. Diese unterschei-

[94] Becker, 176; Abb. 74–76.

den sich zwar letztlich in dem Ziel, einen Bühnenraum zu umgreifen und durch Einbeziehung des Lichtes dramatisch zu gestalten, nicht wesentlich vom Hochaltar des Würzburger Domes, wohl aber in ihrer morphologischen Ableitung. Während die als komplexe Wandarchitekturen gebildeten Retabel den architektonischen Raum theatralisch transformieren, und sich damit eigene Strukturen schaffen, erfolgt die Einbindung des Würzburger Domhochaltares aus der szenographischen Kontraktion kommensurabler architektonischer Formen, was formal und inhaltlich, wie erwähnt, auf das Ziborium Berninis in St. Peter zu Rom verwies.

Diese Unterscheidung lässt sich auch auf zwei frühe Altarprojekte des Johann Bernhard Fischer von Erlach wie den Hochaltar im Mausoleum Ferdinands I. zu Graz (1699) und den Hochaltar der Wallfahrtskirche Mariazell (1698–1702) übertragen, wobei beide darüber hinaus deutlich machen, dass die künstlerische Auseinandersetzung mit dem absidialen, kulissenhaft verräumlichten Retabel um 1700 zu einem wichtigen Thema der kirchlichen Innenausstattung geworden war.

Wie dieser skizzenhafte Exkurs zeigen soll, kreisten die Überlegungen der Würzburger Fürstbischöfe Guttenberg und Greiffenklau wie der beteiligten Domherren zur Neuschöpfung des Domhochaltares und zur Neugestaltung des Dominneren um ein zu dieser Zeit in Europa aktuelles und vielfach diskutiertes Thema architektonischer Innenraumgestaltung. Dabei wird aus dem Vergleich deutlich, in welchem Maß die letztlich in Würzburg gefundene Lösung einen höchst respektablen, eigenständigen und künstlerisch bedeutenden Beitrag zu diesem europäischen Grundthema leistete. Daher ist anzuregen, diese Leistung in ihrer, bis in die Neumann-Zeit hineinwirkenden, paradigmatischen Bedeutung deutlicher zu würdigen und in den zeitgenössischen europäischen Kontext einzuordnen.[95]

3.2. Der Hochaltar der Pfarrkirche Gereuth

Unter den erhaltenen absidialen Baldachinaltären des Hochstiftes kommt das etwa fünfzehn Jahre nach dem Domhochaltar realisierte Retabel in der ehemals greiffenklauschen Schlosskirche zu Gereuth *(vgl. Abb. 53 und Farbabb. 2)* seinem als Kriegsverlust sehr schmerzlich zu beklagenden Vorbild am nächsten. Allem Anschein nach hatte Johann Philipp von Greiffenklau in dieser, seiner Patronatsherrschaft unterstehenden Kirche aus nachvollziehbaren Gründen die Absicht, eine weitgehend genaue Kopie *seines* Domaltares aufzustellen.[96] Dieser Forderung kam der vermutlich ausführende Künstler, Jacob van der Auvera,[97] auch weitgehend nach, mit der bemerkenswerten Ausnahme, dass die Viersäulenstellung des Altares durch die Einwinkelung des vorderen Säulenpaares nun etwas mehr als ein Halbkreissegment umgreift. Diese Erweiterung der Grundrissfiguration, die durch das Vorbild des nur wenige Jahre älteren Fuldaer Hochaltares veranlasst worden sein könnte, zu dem allerdings in erster Linie Balthasar Esterbauer Beziehungen hatte, führte dazu, dass die auf Podesten stehenden Seitenfiguren der bischöflichen Namenspatrone Johannes und Philippus durch die vorderen Altarsäulen überschnitten wurden. Dieses Motiv weist über Altarschöpfungen Esterbauers (Bronnbacher Hochaltar, *vgl. Abb. 69)* und Kilian Stauffers (Konchenaltäre der Marienrotunde, *vgl. Abb. 26)* nachdrücklich auf

[95] Wie schon zu diesem Kapitel einleitend bemerkt, macht sich gerade in diesem Zusammenhang der Mangel an einer aktuellen monographischen Untersuchung zur Geschichte des Altarbaues und der kirchlichen Innenausstattung bemerkbar, wozu hier ausdrücklich anzuregen ist.

[96] Meiner Ansicht nach spricht aus der mehrfachen Kopie des Würzburger Domhochaltares durchaus ein nicht unberechtigter Stolz auf den künstlerischen Rang dieses Retabels, das sich zu einer Art Identifikationsformel für Bistum und Hochstift entwickelte. Auch diese Tatsache illustriert gewissermaßen rückwirkend den langen Diskussionsprozess um den Domaltar und das darin gründende Bewusstsein, eine eigenständige künstlerische Lösung gefunden zu haben.

[97] Die Zuschreibung der Gereuther Ausstattung an Auvera stützt sich auf dessen Angaben, er habe dafür vom Kammerzahlamt „500 fl für bildhauer arbeit /: so in das löbl. gotteshaus nacher gereuth gehören […]“ erhalten. G. Krüger, Jacob van der Auvera, (phil. Diss.), Würzburg 1931; Quellenanhang (= Hofkammerprotokolle 1720 Dez. 24) II f. Diese Zuschreibung ist im Wesentlichen nicht anzuzweifeln. Allerdings wäre auch eine Beteiligung des Balthasar Esterbauer an den Entwurfsarbeiten zu dieser Ausstattung sowie ggf. an der Ausführung der außerordentlich qualitätsvollen Madonna des Hochaltares zu erwägen.

theatralische Gestaltungsprinzipien des Berninikreises zurück. Dabei bot die bauliche Situation der Gereuther Schlosskirche die Möglichkeit, das durch die Fenster der Apsis einfallende Licht sublimierend zur Darstellung des Ereignishaften in die Szene einzubeziehen. Um dies zu verstehen, ist darauf hinzuweisen, dass die Apsis der Kirche ursprünglich nicht nur durch zwei seitliche, sondern auch über ein weiteres Fenster im Scheitelpunkt, also hinter der zentralen Muttergottesstatue im Hochaltar, belichtet wurde.[98] Diese stand zudem vor Einfügung des viel zu massiven klassizistischen Tabernakels vermutlich etwas tiefer, so dass sie gänzlich von der überstrahlenden Lichtfolie des Fensters hinterfangen wurde. Dabei dürfte das Licht die vergoldete Figur, ähnlich wie dies noch heute beim Hochaltar der Stiftskirche Komburg *(Farbabb. 3)* zu sehen ist, nahezu entmaterialisiert und damit mystifizierend distanziert haben. Die dagegen nicht vor der direkten Lichtquelle stehenden Seitenfiguren der bischöflichen Schutzpatrone wurden durch das auf ihre vergoldeten Oberflächen auffallende Licht zwar ebenfalls als himmlische Wesen identifiziert, blieben aber körperlich wahrnehmbar, als treten sie *eben jetzt* in den in besonderer Weise qualifizierten Raum des Retabels. Innerhalb dieser mit Hilfe des Lichtes entschlüsselbaren rhetorischen Strategie stehen damit die bischöflichen Namenspatrone ihrem Schutzklienten auf dessen Lebens- und Heilsweg gewissermaßen körperlich zur Seite, während das verklärte und distanzierte Bild der Himmelskönigin sowohl das Ziel seines Strebens wie die Verheißung glücklicher Vollendung suggeriert. Wie zuvor schon bei einigen Gedächtnisstiftungen Guttenbergs zu beobachten war, wird damit auch im Gereuther Altarwerk in der szenischen Veranschaulichung der fürstlichen Devotion und Adoration gegenüber seinen Namenspatronen und der Gottesmutter in subtiler Form jene Grenzüberschreitung zwischen den Darstellungsformen des Ephemeren und der Permanenz thematisiert, die das Geschehen auf der Bühne des Altars zum Schauwunder verklären.

3.3. Der Hochaltar der Pfarrkirche Randersacker

Der Hochaltar der dem Erzmärtyrer Stephanus geweihten Pfarrkirche in Randersacker *(vgl. Abb. 54)* ist das älteste unter den in der Filiation des Domaltares stehenden Projekten. Er ist Teil einer Gesamtausstattung, die mit Ausnahme des bereits 1684/85 entstandenen rechten Chorbogenaltares zwischen 1702/03 und 1709/10 dem domkapitelschen Bildhauer Balthasar Esterbauer übertragen wurden. Neben der Altarausstattung, der Kanzel und verschiedenen Heiligenbüsten stammt auch der überwiegende Teil der erhaltenen schönen Bilderrahmen in den Seitenschiffen der Kirche aus der Werkstatt Esterbauers. Leider hat diese Ausstattung im Laufe der Zeit einige entstellende Veränderungen erfahren, die es auch hier zunächst notwendig machen, sich den Zustand des frühen 18. Jahrhunderts mithilfe der eigenen Vorstellungskraft zu rekonstruieren. So wurde möglicherweise bereits im ausgehenden 18. Jahrhundert das Fenster im Scheitelpunkt der Apsis vermauert und damit die ursprüngliche Lichtregie des Altares empfindlich gestört. 1792 wurde ferner der Zelebrationsaltar mit dem Tabernakel Esterbauers sowie Zierrat vom Unterbau des Altares entfernt, um Platz für das leider viel zu große Tabernakel Johann Peter Wagners zu schaffen, das um 1770 für die Reuererkirche in Würzburg entstanden und von dort nach Randersacker verkauft worden war.[99] Zu seiner Aufstellung musste man nicht nur die Altarmensa vergrößern, sondern auch die zentrale Figur des Stephanus höher setzen, damit sie hinter dem neuen Tabernakel sichtbar blieb. Um schließlich nach der Liturgiereform der katholischen Kirche den Zelebrationsaltar versus populum unter dem Chorbogen aufstellen zu können, legte man 1970 den Fußboden im gesamten Chorbereich höher, so dass der Hochaltar heute im Verhältnis zu den Chorbogenaltären zu hoch steht. Ferner wurde 1970 auch die Kanzel in ihrer Gesamtwirkung entschieden beeinträchtigt wie

[98] Diese Fenster wurden in späterer Zeit vermauert. Dabei handelt es sich nach meiner Ansicht um eine typische Maßnahme der Aufklärungszeit, der die suggerierte wunderbare Erscheinung von Heiligen im verklärenden Licht unerträglich war. Siehe zur Kritik der Aufklärung an barocken Inszenierungen: Goy.

[99] Siehe hierzu wie auch zum Folgenden die detaillierten Angaben nach Quellen im Pfarrarchiv sowie nach verschiedenen Restaurierungsberichten im Kirchenführer, zusammengestellt von Rudolf Hofmann, hg. vom kath. Pfarramt Randersacker, 12 ff.

zudem ihrer Funktion beraubt, als man ihren ursprünglich reich verzierten Treppenaufgang entfernte und sie ebenfalls höher setzte. Auch diese Maßnahme stört die proportionale Ordnung der Kirchenausstattung erheblich. In ursprünglicher Anordnung war also das Hochaltarretabel in Randersacker so zwischen die Bildrahmenretabel am Chorbogen gespannt, dass die Figuren aller drei Altäre mit Ausnahme des Stephanus in der zentralen Raumachse etwa auf gleicher Höhe standen. Dies führte dazu, dass die räumliche Distanz zwischen den korrespondierenden Chorbogenaltäre und dem vollständig transparenten, in der Massivität gegenüber dem Domaltar zugunsten der Lichtwirkung deutlich reduzierten Baldachin im bühnenmäßigen Zusammenschluss des Altartrios ausgeglichen wurde. So ist das Hochaltarretabel von Randersacker nicht wie sein Vorbild im Würzburger Dom eine in den Raum gestellte kommensurable Form, die im szenographischen Kontext raumintegrierende Funktionen wahrnimmt, sondern wandelt sich vor der Lichtfolie der bis in den Gewölbeansatz reichenden Apsisfenster zu einer den Raum selbst transzendierenden Kulisse des metaphysischen Schauspieles. Darin erinnert diese Inszenierung an die oben erwähnten, etwa zeitgleichen flandrischen Projekte, wie z.B. den Entwurf Peeter Scheemaekers d. Ä. für den Hochaltar der Bernardusabtei in Hemigsem.[100]

Um diese Wirkung zu erreichen, stellte Esterbauer in Randersacker die Retabelsäulen unmittelbar vor die Apsispfeiler und vermied die Überschneidung der Lichtfolie. Dazu war es notwendig, die Grundrisskurve des Retabels analog zu der relativ flachen Apsiskonche in die Breite zu ziehen. Darüber hinaus verband Esterbauer die Säulenpodeste nicht durch offene Bögen, sondern durch kurvierte Zargen, die etwas über der Höhe der Fenstersohlbänke bündig mit den Säulenpodesten abschlossen und den Blick in den Apsisgrund abschirmten. Auf diesen Zargenstücken stehen zwischen den beiden seitlichen Interkolumnien die Patrone des Domkapitels, Laurentius und Kilian, sowie auf erhöhtem Podest der Erzmärtyrer und Patron der Kirche, Stephanus. Dieser ist im Moment seines Todes dargestellt, wobei er im geöffneten, durch den Baldachin visualisierten Himmel die drei göttlichen Personen in einer Schar herabschwebender Engel erblickt, die ihm die Aufnahme in das Paradies verheißen. Damit wird auch in diesem Altarwerk die figürliche Vorlage zur bühnenhaften Inszenierung erweitert. Erstmals[101] in einem fränkischen Altarwerk werden die Mitglieder der himmlischen Gesellschaft hier, bis auf die Vergoldungen der Engelsflügel, vollständig weiß gefasst, während bei den drei Heiligenfiguren Haut und Haare traditionell lebensecht und die Gewänder goldfarben erscheinen. Dadurch wird die entmaterialisierende Verklärung der sich nun vollständig dem weißen Licht assimilierenden Himmelsvertreter wirkungsvoll verstärkt. Namentlich die seitlich zwischen den Voluten des Baldachins hereinschwebenden Engel erwecken den Eindruck als würden sie *eben* aus dem Licht selbst Gestalt annehmen. Darüber hinaus ergießen sich aus der geöffneten Strahlenglioriole im Scheitel des Baldachins wiederum goldfarbene Strahlen über den verklärten Stephanus, so dass der Topos des unanschaulichen Lichtes hier letztlich in unterschiedlicher Weise zur Anschauung gebracht wird. Damit ist auch der Randersackerer Hochaltar nicht als ein der Wand integriertes Retabel anzusprechen. Vielmehr erweitert Esterbauer bei diesem Werk die Illusion des sich im Kirchenraum selbst ereignenden himmlischen Schauspiels, nicht zuletzt durch die erweiterte Einbeziehung des Lichtes, beträchtlich. Im überstrahlenden weißen und im goldfarben reflektierenden Licht, das mit der Schar der darin Gestalt annehmenden himmlischen Wesen in den Kirchenraum hineinflutet, transzendiert die Altarbühne und ermöglicht einen Blick in die jenseitige Welt.[102]

Die figürliche Szene des Retabels in Randersacker gehört nach meiner Ansicht zu den reifsten Schöpfungen Balthasar Esterbauers und lässt seine Fähigkeiten in der Visualisierung theatralischer Inhalte deutlich werden. Zugleich offenbart die bühnenhafte Inszenierung des Altarwerkes eindrucks-

[100] Vgl. die Abbildung dieses Projektes bei Becker, Abb. 57.

[101] Die Originalität der Fassung in dieser Farbgebung wird dabei vorausgesetzt!

[102] In dieser Form verbindet sich die Architektur des Retabels deutlicher und entschiedener mit der Wand, allerdings nicht in der von Hubala interpretierten Form einer „Re-Integration“ (vgl. in diesem Kapitel oben Anm. 82), sondern in der Weiterentwicklung der Altäre in der Universitätskirche sowie in der im Zusammenhang mit der Altarausstattung in Bronnbach noch näher zu beschreibenden Form der Transformation des (architektonischen) Raumes selber, dessen materielle Struktur durch die auferlegte „Folie“ der Innenausstattung in die Schaubühne des heiligen Theaters verwandelt wird.

voll die oben in verschiedenem Zusammenhang angesprochene Ableitung aus dem Gedankengut und Vorlagenmaterial der Quarant'ore-Apparate.[103] Damit rückt dieses Retabel mit dem weiter unten noch zu besprechenden Hochaltar der Klosterkirche Bronnbach[104] in die unmittelbare Nähe des Banzer Hochaltares.

3.4. Der Hochaltar der Stiftskirche Groß Komburg

Auch der am 12. Mai 1712 Balthasar Esterbauer vertraglich übertragene Hochaltar der Stiftskirche Groß Komburg *(Farbabb. 3)* nimmt den absidialen Baldachinaltar des Würzburger Domes zum Ausgang, integriert darüber hinaus aber auch Elemente des Retabels in Randersacker. Der Komburger Altar ist Teil der wohl umfassendsten Gesamtausstattung *(Farbabb. 4)*, die dem Würzburger Bildhauer im Laufe seiner Karriere anvertraut wurde. Dabei markiert die Ausstattung der Komburg im Werk Esterbauers insofern eine neue Entwicklungsstufe, als hier erstmals Kirchenbau und Ausstattung in enger Abstimmung geplant und realisiert werden konnten. Dies spiegelt sich u.a. in der Tatsache, dass die Altäre der Stiftskirche nicht, wie parallel in Bronnbach, die nicht mehr zeitgemäße Innenarchitektur transformieren mussten, sondern diese vielmehr verdichten und ergänzen, so dass sie auch aus dem Zusammenhang des Gesamtraumes heraus interpretiert werden müssen.[105] Nach Ausweis des erhaltenen Quellenmaterials fertigte Esterbauer für die Stiftskirche neben Hoch- und Seitenaltären, Chorgestühl, Kanzel und Orgelbekrönung aus Holz und Alabaster, die gesamte Architekturplastik an Friesen, Zierleisten, Versatzstücken, Portaleinfassungen und -figuren, wie er schließlich auch die großartigen Pfeilerkapitelle im Inneren der Kirche, die in den Proportionen und im Dekor der von Goldmann und Sturm publizierten Salomonischen Säulenordnung entsprechen, entwarf. Diese also aus Sandstein und nicht aus Stuck gearbeiteten Kapitelle bestimmen sowohl das ikonographische Konzept des Kirchenbaues wie sie zur feierlichen Gesamtwirkung des Innenraumes beitragen.[106] Für alle Teile der Ausstattung liegen jeweils dezi-

[103] Vgl. hierzu nochmals die bereits zitierten Aufsätze von Preimesberger und Imorde, in: Barocke Inszenierung.

[104] Sie dazu in diesem Kapitel 4.4.: Die Altäre der Klosterkirche Bronnbach.

[105] Die Stiftskirche wurde unter dem Dekanat des Wilhelm Ulrich von Guttenberg nach Plänen und unter der Bauleitung des Joseph Greissing in den Jahren 1706–1715 errichtet. Dabei war die Orientierung an Struktur und Charakter des mittelalterlichen Vorgängerbaues offensichtlich Bedingung des Neubaues, was in der Interpretation seiner Architektur und Formensprache zu beachten ist. Siehe zur Comburg: Barbara Nitschke, Die ehem. Stiftskirche St. Nikolaus auf der Groß Komburg (1707–1715). Ein Werk des Würzburger Baumeisters Joseph Greissing, in: Die Komburg vom Mittelalter bis ins 20. Jahrhundert, hg. von Elisabeth Schraut, (Kataloge des Hällisch-Fränkischen Museums, Bd. 3), Sigmaringen 1989.

[106] Das erhaltene Archivmaterial ermöglicht einen genauen Einblick in Lebensumstände und Werkstattorganisation Balthasar Esterbauers während seiner Tätigkeit auf der Komburg. Der Bildhauer betreute in dieser Zeit mit Bronnbach, Komburg und Banz drei große Baustellen sowie eine Vielzahl kleinerer Projekte, die z.T. noch nicht erfasst sind. So fehlt allein ein Überblick über die Fülle an Architektur-, Garten- und Kleinplastik, die er etwa für die Würzburger Festungsbauwerke, für Bürgerhäuser oder die zahlreichen Landsitze des Niederadels fertigte. In Komburg arbeitete Esterbauer mit seinen Leuten zwischen 1707 und 1716, also parallel zum Kirchenbau. Er wurde insgesamt mit ca. 4791 Reichstalern sowie erheblichen Mengen an Korn und Wein entlohnt. (Die Rechnungen zum barocken Kirchenbauwesen in Komburg sind im Staatsarchiv Ludwigsburg erhalten: Siehe dort die Bestände (StAL) B 375 I L – Bü 509, 512, 523 sowie die bei Diehl 22–27, 50–71, 127–129 und 146 publizierten Auszüge. Weitere Auszüge aus den Archivalien sind bei Johannes Zahlten, Die barocke Ausstattung des „Newen Kirchenbaues in dem hochadeligen Ritter Stift Comburg", in: Die Comburg (wie Anm. 105), 36–56, hier 41 ff abgedruckt) In dieser Summe sind die Arbeitslöhne für wenigstens vier Mitarbeiter, nicht aber die Materialkosten enthalten. Die Holz und Alabasterarbeiten entstanden in der Würzburger Werkstatt, die Steinplastik dagegen in einer aufgeschlagenen Hütte bei der Komburger Obervogtei. Esterbauer war in dieser Zeit ständig zwischen Bronnbach, Komburg und Banz unterwegs. Aus den erhaltenen Zehrungs- und Wirtsrechnungen ist zu entnehmen, dass er ein Pferd besaß. Diehl, 146. Längere Aufenthalte sind in Komburg für die Jahre 1712/13, also den Entstehungszeitraum des Hochaltares belegt. Es darf als sicher gelten, dass den Arbeiten an der Kirchenausstattung ein Gesamtkonzept zugrunde lag, dass möglicherweise mit Greissing abgesprochen worden war. In den Vertragsunterlagen ist dann jeweils von den „übergebenen Modellen und Rissen" die Rede, die die Ausführungen im Einzelnen regelten.

dierte Fassungskonzepte vor, die mit der Farbigkeit des Innenraumes korrespondieren. Auch diese erhaltene, im alabaster- bis goldtonig-monochromen Bereich liegende Farbigkeit, in der Einzelheiten durch das einfallende Licht akzentuiert und modelliert werden, bestimmt den Raumcharakter in entschiedenem Maße mit.

Wie schon angedeutet, entspricht der Komburger Hochaltar in Grund- und Aufriss relativ genau dem Vorbild des Würzburger Domes. Wie bei diesem sind die vier, auf hölzernen Podesten stehenden Alabastersäulen durch ein der Apsiskonche entsprechendes, halbkreisförmig geführtes Gebälk verbunden. Dabei sind die beiden rückwärtigen Säulen exakt in die Achsen der Wandpfeiler zwischen den Apsisfenstern gestellt, so dass sie das als Lichtfolie wirksame, in Komburg glücklicherweise unverbaute Fenster rahmen. Die vorderen Säulen überschneiden dagegen die seitlichen Apsisfenster und wirken damit in Hinblick auf das Raumlicht dramatisierend. Wie dies auch für den Domhochaltar belegt ist, sind zwischen die Interkolumnien Laubwerksbögen gespannt, auf denen insgesamt fünf Figuren, nämlich der Würzburger Kapitelspatron Johannes d. T. und der Reichspatron Joseph rechts und links außen sowie der Patron der Kirche, Nikolaus, und der ehemalige Ordenspatron Benedikt in der Mittelachse, die zentrale Figur der Maria Immakulata auf erhöhtem Podest flankierend, stehen.[107] Ähnlich wie in Randersacker erscheint auch in Komburg in dem im übertragenen Sinne als Himmel anzusprechende Baldachin eine plastische Gruppe mit Darstellung der Dreifaltigkeit, von der Strahlen goldfarbenen Lichtes auf die Marienfigur und die Heiligenbilder herabfließen.

Vom Würzburger Vorbild unterscheidet sich in Komburg allerdings deutlich das Verhältnis von Apsisraum und Retabelvolumen. So ist der Komburger Hochaltar nicht wie der des Domes als selbständiges, im Raum stehendes architektonisches Gebilde anzusprechen, sondern fügt sich wie eine gliedernde Schale dem lichtdurchfluteten Apsisgrund ein. Ferner sind die Podeste der rückwärtigen Säulen den Wandpfeilern der Apsiskonche unmittelbar vorgesetzt, diese müssen also korrekt als Rücklagen bezeichnet werden.[108] Bei den vorderen Säulen wird ebenfalls eine Anbindung an die Pilastergliederung der Chorwand durch Verklammerung von Geison und Kämpfer mit Pilasterkapitellen und Gewölbekonsolen erstrebt. Darüber hinaus fügt sich das Retabel wie im Übrigen auch die Seitenaltäre in seinem Alabasterton so vollständig der Raumfarbigkeit ein, dass es, wie eingangs bemerkt, im eigentlichen Sinn als verdichtete Architektur anzusprechen ist. Die Komburger Ausstattung ist im Werk Esterbauers die einzige, mir bekannte monochromfarbige, die darin letztlich ein weiteres Mal die Vorbildlichkeit italienischer Innenarchitekturen reflektiert. Sollte der Bildhauer selbst auf die Fassung Einfluss gehabt haben, so spiegelt sich darin möglicherweise der unmittelbare Eindruck der monochromen Altäre Giovanni Artaris im Querhaus des Fuldaer Domes,[109] der Esterbauer aus seiner dortigen Tätigkeit noch in frischer Erinnerung sein konnte. Dabei erweitert die erstrebte Wirkung die des transparenten Retabels in Randersacker, dessen Säulenstellungen Überschneidungen mit der Lichtfolie vermieden, in der Steigerung der dramatischen Akzente und verweist damit ein weiteres Mal auf die eigentliche Wurzel der Esterbauerschen Inszenierungskunst in den komplexen Altarausstattungen des römischen Hochbarock.

Wie gesagt, entfaltet sich die beschriebene Wirkung des Altares deutlicher im Kontext des Gesamtraumes. So stellt sich von einem Standpunkt unter der Vierung oder auch am westlichen Ende des Lang-

[107] Auch diese, der Wirkung der Heiligenbüsten des Würzburger Domaltares vermutlich nahekommende Anordnung blieb in Komburg trotz der Erneuerung des Tabernakels in der 2. Hälfte des 18. Jahrhunderts unverändert erhalten. Dieses entsprechend dem Topos *panis angelorum* von Engeln verehrte Tabernakel, dessen Lunula von durchbrochenem Rocailleornament gefasst wird, ist so in die Öffnung des mittleren Bogens eingefügt, dass es wie ein podestartiger Unterbau auf die Immaculata bezogen werden kann. Auch in Komburg vermute ich ursprünglich ein kuppelförmiges Tabernakel nach der Art des Fährbrückers, das sich als architektonische Mitte in den umgriffenen Raum des Ziboriums eingefügt hat.

[108] Im Gegensatz zu Hubala (vgl. in diesem Kapitel Anm. 82) würde ich allerdings auch hier wieder nicht von einer „Re-Integration" des Retabels in die Wand sprechen, weil dies dem eigentlich innovativen Charakter dieser Lösung widerspräche. Auch hier steht im Übrigen keine kolonnare Architektur in der Genese dieses Werkes, sondern vielmehr die in den vorangehenden Kapiteln beschriebenen, aus dem römischen Quarant'ore Material abzuleitenden bühnenhaften Inszenierungen Esterbauers, die auch in Komburg einmal mehr Raum und Innenarchitektur als Medium des Transzendentalen nutzen.

[109] Siehe in diesem Kapitel 5.1.1.: Der Hochaltar des Domes zu Fulda.

hauses der Eindruck ein, als markiere das Retabel den Zielpunkt einer im Licht gleichmäßig modellierten Pfeilerreihe, die in der farblichen Spanne zwischen lichtabgewandter und lichtzugewandter Seite das Verhältnis der Säulen und der lichtdurchfluteten Interkolumnien kontrapunktiert. In ähnlicher Weise korrespondieren auch die reich stuckierte, aber lichtarme Vierung mit der Darstellung der Evangelisten und die sich goldfarben materialisierende figürliche Szene des Altarbaldachins mit der Darstellung der Dreifaltigkeit. Dabei ist es wichtig, dass nach dem ursprünglichen Ausstattungskonzept außer der theatralisch inszenierten Kanzel kein weiteres Ausstattungselement das Zusammenwirken von gewölbetragenden Pfeilern und Baldachinretabel störte.[110] In der so erreichten szenographischen Verdichtung wandelt sich der Kirchenraum zum Proszenium des Altares, dessen ikonographischer Kontext in der Darstellung der Immakulata unter der Dreifaltigkeit im Kreis der Stiftspatrone den auch im Würzburger Dom aufgerufenen Bedeutungszusammenhang der kämpfenden und triumphierenden Kirche anspricht.

4. Zur Entwicklung von Seitenaltären nach dem Typus der Raumgliederädikula

4.1. Die Retabelbauten im Querhaus des Würzburger Domes

Nach der um 1700/01 anzusetzenden Fertigstellung des Johann-Gottfried-Altares, der aufgrund seines ursprünglichen Standortes im Domlanghaus eine gewisse Sonderstellung einnahm, schuf zunächst Pietro Magno mit den beiden im Vertrag vom 19. Dezember 1703 genannten Altären für die Stirnfronten des Querhauses Domes zwei Retabel *(vgl. Abb. 18 und 19)*, die die Abschlusswand des Kirchenbaues nicht mehr als Raumgrenze betonten, indem sie dieser parallel vorgelagert waren. Vielmehr deuten sie, was in ihrer Bezeichnung als „Portale" im genannten Vertrag angesprochen wird, die Kontinuität zu jenem jenseits der sichtbaren Welt liegenden metaphysischen Raum an, dessen Grenzbereich sie markieren.[111] Dabei unterscheiden sich Magnos Retabel, sieht man von ihrer Farbgebung ab, tatsächlich nicht von der Struktur der Wand, so dass sie sich eben als Portale einerseits architektonisch interpretieren lassen, wie sich andererseits auch die Gliederungen und Öffnungen der Wand, einschließlich der auf der Nordseite nachträglich eingefügten Ovalfenster der Schönbornkapelle, mühelos in die Struktur der Retabel einfügen.

Magnos Altäre vertreten den Typus der Raumgliederädikula[112] mit Auszug. Dabei wird das von diagonalstehenden Pilastern gefasste Bildportal jeweils von einer sich schalenartig vom Retabelkern lösenden Säulen-Pilaster-Stellung mit gesprengten, nach außen gedrehten Volutenschenkeln gefasst und zum Innenraum vermittelt. Der zurückgenommene, lediglich von zwei gestreckten Volutenspangen gefasste Auszug veranlasst die hinterfangende Wand nischenartig zurückzuweichen, um so zugleich der aus der Fensterzone herabflutenden Wolken-, Licht- und Engelskaskade Raum zu schaffen. In dieser Verschleifung von Wand, Fensterzone und plastischer Szene assimilieren sich auch die Pilasterbündel der Raumgliederung und werden zu Bestandteilen der Retabelarchitektur.

Die Querhausaltäre für den Würzburger Dom leisten damit im Rahmen des Möglichen ein Höchstmaß an Verschmelzung von Wand- und Retabelarchitektur, indem sie die Wand selbst als mehrschichtig und beweglich oder eben als durchlässig interpretieren. Dies veranlasste Hubala und Schneider, sie morphogenetisch der Entwicklung der Neumünsterfassade zuzuordnen.[113] Darin entsprechen ihnen als weitere Beispiele italienischer Stuckarchitektur dieser Zeit u.a. auch die um 1696/97 geschaffenen Umrahmungen des Sakristeiportales sowie des Bernhardaltares in der Klosterkirche Ebrach *(Abb. 58)*

[110] Die Veränderungen im Zusammenhang mit der Aufstellung des Altares versus populum, der mit dem berühmten Komburger Antependium ausgestattet ist und durch den großartigen romanischen Radleuchter akzentuiert wird, irritiert letztlich das barocke Raumbild.

[111] Siehe hierzu in Kap. IV. 2.5.: Die Entwicklung des ikonographischen Konzeptes der neuen Domausstattung.

[112] Zur Terminologie siehe Heitsch, 35 ff, 81 ff und 104 ff.

[113] E. Hubala/E. Schneider in: Wendehorst, Würzburg, 67 und 161.

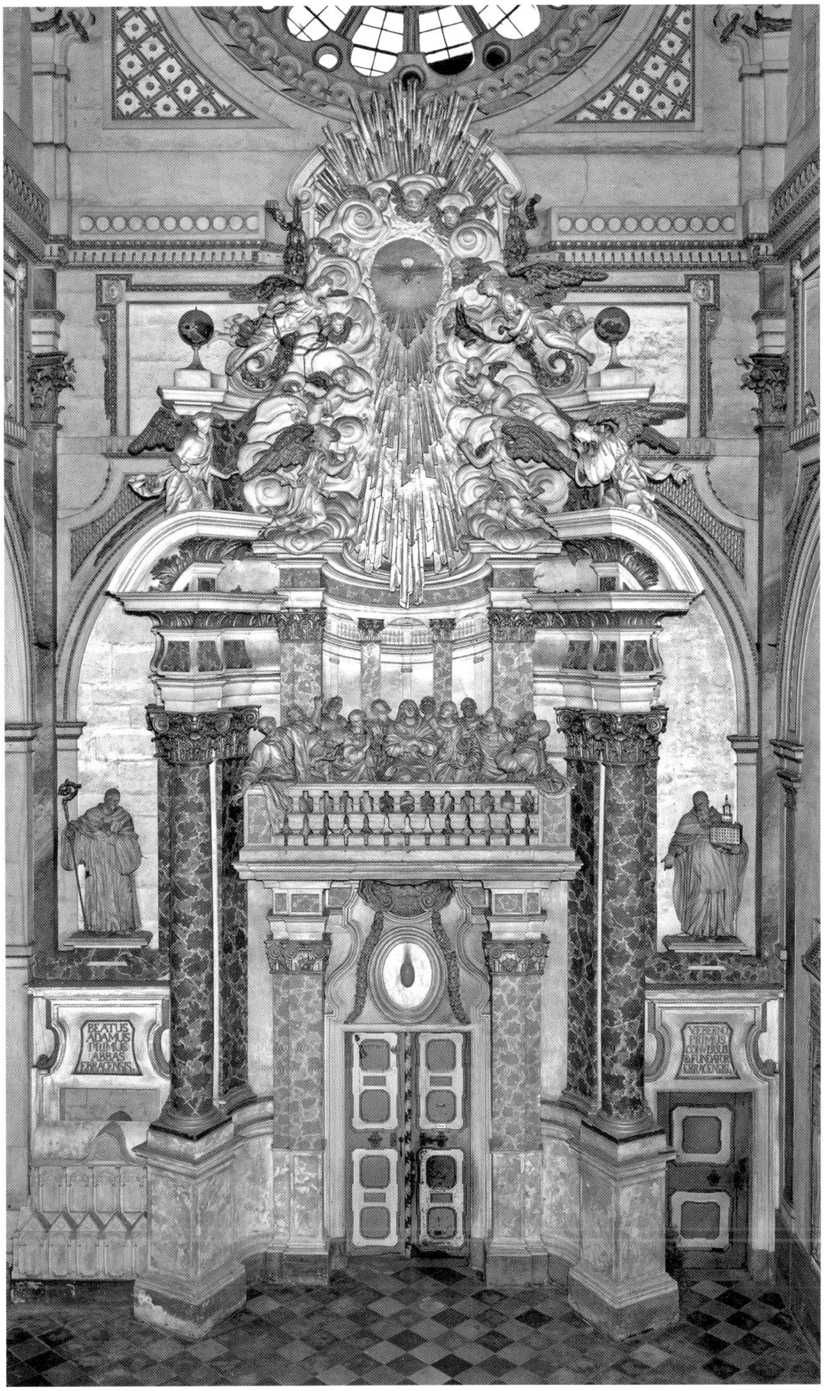

Abb. 58: Ebrach, ehem. Abteikirche: Sakristeiportal an der Stirnfront des südl. Querhauses, Stuckumrahmung mit Darstellung des Pfingstwunders von Giovanni Battista Brenno, 1696/1697.

von Giovanni Baptista Brenno. Ferner bestimmte dieses Leitmotiv in den Folgejahren das Werk des in Würzburg ansässig werdenden Balthasar Esterbauer, wobei allerdings aufgrund der verlangsamten Progression im Bereich der Innenarchitektur selbst die formale Weiterentwicklung des von Brenno und Magno vorgeführten Synthesestrebens erst im zweiten Jahrzehnt des 18. Jahrhunderts erfolgen konnte.[114]

[114] Siehe hierzu in diesem Kapitel 4.4.: Die Altäre der Klosterkirche Bronnbach.

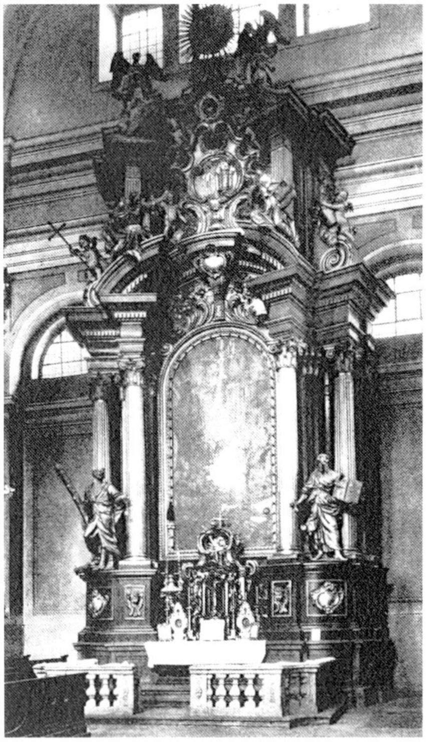

Abb. 59: Würzburg, kath. Pfarrkirche Stift Haug: Pfarraltar von 1760/70, der Überlieferung nach als Kopie des Dreikönigsaltares von B. Esterbauer, wohl von J.P. Wagner errichtet (Kriegsverlust); Foto Stadtarchiv Würzburg.

Abb. 60: Andrea Pozzo, Perspectiva pictorum atque architectorum, Frankfurt a. M. 1700, Fig. 62 (falsch bez. Fig. 26): Altare del B. Luigi [Gonzaga]; fabricato nelle Chiesa di S. Ignatio del Collegio Romano; Exemplar der Staatsbibliothek Bamberg (aus dem Nachlass des D: [domini] Dizenhoffer, Bambergensis 1741), Ausgabe von 1700. Sig. L'art.f.7 a (Bd. 2).

4.2. Der Dreikönigsaltar in Stift Haug und die Altäre am Chorbogen des Würzburger Domes von Balthasar Esterbauer

Esterbauer orientierte sich in seinem ersten Auftrag für einen repräsentativen Nebenaltar nach dem postumen Projekt für Johann Gottfried von Guttenberg – dem Dreikönigsaltar für die südliche Querhausfront in Stift Haug *(Abb. 59)* – erneut an einem prominenten Werk des römischen Hochbarock, nämlich dem kurz vor 1700 (21.12.1699) vollendeten Gonzaga-Altar Andrea Pozzos für San Ignazio (Abb. 60–62).[115] Während der 1705/06 entstandene Dreikönigsaltar sich als nahezu identische Kopie an diese in zwei Varianten publizierte Vorlage hielt, entwickelte Esterbauer den Typus in den beiden im Anschluss projektierten Chorbogenaltären für den Dom auch in Hinblick auf das durch den veränderten Standort bedingte szenographische Konzept weiter und fand damit zu einer in seine eigene Formensprache integrierten Gestaltung. *(Abb. 63)* Der Dreikönigsaltar ist also nach dem Johann-Gottfried-Altar *(Abb. 43)* und dem parallel im Jahr 1705 nach einem Entwurf Carlo Fontanas für den Hochaltar von Santa Maria della Steccata zu Parma geschaffenen Stifterdenkmal für Heinrich von Rothenburg in Stift Haug *(Abb. 64 und 65)* ein weiteres Beispiel einer unmittelbaren Adaption nach prominentem Vorbild im Frühwerk des Künstlers. Dabei muss allerdings die Frage, ob die jeweilige Wahl der Vorlage von den Auftraggebern veranlasst wurde oder auf Vermittlung des offensichtlich als Neuerer im Würzburger Kunstleben wirkenden Bildhauers erfolgte, nach dem gegenwärtigen Wissensstand unbeantwortet bleiben. Der Johann-Gottfried-Altar geht, wie oben angedeutet, wohl auf die Vorlage des um 1698/99 publizierten Stichs Mariottis zurück und könnte durchaus noch von dem um seinen Nachruhm besorgten Johann Gottfried von Guttenberg zur Ausführung bestimmt worden sein. Für den Dreikönigsaltar mag man bereits auf Pozzos Stichwerk in der Auflage von 1702 zurückgegriffen haben. Im Falle der Fontana-Zeichnung für das Stifterdenkmal bleibt der Vermittlungsweg bisher hypothetisch.

Der Dreikönigsaltar fügt sich der Struktur der Querhauswand in Stift Haug auch im Sinne des oben beschriebenen szenographischen Konzeptes ein, ohne jedoch mit ihr in dem Maße zu verschmelzen, wie

[115] Kerber, 140 ff und Abb. 8.

Figura 26.

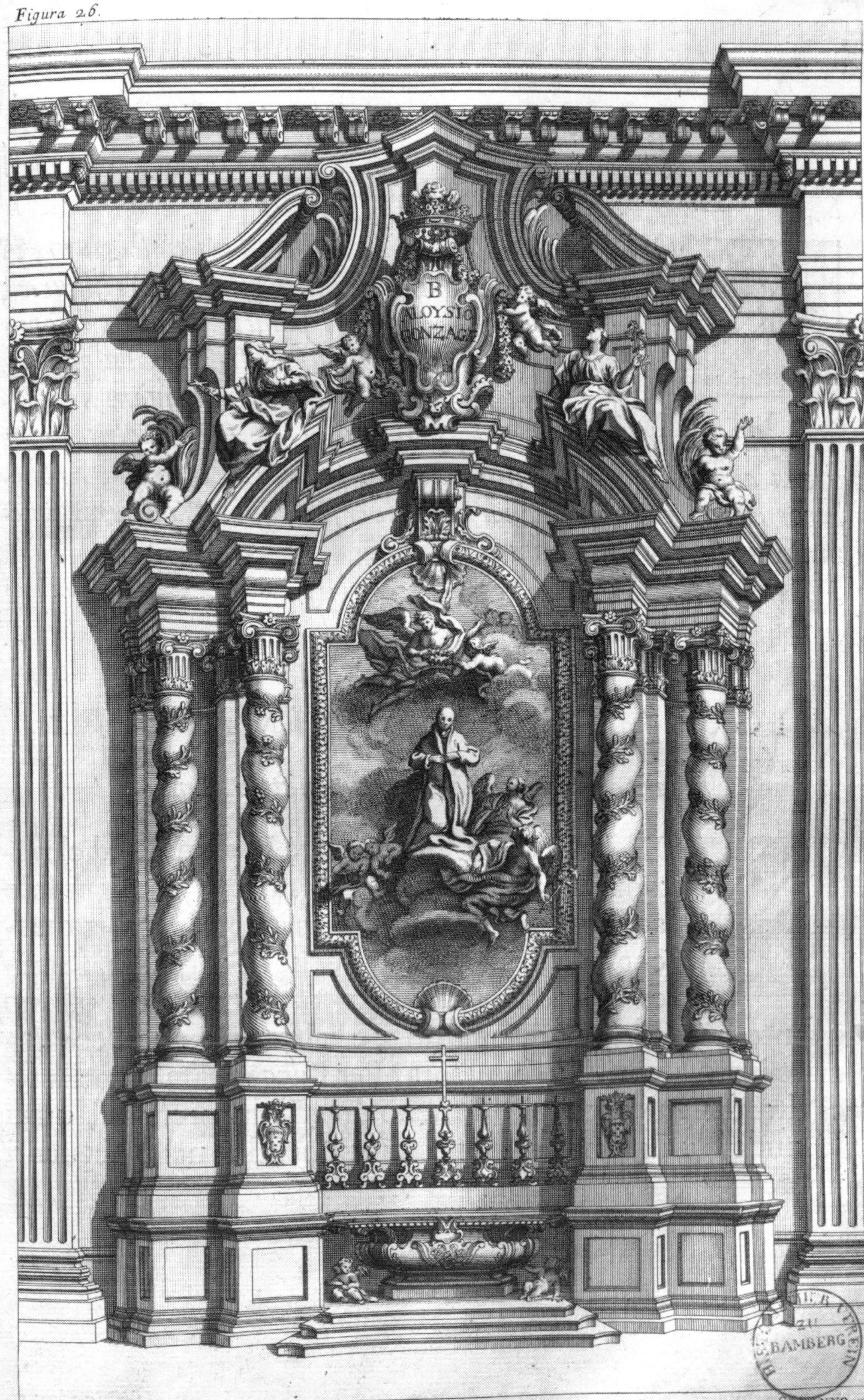

SACELLVM B. ALOYSIO GONZAGÆ SOC: IESV ERECTVM IN TEMPLO COLLEGIJ ROMANI EIVSDEM SOC. ANNO 1700

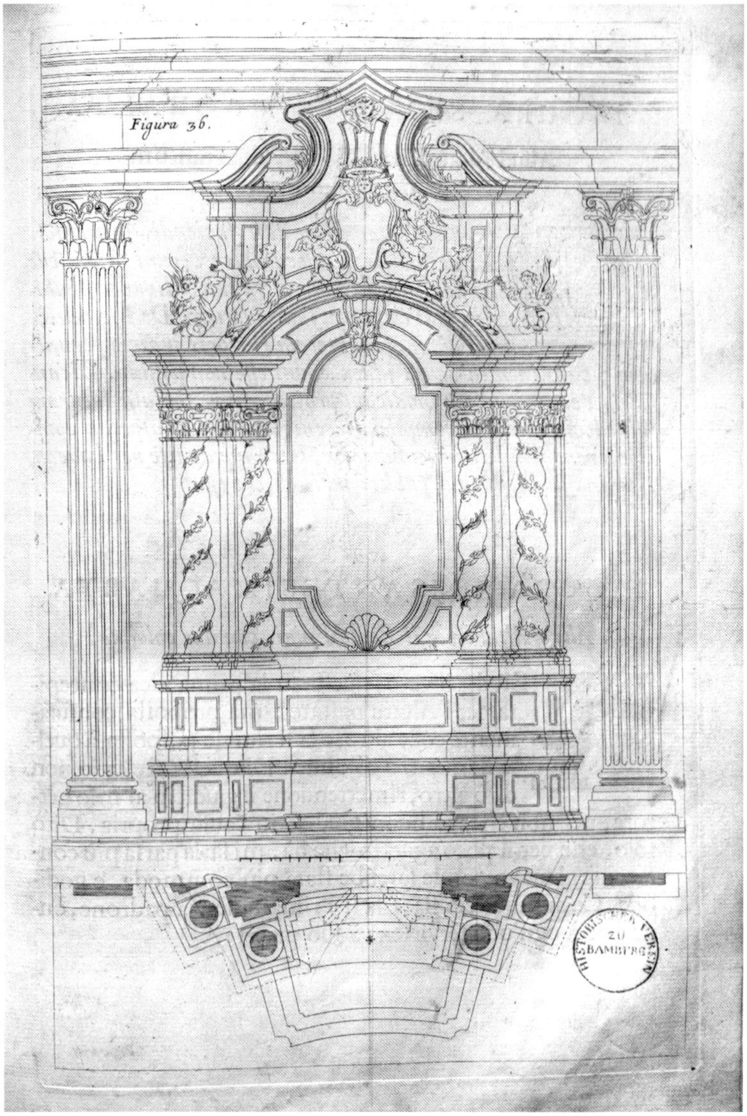

Abb. 61: Andrea Pozzo, Perspectiva pictorum atque architectorum, Frankfurt a. M. 1700, Fig. 63 (falsch bez. 36): Pianta et elevatione dell' Altare di B. Luigi [Gonzaga]; Exemplar der Staatsbibliothek Bamberg (aus dem Nachlass des D: [domini] Dizenhoffer, Bambergensis 1741), Ausgabe von 1700. Sig. L'art.f.7 [a] (Bd. 2).

Abb. 62: Andrea Pozzo, Perspectiva pictorum atque architectorum, Frankfurt a. M. 1700, Fig. 65: Alternativentwurf für den Gonzaga-Altar; Exemplar der Staatsbibliothek Bamberg (aus dem Nachlass des D: [domini] Dizenhoffer, Bambergensis 1741), Ausgabe von 1700. Sig. L'art.f.7 [a] (Bd. 2).

dies bei den Altarwerken Pietro Magnos im Dom der Fall war. Als wichtigste Maßnahme, die diese Einbindung begründete, ist die Tatsache anzusehen, dass Esterbauer den Bildrahmen nicht wie beim Vorbild oben und unten absetzte und halbrund schließen ließ, sondern eine Bogenform wählte, die den gliedernden Wandarkaden und den einbeschriebenen Thermenfenstern entsprach. Durch die gleichzeitige Verräumlichung der Retabelarchitektur – wie bei der Pozzo-Vorlage entwickelte sich der Retabelraum in der kulissenartigen Schichtung zweier, durch einwärts gedrehte Freisäulen akzentuierter Schalen – wurde auch hier die Wand nicht als Begrenzung, sondern quasi als Medium des Übergangs empfunden, so dass das durch die Fenster einfallende weiße Licht mit dem Bildlicht verschmelzen konnte. In der Betonung dieser raumverschleifenden Kulissenfunktion ging Esterbauer schließlich in einem entscheidenden Element über das Vorbild des Gonzaga-Altares hinaus. Während Pozzo seinem, in das Relief der Kapellenwand einbeschriebenen Altar durch modellierende Altarschranken den notwendigen Wirkungsraum verschaffte, integrierte Esterbauer deren kurvierten Bewegungsrhythmus, möglicherweise in Anlehnung an den im zweiten Teil von Pozzos Trattato vorgestellten Alternativentwurf *(Abb. 66)*,[116]

[116] Andrea Pozzo, Perspectiva pictorum et architecturum II, Rom 1700, Fig. 64/65.

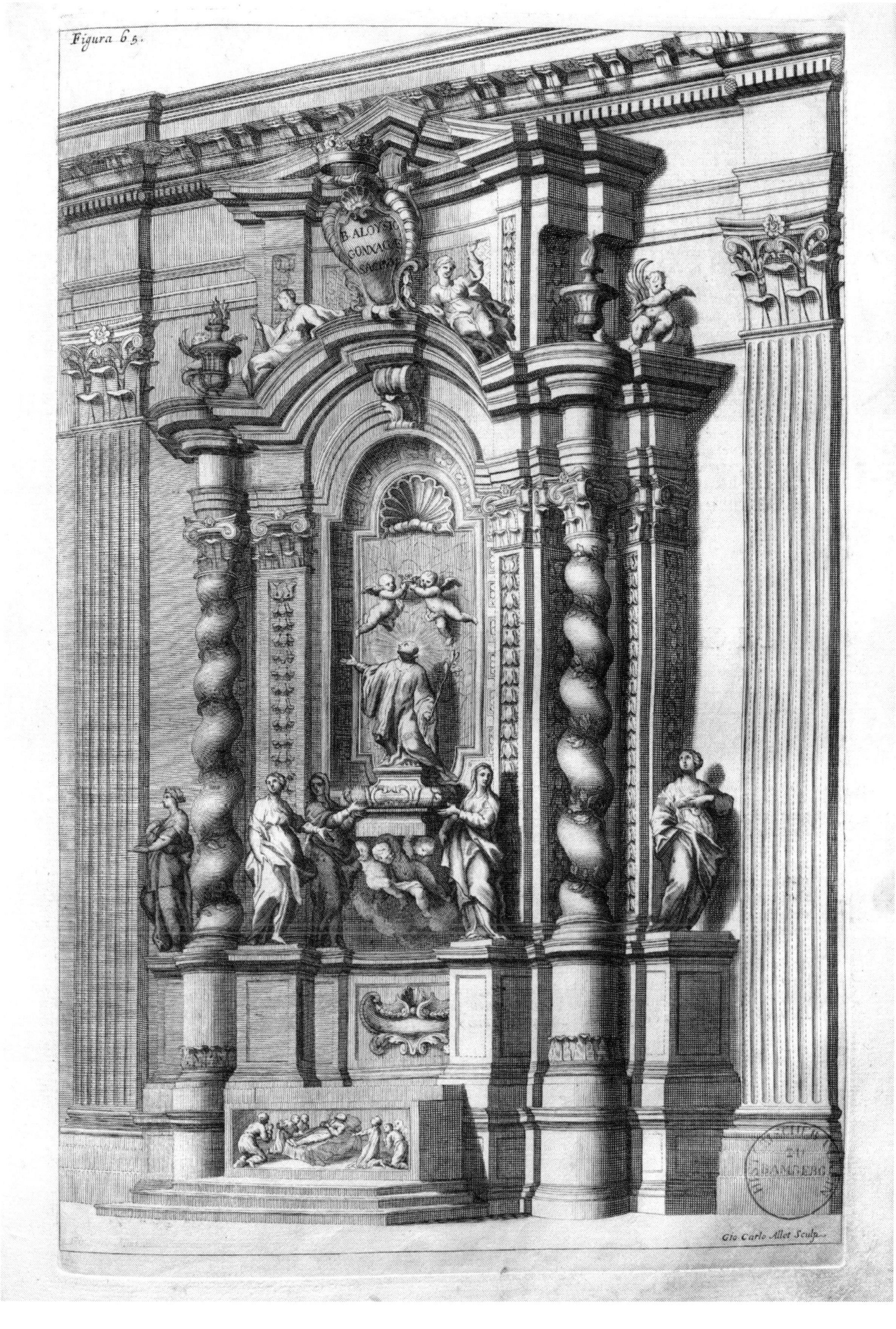
Figura 65.
B. ALOYSIO GONZAGAE SACRUM
Gio. Carlo Allet Sculp.

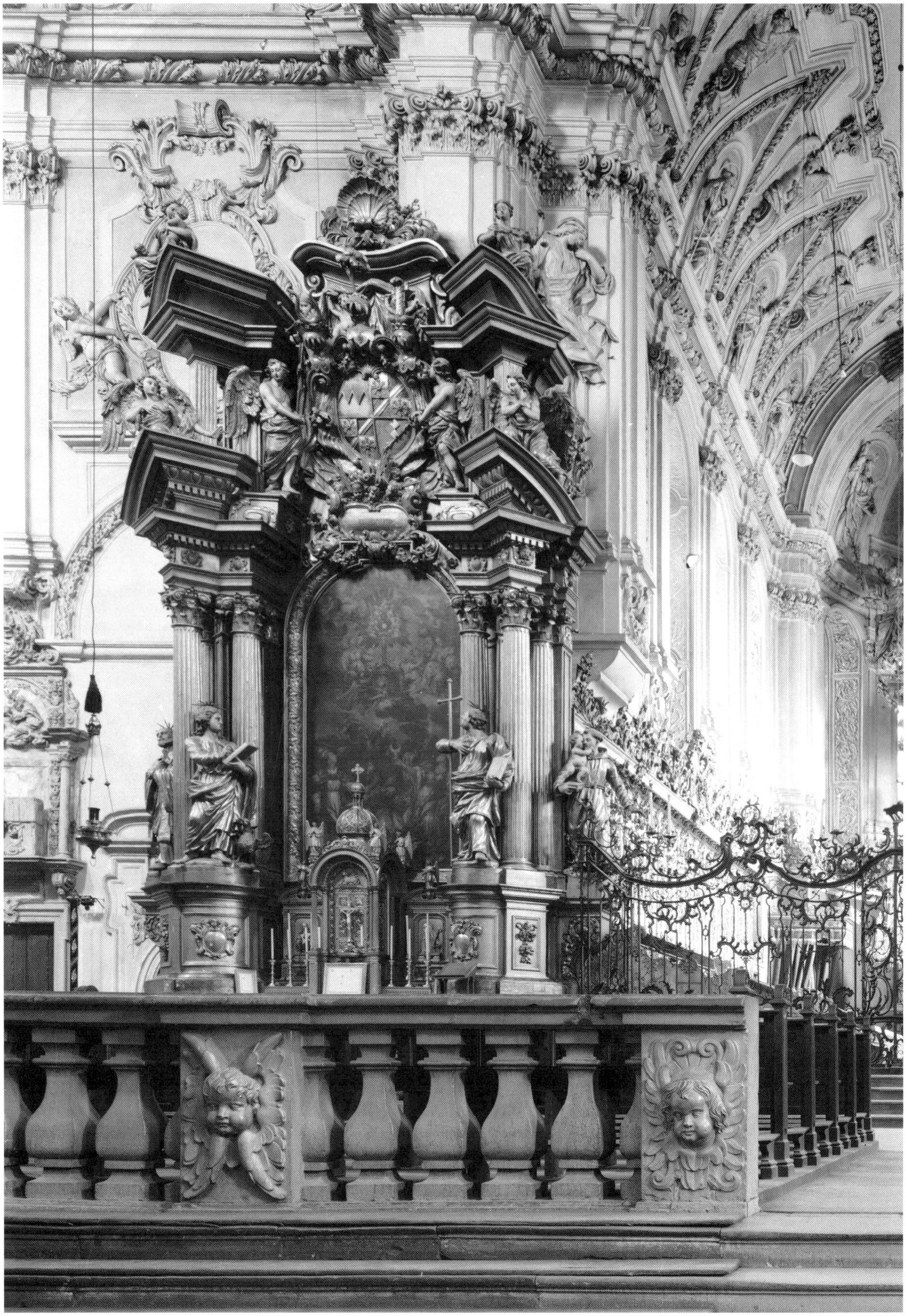

Abb. 63: Würzburg, Domkirche St. Kilian: Pfarraltar von 1709/10 aus der Stiftung des J. Ph. von Greiffenklau, Balthasar Esterbauer mit Altarblatt von Johann Rieger (Ausschnitt aus Abb. 20.).

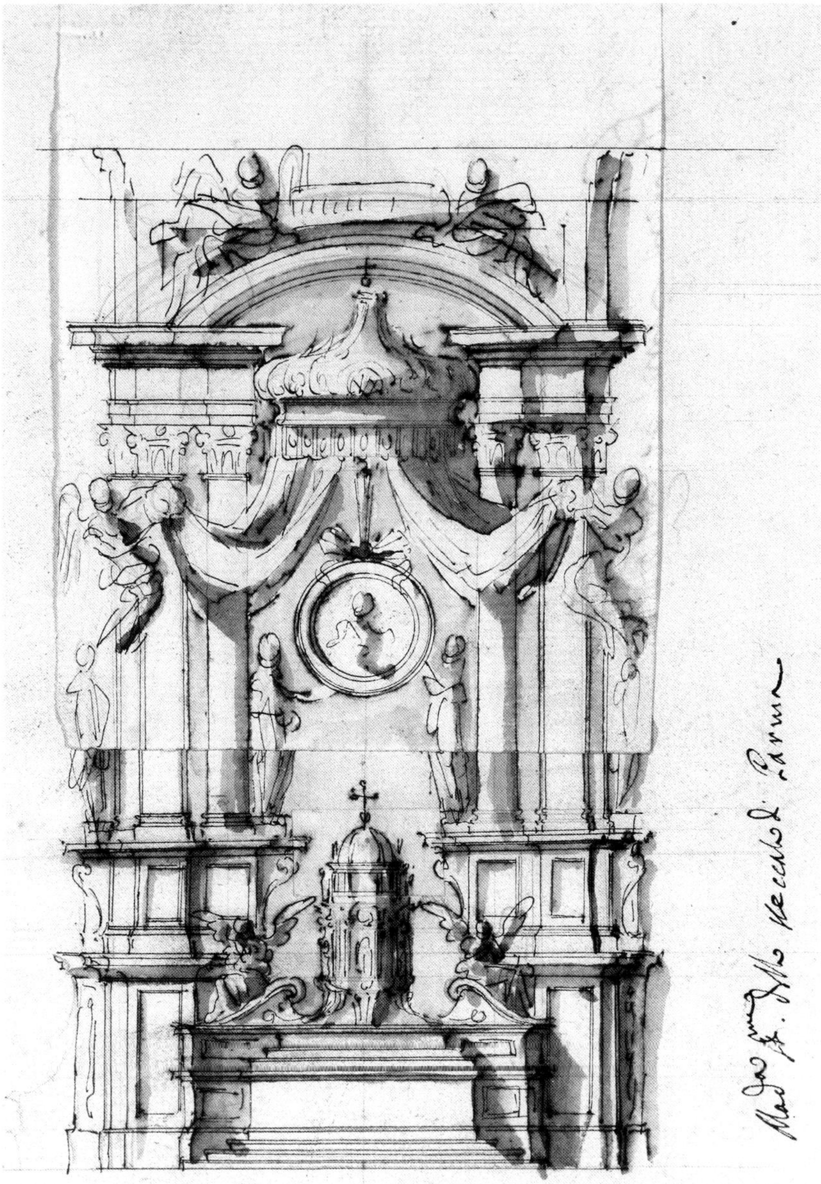

Abb. 64: Carlo Fontana: Entwurf für den Hochaltar von Santa Maria della Steccata in Parma in der Variante mit aufgelegtem Blatt aus dem Leipziger SammelBd., (= Skizzenbd. 26) Inv.Nr. NJ 7458, fol. 20r. Museum der Bildenden Künste Leipzig.

indem er dem Winkel zwischen der inneren und der äußeren Säulenstellung gerundete Figurenpodeste einfügte. Diese verklammerten den Bewegungsimpuls der ineinander geschichteten Schalen, indem sie ihn kontrapunktierten.

Der damit gegebene Ansatz einer Kurvierung der Retabelarchitektur – Esterbauer verzichtete allerdings darauf, auch das Bildportal in die Krümmung einzubeziehen – wurde bei den Chorbogenaltären für den Würzburger Dom *(vgl. Abb. 20 und 63)* zugunsten einer standortbedingt stärker raumgreifenden Kulisse und somit auch im Interesse der szenographischen Gesamtwirkung zurückgenommen. Ähnlich wie beim Hochaltar von Stift Haug wurden die Bildportale dieser beiden Altäre durch zwei hintereinander gestaffelte Säulenpaare gerahmt, von denen das äußere mit gesprengtem Giebel raumgreifend in die Diagonale gedreht war, während das innere bildparallel stand. In den so beschriebenen Winkel waren wie beim Dreikönigsaltar Figurenpodeste mit gerundeten Stirnfronten einbeschrieben, die zur Verschleifung der Kulissenschichten beitrugen. Darüber hinaus verbanden Halbpfeiler, die den Retabelkern im rechten Winkel flankierten, die Altäre mit der komplizierten Situation vor den hinter-

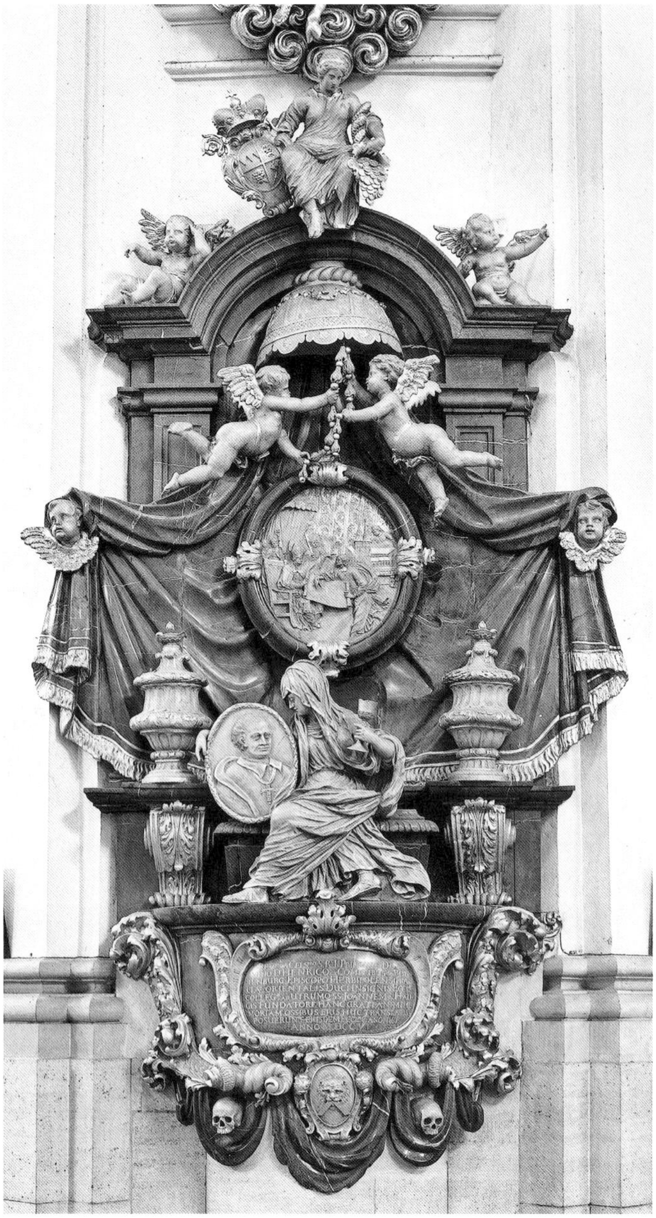

Abb. 65: Würzburg, kath. Pfarrkirche Stift Haug: Stifterdenkmal für Bischof Heinrich von Rothenburg am südwestlichen Vierungspfeiler, Balthasar Esterbauer, 1705/06.

Abb. 66: Andrea Pozzo, Perspectiva pictorum atque architectorum, Frankfurt a. M. 1700, Fig. 64: Alternativentwurf für den Gonzaga-Altar; Exemplar der Staatsbibliothek Bamberg (aus dem Nachlass des D: [domini] Dizenhoffer, Bambergensis 1741), Ausgabe von 1700. Sig. L’art.f.7 [a] (Bd. 2).

legten Kreuzpfeilern der Vierung.[117] Dabei entsprach es dem Anliegen, den Retabelkern selbst als raumhaltiges Volumen zu definieren, wenn dem parallelstehenden Pfeilerpaar eine Halbsäule und dem seitlich postierten eine Figur auf Volutenpodest vorgesetzt waren. Die raumhaltige Kulisse der Altarauszüge belebte wiederum eine für Esterbauer typische Gesellschaft geflügelter Wesen, die hier in realer Präsenz agierten und damit die Grenzen zu der in den Altarblättern vorgestellten metaphysischen Welt fließend gestalteten.

[117] Vgl. hierzu ebenfalls das Alternativkonzept zum Gonzaga-Altar, Pozzo, Perspectiva II, Fig. 65.

Figura 64.

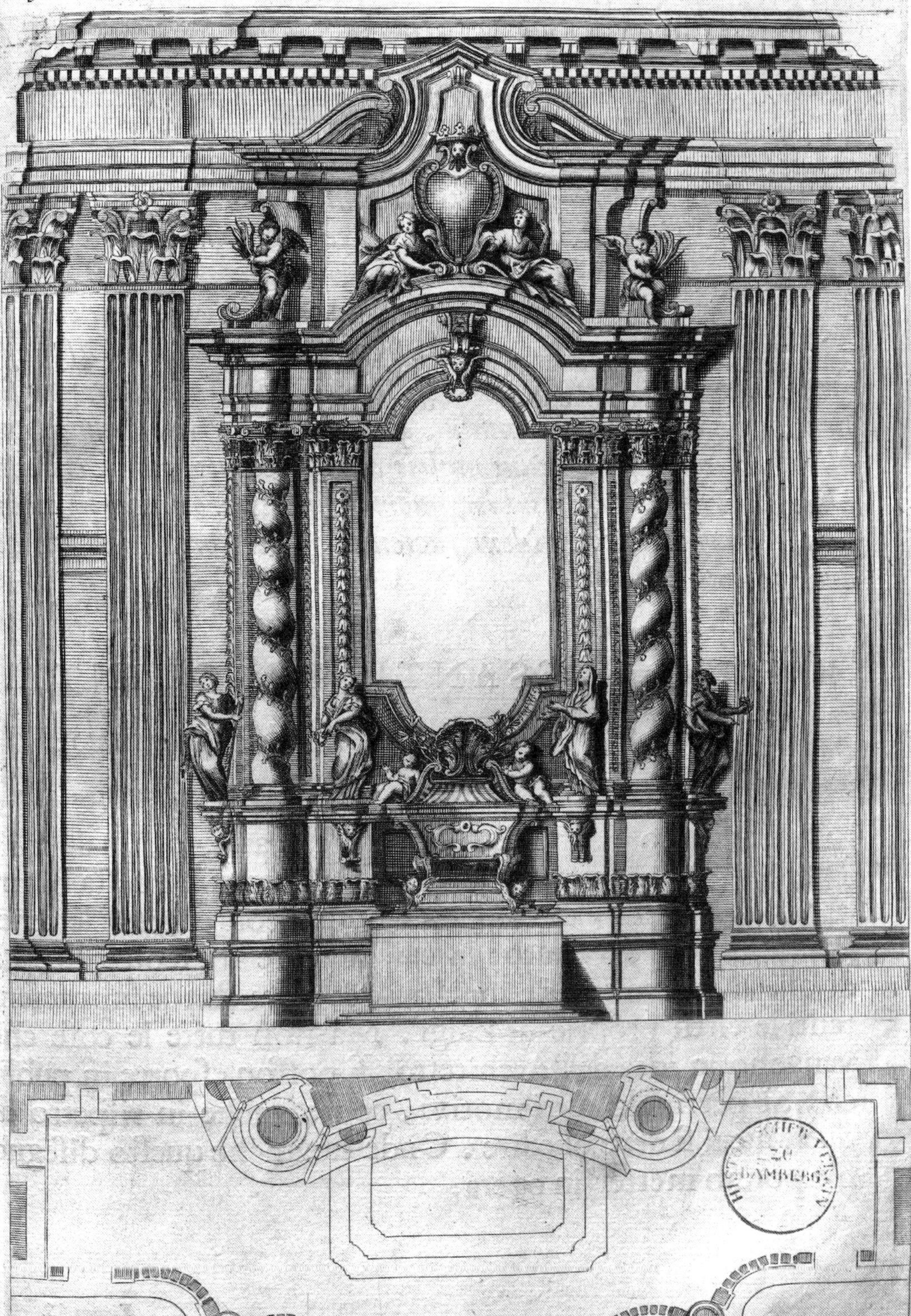

4.3. Die Seitenaltäre Balthasar Esterbauers in der Stiftskirche Komburg und die Planungen zur Neumünsterfassade

Eine weitere Abwandlung dieses Altartyps stellen die Retabel vor den östlichen Stirnfronten der Seitenschiffe in der Stiftskirche Groß Komburg *(Farbabb. 5 und 6)* dar, die Balthasar Esterbauer am 17. Juli 1713 verdingt wurden.[118] Dabei reflektieren diese Altäre allerdings deutlicher Elemente des erwähnten Alternativprojektes Pozzos für den Gonzaga-Altar *(vgl. Abb. 62 und 66)*. Dies belegt neben der Reduzierung der Säulenstellungen auf ein Freisäulenpaar und der Bildung des Bildrahmenabschlusses vor allem die Tatsache, dass Esterbauer Säulenpostamente – im Gegensatz zu den rechtwinklig akzentuierten Figurenpodesten – Friese und Säulengebälk in exakter Anlehnung an die Vorlage kurvierte und auf die Ausbildung des bis dahin obligatorischen Sprenggiebels verzichtete. Gerade dies verweist auf die, letztlich ausschlaggebende, wesentliche Neuerung dieser Retabel. So wird die raumgreifende Bewegung hier nicht allein durch die Säulenstellungen und deren Gebälk beschrieben, sondern geht vom Retabelkern selber aus. Dieser ist nämlich zu beiden Seiten des Bildrahmens diagonal eingewinkelt und folgerichtig mit einer Halbsäule anstelle des bisher üblichen Pilasters ausgestattet, während seine konvex zurückschwingenden Flanken dem Freisäulenpaar Platz schaffen. Über Pozzo hinausgehend, bevölkert den lediglich durch flache Volutenspangen angedeuteten Auszug eine ungewöhnlich reich ausgestattete figürliche Szene (große und kleine Engel mit den Leidenswerkzeugen Christi in Wolken) und verweist einmal mehr auf den eigentlichen Standort der Retabel im Übergang zwischen der diesseitigen und der jenseitigen Welt. Dabei unterstreicht es die Wirkung der Inszenierung, dass die Seitenaltäre, ähnlich wie der Hochaltar von Groß Komburg, vollständig in die durch eine gleichmäßige Farbigkeit wie durch die Lichtführung akzentuierte Raumszenographie einbezogen sind. In dieser über bisherige Ansätze einer Verschmelzung von Innenarchitektur und Ausstattung hinausgehenden Gesamtkonzeption enthüllt sich die eigentliche Bedeutung der Komburger Stiftskirche.

Die Komburger Seitenaltäre markieren im Werk des Balthasar Esterbauer eine Qualitätsstufe, die sich zwar aus dem erneuten Rückgriff auf das Vorlagenwerk Pozzos ableiten, aber nicht allein damit begründen lässt. Esterbauer arbeitete parallel zur Komburg auch an der Ausstattung der Klosterkirche Banz. Am 27. September 1714, also im Jahr nach der Übernahme der Aufträge zu den Komburger Altären, wurden dem Künstler die bildhauerischen Arbeiten zum dortigen Hochaltar übertragen. Bevor ich mich weiter unten mit der Frage des Entwurfsanteils Esterbauers an diesem Altar, dessen Mittelintervall die Grundrisskurvatur der Komburger Seitenretabel wiederholt, auseinandersetze, ist hier zunächst kurz auf das ebenfalls auf Banz zurückwirkende Ereignis einzugehen, das das Kunstgeschehen in Würzburg während dieser Zeit bestimmte, nämlich auf den Neubau der Neumünsterfassade.

Es wurde bereits oben darauf hingewiesen, dass die allgemein nach dem römischen Schema gebaute Neumünsterfassade *(vgl. Abb. 34)* in der schalenartigen Ablösung ihres mittleren, zweigeschossig kolonnaren Intervalls der Bildung zeitgleicher Altarretabel nahekommt. Neben den Domaltären Pietro Magnos, auf die auch Hubala/Schneider verweisen, und den erwähnten Stuckumrahmungen G. B. Brennos in Ebrach ist hier auch an den Johann-Gottfried-Altar *(vgl. Abb. 41)*, den Dreikönigsaltar in Stift Haug *(Abb. 59)* und die Chorbogenaltäre des Domes *(Abb. 20)* von Balthasar Esterbauer zu denken. Dabei unterstreicht es die Dynamik des Motives an der Neumünsterfassade, dass das doppelstöckige, von der eleganten Freitreppe gewissermaßen herausgehobene, konkav einschwingende Mittelintervall zugleich risalitartig hervortritt und dabei die Tendenz zeigt, sich als eigenständige Schale von der „dahinterliegenden" Wand zu lösen. Gleichzeitig schafft die Attikazone, die Unter- und Obergeschoss optisch trennt, Platz für den mächtigen Segmentgiebel über dem durch vier Säulen nobilitierten Portal und setzt gleichzeitig der betonten Vertikalität des Risalites ein horizontales Gegengewicht.[119]

[118] Auch zu den Seitenaltären in Komburg sind u.a. bei Diehl, 26 ff und bei Zahlten, Die barocke Ausstattung, 41 ff auszugsweise die Archivmaterialien abgedruckt.

[119] In der schon weiter oben ausgeführten Interpretation der Fassade wurde deutlich, dass genau diese nun auch formal wirkungsvoll herausgehobenen Fassadenteile gleichzeitig Träger der ikonographischen Aussage sind. Vgl. zu dieser Beschreibung und zum Folgenden Jürgen Eminger, Die Neumünsterfassade in Würzburg, München 1987, S. 11 ff.

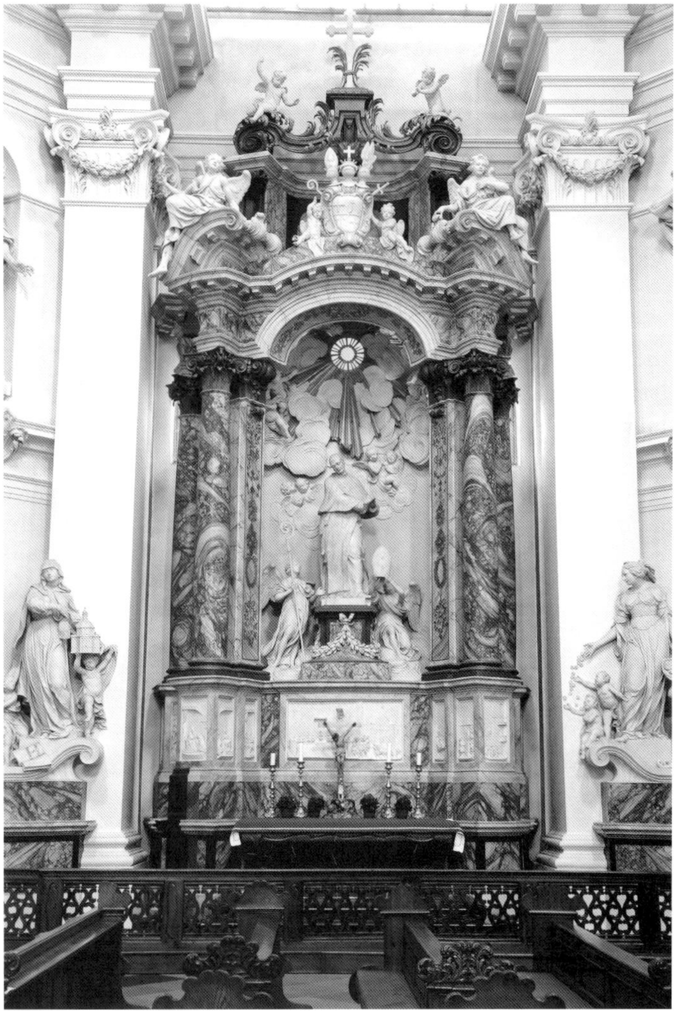

Abb. 67: Fulda, kath. Domkirche St. Salvator: Sturmius-Altar im nördl. Querhaus von Giovanni Battista Artari, 1712/14.

> „Daß sich der Risalit als Schale aus dem Mauerverband löst, setzt voraus, daß eine zweite Schicht existiert. Dies zeigt sich besonders gut an der Art des Einsatzes der Ordnungen. Bleiben dem Mittelintervall in beiden Stockwerken zur Gliederung Säulen vorbehalten, mit Ausnahme der Fassadenaußenseiten, wo die Säulen als Motiv dem Mittelintervall entliehen sind und als Festigungspunkte, als ‚Figuren' eingesetzt werden, so bildet die Gliederung der dahinter liegenden Wand eine Pilasterordnung. So wird schon durch die Ordnung selbst räumlich-körperhaftes gegen flaches, rundes gegen rektanguläres gesetzt. Frontalmotive werden gegen Körpermotive gesetzt, mit anderen Worten, es wird klar gemacht, dass hier zwei Schichten existieren. Der Grund für diese Unterscheidung zwischen Säule und Pilaster ist nicht allein und schon gar nicht in erster Linie damit zu erklären, daß dem vornehmsten Teil, der Fassadenmitte und dem Portal, die Säulen als Nobilitierungselement zustehen und dieses damit instrumentiert wird: Ursache ist vielmehr, daß durch die Verwendung der Säule veranschaulicht werden kann, wie sich die Schale vom Wandverband löst, nämlich in ihrer vollen räumlichen Stärke und Tiefe."[120]

Dieser Gedanke lässt sich grundsätzlich auf die Verwendung der Säulen bei den genannten Altarbauten übertragen, die jeweils das Volumen der inneren Schale, also des Retabelkerns markieren und gegen eine

[120] Eminger, 12 ff.

rückwärtige Wand abgrenzen. Dabei ist beispielsweise schon bei Magno und Brenno, aber auch beim Johann-Gottfried-Altar sowie beim Dreikönigsaltar in Stift Haug und den Chorbogenaltären des Domes von Balthasar Esterbauer die Kurvierung der inneren Schale angelegt.[121] Bei den spätestens im Jahr nach der Grundsteinlegung an der Neumünsterfassade (23. Mai 1712) projektierten Seitenaltären der Stiftskirche Komburg *(vgl. Farbabb. 5 und 6)* wird in der eleganten Kurvierung von Sockel, Säulenpodesten, Friesen und Gebälkkanten sowie der entgegengesetzten Schwingung der Retabelflanken die künstlerische Leitidee der in Bewegung geratenen Architektur schließlich auch in die Durchbildung der prägenden Aufrissdetails übertragen und damit erstmals in der fränkischen Altarbaukunst verwirklicht.

Wie gesagt, ließen sich die wesentlichen Impulse zur Umsetzung dieser Idee auch unabhängig von der Neumünsterfassade aus den von Esterbauer immer wieder verwendeten Vorlagen Pozzos entnehmen. Dabei scheint es jedoch eines weiteren Anstoßes bedurft zu haben, den der Bildhauer nach meiner Ansicht aus der engeren Zusammenarbeit mit Johann Dientzenhofer in Fulda, wo er zudem die ebenfalls nach der Vorlage des gemalten Altares für Il Gesù von Andrea Pozzos realisierten Altarwerke Giovanni Battista Artaris im Querhaus der Stiftskirche *(vgl. Abb. 39 und Abb. 67)* hatte studieren können,[122] sowie schließlich in Banz erhielt. Die Familien beider Künstler scheinen sich darüber hinaus, wie schon angedeutet, auch freundschaftlich nähergestanden zu haben, was sich aus der Übernahme der Patenschaft für Esterbauers am 26.12.1706 geborenen Sohn durch den nicht identifizierbaren Sohn Johann Christoph Dientzenhofer[123] des zu dieser Zeit in Fulda tätigen Johann Dientzenhofer schließen lässt. Damit könnte sich andeuten, dass der bisher allein auf die Zusammenarbeit am Banzer Hochaltar bei einseitiger Option zugunsten des Anteils des Johann Dientzenhofer reduzierte Austausch zwischen beiden Künstlern sehr viel intensiver war und die fränkische Kunstgeschichte nachhaltiger beeinflusste, als bisher angenommen wurde.

4.4. Die Altäre der Klosterkirche Bronnbach

In Bronnbach konnte Balthasar Esterbauer mit dem Domkapitelschreiner Ferdinand Bielefeld in den Jahren 1704 und 1707 jeweils zwei Altarpaare im Langhaus der Kirche *(Abb. 68)* aufstellen, die beiden in den Vorjahren durch Abt Josef Hartmann verdingt worden waren.[124] Im Jahr 1711 wurde Esterbauer

121 So lassen sich grundsätzlich die Flankentraveen an der Neumünsterfassade mit den beschriebenen Eckausbildungen an den Chorbogenaltären im Dom vergleichen.

122 Der Benediktusaltar im südlichen und der Sturmiusaltar im nördlichen Querhaus des Fuldaer Domes sind jeweils relativ exakte Kopien nach dem bereits im zweiten Teil der Erstausgabe von Pozzos Traktat publizierten gemalten Altar aus S. Ignazio zu Rom (Fig. 67). Allerdings sind bei diesem Werk die genannten architektonischen Details noch planimetrisch gebildet.

123 Möglicherweise wird der Name fehlerhaft überliefert. Siehe in diesem Kapitel Anm. 15.

124 Im Fall des Altarpaares von 1707 gibt es gewisse Unsicherheiten bezüglich der Autorenschaft des Würzburger Stiftsbildhauers. So erhielt nach den Klosterrechnungen (StA-Wert R, R 79 b: Abtei Bronnbach, Abtsrechnungen) der Bildhauer Mathes Frick aus Wertheim 1705/06 auf Abschlag verschiedene kleinere Summen „für 2 new Altär". 1707 wird dann an den Kapitelschreiner Ferdinand Bielefeld eine Abschlagssumme gezahlt, deren Höhe unmissverständlich darauf schließen lässt, dass es sich tatsächlich um die neuen Altäre des Kirchenlanghauses handelt. Im selben Jahr quittiert dann wieder Balthasar Esterbauer kleinere Summen, die aber nicht an die Höhe der Zahlungen für das erste Altarpaar heranreichen. Andererseits ist aber der Bildhauerschmuck des jüngeren Altarpaares wesentlich reicher als beim älteren und spricht zudem so deutlich für Esterbauer, dass keine Zweifel an seiner Urheberschaft bestehen. Ferner werden dem Würzburger Meister im Oktober 1707 Schnitzarbeiten „für 2 Engel und 1 Wäpplein zu dem Altärlein im newen Cranckhauß", also für ein relativ bescheidenes Retabel übertragen, so dass es kaum wahrscheinlich erscheint, dass man für den repräsentativeren Auftrag in der Klosterkirche einen anderen Bildhauer engagierte. Denkbar ist jedoch, dass der in den Jahren 1705/07 u.a. im Würzburger Dom (Chorbogenaltäre), Stift Haug (Dreikönigsaltar, Stifterepitaph), Randersacker und Banz gut beschäftigte Esterbauer in Mathes Frick einen Helfer hatte, dem aber keine selbständigen Entwurfsanteile an den Altarwerken zukommen. Wie noch darzustellen sein wird, lag auch der Bronnbacher Ausstattung ein wohl schon 1703/04 entworfenes Gesamtkonzept zugrunde, so dass bereits in der ersten Arbeitsphase auch die Ausführung des zweiten Nebenaltarpaares und des Hochaltares festgelegt war. Als Verfasser dieses vermutlich in Absprache mit Abt Josef Hartmann erstellten Gesamtkonzeptes, dessen Honorar in den Anfangszahlungen enthalten sein könnte, kommt ausschließlich Balthasar Esterbauer in Frage.

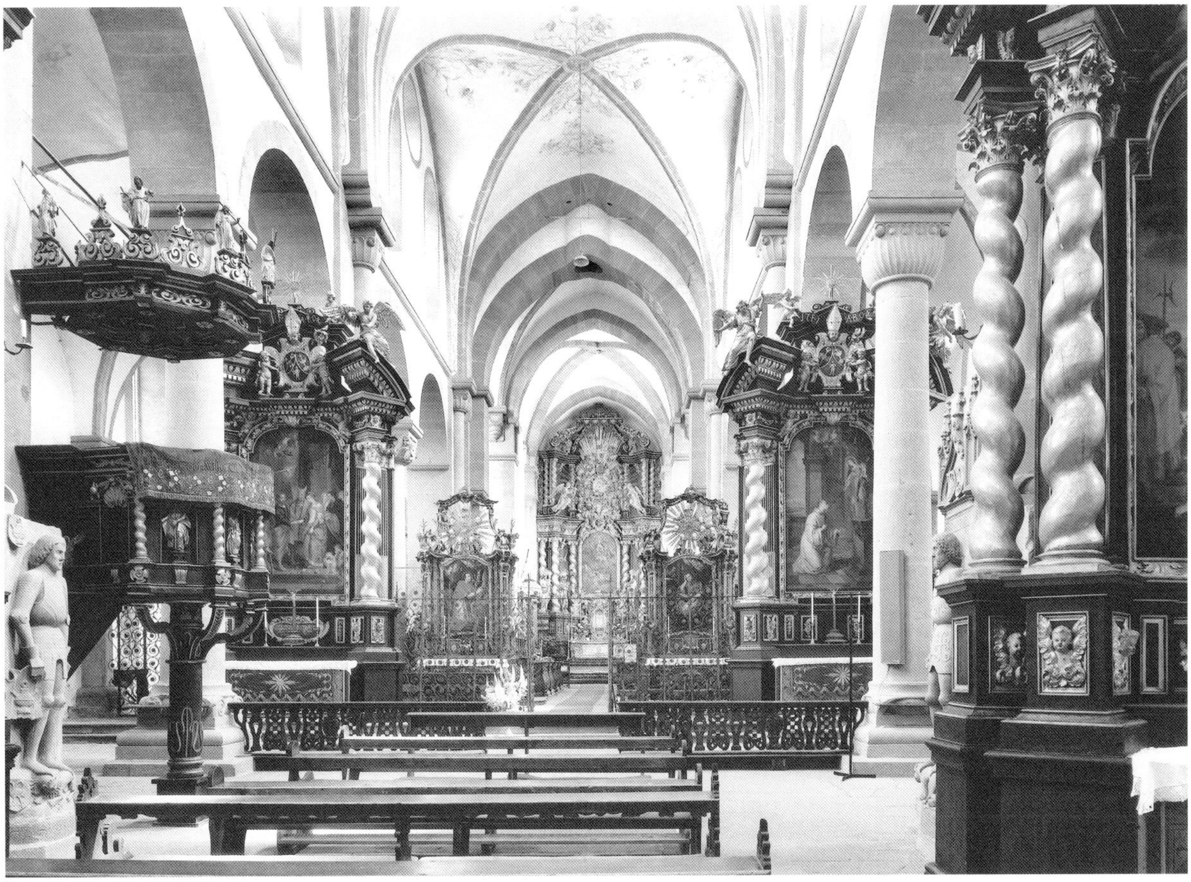

Abb. 68: Bronnbach, ehem. Zisterzienserklosterkirche St. Maria: Blick durch das Langhaus in den Chor mit den Altären von Balthasar Esterbauer aus der Ausstattungsphase 1704–1712.

auch der Auftrag für die Neuanfertigung des Hochaltares der Klosterkirche *(Abb. 69 und Farbabb. 7)* erteilt, der zwei Jahre später aufgestellt werden konnte. Zwischen 1708 und 1709 hatte Esterbauer bereits Arbeiten zu der hölzernen Wandverkleidung im Chor mit vorgestellten Spiralsäulen übernommen, in die jeweils unter einem Baldachin die auf erhöhten Podesten stehenden Sessel des Abtes und des Fürstbischofs integriert waren. 1713 stattete er schließlich auch den an die nördliche Stirnfront des Querhauses versetzten alten Hochaltar mit neuen Figuren aus. Von diesem um 1675 entstandenen Altar soll das in den neuen Hochaltar übernommene Altarblatt des Oswald Onghers mit der Darstellung der Himmelfahrt Mariens stammen.[125]

Zur Zeit der beschriebenen Ausstattungsmaßnahmen besaß die Kirche ein zum Ausgang des 17. Jahrhunderts fertiggestelltes Chorgestühl, dessen Dimensionen annähernd dem heutigen Prunkgestühl des Daniel Aschauer von 1778 entsprochen haben dürften.[126]Aschauer hatte bereits im Jahr 1774 zwei kleine Ädikulaaltäre mit durchbrochenen Auszügen gefertigt, die seinem Gestühl nach Westen vorgesetzt wurden, so dass der Mönchschor besser gegen das nunmehr auch für den Laiengottesdienst geöffnete Lang-

125 Esterbauer führte in Bronnbach z.B. im Abts- und Konventgarten noch weitere Arbeiten aus, die in diesem Kontext nicht erläutert werden können.

126 Dem Bronnbacher Konvent gehörten nach Kirchgeßner (306 f.) Anfang des 18. Jahrhunderts 29 Patres an, das ältere Chorgestühl wird also wenigstens 30 Stehlen umfasst haben. Das beidseitig doppelreihige Gestühl Aschauers umfasst in jeder Reihe zwölf Stehlen, hätte also einer nie erreichten Zahl von 48 Mönchen Platz geboten. War das Gestühl des 17. Jahrhunderts einreihig konzipiert, so muss es auf jeder Seite wenigstens 15 Stehlen gehabt haben, war es zweireihig, so wird man von einer Mindestzahl von acht bis zehn Stehlen ausgehen dürfen.

haus der Kirche abgeschirmt wurde.[127] Nach meiner Vermutung wurde im Zusammenhang mit diesen Erneuerungsarbeiten von 1778/80 eine Veränderung in der Aufstellung der Schiffsaltäre vorgenommen, die darauf schließen lässt, dass das heutige westliche Altarpaar von 1706/07 ursprünglich am Platz der beiden Rokokoaltäre vor dem Chorgestühl, zumindest aber die Langhaus-Altarpaare in umgekehrter Reihenfolge standen. Diese Überlegung stützt sich auf die Beobachtung, dass das östliche, ältere Altarpaar von 1704/05 mit jeweils nur einer Spiralsäulenstellung sowie Abts- und Abteiwappen im Auszug gegenüber dem westlichen, jüngeren, mit doppelter Spiralsäulenstellung sowie einer Trinitätsgruppe und einer Marienkrönung im Auszug hierarchisch deutlich zurückgenommen ist. Auch die Altarblätter mit der Darstellung der Ordenspatronin Barbara und des hl. Bernhard beim älteren sowie des Evangelisten Johannes und des Sebastianmartyriums beim jüngeren Altarpaar lassen auf eine nachträgliche Veränderung der hierarchischen Ordnung schließen.

Diese Vorbemerkungen sind deshalb wichtig, weil sich aus ihnen wesentliche Konsequenzen für die Rekonstruktion der szenographischen Ordnung der Innenausstattung ergeben. So setzten Struktur und Proportionen der spätromanischen Klosterkirche dem Vorhaben, ihr Inneres in ein Raumbild von barocker Erscheinung zu verwandeln, entschiedene Grenzen. Da es in Bronnbach vor allem wohl aus finanziellen Gründen nicht, wie z.B. beim Kiliansdom in Würzburg, zu einer vollständigen Überformung der Raumschale durch eine Stuckausstattung kam, fiel im Wesentlichen der neuen Altarausstattung die Aufgabe zu, Funktionen der Makroarchitektur zu übernehmen, indem sie weitgehend unabhängig von der architektonischen Struktur der Kirche die Wandlung der Innenraumerscheinung bewirkte. So entwickelte sich der Kirchenraum nach Beendigung der Neuausstattungsmaßnahmen in der bildmäßigen Projektion über das einsäulige und das zweisäulige Langhausaltarpaar sowie die Spiralsäulenverkleidung der Chorwand auf den monumentalen Hochaltar mit dreifacher Säulenstellung in Haupt- und Obergeschoss zu. Dieser beansprucht in Breite und Höhe den gesamten Raum der Chorapsis und assimiliert sich durch seine imposante Wirkung vollständig der Makroarchitektur. Dabei ist das Bildrahmenportal des Hochaltares mit dem ikonographisch-ikonologisch zentralen Thema der Himmelfahrt Mariens *(Abb. 70)* so über die Kerzenstufe erhöht, dass es exakt im Zentrum der perspektivischen Projektion der Langhausaltäre liegt und den bildmäßigen Zusammenschluss aller fünf Altäre logisch begründet. Stellt sich darin für den im Eingangsbereich der Kirche stehenden Betrachter der Eindruck ein, als umgrenze die Retabelarchitektur der Hauptgeschosse in drei Etappen einen sich als *Porta Coeli* qualifizierenden Raum, so entwickelt sich das plastische Zentrum des Hochaltarobergeschosses mit dem Symbol der Trinität vor durchbrochenem Grund in einer goldstrahlenden Figuration aus Engelwolken und Glorienstrahlen sowie zwei seitlich schwebenden, adorierenden Engeln aufgrund der Wirkung des verdeckt gegenstrahlenden Lichtes wiederum in Richtung auf das Langhaus und enthüllt darin die metaphysische Qualität des Kirchenbaues. In der Konsequenz entspricht es damit den dramaturgischen Zielsetzungen der Inszenierung, dass dem Betrachter im Hochaltarbild einerseits der Ausblick in die jenseitige Welt gewährt wird, während sich zugleich das eigentliche Schauwunder der Transzendenz in der darüber liegenden Raumzone ereignet und in der Achse des Altartabernakels auf das Geheimnis der Transsubstantiation des Sakramentes im Messopfer verweist.

Diese besondere Bestimmung der Bronnbacher Retabelarchitektur, Funktionen der Makroarchitektur zu übernehmen, hat Angelika Seifert am Beispiel paralleler westfälischer Kirchenausstattungen, namentlich der Jesuitenkirchen in Coesfeld und Paderborn beschrieben. Dabei scheint mir die von Seifert belegte Ableitung der mit Bronnbach vergleichbaren Hochaltäre dieser Kirchen wie auch des morphologisch verwandten Retabels der Kölner Jesuitenkirche aus den mehrgeschossigen Simultanbühnen Münchener Quarant'ore Apparati in Hinblick auf die fränkische Entwicklung von besonderem Aufschluss. So deuten nach meiner Ansicht auch die ikonologischen Wurzeln der Bronnbacher Ausstattung in dieselbe Richtung, wobei über die Münchener Entwürfe hinaus auf das Quarant'ore-Projekt Carlo

[127] Diese Altäre von 1774 erhielten 1785 ihre Altarblätter und wurden nach der von Abt Heinrich Göbhard verfassten Schrift: „Verzeichnuß alles dessen, was Abt Henrici wehrend seines Vorstandes zum Nutzen der Abtey Bronnbach gebauet und angeschafft hat, angefanget von 1783", (fol. 4) erst 1791 gefasst: „1791 wurden die 2 Chor altärlein, welche seit anno 1774 nackend darstundt (…) marmoriert und vergultet […]."

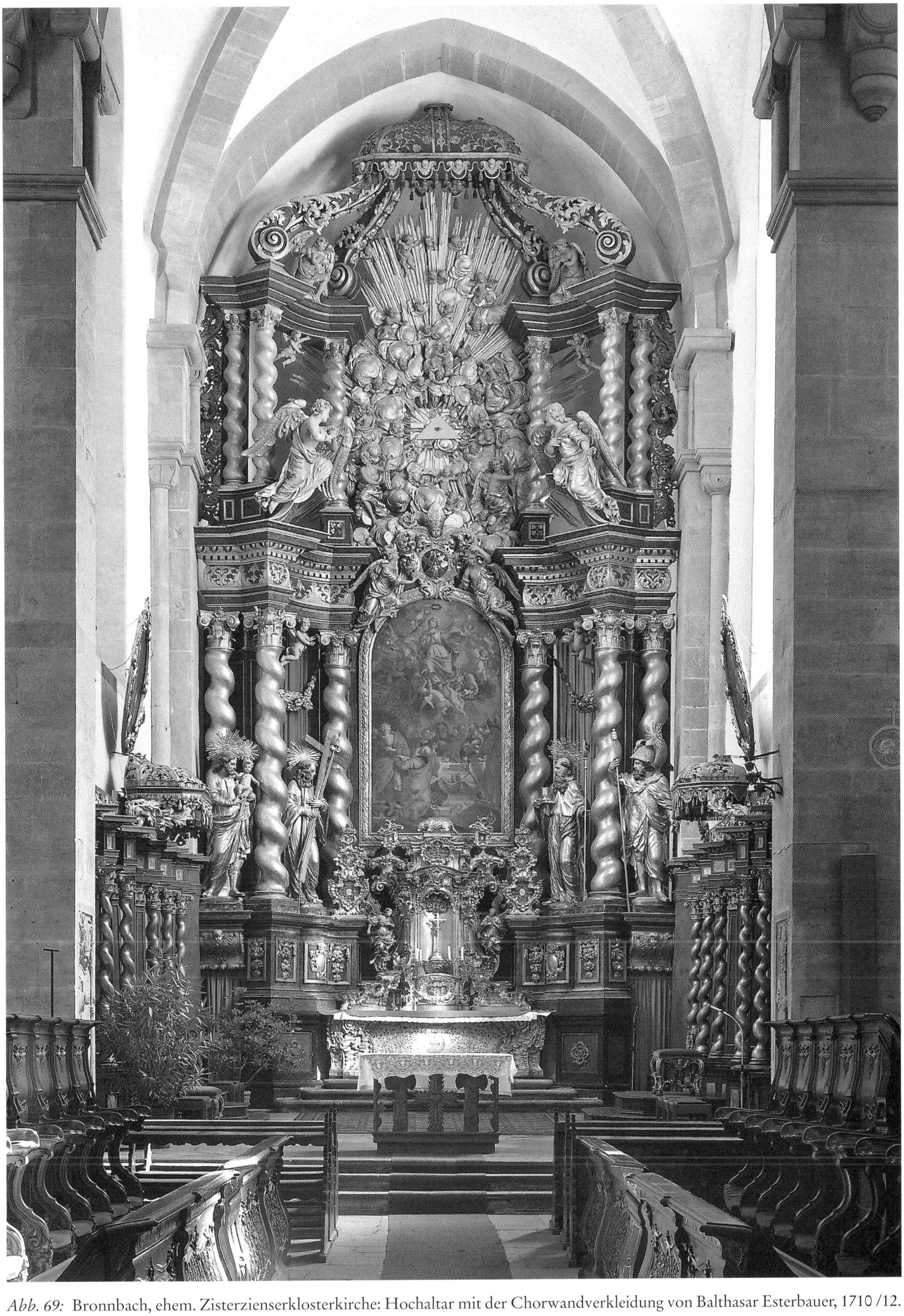

Abb. 69: Bronnbach, ehem. Zisterzienserklosterkirche: Hochaltar mit der Chorwandverkleidung von Balthasar Esterbauer, 1710 /12.

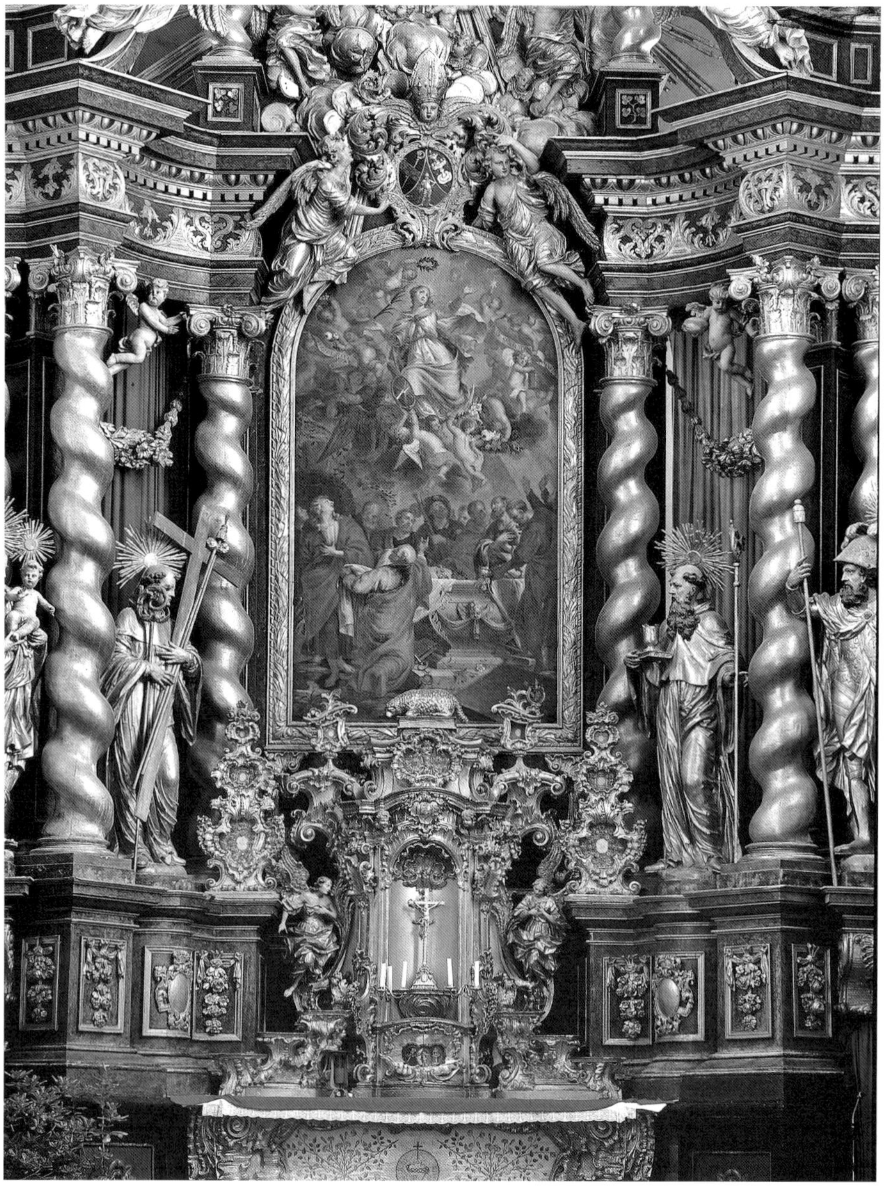

Abb. 70: Bronnbach, ehem. Zisterzienserklosterkirche: Hochaltar (Ausschnitt) mit Darstellung der Mariae Himmelfahrt von Oswald Onghers.

Rainaldis für Il Gesù aus dem Jahr 1650 *(Abb. 21)* oder auf verschiedene Entwürfe Pozzos für Fest- und Bühnenapparate[128] zu verweisen ist. Insgesamt erstreckt sich die Vergleichbarkeit dabei vor allem auf die Tatsache, dass die ephemeren Theaterprospekte ähnlich wie die neue Innenausstattung der Bronnbacher Klosterkirche einer ihrem Wesen nach andersartigen architektonischen Struktur vorgeblendet wurden und diese formal und inhaltlich verwandelten.

> „Ein Altar, der sich derartig homogen einer Makrostruktur assimiliert, so daß er strukturmäßig, szenographisch und lichtdramaturgisch auf den Umraum wirkt und diesen in sich reflektiert, ist durch seine Portalstruktur auf dem Hintergrund der ikonologischen und liturgischen Gehalte des Barocks daraufhin angelegt, eine Bühne des „theatrum sacrum" zu

[128] Siehe hierzu weiter unten die Ausführungen zur Anlage des Hochaltares und der Verkleidung der Chorwand sowie *Abb. 71.*

sein. [...] Aus dieser unglaublichen Übereinstimmung von Apparaten und Altären ist eines deutlich geworden, daß diese Architekturen austauschbar geworden sind, da sie sich in den szenographischen, ikonologischen und liturgischen Gesamtkomplex grundsätzlich gleich entfalten. Jede Messe ist ein „theatrum sacrum“; jede Kirche ist, wie Johann Vogel in der Einweihung des Stiftes Haug 1691 sagt, ein Salomonischer Tempel. Es ist eine spirituelle Notwendigkeit, daß sich schließlich im Hochbarock die sakralen Festarchitekturen im Kirchenraum selbst manifestieren, da der barocke Mensch darstellen muß, was er ist und was er glaubt.“[129]

Die in diesem Verständnis begründete Bedeutung der Bronnbacher Altarausstattung wird durch die Tatsache erweitert, dass es sich bei ihr um die erste perspektivisch ausgerichtete Gesamtkonzeption dieser Zeit innerhalb des Hochstiftes Würzburg handelt, wobei ich noch einmal betonen möchte, dass nach meiner Ansicht das mit der Aufstellung des Hochaltares 1713 verwirklichte Konzept zumindest in seinen Grundzügen bereits bei der Auftragsvergabe des ersten Langhausaltarpaares feststand. Zugleich ist die Bronnbacher Ausstattung das erste Projekt dieser Art, dessen Ausführung vollständig dem Bildhauer Balthasar Esterbauer anvertraut wurde. Damit setzt dessen endgültiger Aufstieg zur entscheidenden künstlerischen Leitfigur für den Bereich der Innenausstattung oder besser gesagt für den Gesamtzusammenhang der mit bildhauerisch-architektonischen Mitteln realisierbaren barocken theatralischen Inszenierung in Bronnbach ein.[130]

Die Bronnbacher Langhausaltäre stellen Abwandlungen des Johann-Gottfried-Altares aus dem Würzburger Dom vor. Dabei ist es von Bedeutung, dass das von diagonal gestellten Pilastern eingefasste Bildrahmenportal hier durch Einziehung des Bogenansatzes architektonisch gebildet wird. Bei dem älteren Altarpaar verkröpft sich der Bogen zusätzlich in der Mitte mit einer den Schlussstein ersetzenden Konsole, auf der die den Auszügen vorgeblendeten Wappen des Abtes und der Abtei aufsitzen. In der damit erzielten Wirkung akzentuiert das aus Pilasterrücklagen und diagonal gestellten Spiralsäulen mit Sprenggiebelsegmenten gebildete Retabelproszenium eine vordere Grenze zu dem im Retabelblatt vorgestellten metaphysischen Raum. Bei den jüngeren Altären wird die Verräumlichung des Proszeniums durch das parallel stehende Säulenpaar forciert. Gleichzeitig wird die Wirkung des Portalrahmens als Grenze zur metaphysischen Welt durch die in einer Strahlengloriole auf Engelwolken hereinschwebende himmlische Gesellschaft verändert, da diese bereits die Qualität des von den Giebelsegmenten der diagonalstehenden Säulen umfassten Raumes transzendent definiert. Auch dies ist ein deutlicher Hinweis darauf, dass die Altäre ursprünglich in umgekehrter Reihenfolge gestanden haben müssen.

Die sich damit bereits in der hierarchischen Strukturierung der Langhausretabel andeutende rhetorische Strategie findet im Hochaltar ihren dramaturgischen Höhepunkt.[131] Zunächst leiten die sich perspektivisch verdichtenden Spiralsäulen den Blick des Betrachters vom letzten Langhausaltar über die Chorwandverkleidung zum Hochaltar und überspielten damit die räumliche Distanz. Das Hochaltarretabel wiederum entwickelt sich vollends als zweigeschossige diaphane Kolonnadenarchitektur, die beidseitig über zwei Spiralsäulenstellungen vom Apsisbogen zum Apsisgrund konkav einschwenkt. Dieses Motiv erinnert aber nur vordergründig an den Hochaltar des Würzburger Domes und damit an den Baldacchino Berninis,[132] denn die Säulen sind prostyl auf Pfeilerrücklagen bezogen und werden darüber hinaus durch eine drittes, über seitlichen Durchgängen stehendes Pfeiler-/ Säulenpaar der Wand angenä-

[129] A. Seifert, 151 f.

[130] Die Leistungen Esterbauers können in diesem Kontext nur exemplarisch gewürdigt werden. Von besonderem Interesse scheint mir über den künstlerischen Anteil des Bildhauers hinaus aber auch der Kunstverstand des Auftraggebers, insbesondere Abt Josef Hartmann, zu sein, der die Ausstattung der Klosterkirche maßgeblich mit beeinflusst haben dürfte.

[131] Die ursprüngliche Wirkung des Altares wird durch die allein schon farblich unpassenden, zur Abschirmung des Lichtes aus den Apsisfenstern aufgehängten roten Vorhänge erheblich gemindert. Leider ist diese, von einem krassen Missverständnis der Inszenierungsanliegen des barocken *theatrum sacrum* zeugende Drapierung heute noch in vielen Gemeinden üblich.

[132] So nach mündlicher Auskunft Beate Rudelgast in ihrer nicht publizierten Würzburger Magisterarbeit.

hert. Daher will dieser Altar, wie angesprochen, auch nicht als architektonisch eigenständige Form, sondern als gegliederte Wand angesprochen werden, die sich zur Mitte öffnet und den Blick freigibt auf das zumindest optisch völlig aus der materiellen Bindung an die Retabelarchitektur gelöste, in undefinierbarer Tiefe scheinbar schwebende Altarblatt und die von fliegenden Engeln begleitete, im überstrahlenden Licht in den durch die Säulenstellung umgriffenen Raum hineinflutende metaphysische Erscheinung mit dem Trinitätssymbol. Dabei ist es wichtig, dass der Bogenansatz des Altarblattes nicht wie bei den Langhausaltären architektonisch gebildet ist, wodurch die Loslösung des Altarblattes einschließlich seines Rahmens von der Retabelarchitektur betont wird. Dieser in Bronnbach wie gesagt zunächst nur optisch realisierte Effekt macht es prinzipiell möglich, das Altarblatt vollends aus dem realen Raumzusammenhang des Retabels zu lösen und auf einer anderen Raumebene anzuordnen. Damit kommt die Wirkung dieser Ausstattung, trotz der Unvergleichbarkeit der innenräumlichen Voraussetzungen, der Wirkung des Alternativentwurfs Pozzos für den Hochaltar einer Kirche in Frascati *(Abb. 71)* nahe.[133] Eine entsprechende, um 1709/10 bereits mit dem Hochaltar des Domes in Fulda vorgeführte Lösung *(Farbabb. 8)* wurde im Folgejahr erneut an dem aus der Gemeinschaftsleistung Johann Dientzenhofers und Balthasar Esterbauers hervorgegangenen Hochaltar der Klosterkirche Banz *(Abb. 72)* verwirklicht, dessen Altarblatt einerseits selbständig als Choraltar für die Gemeinschaft der Mönche fungiert, für den in die Kirche Eintretenden aber durch die Wirkung der perspektivischen Projektion als räumliche Mitte des somit auch über die Bronnbacher Vorstufe abzuleitenden transparenten Säulenretabels erscheint.

Zur formalen Ableitung des Bronnbacher Hochaltarretabels sei hier noch einmal auf die in Zusammenarbeit mit Kilian Stauffer um 1703 geschaffenen Seitenaltäre der Würzburger Universitätskirche sowie auf die Konchenaltäre in der nördlichen und südlichen Seitenschiffsapsis der Pfarrkirche Randersacker von 1704/05 verwiesen. Bei diesen Retabeln wird ein vor eine Figurennische geblendeter Portalbogen durch Säulen-/Pilaster-Stellungen in die Seitenschiffsapsiden integriert. Dabei wurden die jeweils von zwei rechtwinklig gestuften Säulen gefassten Pilaster diagonal gestellt, so dass sich das verbindende Gebälk konsequent jeweils um etwa 130 Grad winkelt. Den Pfeilern sind wiederum parallele Figurenpodeste vorgesetzt, deren Fronten im Gegensatz zu Bronnbach nicht gerundet, sondern rechtwinklig gebildet sind und damit die diagonale Verschränkung betonen. Diese Abwinklung des Gebälks über den Säulen kennzeichnet auch das Bronnbacher Retabel, obwohl die Figuren hier die Pfeiler verdrängt haben und die Gebälksegmente der mittleren Traveen zur Markierung des Figurenraumes bereits kurviert sind. Dies erscheint mir, auch im Vergleich mit den zeitgleichen Seitenaltären der Stiftskirche Komburg *(Farbabb. 5 und 6)*,[134] als ein etwas altertümliches Element, das die oben angesprochene Vermutung, das Konzept der Bronnbacher Ausstattung sei in seinen Grundzügen bereits um 1704 festgelegt worden, bestätigen kann. Das Motiv der sich in Richtung auf ein Bühnenportal staffelnden Säulen-Pilasterstellungen nimmt den künstlerischen Leitgedanken des Bronnbacher Retabels vorweg. Dies gilt mit Blick auf die Ableitung aus dem Werk des Andrea Pozzo auch für den Johann-Gottfried-Altar *(Abb. 44)* oder die beiden Chorbogenaltären des Würzburger Domes *(Abb. 20)*, wobei sich die bereits dort beschriebene Schalenfiguration der vorderen Säulenstellung in Bronnbach *(Abb. 69, 70)*, der Universitätskirche und Randersacker von der Retabelrückwand gelöst und der Raumarchitektur angeschlossen haben.

In dieser rauminterpretierenden oder auch dramatisierenden Funktion sind in der Bronnbacher Retabelarchitektur dieselben Kunstmittel illusionistischer Transformation wirksam, die oben im Zusammenhang mit Altarprojekten Kilian Stauffers am Beispiel der komplexen Kapellenausstattungen Berninis[135] beschrieben wurden. Dabei bediente sich Esterbauer allerdings über Stauffer hinausgehend des letztlich ebenfalls in der Kunst Berninis wurzelnden technischen Repertoires, das Andrea Pozzo durch seine inzwischen zur Verfügung stehenden Traktate verbreitet hatte. So gehörte Esterbauer, wie gezeigt wer-

[133] Andrea Pozzo, Alternativentwurf für den Hochaltar der Kirche in Frascati, Prospectiva pictorum, Fig. 73.

[134] Siehe in diesem Kap. 5.3.: Der Hochaltar der ehemaligen Klosterkirche Obertheres.

[135] Vgl. stellvertretend für viele die Darstellung des Altarwerkes in der Capella Raimondi in Montorio bei Sandrart, Altari et Sacella, Fig. VI, hier *Abb. 51.*

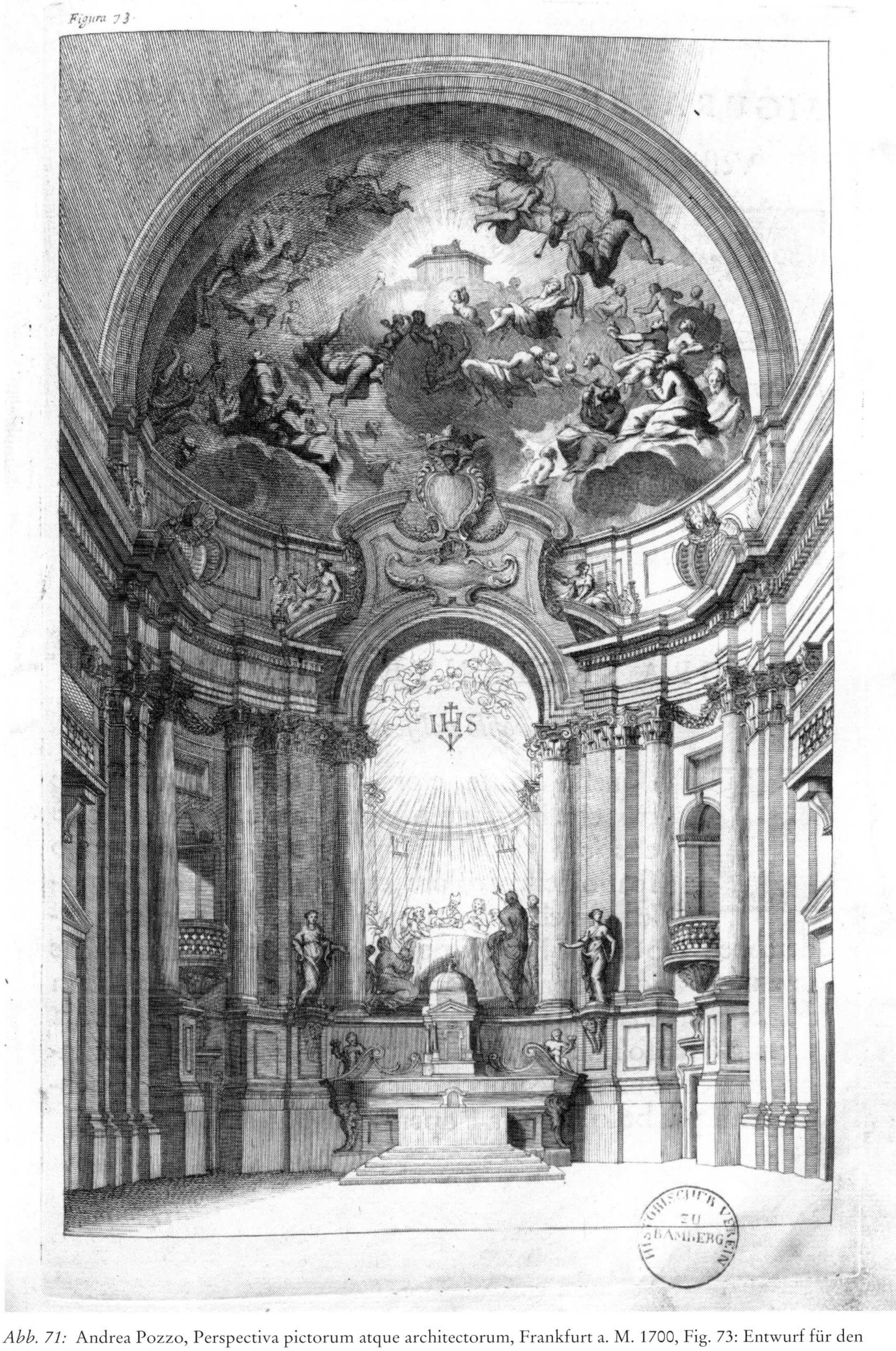

Abb. 71: Andrea Pozzo, Perspectiva pictorum atque architectorum, Frankfurt a. M. 1700, Fig. 73: Entwurf für den Hochaltar einer Kirche in Frascati; Exemplar der Staatsbibliothek Bamberg (aus dem Nachlass des D: [domini] Dizenhoffer, Bambergensis 1741), Ausgabe von 1700, Sig. L'art.f.7 [a] (Bd. 2).

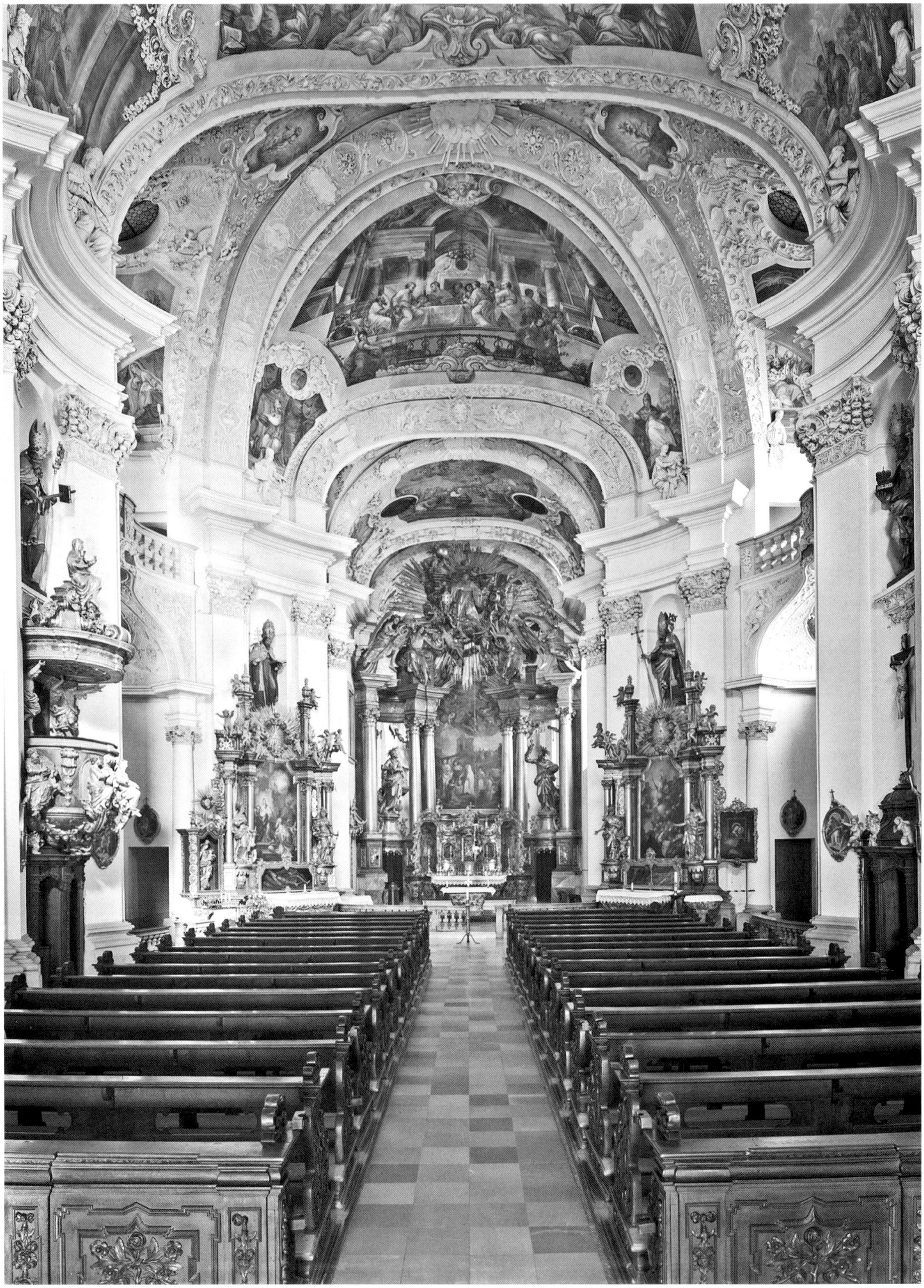

Abb. 72: Banz, kath. Pfarrkirche St. Peter und Dionysius (ehem. Klosterkirche): Blick aus dem Langhaus auf Hoch- und Choraltar von 1714.

den konnte, einmal selbst zu den frühen Rezipienten Pozzo'scher Kunst.[136] Darüber hinaus scheint er während seines zeitlich allerdings nicht genau zu definierenden Aufenthaltes in Fulda sowie durch die intensivierte Zusammenarbeit mit Johann Dientzenhofer in Banz weiterführende Impulse erhalten zu haben, die die Idee entstehen liess, perspektivische Projektionen über eine nicht mehr zu definierende Raumgrenze hinaus nun auch durch kurvierte Architektur, die die Bewegung der Wand suggeriert, zu realisieren.

In Bronnbach war es das Anliegen Balthasar Esterbauers im Rahmen einer den gesamten Kirchenraum umfassenden Inszenierung den in einer Sequenz von Proszeniumskulissen mit heiligen Personen bevölkerten Altarraum durch das verdeckt einfallende Licht mystisch zu verklären. Dabei verwandelt das Licht nicht nur die Retabelarchitektur, die, wie oben dargestellt wurde, Funktionen der Innenarchitektur übernommen hatte, sondern qualifiziert vor allem auch den jenseits aufscheinenden, metaphysisch zu deutenden Raum, in dessen undefinierbaren Grund das Altarblatt mit der Himmelfahrt Mariens und die Dreifaltigkeitsgloriole Gestalt annehmen.

5. Kurvierte Altarbauten: Fulda, Banz und Obertheres

5.1. Das neue Architekturkonzept des Fuldaer Domes

Ikonologie und Ikonographie des Fuldaer Domes können in vielfacher Form die Ausführungen des ersten Teils dieser Arbeit ergänzen. Wenn hier jedoch in erster Linie die Morphogenese der Innenarchitektur und des transparenten Hochaltarretabels in Fulda untersucht wird, so nicht nur deshalb, weil Letzteres der Überlieferung nach aus dem Studium und der Kenntnisnahme des Würzburger Hochaltares hervorgegangen sein soll.[137] Vielmehr wirkten die im unmittelbaren Rückgriff auf italienische Vorlagen realisierten szenographischen und theatralisch-dramatischen Effekte der Raumbildung und des Raumbildes der Fuldaer Stiftskirche nicht nur über die Person des bauleitenden Architekten, Johann Dientzenhofer, sondern auch in dem nach 1710 entstandenen, gereiften Werk des zeitweilig in Fulda tätigen Balthasar Esterbauer nachhaltig wiederum auf das fränkische Kunstgeschehen zurück.

Der Akkord zum Neubau der Fuldaer Klosterkirche[138] wurde am 18. März 1704 mit Johann Dientzenhofer geschlossen. Dieser stand allerdings bereits seit dem 4. September 1700, also seit seiner Rückkehr aus Italien im Dienste der Fürstabtei und ihres baufreudigen Abtes Adalbert von Schleifras (1700–1714).[139] Dabei dürfte eben die Tatsache der Italienkenntnisse wie möglicherweise auch entsprechende Empfehlungsschreiben des Kurfürsten von Mainz und Fürstbischofs von Bamberg, Lothar Franz von

[136] Vgl. neben den hier u.a. in *Abb. 55 und 71* wiedergegebenen Altarentwürfen aus der Prospectiva pictorum dazu in diesem Kapitel 5.1.1: Der Hochaltar des Domes zu Fulda.

[137] Dies berichten mit Verweis auf die Reiseabrechnungen des Bildhauers Joh. Neudecker vom 7.7.1710 Werner Hegemann, Die Altarbaukunst Balthasar Neumanns, (phil. Diss. Marburg 1936/1937, 59 und Max H. von Freeden, Fuldaer Barock, in: Fulda und die Rhön (Sonderheft Bayerland), München 1956, 44 f. Siehe dazu Frieda Dettweiler, Johann Neudecker d. Ä., in: Fuldaer Geschichtsblätter 2 (1929), 25. – Auch Werner Hegemann bezeichnet den Würzburger Hochaltar als Schlüsselwerk einer Entwicklungsreihe, deren Ziel die räumliche Integration von Innenraum und Altarbühne war. Seine Vorbildlichkeit habe aber in Fulda nicht eine bloße Nachbildung, sondern eine selbständige Weiterbildung veranlasst, bei der das „Ziborium um flügelartige Anbauten […] zu einem sechssäuligen Baldachinaltartypus erweitert wurde." Dem Mittelstück oder „eigentliche[n] Ziborium für die Mensa" habe der Würzburger Altar als Paradigma gedient. „Sein halbkreisförmiger Grundriß wurde zu einem Dreiviertelkreis geschlossen, so dass das Altargerüst, in Würzburg ein Echo der Apsis, hier ein Echo der zentralräumigeren Kuppelvierung wurde." (siehe Hegemann, 8) Im Übrigen verweist Hegemann für den Fuldaer Hochaltar auch auf die Vorbildlichkeit Pozzo'scher Altarwerke (Perspectiva II, Tafeln 69 und 75).

[138] Die Erhebung zur Kathedralkirche erfolgte erst 1752 mit der Ernennung Fürstabt Amand von Busecks zum Fürstbischof. Siehe hierzu auch die in Anm. 118 genannte Literatur.

[139] Vgl. Otto Albert Weigmann, Eine Bamberger Baumeisterfamilie um die Wende des 17. Jahrhunderts. Ein Beitrag zur Geschichte der Dientzenhofer, Straßburg 1902, [2]1979, 34 ff.

Schönborn, qualifizierend für den noch nicht mit eigenen Bauleistungen hervorgetretenen Baumeister gewirkt haben. Leider ist die wohl unmittelbar mit der Anstellung Dientzenhofers in Fulda beginnende Planungsgeschichte zum Fuldaer Kirchenbauunternehmen noch nicht hinreichend geklärt.[140] Abt und Kapitel erwogen neben einem Projekt, das lediglich einen Umbau der alten Ratgenbasilika vorsah, verschiedenen Neubauplanungen zu denen neben Dientzenhofer auch weitere Baumeister, wie ein im Dienste der Propstei Thulba stehender Franziskanerbruder,[141] um Rat gefragt wurden. Offensichtlich war auch mit der Grundsteinlegung zum Neubau der Abteikirche am 23. April 1704 noch nicht über ein Gesamtkonzept entschieden, denn Schleifras forderte Dientzenhofer bereits am 3. Februar 1705 zur Vorlage weiterer Planungen auf.[142] Ungeklärt und von einem Teil der Bauhistoriker nicht einmal erwähnt, ist die Überlieferung Lione Pascolis' auch Carlo Fontana habe nach Aufforderung durch den Fürstabt ein Neubauprojekt zum Fuldaer Kirchenbau eingereicht.[143] Während Coudenhove-Erthal[144] diese Nachricht auf ein Modell zum Marienaltar bezog, den er Fontana zuwies, konnte Frieda Dettweiler[145] von der parallelen Architekturforschung allerdings weitgehend unberücksichtigt, auf einen Vermerk in den Rechnungsbüchern des Kirchenbauunternehmens verweisen, nach dem der Kanoniker Nikolaus von Hornik in Frankfurt wegen eines aus Rom übersandten *Stieftsbaw Models* am 19. Juni 1706 – also zwei Jahre nach Baubeginn – Zahlungen aus der Stiftskasse entgegennahm. Während Heinrich Gerhard Franz und Eberhard Hempel,[146] diesen Quellenbeleg vernachlässigend, in Johann Dientzenhofer sowohl den verantwortlich Planenden wie den Bauleiter des Fuldaer Kirchenbaues sahen und dessen charakteristisches Grundriss- und Wölbesystem aus Borrominis Umbauplanungen für S. Giovanni in Laterano ableiteten, verwies Hellmut Hager[147] auf Übereinstimmungen des gesamten Langhausgrundrisses mit Francesco Fontanas Neubauprojekt für SS. Apostoli in Rom (1702–1714). Diese veranlassten ihn zu der These, dass nicht Carlo, sondern Francesco Fontana Autor jenes belegten „Stiftsbaw Modells" war, wobei er offen lässt, ob dieses Modell noch einmal in die Gesamtplanungen eingreifen konnte – der Bau des Langhauses war ja im Sommer 1707 bereits bis zum Gewölbeansatz vorangetrieben worden – oder vielmehr, wie auch schon Frieda Dettweiler vermutete, die Planungen zu Querhaus, Kuppel und Chor präsentierte, die in der Ausführung tatsächlich eine deutliche Zäsur gegenüber dem Langhaus markieren.[148]

Es ist hier nicht der Ort, diese komplizierten baugeschichtlichen Fragen weiterzuverfolgen, die anzusprechen mir in Hinblick auf die Innenausstattung jedoch wichtig war. So scheint mir, von der grundsätzlich plausiblen formalen wie vor allem auch ikonologischen Vorbildlichkeit von SS. Apostoli für die Grabeskirche des ersten Apostels Deutschlands abgesehen, vor allem die Tatsache bemerkenswert, dass die Kirche sowohl in ihrer überzeugenden szenographischen Organisation wie in der komplexen, die Ausstattung in jedem Detail motivierenden und interpretierenden Strukturierung und Modellierung der

140 Zu nennen ist hier in erster Linie die Arbeit von Franz Bernhard Schlereth, Der Dom und die vorigen Hauptkirchen in Fulda, geschichtlich und architektonisch dargestellt, MS Fulda 1826 (Hessische Landesbibl. Fulda 2 B 68 a) teilweise publiziert in: Buchonia, Zschr. f. vaterländ. Gesch., 1. Bd. 1 (1826), 1826, 85–151, 2. Bd. Teil 2, 1827, 148–208. Auf dieser Arbeit gründen auch Karl Freckmann, Der Dom zu Fulda, Augsburg 1928 sowie Ludwig Pralle, Fulda – Dom und Abteibezirk, Königstein i.T. 1980. In jüngerer Zeit hat sich vor allem Hellmut Hager, Johann Dientzenhofer's Cathedral in Fulda and the Question of its Roman Origins, in: Light of the Eternal City. Observations and Discoveries in the Art and Architecture of Rome, edited by H. Hager and Susan Scott Munshover (= Papers in Art History from the Pensylvania State University Volume II) 1987, 189–231, kritisch auseinander gesetzt. Diese Arbeit liegt den folgenden Ausführungen zugrunde.

141 Freckmann, 12.

142 Vgl. auch Milada Vilimcová, Johannes Brucker, Dientzenhofer – Eine bayerische Baumeisterfamilie in der Barockzeit, Rosenheim 1989, 46 ff.

143 Lione Pascoli, Vite de' pittori, scultori od architteti moderni II, Rom 1736, 747 ff.

144 E. Coudenhove-Erthal, Carlo Fontana und die Architektur des Spätbarock, Wien 1930, 144 ff, Tafel 28.

145 Frieda Dettweiler, Die Stuckarbeiten im Dom zu Fulda und ihre Meister, (phil. Diss.), Frankfurt a. M. 1928, 45 f.

146 Heinrich Gerhard Franz, Bauten und Baumeister der Barockzeit in Böhmen, Leipzig 1962; Eberhard Hempel, Baroque Art and Architecture in Central Europe, Baltimore, Harmondsworth 1965, 149 ff, 327 mit Anm. 8.

147 H. Hager, 191 ff.

148 Dettweiler, 1 mit Anm. 1; H. Hager, 191.

Wand einen weit über die Grenzen Fuldas hinaus weisenden Neuansatz darstellt, der ganz offensichtlich auch eine neue Phase in der Auseinandersetzung mit dem Vorbild römischer Innenausstattungen einleitete. Die Annahme eines römischen Modells mag darüber hinaus die viel bemerkte Fremdartigkeit der Fuldaer Stiftskirche im Werk des Johann Dientzenhofer erklären, die allerdings Hans Reuther, Hellmut Hager sowie in jüngerer Zeit auch Theodor Zang[149] mit Blick auf die Abwandlung der rhythmischen Travee in Banz modifizierten. Im Weiteren ist die Frage des Dientzenhofer'schen Anteils an den beschriebenen Neuerungen im Verhältnis von Wandstruktur und Ausstattung durch eine klarere Abgrenzung des Werkes des Francesco Fontana und der borrominesken Formensprache im Repertoire des Johann Dientzenhofer zu klären.

Die Fuldaer Stiftskirche ist als Longitudinalbau in basilikalem Schema errichtet, der durch die Positionierung eines weit gespannten Querhauses und die Ausbildung einer Vierung mit mächtiger Kuppel Zentralbaucharakter annimmt.[150] Wenn dabei Freckmann von der „Kombination eines Langhauses und eines Zentralbaues“ und Weigmann von der „losen Angliederung“[151] der Querhausarme an die Vierung sprechen, würdigen sie zwar die Bedeutung der überkuppelten Vierung als zentrales Raumelement, übersehen aber die durch die szenographische Ordnung vermittelten Tendenzen einer nachhaltigen Raumverschleifung zugunsten einer Betonung der longitudinalen Achse. Dieses System, das im Wechsel von in sich selbständigen zu korrespondierenden Raum- und Wandeinheiten Bewegung im Sinne des borrominesken Barock[152] erzeugt, kann hier nur im Ansatz beschrieben werden. So ruht die Vierung auf Pfeilern mit abgeschrägten Innenkanten, denen halbseitig hinterlegte Pilaster vorgesetzt sind, welche wiederum mit dem Wandsystem der angrenzenden Raumteile korrespondieren. Zum Langhaus wird die damit einerseits betonte Zäsur durch ein Halbsäulenpaar unterstrichen, das auf ein zweites, allerdings nur aus Viertelsäulen gebildetes Paar vor dem Orgeljoch zu beziehen ist und mit diesem das im alternierenden Wechsel von schmalen und breiten Traveen gegliederte Langhaus zusammenfasst. Beim Durchschreiten des Langhauses öffnen sich dem Betrachter im Blick durch die Arkaden und die schmalen rechtwinkligen Durchgänge der Mittelschiffswand aus Haupt- und Seitenschiffen szenographisch jeweils *vollständige* Bilder, die den Raum jedoch nicht in Einzelteile zerfallen lassen, sondern durch die Akzentuierung der Wandstruktur wie durch eine differenzierte Lichtführung gleichsam fließend ineinander übergehen. Dies gilt auch für den zentralen Blick aus dem Langhaus über die lichtdurchflutete Vierung in den Chor, der zunächst wie die Querhausarme eine breite Travee umfasst und sich zum eingezogenen Hochchor durch abgeschrägte Flanken verengt. Im Übergang vom Chorjoch zum Hochchor ist zugleich die Position des transparenten Hochaltares beschrieben, der diesen prinzipiell als *Anraum* der Vierung zu interpretierenden Raumteil vom Mönchschor trennt. Dabei werden nicht nur im ikonologischen Bezug der Lichtanteile aus Langhaus, Vierung und Hochchor auf das Triumphbogenmotiv des Hochaltares die Übergänge zwischen den Teilräumen fließend. Vielmehr gleitet der Blick darüber hinaus vom kurvierten Retabel über die eingezogenen Flanken des Chorjoches und die abgeschrägten Fronten der östlichen Vierungspfeiler bis zu dem erwähnten Halbsäulenpaar im Abschluss des Langhauses, dessen raumverschleifende Gelenkfunktion damit bekräftigt wird. Der so beschriebene Eindruck einer Kontraktion der Raumteile entlang der Longitudinalachse wird durch die spiegelbildliche Korrespondenz der halbseitig hinterlegten Pilaster über die Vierung hinweg bestätigt.

Demgegenüber korrespondieren Querhausarme und Chor nicht in einzelnen Motiven, sondern in der Gesamtheit der Wandgliederung und der Raumbildung, wobei die Verbindung mit der Kuppel als Würdemotiv durch den hohen Lichtanteil aller Teilräume unterstrichen wird. Dabei scheinen hier durch die alternierende Schichtung der Gliederelemente wie der Wand selber nicht die verbindende

[149] H. Hager, 192 f; siehe auch H. Reuther, Das Gewölbesystem der Benediktinerabteikirche Banz, in: Das Münster. Zschr. f. christl. Kunst und Kunstwissensch. 7 (1954), 359 ff; Theodor Zang, Johann Dientzenhofer in Banz (Bochumer historische Studien: Alte Geschichte 7), Bochum 1987.

[150] Der die zweitürmige Fassade einschließende Vergleich Freckmanns, 14, mit der Stiftskirche Haug hat, wenn er auf die der Sion-Ikonographie entnommenen Bedeutungsinhalte anspielt, durchaus seine Berechtigung.

[151] Freckmann, 14; Weigmann, 145.

[152] Vgl. Raspe.

Raumachse, sondern die Raumgrenzen in Bewegung geraten zu sein, so dass die Altarnischen der Querhausfronten mit der nicht abschätzbaren Raumausdehnung hinter dem Hochaltar identifiziert werden können. In diesem Verständnis tritt die Bedeutung der Wand als Raumgrenze hinter den Bewegung suggerierenden Gliederelementen zurück, die sich damit zu einem szenographischen Bild von neuer Qualität zusammenschließen. Diese neuartige Strukturierung des Gesamtraumes entbindet schließlich die Ausstattung, namentlich die Altäre, der Notwendigkeit die szenographische Transformation selbst leisten zu müssen. Vielmehr geraten in Fulda der Hochaltar und die Altäre des Querhauses nun ihrerseits an der Schnittstelle bewegter Räume in Bewegung und betonen die Durchlässigkeit der Raumgrenzen.

5.1.1. Der Hochaltar des Domes zu Fulda

Der kompliziert scheinende Grundriss des aus sechs schwarzen Marmorsäulen gebildeten Fuldaer Hochaltares *(vgl. Farbabb. 8)* erschließt sich aus der Überschneidung zweier ovaloider Segmente. Dabei ist die Verschneidung des durchlaufenden, also nicht verkröpften Gebälkes so gelöst, dass der Betrachter erst durch Zuordnung der bekrönenden Volutenspangen eine zentrale und eine hinterfangende Form unterscheiden kann.[153] Dabei wird durch die äußere oder hinterfangende Säulenstellung einerseits eine Anbindung an die besondere Situation vor den eingezogenen Flankentraveen des Chorjoches erreicht, wie das zentrale Ovaloid andererseits in einem energischen Impuls die Bewegung über die scheinbare Raumgrenze in Richtung auf den Mönchschor hinausführt. Diese Beschreibung eines Bewegungsimpulses macht deutlich, dass das Fuldaer Retabel nichts mehr mit der umschließenden architektonischen Form des Würzburger Hochaltares zu tun hat, auch wenn beide letztlich auf den Baldacchino Berninis als Inspirationsquelle verweisen.[154] Während aber der Würzburger Altar in der Markierung des Apostelgrabes auf den Baldacchino als Würdezeichen verweist, vollzieht der Fuldaer Altar darüber hinaus in fast analoger Position unter der lichtdurchfluteten Vierungskuppel in seiner Grundrisskurvatur auch dessen optischen Bewegungsimpuls in Richtung auf die Cathedra Petri bzw. die Apsis nach. Dabei ist Hager dahingehend zu folgen, dass das Rüstzeug zur Realisierung der dahinterstehenden Idee, Raumteile oder Raumstrukturen an ihren Grenzen in Bewegung zu versetzten, letztlich über eine Fülle von Vorlagen hinaus, zu denen ich insbesondere auch die bei de Rossi und Sandrart publizierte Innenausstattungen Borrominis in Santa Maria de Sette Dolori und San Carlo alle Quattro Fontane rechne,[155] durch die Traktate Pozzos vermittelt wurde.[156]

Die Innenausstattung der Fuldaer Stiftskirche hat, wie bereits gezeigt wurde, über die Person des zeitweilig beteiligten Balthasar Esterbauer in Bronnbach wie insbesondere in Komburg unmittelbaren Einfluss auf das mainfränkische Kunstgeschehen gehabt. Aus der Zusammenarbeit Esterbauers und Johann Dientzenhofers in Banz ging mit der dortigen Innenausstattung im Anschluss an Fulda schließlich das Werk hervor, das die beschriebenen Anliegen perspektivischer Projektion in der Realisierung eines raumübergreifenden *theatrum sacrum* zum vorläufigen Höhepunkt entwickeln sollte.

[153] Der bei Freckmann in Fig. 1, 15, dargestellte Altargrundriss ist fehlerhaft und damit irreführend. Vgl. die fotographischen Darstellungen bei H. Hager, 140 a und b.

[154] Wie bereits erwähnt, überliefern Dettweiler, Hegemann und von Freeden, dass dem Entwurf des Fuldaer Altares ein gründliches Studium des Würzburger Domhochaltares durch den Fuldaer Stiftsbildhauer Johann Neudecker d. Ä. vorausging.

[155] Vgl. J. von Sandrart, Anderer Teil des großen Schau Platzes von dem Alten und Neuen Rom oder eigentliche und zuverlässige Abbildung der führnehmsten sowohl Alten und Neuen Kirchen-Gebäuen, Nürnberg 1694.

[156] Vgl. hierzu A. Pozzo, Perspectiva II, Fig. 48 und 73. Zur Bekräftigung sei noch einmal darauf verwiesen, dass der Benedictusaltar im südlichen und der Sturminusaltar im nördlichen Querhaus des Fuldaer Domes den gemalten Altar Pozzos (Fig. 67) jeweils exakt kopieren. Siehe auch H. Hager, 193 ff.

5.2. Die Klosterkirche Banz – Das Innenraumkonzept

Die Klosterkirche Banz zählt aufgrund ihrer komplizierten Grund-, Aufriss- und Gewölbefiguration zu den bedeutendsten Raumschöpfungen des süddeutschen Barock. *(vgl. Abb. 72)* Obwohl ihre architektonische Form bereits vielfach erläutert und beschrieben wurde, fehlt es bisher an einer aus dem besonderen Verständnis der szenographischen Struktur entwickelten Interpretation ihres ungemein anspruchsvollen Ausstattungsprogramms.[157] Dies kann auch die nachfolgende Darstellung nicht leisten, dennoch seien zunächst wiederum einige Erläuterungen zur Szenographie der Banzer Innenarchitektur vorangestellt. Die mit der Grundsteinlegung am 10. Mai 1710 begonnene, im Rohbau 1713 fertiggestellte und am 15. Oktober 1719 geweihte Kirche[158] folgt grundsätzlich dem Schema der Wandpfeilerhalle mit östlich anschließendem, lang gestreckten Chor, wobei die Rhythmisierung der Langhaustraveen an Fulda erinnert.[159] In Banz sind aber die mit Pilastern besetzten Wandpfeiler nicht parallel zur Längsachse angeordnet, sondern aus der Orthogonalen herausgedreht. Da die auf den Pilastern aufsitzenden Gurte diese Schrägstellung folgerichtig fortsetzen und als windschiefe, elliptische Bögen aufsteigen, liegen die Gewölbefelder nicht über den Jochen, sondern über den Achsen der Wandpfeiler.[160] Diese Verschiebung der Gewölbe um ein halbes Joch ließ über dem mittleren Wandpfeilerpaar ein entlang seiner Längsachse symmetrisch gebildetes Gewölbefeld von 12,60 m Durchmesser entstehen, dem sich die als asymmetrische Ellipsoide gebildeten Gewölbefelder über dem ersten und dem dritten Wandpfeilerpaar so zuordnen, dass sich daraus eine zentrale, in sich dynamische Form entwickelt.

Damit war es Dientzenhofer gelungen, einen aus zwei querovalen Jochen gebildeten Grundriss[161] mit einer Folge von drei Gewölbetonnen einerseits zu einer zentralen Raumform zusammenzufassen und andererseits sowohl entlang ihrer Längsachse wie an den durch die Kapellen und die Wandpfeiler markierten Querachsen so in Bewegung zu versetzen, dass die Raumgrenzen fließen. Dabei wird die Wirkung der sich in Grund-, Aufriss und Gewölbezone spannungsreich verschränkenden Innenarchitektur so wesentlich durch die Altäre, Malerei und Stuck umfassende Ausstattung mitbestimmt, dass Hotz zu der Formulierung fand, der Raum werde über einem arithmetischen Gerüst im Miteinander der Kunstgattungen geformt.[162] Diese Formulierung scheint mir deshalb wichtig, weil die Banzer Ausstattung gegenüber Fulda in einem potenzierten Maß nicht mehr allein die Schnittebene zur metaphysischen Welt definiert, sondern den Kirchenraum selbst zu einer grandiosen Simultanbühne transformieren lässt, auf der sich die mit dem Gnadenwirken des Benediktinerordens verbundenen, eschatologischen Heilswahrheiten programmatisch enthüllen. Damit ist auch das im Werk des Balthasar Esterbauer latend wirksame

157 Am ehesten leistet dies Joachim Hotz, Kloster Banz, aus dem Nachlass hg. von R. Hannemann, B. Mayer, R. Suckale, 30. Beiheft des HVB, 1993. Siehe ferner zur Literatur über Banz: Max Hauttmann, Geschichte der kirchlichen Baukunst in Bayern, Schwaben und Franken, München ²1923, 145; Albert Erich Brinkmann, Von Guarino Guarini bis Balthasar Neumann, Berlin 1932, 11 f; Richard Zürcher, Der Anteil der Nachbarländer an der Entwicklung der deutschen Baukunst im Zeitalter des Spätbarock, Basel 1938, 24; Werner Hager, Die Bauten des deutschen Barock 1690–1770, Jena 1942, 110 ff; Heinrich Gerhard Franz, Die Klosterkirche Banz und die kirchlichen Bauten Balthasar Neumanns in ihrem Verhältnis zur böhmischen Barockbaukunst, in: Zschr. d. deutsch. Vereins f. Kunstwiss. 1 (1947), 54 ff; Reuther, 1954; Thomas Korth, Von der Renaissance zum Klassizismus, Grundzüge der neueren Kunstgeschichte am Obermain, in: Oberfranken in der Neuzeit bis zum Ende des Alten Reiches, hg. von Elisabeth Roth u.a., Bayreuth 1984, 377–542, hier 472 ff; Zang, 1987; Vilimková / Bruckner, 50 f. Zu den Fresken Melchior Steidls siehe Viktoria Meinecke, Die Fresken des Melchior Steidl, (phil. Diss.), München 1971.

158 Zu den geschichtlichen Daten wie zu den archivalischen Quellen noch immer grundlegend ist Carl Theodori, Alfons Maria Favreau, Geschichte und Beschreibung des Klosters Banz in Bayerns Oberfranken, Lichtenfels 1925, hier 49 f. und 136 ff.

159 Siehe u.a. Reuther, 1954, 361 sowie Hager, 192 f. Die in der Literatur immer wieder angesprochene Frage, ob die kurvierte Banzer Innenarchitektur aus der böhmischen oder der italienischen Barocktradition abzuleiten sei, soll hier nicht weiter behandelt werden. Siehe hierzu u.a. Franz, Brinkmann, Hager, sowie Zang.

160 Reuther, 1954, 362.

161 Da meistens nur der Gewölbe-Grundriss abgebildet wird, spricht Hotz klärend vom „Mauer-Grundriss." Hotz, 1993, 116.

162 Ebd., 119.

Bestreben zu einem Abschluss gebracht, Raumarchitektur und Altarkulisse zu verschmelzen und zum Ort des transzendenten Schauspiels zu wandeln, das Betrachter und Akteure – wobei zu letzteren nicht nur die zelebrierenden Geistlichen, sondern auch die Vielzahl geschnitzter und gemalter Heiligenfiguren zu rechnen ist, die den Kirchenraum als Abgesandte der höheren Welt bevölkern – zu gemeinsamem Handeln vereint. In diesem Verständnis wurde das liturgische Anliegen der im tridentinischen Geist erneuerten katholischen Kirche, die Einheit der Gläubigen in der Messfeier, wie darüber hinaus die Verbundenheit der kämpfenden und triumphierenden Kirche zu zelebrieren, anschauliche Realität.

Diese Wirkung soll hier ausschließlich an den Altären Balthasar Esterbauers, also dem transparenten Hochaltar und dem zugehörigen Choraltar sowie den vier Altären in den Langhauskapellen erläutert werden.[163] Dabei wird für die Beschreibung der szenographischen Projektion ausschließlich ein Standpunkt im Laienraum angenommen, aus dessen Perspektive die räumliche Struktur des Chores nicht ersichtlich ist.

5.2.1. Der Banzer Hochaltar

Zur Realisierung des Banzer Hochaltares wurde mit Balthasar Esterbauer am 17. September 1714 folgender Vertrag geschlossen:

> „Zu wissen seye hiermit, dass heut endgesetzten dato zwischen dem Wohllöbl. Stifft und Gotteshause Bantz eines – und dem Ehren Werten und Kunstreichen Herrn Balthasar Esterbauer bilthauer zu Würtzburg anderntheils zu Verfertigung 2 altar nemblichen wegen des ersteren hinter dem Chor, so an die Wand kommet und in sich das große Blatt hat, dan wegen des anderen hohen altar so vor den Chor kommet, folgender Massen akkordiret und gehandelt worden: dass Erstlich er den hinteren Choraltar, worinnen das große gemahlte Blatt S. Dionysij kommet, an bilthauerarbeith dauerhaft, sauber undt kunstreich dem gemachten und von Herrn Baumeister Dientzenhoffer approbirten Riß nach verfertigen.
>
> Anders über den forderen hohen altar so durchsichtig seyn wird, Er mit dem Schreiner ein hölzernes modell so balten möglich Verfertigen und solches besagten Herrn Baumeistern und anderen Bauverständigen nach ihrem Gutbefinden zu ändern und zu verbessern überlassen, wie er dann verspricht, seine Statuen auf beiden Seithen desgleichen die Capitell und Säulen ganz auszumachen, die hintere Glorie auch neben dem Bilt resurrectionis Domini sauber und kunstreich vorzustellen, bey Auffrichtung der beeden altär selbst darbey zu seyn, dass Gerüst durch seyne Leuth zu machen und zu ihrer Sicherheit bestens bewahren zu lassen […].“[164]

Zunächst lassen diese Formulierungen des Vertrages darauf schließen, dass das aus zwei Teilen bestehende Werk bereits zeichnerisch projektiert war. Dabei wird darauf hingewiesen, dass Dientzenhofer den Riss zu dem im Wesentlichen aus einem Bildrahmen und figürlicher Szene bestehenden Choraltar approbiert habe, was zugleich klarstellt, dass er nicht der Entwerfer war. Zu dem wesentlich komplizierteren vorderen Altar, von dem man aber ebenfalls schon relativ präzise Vorstellungen hatte, sollte Esterbauer dagegen für die konstruktiven Teile zunächst zusammen mit dem Schreiner ein Modell fertigen, um es vom Baumeister und weiteren Bauverständigen begutachten zu lassen. Mit diesem Modell suchte man, den sehr wahrscheinlich vorhandenen zeichnerischen Entwurf in die dreidimensionale Anschaulichkeit zu übertragen, um Fehler bei seiner endgültigen Realisierung zu vermeiden. Wenn damit innerhalb des Gesamtverfahrens einerseits die Zuständigkeit des Baumeisters betont wird, der die

[163] Zu den Altären des Thomas Wagner am Chorbogen siehe H. P. Trenschel, Beiträge zu Leben und Werk des Bildhauers Thomas Wagner, in: MfrJb. 28 (1976), 55–94.

[164] Theodori / Favreau, 155 f.

Schlüsselfigur des gesamten Bau- und Ausstattungsprojektes war, scheint mir andererseits auch eine grundsätzliche Verantwortung des Bildhauers außer Zweifel zu stehen, dessen Altarwerke in Bronnbach und Komburg auf eine bereits längerfristige Auseinandersetzung mit dem Thema der kurvierten (Innen)-Architektur verweisen und dessen Kompetenzen Dientzenhofer einschätzen konnte.[165]

Nach den erhaltenen Planrissen zum Banzer Kirchenbau in der Architektursammlung der Technischen Universität München ist zu schließen, dass es zumindest ein Vor- oder auch Alternativkonzept zum Hochaltar gab. So ist in der von Hotz auf 1714 datierten Grundrisszeichnung der Kirche und der angrenzenden Klostergebäude[166] ein kolumnares Altarwerk dargestellt, das aus einem, im Grundriss einen konkaven Drittelkreisbogen beschreibenden Hauptstück über vier Säulen besteht, welches durch schmale, zurückschwingende Flankentraveen den Wandpfeilern des ersten Chorjoches angenähert wird. Diese etwas konventionelle Form erinnert im Grundsatz an Fulda, wobei allerdings weder die Idee der zentralen Projektion auf das Bild des Choraltares noch die Unterstreichung des optischen Bezuges durch einen dynamischen Bewegungsimpuls aufgegriffen wurden. Der zweite, einen Längsschnitt durch die Kirche mit halbem Grundriss darstellende Plan,[167] der folglich jünger sein muss als der erstgenannte, stellt dagegen Pfeiler- und Säulenstellungen des ausgeführten Altarwerkes korrekt dar. Zwischen beiden Projekten klafft eine formale Spanne, die sich aus dem rekonstruierbaren Planungsverlauf zum Hochaltar nicht erklären lässt.

Das Ausführungskonzept des Banzer Hochaltares bindet die Säulen an Pfeilerrücklagen und definiert die Retabelarchitektur damit grundsätzlich als Wand, die die Kurvierung der Kirchenarchitektur fortsetzt. Dabei entspricht es dem oben erläuterten Verständnis, dass diese Wand nicht mehr im eigentlichen Sinn als Raumgrenze, sondern als ein Medium des Überganges zwischen sichtbaren und unsichtbaren Raumteilen anzusprechen ist. Dieses Konzept hat in der Definition von Wand und Raum außerordentliche Ähnlichkeit mit verschiedenen Projekten Pozzos, wie insbesondere dem Entwurf für einen Bühnen- oder Festapparat Fig. 48 *(Abb. 55)*[168] oder auch dem allerdings auf das Proszenium beschränkten Entwurf für eine Kirche in Frascati *(Abb. 71)*,[169] die beide bereits in Bronnbach unter allerdings völlig verschiedenen Raumbedingungen eine Rolle gespielt haben dürften, indem sie Tiefenerstreckung über die sichtbare Raumgrenze hinaus durch kurvierte, wandgebundene oder in den Raum gestellte Körper darstellten. Damit deutet sich an, dass der Banzer Hochaltar weniger vom Vorbild des Fuldaer ausgeht, sondern den Ansatz des Bronnbacher Retabels *(Abb. 69 und Farbabb. 7)* weiterentwickelt, indem die zur Mitte gestaffelten Säulen sowohl den Blick auf das in acht Metern Entfernung befindliche Blatt des Choraltares vermitteln, wie sie der Darstellung der metaphysisch verklärten Szene der *Assumptio Benedicti* Raum geben. In beiden Funktionen vermittelt das Retabel also Bewegungsimpulse, die über den sichtbaren bzw. erfahrbaren Raum hinausgehen und in der Rückbindung den Altar als Schnittstelle zwischen diesseitiger und jenseitiger Welt erscheinen lassen.[170]

Der der Raumarchitektur assimilierte Altar macht damit erfahrbar, dass die Raumgrenzen des Kirchengebäudes transparent sind, was zum einen rein formal die perspektivische Kontraktion von Ausstattungselementen verschiedener Raumebenen auf der simultanen Altarbühne ermöglicht und zum anderen in der Interpretation des zugrunde liegenden theologischen Konzeptes auf die Allgegenwart der metaphysischen Welt bezogen werden kann. Damit etabliert die Kurvierung von Wand und Gewölbe in Banz ein neuartiges System simultaner Zuordnung von Architektur, plastischer Ausstattung (Altäre, Figuren, Kanzel, Stuck) und Malerei (Fresken und Altarblätter), das über zeitgenössische Erfahrungsmöglichkeiten weit hinausging. Da dieses System die Bewegung der Wand voraussetzt, wird der kundige Betrachter gewissermaßen in eine Bilderwelt hineingezogen, die ihm analog zur fortschreitenden Erkenntnislogik spiritueller Übungen den Kosmos heilsgeschichtlicher Wahrheiten enthüllt. Insofern

165 Die im Vertragstext zitierte Anrede entspricht der Titulation des Johann Dientzenhofers. Dies zeigt, dass beide Künstler zumindest in der Wertschätzung durch Abt Kilian Düring als gleichrangig angesehen wurden.

166 Inv.Nr. 2253 b, Sig. 1.2; Hotz, 1993, Abb. 12.

167 Inv.Nr. 2253 c, Sig. 1.3; Hotz, 1993, Abb. 13.

168 Perspectiva pictorum, Fig. 48

169 Perspectiva pictorum, Fig. 73

170 Auch die Anordnung der Figuren in den Seitentraveen, deren Podeste eine Gegenbewegung zu den konkaven Gebälksegmenten beschreiben, ist dem Bronnbacher Retabel vergleichbar.

korrespondiert die vermittelte Bewegung von Architektur und Ausstattung mit jenem Grundanliegen ignatianischer Erkenntnismystik, die Glaubensinhalte so zu vergegenwärtigen, als ereigneten sie sich *eben jetzt* vor dem Betrachter. Daraus ist in logischer Konsequenz zu folgern, das die Wand, wie bereits gesagt, nicht als Raumgrenze, sondern als Medium des transzendenten Überganges wirksam wird, womit sowohl an Fulda wie an das Anliegen der an den komplexen Kapellenausstattungen Berninis und den Inszenierungen Pozzos orientierten älteren Altarausstattungen eines Kilian Stauffer, Pietro Magno oder Balthasar Esterbauer zu erinnern ist.

5.2.2. Die Seitenaltäre Balthasar Esterbauers

Nach der Weihe der Banzer Klosterkirche (15.10.1719), zu der neben dem Hochaltar auch die Kanzel und die sechs großen Figuren der Ordensheiligen Gregor d. Gr., Otto von Bamberg, Bonifatius, Kilian, Ildefons von Toledo und St. Wolfgang vollendet, der Raum stuckiert und die Ausmalung der Gewölbefelder weitgehend fertiggestellt waren, wurde mit Balthasar Esterbauer wohl noch im Jahr 1719 ein Kontrakt über die Ausführung von vier Nebenaltären, die für die kurvierten Kapellenräume des Langhauses bestimmt waren, geschlossen.[171] Im Jahr 1721 wurden diese Altäre aufgestellt, aber erst 1723 gefasst[172] und mit Altarblättern versehen.[173] 1724 erfolgte schließlich noch die Anbringung hölzerner Antependien, die wie die Retabelgehäuse selbst marmoriert und mit goldenen Leisten versehen wurden.[174] Diese wurden 1770 gegen die heute erhaltenen, Pankraz Fries zugeschriebenen Stipesverkleidungen ausgewechselt.[175]

Die sich paarweise ergänzenden Altarretabel *(Abb. 73–76)* der Langhauskapellen vertreten noch einmal in gereifter Form den Typus der Raumgliederädikula, dessen Entwicklung aus den komplexen Kapellenausstattungen berniniesker Prägung sowie darüber hinaus in der Verarbeitung des Vorlagenmaterials Pozzos bereits beschrieben wurde. Die Banzer Retabel entsprechen mit ihren kurvierten Flankentraveen grundsätzlich den Komburger Seitenaltären *(Farbabb. 5 und 6)*. Was in Banz dennoch als ein Entwicklungsschritt empfunden wird, resultiert aus der Tatsache, dass diese Altäre sich nun nicht nur dem kurvierten Kapellenraum kongenial einfügen, sondern auch ihrerseits in ihrem Raumanspruch durch die Kapellenarchitektur interpretiert werden. So werden die kurvierten Retabel von der Kapellenwand hinterfangen und zu einer an die Bildung des Hochaltares erinnernden, komplexen Raumform ergänzt, die über die Säulen, die diese Bewegung fortsetzen und auf denen ebenfalls kurvierte Balkone aufruhen, in den Zentralraum hineinwirkt. Dabei lassen sich die Kapellengewölbe als monumentale Baldachine interpretieren, als deren rückwärtige Stützen die äußeren Säulenglieder der Retabel fungieren, so dass die von Stichkappen überfangenen Kapellenfenster sowohl als formale Formen wie im ikonololgischen Bezug des durch sie einfallenden, überstrahlenden Lichtes die in den Altären enthüllten metaphysischen Sinngehalte ergänzen.[176]

[171] Die mit Esterbauer vereinbarte Summe von insgesamt 800 Gulden empfand Abt Kilian Dürings Nachfolger, Benedikt Lurz, als zu hoch, was er in einem Stoßseufzer zum Ausdruck bringt: „da aber gemelter abbt den weeg des allgemeinen fleisches passiret […], so musste abbt Benedictus als ich armer tropf nothwendig den contract halten, und für jedes altar, ohne fassung, blos in schreinerey und bildhauer arbeit 200 fl fränkisch zahlen, ware gar zu schlecht pro monasterio gehandlet." StABa B 93 Nr. 200, fol. 1 Specification was abbt Benedictus […] geschaffet habe; zit. nach Hotz, 1993, 132 mit Anm. 459.

[172] Die Fassung des Marien- und des Benedictusaltares besorgte der Würzburger Maler Franz Mica. Den Schutzengelaltar fasste der Lichtenfelser Maler Johann Georg Faber, den Kreuzaltar Andreas Müller aus Bamberg. StABa B 93 Nr. 200, fol. 4 ff; zit. nach Hotz, 1993, 132 und Anm. 463 und 464.

[173] Die Blätter für den Kreuz- und den Schutzengelaltar schuf Melchior Steidl. Sie sind signiert und auf das Jahr 1721 datiert. Ebenfalls von Steidl signiert, aber nicht datiert ist das Blatt des Benediktaltares. Es dürfte wie das von Wilhelm Meuser aus Schney gemalte Blatt des Marienaltares zwischen 1721 und 1723 entstanden sein. Siehe Hotz, 1993, 132 und Anm. 461.

[174] Hotz, 1993, 132.

[175] Ebd., 132.

[176] Siehe zu den Altarblättern und den Freskenausstattungen ebenfalls Hotz, 1993, 123 ff und 131 ff.

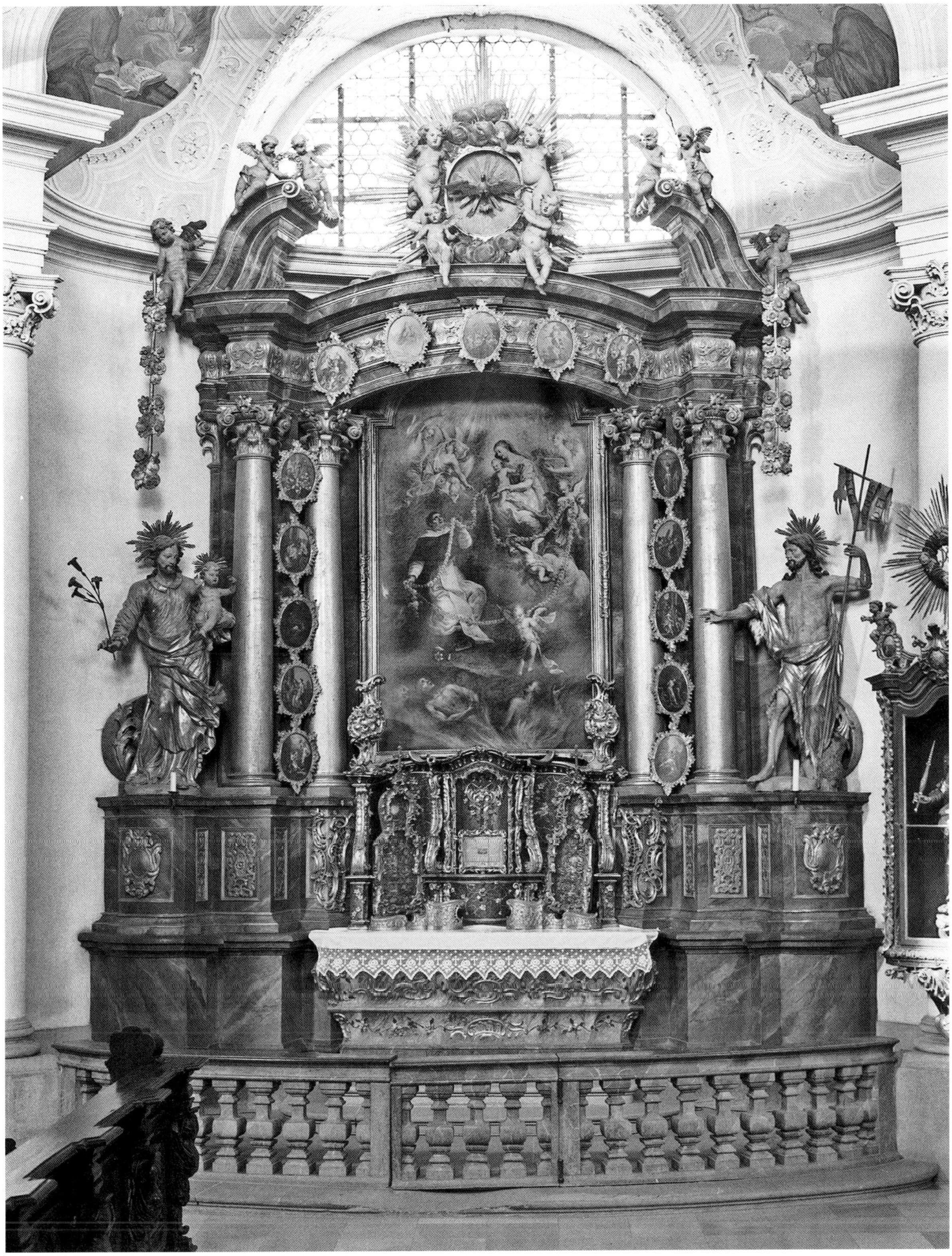

Abb. 73: Banz, kath. Pfarrkirche St. Peter und Dionysius (ehem. Klosterkirche): Rosenkranzaltar, (nordöstl. Seitenaltar), 1721 von Balthasar Esterbauer.

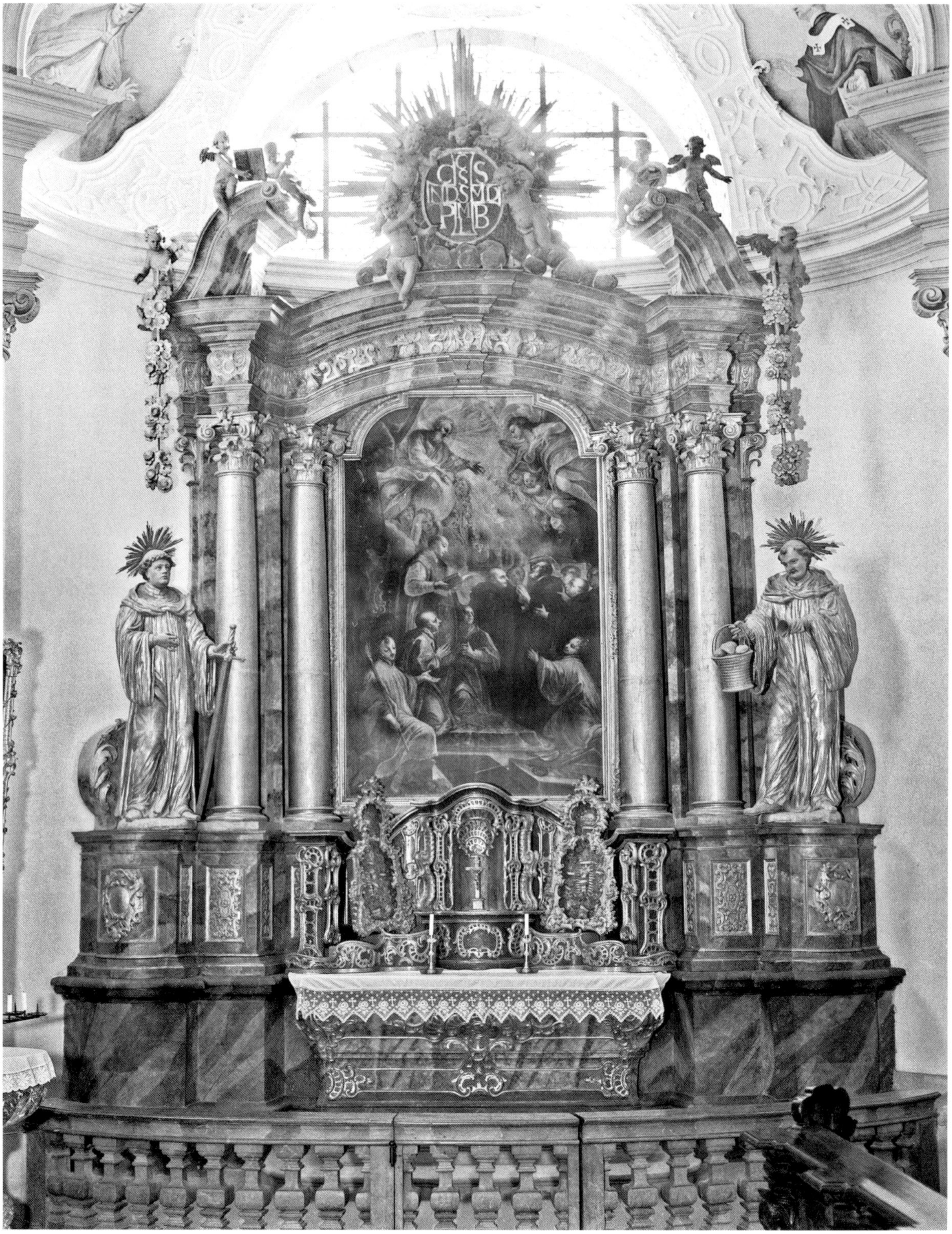

Abb. 74: Banz, kath. Pfarrkirche St. Peter und Dionysius (ehem. Klosterkirche): Benedictusaltar (südöstl. Seitenaltar), 1721 von B. Esterbauer.

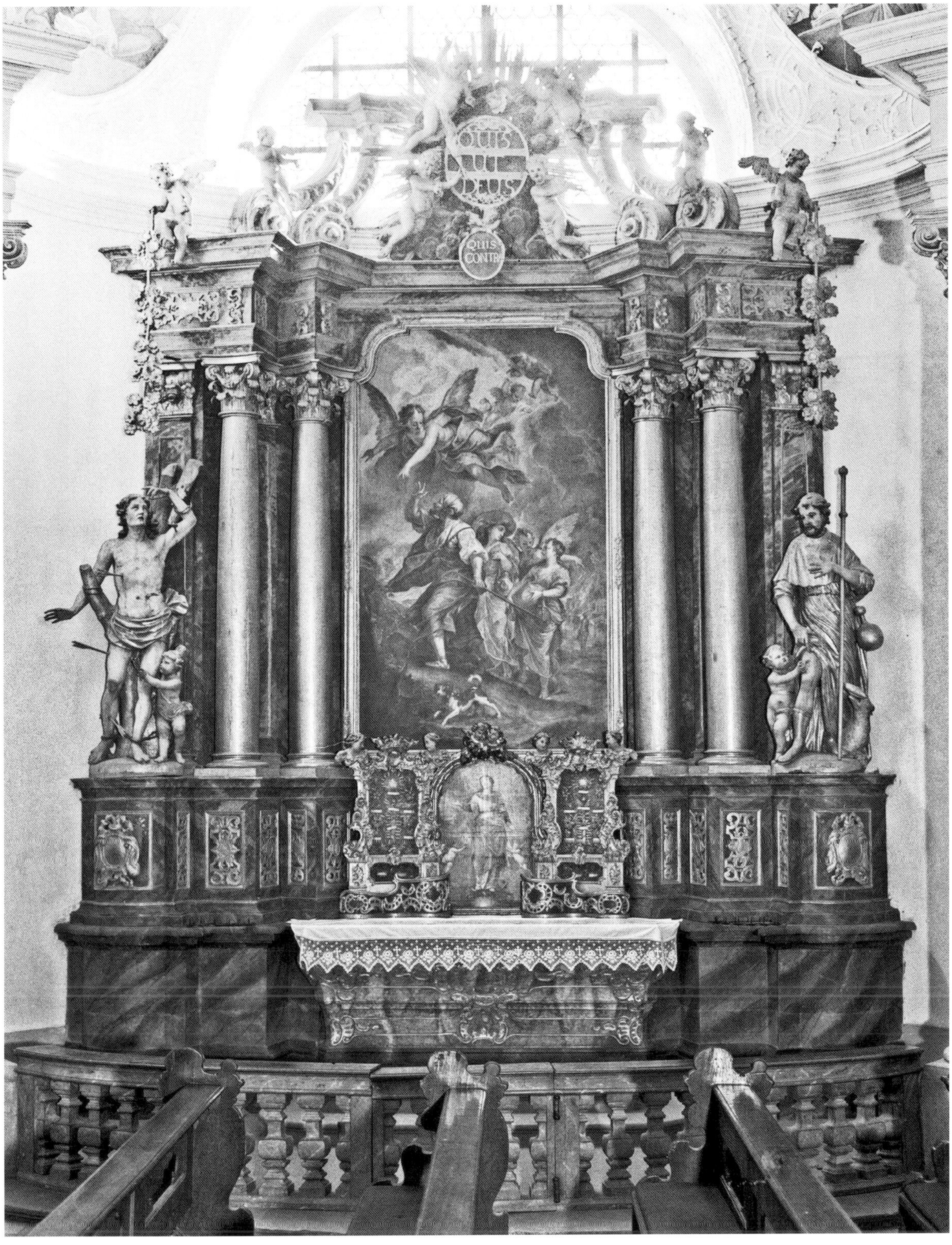

Abb. 75: Banz, kath. Pfarrkirche St. Peter und Dionysius (ehem. Klosterkirche): Schutzengelaltar (südwestl. Seitenaltar), 1721 von B. Esterbauer.

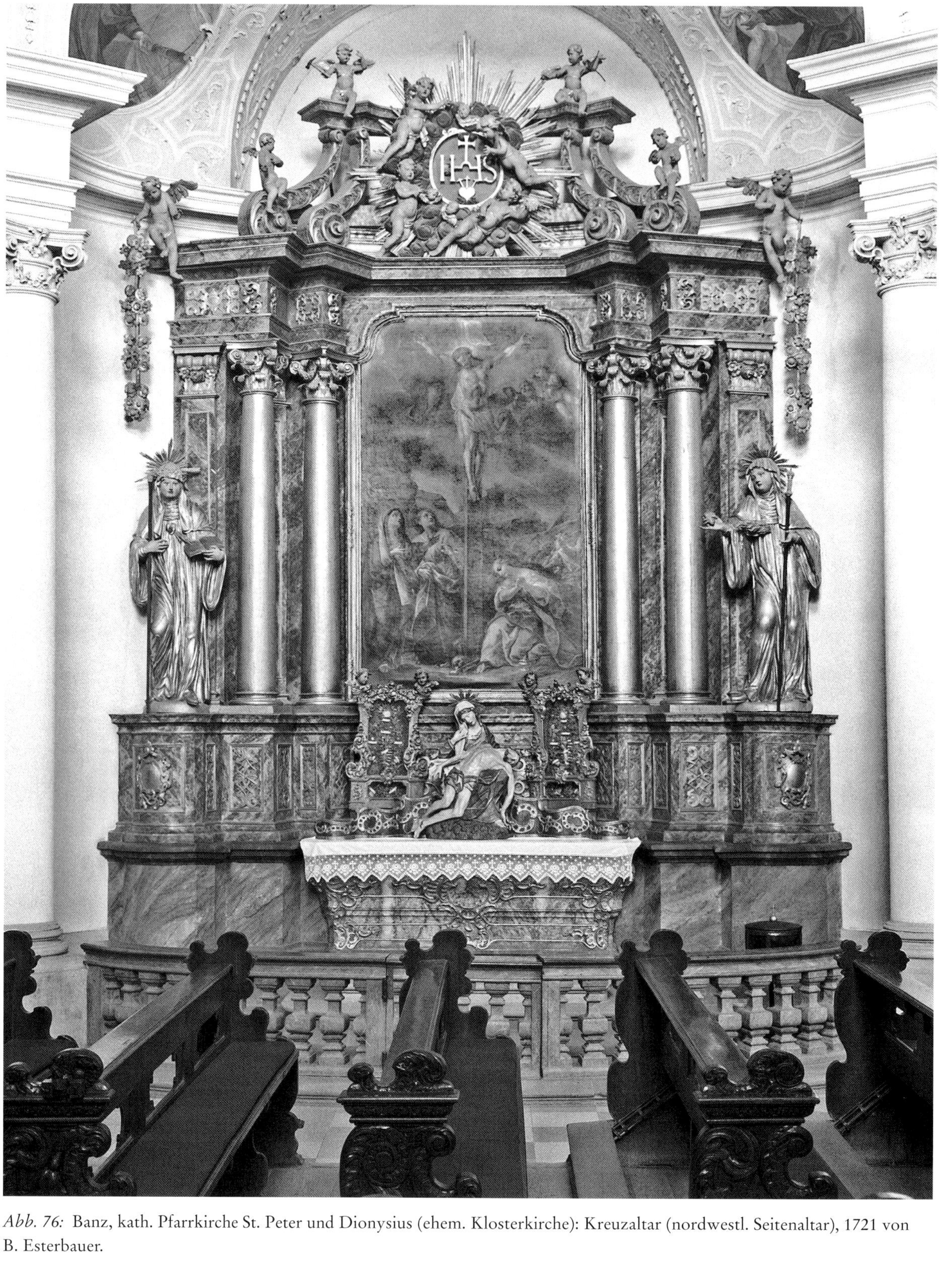

Abb. 76: Banz, kath. Pfarrkirche St. Peter und Dionysius (ehem. Klosterkirche): Kreuzaltar (nordwestl. Seitenaltar), 1721 von B. Esterbauer.

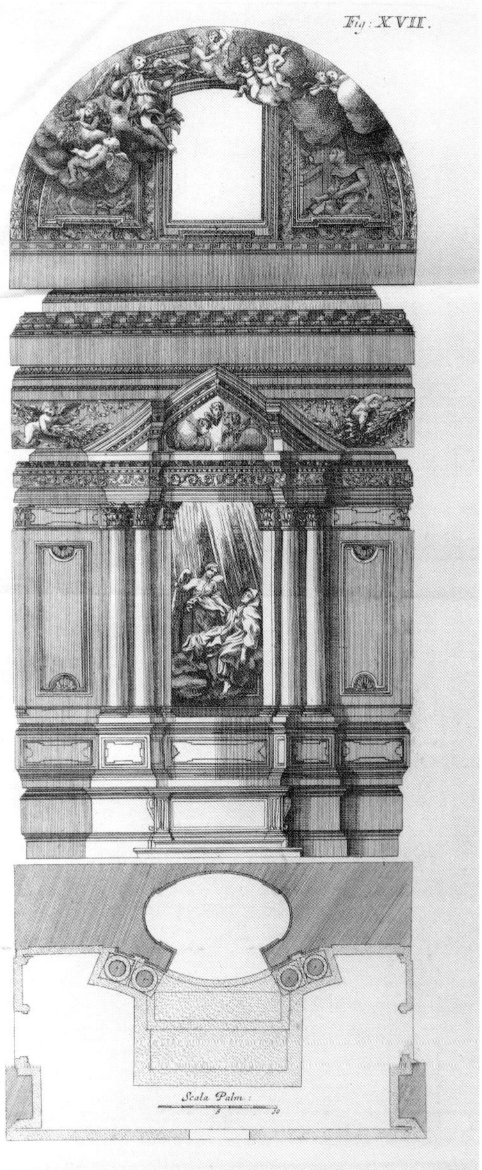

Abb. 77: Joachim von Sandrart, Der teutschen Academie der Bau-, Bildhauer- und Maler-Kunst. Ersten Haupttheils zweyter Band. Die dritte Abteilung: Von den römischen Altären Fig. XVII.: [G.L. Bernini: Capella Cornari in S. Maria della Vittoria,] Kapelle der Cornari in der Kirche Madonna della Vittoria [...] von Bernini angegeben, Kupferstich. Scan nach dem Exemplar des Germanischen Nationalmuseums Nürnberg, Bibliothek, (Ausgabe von 1769, hg. von Johann Jacob Volkmann als Nachdruck einer Ausgabe von 1693), Sig. Kb 176/4 [2] [s].

Bei diesem Maß wechselseitiger Bezogenheit und Ergänzung erübrigt es sich fast, darauf hinzuweisen, dass die jeweils von einer Lichtquelle *oberhalb* der dargestellten Szenen beleuchteten Altarblätter inhaltlich aufs Engste mit den Freskenbildern der Kapellengewölbe korrespondieren. Bei allen vier Altären ist das Altargemälde nicht mehr in der architektonischen Fixierung durch einen Portalrahmen in der Retabelarchitektur selbst lokalisierbar. Darauf verweisen bereits die Überschneidungen der Bildrahmen durch die Kapitelle der inneren Säulen. Während diese Wirkung jedoch beim westlichen Altarpaar durch ein waagerecht geführtes Gebälkstück oberhalb des Bildrahmens, dass sich mit dem Säulengebälk verkröpft, verunklärt wird, schwingt das in vergleichsweise klassischer Form auf den inneren Säulen aufruhende Gebälk der beiden östlichen Retabelädikulen konvex in den Raum. Dies hat zur Folge, dass sich der Retabelraum nun tatsächlich nach oben öffnet, um das hereinfließende *göttliche* Licht, das sich mit dem Bildlicht vereinigt, aufzunehmen. Damit wird in Banz der durch Kapellen und Retabelarchitektur umschriebene Raum selbst zum Ort metaphysischen Geschehens, das sich vor den Augen des frommen Betrachters vollzieht. Der Blick in die metaphysische Welt wird zu einem Ereignis, in dem sich die durch Bewegung suggerierte Transzendenz des Kirchengebäudes selbst bestätigt.

Wie bereits einleitend zu diesem Abschnitt bemerkt, ist das Thema der kurvierten Raumgliederädikula im Rückgriff auf die Gestaltungsprinzipien römischer Innenausstattungen im Werk Balthasar Esterbauers nicht neu. Dennoch darf der zitierende Verweis der östlichen Seitenretabel auf die Rahmenarchitektur von Berninis Cappella Cornaro (1645–1652), als dem wohl berühmtesten zeitgenössischen Paradigma einer die Realitätsebenen überschreitenden Inszenierung, über die Bestätigung dieser Wurzeln hinaus als eine Besonderheit empfunden werden *(Abb. 77)*. In Banz war das raumaktive Altarretabel endgültig aus der Notwendigkeit befreit, die szenographische Transformation der Innenarchitektur selbst leisten zu müssen. Nachdem mit der künstlerischen Leistung des Johann Dientzenhofer die zu Beginn dieses Kapitels beschriebenen Defizite der architektonischen Raumbildung ausgeglichen wurden, gewannen auch die illusionistischen Inszenierungen der Retabel an Überzeugung. Mit dem nunmehr erreichten Zusammenwirken von Architektur und ausstattenden Künsten wurde der Banzer Kirchenbau in Franken zur richtungsweisenden Raumschöpfung der folgenden Jahrzehnte.

5.3. Der Hochaltar der ehemaligen Klosterkirche Obertheres

Der Hochaltar der ehemaligen Klosterkirche Obertheres *in honorem beatissimae Virginis Mariae assumptae et Sanctorum Stephani, Viti, Benedicti et Catharinae* wurde Balthasar Esterbauer zusammen mit zwei Nebenaltären und dem Schnitzwerk für die Hauptorgel durch Abt Gregor Fuchs am 12. April 1719 verdingt.[177] Zur Beurteilung der geplanten Ausstattungsstücke durch den Auftraggeber fertigte Esterbauer einen Abriss und ein Modell, von dem sich aber nicht sicher sagen lässt, inwieweit es die Einzelstücke oder aber die Innenarchitektur der Kirche im räumlichen Kontinuum darstellte. Laut Vertrag sollte Esterbauer die genannten Werke innerhalb von drei Jahren fertigstellen, was auch geschehen zu sein scheint, nachdem er wiederholt Abschlagszahlungen erhielt und im Juni 1721 schließlich auch Fassungsarbeiten „am Hohen Altar" bezahlt wurden.[178] Kurz danach wurde das ursprüngliche Plankonzept zum Hochaltar jedoch offensichtlich durch ein unvorhergesehenes Ereignis überholt. Abt Gregor Fuchs hatte bereits am 13.9.1720 die Bekanntschaft des Herzogs Ernst Friedrich von Hildburghausen gemacht, der sich in den folgenden Jahren wiederholt in seinen nahe gelegenen Wäldern zur Jagd aufhielt. Anlässlich eines Besuchs mit Frau und Tochter in der Abtei am 21.11.1722, bei dem man auch über die Kunstunternehmungen des Abtes sprach, bot der Herzog als Gegenleistung für die Gastfreundschaft der Klosterherren an, aus dem herzoglichen Marmorsteinbruch bei Morschgereuth auf Hemmern:

> „[...] so viel Marmel brechen zu lassen, alß wir verlangen, nemblich 6 seülen sambt Postamentern zum hohen altar."[179]

Im April 1723 reiste Abt Gregor daraufhin persönlich nach Hildburghausen,[180] um den Marmor auszuwählen, wobei ihn der herzogliche „Oberbaw-Director (....) Monsieur Luchese" beriet. Dieser Marmor wurde im November desselben Jahres mit einer Lieferung an Bauholz nach Theres geflößt. Im November 1724 wurden dann die Postamente, im Mai und Juni des Folgejahres die aus jeweils zwei Teilen bestehenden Marmorsäulen in der Kirche aufgerichtet, die eine nicht näher beschriebene Bekrönung

[177] Abt Gregor Fuchs hat über Bau und Ausstattung der neuen Klosterkirche von Theres ein Tagebuch geführt, das im Staatsarchiv Bamberg erhalten ist. (StAB: Diarium über den neuangefangenen Kirchenbau 1716, conscribente Gregorio Abbate, hier p. 55 ff) Siehe hierzu: Gert Zimmermann, Das Diarium des Abtes Gregor Fuchs über den Bau der Klosterkirche zu Theres 1716–1726, in: WDGB 16/17 (1954/55), 295–319 sowie ders., Bau und Ausstattung der Abteikirche Obertheres, in: WDGB 26 (1964), 325–334.

[178] StAB, Diarium, p. 58.

[179] StAB, Diarium, p. 88.

[180] Die lesenswerte Schilderung der Reise nach Hildburghausen ist im Standbuch der Abtei Theres ebenfalls durch Gregor Fuchs niedergelegt: StAWü, MS: Gregorius Fuchs, Monasterii Theres fundatio, ortus, progressus ... 1719 usque ad 1755, mit Nachträgen bis 1766 (=Standbuch der Abtei Obertheres, Nr. 469), hier pp 113 ff.

trugen.[181] Bereits im Juni 1724 wurde aber schon von der Fertigstellung des neuen Altarblattes für den Hochaltar mit der Darstellung der Mariae Himmelfahrt[182] gesprochen, dass sofort „auf den Altar“, also wohl die bereits 1721 erwähnte Mensa gesetzt wurde.

Die Zusammenstellung dieser in den Quellen genannten Teile und der überlieferten Reste in der Pfarrkirche zu Untertheres des nach der Säkularisation zerstörten Altarwerkes machen seine hypothetische Rekonstruktion möglich. Da die Säulen und die Mensa mit dem Retabel und dem Himmelfahrtsbild stets getrennt erwähnt werden und offensichtlich auch zwei unterschiedlichen Arbeitsphasen angehören, scheint es mir möglich, dass das Altarwerk wie Hoch- und Choraltar in Banz aus zwei Teilen bestand. Danach wurde mit großer Wahrscheinlichkeit auch in Theres eine aus sechs Marmorsäulen bestehende kolonnare Architektur, von der anzunehmen ist, dass sie im Grundriss kurviert war, etwas hinter den Chorbogen gespannt.[183] Aus dem Vergleich mit den Choraltarwerken in Fulda und Banz sowie ggf. mit den jüngeren kolonnaren Säulenretabeln Johann Peter Wagners[184] nehme ich an, dass die in Untertheres erhaltenen vier überlebensgroßen Altarfiguren der Ordensheiligen Stephanus, Veit, Benedikt und Katharina in den seitlichen Interkolumnien dieser Säulenarchitektur standen, während die Mitte den Blick auf den Choraltar mit dem Himmelfahrtsbild freigab. Dieser scheint nach den Quellen bereits 1721 fertig gestellt gewesen zu sein. Von einer Veränderung oder gar einem Abbruch dieses Werkes, in das dann die erwähnten sechs Säulen nachträglich eingestellt wurden, ist im Diarium keine Rede. Hypothetisch wäre für das Chorbogenretabel in Untertheres eine Grundrissform mit jeweils zwei seitlichen Interkolumnien um ein Mittelintervall zu rekonstruieren, das ggf. der Banzer Lösung entsprach. Da die Klosterkirche von Obertheres durchaus eine gewisse Höhe und Tiefe besaß, gehe ich davon aus, dass die in Untertheres erhaltenen Figuren auf den beschriebenen schwarzen Marmorpodesten sowie vermutlich über einem Treppenabsatz etwas höher standen als nach dem heutigen Zustand, so dass sich die angedeutete perspektivische Kontraktion von Chorbogen- und Choraltar aus einem Standpunkt im Langhaus dieser Kirche ergeben hätte. Die ebenfalls noch in Untertheres erhaltene große Strahlenglorie mit dem Lamm Gottes könnte ggf. zur Bekrönung des Mittelintervalls am Chorbogenaltar gehört und möglicherweise auf eine darunter befindliche Mensa mit Tabernakel verwiesen haben.[185] Die Ausführung des zwischen 1719 und 1721 fertiggestellten Chorhochaltares, für den das 1724 erwähnte Marienbild bestimmt war, bleibt im Erscheinungsbild leider unsicher.[186]

Auch beim Hochaltar der Klosterkirche Obertheres handelte es sich mit hoher Wahrscheinlichkeit also um ein auf zwei verschiedenen Raumebenen angeordnetes Altarwerk, dessen theatralische Wirkung sich im szenographischen Kontext des Gesamtraumes dieser von Joseph Greissing als Wandpfeilerhalle konzipierten Klosterkirche entfalten konnte. Leider vermitteln uns weder Abbildungen noch Augenzeugenberichte davon eine hinreichende Vorstellung.

181 Nach dem Diarium (Eintrag vom 16.Mai 1725) waren die Marmorsäulen 84 Zentner schwer und mussten beim Aufrichten in zwei Teile zerlegt werden. Man kann also bei diesem Altarwerk von einer erheblichen Größe ausgehen. Ferner war das Retabel mit Giebeln, Segmentbögen und Vasen, teilweise ebenfalls aus Marmor ausgestattet (Eintragungen ab Januar 1724).

182 StAB, Diarium, p. 126 und 173; das Altarblatt war im Juni 1723 Johann Adam Remela in Auftrag gegeben worden.

183 Vgl. hierzu den bei Zimmermann, 1954, 316, wiedergegebenen Grundriss der Abtei nach UB Wü: Del. I. 27.

184 Beispielhaft ist hier das Hochaltar Retabel von 1761 aus Maria Limbach zu nennen.

185 Diese Vermutung hängt davon ab, wie weit dieser Altar vor dem Chorbogen als Zelebrationsaltar für eine pfarrkirchliche Nutzung im Laienraum fungierte. Da bei einer Klosterkirche jedoch nicht von einer „offenen“ Mitte mit ungehindertem Durchblick auszugehen ist, dürfte hier – wie in Banz – eine Sichtbarriere zumindest bis in Höhe der Figurenpodeste anzunehmen sein. Überliefert sind nach dem erwähnten Diarium des Gregor Fuchs ein kunstvoll geschmiedetes Gitter, das wie in Banz den Laienraum vom Mönchschor trennte (30. März, 1724) sowie eine 46 Schuh lange Kommunionsbank in Ballustradenform (7. Jan. 1724). Auf jeden Fall gehört das in Untertheres erhaltene Tabernakel zur Ausstattung der ehemaligen Klosterkirche von Obertheres.

186 Vermutlich kam auch dieses Retabel als wandverbundene Ädikula der Ausführung des Banzer Choraltares nahe.

VI. Schluss

Die vorgestellten Überlegungen gehen von der Grundidee aus, die vorwiegend auf den sakralen Rahmen orientierten Kunstunternehmungen der beiden Würzburger Fürstbischöfe Johann Gottfried von Guttenberg und Johann Philipp von Greiffenklau im zeitgeschichtlichen Kontext von Religion und Politik zu betrachten und somit ihre Bedeutung, wie Bandmann fordert, aus ihrer „einstigen Wirklichkeit" heraus zu interpretieren. Daher war zunächst auf der biographischen Ebene Klarheit über die zeittypischen und individuellen Parameter, Verhaltensnormen und Orientierungsmuster ihres Denkens und Handelns herzustellen, die das Herrschafts- und Amtsverständnis beider Fürsten prägten und ihre Entscheidungen *in rebus Ecclesiae, Patriae et Imperii* mitbestimmten. Auf der Basis eines vielfältigen panegyrischen Schrifttums, wozu neben weiteren Chroniken, biographischen Schriften und verschiedenen Predigtsammlungen insbesondere der *Gryphus Principalis sive Typus Boni Principis* des Valentin Kirchgeßner gehörte, war es möglich, hierzu exemplarische Kernaussagen zu gewinnen, die auch den kunstpolitischen Unternehmungen beider Fürsten einen festen, systematischen Stellenwert geben und einen aus dem Urteil der Zeitgenossen rekonstruierten Zugang zu ihrer Interpretation vermitteln.

Die deutschen Hochstifte waren in ihrer politischen Existenz und ideologischen Fundamentierung über den Friedenskongress von Münster und Osnabrück hinaus aufs Engste mit der Idee des Alten Reiches verbunden, dessen eschatologische Sinngebung die Mitwirkung der Reichskirche in der Herbeiführung diesseitiger wie jenseitiger Zwecke in besonderer Weise implizierte. Aus dieser konkreten Bezogenheit von *regnum* und *ecclesia* ließen sich wesentliche Impulse rekonstruieren, die sowohl den herrschaftspolitischen wie den seelsorgerlichen Anliegen der geistlichen Fürsten – nicht zuletzt im Medium der Kunst – eine eindeutige Richtung gaben. Dabei muss freilich der Begriff des Politischen weiter gefasst werden als im heutigen säkularen Verständnis, versteht sich doch im Sinne der Zeit darunter nicht allein weltliches Regierungshandeln, sondern die sehr viel umfassendere Vorstellung aller Handlungen, die der endzeitlichen Zweckbestimmung des Staates dienten. Aus diesem Kontext, der dem Projektionshintergrund des Heiligen Römischen Reiches entsprach, leiteten die geistlichen Fürsten des Barockzeitalters nicht nur ihre politische Legitimation ab; er war ihnen wie ihren künstlerischen und politischen Beratern letztlich auch als Manifestation des göttlichen Weltentwurfs Gegenstand der im transzendentalen Schauerlebnis des Kirchenraums vergegenwärtigten jenseitigen Dinge. In diesem Verständnis entsprach es einem politischen Bekenntnis, wenn sich die geistlichen Fürsten in Spiritualität, Kunst und Propaganda der Ausdrucksmittel bedienten, die – von der römischen Kirche ausgehend – den Anliegen der katholischen Partei im 17. und 18. Jahrhundert in ganz Europa Bild und Form gegeben hatten. Vor dem Hintergrund einer durch die Kriegshandlungen am Rhein und im Südosten Europas, der Sorgen um das spanische Erbe wie um die männliche Thronfolge des katholischen Kaiserhauses, das gleichwohl als der alleinige Garant dieses soziokulturellen Systems angesehen werden musste,[1] waren diese bildlichen und formalen Kodierungen zugleich Chiffren einer konkreten Parteinahme. Daher können auch Stiftungen im sakralen Kontext sowohl als Medien bestimmter pastoraler oder spiritueller Anliegen wie darüber hinaus als Optionen zugunsten bestimmter soziokultureller und politischer Inhalte, die die eigenen Positionen verstärkten, interpretiert werden.

[1] Siehe hierzu nochmals Stephan, 22 f., der darauf verweist, dass zwischen dem Kaiser als Reichsoberhaupt und als Mitglied der Familie Habsburg zu unterscheiden sei. Dies scheint, wie auch das in Kap. IV. 4.4.1 angeführte Zitat nach Kirchgeßner, 294 f., belegt in dem von mir skizzierten Zeitraum aufgrund der beschriebenen Rahmenbedingungen nicht grundsätzlich zuzutreffen.

Diese Zusammenhänge wurden an drei Themenkomplexen erläutert, die der fürstlichen Haupttugend der Pietas entsprachen und nach Kirchgeßners Interpretation die zeitliche und ewige Glückseeligkeit des Staatswesens garantierten.[2] Im Rahmen frommer Tugendübungen und ihrer öffentlichen Demonstration bemühten sich Guttenberg wie Greiffenklau zunächst nachhaltig um die Beförderung der Ehre Gottes und der Verehrung der eucharistischen Gnadenmittel. Dies ließ sich einerseits an ihrem pastoralen Bemühen um die Wiederbegründung und Ausgestaltung der Corpus-Christi-Bruderschaft und der Immerwährenden Andacht nachvollziehen, von dem wichtige Impulse auf die beiden bedeutenden Kirchenausstattungen der Jahrhundertwende, nämlich die Neuausstattung von Stift Haug und die Erneuerung des Kiliansdomes in Würzburg ausgingen. Folgten sie damit im Wesentlichen auch seelsorgerlichen Impulsen, die sehr stark von der römischen Kirche und ihrer Kunstszene beeinflusst waren, verband sich mit dem gleichermaßen nachdrücklichen Einsatz für die Verehrung der Muttergottes als Coredemtrix, Schutzpatronin und Herzogin des Frankenlandes sowie für den hl. Kilian als Gründungsapostel und erstem Märtyrerbischof des Frankenlandes auch die Absicht, die gloriose Tradition des Hochstiftes und seine heilsgeschichtliche Mission innerhalb der res publica humana hervorzuheben. Diese durch zahlreiche Andachten, Wallfahrten, Stiftungen und Bruderschaften immer wieder aufgegriffenen Motivkomplexe wurden beispielhaft an Ausstattungsprojekten des Kiliandomes, der Rotunde auf dem Festungsberg als der ersten christlichen Kirche des Frankenlandes, in den Hauptwallfahrtskirchen (Dettelbach, Fährbrück und Höchberg) sowie darüber hinaus an der repräsentativen und künstlerisch hochbedeutenden Stadtfassade des Neumünsters beschrieben. In der aus dem Kontext gewonnenen Interpretation gaben sie einerseits in ihrer seelsorgerlichen Ausrichtung dem pastoralen Bemühen der Fürsten um eine Ritualisierung des Landes Ausdruck[3], wie sie über das Leitbild der Glaubensverkündung hinaus vor dem Hintergrund militärischer und politischer Bedrohungen auch auf aktuelle zeithistorische Zusammenhänge bezogen werden können. In diesem Verständnis entsprachen insbesondere die fürstlichen Aufwendungen für die kostspielige Instandsetzung und prachtvolle Erneuerung der Kirchen sowohl dem Tugendkatalog des *Typus boni Principis* wie sie dem Bedürfnis nach Glaubenszuversicht, Sicherheit und Identität ihrer geistlichen und weltlichen Gefolgschaft in Stadt und Land einen festen Bezugsrahmen setzten. Als letztlich heilswirksame Taten waren sie daher in ihrer Summe Teil der politischen Leistungsbilanz der Fürsten.

Die kunstgeschichtliche Analyse der von Guttenberg und Greiffenklau gestifteten oder künstlerisch wesentlich mitbestimmten Innenausstattungen folgte dem von Angelika Seiffert methodisierten Ansatz nach dem die Szenographie (Innen-)Architektur, Licht und Ausstattung zu einem optischen, ikonographischen und metaphysischen Zusammenhang ordnet und über die beschriebenen Komponenten im liturgischen Vollzug zu einem Abbild überirdischer Realität umdeutet. In der inhaltlichen und formalen Auseinandersetzung mit verschiedenen inszenatorischen Lösungsansätzen erwiesen sich wiederum die beiden großen Ausstattungsprojekte für Stift Haug und den Kiliansdom als gleichermaßen prägend und zukunftweisend, da es hier mit bemerkenswerter Konsequenz gelang, den Kirchenraum und seine Ausstattung im Zusammenwirken verschiedener Medien (Architektur, Licht, Skulptur, Tafelbild) zur metaphysischen Bühne zu transzendieren, auf der die reale Messfeier, Fürbitte und devote Stiftung mit dem jenseitigen Geschehen am Schauplatz ewiger Anbetung korrespondierte und zusammenfiel.

Wird damit bereits eine vertiefte Kenntnisnahme der römischen Kunstszene im Umkreis Berninis, Fontanas wie letztlich auch Pozzos über das auch für die Ausgestaltung der Quarant'ore-Apparate so bedeutungsvolle Anliegen eines beständigen Wandels der Realitätsebenen zwischen dem ephemeren Ereignis und seiner dauerhaften Verewigung spürbar, so belegen beide Ausstattungsprojekte darüber hinausgehend auch eine ganz konkrete, wohl durch Stichpublikationen vermittelte Orientierung an ver-

2 Mit dieser Umschreibung der durch die Pietas der Fürsten „bewirkten" zeitlichen und ewigen Glückseeligkeiten der Staaten sind die von mir postulierten politischen Motive herrscherlichen Handelns, insbesondere im Selbstverständnis des geistlichen Fürsten, zutreffend bezeichnet. Siehe dazu in dieser Arbeit Kap. III. Es ist daher kein Widerspruch, wenn im Verständnis der Zeit beispielsweise die pastoralen Bemühungen um das Seelenheil der Untertanen als politischer Akt oder staatliches Handlungsmotiv beschrieben werden.

3 Siehe hierzu vertiefend Kap. III. 1. sowie Mayer-Himmelheber, 3 und 50 ff.

schiedenen herausragenden Altarprojekten der genannten Künstler. In diesem Transfer von Vorlagen und Anschauungsmaterial spielte über den Kreis der gebildeten Auftraggeber und ihre geistlichen Beratern hinaus auch eine Gruppe unterschiedlichen Künstlerpersönlichkeiten wie Pietro Magno, Kilian Stauffer und vor allem Balthasar Esterbauer sowie Antonio Petrini, Joseph Greissing und letztlich Johann Dientzenhofer eine maßgebliche Rolle. Um den sich in ihrem Beitrag abzeichnenden morphologischen Prozess einer allmählichen Transformation des römischen oder auch oberitalienischen Vorlagenmaterials in eine letztlich „fränkische" Kunstsprache nachzuvollziehen, widmete sich das letzte Kapitel dieser Arbeit der Betrachtung der formalen Entwicklung des Altarbaus und der kirchlichen Ausstattungskunst in Franken im Zeitraumes zwischen 1680 und 1720. Dabei wurde aus Gründen der Vollständigkeit und besseren Verständlichkeit die Reihe der analysierten Beispiele um einige Ausstattungs- oder Altarprojekte erweitert, die im Auftrag verschiedener Klöster und Stifter des Hochstiftes aus weitgehend verwandten Motiven und Anlässen sowie aus demselben Künstlerkreis heraus entstanden, der auch die künstlerischen Aufträge der Fürstbischöfe ausführte. Aus dieser Analyse ergab sich die Erkenntnis einer trotz hoher Verluste auch heute noch erstaunlich geschlossenen Reihe von Altarwerken, die nahezu exemplarisch belegt, wie stark sich einerseits die Entwicklung des Altarbaus wohl nicht nur in Franken aus dem Kontext der Innenausstattung als Gesamtunternehmung erklärt und wie deutlich dieser Kontext andererseits wiederum von einzelnen, paradigmatischen Altarwerken her beeinflusst wurde.

Insofern ist es nicht verwunderlich, wenn auch in diesem Zusammenhang die Anstöße zu einer Weiterentwicklung des Altarbaus in der Auseinandersetzung mit den vorbildlichen Werken des römischen Hochbarock über die Ära des alten hochstiftischen Bildhauers Johann Philipp Preuß hinaus wesentlich durch das Bemühen Guttenbergs und Greiffenklaus um die Ausstattungen von Stift Haug und den Kiliansdom mitbestimmt wurden, deren kunsthistorische Bedeutung sich in erheblichem Umfang aus dieser initialen Bedeutung erschließt. In diesem Prozess kam es einerseits in den Kreisen der Auftraggeber zu einer sehr intensiven Kenntnisnahme und Auseinandersetzung mit verschiedenen römischen Ausstattungsprojekten aus dem Umfeld Berninis, Fontanas und Rainaldis sowie Andrea Pozzos für Il-Gesù, während sich andererseits im zeitgleichen Generationenwechsel der ausführenden Künstlerschaft gleichermaßen ein formaler Paradigmenwandel vollzog, ohne den eine Neuorientierung in der Ausstattungskunst nicht möglich gewesen wäre. So wird schließlich der vermutlich im Johann-Gottfried-Altar für das Domlanghaus (um 1700/01) und in der endgültigen Ausführung des konchenförmigen Hochaltarziboriums für den Domchor (1701/02) erstmals fassbare Balthasar Esterbauer zur bisher unterschätzten Schlüsselfigur dieses Gesamtprozesses. Sein mit diesen beiden Altarwerken in Würzburg beginnendes künstlerisches Schaffen leistete im Bereich der Innenarchitektur einen ganz erheblichen Beitrag zur Entwicklung des in Franken vor allem mit dem Werk Johann Dientzenhofers verbundenen Themas der kurvierten Architektur.

Neben dem letztlich wohl aus einer Gemeinschaftsleistung hervorgegangenen, epochemachenden Entwurf für das absidiale Hochaltarziborium des Würzburger Domes und seinen Nachfolgern in Gereuth, Großkomburg und Randersacker, die letztlich den Baldachin über dem Petersgrab als Würdezeichen paraphrasieren, wird das Werk Esterbauers insbesondere durch die Entwicklung von Altartypen in der Grundform der Raumgliederädikula bestimmt. Bezeichnenderweise stehen in der Genealogie dieses Grundtyps anfänglich Vorlagen aus dem Kontext ephemere Festarchitekturen, die über die formale Analogie das Motiv des siegreichen Triumphes und ehrenhaften Gedächtnisses so trefflich mit den gleichermaßen pastoralen wie panegyrischen Anliegen der Altarstifter verbinden konnten. Dabei wird der Gestaltungsreichtum der Raumgliederädikula wiederholt dazu verwendet, insbesondere solchen Innenräumen ein barockes Erscheinungsbild zu geben, deren architektonische Struktur diesem Vorhaben an sich nicht entsprach (Universitätskirche Würzburg, Klosterkirche Bronnbach sowie bedingt auch Pfarrkirche Randersacker, Klosterkirchen Schönau und Hausen). Aus dem Bemühen, der Altararchitektur Funktionen der Makroarchitektur zuzuweisen, folgt hieraus der bildmäßige Zusammenschluss der gesamten Innenausstattung als bühnenhaftes Proszenium, das den Ausblick in die metaphysische Welt thematisiert. In diesem, wiederholt und kontinuierlich durch Kenntnisse der illusionistischen Entwürfe Pozzos begleiteten Prozess waren es vor allem diese quasi als (illusionistische) Kulissen zur Transformation der (nicht adäquaten) Realarchitektur gestalteten Gesamtausstattungen, die die Idee entstehen ließen, den von seinen materiellen Grenzen her nicht zu definierenden Raum über die Kurvierung der Retabel in Bewegung zu versetzen, um seine Korrespondenz mit der metaphysischen Welt zu suggerieren. Dies trifft insbesondere in Bronnbach für die szenographische Hauptachse in Richtung auf das Hochaltarretabel zu, das sich an deren Endpunkt optisch scheinbar zum Rahmen für das in unbestimmter Tiefe erscheinende Altarblatt und die bekrönende Trinitätsdarstellung wandelt.

Auf die gleichermaßen empfangende wie impulsgebende Weiterentwicklung der Innenausstattung der Stiftskirche in Fulda mit dem prachtvollen diaphanen Hochaltar Neudeckers folgt aus der Zusammenarbeit Johann Dientzenhofers und Balthasar Esterbauers mit Bau und Ausstattung der Klosterkirche Banz schließlich das Gesamtwerk, das die Realisierung des den Raum transzendierenden *theatrum sacrum* in der fränkischen Architektur zu einem vorläufigen Höhepunkt führen sollte. Dabei ist Walter Hotz zu folgen, der die besondere, von der Banzer Innenarchitektur ausgehende und nicht allein in der formalen Analyse erfassbare Wirkung dieses Raumes als ein Zusammenwirken aller Kunstgattungen beschreibt. Die Kurvierung von Wand und Gewölbe etablierte in Banz ein neues System simultaner Zuordnung von Architektur, plastischer Ausstattung, Stuck und Malerei, in dem der Kirchenraum selbst zu einer grandiosen Simultanbühne transformiert, auf der sich die postulierten eschatologischen Geheimnisse programmatisch enthüllen. In der Einbeziehung von Akteuren und Betrachtern, zu denen sowohl die real zelebrierende Geistlichkeit und schauende Gemeinde wie die in Plastik, Stuck und Malerei vergegenwärtigten Abgesandten der metaphysischen Welt gehören, sowie in der darin anschaulichen Identität von realem und ewigem Messopfer visualisiert dieser Kirchenraum letztlich in seiner künstlerischen Qualität die heilsgeschichtlichen Wahrheiten mit einer solch genuinen Wirkmacht und Überzeugungskraft, dass er den Betrachter über den Verstand hinaus mit allen Sinnen gefangen nehmen kann.[4] In diesem Verständnis ist der Kirchenraum nicht im Sinne des Wagner'schen Gesamtkunstwerkes ein kunstvolles Gegenbild zur (profanen) Alltagswelt, sondern der im Glauben erwartete und in der Konsequenz des barocken Weltbildes reale Zielpunkt der diesseitigen Existenz.

Mit diesem Interpretationsansatz wird versucht, eine über die formale Analyse hinausgehende, auf den Kontext der entstehungsgeschichtlichen Rezeption zielende Wahrnehmung sakraler Innenausstattungen zu leisten. Im Zusammenwirken verschiedener Kunstgattungen sind Ausstattungsprojekte in der Anschauung ihrer Schöpfer und Auftraggeber in dem hier betrachteten Zeitraum im Übergang zwischen Hoch- und Spätbarock das sinnlich-anschauliche Abbild einer fest geglaubten irdischen wie überirdischen Realität und damit letztlich historische Quellen von einem überaus komplexen Zeugniswert. In diesem Sinne ist dafür zu plädieren, sakrale Ausstattungsprojekte in ihrer Gesamtheit und in ihrem Zusammenhang gewissermaßen als Matrix und Folie ideengeschichtlicher Ansprüche wie künstlerischen Handelns zu werten und der Komplexität der in ihnen wahrnehmbaren Informationen mit der nötigen fachwissenschaftlichen Sorgfalt und Aufmerksamkeit zu begegnen.

[4] Vgl. hierzu das Abschlusskapitel in Ulrich Fürsts Habilitationsschrift: Die lebendige und sichtbare Histori. Programmatische Themen in der Sakralarchitektur des Barock (Studien zur christliche Kunst Bd. 4), Regensburg 2002, S, 399 ff.

VII. Anhang 1

1. Verzeichnis der Literatur

Abel, W., Agrarkrisen und Agrarkonjunktur, Hamburg 1966, ^{2}1978.

Ders., Massenarmut und Hungerkrisen im vorindustriellen Europa, Hamburg/Berlin 1974.

Abert, Joseph Friedrich, Die Wahlkapitulationen der Würzburger Bischöfe bis zum Ende des XVII. Jahrhunderts. 1225–1698, in: AU 46 (1904), 27–186.

Ackermann, Felix, Die Altäre des Gian Lorenzo Bernini. Das barocke Altarensemble im Spannungsfeld zwischen Tradition und Innovation, Petersberg 2007.

Adel im Wandel: Politik, Kultur, Konfession 1500–1700. Aufsatzband. Niederösterreichische Landesausstellung auf Burg Rosenburg 1990, hg. von H. Knittler, Wien 1990.

Amrhein, A., Beiträge zur Baugeschichte des Würzburger Domes. Beilage zum Fränkischen Volksblatt (Kunst und Wissenschaft), 1908.

Andermann, Kurt (Hg.), Die geistlichen Staaten am Ende des Alten Reiches – Versuch einer Bilanz, Epfendorf 2004.

Angermeier, H., Säkulare Aspekte der Reformationszeit, München 1983.

Ders., Die Reichsreform 1410–1555. Die Staatsproblematik in Deutschland zwischen Mittelalter und Gegenwart, München 1984.

Antz, Christian, Sacrum Theatrum Romanum. Das Würzburger Neumünster und die katholische Baukunst in Deutschland zwischen 1680 und 1720, Weimar 1997.

Aretin, Karl Ottmar von, Das Alte Reich 1648–1806, hier Bd. 1: Föderalistische und hierarchische Ordnung (1648–1684), Stuttgart 1981.

Ders., Die Türkenkriege als Traditionselement im katholischen Europa, in: Tradition, Norm, Innovation. Soziales und literarisches Traditionsverhalten in der Frühzeit der deutschen Aufklärung, hg. von Wilfried Barner, München 1989.

Arnold, F. X., Die Staatslehre des Kardinals Bellarmin, München 1934.

Aurenhammer, Gertrude, Die Handzeichnungen des 17. Jahrhunderts in Österreich, Wien 1958.

Badstübner, E./Neumann, H. u.a., Christliche Ikonographie in Stichworten, Leipzig 1980.

Bandmann, Günter, Mittelalterliche Architektur als Bedeutungsträger, Berlin ^{5}1978.

Baumgart, Peter, Zur Reichs- und Ligapolitik des Fürstbischofs Julius Echter am Vorabend des Dreißigjährigen Krieges, in: Julius Echter und seine Zeit. Gedenkschrift aus Anlass des 400. Jahrestages der Wahl des Stifters der Alma Julia zum Fürstbischof von Würzburg im Dezember 1573, hg. von F. Merzbacher, Würzburg 1973, 37–63.

Baumgärtel-Fleischmann, Renate/Neundorfer, Bruno, Die Altäre des Bamberger Domes von 1012 bis zur Gegenwart, Bamberg 1987.

Dies., Der Bamberger Dom. Die Umgestaltung des Innenraums und die Entwicklung der festen Ausstattung bis zum Ende des Mittelalters, Münster 1998.

Baumstark, Reinhold (Hg.), Rom in Bayern. Kunst und Spiritualität der ersten Jesuiten (Ausstellungskatalog Bayer. Nationalmuseum), München 1997.

Becker-Huberti, Manfred, Tridentinische Reform im Hochstift Münster unter Fürstbischof Christoph Bernhard von Galen 1650–1678. Ein Beitrag zur katholischen Reform, Münster 1978.

Becker, Ulrich, Studien zum flämischen Altarbau im 17. und 18. Jahrhundert (Verhandelingen van de Koninklijke Academie voor Wetenschappen, Letteren en Schone Kunsten van Belgie, Jaargang 52, Nr. 49), Brüssel 1990.

Beinert, Wolfgang/Petri, Heinrich (Hg.), Handbuch der Marienkunde, Regensburg 1984.

Bischoff, Johann E., Genealogie der Ministerialen von Blassenberg und Freiherren von (und zu) Guttenberg 1148–1970, Würzburg 1971.

Blaich, Fritz, Die Wirtschaftspolitik des Reichstags im Heiligen Römischen Reich. Ein Beitrag zur Problemgeschichte wirtschaftlichen Gestaltens, Stuttgart 1970.

Bloch, Peter, Ecclesia und Domus Sapientiae, in: Misc. Mediaevalia IV: Judentum im Mittelalter, Berlin 1966.

Bog, Ingomar, Der Reichsmerkantilismus. Studien zur Wirtschaftspolitik des Heiligen Römischen Reiches im 17. und 18. Jahrhundert (Forschungen zur Sozial- und Wirtschaftsgeschichte Bd. 1), hg. von Friedrich Lütge, Stuttgart 1959.

Brandmüller, Walter (Hg.), Handbuch der Bayerischen Kirchengeschichte, Bd. 2: Von der Glaubensspaltung bis zur Säkularisation 1517–1803, St. Ottilien 1993.

Braudel, Ferdinand, Capitalism and Material Life 1400–1800, London 1967.

Braun, Bettina/Göttmann, Frank/Ströhmer, Michael (Hg.), Die geistlichen Staaten im Nordwesten des Alten Reiches. Forschungen zum Problem frühmoderner Staatlichkeit, Paderborn 2003.

Braun, J., Der christliche Altar, 2 Bde., München 1924.

Brinkmann, Albert Erich, Von Guarino Guarini bis Balthasar Neumann, Berlin 1932.

Brod, Walter, A., Mainfränkische Kalender aus vier Jahrhunderten, Würzburg 1952.

Brossette, Ursula, Die Inszenierung des Sakralen. Das theatralische Raum- und Ausstattungsprogramm süddeutscher Barockkirchen in seinem liturgischen und zeremoniellen Kontext (Bde. 1 und 2), Weimar 2002.

Brückner, Wolfgang, Die Verehrung des Heiligen Blutes in Walldürn (VÖ des Geschichts- und Kunstvereins Aschaffenburg), Aschaffenburg 1959.

Ders., Maria Buchen, Würzburg 1979.

Ders./Schneider, Wolfgang, Gnadenorte, Kult- und Andachtsstätten in Unterfranken (Kirche, Kunst und Kultur in Franken 3), Würzburg 1996.

Brümmer, Johannes, Kunst und Herrschaftsanspruch. Abt Benedikt Knittel (1650–1732) und sein Wirken im Zisterzienserkloster Schöntal, Sigmaringen 1994.

Brunner, Otto, Adeliges Landleben und europäischer Geist. Leben und Werk Wolf Helmhardts von Hohberg 1612–1688, Salzburg 1949.

Ders., Das ganze Haus und die alteuropäische ‚Ökonomik', in: Neue Wege der Verfassungs- und Sozialgeschichte, hg. von dems., Göttingen [2]1968, 103–127.

Burglechner, Josef, Der höfische Absolutismus in Bayern vornehmlich im Lichte des Mundus christiano bavaro politicus, (phil. Diss. masch.), München 1968.

Busch, Jörg, W., Der Rheingauer Weinbau und Handel 1690 bis 1750 am Beispiel der Kellerei Schloß Vollrads, Ergebnisse einer Rechnungsunterlagenauswertung, Wiesbaden 1986.

Caspary, Hermann, Staat, Finanzen, Wirtschaft und Heerwesen im Hochstift Würzburg (1672–1693), HVB Beiheft 7, Bamberg 1976.

Christ, Günther, Praesentia regis, Kaiserliche Diplomatie und Reichskirchenpolitik vornehmlich am Beispiel der Entwicklung des Zeremoniells für den kaiserlichen Wahlgesandten in Würzburg und Bamberg (Beiträge z. Gesch. d. Reichskirche in der Neuzeit 4), Wiesbaden 1975.

Ders., Der Wiener Hof und die Wahl Conrad Wilhelms von Werdenau zum Bischof von Würzburg, in: WDGB 26 (1964).

Coudenhove-Erthal, E., Carlo Fontana und die Architektur des römischen Spätbarock, Wien 1930.

Dalchow, I., Italienische Stukkatoren und ihre Ornamentik in der bayerischen Architektur um 1700, (phil. Diss.), Kiel 1926.

Dettelbacher, Werner, Würzburg – ein Gang durch seine Vergangenheit, Würzburg 1974.

Dettweiler, Frieda, Die Stuckarbeiten im Dom zu Fulda und ihre Meister, (phil. Diss.), Frankfurt a. M. 1928.

Die Bamberger „Himmelfahrt Mariens" von Jacopo Tintoretto. Internationales Kolloquium in München vom 27.–28. Januar 1986 (42. Arbeitsheft des Bayerischen Landesamtes für Denkmalpflege), hg. vom Bayer. Landesamt f. Denkmalpflege, München 1986.

Die Kunstdenkmäler des Königreichs Bayern (KDB) hier Regierungsbezirk Unterfranken und Aschaffenburg, hg. von Felix Mader: Bd. III Bezirksamt Würzburg, bearb. von F. Mader, München 1911 (Nachdruck 1982); Bd. XII Stadt Würzburg, bearb. von F. Mader, München 1915 (Nachdruck 1981); Bd. XX Bezirksamt Gemünden, bearb. von A. Feulner, München 1920 (Nachdruck 1983)

Diehl, Robert, Balthasar Esterbauer, (phil. Diss. masch.), Frankfurt 1924.

Derpmann, Manfred, Die Josefsgeschichte. Auffassung und Darstellung im Mittelalter, in: 13. Beiheft zum mittellateinischen Jahrbuch, hg. von Karl Langosch, Ratingen 1974.

Dünninger, Hans, Maria siegt in Franken. Die Wallfahrt nach Dettelbach als Bekenntnis (Land und Leute), Würzburg 1979.

Dünninger, Hans, Volksglaube und Wallfahrtswesen im Gebiet der heutigen Diözese Würzburg. Wechselbeziehungen zwischen volksgläubigen und kirchlichen Heilsvorstellungen dargestellt am Wallfahrtswesen im Gebiet der heutigen Diözese Würzburg, Würzburg 1955.

Ders., Processio peregrinationis. Volkskundliche Untersuchungen zu einer Geschichte des Wallfahrtswesens im Gebiet der heutigen Diözese Würzburg, in: WDGB 23 (1961), 53–176 und WDGB 24 (1962), 52–188.

Ders., Unsere Liebe Frau vom Schönenberg bei Ellwangen und Nôtre Dame des Foy, in: Ellwangen 764–1964. Beiträge und Untersuchungen zur Zwölfhundertjahrfeier, hg. im Auftrag der Stadt Ellwangen, Ellwangen 1964.

Dünninger, Josef, Marianische Wallfahrten der Diözese Würzburg, Würzburg 1960.

Ders., Maria in arena (in vineis). Studien zur Geschichte des fränkischen Wallfahrtswesens, besonders über die Wallfahrt zum Vesperbild von Dettelbach, in: BJbVk (1961), 62–68.

Duras, Amelie, Die Architektenfamilie Lurago – ein Beitrag zur Kunstgeschichte Böhmens, Köln 1933.

Einsingbach, Wolfgang, Rezession zu Walter Jürgen Hofmann, Schloss Pommersfelden (1968), in: Kunstchronik 23 (1970), 89–103.

Eminger, Jürgen, Die Neumünsterfassade in Würzburg (Schriften aus dem Institut für Kunstgeschichte der Univ. München Bd. 23), München 1987.

Engel, Wilhelm/Freeden, Max H. von, Eine Gelehrtenreise durch Mainfranken 1660, in: Mainfr. Hefte 15 (1952)

Engelberg, Meinrad von, Renovatio Ecclesiae, Die Barockisierung mittelalterlicher Kirchen, Petersberg 2005

Erffa, Martin von, Die Ehrenpforten für den Posseß der Päpste im 17. und 18. Jahrhundert, in: FS für Harald Keller, hg. von H. M. v. Erffa und E. Herget, Darmstadt 1963, 335–371.

Erni, Erika, J.W. Fröhlicher, ein Bildhauer aus Solothurn, in: Unsere Kunstdenkmäler 24 (1973), 322 ff.

Euler-Rolle, Bernd, Das barocke Gesamtkunstwerk in Österreich – Idealer Begriff und historische Prozesse, in: Kunsthistoriker, Mitt. d. österr. Kunsthistorikerverbandes, Jg. 11 (1985), Nr. 4/5, 55 ff.

Ders., Wege zum ‚Gesamtkunstwerk' in den Sakralräumen des österreichischen Barock am Beispiel der Stiftskirche Melk, in: Zschr. d. deutschen Vereins f. Kunstwiss. 43 (1989), H. 1, 25–48.

Faitsch, Joseph, Die Wallfahrt zu Dettelbach in der Geschichte, in: Verba vitae et salutis 16 (1937), 103–129.

Fegert, Friedemann, Zwölfhäuser – Eine Rodungssiedlung am „goldenen Steig." Ein Beitrag zur Siedlungs- und Agrargeographie, in: Passauer Jb. f. Gesch., Kunst und Volkskunde 33 (1991), 89–123.

Fischer, Hermann/Wohnhaas, Theodor, Johann Hoffmann, Hof- und Domorgelmacher in Würzburg, in: WDGB 50 (1988), 703–729.

Fischer-Lichte, Erika, Performance, Inszenierung, Ritual: Zur Klärung kulturwissenschaftlicher Schlüsselbegriffe in: Geschichtswissenschaft und „performative turn": Ritual, Inszenierung und Performanz vom Mittelalter bis zur Neuzeit, hg. von Jürgen Martschukat u. Steffen Patzold, Köln 2003, 33–54.

Flögel, Evelin, Die Loretokapellen in Baden-Württemberg, Bayern und der Republik Österreich, (phil. Diss.), München 1984.

Franz, Heinrich Gerhard, Bauten und Baumeister der Barockzeit in Böhmen, Leipzig 1962.

Ders., Die Klosterkirche Banz und die kirchlichen Bauten Balthasar Neumanns in ihrem Verhältnis zur böhmischen Barockbaukunst, in: Zschr. d. deutsch. Vereins f. Kunstwiss. 1 (1947), 54 ff.

Freckmann, Karl, Der Dom zu Fulda, Augsburg 1928.

Freeden, Max H. von / Engel W., Fürstbischof Julius Echter als Bauherr, in: Mfr. Hefte 9 (1951).

Ders., Fuldaer Barock, in: Fulda und die Rhön (Sonderheft Bayerland), München 1956, 44 f.

Ders., Festung Marienberg, Würzburg 1982.
Ders. Festliche Tage im alten Würzburg. Der Besuch Kaiser Karls VI. im Jahr 1712 (Die Mainlande, Geschichte und Gegenwart), in: Ders., Erbe und Auftrag. Von fränkischer Kunst und Kultur. Aufsätze und Artikel aus fünfzig Jahren – eine Auswahl. Mainfr. Studien, Würzburg 1988, 388–390.
Ders., Aufstieg, Glanz und Ende des Gallus Jacob. Ein barockes Lebensbild aus Franken, in: Ders.: Erbe und Auftrag, Würzburg 1988, 206–208.
Ders., Der Greiffenclau-Schrank. Das Prunkmöbel und die verbotene Festschrift, in: FS Otto Schäfer, Stuttgart 1987, 313–328.
Frey, Dagobert, Der Realitätscharakter des Kunstwerks, in: FS für Heinrich Wölfflin (Beiträge zur Kunst- und Geistesgeschichte), München 1935.
Frühsorge, Gotthardt, Die Begründung der ‚väterlichen Gesellschaft' in der europäischen oeconomia christiana. Zur Rolle des Vaters in der ‚Hausväterliteratur' des 16. bis 18. Jahrhunderts in Deutschland, in: Das Vaterbild im Abendland 1, Rom, Frühes Christentum – Mittelalter – Neuzeit – Gegenwart, hg. von Hubertus Tellenbach, Stuttgart 1978, 110–124.
Fuchs, A., Zu den Prozessen des Klosters Neustadt a. M., in: Studien und Mitteilungen aus dem Benediktinerorden 83 (1972), 242–245.
Fürst, Ulrich, Die lebendige und sichtbare Histori. Programmatische Themen in der Sakralarchitektur des Barock (Studien zur christlichen Kunst Bd. 4), Regensburg 2002.
Gatz, Erwin (Hg.), Die Bischöfe des Heiligen Römischen Reiches 1648–1803. Ein biographisches Lexikon, Berlin 1990.
Geldner, Ferdinand, Die Staatsauffassung und Fürstenlehre des Erasmus von Rotterdam (Historische Studien H. 191), Berlin 1930.
Glöggler, Josef, Höchberg, der älteste Marienwallfahrtsort Frankens, Würzburg 1907.
Götz-Günther, Lili, Antonio Petrini. Ein Beitrag zur Geschichte der Barockarchitektur in Franken, Würzburg 1923.
Goy, Barbara, Aufklärung und Volksfrömmigkeit in den Bistümern Würzburg und Bamberg (Quellen und Forschungen zur Geschichte des Bistums und Hochstiftes Würzburg 21), Würzburg 1969.
Gradmann, Gertrud., Die Monumentalwerke der Bildhauerfamilie Kern, Straßburg 1917.
Greipl, Egon Johannes, Zur weltlichen Herrschaft der Fürstbischöfe in der Zeit vom westfälischen Frieden bis zur Säkularisation, in: RQ 83 (1988), 252–264.
Grosche, Robert, Der Kölner Altarbau des 17. und 18. Jahrhunderts, (phil. Diss.), (VÖ d. Vereins für christl. Kunst im Erzbistum Köln und Bistum Aachen), Köln 1923, [2]1978.
Guldan, Ernst, Hochaltar und Bischofsthron im Straßburger Münster, in: FS für Heinz-Rudolf Rosemann (Beiträge zur Kunstgeschichte), München 1960, 187–220.
Ders., Die barocke Gewölbedekoration des Passauer Domes, in: Passauer Jb. f. Gesch., Kunst und Volkskunde, Bd. 5 (1961), 73 ff.
Ders., Italienische Stukkatoren in Bayern, in: Arte e Artisti dei Laghi Lombardi, hg. von Ernst Arslan, Como 1964, 182–194.
Güldenstubbe, Erich Soder von, Die St. Kilianschreine gestern und heute, in: 1300 Jahre Mission und Martyrium der Frankenapostel, Beitrag zum Sonntagsblatt v. 19.4.1987.
Gürth, A., Lurago, Carlone und Dientzenhofer, in: Christl. Kunstblätter Bd. 97 (1959), 5 ff.
Haberkern, Eugen/Wallach, Joseph Friedrich, Hilfswörterbuch für Historiker, Mittelalter und Neuzeit, 2 Bde., Berlin 1974.
Habig, Inge, Eucharistische Allegorie im Spätbarock nördlich der Alpen. Phänomenologie der dogmatischen, apologetischen, katechetischen und devotionalen Bildelemente einer kirchlichen Allegorese, Münster 1973.
Haftmann, W., Das italienische Säulenmonument, Leipzig 1939.
Hager, Hellmut, Johann Dientzenhofer's Cathedral in Fulda and the Question of its Roman Origins, in: Light of the Eternal City. Observations and Discoveries in the Art and Architecture of Rome, edited by H. Hager and Susan Scott Munshover (Papers in Art History from the Pensylvania State University Volume II) 1987, 189–231.
Hager, Werner, Die Bauten des deutschen Barock 1690–1770, Jena 1942.
Hahner, Gudrun, Exempel im Mariale des Laurentinus Lemmer (VÖ zur Volkskunde und Kulturgesch. 18, hg. von W. Brückner und Lenz Kriss-Rettenbeck), Münster 1984.
Hantsch, Hugo, Reichsvizekanzler Friedrich Karl Graf von Schönborn(1674–1746). Einige Kapitel zur politischen Geschichte Kaiser Josefs I. und Karls VI. (Salzburger Abhandlungen und Texte aus Wissenschaft und Kunst Bd. II), Salzburg 1929.
Hart, Valentin Johannes, Lebensbild des fränkischen Geschichtsschreibers und Pfarrherrn zu Güntersleben P. Ignatius Gropp O.S.B., mit einem Vorwort von Burkard Weissenberger, Würzburg 1930.
Hartinger, Walter, Mariahilf ob Passau. Volkskundliche Untersuchung der Passauer Wallfahrt und der Mariahilf-Verehrung im deutschsprachigen Raum, Passau 1985.
Hauttmann, Max, Geschichte der kirchlichen Baukunst in Bayern, Schwaben und Franken, München [2]1923.
Hawel, Peter, Der spätbarocke Kirchenbau und seine theologische Bedeutung. Ein Beitrag zur Ikonologie der christlichen Sakralarchitektur, Würzburg 1987.
Heckel, Martin, Staat und Kirche nach der Lehre der evangelischen Juristen in der ersten Hälfte des 17. Jahrhunderts, München 1968.
Hegemann, Werner, Die Altarbaukunst Balthasar Neumanns, (phil. Diss.), München 1937.
Heitsch, Gabriele, Der unterfränkische Altarbau des ausgehenden 17. bis zur Mitte des 18. Jahrhunderts, (phil. Diss. Heidelberg), München 1968.
Helm, Reinhard, Die Würzburger Universitätskirche 1583–1983, Zur Geschichte des Baues und seiner Ausstattung (Quellen und Beiträge zur Geschichte der Universität Würzburg, Bd. 5, hg. von Peter Baumgart), Würzburg 1976.
Helmes, Hermann, Aus der Geschichte der Würzburger Truppen 1628–1802 (Neujahrsbl. IV, hg. von der Gesellsch. f. fränk. Gesch.), Würzburg 1909.
Helmschrott, Klaus u. Renate, Würzburger Münzen und Medaillen von 1500–1800, Kleinrinderfeld 1977.
Hempel, Eberhard, Baroque Art and Architecture in Central Europe, Baltimore, Harmondsworth 1965.
Hengelhaupt, Uta, Exemplum virtutis. Überlegungen zu Entstehung und Ausstattung der Festsäle in den Zisterzienserklöstern Ebrach und Bronnbach, in: Studien und Mitteilungen zur Geschichte des Benediktinerordens und seiner Zweige, hg. von der historischen Sektion der Bayerischen Benediktinerakademie, Bd. 117 (2006), 285–343.
Herbst, Arnulf, Zur Ikonologie des barocken Kaisersaales, in: 106. BHVB (Bamberg 1970), 207–345.
Herbst, Gisela, Die Bautätigkeit des Fürstbischofs Julius Echter on Mespelbrunn 1573–1617, (phil. Diss. masch.), Innsbruck 1967.
Heunoske, Werner, Giovanni Battista und Francesco Giulio Brenno – Zwei Tessiner Barockstuckatoren und ihre Tätig-

keit für das Zisterzienserkloster Ebrach (1693–1697), in: JbFL 50 (1990), 179–242.

Himmelstein, F. X., Die Reliquien der drei ersten Apostel des Frankenlandes, Würzburg 1850.

Ders., Der St. Kiliansdom zu Würzburg, Würzburg [2]1889.

Hochholzer, Elmar, Die Benediktinerabteien im Hochstift Würzburg in der Zeit der katholischen Reform, Neustadt 1988.

Hock, Georg, Die Antwerpener Gobelins im Dom und im Universitätsmuseum zu Würzburg, in: AU 50 (1908), 151–178.

Hoffmann, Richard, Der Altarbau im Erzbistum München und Freising in seiner stilistischen Entwicklung vom Ende des 15. bis zum Anfang des 19. Jahrhunderts, München 1905.

Ders., Bayerische Altarbaukunst, München 1923.

Hofmann, M., Herzogin von Franken und Bayern, in: WDGB 24 (1962), 293–305.

Hofmann, Walter Jürgen, Schloss Pommersfelden, Geschichte seiner Entstehung, Nürnberg 1968.

Ders., Der neue Bau von Kloster Ebrach, in: JbFL 31 (1970), 139–229.

Ders., „In Campis Pomeranicis". Ikonologie als Fiktion und Geschichte, in: Wiener Jahrbuch für Kunstgesch. Bd. 43 (1990), 129–155.

Holtz, Sabine, Die geistlichen Staaten im Spiegel der Historiographie, in: Die geistlichen Staaten am Ende des Alten Reiches – Versuch einer Bilanz, hg. von Kurt Andermann, Epfendorf 2004, 31–53.

Hotz, Joachim, Kloster Banz, aus dem Nachlass hg. von R. Hanemann, B. Mayer, R. Suckale (30. Beiheft des HVB), Bamberg 1993.

Ders., Zisterzienserklöster in Oberfranken (Gr. Kunstführer Nr. 98), Wiesbaden 1989.

Hubala, Erich, Apsidiale Barockaltäre, in: Forma et subtilitas. FS für Walter Schöne zum 75. Geburtstag, hg. von Wilhelm Schlink u. Martin Sperlich, Berlin 1986, 145–169.

Hubatsch, Walter, Das Zeitalter des Absolutismus 1600–1789, Braunschweig [4]1975.

Hutt, Christl, Maximilian Carl Graf zu Löwenstein-Wertheim-Rochefort und der fränkische Kreis 1700–1702, Würzburg 1969.

Imorde, Joseph, Allegoricus semper interpres, historiae fugiens veritatem. Zur Bildvalenz der Eucharistie, in: Barocke Inszenierung, hg. von J. Imorde, F. Neumeyer u. T. Wedding, (Akten des Internationalen Forschungskolloquiums an der Technischen Universität Berlin 1996), Emsdetten/Zürich 1999, 105–115,

Ders., Präsenz und Repräsentanz oder: Die Kunst den Leib Christi auszustellen. Das Vierzigstündige Gebet von seinen Anfängen bis zum Pontifikat Innozenz X., Emsdetten/ Berlin 1997.

Jacobus a Voragine, Legenda aurea, i. d. Übersetzung von R. Benz, Heidelberg [8]1975.

Jäger, Johannes, Aus der Geschichte des letzten Abtes Eugen Montag und der Säkularisation des Klosters Ebrach, Gerolzhofen 1897.

Jedin, Hubert, Entstehung und Tragweite des Trienter Dekretes über die Bilderverehrung, in: Theolog. Quartalsschr. 116 (1935), 143–180, 404–429.

Ders., Das Bischofsideal der katholischen Reformation. Eine Studie über die Bischofsspiegel vornehmlich des 16. Jahrhunderts, in: Das Zeitalter der Gegenreformation von 1555 bis 1648, hg. von Ernst Walter Zeeden, Darmstadt 1973, 359–424.

Jira, J., Karel Lurago, 1922.

Jürgens, Renate, Die Entwicklung des Barockaltars in Rom, (phil. Diss.), Hamburg 1956.

Kainz, Eugen, Oswald Onghers (Studien zur deutschen Kunstgeschichte 179), Strassburg 1915.

Kandler, Norbert, Kostbarkeiten aus dem Dom zu Würzburg, Würzburg 1990.

Kempter, Fritz, Würzburger Bildhauer 1650–1700, (phil. Diss. masch.), Frankfurt 1925.

Kerber, Bernhard, Andrea Pozzo, Berlin 1971.

Kern, Fritz, Gottesgnadentum und Widerstandsrecht im frühen Mittelalter. Zur Entwicklungsgeschichte der Monarchie, Darmstadt [7]1980.

Kilian – Mönch aus Irland – aller Franken Patron. 689–1989. Katalog der Sonderausstellung zur 1300-Jahrfeier des Kilianmartyriums im Mainfränkisches Museum Würzburg, hg. vom Haus der Bayerischen Geschichte, Würzburg 1989.

Kilian – Mönch aus Irland, Aufsätze, hg. von Johannes Erichsen u. E. Brockhoff (VÖ z. Bayer. Geschichte und Kultur 19/89), München 1989.

Klink, G., Klosterbuch der Diözese Würzburg, 2 Bde., 1873/77.

Kolb, Karl, Wallfahrtsland Franken, Würzburg 1979.

Kolb, Peter/Mälzer, Gottfried, Kostbare Bücher aus drei alten fränkischen Bibliotheken, (Bronnbach, Kleinheubach, Neustadt a. M). Beiträge zur Bibliotheksgeschichte und Katalog des 1985 ersteigerten Bestandes in der UB Würzburg, Würzburg 1988.

Kömstedt, Rudolf, Von Bauten und Baumeistern des fränkischen Barock, Berlin 1963.

Kopp, Walter, Würzburger Wehr – Eine Chronik zur Wehrgeschichte Würzburgs (Mainfr. Studien Bd. 22), Würzburg 1979.

Körner, Hans-Michael, Das Hochstift Würzburg. Die geistlichen Staaten des Alten Reiches – Zerbild und Wirklichkeit, in: Jahres- und Tagungsbericht d. Görres-Gesellschaft 1992, 4–21.

Körte, W., Deinokrates und die barocke Phantasie, in: Die Antike. Zschr. für Kunst und Kultur des klass. Altertums, 13. Bd. (1937), 289 ff.

Korth, Thomas, Von der Renaissance zum Klassizismus. Grundzüge der neueren Kunstgeschichte am Obermain, in: Oberfranken in der Neuzeit bis zum Ende des Alten Reiches, hg. von Elisabeth Roth u.a., 1984.

Kossatz, Tilman, Johann Philipp Preuß (1605–1687). Ein Beitrag zur Genese barocker Bildkunst in Franken, 2 Bde., (phil. Diss.), Würzburg 1988.

Kotrba, Victor, Die nachgotische Baukunst zur Zeit Rudolfs II., in: Um ni 3, Ro n k XVIII, 1970.

Kraus, E., Hofhaltung in Würzburg 1675–1719, in: MfrJb 27 (1975) 51–82.

Kraus, J. A., Urkundliche Nachrichten über die Wallfahrtskirche Fährbrück, in: AU XIX (1868), H. 3, 149 ff.

Krüger, Sabine, Die Oeconomica Konrads von Megenberg. Griechische Ursprünge der spätmittelalterlichen Lehre vom Hause, in: Deutsches Archiv f. Erforschung des Mittelalters 20 (1964), 475–561.

Kuhn, Rudolf Edwin, Der Thronsaal der himmlischen Herrlichkeit. Das Lebenswerk des Stuckator-Architekten Giovanni Pietro Magno im Würzburger St. Kiliansdom, Würzburg 1981.

Kundert, Werner, Barock in Baden Württemberg, 2 Bde., Stuttgart 1981.

Kunze, Stefan, Richard Wagners Idee des Gesamtkunstwerkes in: Beiträge zur Theorie der Künste im 19. Jahrhundert, Bd. 2, hg. von H. Koopmann u. J. A. Schmoll, gen. Eisenwerth, Frankfurt a. M. 1972, 196–230.

Lehnhard, Peter-Paul, Religiöse Weltanschauung und Didaktik im Jesuitendrama. Interpretationen zu den Schauspielen Jacob Bidermans, Frankfurt 1976.

Lexikon der christlichen Ikonographie, Bde. 1–8, hg. von Engelbert Kirschbaum S.J. in Zusammenarbeit mit Günter Bandmann, Wolfgang Braunfels u.a., Rom 1968–1976.

Lexikon für Theologie und Kirche, begr. von Michael Buchberger, hg. von Josef Höfer u. Karl Rahner, Freiburg i. Br. ²1958–1965.

Lindemann, Bernd Wolfgang, Ferdinand Tietz 1708–1777. Studien zu Werk, Stil und Ikonographie, Weißenhorn 1989.

Longo, Lucia, Antonio Petrini, Architetto, Calavino di Trento 1621 – Würzburg 1701, Trento 1974.

Lorenz, Hellmut, Dichtung und Wahrheit. Das Bild J.B. Fischers [...] in der Kunstgeschichte, in: Fischer von Erlach und die Wiener Barocktradition, hg. von Friedrich Polleroß, Wien 1995.

Mälzer, Gottfried, Alt Würzburg einst und jetzt. Begleitbuch zur Ausstellung der Universitätsbibliothek Würzburg zum Gedenken an den 16. März 1945, Würzburg 1995.

Marangoni, M., I Carloni, Florenz, 1925.

Marienlexikon, hg. vom Institutum Marianum Regensburg unter Leitung von Remigius Bäumer und L. Scheffzyk, St. Ottilien 1988 ff.

Martin, F., Die Stukkatoren des Salzburger Domes, in: Mitt. d. Gesellsch. f. Salzburger Landeskunde 84–85 (1944–45), 91 ff.

Matsche, Franz, Die Kunst im Dienste der Staatsidee Kaiser Karls VI. Ikonographie, Ikonologie und Programmatik des „Kaiserstils", 2 Bde., Berlin 1981.

Ders., Gegenreformatorische Architekturpolitik. Casa-Santa-Kopien und Habsburger Loretokult um 1620, Jb. f. Volkskunde, hg. im Auftrag der Görres-Gesellschaft von W. Brückner u. Nikolaus Grass, 1978, 81–119.

Ders., Kurfürst Lothar Franz von Schönborn huldigt Kaiserin Elisabeth Christine im Festsaal seines Schlosses Weissenstein in Pommersfelden. Bedeutung der Deckenbilder Johann Michael Rottmayrs, in: Musis et Litteris. FS für Bernhard Rupprecht zum 65. Geburtstag, hg. von Silvia Glaser u. M. Kluxen, München 1993, 232–261.

Ders., Kaisersäle – Reichssäle. Ihre bildlichen Ausstaffierungsprogramme und politische Intentionen, in: Irseer Schriften Bd. 4: „Bilder des Reiches, hg. von R. Müller, Sigmaringen 1997, 323–355.

Ders., Prachtbau und Prestigeanspruch in Festsälen süddeutscher Klöster. Zum Typus und zur Verbreitung des Kolonnadensaales und zur Frage des Reichsstils (Himmel auf Erden oder Teufelsbauwurm? Wirtschaftliche und soziale Bedingungen des süddeutschen Klosterbarock, Irseer Schriften; N.F., Bd. 1, hg. von M. Herzog u. B. Roeck, Konstanz 2002, 81 – 118).

Mayer-Himmelheber, Susanne, Bischöfliche Kunstpolitik nach dem Tridentinum: Der Secunda-Roma-Anspruch Carlo Borromeos und die Mailänder Verordnungen zu Bau und Ausstattung von Kirchen, München 1984.

Meinecke, Victoria, Die Fresken des Melchior Steidl, (phil. Diss.), München 1971.

Merkle, Sebastian, Die Bedeutung der geistlichen Staaten im alten deutschen Reich, in: ders., Ausgewählte Reden und Aufsätze, hg. von Theobald Freudenberger, Würzburg 1965, 469–487.

Merzbacher, Friedrich, Zur Rechtsgeschichte und Volkskunde der Würzburger Kiliansverehrung, in: Herbipolis Jubilans. 1200 Jahre Bistum Würzburg, in: WDGB 14/15 (1952/53), 27–57.

Michel, F., Die Barockaltäre des Trierer Domes, in: Trierer Volksfreund II (Jubiläumsausgabe), Trier 1925.

Middeldorf, U., Die zwölf Caesaren von Desiderio da Settignano, in: Mitteilungen des kunsthistorischen Instituts in Florenz 23 (1970), 297–321.

Mitteis, Heinrich, Der Staat des hohen Mittelalters, Köln, Wien ⁹1974.

Moritz, H. K., Die Stukkaturen des G. B. Carlone im Passauer Dom, in: Arte Lombarda X, Cesano Maderno (1965), 146 ff; XI (1966), 187–191.

Moser, F., Der Altar im Lande Salzburg vom Jahre 1600 bis 1770, (phil. Diss.), Wien 1925.

Mühleisen, Hans-Otto, Weisheit – Tugend – Macht. Die Spannung von traditioneller Herrschaftsordnung und humanistischer Neubegründung der Politik im Spanien des 17. Jahrhunderts, nachgezeichnet am Beispiel von Andres Mendos Fürstenspiegel „Principe Perfecto", in: Politische Tugendlehre und Regierungskunst. Studien zum Fürstenspiegel der Frühen Neuzeit, hg. von H.-O. Mühleisen u. Th. Stammen, Tübingen 1990, 143–196.

Müller, G., Chronik des Klosters Bronnbach, in: Cistercienserchronik 7, Bregenz 1895.

Müller, Rainer, Die deutschen Fürstenspiegel des 17. Jahrhunderts. Regierungslehre und politische Pädagogik, in: HZ 240 (1985), 571–597.

Muth, H., Stift Haug, ehem. Stiftskirche, kath. Pfarrkirche (Kleine Kunstführer 1315), München 1985.

Ders., Der Dom zu Würzburg, (Kleine Kunstführer 232), München 1990.

Niedermayer, Andreas, Kunstgeschichte Würzburgs, Würzburg 1860.

Noehles, Karl, Architekturprojekte Cortonas. Zum 300. Todestag des Künstlers, in: MJB 20 (1969), 171–206.

Ders., Visualisierte Eucharistietheologie. Ein Beitrag zur Sakralikonologie im Seicento Romano, in: MJB 29 (1978), 92–115.

Norberg-Schulz, Christian, Weltgeschichte der Architektur: Barock, Stuttgart 1985.

Oberhammer, Evelin (Hg.), Der ganzen Welt ein Lob und Spiegel. Das Fürstenhaus Liechtenstein in der frühen Neuzeit (Aufsatzband), Wien 1990.

Oechelhaeuser, Adolf von (Bearb.), Die Kunstdenkmäler des Großherzogthums Baden, Bd. 4: Kreis Mosbach, 2. Abt. Amtsbezirk Wertheim, Freiburg 1898.

Oer, Rudolfine von (Hg.), Die Säkularisation 1803 (Historische Texte Neuzeit 9), Göttingen 1970.

Oswald, Fritz, Die Vorgeschichte der Fassade von Neumünster. Eine Studie zum Würzburger Bauwesen um 1700, in: MfrJb. 12 (1960), 103 ff.

Peiper-Diener, E., Mittelrheinische Barockplastik, in: Mainzer Zeitschrift (1929/30), 6 ff.

Pölnitz, Götz von, Julius Echter von Mespelbrunn. Fürstbischof von Würzburg und Herzog von Franken (1573–1617) (Schriften zur Bayer. Landesgesch. Bd. 17), München 1934.

Poeschel, Sabine, Studien zur Ikonographie der Erdteile in der Kunst des 16.–18. Jahrhunderts (Beiträge zur Kunstwissenschaft Bd. 3), München 1985

Polleroß, Friedrich, Imperiale Repräsentation in Klosterresidenzen und Kaisersälen, in: Alte und moderne Kunst, 203 (1985), 17–27.

Pralle, Ludwig, Fulda – Dom und Abteibezirk, Königstein i. T., 1980.

Preimesberger, Rudolph, Ephemer in dauerhafter Gestalt. Zu Berninis Hochaltar in Castelgandolfo, in: Barocke Inszenierung, hg. von J. Imorde, F. Neumeyer u. T. Wedding (Akten des Internationalen Forschungskolloquiums an der Technischen Universität Berlin 1996), Emsdetten, Zürich 1999 117–125.

Quellen zur Geschichte des Barock unter dem Einfluss des Hauses Schönborn, hier Teil 1, 1 und 2: Die Zeit des Erzbischofs Lothar Franz und des Bischofs Johann Philipp Franz von Schönborn 1693–1729, bearb. von P. H. Hantsch u. A. Scherf unter Mitwirkung von A. Chroust, Augsburg 1931.

Raspe, Martin, Das Architektursystem Borrominis, München 1994.

Reber, H., Der Frankfurter Bildhauer Johann Wolfgang Fröhlicher und seine Arbeiten in Trier, in: Schriften des historischen Museums Frankfurt XII, 1966, 65–141.

Redlich, Oswald, Weltmacht des Barock, Österreich in der Zeit Kaiser Leopolds I., Wien 1961.

Reininger, N., Die Weihbischöfe von Würzburg, in: AU 18 (1865), 1–428.

Reinking, Lars, Herrschaftliches Selbstverständnis und Repräsentation im geistlichen Fürstentum des 18. Jahrhunderts. Das Beispiel „Schloß Brühl" des Kölner Kurfürsten Clemens August, in: Bettina Braun, Frank Göttmann, Michael Ströhmer (Hg.), Geistliche Staaten im Nordwesten des Alten Reiches. Forschungen zum Problem frühmoderner Staatlichkeit, Paderborn 2003, 117–138.

Reiter, Günther, Heiligenverehrung und Wallfahrtswesen im Schrifttum von Reformation und katholischer Restauration, Würzburg 1970.

Ress, Anton, Der Würzburger Domstuck, in: DKD 20 (1962), 103–126.

Reuter, Guido, Barocke Hochaltäre in Süddeutschland, 1660–1770, Petersberg 2002.

Reuther, Hans, Das Neumünster in Würzburg, München 1952.

Ders., Das Gewölbesystem der Benediktinerabtei Banz, in: Das Münster. Zeitschr. f. christl. Kunst und Kunstwissensch. 7 (1954), 359 ff.

Rotter, G., Die Entwicklung des österreichischen Altarbaues im 17. Jahrhundert, Wien 1966.

Sauren, H.-M., Antonio Giuseppe Bossi, ein fränkischer Stuckator, Würzburg 1925.

Schädel, H., Der Würzburger Dom, Bauwerk der Jahrhunderte, in: WDGB 50 (1988), 463 ff.

Scharold, F. K., Geschichte und Beschreibung des St. Kilian-Domes, in: AU 4 (1838), H. 1, 1–155.

Scheele, Paul-Werner, Die Botschaft des Würzburger St. Kilianschreines, Würzburg 1987.

Schenk, Clemens, Die Neumünsterfassade und ihre künstlerische Herkunft, in: Kunst in Mainfranken, Würzburg 1941.

Scherf, Andreas, Johann Philipp Franz von Schönborn. Bischof von Würzburg (1719–1724), der Erbauer der Residenz, München 1930 (Neudruck Aalen 1973).

Schiller, Gertrud, Ikonographie der christlichen Kunst, 5 Bde., Gütersloh 1966 –1991.

Schindling, Anton/Ziegler, Walter (Hg.), Die Territorien des Reiches im Zeitalter der Reformation und Konfessionalisierung, Bd. 4, Mittleres Deutschland, Münster 1992.

Schlereth, Franz Bernhard, Der Dom und die vorigen Hauptkirchen in Fulda, geschichtlich und architektonisch dargestellt, MS Fulda 1826, Hessische Landesbibliothek Fulda, 2 B 68a; teilweise publiziert in: ‚Buchonia, Zschr. f. vaterländische Geschichte 1. Bd. Teil 1 (1826), 85–151; 2. Bd. Teil 2 (1827), 148–208.

Schmidt, G., Patrozinium und Andachtsbild, in: Mitt. d. Inst. f. österr. Geschichtsforschung Bd. LXIV (1956), 277 f.

Schmidt, Georg, Stände und Gesellschaft im Alten Reich, Stuttgart 1989.

Schneider, Theodor, Das Opfer Jesu Christi und die Kirche. Zum Verständnis der Aussagen des Konzils von Trient, in: Das Opfer Jesu Christi und seine Gegenwart in der Kirche. Klärung des Opfercharakters des Herrenmahls, hg. von Karl Lehmann u. Edmund Schlink (Dialog der Kirche 3), Freiburg 1983, 176–189.

Schneider, Wolfgang, Die Wallfahrt zur Bergkirche bei Laudenbach (VÖ zur Volkskunde und Kulturgesch. 24), Würzburg 1987.

Schöffel, P., Herbipolis sacra. Zwei Untersuchungen zur Geschichte des Bistums im frühen und hohen Mittelalter. Aus dem Nachlass hg. von W. Engel (VÖ. d. Gesellsch. f. fränk. Gesch. IX/7), Würzburg 1948.

Schömig, Richard (Hg.), Ecclesia Cathedralis. Der Dom zu Würzburg, Würzburg 1967.

Schraut, Elisabeth (Hg.), Die Komburg vom Mittelalter bis ins 20. Jahrhundert, mit Beiträgen von Barbara Nitschke und Johannes Zahlten (Kataloge des Hällisch-Fränkischen Museums Bd. 3), Sigmaringen 1989.

Schröcker, Alfred, Besitz und Politik des Hauses Schönborn vom 14. bis 18. Jahrhundert, in: Mitt. d. österr. Staatsarchives 26 (1973), 212–234.

Ders., Die jungen Jahre des Lothar Franz von Schönborn (1655–1693), in: BHVB 112 (1976), 249–277.

Ders., Statistik des Hochstifts Würzburg um 1700, Würzburg 1977.

Ders., Die Bischofswahlen von Bamberg 1693, Mainz 1694 und Würzburg 1699 aus der Sicht des Lothar Franz von Schönborn (1655–1729), in: BHVB 114 (1978), 97–155.

Ders., Ein Schönborn im Reich. Studien zur Reichspolitik des Fürstbischofs Lothar Franz von Schönborn (1655–1729) (Beiträge zur Geschichte der Reichskirche in der Neuzeit, H. 6, hg. von Rudolf Reinhardt), Wiesbaden 1978.

Ders., Die Patronagen des Lothar Franz von Schönborn 1655–1729. Sozialgeschichtliche Studien zum Beziehungsnetz in der Germania Sacra (Beiträge zur Geschichte der Reichskirche in der Neuzeit H. 10), Wiesbaden 1981.

Schröer, Alois, Christoph Bernhard von Galen und die Katholische Reform im Bistum Münster, Münster 1973.

Schubert, Ernst, Die Landstände des Hochstifts Würzburg, (phil. Diss. 1965), Würzburg 1967.

Schüssler, Gosbert, Die Lauretanische Litanei, das ehemalige Hochaltarbild der katholischen Pfarr- und Wallfahrtskirche von Höchberg: „Die Himmelfahrt Mariens" von Oswald Onghers, in: Höchberg-Lesebuch, Höchberg 1998, 119–129.

Schulten, Walter, Der Tabernakel der Kirche St. Maria Himmelfahrt in Köln, in: Die Jesuitenkirche St. Maria Himmelfahrt in Köln. Dokumentation und Beiträge zum Abschluß ihrer Wiederherstellung 1980 (Beiträge zu den Bau- und Kunstdenkmälern im Rheinland Bd. 28), 1982, 210–223.

Schulze, W., Der Würzburger Dom und sein Bereich als Grablege, in: WDGB 40 (1978), 5–48.

Schütte, Ulrich, Ordnung und Verzierung. Untersuchungen zur deutschsprachigen Architekturtheorie des 18. Jahrhunderts, Heidelberg 1979.

Ders., Achitekt und Ingenieur. Baumeister in Krieg und Frieden (AK d. Herzog-August-Bibliothek Wolfenbüttel 42), 1984.

Sedlmayr, Hans, Die politische Bedeutung des deutschen Barock. Der ‚Reichsstil', in: Gesamtdeutsche Vergangenheit, FS für Heinrich Ritter von Srbik, München 1938, 126–140.

Selig, Robert, Räutige Schafe, geizige Hirten. Studien zur Auswanderung aus dem Hochstift Würzburg im 18. Jahrhundert (Mainfr. Studien 43), Würzburg 1988.

Seifert, Angelika, Westfälische Altarretabel (1650–1720). Ein Beitrag zur Interpretationsmethodik barocker Altarbaukunst, (phil. Diss.), Bonn 1983.

Seifert, Herbert, Die Feste theatralischen Charakters während der kaiserlichen Aufenthalte in Prag zwischen 1617 und 1680, in: Gedenkschrift für Walter Pass, hg. von Martin Czernin, Tutzingen 2002, 463–472.

Ders., Kaiser Leopold I. im Spiegel seiner Hofoper, in: Der Fürst und sein Volk. Herrscherlob und Herrscherkritik in den Habsburger Ländern der frühen Neuzeit, hg. von Pierre Béhar u. Herbert Schneider, St. Ingbert 2004, 93–107.

Sender, Ferdinand, Georg Friedrich von Greiffenclau 1573–1629. Ein Prälat aus der mittelrheinischen Reichsritterschaft. Aufstieg und Regierungsantritt in Mainz (Quellen und Abhandlungen zur mittelrheinischen Kirchengesch. 30), Mainz 1977.

Söll, Georg, Die katholische Reaktion in der sog. Gegenreformation, in: Handbuch der Marienkunde, hg. von Wolfgang Beinert u. Heinrich Petri, Regensburg 1984.

Sperber, Helmut, Unsere Liebe Frau. 800 Jahre Madonnenbild und Marienverehrung zwischen Lech und Salzach, Regensburg 1980.

Spindlers Handbuch der Bayer. Gesch. III.1: Franken, Schwaben, Oberpfalz bis zum Ausgang des 18. Jahrhunderts, neu hg. von Andreas Kraus, München 1996.

Srbik, Heinrich von, Geist und Geschichte. Vom deutschen Humanismus bis zur Gegenwart, 1950.

Stamminger, J. B., Franconia sancta. Das Leben der Heiligen und Seligen des Frankenlandes, Bd. 1, 1881.

Ders. (Hg.), Fest-Chronik des 1200 jährigen St. Kilian-Jubiläums, 1889.

Ders., Franconia sacra: Geschichte und Beschreibung des Bistums Würzburg. Die Pfarrei zu St. Burkard in Würzburg, Würzburg 1889.

Stasch, Grzegorz K., Die Residenz der Fuldaer Fürstäbte. Studien zur barocken Gartenanlage (VÖ. d. Fuldaer Geschichtsvereins 54), 1989.

Stehle, H. J., Der Reichsgedanke im politischen Weltbild von Leibnitz, 1950.

Stephan, Peter, „Im Glanz der Majestät des Reichs." Tiepolo und die Würzburger Residenz. Die Reichsidee der Schönborn und die politische Ikonologie des Barock, 2. Bde., Weißenborn 2002.

Stöger, Michael, Der fränkische Geschichtsschreiber P. Ignaz Gropp O.S.B. aus Kissingen, 1891.

Straub, Eberhard, Zum Herrscherideal des 17. Jahrhunderts, vornehmlich nach dem „Mundus christiano bavaro politicus, in: ZBLG (1969), 193–221.

Strieder, Peter, Entwürfe zu Heiligen Gräbern in Münchener Kirchen, in: Das Münster 4 (1951), 283 ff.

Thelen, Heinrich, Zur Entstehungsgeschichte der Hochaltararchitektur von St. Peter in Rom, Wien 1967.

Theodori, Carl/Favreau Alfons Maria, Geschichte und Beschreibung des Klosters Banz in Bayerns Oberfranken, Lichtenfels 1925.

Trenschel, Hans Peter, Die Medaillen des Würzburger Fürstbischofs Johann Philipp von Greiffenclau, in: Weltkunst 49 (1979), H. 1., 1379–1381.

Trepplin, Dorothee, Bau und Ausstattung des Klosters Ebrach im 17. und 18. Jahrhundert, (phil. Diss. Würzburg 1930), Berlin 1937.

Vetter, Ewald, Mulier amicta sole und Mater Salvatoris, in: MJB IX–X (1957/58), 32–71.

Vilimcová, Milada / Bruckner, Johannes, Dientzenhofer – eine bayerische Baumeisterfamilie in der Barockzeit, Rosenheim 1989.

Vita Sancti Burchardi. Die jüngere Lebensbeschreibung des hl. Burkard, ersten Bischofs zu Würzburg, hg. von J. Bendel, Paderborn 1912.

Wagner, Georg, Barockzeitlicher Passionskult in Westfalen, Münster/Regensburg 1967.

Walter-Paczkowski, Eva, Das Ausstattungskonzept des Josephsaales im Kloster Bronnbach, in: Wertheimer Jahrbuch (1986/87), 133–150.

Weigand Wigand, Geschichte der fränkischen Cistercienser Abtei Ebrach, Landshut 1834.

Weigmann, Otto Albert, Eine Bamberger Baumeisterfamilie um die Wende des 17. Jahrhunderts. Ein Beitrag zur Geschichte der Dientzenhofer, Strassburg 1902, [2]1979.

Weil, Marc, The devotion of the Forty Hours and roman barock illusions, in: The Journal of the Warbourg and Courtauld Institutes, 37 (ed. by the Warbourg Institute, University of London), 1974.

Weis, Dieter, Die Mariahilf-Verehrung in Franken, in: JbLF 53 (1992), 201–217.

Weisbach, Werner, Die Kunst des Barock in Italien, Frankreich, Deutschland und Spanien, Propyläen Kunstgeschichte Bd. XI, Berlin 1924.

Weiß, Elmar, Geschichte der Stadt Grünsfeld, Grünsfeld 1981.

Weiß, Wolfgang, Die Corporis-Christi-Bruderschaft am Dom zu Würzburg, in: WDGB 5 (1988), 703–729.

Wehler, H.-U., Deutsche Gesellschaftsgeschichte, 3 Bde., München 1987–1995.

Wendehorst, Alfred, Die Aufzeichnungen des P. Ignaz Gropp über die Würzburger Marienkapelle, in: WDGB 34 (1972), 129–143.

Ders. (Hg.), Würzburg, Geschichte in Bilddokumenten, München 1981

Wenzel, Horst, Ritual und Repräsentation, in: Die Kultur des Rituals. Inszenierungen, Praktiken, Symbole, hg. von Christoph Wulf u. Jörg Zirfas, München 2004.

Wunschel, H. J., Die Außenpolitik des Bischofs von Bamberg und Würzburg Peter Philipp von Dernbach (Schriften d. Zentralinstituts f. fränkische Landeskunde d. Univ. Erlangen-Nürnberg 19), Neustadt 1979.

Wüst, Wolfgang, Geistlicher Staat und Altes Reich. Frühneuzeitliche Herrschaftsformen, Administration und Hofhaltung im Augsburger Fürstbistum, 2 Bde., München 2001.

Ders., Geistliche Staaten in Oberdeutschland im Rahmen der Reichsverfassung. Kultur – Verfassung – Wirtschaft – Gesellschaft. Ansätze zu einer Neubewertung, Epfendorf 2002.

Zang, Theodor, Johann Dientzenhofer in Banz (Bochumer Historische Studien: Alte Geschichte 7), Bochum 1987

Zeißner, Sebastian, Geschichte der Wallfahrt Fährbrück in Franken, Würzburg 1915.

Zendralli, A. M., Graubündener Baumeister und Stuckatoren in deutschen Landen zur Barock- und Rokokozeit, Zürich 1930

Zimmer, P. Ephrem OSA/ Ortweis, P. Berchmans OSA, Wallfahrtskirche Fährbrück (Kleine Kunstführer Nr. 668) Regensburg 1987.

Zur Mühlen, Ilse von, Nachtridentinische Bildauffassung. Cesare Barronio und Rubens Gemälde für S. Maria in Vallicella in Rom, in: MJb 41 (1990) 23–60.

2. Auswahl verwendeter Quellen und Archivalien

Abtsrechnungen der Abtei Bronnbach (nach 1700) StAWert (R)

Allgemeine Fried oder Gemüths-Vergnügung welche uns Ertzü Hertzog Leopoldus [...] mit welchem Kayser Carolus VI. von [...] Kayserin Elisabetha Christina [...] erfreuet worden, mit auff die Welt gebracht [...], Würzburg 1716.

Architectonica, (Sammelhandschrift des frühen 18. Jahrhunderts aus Kloster Göttweig), Stiftsbibliothek Göttweig Slg. 646 (rot) ; alte 653 (schwarz).

Bellarmin, Robert, De Officio Principis Christiani, Ingolstadt 1611.

Ders., De controversiis Christianae fidei adversus hujus temporis haereticos (4 Bde.), Neapel 1871.

Brusch, Caspar, Von den Bischoffen zu Wirtzburg so auch Hertzogen zu Francken, Würzburg 1713.

Caesare Ripa, Iconologia, Rom 1603.

Coler, Johann, Oeconomia ruralis et domestica, Mainz 1665.

De Rossi, G. G., Disegni di vari Altani e Capelle nelle chiese di Roma, Rom 1684.

Domkapitelprotokolle des Würzburger Domkapitels, ab 1683 ff (StAWü).

Eusebio Fürst Liechtenstein, Werk von der Architektur (Manuskript Liechtensteinarchiv Vaduz), vor 1684.

Florinus, Franz Philipp, Oeconomus Prudens et legalis Continuatus. Oder Großer Herren Stands und Adelicher Haus=Vater, bestehend in Fünf Büchern, Nürnberg, Frankfurt, Leipzig 1683.

(Fries, Christoph), Geistliche und ewige Vermahlung des Hochwürdigsten Fürsten und Herrn / Herrn Joannis Philippi mit dem uralten Hertzoglichen Bistumb Würtzburg und Francken / in Beystand der ersten Bischoffe der Catholischen Kirchen Petri und Pauli und des ersten Bischoffs zu Würtzburg Kiliani, Würzburg 1699.

Fries, Lorenz, Historie, Nahmen, Geschlecht, Wesen, Thaten, gantz Leben und Sterben der gewesenen Bischoffen zu Wirtzburg und Hertzogen zu Franken, hg. von J. P. Ludewig, Frankfurt 1713.

Fuchs, Gregor, Diarium über den neuangefangenen Kirchenbau 1716 (StABa).

Ders., Monasterii Theres fundatio, ortus, progressus [...] 1719 usque ad 1755, mit Nachträgen bis 1766 (= Standbuch der Abtei Obertheres, Nr. 469, StAWü, MS:)

Gebhardt, Heinrich, Historia Domestica Liberae Abbatiae Brunnbachensis, 1794.

Goldmann, Nikolaus, Vollständige Anweisung zu der Civil Bau-Kunst (...) in öffentlichen Druck gebracht (...) und mit verschiedenen Anmerckungen / sonderlich einer weitlauff-tigen Vorstellung des Tempels zu Jerusalem vermehret / von Leonhard Sturm (...), Wolfenbüttel 1696 (Manuskript Goldmanns 1663) Braunschweig ^{2}1699, Leipzig ^{3}1708.

Gretser, Jacob, De sacris et religiosis peregrinationibus libri quatuor, Ingolstadt 1606.

Gropp, P. Ignatius, Lebens-Beschreibung deren Heiligen Kiliani Bischoffens und dessen Gesellen Colonati Priesters, Totnani Diacons, Martyrern und ersten Aposteln des Frankenlands, Würzburg 1738.

Ders. Neueste Sammlung von allerhand Geschichts=Schriften, Begebenheiten und Denckwürdigkeiten, (2 Bde.),Würzburg 1748.

Ders., Collectio Novissimae Scriptorum et Rerum Wirceburgensium, Bd. 4: 1495–1617; Bd. II: 1617–1742, Würzburg 1744.

Hofkammerprotokolle Würzburg, ab 1705 ff (StAWü).

Höflich, Thomas/Schellenbach, Georg/Staub, Johann Philipp/Schafsteck, Valentin/Haas, Alban, Mitra Biscopalis / Tredecim praecipuis Boni Episcopi Virtutibus / Velut totidem Lapidibus pretiosis / in Rationale Aaronico Praeficurantis à S.. Paulo I. ad Tim. 3 designalis / elaborata Reverendissimo et Celsissimo S.R.I. / Principi ac Domino / D. Joanni Godefrido, Anno quo Joannes GoDef rIDVs DVX HerbipoLI SoLennIter InfVLabatVr, Würzburg 1686.

Höflich, Thomas, Newe Weiß Manier, wie zu gewisser Stund das Hochwürdige Sakrament (mogte) verehrt und angebett werden, Würzburg 1690.

Hohberg, Wolf Helmhardt von, Georgica Guriosa Das ist: umständlicher Bericht und klarer Unterricht von dem Adelichen Land- und Feld-Leben, Nürnberg 1682.

Kettler, Johann Martin, Trophaeum gloriae postumae ab architectis virtutibus pietissimo in morte Victori, Würzburg 1721.

Kirchgeßner, Valentin, Gryphus principalis – sive Typus boni Principis, Würzburg 1712.

Knittel, Benedict, Antiquo – Moderna / Speciosae Vallis Abbatia / et exeMprl orD. ClsterClensls, Schwäbisch Hall 1714.

Leibnitz, Gottfried Wilhelm, Caesarini Fuersteneri Tractatus de iure suprematus ac legationum principum Germaniae, Leipzig 1677.

Ludewig, J. P., Kurze Lebensbeschreibung der Würzburger Bischofe 1673–1712, Würzburg 1713.

Marianus, Christoph, Christlich fränkischer Ehren=Preiß zu löblicher Gedächtnuß der Schloß= und Kirchweyhung uff unser Lieben Frauen=Berg zu Würtzburg, Würzburg 1604 (Abdruck in Gropp III, 375–384).

Ders., Encaenia et Tricennalia Juliana sive Panegyricus [...] Würzburg 1604 (Abdruck in Gropp I. 534–608).

Menius, Justus Oeconomia christiana / das ist / von christlicher Haushaltung Justi Meij. Mit einer schönen Vorrede (von) D. Martin Luther, Wittenberg 1529.

Montano, G., Tabernacoli Diversi, Rom 1628.

Moser, J. J., Von der Landeshoheit in Steuersachen (= Von der Landeshoheit im Weltlichen, Teil 4) Frankfurt a. M./Leipzig 1773.

Neubeck, Friedrich, Lebhaffte Abbildung eines unsterblichen Hochfürstlichen Tugend=Wandels / forderist zu schuldigsten Ehren des Hochwürdigsten Heil. Röm. Reichs Fürsten und Herrn / Herrn Joannis Godefridi [...] Dann auch zu einem allgemeinen Trost des höchstbetrübten Vatterlands / unter dem Schatten eines Gutten=Bergs / so auff der Spitzen sieben hoher Bergen / als ein Haus des Herrn gelegen, bey höchstansehnlichem Traur=Gerüst und Leich=Begängnuß des 19. Hornung 1699, Würzburg 1699.

Paleotti, Gabriele, Discorso intorno alle Imagini Sacre Profane, Bologna 1582.

Poesis / Dramatica / Nicolai / Avancini e Societate IESV / Pars Coloniae Agrippinae / Apud Joannem Wilhelmus Friessem / juniorem, 1674.

Pozzo, Andrea, Perspechiva pictorum et architecturum (lat./ital. Ausgaben) I. Rom 1693, II. Rom 1700; (ital./deutsch) I. und II. Rom 1700; (lat./deutsch) I. und II Wien 1706.

Praemer, W. W., Architecturischer Schauplatz, Benenet Die Tugendsame Verwändtnus Worinen Sechs Mathematische Haubtpuncten bayden Architecturen Zuersehen, Teil I, (Manuscr. ÖNB Handschriftensig. Cod. Ser. nov. 365), Wien 1661.

Riedinger, Georg, Architectur des Maintzischen Churf. neuen Schloßbawes St. Johannespurg zu Aschaffenburg, Mainz 1616.

Roccamora, G. D., Parte prima e seconda della Cifre delle Eucharistia (...), Rom 1668 (Rom 1670).

Sancti Bernhardi Opera III (De consideratione ad Eugenium papam), Edition J. Leclerq, Rom 1963, 379–493.

Sandrart, Joachim von, Der teutschen Academie der Bau-, Bildhauer- und Maler-Kunst. Ersten Hauptheils zweyter Band. Die dritte Abteilung: Von den römischen Altären, Ausgabe von 1769, hg. von Johann Jacob Volkmann als Nachdruck einer Ausgabe von 1693.

Ders., Anderer Teil des großen Schau Platzes von dem Alten und Neuen Rom oder eigentliche und zuverlässige Abbildung der führnehmsten sowohl Alten und Neuen Kirchen-Gebäuen, Nürnberg 1694.

Sang, Eucharius, Beneficia vetera et nova Divae virginis Detelbacensis [etc.], Würzburg 1607 (Abdruck in Gropp I, 649–686).

Schatz, Johannes, Josephus I. weyland Röm. Kayser bey e. Ehren-Gerüst mit welchem [...] Joannes Philippus [...] ihro Maj. Leich-Begängnuß [...] gezierd, Würzburg 1711.

Ders., Das strahl-reicheste und auff den höchsten Leuchter erhebte Liecht Carolus VI. erwählter Römischer Kayser (...) bey e. Solennität welche Joannes Philippus [...] Bischoff zu Würtzburg [...] wegen glücklichstem Außgang deß Kayserlichen Wahl-Tags [...] im Jahr 1711 den 11. Nov. [...] celebriert hat, Würzburg 1711.

Ders., Dancksagung für die herrliche Victori, welche das christl. Heer [...] Caroli VI. 1717 unter Anführung [...] Printz Eugenii von Savoyen [...] erfochten, Würzburg 1717.

Schneidt, F., Thesaurus Juris Franconici oder Sammlung theils gedruckter theils ungedruckter Abhandlungen, Dissertationen etc., Würzburg 1787–1789.

Sol Novus Nuper Eoo-Francisco Coelo Invectus Nunc ad Supremam Augen Evectus cum Reverendissimus et Celsissimus Princeps ac Dominus Joannes Philippus, Ecclesiae Herbipolensis Episcopus, S.R.I. Princeps, Franciae Orientalis Dux &c. adumbratus a Collegio Societate Jesu Hebipolensis, Würzburg 1699.

[Sölner, Wilhelm], Brevis Notitia Monasterii B.M.V. Ebracensis, Nürnberg [1]1738; Rom [2]1739.

Spinelli, Petrus Antonius, Maria Deipara, Köln 1609 (Maria Deipara Apendix, Köln 1618).

Ders., Maria Deipara Thronus Dei, Neapel 1613.

Stella Joseph Septenis (...) dum inaugurabatur Reverendissimus Praesul Amplissimus Dominus Josephus, Inclyti et Exempti S. Ordinis Cisterciensis Celeberissimi Monasterii B.M.V. de Brunnbach, 1700.

Titi, Filippo P., Studio di pittura, scoltura et archittetura nelle chiese di Roma, Rom 1674.

Tritemius, Johannes, De miraculis Beatissimae Mariae semper Virginis in Ecclesia nova prope Dittelbach in arena etc., Würzburg 1511 (Abdruck in Gropp I, 176–218).

Vietor, Johann, Der Allerseligsten Jungfrau MARIAE etc., Würzburg 1608.

Wehner, P. M., Consiliorum Franconicorum. Decades XI, Frankfurt a. M., 1615.

3. Verzeichnis der verwendeten Abkürzungen

AU	Archiv des Historischen Vereins für Unterfranken und Aschaffenburg
Bd.	Band
BHVB	Berichte des Historischen Vereins Bamberg
BJbfVk	Bayerisches Jahrbuch für Volkskunde
Bl.	Blätter
DKP	Domkapitelprotokolle
FS	Festschrift
Gs.	Gesellschaft
Gesch.	Geschichte
GNM	Germanisches Nationalmuseum Nürnberg
H.	Heft
HdBG	Handbuch der Bayerischen Geschichte
Hg	Herausgeber
HHStAWien	Haus- und Hof-Staatsarchiv Wien
HZ	Historische Zeitschrift
JffL	Jahrbuch für fränkische Landesforschung
KDB	Die Kunstdenkmäler von Bayern
LCI	Lexikon der christlichen Ikonographie
LThK	Lexikon für Theologie und Kirche
MA	Mittelalter
Mainfr. Studien	Mainfränkische Studien
MfrH	Mainfränkische Hefte
MfrJb	Mainfränkisches Jahrbuch
MJB	Münchener Jahrbuch für Kunstgeschichte
Mitt.	Mitteilungen
NF	Neue Folge
MS	Manuskript
NZ	Neuzeit
ÖNB	Österreichische Nationalbibliothek
QuGesch	Quellen zur Geschichte des Barock in Franken unter dem Einfluss des Hauses Schönborn
RDK	Reallexikon der Kunst
RQ	Römische Quartalsschrift
SAWü	Stadtarchiv Würzburg
SE	Sammlung Eckert
SMOSB	Studien und Mitteilungen zur Geschichte des Benediktinerordens und seiner Zweige
StABa	Staatsarchiv Bamberg
StAWert	Staatsarchiv Wertheim
StAWü	Staatsarchiv Würzburg
UB	Universitätsbibliothek
VÖ	Veröffentlichung
WDGB	Würzburger Diözesangeschichtsblätter

VIII. Anhang 2

1. Bildnachweis:

Staatsbibliothek Bamberg: Abb. 1, 2, 4, 14, 39, 42, 43, 55, 60, 61, 62, 66, 71.
Kurt Gramer: Abb. 65
Württembergische Landesbibliothek Stuttgart: Abb. 3.
Fotoarchiv Gundermann, Würzburg: Abb. 5, 7, 8, 9, 11, 12; 18, 29, 45.
Archiv Mainfränkisches Museum Würzburg: Abb. 6, 13, 19, 28, 32.
Bibliothek des Germanischen Nationalmuseums Nürnberg: Abb. 10, 37, 38, 51, 77.
Bildarchiv Foto Marburg: Abb. 15, 20, 23, 25, 26, 48, 63.
Stadtarchiv Würzburg: Abb. 16, 17, 21, 52, 59, Farbabb. 1.
Kunstreferat Diözese Würzburg (Thomas Obermeier, M.A.): Abb. 24, 41, 44
Uwe Gaasch, Bamberg: Abb. 27, 53, 58, 72, 73, 74, 75, 76, Farbabb. 2.
Kunstschätzeverlag Winfried Berberich, Gerchsheim: Abb. 30, 31, 34, 36, 40, 47, 49, 50, 54, 68, 69, 70.
Martin von Wagner-Museum der Universität Würzburg: Abb. 33.
Prentenkabinet Antwerpen (P. Maes): Abb. 56, 57.
Museum der Bildenden Künste Leipzig (Ursula Gerstenberger): Abb. 64.
Erich Gutberlet, Großenlüder: Abb. 67, Farbabb. 8.
Landesmedienzentrum Baden-Württemberg Stuttgart: Farbabb. 3, 4, 5, 6.
Touristikgemeinschaft Liebliches Taubertal: Farbabb. 7.

Danksagung

Dieses Buch entstand in zwei zeitlich auseinanderliegenden Arbeitsphasen. Dass es dennoch zu einer Einheit zusammenwuchs, verdanke ich nicht zuletzt der geduldigen und sachkundigen Betreuung durch das Lektorat des Verlags Schnell und Steiner, wofür ich Herrn Dr. Albrecht Weiland, Frau Elisabet Petersen, MA, und Frau Dr. Simone Buckreus meinen herzlichen Dank aussprechen möchte. Dank sagen möchte ich darüber hinaus für die Bereitschaft des Verlages, einen erheblichen Teil der Druck- und Herstellungskosten zu tragen. Ohne diese großzügige Unterstützung wäre die Publikation dieses Buches in dieser Form nicht zustande gekommen.

Einen weiteren Zuschuss zur Drucklegung stellten die Unterfränkische Kulturstiftung und die Oberfrankenstiftung zur Verfügung. Hierfür danke ich sehr herzlich Herrn Bezirkstagspräsident Erwin Dotzel und Herrn Regierungspräsident Wilhelm Wenning.

Weiterhin bedanke ich mich bei den Mitarbeitern der angesprochenen Archive und Bibliotheken für ihre stets hilfreiche beratende und unterstützende Betreuung. Frau Dr. A. Hönle, Rottweil, sei ein weiterer herzlicher Dank für die kurzfristige kompetente Übersetzung der verschiedenen lateinischen Textzitate ausgesprochen, die das Verständnis des Zusammenhangs erleichtern. Einen wichtigen Beitrag beim Zustandekommen dieses Buches haben schließlich die Fotografen und Fotoarchive geleistet, die mir ihre Aufnahmen teilweise unentgeltlich oder kostengünstig zur Verfügung gestellt haben. Auch hierfür sei ein herzlicher Dank ausgesprochen.

Farbabbildungen

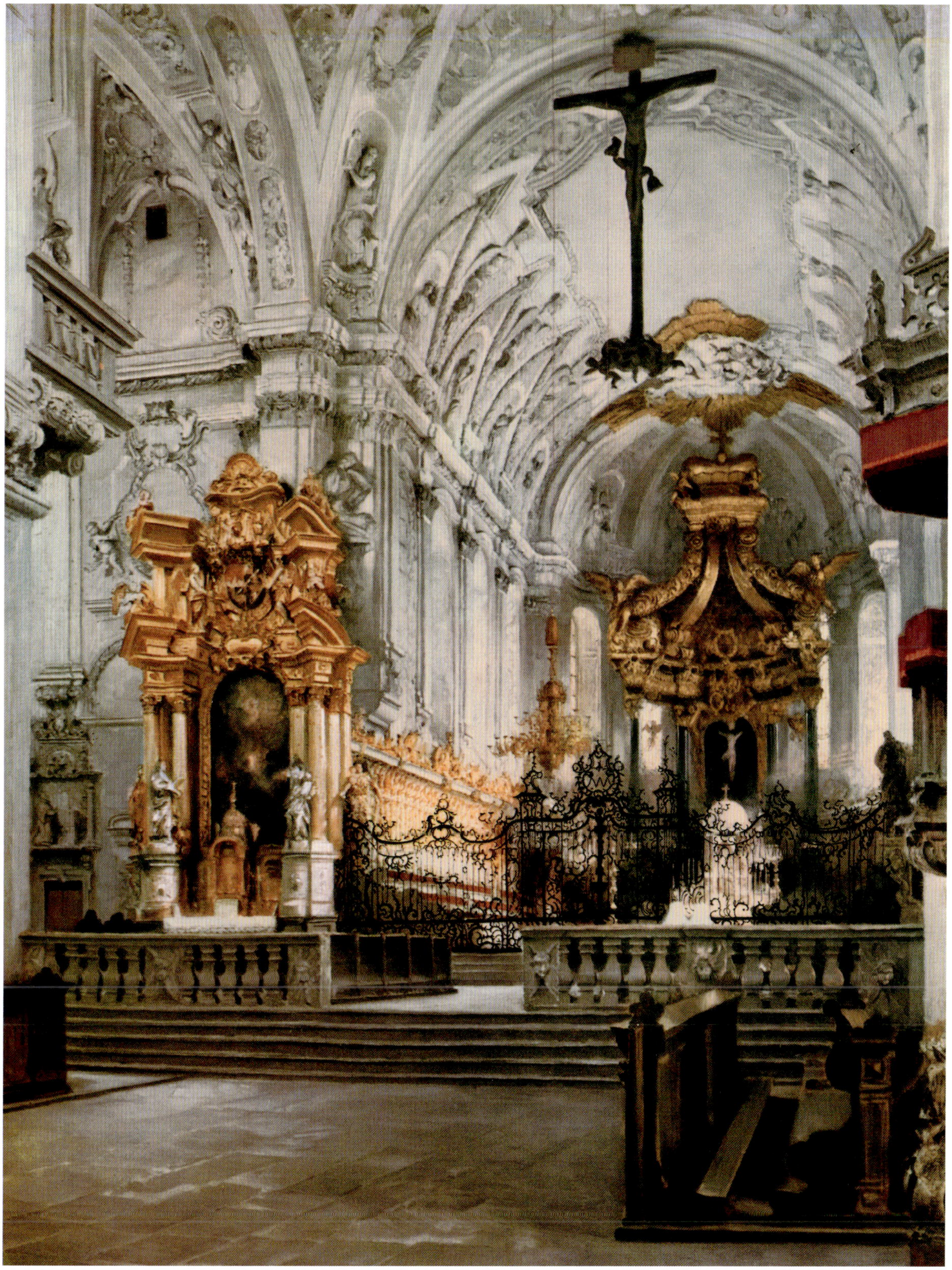

Farbabb. 1: Würzburg, Domkirche St. Kilian: Blick in den Chorraum, Ölbild von Rudolf Hutsteiner im Besitz des Mainfränkischen Museums Würzburg, 1910; Stadtarchiv Würzburg, NF 176.

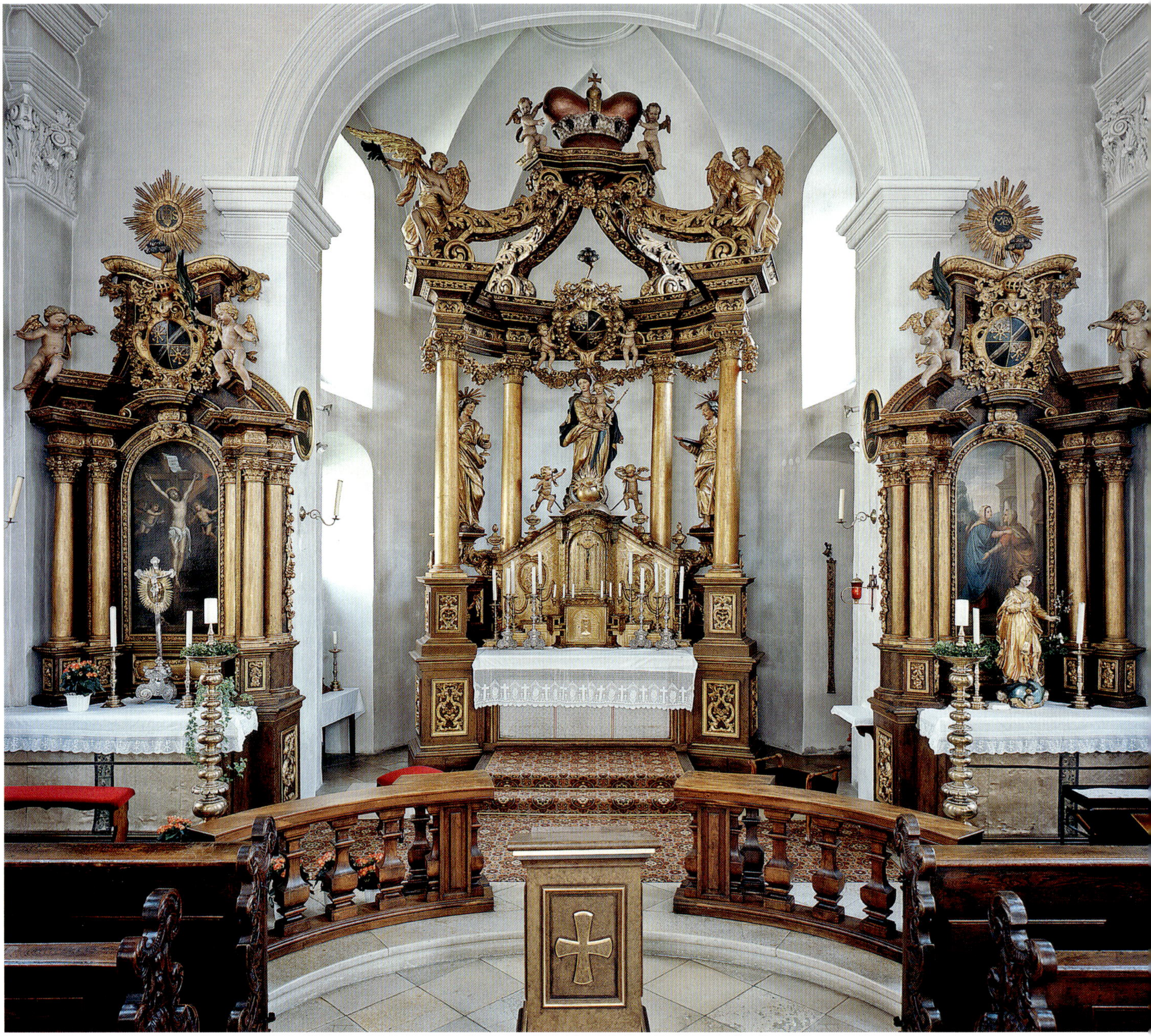

Farbabb. 2: Gereuth, kath. Pfarrkirche St. Philippus: Altarausstattung von Jacob van der Auvera,1714/17.

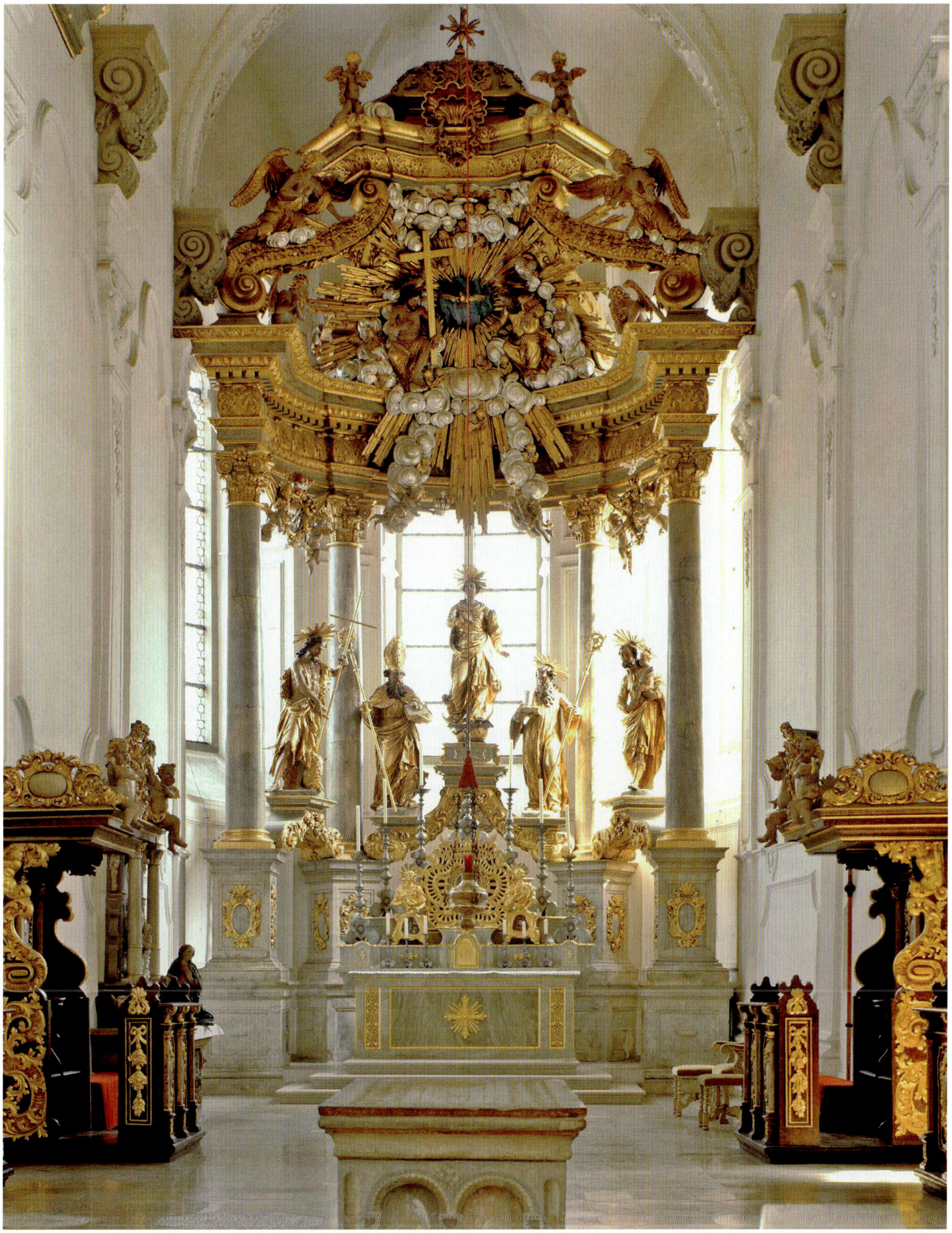

Farbabb. 3: Schwäbisch Hall, Großkomburg, ehem. Chorherren-Stiftskirche St. Nikolaus: Hochaltar, 1712/14, von Balthasar Esterbauer.

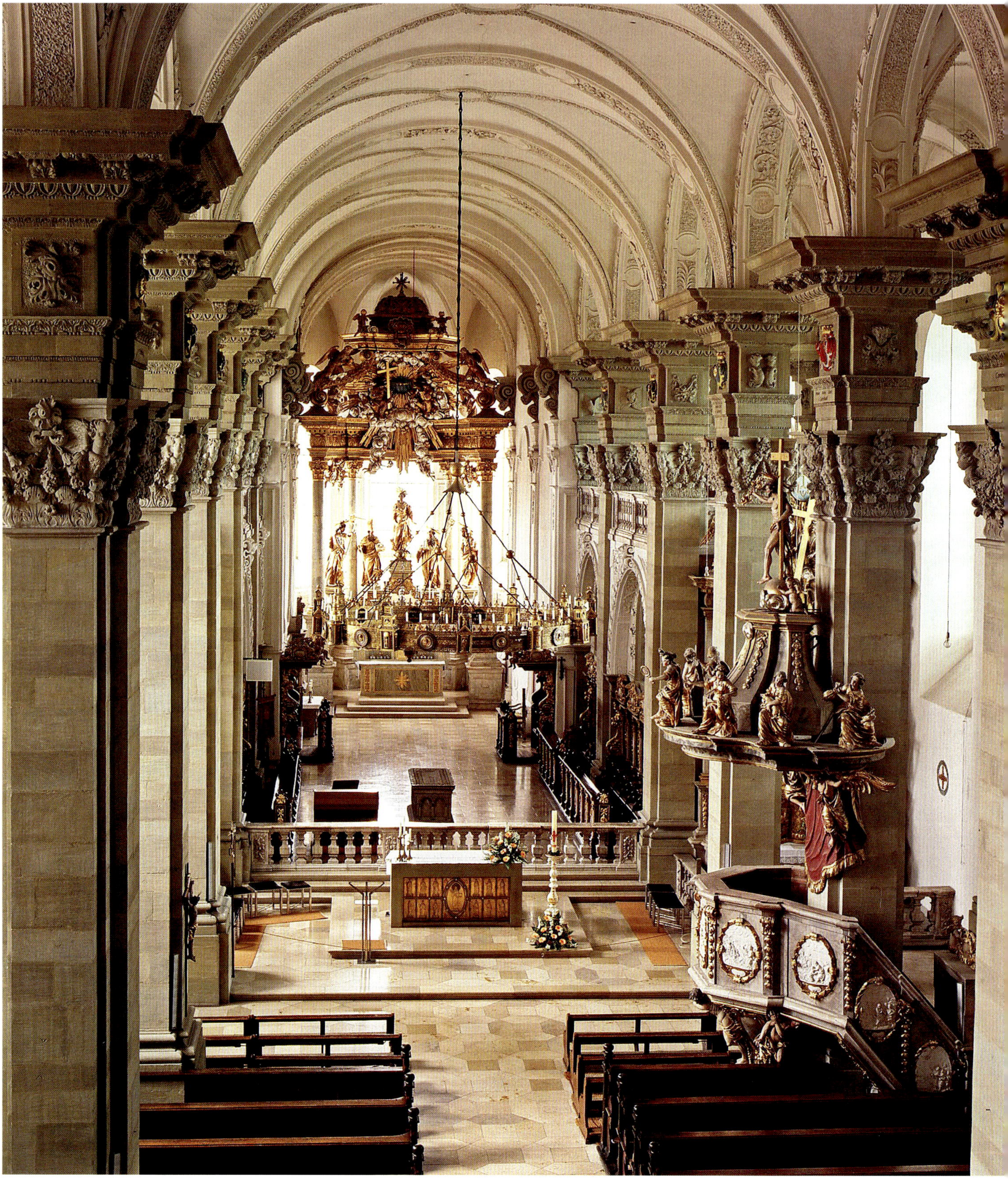

Farbabb. 4: Schwäbisch Hall, Komburg, ehem. Stiftskirche St. Nikolaus: Mittelschiff nach Osten.

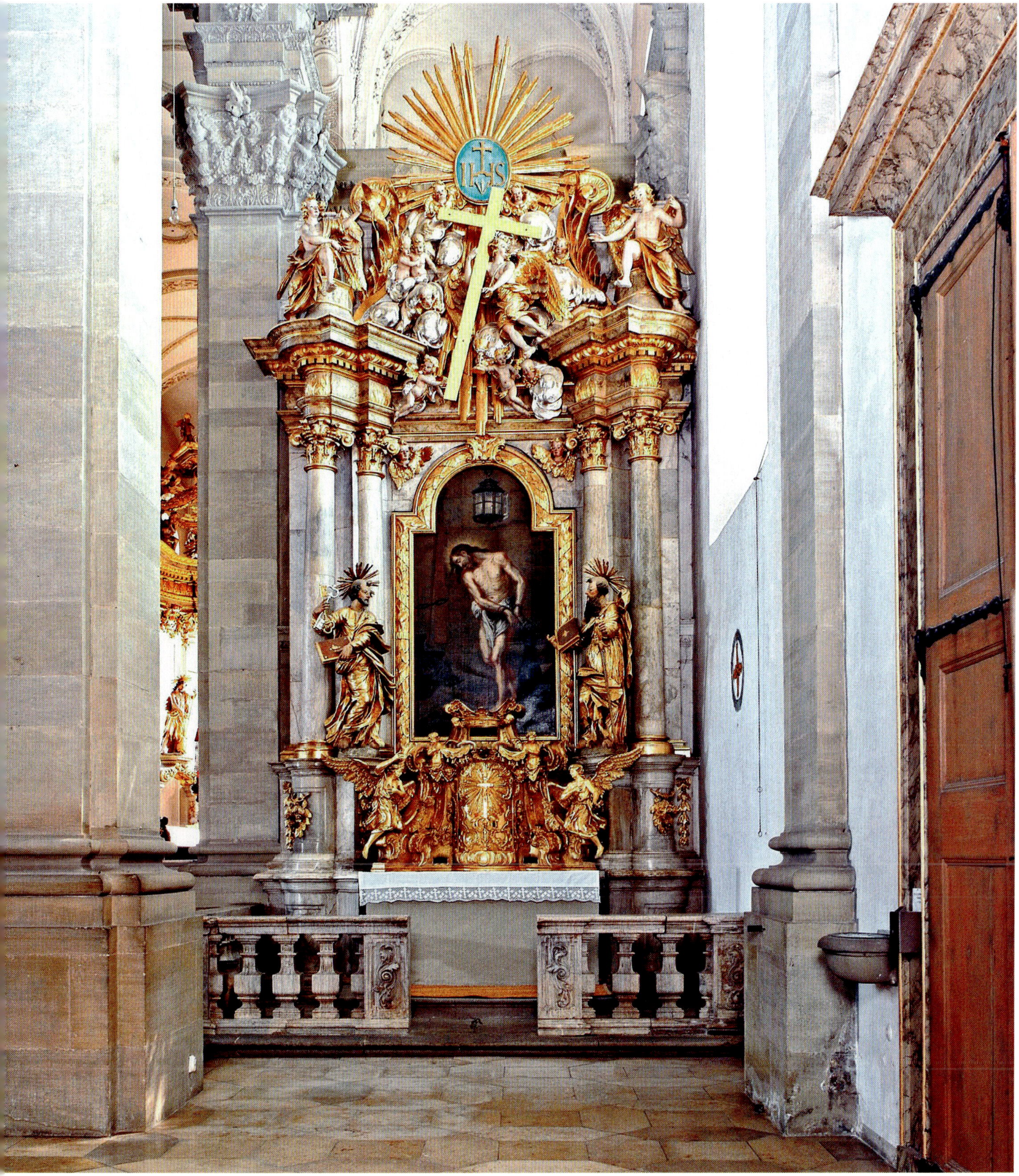

abb. 5: Schwäbisch Hall, Komburg, ehem. Stiftskirche St. Nikolaus: Christus Flagellatus-Altar im südlichen Seitenschiff von Balthasar Esterbauer, 1713/17.

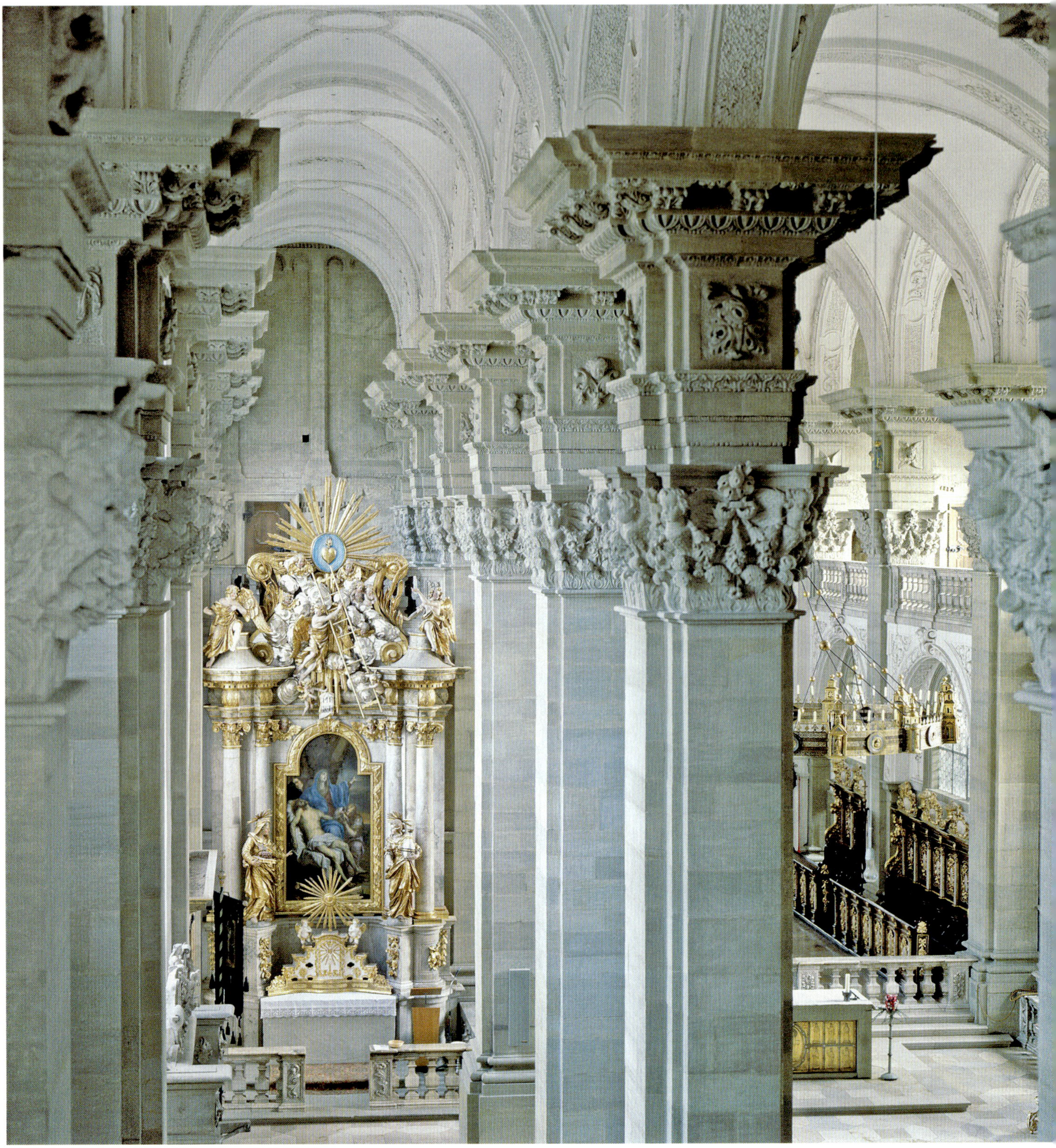

Farbabb. 6: Schwäbisch Hall, Komburg, ehem. Stiftskirche St. Nikolaus: Maria-Schmerz-Altar im nördlichen Seitenschiff von Balthasar Esterbauer, 1713/17.

Farbabb. 7: Bronnbach, ehem. Zisterzienserklosterkirche: Blick auf den Chor und den Hochaltar von Balthasar Esterbauer von 171

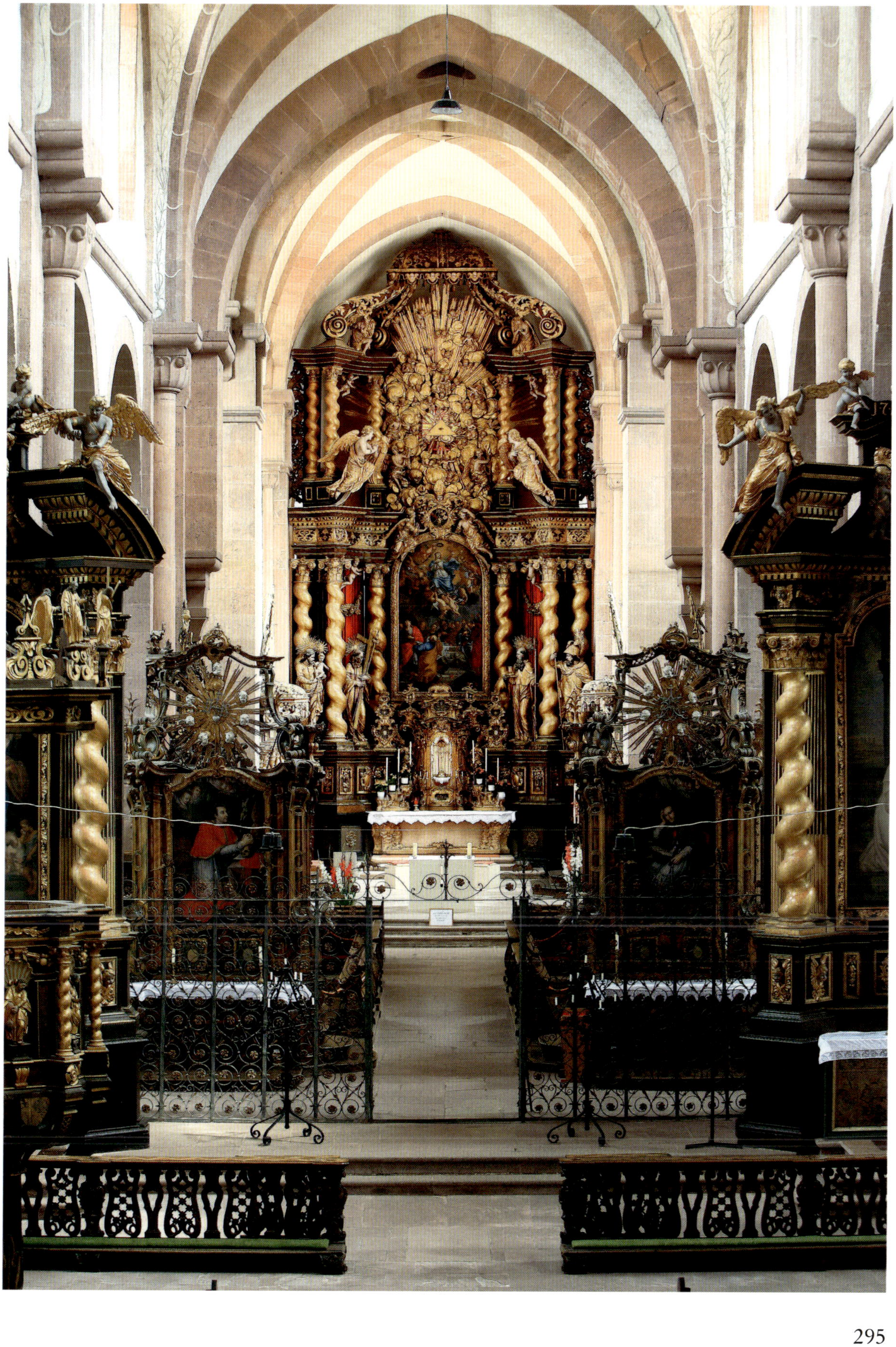

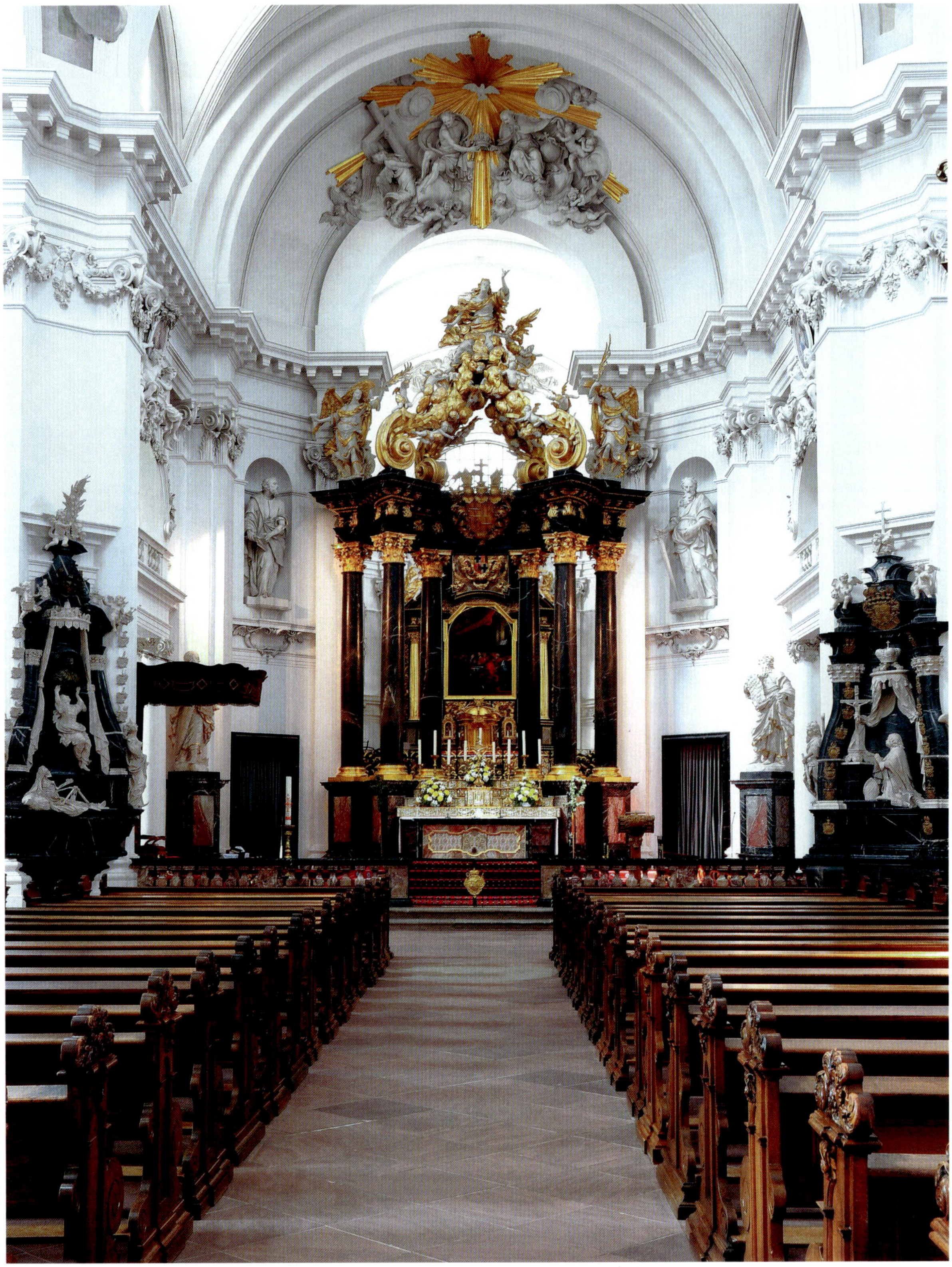

Farbabb. 8: Fulda, Domkirche St. Salvator: Blick aus dem Langhaus auf den Hochaltar von Johann Neudecker, 1712.